民国文林·编著

细说民国大文人

——那些国学大师们

中国出版集团 现代出版社

图书在版编目（CIP）数据

细说民国大文人．那些国学大师们 / 民国文林编著．—增订本
—北京：现代出版社，2018.7
ISBN 978-7-5143-7010-2

Ⅰ．①细… Ⅱ．①民… Ⅲ．①文人—生平事迹—中国—民国
Ⅳ．①K825.4

中国版本图书馆CIP数据核字（2018）第058224号

细说民国大文人——那些国学大师们（白金增订版）

作　　者：民国文林
责任编辑：张　霆　邸中兴
出版发行：现代出版社
通信地址：北京市安定门外安华里504号
邮政编码：100011
电　　话：010-64267325　64245264（传真）
网　　址：www.1980xd.com
电子邮箱：xiandai@vip.sina.com
印　　刷：三河市宏盛印务有限公司

开　　本：710mm×1000mm　1/16　　印　　张：30　　字　　数：504千字
版　　次：2018年7月第1版　　印　　次：2025年11月第3次印刷
书　　号：ISBN 978-7-5143-7010-2
定　　价：65.00元

小序

《细说民国大文人》书系自2008年天涯论坛煮酒论史板块开贴，忽忽已近十年。承蒙读者厚爱，作品一版再版经十余次加印而不辍，直至今日第三版面世。回想昔时，与天涯诸君互称兄台笑谈论史犹在眼前，而近览邮件已有00后读者直呼笔者叔叔阿姨，感慨江湖契阔时光呼啸之余，始觉书籍真真有独立的灵魂存在。

大凡天下事，可爱者不可信，可信者不可爱。除了少许孤证无从判断真伪外，笔者对书中的民国先贤诸人诸事进行了一一考订，力求书的内容可爱又可信。诚然书中诸多趣闻轶事，轩然霞举，花烂映发，但也努力同时做到不溢美，不隐恶，以期展示人物复杂多元的历史面目。另外，如果说本书展示了民国阳的一面，那么诸如《民国时期的土匪》等书则展示了民国暗的一面，它们共同构成了民国真实的生态，读史者不可偏废。

全书依旧采用笔记文体的形式，述而不作，形散神聚，将事实判断置于价值判断之前。人物排序则尽量遵循由轻到重和上下相关联的原则，也请读者朋友在阅读时领首会意。

十年饮冰，难凉热血。对于民国文人的逸事研究，笔者一直在断断续续地开拓和深入当中。林深遇鹿，海深见鲸，我们仍在路上，祝愿我们早日重逢。

民国文林

于北京海淀一塔湖图斋

2018年5月20日

目录

刘师培

吴宓

钱穆

黄 侃

黄侃（1886—1935），初名乔鼐，后更名乔馨，最后改为侃，字季刚，又字季子，晚年自号量守居士。湖北省蕲春县人。国学大师，语言文字学家。

关键词：狂戾、伐异、趣闻、嗜欲、风雅、婚姻、圣童、师徒、治学、传道、固守、大节、孝道、绝命、赞誉

狂 戾

黄侃之父黄云鹄于光绪庚子后，任四川盐茶道，黄侃随侍入川，时仅九岁。一日，有人携来蕲春绿毛龟一只，文案蔡某批示黄侃，戏之曰：“此公子同乡也（按：黄侃为湖北蕲春人）。”黄侃曰：“是非我同乡，乃公同族也。”蔡某不解，季刚曰：“公检《论语》‘臧文仲居蔡’一节观之，当知。”原来，此节注有“蔡，大龟也”。

黄侃年少时，拜访文坛领袖王闿运，王对黄

的诗文激赏有加，夸赞道："你年方弱冠就已文采斐然，我儿子与你年纪相当，却还一窍不通，真是盹犬啊！"黄侃听罢，立刻狂性发作，毫不客气地说："您老先生尚且不通，更何况您的儿子。"

黄侃参加县试，一场考完后，他在考场中闲逛，见有人架起锅烹煮鸭子，气不打一处来，便在一旁默不作声。等鸭子煮熟了，黄侃上前一脚将锅踹翻。煮鸭子的考生气急，动手要打黄侃，黄亦不示弱，说道："不管你怎么样，今天你这鸭子反正是吃不成了。"考生无奈，只好作罢。

陈独秀在日本时，曾到东京民报社章太炎寓所拜访章，章命弟子钱玄同和黄侃到隔壁回避。陈、章二人闲谈，谈及清代汉学的发达，陈独秀列举戴、段、王诸人，多出于江苏、安徽，颇以自己为皖人而自豪。后来话题转到了湖北，陈独秀说湖北没有出什么大学者，章太炎亦附和。此时，只听隔壁屋子里的黄侃大声反诘道："湖北固然没有学者，然而这不就是区区！安徽固然多有学者，然而这也未必就是足下！"陈独秀闻听此言，扫兴而去。

许金城在《民国野史》中记载："（黄）季刚一身傲骨，满腹牢骚。他睥睨学术界二三十年，目空一切！……我记得马寅初博士有一次也来看他，谈到《说文》，他一概置之不理，再问，他便不客气地说：'你还是去弄经济吧，小学谈何容易，说了你也不懂！'"

黄侃与号称"两足书橱"的陈汉章同为北大国学教授。一次，二人胼手胝足地凑在一起讨论学问，然而"言小学不相中，至欲以刀杖相决"。据说，当时黄侃与陈汉章的辩论相持不下，黄侃便拿起一根手杖塞给陈，自己则执了一把短刃跳出门外，招手让陈汉章到外面去决斗。后来在同仁们的劝说下，黄侃才作罢。不过，黄、陈后在中央大学再为同事，二人又"善遇焉"。黄侃为陈的《史通补释》作序，在序中称陈为"魁儒"，是刘师培之外又一博学之人，自称"门下士"。后陈汉章患病，旁无童仆，汤水极不便。黄侃怜之，买了两瓶橘汁，让侄子黄焯送去。陈汉章辞职回乡时，黄侃准备送他一张床、一个菜罩，但因不知其门牌号，而没有送到，黄侃很是怅然。

北大学生毕业时，按惯例要制作精美学谱（按：同学录）。学谱的印刷费用很高，通常都由教授捐助资金。但黄侃对此不以为然，他既不照相，也不捐钱。学谱印出后，学校送他一册，留作纪念。黄侃拿到册子便将它丢入河中，愤然骂道："一帮蠢货，请饮臭水！"

在中央大学时，黄侃听人说起“汪黄”，便怒气冲冲地找到同门汪东说：“外面的人称中大学者必称‘汪黄’，我比你年长，为何你要置于我上！”汪东莫名其妙。旁边有人笑道：“你们都误会了，‘汪黄’不是什么好名字，当朝政府里另有‘汪黄’，与你二人无关。”原来，当时正值对日和谈，国民政府的代表是行政院院长汪精卫和外交部部长黄郛，时人对二人颇为不齿，将他们称为“汪黄”，是将二人比作南宋时对金称臣的汪伯彦、黄潜善（史称“汪黄”）。黄侃听罢怒气顿消。

在中大，黄侃常与同事胡小石切磋学问。胡在中大教授甲骨文课程，曾以甲骨文纠正汉儒许氏《说文解字》之非。但黄侃认为甲骨为后人伪造，不可信。两人争得面红耳赤，甚而击碎玻璃板。但辩论结束，二人友谊，又“固如初也”。

中大学生常任侠曾拜在黄侃门下，后留在中大任教。每年春节，常任侠必去黄侃家中叩首致敬，平日亦常去问学。一次，常备课时，不知《秋蟪吟馆诗抄》中《兰陵女儿行》句“天吴紫凤贴地满”何解，便去问黄，黄侃以为常有意考他，竟不回答，怒向中文系主任汪东道：“常生不驯，可以开除。”汪答：“常生已经毕业，留在本校教书，已经无法开除。”黄只好作罢。常任侠知黄脾气，日后亦常去请益，而黄侃待之如常。

黄侃对同时代的文人学者，少有赞许，康有为、梁启超、胡适、皮锡瑞等人是他在课堂上嘲骂的对象。他对学生说：“我骂他们，是看得起他们，否则就不必费唇舌了。”又对学生说：“我骂他们可以，你们还不够资格骂哩。”但他却并不因骂他们就将他们贬得一无是处，他将皮锡瑞的《经学历史》用作教材，常常在课堂上逐条进行批评，但又常掩卷歌唱，唱罢叹道：“皮锡瑞的文章真好！”又说康有为十七日著成《广艺舟双楫》，真算得是才子。

下雨天，黄侃穿着钉鞋到学校上课。上完课后，天晴了，黄侃便换下钉鞋，用报纸包上，挟着走出校门。新来的门卫不认识黄侃，见他土里土气，带一包东西，便上前盘问，要检查纸包。黄侃二话不说，放下纸包便走，之后几天一直未去上课。系主任见黄连续几天未到校，便登门探望，询问其故，黄闭口不答，系主任不知所以然，赶快告诉校长。校长亲自登门，再三询问，黄才说：“学校贵在尊师，连教师的一双钉鞋也要检查，形同搜身，成何体统。是可忍，孰不可忍？”校长再三道歉，后又托人前去劝说，也无济于事。黄侃遂离开中央大学。

又一说，黄侃离开中央大学全因傅斯年。校长朱家骅要请傅斯年做中大文学院院长，黄侃闻讯后，勃然大怒，说师道沦亡，一定要离开中大。黄侃写信给他的学生们说："……但既已恳辞于前，又复勉留于后，直视去就如儿戏，诸生何取焉？'慎尔优游，勉尔遁思'，诸生爱我，当为我咏也。"

黄侃自视极高，曾自负地说："余观书之捷，不让先师刘君（刘师培）。"

一次，黄侃到柳诒徵家中拜访柳，回家后，黄侃在日记中写道："此君亦谈音韵，可哂也。"又一次黄侃与胡小石、王伯沆、汪辟疆作诗钟，其中分别嵌有"的"、"话"二字，用以嘲讽柳诒徵，因为柳是镇江人，发言时，动辄以"的话"二字作助词。而柳氏后人回忆柳诒徵也曾说："黄侃好骂人。"

1926年，武昌高等师范改为国立武昌中山大学，黄侃任代理校长，因喜欢骂人，作风霸道，教育部便正式委派石瑛担任该校校长。到任第一天的校务会，石瑛踌躇半天才开口道："听说黄季刚先生治校方面比较专制……"话音未落，黄侃便起身说："听说石瑛的姆妈偷和尚。"石瑛质问他为何如此无理，黄朗声答："我听说的。"

黄侃称呼校长石瑛为"阁下"，石瑛对黄侃说不能用这样腐败的口吻称呼他。黄侃反问道："称你为王八蛋，成吗？"

事实上，黄侃对石瑛也颇为忌惮。石身材魁梧，孔武有力，发起脾气来，不惜动粗，黄侃曾自我解嘲说："碰着石蘅青（石瑛字蘅青），就像秀才遇到兵，有理说不清！"石瑛对黄侃讲课只凭高兴，不用大纲也不写讲稿的教学作风，很不以为然。有一次，石瑛严肃地规劝黄说："季刚，你读了一肚子好书，为什么不好好用以济世呢？还发什么狂呢？"黄唯唯称是。有人曾问黄侃："为何转了性？"黄毫不隐讳地说："打不过人家，有什么办法呢？"

黄侃在武昌大学讲课，作风散漫。一次，武昌师大学生集会，邀请黄侃到场答复。学生的用心，是打算用群众的声势给黄难堪。这种场合，一般人是不敢去的，但黄按时大摇大摆而来。会场本是汹汹嘈杂的声势，反而肃静无哗。黄侃上台后，逞其雄辩天才，放言无碍，结果本是为了执经问难的学生群众，个个落得哑口无言，纷纷作鸟兽散了。

在中大时，黄侃被称为"三不来教授"，因为他和校方约定，每遇刮风、下雨、降雪，他便不到校上课。故每逢天欲雨未雨、欲雪未雪时，学生们便猜测黄侃今天会不会来上课，有人常戏言"今天天气黄不到"，往往是戏言成真。

而武酉山回忆黄侃的"三不到"为刮风不到，下雨不到，不高兴不到。天气变化，学生能知，但"不高兴"，则令人莫测。有时黄侃在家骂人，或受着某事的刺激，便迟迟不来上课。学生久等不来，就各自散去，等他来时，见班中只余两三人，也照讲不误。

有一次，黄侃收到一封匿名信，信中说，黄的骈文不如李审言，经学赶不上皮锡瑞，何必自负。黄收阅后大发雷霆，疑是班上的学生所写，于是在课堂上持续大骂十日，无人应答。黄侃自知骂错了对象，便向全班学生道歉。

20 世纪 30 代，曲学家吴梅在中大讲授元曲。当时，元曲被传统学问家视为“小道末技”，黄侃对此也非常不满。一次，黄侃讲完课，发现吴梅坐在教授专用沙发上休息，怒而问道：“你凭什么坐在这里？”吴梅理直气壮地答道：“我凭元曲。”

吴梅与黄侃一度私交甚厚。某日，黄侃邀请吴梅赴蟹宴。两人酒足饭饱之际，谈起学问，吴梅激辩自己讲得正确，黄则坚持吴说得大谬。黄侃借着酒性，一个巴掌打将过去，吴梅也不甘示弱，立即还手。两人转而跳出座位，拟角斗，被人拉开。此后两人失和，吴梅甚至在日记中这样写道：“彼去我留，彼不去我从此逝矣。”

袁鸿寿在《吴瞿安（吴梅）先生二三事》中说：“一九三四到抗日战争这几年，瞿安先生为什么如此痛苦、如此颓废呢？据我所知，有三种压力伤了他的心。……最使他伤心的事是到了南京，黄季刚先生曾讥讽曲学为小道，甚至耻与擅词曲的人同在中文系为教授，从谩骂发展到动武。排课的人只得把吴的课排在一三五，黄的课排在二四六，使他们彼此不相见面。”

某次，一达官宴客，座中亦有黄侃。席前，大家虚上座以待，一留洋归国的青年翩翩迟来，并不谦让，径坐首座，同座多有不平，黄侃亦然。席间，青年夸耀说，适自某达官家来，又某达官邀宴，尚无暇前往。黄侃啐道：“你这人真没学问！”青年即说自己留学某国某国，共有五六年之久，何以说他没有学问？黄侃起身道：“鄙人留学中国，四十余年，尚谈不到学问，你五六年之久，算得什么呢！”说话间，打了该青年一记耳光，青年欲还手，众人早将他拉扯出去了。

1927 年，黄侃到暨南大学任教。一日，他在教室门口遇到在暨大任教务长的学生黄建中。黄建中向老师问候，黄侃问他：“你教什么课？”黄建中回答：“哲学。”黄侃大声道：“我问你，你自己懂不懂？不要胡吹乱说。”黄建中愕然良久。

暨南大学教授人人都须佩戴一枚徽章，以资门警识别。黄侃到暨大任教后，不肯佩戴，刚入校门，校警看到他胸前没戴校徽，以为他是闲人白撞，便阻止入内。黄说：“我是黄侃，只有你不认识我！”门警却不通融，说：“你既是教授，应该有一枚校章的！”黄悻悻然地说：“我硬是不挂那种东西，你不给我进去，我就不进去！”说完掉头便走。幸有学生看见，关照校警，才冰释误会。但黄侃自始至终不肯佩戴校徽，成为暨大唯一不佩校徽进出校门的教授。

有一次，上课铃已响，黄侃仍安坐教员休息室。学生们等了一会儿，未见黄侃来上课，便向学校教务处报告。教务处职员赶紧去提醒黄侃上课时间到了，孰料黄侃两眼望天，冷冷说道：“时间到了哦，钱还没有到呢。”原来，学校没有及时给老师们发薪水，黄侃拒绝上课表示不满。教务处赶快替他领来薪水，他这才去教室上课。

黄侃傲睨万物，一次与佛学大师欧阳竟无谈佛法，两人争辩“离尘即心，转识为智”，黄侃无名火动，拍案而起，拂袖而去。回家后，恰逢有人请他写对联，他挥笔写下：“乃有芜青，唐突人葠（按：葠同参）。”并注云：“某夕出与欧阳先生论学不合，愤而书此。”

日本留学生吉川幸次郎说黄侃性格、脾气极其傲慢，当他想到南京拜访黄侃，请黄的同门、时在北京的马幼渔、吴承仕给他开一封介绍信时，他们都未同意。吉川在中国留学，听过北京许多学者的课，但黄侃却对他说：“那么无聊的课，你竟听了这么长时间！”黄侃还说：“现在的学者是凌虐古人，欺骗今人。”

黄侃曾在私立中华大学任教。在该校，黄侃只拿干薪，从不赴校讲课。时间长了，学生们找到校长陈时责问：“学校课表上列了黄季刚先生的课，为什么这年把时间了，我们连他的人影都没有见到？是不是学校没有把钱给他？如果学校没有把钱给他，那要退我们的学费，因为就是因为有鼎鼎有名的黄季刚先生给我们授课，我们才交这么多的学费的。”陈时直喊冤枉，解释道：“我每个月是几百块现洋给他，哪没给钱呢？”无奈之下，陈时登门请求黄侃去给学生上几堂课。黄侃到了课堂上，开口便骂：“你们是何等动物？非要我来上课？你们出去只管甩我的牌子，就说是我的学生，还怕没得饭吃？看哪个不派你事做？”这成为他在中华大学唯一的一次授课。

黄侃在南京时，一次遇到考试院院长戴季陶。戴寒暄道：“先生近来有何佳作？”黄答：“我正在编次‘漆黑文选’，你那篇大作，已经编进去了！”黄侃所说“漆黑”是“昭明”（出自《昭明文选》）的反义词，黄侃以此讽刺戴季陶尽写迂腐文字。戴季陶十分尴尬，不知所答。

吴梅在1935年4月14日的日记中记载：“林公铎至，言黄季刚昨夜至渠处谩骂，以为公铎不通，两人于是破口。”而杨树达也曾在日记中记载：“季（指黄侃）高亢，其同门马裕藻（马幼渔）辈畏之如虎。”

刘成禺说黄侃：季刚少溺女色，晚年更沉湎于酒，醉中狂骂人，人不能堪。刘成禺曾劝他：“学者变化气质，何以你的学问越精进脾气便越坏，你又何必学汪容甫呢？”黄侃答曰：“我乃章句之儒。”

对于黄侃的狂，弟子刘太希说黄侃“惟其真挚，故不解作伪，视朋友如骨肉，有不合，呵责随之，晚年尤旺，人多不敢近，亦由病态使然也”。

黄侃曾对陆宗达说，一次，他去岳丈家，岳丈因事惹怒了他（陆宗达猜测是因为黄侃系庶出，岳丈家人轻慢了他），黄一气之下，蹲到岳丈家的紫檀木椅子上解了一泡大便了事。

对于黄侃狂戾性格的形成原因，陆宗达之孙陆昕认为：“1898 年（光绪二十四年）黄云鹄因恶性疟疾卒于家。黄侃是年 13 岁。黄侃的生母是黄云鹄的侧室，而在蕲春一带，习俗相当轻视庶出子女。章太炎在《黄季刚墓志铭》中写道：‘季刚生十三岁而孤，蕲春俗轻庶孽，几不逮学，故少时读书艰苦，其锐敏勤学亦绝人。’这种习俗与旧家庭的双重压迫，对黄侃的性格向着极端的方向发展起了重要的作用。”

黄侃临终前，对自己一生任气颇有悔悟，吴梅日记记载：“闻公铎言，季刚临死时，诏其子侄云：‘冤枉过一世，脾气太坏，汝曹万勿学我。’”

伐 异

新文学运动前，黄侃在北大教骈文，上课就骂散文；姚永朴教散文，上课就骂骈文。新文学运动开始后，黄、姚彼此不再对骂，一致抨击白话文。黄侃抨击白话文可谓不遗余力，每次上课必以痛骂白话文开篇，然后才讲课。往往一节课 50 分钟，一多半时间都用于骂白话文。后来黄到武昌高等师范任教时，依旧鄙夷白话文。徐复观曾三次听过黄侃的课，他回忆，黄侃上课时常常说笑话或骂人，他所骂的或开玩笑的对象，都是些提倡白话文学之士。

1917 年，年仅 27 岁的胡适自美国留学归来，被聘为北大教授，又因发起新文化运动而暴得大名。胡适的超迈见识，更是将黄侃生平最得意的、寄予厚望的高足傅斯年拉向了新文化阵营。所以，黄侃每次上课，总要先骂一通胡适，才正式讲课。

一次，黄侃当面向胡适发难：“你口口声声要推广白话文，未必出于真心。”胡适不解其意，究其故。黄说：“如果你身体力行的话，名字就不该叫胡适，应称‘往哪里去’才对。”

又一次，黄侃讲课时，谈起胡适和白话文。他说：“白话文与文言文孰优孰劣，毋费过多笔墨。比如胡适的妻子死了，家人发电报通知胡某本人，若用文言文，‘妻丧速归’即可；若用白话文，就要写‘你的太太死了，赶快回来呀’11 个字，其电报费要比用文言文贵两倍。”全班捧腹大笑。

上海开了一家叫作“四而楼”的酒楼，为了招揽生意，曾经在报刊上刊登广告，大肆宣传。有学生看到“四而”二字，不解其意，就去请教胡适。胡适也不知何意，不敢贸然作答。黄侃得知此事后，在课堂上对学生说：“这胡适之，没有读过《三字经》吗？书上说，‘一而十，十而百，百而千，千而万’，楼主大概讨的是财源滚滚的兆头吧。”

某日，北大课间休息，教授们聊起京剧名伶谭鑫培的《秦琼卖马》，胡适插话道：“京剧太落伍，甩一根鞭子就算是马，用两把旗子就算是车，应该用真车真马才对！”黄侃马上高声反驳道：“适之，适之，唱武松打虎怎么办？”一时为之哄堂。

黄侃、胡适同赴一宴。席间，胡适大谈墨学，黄侃对其所言甚为不满，跳起来说道：“现在讲墨学的人都是些混账王八蛋！”胡适大窘。黄又接着说：“便是适之的尊翁，也是混账王八蛋！”胡适怒极，正欲发作，黄却笑道：“我不过是试试你，墨子兼爱，是无父也。你今有父，何足以谈论墨子？我不是骂你，聊试之耳。”举座哗然大笑。

五四运动之后，蔡元培经常离校，校务便委托胡适主持，胡适常“代蔡先生主席”、“代蔡先生做主人”。反对新文化的守旧学者们对此极为不满。林纾称胡适是“左右校长而出”的“秦二世”，黄侃则讥讽胡为绕蔡上下翻飞的“黄蝴蝶”。“黄蝴蝶”出自胡适的白话小诗《朋友》：“两个黄蝴蝶，双双飞上天。不知为什么，一个忽飞还。剩下那一个，孤单怪可怜。也无心上天，天上太孤单。”

罗家伦回忆，黄侃在北大课堂上大骂胡适说：“胡适之说作白话文痛快，世界上哪有痛快的事，金圣叹说过世界上最痛的事，莫过于砍头，世界上最快的事，莫过于饮酒。胡适之如果要痛快，可以去喝了酒再仰起脖子来给人砍掉。”

黄侃听说胡适去见了废帝溥仪，对溥仪口称“皇上”，他认为胡大逆不道。

1934年胡适在中央大学演讲，他跑到中大校门，跳脚大骂，其辞粗秽不堪。

胡适的代表作《中国哲学史大纲》，仅成上半部，全书一直未完成。黄侃在中央大学上课时说："昔日谢灵运为秘书监，今日胡适可谓著作监矣。"学生们不解，问此言何意？黄侃道："监者，太监也。太监者，下面没有了也。"学生们大笑不已。

在日记中，黄侃也常取笑胡适，曾称胡适为"胡胶钉"。1933年4月，黄侃听说胡适"运动美国不允缓付庚款"时，勃然大怒，他在日记中大骂胡适道："此真叛国也，奈何不捉将官里去？"

有一次，傅斯年写了一篇文章，言语中对黄侃颇有冒犯。黄侃作书责之，信末署名："弟黄侃顿首"，旁注小字一行："即以此为取消师生名分之证可也。"

周作人说黄侃"攻击异己者的方法完全利用谩骂，便是在讲堂上的骂街"。黄侃和钱玄同同为章太炎弟子，但钱玄同主张新文化运动，故黄侃素来对其鄙夷，常戏称钱玄同为"钱二疯子"。1926年，钱玄同因妻子患病请假，请黄侃代替自己到北京师范大学国文系任教。后黄侃与国文系主任吴承仕发生龃龉，迁怒于钱玄同，写诗讽刺钱道："芳湖联蜀党，浙派起钱疯。"

一次，黄侃与钱玄同同去章太炎家中拜访，与大家一道在客厅等候。黄侃忽然大呼："二疯！"钱玄同很是不悦，但强忍未予理会。黄侃接着说："二疯！你来前，我告你，你可怜啊！先生也来了，你近来怎么不把音韵学的书好好地读，要弄什么注音字母，什么白话文……"钱玄同忍无可忍，拍案咆哮道："我就是要弄注音字！要弄白话文！混账！"两人大吵起来，章太炎闻声赶来，调解一番，两人才作罢。

此事钱玄同后来曾有记载："与季刚自己酉订交，至今已二十有六载，平时因性情不合，时有违言……二十一年之春，于余杭师座中一言不合，竟至斗口。"

黄侃在课堂上抨击白话文，对同门师弟钱玄同尤为刻薄。他上课时，开着门大骂对面也正在上课的钱玄同，称钱教学的音韵讲义是他的"一泡尿"，说他们共同留日时，钱趁其小解离座时窃其笔记所得。钱玄同闻听此言，不予理会，关上教室门了事。

关于此事，黄侃去世后，《立报》发表《黄侃遗事》称："名教授钱玄同先生与黄同师章氏，同在北大国文系教书，而黄亦最瞧钱不起，尝于课堂上对学生曰，汝等知钱某一册文字学讲义从何而来？盖由余溲一泡尿得来也。当日钱与余居东京时，时相过从。一日彼至余处，余因小便离室，回则一册笔记不见。余料必钱携去。询之钱不认可。今其讲义，则完全系余笔记中文字，尚能赖乎？是余一尿，大有造于钱某也。此语北大国文系多知之，可谓刻毒之至。”

周作人曾把这篇文章寄给钱玄同，钱复信说：“披翁（黄侃在章门弟子中，别号披肩公）轶事颇有趣，我也觉得这不是伪造的，虽然有些不甚符合，总也是事出有因吧。例如他说拙著是撒尿时偷他的笔记所成的，我知道他说过，是我拜了他的门而得到的。夫拜门之与撒尿，盖亦差不多的说法也。”

黄侃在北师大任教时，住在同门吴承仕的另一所住宅里。后来黄讲课，有不尊重女学生的语言，女生反映给国文系主任吴承仕，吴婉言转告黄侃，希望他日后注意。谁知黄侃大怒，愤而辞职。吴挽留不得，只好任其离去。但黄竟要求吴一同下台。吴在师大多年，又身任主任之职，岂能为此离职。此时又正值黄侃在北大读书的长子念华病逝，黄侃悲痛欲绝，愤然应东北大学之聘，悻悻而去。临行前，黄在住宅墙上写了七个大字：“此天下第一凶宅。”

趣　闻

民国学人中有三位著名的“疯子”，一个是被称为“章疯子”的章太炎，一个是刘师培，还有一个就是被称作“黄疯子”的黄侃。三人之中，章、刘关系在师友之间，且都是黄侃的老师。

黄侃在南京居住时，每周六必到上海拜谒章太炎。偶或二人治学意见不合，章怒而拍案，黄则唯唯低首，不敢有言。又因黄惧内，尤畏犬，故时人为之笑语：“一主三畏黄季刚。”

有黄侃研究者认为黄侃嬉笑怒骂的性格，遗传自乃父黄云鹄。一次，黄云鹄在办理朝廷交代的重要差事时，途经四川雅安金凤寺，为该寺风光所吸引。他进寺游览，遇到一位能文善诗的和尚，便流连多日，与和尚畅谈诗文，相互唱和，将正事抛诸脑后。上司极为恼怒，上折弹劾。执笔的幕僚将此事含糊归结为“流连金凤”，让朝廷误以为“金凤”是妓女名。清朝规定官吏禁止狎妓，所以黄云鹄差一点被朝廷严谴。因而，黄侃的研究者认为黄侃不仅是继承了父亲的“痴”，还将之发扬阐发为“癫”与“狂”了。

黄侃在北大任教时，慕名追随者甚众，黄门子弟被人们戏称为“黄门侍郎”。傅斯年在结识胡适之前，曾为“黄门侍郎”之一，为黄侃所器重。

一天，马叙伦拜访黄侃，临别时，黄侃约明日来家中吃午饭，并嘱咐说，请早些来，大家多谈谈。第二日，马叙伦如约而来，谁知黄侃犹高卧未起。马等了半小时，黄侃尚无反应，直至正午，仍未备饭菜。一等再等，马叙伦饥肠辘辘，便向黄侃提及昨日之约，黄侃双目瞠然道："对不起，我忘怀了。"遂草草设食而罢。

刘成禺《世载堂诗》载：黄侃上清史课时，对学生们说，"小宛入宫，实顾亭林主谋，有献西施沼吴之意"，而且"称获确证"，但人问证据何在，他却"匿不示人"。

黄侃在门上挂了一个小木牌，上面写"坐谈不得超过五分钟"。一次，女学生舒之锐和程俊英去黄侃处借阅杂志，见到木牌后即准备离去，黄侃说："女学生不在此限，可以多坐一会儿。"

在武昌高师任教时，一次，黄侃与竺可桢在楼梯间相遇，黄端详了竺可桢一会儿后说："这小子倒还不错！"

黄侃在南京时，某人日日造访，黄侃不胜其烦，一天笑着问此人道："你家有收音机吗？"此人不解其意，答道："没有。"黄侃笑着说："难怪每天来听我播音。"

中央大学的教授们大都西装革履，出入乘坐小汽车，最起码也坐着黄包车。唯黄侃进出都是步行，每次都着一件半新不旧的长衫或长袍，用一块青布包着几本常读之书。武酉山也记得黄侃包书的布包，上课时，他将布包放在讲台的右角上，看上去好像戏台上官府的大印一般。武氏教书后，也学老师黄侃，用布包包书，结果一次他听见几个女生议论，说他看起来像一个皮匠。

黄侃曾将自己的诗集《撷英集》交给常任侠录副，后又让女婿潘重规索回。后潘对常说，诗多艳体，老师后悔，请不要传出。

常任侠在中大附中任教时，黄侃让常带着他的两个幼子去幼儿园入学。入学考试问话时，两个孩子一言不发，常只好请主任张若南破格录取。回去，常告知黄入学之事，黄说："谁讲你的小师弟不会说话，可以当面一试。"遂将孩子叫来，果然能把卷朗诵。孩子入学后，黄侃一次去看他们，直接从课堂上把两个孩子叫出，带他们去看动物，旷课半日。为此，常任侠被主任责难一通，常无言以对。

黄侃清明踏青，见两姓后裔因争墓地而发生殴斗，遂改南宋高翥《清明》诗嘲讽："南北山头多墓田，清明打架各纷然。毡帽撕作黑蝴蝶，鼻血化作红杜鹃。日落死尸横冢上，夜归儿女哭灯前。人生有架需当打，不打何能到九泉。"

一次，黄侃请张继（字溥泉）在四川馆吃饭，宴罢，他发觉账单比平日要多，一查其中一项是张继司机的餐费，便对张说：“溥泉，我请你，并没有请你的司机呀！”张继连忙将司机的餐费剔除。

某次，黄侃动了游兴，到武昌后，下榻于弟子刘博平家中，做客月余。黄侃每餐非佳肴不饱，每天茶烟不停，而且都要上等货色，碰到高兴时，还要到附近逛逛名胜风景，刘博平一定奉陪，无不曲意承欢。刘妻事后曾向人诉苦说：“伺候黄老师是一件苦差事，只要不合他的口味，他就瞪眼。”

黄侃视书如命。某日，黄整理书籍，发现《古书丛刊》第二函不见，便怀疑被侄儿黄焯取走。他在当天日记中写道：“此儿取书，从不见告，可恨可恨！”并写一纸条，贴于书架之上，上书：“血汗换来，衣食减去。买此陈编，只供蟫蠹。昼夜于斯，妻孥怨怒。不借而偷，理不可恕。”第二天，《古书丛刊》第二函在别的书架上找到了，黄才怒气全消。

田炯锦在《北大六年琐记》中回忆黄侃讲课的怪异行径：“有一天下午，我们正在上课时，听得隔壁教室门窗有响动，人声鼎沸。下课时看见该教室窗上许多玻璃破碎，寂静无人。旋闻该班一熟识同学说，黄先生讲课时，作比喻说，好像房子要塌了。方毕，拿起书包，向外奔跑，同学们莫明究竟，遂跟着向外跑。拥挤得不能出门，乃向各窗口冲去，致将许多玻璃挤碎。”

黄侃曾在金陵大学兼课，许多人慕名前来听讲。当时刚从美国学成归国的该校农学院院长某君，突发奇想，贴出广告说，要在学校礼堂公开表演“新法阉猪”。一时全校轰动。表演这日恰逢黄侃到该校上课，学生因去观看“新法阉猪”，故上课者寥寥无几。黄问明缘由后，便宣布：今天上课者不多，大家都去凑凑热闹。在“阉猪”表演现场，只见某君先是得意扬扬地让学生捆出一头大肥猪，紧缚在手术架上，然后开膛破肚，谁知折腾半天也未能找到猪卵巢在哪里。黄侃于是作词一首，讽刺其人其事：

> 大好时光，莘莘学子，结伴来睹。佳讯竞传，海报贴出，明朝院长表演阉猪，农家二畜牵其一，捆缚按倒皆除。
>
> 瞧院长，卷袖操刀，试试功夫。渺渺卵巢知何处？望左边不见，在右边乎？白刃再下，怎奈它一命呜呼，看起来，这博士，不如生屠。

刘成禺在《世载堂杂忆·纪黄季刚趣事》中写道：黄季刚侃平生有三怕：一怕

兵；二怕狗；三怕雷。其怕兵也，闻日人兵舰来下关，季刚仓皇失措，弃室出走，委其书稿杂物于学生某，某乃囊括其重物以去。季刚诉诸予，且曰宁失物，不敢见兵；在武昌居黄土坡，放哨兵游弋街上，季刚惧不敢出，停教授课七日。其怕狗也，在武昌友人请宴，季刚乘车至，狗在门，逐季刚狂吠，急命回车还家。主人复牵狗来，寻季刚，约系狗于室外，始与主人往。其怕雷也，十年前四川何奎元，邀宴长洲寓庐，吾辈皆往。季刚与人争论音韵，击案怒辩，忽来巨雷，震屋欲动，季刚不知何往，寻之，则蜷踞桌下。咸曰："何前之耻居人后，而今之甘居人下也？"季刚摇手曰："迅雷风烈必变！"未几又大雷电，季刚终蜷伏不动矣。

黄侃在日记中也有许多怕雷的记载："晨匿首衾中，恶闻雷故也，既醒，觉头痛不堪。""今日闻雷恐极，以被蒙首。""夜遂大雨，迅霆可畏不敢眠。""忽电灯一断，继以雷声，急燃烛就寝。"他记载了怕雷的原因，主要是受了《论衡·雷虚》和文学书的影响，因而落下了心悸的病根。

学生陈祖深回忆，黄侃怕雷，曾在课堂上对学生们说，他有一个绝妙的躲雷之法：一见天上风云变色，即购票入京剧院。在正中人窝中一坐，一时锣鼓喧阗，任外面雷声霹雳，亦无闻焉，岂不妙哉？陈氏戏谑道："师盖非真听戏，系借戏以遁者也。"

刘成禺记载，黄侃晚年好《周易》，喜爻卦卜算，自诩别有会通，可借此致富。一日，他卜得上上卦，便去买了彩票，竟然得中头彩。黄大乐，道："今日所获，稽古力也。"即用彩票收入购建蓝家庄房屋。

嗜 欲

武西山曾概括黄侃的课余消遣为：喝酒、抽烟、喝浓茶、听清唱昆曲、游山玩水。

黄侃好吃。一日，一些同盟会会员在某处聚餐，没有邀请黄侃，因为黄侃曾骂过其中的很多人。黄侃明知自己没有被邀请的缘由，但挡不住美食的诱惑，遂不请自来。与宴者见黄侃进门，装作很热情的样子邀他入座。黄侃二话不说，脱鞋坐下，大快朵颐。吃完之后，他一边提鞋，一边回头骂道："好你们一群王八蛋！"说完，拔腿就跑。

1915 年，章太炎因大骂袁世凯，遭到软禁。黄侃怕老师寂寞，前往陪住。章的厨子为袁世凯派来的警察假扮，手艺很差，菜式单调，而章太炎向来对饭菜很不讲究，也不在意。但黄侃却极重口腹之欲，面对如此饭菜，实在难以下咽，于是他怂恿章太炎换了个四川厨子。黄此举得罪了那位假扮厨子的警察，因为此警贪污伙食费，财路被断，怀恨在心，不久就将黄侃扫地出门了。

朱希祖在北京大学任教时，某日宴请同为章门弟子的黄侃。黄侃赴宴后表示烧酒、绍兴酒都不喝，指名非要喝五加皮不可。朱只得临时派人去买。

一次，某人宴客，席间有熊掌、蛇羹、八珍等美味。黄侃得知后，很想前往品尝。但他曾经痛骂过主人，只好请好友刘成禺为其想办法，并保证从入席到终席，绝不发一言。刘成禺与主人商量，主人同意。这日席间，黄侃果然只是埋头大吃，一言不发，众人都以为黄侃转了性子，其实不知他为了美食才愿意“忍气吞声”。

冯友兰回忆，黄侃在北大任教时，常常穿一件蓝缎子团花长袍，黑缎子马褂，头戴一顶黑绒瓜皮帽，腰间露出一条白绸带。给学生讲课时，他讲到关键的地方，突然停下来不再继续，并说：“这里有个秘密，专靠北大这几百块钱的薪水，我还不能讲，你们要我讲，得另外请我吃饭。”

陈祖深亦回忆黄侃让学生请客吃饭之事：“（黄侃）真正学问，不传普通弟子。欲得其真传者，必拜师门。既入其门，凡有酒食，必先生馔，与先生偕，一切费用，必为代储。则大乐矣。”

某生平日对黄执礼甚恭。某日，该生在同和居宴客。主宾落座后，他忽然听见黄侃在隔壁说话，打听得知黄侃也在此处请客吃饭，就赶紧过去问好，不料黄侃见面就对他大加训斥。该生洗耳恭听良久，见黄侃没有丝毫打住的意思，便心生一计，把饭馆的人叫来，当着黄侃的面交代说：“今天黄先生在这里请客，无论花多少钱都记在我的账上。”黄侃一听，立即停止训斥，对该生说道：“好了，你走吧。”

黄侃在北大开设《说文解字》课程时，每次期末考试，都有学生不及格。久而久之，学生们知道黄侃好吃，投其所好，凑钱宴请黄侃，他欣然前往。这年期末考试时，学生们果然都及格了。校长蔡元培知道这件事情后，责问黄侃为何违反校规，接受学生们的吃请。黄侃不以为意，答道：“他们这帮学生还知道尊师重道，所以我不想为难他们。”

黄侃晚年，饮食都由妻子亲自动手烹调，每餐必须要有鱼肉鸡鸭山肴之类。如黄侃觉得不适口，便要妻子重做，有时一盘菜肴竟改做三四次；改做适口后，也仅是吃三四口而已。

黄侃与居正是湖北老乡，早年间都是同盟会会员，私交甚笃。居正任司法院长后，拜访者甚众，所以每日下班后，便避不见客，由门房挡驾。一日，黄侃去拜访居正，门房见他的外表和衣着土气，照例以“院长不在家”挡驾。可黄侃却是旁若无人，长驱直入。门房赶紧上前紧拉黄的衣袖，喝道：“你是什么人？出去！”黄侃大怒，一边骂：“你是什么东西，你管不着！”一边挣脱继续往里走，不料用力过猛，衣袖拉破了一道大口子。

两人的争执惊动了居正，他走出门，黄侃便大发雷霆：“觉生（居正字觉生），你做了官，居然就摆起官架来了！”居正一看是黄侃，忙斥责门房说：“我早就关照过你，这位黄先生来的时候，立即通报，你怎么忘了！”门房也还算机灵，赶忙回道：“怪我多吃了两杯酒，糊里糊涂的。”居正大笑，牵着黄侃的手说：“快进去坐，有两瓶茅台，请你尝尝。”黄侃一听，怒气全消，高高兴兴地随居正进门了。

堵述初回忆，黄侃午餐总要饮酒，下午上课走进教室时，他清癯的脸上微带红色，酒意并未全消。当时女学生们上课总喜欢坐在第一排，但每逢黄侃来上课，她们都自动改坐到第三排的座位上，以避酒气。

黄侃的学生中，他对陆宗达极为器重。原因是陆能喝酒能抽烟，故深得黄侃喜爱，两人常一边吃喝一边论学，有时一顿饭要吃四五个小时，陆从中学到许多在课堂上学不到的东西，获益良多。

黄焯曾在回忆文章中说，叔父黄侃“每餐豪饮，半斤为量”。黄侃平常对酒不挑剔，黄酒、茅台酒、白兰地、糟醴、麦酒、啤酒等，他来者不拒，经常喝到“大醉”、“醉甚”、“醉卧”。

黄侃好饮，不知节制，但他却劝别人喝酒要节制。有一次林公铎“自温州至，下火车时以过醉坠于地，伤胸，状至狼跋”，黄侃认为“似此纵酒，宜讽谏者也”。

黄侃说他自己身体不好，如果不是学过拳术，身体恐怕要更坏。但他牢骚满腹，无从发泄，所以只能寄情于杯中物了。他每日早晨要喝四两酒，才出来上课，冬季常患咳嗽，吐血症从来就没断过根。他喜欢吃蟹，螃蟹上市时，喝酒便更多了。学生卞孝萱曾回忆黄侃，“群贤雅集，联句作诗，一手持酒，一手持螯，谈笑风生”。

因好杯中之物，黄侃与几任妻子都闹得不可开交。黄侃对自己别的嗜好常生悔意，进行反省，唯独对喝酒，他从不自咎，反而将妻子的劝阻视为自己的“附疽之痛”，夫妻感情也一落千丈。黄侃最后也因饮酒而亡，他辞世前偕友登北极阁、鸡鸣寺，持蟹赏菊，饮酒过度，导致胃血管破裂，吐血身亡。汪东为黄侃逝世一周年所撰的祭悼词中说："季刚伤时纵酒，遂以身殉。"

刘太希回忆，黄侃跌宕不羁，兴之所至，肆意游观。黄到上海时，刘当导游，带黄游遍名胜及声色场所。一夕往观舞场大乐，归时作《临江仙》一阕，曰：

夜饮蛮街寒雨歇，相邀舞馆闲行，乍看烛灭乍灯明，恍如观秘戏，曾不障云屏。

俱是戏忘天上客，未知酒面微醺，郁单洲上更投生，华夷相混合，跳月擫芦笙。

黄侃好书，章太炎在为他撰写的墓志铭中说："有余财，必以购书。"黄侃在课堂上对学生说，夫人常因为黄侃买书之事责备他。因为他有时把钱汇到外埠去买书，钱寄出后，便天天盼望书能早些寄来。等书真到了，他打开包裹，匆匆翻过一遍后，将书往书架上一放，甚至从此便不再翻阅，每每如此。夫人指责他浪费。黄侃对夫人道："要知我买书的快乐，便在打开包一阅之时，比方我俩结婚吧，不也就在新婚燕尔之时最乐吗？"

黄侃在南京量守庐的藏书达 3 万卷之多。每月发薪水，黄侃都必先去买书，有时将一月的工资全部用于买书。一次，黄侃购《四部丛刊》2000 余册，耗资 430 元（他的月薪仅 294 元）；又一次，他一次斥 1600 元巨资购买《道藏》。因黄侃购书，夫人常常为生计发愁，只能暗中向娘家求助。即便如此，黄侃还是不知足，他在诗中说："十载仅收三万卷，何年方免借书痴？"章太炎特地给他写了"寄勤闲室"四字挂在书房。

因黄侃爱书，胡小石戏称其为"书淫"，黄侃不以为讽，反而极为喜欢。徐复观则说："黄先生一辈子最亲近的就是书。"

辛亥革命时，刘成禺回到武昌，见其母从家中翻出清代著名说书艺人柳敬亭《柳下说书》八本，刘便当成小说阅读，看完后，也未当回事，放在家中妇人用的鞋柜中。1922 年，刘与黄侃一同在武昌国立师范执教。黄侃当时正与彭欣草离婚，去刘家向刘母讨个主意。刘母劝慰道："季刚，汝心中难过，可取予鞋柜中小说阅之，消汝闷。"黄侃展卷神往，久久告辞道："请借我此书，缓日奉还。"刘并未在意。日后黄侃经常赠刘佳本，但当刘问及《柳下说书》，则支吾应答，刘这才明白黄侃不愿意归还此书。后来刘到南京，老友胡光炜对刘说："汝之《柳下说书》，黄季刚藏之床下铁箱中，此天下第一孤本奇书，非破箱不得见。”刘问由来，胡曰：“汪辟疆费大力，得见数本。虽汪旭初（汪东字旭初）与彼至好，亦无由见，此辟疆告予也。”黄侃去世后，久经抗战，此书佚失。后来汪辟疆告知刘成禺：“此书在宁，只予一人见过，予穷一日之力，费数十金币，捐肴菜果饼多种，季刚醉乐，启床下铁箱，出一本，阅尽，再出一本，阅数本后，铁箱上锁矣。予当年有日记一篇，汝阅之，可知其事。”

汪辟疆 1934 年 3 月 25 日日记云：“午后季刚约晚饭，饭后打牌四巡，负番币三十枚，季刚大胜。客去纵谈，出床下铁箧，皆申叔稿，以竹纸订小本，如《吕览·鸿烈斠注补》，古历一卷，再出《柳下说书》数册，为清初柳麻子所据以登场者，云是武昌刘禺生所度，此确为艺林珍秘之册。略为展阅，皆各自为篇，凡史实说部人物，并厕其中，词极雅驯，其惊心动魄语，亦谐亦庄。余因忆及冒巢民诗云：‘游侠髯麻柳敬亭，诙谐笑骂不曾停，重逢快说隋家事，又费河亭一日听。’每喜诵之，以为真能画出柳麻子也，今见此书，又为季刚诵之。季刚曰：‘此刘麻子，非柳麻子也。’余谓不必问刘、柳，要之此书与麻哥，大有因缘。季刚大笑曰：‘此书已入黄阁，裹以黄麻矣。’”

由于黄侃藏书甚多，所以书的储存和搬运便成了困扰黄侃的一道难题。他的书大都散放在书架上，有时地板上几案上也一堆一堆地放着书。他的一部木版《皇清经解》便堆在客厅中的地板上。广州中山大学曾请黄侃去该校任教，但无论校方如何苦劝，开出再优厚的条件，黄侃都没有应允。后有人问他为何不去中山大学时，黄侃答道：“我的书太多，不好搬运，所以就不去了。”

“一·二八”事变发生后，黄侃举家搬迁，他将藏书运到采石矶暂存，这些书足足装了八卡车。但不幸的是，他的藏书被当地居民盗出，当作废纸卖了。

黄侃读书极为认真勤奋，常通宵达旦。有说认为他精神超常，在于饮极浓之茶，茶水几黑如漆，每次读书之前，必狂饮之，屡屡饮之。虽饮后精神饱满，却大伤身体。武酉山回忆，他在黄家喝过茶，颜色深黄，像醋一样，令人口苦，不能下咽，但黄侃却甘之如饴。

风 雅

黄侃到暨南大学任教，一日上课时，他突然说道：“诸生听讲虽勤，而案上似少二事。”问：“二事为何？”他笑答：“清茶一壶，瓜子一碟耳。”

黄侃曾作一首七律诗《闺情》，诗嵌入一、二、三、四、五、六、七、八、九、十、百、千、万、半、双、两等数词，一气呵成，颇为有趣。诗云：“一丈红蔷荫碧溪，柳丝千尺六阑西。二情难学双巢燕，半枕常憎五夜鸡。九日身心百梦杳，万重云水四边齐。十中七八成虚象，赢得三春两泪啼。”

黄侃常与学生一起郊游、吃饭、喝酒，畅谈学问，于闲谈中给学生莫大启发。他讲学也是天马行空，没有章法，讲到哪里算哪里，但又处处都是学问，非一般人能理解。黄侃在北京时，经常陪同他游玩的“黄门侍郎”有孙世扬、曾缄二人。孙世扬曾说：“先生好游，而颇难其侣，惟扬及慎言（曾缄字慎言）无役不与，游踪殆遍郊坼，宴谈常至深夜。先生文思骏发，所至必有题咏，间令和作，亦乐为点窜焉。”

杨伯峻拜在黄侃门下后，黄侃常带他和其他弟子一起出游。游罢，便找一家有名的饭馆吃晚饭。黄侃每饭必饮好酒，且酒量极大，学生中酒量最好的亦不及。黄侃说：“饮君子要浅斟细酌，用大杯咕噜咕噜喝下去，纵使喝得多，算不得饮君子。”所以每次吃饭都要花上两三个小时。饭罢，还要拈韵，或作诗，或填词，限第二天下午课前交卷。他自己也作，拿来和学生们的比较。

吉川幸次郎在南京时，一日，黄侃邀请吴梅和他一起喝酒，黄侃谈兴极浓，吴梅则静如僧人。后说起《清史稿》，因执笔者为清朝遗老，行文中有回护清朝、微词民国之处，故民国将其列为禁书。黄、吴二人对政府这一行为非常不满，都说这是历来史书中应取的“书法”。黄还选出其中的某篇传记，放声朗读，吴则面带微笑，举起拳头，以苏州人特有的彬彬有礼随着黄的朗诵轻击桌面。

一次，程千帆和陆恩涌去看望黄侃，黄侃听说陆跟随吴梅研究曲律，就说：“你们不要以为只有瞿安才会教曲子，我也会。”接着，他就大声背诵了一大段《桃花扇》。程、吴二人当时恭恭敬敬地听了，从黄家出来后，二人笑着说，季刚老师这样好胜，真是个老天真。

有人请黄侃代写一篇碑文，说好五天来取。一连过了四天，他都没有动笔。到了第五天，取碑文的人来了，他才让弟子研墨铺纸，并吩咐弟子把纸打好格。弟子准备就绪后，他挥毫泼墨，一蹴而就，连上下款带正文刚好写到最后一格，一字不差。

黄侃与汪东同游庐山时，二人同时赋诗，黄辄先成篇，汪自叹弗如，于游记跋云："斜日既敛，微风飘衣，余时于此际，散策盘桓，而季刚方独坐湛思，追记向所经历，选词属篇，俄顷已就，余始有会于心者，季刚则已宣之以文。"

汪东回忆，他与黄侃偕游金陵玄武湖，时值清明前后，花开如幄，美不胜收。黄侃行吟其下，欣然回首，对汪说道："此真花天酒地也！"

叶楚伧与苏曼殊、黄侃同宴醉酒，三人兴致正浓，便驱马车至味莼园再饮。时已子夜，月明夜好，黄侃诵龚自珍《写神思铭》中文句："楼中有灯，有人亭亭；未通一言，化为春星。"徘徊久之，始归。见此情形，叶作诗一首，曰："放马月光似水，明灯人影留夜，安垲第前燕子，街泥投止朱门。"

婚 姻

黄侃的师母汤国梨回忆：据说黄侃一生结婚九次。刊物曾载："黄侃文章走天下，好色之甚，非吾母，非吾女，可妻也。"

据喻血轮的《绮情楼杂记》所言，黄侃离开北大的原因在于白日在中央公园宣淫，喻记载："旧都中央公园水榭对面一角，芦苇尚未尽除，有小桥通焉。一日，季刚竟挟一女子，于芦苇间白昼宣淫，为警察擒获，通知北大，遂因是去职。"

黄侃发妻王氏是黄侃父亲黄云鹄至交之女，据其子黄念田记载，二人为 1904 年结婚。婚后聚少离多，后王氏于 1916 年病逝。王氏祭日，黄侃曾写下五言长古《亡妻生日设祭作》，中有句曰："劳生本同梦，恨子独先寤，世情多反侧，危国恒忧惧。……偕老既初心，寒盟嗟失据。……此心终郁抑，庶几为子诉。凄风飘帐帏，遗貌坐相顾。何能缶缶歌，悲怀宜一赋。霜夜诚萧条，裴回候香炷。"

王氏生前，黄侃便与黄绍兰同居，并产下一女。结发妻子王氏病逝不久，黄侃又与彭欣草同居，后二人长期分居，彭一直在天津生活。

黄绍兰是黄侃的同乡、同族，黄侃曾是她的塾师。黄绍兰从北京女子师范大学肄业后，到上海开办博文女校，黄侃也到上海追求黄绍兰。当时黄侃发妻王氏尚在，黄绍兰以名分为由，拒绝了黄侃。黄侃遂心生一计，用假名和黄绍兰结婚，婚书上写的是李某某的名字。对此，黄侃向黄绍兰解释道："男方所以用李某某的名义，乃是法律问题。因你也明知我家有发妻，如用我真名，则我犯重婚罪，同时你明知故犯，也不能不负责任。"

二人"结婚"后，黄侃回到北京女师大教书，与女师大苏州籍女学生彭欣草秘密结婚。当好友告知黄绍兰黄侃婚讯时，黄绍兰便赶到北京，见到彭欣草后，彭让黄绍兰和自己一起去控告黄侃重婚。黄绍兰说自己婚书上男方的姓名为李某某，根本无法控告黄侃，她还劝彭欣草不要和黄侃决裂，一个人黯然回到上海。

回到上海后，黄绍兰在医院产下一女，乳名阿珏，学名允中。还没出院的时候，其父到上海看望女儿，看见初生的女婴后，便认为黄绍兰辱没家风，一怒之下，与她断绝父女关系。

黄绍兰后来和汤国梨结识，经汤国梨的介绍，被章太炎收为女弟子。汤国梨和章太炎曾为黄绍兰与阿珏的生计问题，为黄侃和黄绍兰调解。汤国梨当面指责黄侃用欺骗手段玩弄女性，事后又弃之不顾，“小有才适足以济其奸”！黄侃不敢顶撞师母，但对师母的指责却似充耳不闻，手握一瓶酒，喋喋不休地责骂黄绍兰，为自己辩护，推卸责任。黄绍兰无奈，只是哭泣。最后章太炎让黄侃每月给黄绍兰一百元，每一季度付一次款。黄侃说：“我没有钱。”于是章太炎只好借了三百元给黄绍兰。之后，黄侃再没有给过黄绍兰钱。

黄绍兰终其一生摆脱不了黄侃给她心灵投下的巨幅阴影。抗战胜利后，黄侃与彭欣草所生的两个男孩逃难到重庆，都已长大成人，二人从重庆返回上海，临行前，彭欣草叮嘱：“到了上海，先找黄绍兰，见面时，必须跪着叩头叫娘。”二人到上海后，找到黄绍兰，立即双膝跪下，很恭敬地叫“妈妈”。黄绍兰看两人的面容，宛然如年轻时的黄侃，精神突然受到极大刺激，当天便精神病发作。女儿阿珏将她送到精神病院治疗，不久便去世，据猜测，可能为自缢身亡。汤国梨对黄侃气

黄侃与夫人黄菊英及子女、女婿在南京量守庐故居合影

愤至极，她在《太炎先生轶事简述》中谈到黄侃，骂他“有文无行，为人所不耻”，是“无耻之尤的衣冠禽兽”。

黄侃与黄绍兰的关系，还间接帮助了中国共产党的成立。潘新藻在《黄季刚先生之革命与治学简述》中记载，1921 年，中共一大在上海召开，代表之住宿难以解决，后闻法租界博文女校校长黄绍兰与黄侃熟识（按：潘以为二人为远宗同姓，此处为误），便请黄侃致函黄校长，以北京大学暑假旅行团名义，向黄校长借了几间校舍，解决了代表团的住宿问题，使得大会顺利召开。

在武昌高师任教时，黄侃与武昌女师学生黄菊英相恋。黄菊英是他的大女儿黄念容同年级的同学，常到黄家串门，以伯叔之礼事黄侃，黄侃对这位女学生也非常友善。一来二去，二人竟日久生情，互生爱慕。不数月，二人便突然宣布结婚。他们的婚事遭到了众人的反对，友人都以“人言可畏”劝他，他坦然说：“这怕什么？”黄家也以“同姓不婚”，拒绝将女儿嫁给黄侃。黄侃便作《采桑子》一首，送与黄菊英，词曰：

“今生未必重相见，遥计他生，谁信他生？缥缈缠绵一种情。
当时留恋成何济？知有飘零，毕竟飘零，便是飘零也感卿。”

黄菊英看后，大受感动，毅然离家出走，与黄侃结为夫妻。

黄侃与黄菊英之事传遍武汉学界，顿时成为丑闻，小报更是大肆渲染，闹得沸沸扬扬。有某男生为黄侃拜门弟子，见事体严重，颇忧之，走告黄侃曰：“近日报纸攻击先生者甚多，先生未见乎？”黄侃答曰：“余知之，因连日筹备结婚事忙，无暇读此，请君代将各报检存一份，俟余结婚后送来，我将细细读之，以作蜜月中消遣也。”某生又问：“舆论甚烈，先生不畏乎？”黄愤然曰：“狗屁舆论，不畏也。”

黄侃一生有“十儿女，六者为异物”。他在致友人书中慨叹：“亡妻早没，子女无多。侃又中年早衰，弥增舐犊之爱。”

黄侃对子女的教育极为严格，他常给子女讲家族历史，教他们做人之道，授予经书典籍。子女们读书不够勤奋时，黄侃便疾言厉色责之。“挞念华（黄侃长子）等，以其荒嬉也，不好纸笔，唯觅梨枣。”

长子黄念华 15 岁时，黄侃托友人带其到日本留学，念华不愿远行，以致哭诉，黄侃生气地杖责念华。念华年仅十九便病逝，当时念华在北大读书，“性行和厚，能读父书”，黄侃悲痛欲绝。

陆宗达曾言及：黄侃的长子念华患肺结核去世后，有一日陆宗达去黄家看望老师，黄侃的二子念田也在座。闲谈中黄侃问念田：“你知道你哥哥怎么死的吗？”念田说：“不是肺结核吗？”“不对！”念田连说几个原因，黄侃皆言不对。最后黄侃说：“是捋死的（即手淫而死）。”随后黄侃又嘱咐道：“你不要学你哥哥，你要有这欲望，你告诉我，我带你去。”猛一转念，自语道：“吾父子怎好同去？！”一扭脸瞧见陆宗达，当即说：“颖民（陆宗达的字），你带他去吧！”

1928 年，黄侃一岁多的次女念惠夭折，黄侃痛苦之至，借酒浇愁，一月内，四酒四醉。念惠去世后，黄侃总觉得念惠所葬之处风水不好，费神为早夭的女儿迁葬。

黄侃之九姐、田太夫人所生之女黄静仪夫死后，为夫守节，立一嗣子，并抚养其长大。黄侃对九姐极为崇敬，尊为“女宗”、“女师”，故他为女儿起名念仪，表示对九姐之敬，也希望女儿效法姑母。

黄侃的长婿潘重规是黄门弟子。黄侃在南京中央大学任教时，刘太希前往拜访，黄侃说起近年收一名弟子潘重规时赞叹不已：“在千百文卷中，只有潘生一文，不但文笔精美，且是字字一笔不苟的正楷，近来常来请益，诚为近代青年中之精金美玉。”刘当即说明潘生为其姊之子，黄便忙问潘生婚否，刘答尚未，黄便说：“吾女待字未婚，与潘生堪成匹配。”遂由王伯沆做媒，潘重规与黄侃长女、26 岁的黄念容结为夫妻。黄侃对这位门生兼东床快婿很是满意：“潘生勤学能文，覃思经术，可望传业，且温恭有德，此良姻也。”

潘重规读书非常刻苦，一日缮写时，因太投入而忘了吃饭，黄侃问起，潘不好意思地说：“怪不得肚子响起来了。”黄侃便让潘到自己家中吃饭。二人相处时间长了，黄侃对潘重规印象很好，对他很是器重，闲暇时，二人常朗诵诗词歌赋。一次，黄侃命潘移录《文选》的手抄本时，对潘说，往年同章太炎先生同住东京时，讲论《文选》，辄联句为文，潘重规说：“我只见古今有联诗词者，未闻联句为文，这是师门之创造也。”两人捧腹大笑。

抗战爆发后，黄家举家西迁至重庆。当时日机常空袭山城，警报一起，潘重规即与黄念容带着黄侃遗书四处躲避。南京失守前，黄侃的儿子黄念田将黄侃藏书寄存在其友人鲁亚鹤位于采石矶的寓所中。抗战胜利后，潘重规到鲁家，鲁说，黄侃藏书尽毁，只存有《古韵谱》及手批《文始》两册。潘重规捧书而泣。1949 年，潘重规与黄念容赴台，将黄侃遗书带去后，锁入银行保险柜中。1997 年，黄念容去世后，潘重规将黄侃遗著影印，以永久保存。

黄念容继承父业，亦从事语言文字研究工作，1977 年，由她编的《文选黄氏学》由台北文史哲出版社出版。

潘重规的养女潘锦本为黄侃之子黄念田的亲生女儿，所以她既是黄侃的孙女，又是黄侃的外孙女。潘锦和丈夫杨克平一直在推动黄侃学术的研究。1984 年，杨克平在武汉大学设立黄侃奖学金。同年 5 月 11 日，由杨克平努力奔走主办的中国海峡两岸黄侃学术研讨会在华中师范大学举行。1995 年，由武汉大学主办、杨克平鼎力支助的黄侃学术国际研讨会在武汉大学举行。

圣 童

黄侃的父亲黄云鹄，字翔云，进士出身，曾任四川盐茶道、成都知府等职，后官至四川按察使，一生为官清廉，人称黄青天。黄云鹄亦为著名学者，一生著述繁多。黄侃庶出，生母周氏原为黄家女仆，后被黄云鹄纳为妾室。

黄侃天资聪颖，5 岁时，随父游成都武侯祠，祠壁悬楹联甚多，他一一默记。归后，黄父问其一二，他当即朗声背诵，令其父惊诧不已。

黄侃 7 岁时，黄云鹄独自到江南尊经书院任教。因家用匮乏，母亲让黄侃写信告知家中困顿，黄侃在信后附诗一首，云：“父作盐梅令（指其父曾任四川盐茶道），家存淡泊风，调和天下计，杼轴任其空。”黄云鹄见到黄侃写的家书，既激动又惭愧，遂和诗一首云：“昔曾司煮海，今归食无盐；惭愧七龄子，哦诗奉父廉。”

当时黄云鹄的好友、原山西布政使王鼎丞卸任后客居江宁，读到黄侃诗，诧为奇才，遂将女儿许配给黄侃。此女即黄侃的结发妻子王氏。

黄侃 9 岁能读经，日逾千言，10 岁便已读毕四书、五经，人呼“神童”。黄云鹄致信黄侃劝诫道：“尔负圣童之誉，须时时策励自己，古人爱惜分阴，勿谓年少，转瞬即壮志矣。”

黄云鹄教子甚严，要求黄侃将《史记》、《汉书》从头背到尾。他将自己从四川带回来的几十箱书存放在一间屋子里，起名“归学处”，作为黄侃读书的地方。黄侃 13 岁时，黄云鹄病逝，黄侃母亲秉承黄云鹄志愿，依旧请人在“归学处”为黄侃授课。每每黄侃上完课归家时已是深夜，此时家中偏门已锁，他常常要翻山从小径绕到大门回家，母亲每次都秉烛在外面等着黄侃。母亲恐黄侃吃不了苦，问他："汝亦知求生之道乎？"黄侃深知母亲良苦用心，答道："读书而已。"

父亲去世后，黄侃因系庶出，颇受黄家歧视，黄侃便立志劬学以在大家庭中立足。15 岁时，黄侃考中秀才，后因清廷废科举、兴学堂，黄侃考入湖北文普通中学学堂，成为该学堂第一期学员。当时同学中有宋教仁、查光佛、郑江灏、欧阳瑞骅、董用武（必武）等人。

师　徒

黄侃幼时从著名学者江瀚读书，他名满天下后，仍一直以师礼事江，常托人寄物品给江。1931 年，黄侃北上，刚下车，便赶到江宅拜谒老师。江瀚七十时作七律《见怀》送给黄侃，首句便是："不见蕲春黄季子，三年白尽老夫头。"

黄侃与章太炎结识于日本，传闻中，章、黄结识颇具戏剧性：当时黄侃住楼上，章太炎住楼下。一天夜晚，黄因内急，来不及上厕所，便从楼窗中解裤洋洋直泻。章时夜读正酣，蓦地一股腥臊尿水瀑布般往下飞溅，便高声怒骂。黄侃年轻性躁，盛气凌人，不甘示弱，马上报以回骂。双方不骂不相识，互通姓名后，彼此都熟知对方大名，遂将话题转到学问上，两人越谈越投机。黄侃钦佩于章太炎的学问，而章太炎也对黄侃极为赏识，自此，黄侃师从章太炎问学经年。

黄侃与其师章太炎的相识还有一种版本：在日本时，一次，黄侃随众人去拜访章太炎。到章的住所，黄侃看到章太炎在墙上用大字写着东汉戴良的四句话："我若仲尼出东鲁，大禹长西羌，独步天下，谁与为偶？"黄觉得章为人太狂，恐难接近，便没有进去拜访。后来章太炎在报上看到黄的《专一之驱满主义》和《哀贫民》两文，惊为奇才，即修书差人相约黄侃，黄侃才前往拜谒，二人得以相识。

黄侃少承父学，读书多神悟，尤善音韵，文辞澹雅。章太炎夸赞黄侃说："季刚清通练要之学，幼眇安雅之辞，并世难得其比。"

黄侃与章太炎交往一年，一直没有拜师。第二年秋，黄侃即将归国省亲，章太炎对黄说道："务学莫如求师，环顾国内能为君师者少。君乡人杨惺吾（清末地理学家杨守敬）治舆地非不精，然查君意实不欲务此。瑞安孙仲容先生（清末经学家孙诒让）尚在，君归可往见之。"黄侃听了，沉吟未语。章太炎又说："如君不即归，必欲得师，如仆亦可。"黄侃听后大喜，第二日即执贽至章太炎处叩头称弟子。自是日相追随，学问大进。章太炎亦感黄侃聪敏颖悟异于他人，尝叹曰：“常言学问进展，如日行千里，今汝是一日万里也！”

黄侃虽为章氏弟子，但其对章氏研究学问亦有帮助和启发。章太炎曾说：“(黄)虽以师礼事余，转相启发者多矣。”章的《文始》一书便是吸收黄侃意见写成的。章太炎的著作《新方言》出版时，不请同辈学人，却让黄侃为他写《后序》，足见其对黄的看重。

章太炎著书广征群说，而往往以黄侃所提作为定论。黄侃为此感佩万分，每逢学术讨论，必以章太炎的观点为准则，维护先生可谓不遗余力。某次黄侃与人讨论训诂，此人反对章之学说，而黄侃不许他人反对章太炎，故争得面红耳赤，直到那人让步，才肯罢休。

民国初年，宁太一办《民声日报》，邀柳亚子襄助笔政。柳亚子是《天铎报》的骨干，《天铎报》的论调和章太炎的颇有抵触。《天铎报》刊登了夏重民的一个短评，将矛头直接对准章太炎。黄侃看后大怒，立刻赶到天铎报馆和柳亚子大闹。是晚，柳亚子的姨丈汪东送来请柬，邀请柳到同兴楼赴宴。岂知柳到了那儿，黄侃板着面孔，带着怒气，责问柳《天铎报》短评之事。柳说：“我不是总编辑，负不了责任。总编辑是李怀霜，你找我有什么用！”但黄侃不依不饶，硬要柳脱离《天铎报》，柳亚子无奈，只能离开《天铎报》，专任《民生日报》的辑务。至此纠纷才告一段落。

黄侃目中无人，独对章太炎执礼甚恭。他常说：“尊师所以重道。”周黎庵在《记章太炎及其轶事》中记载：“前中大教授黄季刚先生，为章氏最得意弟子，季刚先生事章氏恭谨又倍于他人。黄有弟子陈君（按：应为孙世扬，黄侃在北大的弟子，后为章家的家庭教师），亦能传其衣钵，主章家为西席，章氏以西席礼待之。每逢新年，季刚先生必诣章宅叩贺，至必行跪拜礼，黄叩章，陈又叩黄，章又向陈行礼。坐定，陈举茶敬黄，黄敬章，章又敬其西席，如此循环不绝，家人传为笑谈。”

汪辟疆也说，黄侃“二十余年间执弟子礼始终甚谨”，“‘于并世老宿多讥弹’，惟于太炎先生，则始终服膺无间。有议及章先生者，先生心盛气争之，犹古道也。”章太炎也称黄侃“性虽俶异，其为学一依师法，不敢失尺寸”。黄侃平时爱作诗，经常拿着诗稿请章审阅，对章的只字片语都特别珍视，每章太炎有信至，便将信裱起来珍藏。章知道黄有此爱好，有时还特地为黄写几幅字，写几首诗，黄侃得书后如获至宝，欣喜万分。1929 年 1 月 12 日，章太炎六十大寿，黄侃冒雨赶到上海，为老师祝寿。黄侃曾动容地对弟子说："一饮一啄，莫非师恩。"

黄侃日记中每写"章炳麟"三字，均以"章火"代之，避师名讳。

世人皆不齿黄侃的私生活，称黄"有文无行"、"无耻之尤"。但章太炎却对其种种行为极为宽容，认为黄酷似魏晋时期竹林七贤之阮籍，不论黄如何玩忽礼法，藐视道德，但其母丧时呕血数升，乃纯孝之人，内心善良，并非残忍之徒。

黄侃一向目中无人，只要他看不惯的，开口便骂。但他却一直对刘师培以礼相待，别人问他是何缘故，他回答道："因为他与本师太炎先生交情很深。"

章太炎、刘师培、黄侃三人常在一起切磋学问，三人无所不谈，但每次谈到经学，只要黄侃在场，刘师培就三缄其口。黄侃猜测，刘是想让自己拜他为师，才肯传授自己经学。有一次，刘师培感叹自己学问没有传人时，黄侃朗声问道："我来做你的关门弟子如何？"刘以为黄只是玩笑话，便说："你自有名师，岂能相屈？"黄侃正色相告："只要你不认为我有辱门墙，我就执弟子礼。"第二天，时年已 34 岁的黄侃前往刘家向比自己仅大两岁的刘磕头拜师，并奉上十块大洋的红包作为拜师礼金，刘当仁不让，欣然受礼："我今天就不再谦让了。"有人认为黄的学问在刘之上，黄不必自轻身份，黄说："《三礼》为刘氏家学，非如此不能继承绝学，此所谓道之所存，师之所存。"

据黄侃告诉汪东，一日，黄到刘家问疾。刘师培独以学无传人为忧。黄侃谓刘先生教满天下，何言此。刘言："惜不得如足下其人者。"季刚矍然起曰："信如是，刘先生不弃，侃愿执经受业。"刘笑颔之。次日即备毡烛往行弟子礼。

黄侃拜刘师培为师时，黄侃已名满天下，与刘的名气相差无几，许多人很是费解。章太炎也不以为然："季刚小学文辞，殆过申叔（即刘师培），何遽改从北面？"黄答："予于经术，得之刘先生者为多。"

刘师培常与在北大任教的黄侃谈论学问。一次，刘将其关于《左传》的研究著作拿给黄侃看，黄读后十分佩服，认为刘乃"旷代奇才"，对其过目成诵的才能尤为推崇。一次，侄子黄焯问黄侃，刘师培与章太炎哪一个读书较多，黄侃不悦道："汝何知？刘先生之博，当世殆无其匹。其强记复过绝人。"

黄侃在课堂上曾对学生说起他为何心折刘师培。黄侃在北大教书时，课前十分钟必定要看一遍讲义，一次，他看到陶渊明的一句诗，不知典故出自何处，便去问刘师培，刘说要思索一下再告诉他，他说时间来不及了，便去问章太炎，当时章刚起床，正在阶前刷牙，问他何事如此匆忙，他说明来意，章当即告诉他出处。回来时，他又绕道去看刘师培，刘说他也想起来了，说的与章所说一致。从此，黄侃对刘师培更加敬重了。

黄侃师从刘师培时，刘已不久于人世。黄事师月余，刘尽以所学告黄侃，旋即病逝。黄侃说：“侃六七年前，每事好为新说，自事仪征而后，乃恍然于所尚之非，而已驷不及舌矣。”

虽然拜师后仅数月，刘师培便去世，但黄侃始终不忘师恩。刘师培去世的次年，黄侃撰《先师刘君小祥会奠文》悼念刘，黄侃在文中云：“悲哉小子，得不面墙，手翻继简，涕泪浪浪。”黄侃将刘师培的墓志铭拓片装裱后挂于书房，“朝夕面对，如见师恩”。

黄侃弟子陆宗达给学生晚辈讲到黄侃时，常常会情不自禁地吟诵道：“一啄一饮，莫非师恩。”“文革”结束后，百废待兴，陆写的第一篇文章，并非学术上鸿篇大论，而是“季刚先生二三事”。陆家曾住琉璃厂，有次陆宗达去西草厂理发，路经椿树上二条时，陆在胡同口站住，伸头朝巷子里望。陪同陆宗达去的孙子陆昕问他干什么。他停了一会儿，才沉浸在回忆中说：“季刚先生当年来北平，就在这里住过，就住在那个大门里。”说着用手指了指不远处一所院落。陆昕建议到大门口看看，他却说：“不必了，走近了更受不了。在这里看看就行。”陆昕回忆说：“记得那天正是一个秋日的黄昏，胡同口有棵干枯的老树兀然耸立，夕阳惨淡，暮色沉重，也许正是这一片凄清引起祖父心中的怀念吧？”

陆宗达临终前陷入了昏迷，经常说胡话。有一夜，他忽然大声而清晰地说：“这件事得季刚先生说了算！”守在一旁的陆昕心里感叹无比，深觉祖父对黄侃的感情何以一至于此。

治 学

辛亥革命后，革命的胜利果实被袁世凯夺取，黄侃对此进行了深刻反思：“革命功成，实由民气。民气发扬，端赖数千载姬汉学术典柯不绝，历代圣哲贤豪精神流注，俾人心不死，种性不亡。是以国祚屡斩而不殊，民族屡危而复振。且以已承父师之业，将欲继绝学，存国故，植邦本，固种性。故自光复后，不欲与政事。平生兴国爱族之心，一寄于文辞。欲持此为报国自请之具。”从此，黄侃弃政从文，一心进行国学研究，这是黄侃一生的转折点。

黄侃说："学问之道有五：一曰不欺人；二曰不知者不道；三曰不背所本；四曰为后世负责；五曰不窃。"又云："治学第一当恪守师承；第二当博学多闻；第三当谨于言语。"

黄侃谈学问："有直线之学问，有平面之学问。泛滥各科，以求广博，平面之学问也；设为专题，深入研究，登峰造极，直线之学问也。"

黄侃说："学术二字应解为'术由师授，学自己成'。"又云："凡古今名人学术之成，皆由辛苦，鲜由天才；其成就早者，不走错路而已。""学问最高者，语言最简。"

《量守庐学记》中记载，黄侃批评近人治学之病有三：一是郢书燕说之病；一是辽东白豕之病；一是妄谈火浣之病。

黄侃说，初学之病有四：一曰急于求解；一曰急于著书；一曰不能阙疑；一曰不能服善。故黄侃曾言：五十之前不著书。黄侃生前，章太炎曾多次劝他著书立说，但黄侃终不为所动。后黄侃因酒猝然离世，其身后留下的著作寥寥。章太炎在为黄侃所撰的墓志铭中写道："（黄）尤精治古韵，始从余问，后自为家法，然不肯轻著书。余数趣之，曰：'人轻著书，妄也；子重著书，吝也。妄不智，吝不仁。'答曰：'年五十当著纸笔矣。'今正五十，而遂以中酒死。"

黄侃不仅要求自己不要急于著书，还告诫学生30岁之前不要轻易发表文章。殷孟伦回忆，黄侃常劝学生们"要打好基本功，不要骛外，要耐心于久坐下苦功。""先生并告诫我不要轻易在报刊上发表文字，一则学力不充分，一则意见不成熟，徒然灾梨祸枣，遗人把柄，于已无益，于世有损。"

陈祖深回忆道，黄侃"惟文思颇涩，每为一文，必博考群书，稿凡数易，不轻示人"。他常曰："文章古奥，可学柳子厚，少用虚字。如作一文后，抽去其中'之乎、者也'即行。"又曰："汝自信不会读错之字，往往偏会讹误于不觉。……相习成风之讹误，如汝个人纠正，则人反以为非者。如成语中之'目不识丁'应为'目不识个'，'自顾不暇'应为'自固不暇'，'滑稽'应读'骨稽'，'暴露'应读'扑露'等……"

黄侃云："通一经一史，文成一体，亦可以为成人矣。"

一次，学生武酉山问黄侃一句典故，黄说出自于《汉书》，说完便背诵出一大段，武惊讶地问："《汉书》你如何会背得呢？"他说："《汉书》都不会背，教什么书呢？"

黄侃记忆力惊人，《文选》中不论长篇短篇，一写就是满黑板，从不用翻书；

《说文》示部众六十三部，可以按次序写出来;《文心》每篇都可以背诵。世人都认为黄侃记忆力绝佳，实际上是他勤奋使然，他每月必用篆文抄写温习十三经一遍。

吉川幸次郎对于《经典释文》的《穀梁传》中几处疑问，一直没有弄明白，初到北京，他也问过几位学者，但都没有得到清楚、满意的答复。后他与黄侃见面时，一提出问题，黄侃立刻回答:“这是夹带进了宋人的校语。”当时黄并没有翻看任何书籍，就立即能做出判断，让吉川幸次郎钦佩不已。

一位叫戴明扬的学生注释《嵇康集》，其中有“交赊相倾”一语，请教多人，不得其解。后陆宗达让他去请教黄侃，黄侃立即找出证据，说“交赊”是六朝语，意为“远近”。戴明扬惊服而去。

黄侃尝言，“要如一字不识人”，方能读书。黄侃读书，喜欢随手圈点，许多书都不止圈点了一遍。他曾圈点《文选》数十遍，圈点《汉书》、《新唐书》等三遍。《清史稿》全书一百册，七百卷，他从头到尾，一卷一卷地详加圈点，绝不跳脱。对于中药的书籍，总是正襟危坐地去点读。每次读书前，他总是在书前记下启卷时日，读毕，再记下时日。因此，他把读书时只是随便翻翻、点读数篇辄止者称作读“杀书头”，他生平最恨人读“杀头书”，说这种人，一生都不会读好书，并且还关系他本人的寿命。

黄侃曾说:“书是给人读的，尽管在上面批写，不要把它奉为天神似的。”武酉山看过黄侃批的郝懿行的《尔雅义疏》，每篇几乎都写得满满的，认为郝氏不对的地方，便给他一条“红勒帛”。

吉川幸次郎拜访黄侃时，看见他的书桌上放着孙诒让的《周礼正义》，是常见的活字铅印本，字体很小，不方便阅读，但黄侃对全书都施以朱笔句读，且在空处画出许多红色的圈和叉，圈代表同意孙诒让的观点，叉则表示不同意。

有一次，黄侃与学生陆宗达闲聊，黄问陆:“一个人什么时候最高兴？”陆不知老师此问何意，就胡乱说一通。黄侃听了摇头不答。最后，陆问黄到底是什么时候，黄侃说:“是一本书圈点到最后一卷还剩末一篇儿的时候最高兴。”这次谈话陆宗达终身铭记于心。

陆宗达还回忆，一天深夜，黄侃让儿子打着灯笼和他一起到陆家。陆宗达以为黄侃有什么要紧事，谁知黄侃告诉他，他此次去东北大学与曾运乾切磋学问，获益良多，刚下火车急着到陆家告诉陆宗达。黄侃兴奋地说:“我在东北见到曾运乾先生与他深谈两夜。他考定的古声纽中，‘喻’纽四等古归‘定’纽，‘喻’纽三等古归‘匣’纽，这是正确的。我的‘十九纽说’应当吸收这一点。”

黄侃曾赠陆宗达八字：“刻苦为人，殷勤传学。”陆宗达每与黄侃谈论学问，常到晚上十一二点才离开黄家。第二天早上八点陆再到黄家时，黄侃的桌上已经放着厚厚的几卷已经圈点完毕的书。

程千帆回忆老师黄侃说：“老师不是迂夫子，而是思想活泼、富于生活情趣的人。他喜欢游山玩水，喝酒打牌，吟诗作字，但是有一条，无论怎样玩，他对自己规定每天应做的功课是要做完的……”

黄侃常说：“学问须从困苦中来，徒恃智慧无益也。”他以为“治学如临战阵、迎敌奋攻，岂有休时！所谓扎硬寨、打死仗，乃其正途”。每次读书，黄侃必正襟危坐，无论白天如何劳累，晚上坚持读到鸡鸣才就寝，此读书习惯，从不因人事、贫困或疾病而改变。有时朋友来访，与之畅谈至深夜，朋友走后，他坚持在灯下校读，读毕才休息。

在日记中，黄侃常为琐事扰其读书而苦，又以能多读书为快。他常记载：“假日，终日有人来，不能读书，甚苦。”“客多，无暇看书，此日可惜。”“连日应酬，束书不观，为损殊巨，今当竫摄。”如果一日中能多读书，他则非常高兴：“竟日得读书，最乐。”“今日所览特多，可快也。”“竟日从容诵读，殊可乐也。”

1913年，黄侃旅居上海，穷困潦倒。这年除夕之夜，街里爆竹喧喧，通宵达旦，而他却兀坐室内，一灯荧然，专心读书，不知困倦。

黄侃喜欢夜读，夜间如果从他的墙外走过，可以看见从绿窗纱透出来的荧荧灯光。黄侃不装电灯，说怕失火。一年冬的黄昏，武酉山去拜访黄侃，只见黄侃家中已经点起最大高足的美孚灯来，他正坐在灯下读书，把眼镜移到眉毛上边，很是投入。

黄侃曾为一位学生批点《文选》，书买回后，他每晚详批，让侄儿黄焯往另一本书上过录。十几天，黄侃便将书批点完毕。后来，黄焯告诉陆宗达说：“不知先叔怎么会那样快，我抄录都赶不上他的速度。”

一次，友人登门拜访，进门只见黄侃一手捧书，一手拿馒头，放到嘴边欲吃，却又停下。友人知黄侃正沉溺书中，便静坐等候。忽然，友人只听啪的一声，一看，原来黄侃读到开心处，先在桌上猛击一掌，再将馒头蘸着朱砂和墨汁后放入嘴里，顿时成了一个大花脸。友人笑道，你这哪是读书，是吃书啊！

黄侃临终前，所读《唐文粹补遗》尚有一卷没有圈点完毕，他吐着血，叹息道：“我平生骂人杀书头，毋令人骂我也。”一面吐血，一面仍坚持将此书圈点批校完毕。

学生尚笏、陆恩涌《季刚师得病始末》中记载，黄侃临终前，不断吐血，医生注射止血药剂，并让其服下镇静药物，“乃稍稍入睡，昏卧喃喃若梦呓，多涉学术语”。柯淑龄《黄侃之学术及其生平》中也记载，黄侃“昏睡，喃喃若梦呓，语多涉学术，频言垂老无成，辜负明恩，竟未及家事也”。

黄侃去世后，刘成禺遇到李葆初，谈及黄侃，李对刘叹息道：“中国更无师矣！”

传 道

黄侃善于咏诵诗章，抑扬顿挫，给人一种身临其境的美感。学生们情不自禁地跟着唱和，整个北大到处都能听到这种调子，被师生们戏称为“黄调”。黄侃讲课，也吸引了许多外系的学生，冯友兰亦前去听讲，放假回家时学习黄侃咏诵的调子，读给妹妹冯沅君听，从而将冯沅君引上了文学的道路。

学生们都称黄侃是一个“特别教授”，他讲《说文解字》，一个字一个字地讲，一不带书，二不带讲稿，旁征博引，口若悬河，讲得头头是道。学生们偶尔好奇，下课后去查黄侃在课堂上引用的论据，发现黄侃说的一字不漏、一字不错，学生们啧啧称奇。

黄侃的学生曾回忆，黄先生是带着感情去教书的。《说文解字》很枯燥，要是一般地讲授知识，谁也难久坐下去、久听下去，可黄侃在讲每个字时，是带着爱憎的感情来讲的，他把自己变成书中的人，书中的人笑了，他笑，书中的人哭了，他也哭。所以他讲起每个字来，学生们都和老师同呼吸，和书中的字同呼吸。

一次，黄侃讲授《说文》，说到“荠”字，他先解释该字的字形、音韵、训诂，最后忽然说：“你们记着，荠菜馅的饺子最好吃！”全班大笑，于是学生们对这个“荠”字印象深刻。

据说，黄侃曾圈点校读《说文解字》五次，每读一次都有新的收获，新的体会。他给学生讲课时，每一次都有新的内容，学生们说，听黄先生的课，百听不厌，常听常新。有一天，黄的学生为他拿皮包时发现内有许慎的《说文解字》一本，翻开一看，那书上画得太特别了：书上全是蝇头小字，密密麻麻，有墨笔写的，有朱笔写的，还有各种各样的符号，全书 9300 字，每个字都有自己的讲法；别人的讲法，有的他肯定，有的他否定，也都记在了上面。

学生看了黄侃所读的那本《说文解字》后，问道："黄先生，你这批在书头上、书边上的东西，颜色各异，字又那么小，谁还认得呢？"黄侃半开玩笑说："我要人认得干什么呢？别人要知道了上面的内容，我就不是第一了。"全班哄笑。

黄侃反对白话文，但并不反对新式标点。堵述初回忆，黄侃在课堂上说，新式标点未尝不可，但标点要正确，对于古典文学，尤其如此。黄把"？"称为"耳朵"，当谈到有人将"落花流水春去也天上人间"这句标点为"落花流水春去也，天上人间！"黄侃说："这就错了，应该是天上耳朵，人间耳朵。"引得全堂哄然。

黄侃讲课，旁征博引，上下古今。他教学重质不重量，一篇陆机的《文赋》，讲了一个学期之久。

武西山回忆，黄先生上课，学生不敢提问，因为他疑心学生有意跟他捣乱。不过课后求教，他倒很客气。倘若到他家中请益，他更客气，还会亲自敬你纸烟，和你无话不谈。

黄侃在中央大学开设"文学研究法"课程，讲授《文心雕龙》。他平时只讲课，不给学生布置作业。到期末考试时，他不肯批改考卷，也不给学生们打分数。教务处一再催促。黄侃被催急了，就给教务处写了一张纸条，上书"每人八十分"。他的意思是学生总想得甲等，给九十分嫌多，七十分又非甲等。八十分正合适。教务处也无可奈何，从此不再提这件事。

学生张汝舟回忆黄侃教学："他讲声韵学很有系统，却没有一张讲义。我记得他常常只用粉笔在黑板上画表，表是画了一张又一张，他把古音从郑庠六部、顾炎武十部，江慎修十三部到他的二十八部都画出来了。还在他的二十八部下面注明顾、江、戴、段、孔……说明他的二十八部不是自己私拟的。一张表讲了好多堂课，曾经大发议论，而最后一句是奇谈：'讲什么古韵，郑庠六部就够了。'"

姜亮夫惊叹于陈寅恪的语言广博，他对老师黄侃说："我自己的根底太差了，跟寅恪先生无法比！"黄侃说："这话你也不必这样讲，我们过去的古人，谁又能够懂八九国的语言呢？他们难道没有成绩吗？王念孙虽然一样外文不懂，难道他不是一个大学者吗？难道他没有成绩吗？所以学问的问题，只问你钻研不钻研，钻研总是有路子，你不钻研就什么路子都没有。个人要根据个人情况来钻研。"听了这番话，姜的心才渐渐地平静下来。

在北京民国大学任教时，黄侃每次到课堂上，先抽烟、喝茶，烟为自备，茶由学校为其准备。学校为老师在课堂上备茶者，只限黄侃一人；而老师在课堂上抽烟的，也只有黄侃一人。

黄侃在金陵大学任教时，上课也抽烟。金陵大学是教会学校，素来禁烟，外国教授没有一人抽烟，学生要抽，也只能躲在宿舍里抽。黄侃却堂而皇之地在教室里抽烟。一次，黄忘了带火柴，便让武酉山去事务处讨火。事务处主任问武要火柴何用，武说是黄先生要抽烟，主任让武告诉黄没有。武怕黄侃骂人，只得去别处给他找了盒火柴。

陆宗达曾拜黄侃为师，拜见了先生，黄侃一个字也没给陆讲，只给他一本没有标点的《说文解字》道："点上标点，点完见我。"陆宗达依言而行。再见老师时，黄侃翻了翻那本已经让陆宗达读得卷了边的书说："再买一本，重新点上。"就将此书扔到了书堆上。下一次去见黄侃，陆宗达送上第二本已经被他圈点的不成样子的《说文解字》时，黄侃点头说道："再去买一本。"三个月后，陆宗达又一次将一本翻得破烂的《说文解字》送给黄侃说："老师，是不是还要再点一本，我已经准备好了。"黄侃说："已经标点了三次，《说文解字》你已经烂熟在心，这文字之学你已得了大半，不用再点了。以后你做学问也用不着总翻这书了。"这次，黄侃才为陆宗达讲起了学问的事。

许多年后，已经成为现代训诂学泰斗的陆宗达回忆自己的学习历程时说，就是当年翻烂了三本《说文解字》，从此做起学问来，轻松得如庖丁解牛。

黄侃很注重对学生的品行、节操的培养，陆恩涌回忆说："先生固富具民族意识者，平时恒以顾亭林、黄梨洲之节操勉励学生。"

程千帆谈到老师黄侃喜欢骂人时说："他喜欢骂人，但他骂，正是对你有厚望，他帮助学生也是不遗余力。殷孟伦先生跟他念书，就在他家里念，中午都不回家，吃了六年中饭，就是让他有个好的读书环境。"

徐复观说，据他了解，黄侃所收的拜门弟子，可以分为两种，一种是有钱人家的子弟，收来凑热闹。徐便有一位韦姓同学，文字不很通顺，但因是大木商家的子弟，也成为黄侃的拜门弟子。他的任务是逢年过节送礼，听戏上馆子付钱。另一种是因天资而激起黄的爱才之心，被黄收入门下。但拜门后他也只是告诉弟子，应多读些书，有问题可以向他提出来。如果拜门后不好好读书，黄侃也无所谓。徐复观说："这种学生依然也是一无所得，但打着他的招牌去找教书的工作，的确有些方便。”

吴梅在日记中记载黄侃晚年教学散漫之事：“季刚课徒，时失期，月不及十小时。其授课也，不讲书，亦不示读书之法，臧否并世人物，或谩骂诸生。及大考也，则出一题，命诸生做，并不批阅，以爱憎定分数，于是一学期终矣。”黄侃也在日记中也多次自责“荒课”、“缺课”、“旷课”、“未如课”。临终前几天，他的鼻衄病已很严重，气喘病又发作，甚而连饮食也难以下咽，却仍然坚持去上课，说：“饭可不食，书仍要讲。”

程千帆回忆：“1935 年 10 月 5 日下午，天气很阴沉，我在金陵大学北大楼朝北的一间教室里，在听季刚老师讲《诗经》。老师晚年讲课，常常没有一定的教学方案，兴之所至，随意发挥，初学的人，往往苦于摸不着头脑。但我当时已是四年级的学生，倒觉得所讲胜义纷陈，深受教益。可是老师讲书，也并非完全从学术角度着眼，而每用以借古讽今，批评时政，针砭时弊。这一天，他正讲《小雅·苕之华》，当他念完末章‘牂（按：音脏，意为母羊）羊坟首，三星在罶（按：音柳，意为捕鱼的竹篓子）。人可以食，鲜可以饱’之后，又接着把《毛传》‘牂羊坟首，言无是道也。三星在罶，言不可久也’，用非常低沉，几乎是哀伤的声音念了出来。既没有对汉宋诸儒训说此诗的异同加以讨论，也没有对经文和传文作进一步的解说，但我们这些青年人的心弦却深深地被触动了。当时的情景，现在还牢牢地铭记在跟我一同听讲的孙望先生和我的脑海中。”

黄侃弥留之时，已说不出话来，手却指向架上一本书。学生们将书拿到他跟前，他翻到一页，手一点，便逝去了。为老师办完丧事后，学生们想起那书，便找来翻开一看，顿时觉得，雷电之光，激荡天地，原来前几日学生们争论一个问题时，老师没能作答。而老师最后手指之处，正是答案所在。

固　守

陈独秀到北大任文科学长，一次，众教授联句，咏古今名人，陈独秀说道：“毁孔子庙罢其祀”，黄侃马上对曰：“八部书外皆狗屁。”所谓八部书指《毛诗》、《左传》、《周礼》、《说文解字》、《广韵》、《史记》、《汉书》和《文选》。

吴承仕家中教育新式，要求三个儿子读白话文教材，国语讲义多为武松打虎、王冕放牛等浅显的文章；布置作文也诸如《春节逛厂甸记》、《石榴庄扫墓记》等题目。有一天，吴承仕从黄侃家拜访归来，脸露不快，跟妻子说：“看看人家给儿子出的作文题——《唐太宗有功于世论》！”遂让二子、三子也以此题作文，限两星期交卷。到期两弟兄都交不上，吴承仕气极，责二人罚跪。

黄侃一生致力于反对白话文，但他并非不明潮流情势。1927 年，陆宗达随黄侃到沈阳时，黄恳切地对陆说：“你要学习白话文，将来白话文要成为主要形式，不会作是不行的。我只能作文言，决不改变，但你一定要作白话文。”

黄侃对学生刘博平说，他身后不必刻印他的诗词，刘问何故。黄说：“你知道骨牌戏吗？如果没有‘天九’则‘地八’未必不可制胜，然而终究是‘地八’而已。”刘问“天九”在哪里，黄说：“古人亦取去矣！”

黄侃过生日，北大中国文学门的弟子们登门贺寿。一进黄宅，几位学生便毕恭毕敬地给黄侃行了三鞠躬礼。不料黄侃勃然大怒：“我是太炎先生的学生。我给太炎先生拜寿都是磕头。你们却鞠躬吗？！”几位学生只好重新磕头行礼。

黄侃很喜欢一名叫郑奠的北大学生。黄侃出门，郑常常跟随其后，为其拎包。郑奠毕业后，留任北大。一日，黄节在家宴客，黄侃和郑奠都去赴宴。到了黄家，黄侃见郑穿一件皮袄，大为不悦，责道：“我还没有穿皮袄，你就穿皮袄了？”郑回答：“我穿皮袄，你管不着我。”黄侃很是生气，从此与郑形同陌路。

1932 年，语言学家杨树达让侄子杨伯峻拜黄侃为师，事前告知礼节，到黄家，奉上红纸封套装的十块大洋贽敬，然后磕头。杨伯峻只肯送贽敬，不肯磕头，杨树达说：“不磕头，得不了真本事。”杨伯峻无奈，只好磕头跪拜。拜师仪式完毕，黄侃说道：“我的学问是磕头得来的，所以我收弟子，一定要他们一一行拜师礼节。”

程千帆研究《黄侃日记》时发现：“季刚先生对门下从学之士或称弟某某，或只谓学生若干人，不知是何缘故。后反复思忖，方恍然有悟：凡称弟某某者，必定是正式行过拜师礼节的，而仅称学生者，则没有行过这种礼节，虽然他们也同在课堂上听先生讲授，在课下向先生请益，甚或时相侍从、叨陪末座。”

1935 年 10 月 5 日下午，黄侃最后一次上课，谈锋一转，议论起中西文化和生活方式的比较来。他由木版书便于批点，便于执持，便于躺着阅读等等方便，讥讽精装西书为“皮靴硬领”；又谈起中装之文明和舒适远胜西装时，他双脚一蹭，褪下布鞋，然后又轻巧蹬上，对一位坐在前排的同学说：“看，你穿皮鞋，就没有这么方便。”

大 节

1903 年，黄侃考入武汉文普通学堂，学堂里聚集了董必武、宋教仁、田桐等一批思想进步的热血青年。此时黄侃的思想也发生了巨大变化，在邹容《革命军》和陈天华《猛回头》、《警世钟》等进步书籍的影响下，他很快成为学生中的积极分子，在学校宣传革命，言辞尤为激烈，故被学校开除。

黄侃被学堂开除后，张之洞念他是故人之子，又是个难得的人才，便安排他去日本公费留学。在日本期间，黄侃加入了中国同盟会。

1908 年，黄侃生母病危，正在日本求学的黄侃急忙回国侍奉母亲，寓居于蕲州高等官学堂附近的黄氏公屋。恰逢光绪与慈禧先后病逝，清廷下令各地举行“国丧”。高等官学堂学生、同盟会会员田桓在举行“哭灵”仪式时，拒不下跪，被校长杨子绪悬挂“虎头牌”开除。黄侃获悉后大怒，冲进学堂，砸烂虎头牌，大骂杨子绪后离去。后经劝学所所长陈筱丹调停，此事不了了之。几日后，田桓又因带头剪辫，被杨子绪悬虎头牌记大过。黄侃闻讯再次手持木棒冲入学堂，砸烂虎头牌，又要痛打杨子绪，吓得杨钻进工友的床底下，才免遭痛殴。不久，黄侃因母丧悲恸，卧病在床，清廷得知后命鄂督陈夔龙遣吏前往捕捉，黄遂仓皇出奔，再次亡命日本。

1910 年，受湖北革命党人邀请，黄侃回到蕲春老家组织孝义会，发表演说，鼓动革命，响应者达万人。黄侃因排行第十，被人尊为“黄十公子”。

黄侃最恨立宪党人，一次听说革命党人詹大悲曾拜湖北咨议局议长汤化龙为师，便去质问詹，声色俱厉，并要与之决裂。詹立即说明，当时因年少无知，曾向汤递过门生帖子，后深悔此事，便将帖子索回，并与汤断绝往来。说完向黄出示了索回的门生帖子，黄侃这才转怒为喜。

1911 年 7 月，黄侃因极力鼓吹革命，被河南豫河中学解职。他从开封回汉口时，《大江报》主编詹大悲和副主编何海鸣等人为黄设宴洗尘。席间，众人论及清廷的腐败、革命的怒潮和立宪党人“和平改革”的欺骗术，黄侃愤慨不已。是夜，黄侃借着酒性，撰写了时评《大乱者，救中国之妙药也》。刊出后，一时间江汉轰动，人心大振，革命士气高涨。清廷立即下令查封《大江报》，逮捕詹大悲、何鸣海。审讯时，詹、何二人不愿危及黄侃，承认是自己所作，各被判刑一年。

10 月 10 日，武昌起义爆发后，黄侃返回蕲春老家组织“崇汉会”义兵，人数达两三千人，拟从背后袭击冯国璋，解武汉之围。此事为当地乡绅所知后，邀百余人到黄家，指责黄“蹂躏家乡”。黄侃愤而大骂，众人狼狈而去。但他们星夜派人前往清廷驻防水师处告密，该水师立即派人前来捉拿黄侃，黄侃被迫再次出走，逃到上海。

黄侃之侄黄焯回忆当时水师来捉拿黄侃的情景：“当时孝义会前锋约有数百人到达我家旧居笆第街附近时，驻田家镇清水师兵一营赶来镇压，向徒手群众开枪。当场打死数人，逮走数十人，余众溃散。先叔父刚刚离家出走，即有一群凶恶清军来追捕，将我家包围，楼上楼下到处搜查，甚至箱柜床下都用刺刀乱戳乱刺。彼时我年仅九岁，此恐怖情景至今不忘。”

袁世凯筹谋称帝时，曾请黄侃为其写《劝进书》，并准备授予黄一等金质“嘉禾”勋章，许以银元 3000 元。黄侃勋章、银元照单全收，但对袁要求其写《劝进书》严词拒绝，并作打油诗嘲讽曰：“二十饼金真可惜，且招双妓醉春风。”（当时一枚嘉禾勋章值二十金。）据说后来他还将勋章系于家中猫颈。

黄侃未拜入刘师培门下时，即与刘交好。后刘背叛革命，又成为袁世凯“筹安会”六君子之一。1915 年，刘师培在北京召集学术界知名人士开会，动员黄侃等人拥戴袁称帝，话未说完，黄侃怒愤难遏，即起身道：“如是，请先生一身任之！”说完拂袖而去。到会的众人亦随之而散。

黄侃对朋友情深且真，在日本时，他与刘仲莲交厚。刘去世后，黄侃亲自从日本送其归葬湖南。他在悼诗中写道：“飘零犹与共，死去忍相捐。”

1931 年，南京发大水，黄侃将一个月的工资全部捐给了灾民。1935 年春节，一位逃荒的妇女在黄侃寓所外分娩，倚墙呻吟。黄侃得知后，立即让夫人黄菊英煮红糖鸡蛋，并找出几件小孩的衣服，送给那个女人，还赠予她几块钱。对门的富户看到后说：“那女人是伪装行骗的，不要上她的当。”黄侃闻言愤然道：“时值新春，谁家不在围炉团聚。即令她并非就地分娩，冒严寒风雪，携襁褓弱婴倚门乞怜，亦为生活所迫，出于无奈。我以恻隐之心周济之，谁曰不宜？！”

“济南惨案”后，黄侃的日记专门辟出“时事”专栏，记载倭事。当听到华北要修改教科书时，黄侃大怒；在金陵大学授课时，见窗外“膏药旗”（黄侃对日本国旗的称呼）升起，他便“眦裂血沸，悲愤难宣”；他在日记中不写“日本”二字，而用“倭”或自造的字“囨”代替。他在日记中写道：“我军连捷，杀倭子数千，洵快事也。予之疾，又何烦药物乎？”

日本京都东方文化学院赠其《东方学报》两册，黄侃讥讽道：“日本之讲吾国学术，马非马，驴非驴，此龟兹王所谓骡也。”日本有人曾寄给他《古纽研究》等书籍，黄侃在日记中写道：“今时何时，予岂屑于与岛夷谈学乎！”

黄侃的同盟会故友大多身居国民党高位，他在南京时，鲜少与之往来。唯有居正当时被蒋介石软禁在汤山，旁人避之不及，他却念及旧谊常去探望，与其谈心解闷。后来居正东山再起，复登高位之后，他竟不复往见，倒是居正常到量守庐拜访。居正问他为何不再至其家，他正色答道：“君今非昔比，宾客盈门，权重位高，我岂能作攀附之徒！”

1935 年，黄侃因大量饮酒引起胃出血，卧床二日竟至不起，临终前他犹不忘国事，问家人：“河北近况如何？”家人据实告之，他叹息道：“难道国事果真到了不可为的地步了吗？”

孝　道

黄侃的父亲黄云鹄去世后，每逢父亲的生日和忌日，黄侃都要拜祭父亲。黄侃一直搜集整理父亲的遗稿、手泽，并对诬蔑、攻击黄云鹄的言论据实批驳。黄云鹄著述甚多，黄侃未能将其一一刊印，内心深感愧疚。他在 1921 年 2 月 1 日的日记中写道：“今则年向四十，而先人著述，未获重刊流布，墓碑、祠主尚俱未立。此罪直擢发难数矣。”1935 年 5 月，黄侃去世前几日，检视乃父手迹，忆及慈怀，不禁失声痛哭。

黄云鹄去世后，黄侃对母亲极为孝顺，生怕母亲在大家庭中受半点欺负。每日晚饭后，他都要牵一头毛驴，让母亲坐上，在黄家的花园中闲逛。其母实在难以忍受，便对他说：“儿啊，我实在受不了你的孝顺了。”黄侃这才作罢。

1908 年，在日本留学的黄侃得知生母周氏病危，立即回国，“昼夜侍奉汤药。母亲病重去世，他捶胸痛哭，哀伤欲绝，竟至跌坐在火盆上，衣燎炙股而不自知”。

黄侃在日本时，以不得返乡为母亲扫墓为憾。一日，他梦见自己到生母的墓茔前祭拜，便请苏曼殊画了一幅《梦谒母坟图》，黄侃亲自撰文，章太炎为之作跋云：“昔阮籍不循礼教，而居丧有至性，一恸失血数升。侃之念母，若与阮公同符焉……”这幅画黄侃一直带在身边，不离左右，直至终老。

黄侃早年丧父，嫡母田氏与生母周氏共同将他抚养长大，黄侃对田太夫人亦极为孝顺，称其为“慈母”。1922 年，山西大学来函来电催促黄侃赴校授课。黄侃告知田太夫人，田太夫人立即落泪。黄侃见之，“心如沸羹”，“足以不饥饿，亦决不能舍弃年垂九十之母而它行”。于是，黄侃毅然辞去山西大学教席，留在武昌的中华大学任教。

章太炎在为黄侃所撰写的《墓志铭》中说，黄侃孝比柔容。一次，黄侃在一家饭馆宴客，当时宴中有蟹羹，店家忘记上田太夫人那份，他便大骂店家。

黄侃性情刚直，脾气暴躁，但唯独对其慈母田太夫人，“色思其柔，顺承如不及”。他在京鄂间千里来来去去，都是侍母而行，每次奉母出行，必随身携带一口棺材。这口棺材是其父黄云鹄留给田太夫人的，本为黄侃父亲当年准备自用的，但因棺材太小，就留给了田太夫人，棺材上有黄云鹄亲笔题字：“为子有一念忘亲，为臣有一念忘君，为官有一念忘民，天地鉴察，鬼神式凭！俾尔后嗣，不能载寝载兴。”田太夫人每到一地，必带此棺随行。据说当时北大之人一见此棺，就知道黄母又到了。

1922 年夏，田太夫人去世，黄侃悲痛欲绝，按照古礼服丧。黄侃专门在日记中撰写了慈母生平事略。黄侃云：“不能复分二母之恩我孰为少多。”文末又云：“孤苦苍天，哀痛苍天！孤黄侃泣血谨述。”以后每逢生母、慈母生日、忌日，黄侃必率全家设供祭祀，伤恸不已。

绝　命

1934 年，黄侃在南京蓝家庄建造房屋，取陶诗量力守故辙意，取名“量守庐”。房屋建成后，黄侃请汪东为之作画一幅，汪东集宋人词为联语赠之，上云：“此地宜有词仙，山鸟山花皆上客。”下云：“何人重赋清景，一丘一壑也风流。”黄侃甚喜。不久忽然摘掉，说联语平头为“此地何人”，语殊不吉。次年重九，黄侃登豁蒙楼归，饮酒大醉，呕血盈升，遂不起。殓之日，汪东前去吊唁，见此联赫然悬书室中，黄侃自题一诗于上云：“此地何人更不疑，蓝庄（山加献）蒋总迷离，先生一醉浑无事，上客为谁也不知。”题诗之时，即重九饮醉之日。

1935 年，黄侃五十大寿，老师章太炎异常高兴，书赠黄侃对联一幅为其祝寿，联云：“韦编三绝今知命，黄绢初成好著书。”上联以孔子“五十读《易》”的典故，称赞他50年来都在勤勉治学；因黄侃说自己“五十之前不著书”，下联便用蔡邕《曹娥碑》的典故，欣喜黄侃今后终于可以潜心著述。黄侃见联大为惊恐，因为章太炎联中嵌有“黄、绝、命”三字。孰料，章太炎的联句竟终成谶语。

11月6日重阳，黄侃携子女甥婿，游鸡鸣寺，登豁蒙楼，忽觉腹痛，便归。当晚，他依旧吃蟹喝酒，夜间，忽觉瞑眩，汗流不止，四体若冰。第二天，他“吐血盈盂”，但依旧读书不止。去世前一天，他虽吐血不止，仍抱病圈点完毕《唐文粹补编》，并披阅《桐江集》五册。此时，吐血更加厉害，共吐三盆四盂，指甲变白，终夜不能入睡。10月8日下午，黄侃“哮气兴奋而坐，坐甫定而卒”。章太炎听到噩耗后，恸哭不已，连呼：“这是老天丧我也！这是老天丧我也！”

赞 誉

1920年，陈独秀在武汉高师演讲时，感叹道：“黄侃学术渊邃，惜不为吾党用！”

周作人谈到黄侃这位师兄时，颇有微词：“他的国学是数一数二的，可是他的脾气乖僻，和他的学问成正比例，说起有些事情来，着实令人不敢恭维。”

范文澜在其《文心雕龙讲疏·序》中说：“吾游学京师，从蕲州黄季刚先生治词章之学，黄先生授以《文心雕龙札记》二十余篇，精义奥旨，启发无遗。”

贵州大学教授张汝舟回忆其就读于南京中央大学时黄侃讲课的情景说：“黄先生讲声韵学的确是很别致的，他的教材教法，不守常规，生动活泼，妙趣横生，使听者忘倦。”

钱基博评价黄侃的词道：“词笔高简，初见方讶其奇字涩句，细玩又觉隽永深醇。”

1934年12月17日，钱玄同在师大月刊上发表《古韵二十八部音读之假定》的论文，认为论古韵“截至现在为止，当以黄氏二十八部之说为最当”。

钱玄同挽黄侃：“小学本师传，更细绎纽韵源流，黾勉求之，于古音独明其真谛；文章宗六代，专致力沉思翰藻，如何不淑，吾同门遽失此异才。”

胡小石挽黄侃：“所学兼儒林、文苑之长，浩浩洪流，抱简正逢龙起日；相知视惠施、庄周为近，茫茫泉壤，运斤空叹质亡时。”

20世纪40年代，罗常培就将黄侃与章太炎并称，认为“周秦古音之研究导源于宋，昌明于清，至章炳麟、黄侃乃总集前人之大成”。

汪辟疆评价黄侃说：“盖先生本性情中人，气愤填膺，虽在弥留之际，犹未忘怀国事，即此一端已足见其生平矣！”

徐复认为黄侃“为一个世纪的学者们作出不媚俗、不媚奴、不阿贵、不阿众、是所是、非所非、爱所爱、憎所憎的典型中国文人的崇高榜样。”

程千帆评价黄侃：“老师是中外学术界公认的大师之一。……大师之大，大在何处？……我觉得季刚老师的学问是既博且专的。无论你用经、史、子、集、儒、玄、文、史，或义理、考据、词章来分类，老师都不仅有异常丰富的知识，而且有非常精辟的发明。他在文字、音韵、训诂诸方面的成就是空前的……”

陆昕总结黄侃有六“异”：“一、异在青年时曾为反清革命履危蹈险出生入死，而光复后不自居功。不取富贵，宁辞省府秘书长之显职而甘为一介平民，蛰居上海阁楼中潜心读书；二、异在对己之所学深为自负，乃不惜挥拳击案至以刀杖与人论学，而一旦服膺对方，则又折节下之叩头拜师；三、异在性喜佳山水，风月地，醇酒美食，却又刻苦自励，发奋向学；四、异在虽早已学术大成，名播海宇，却不急急著书立说；五、异在虽置身于讲究雍容优雅温文恭敬的上流社会，却是口没遮拦心没算计；六、异在虽因善骂而与友朋及世人多忤，死后却又深受师友门生的怀念。静夜长思，扪心自问，我觉得，以上的“异”，产生于“真”。正因为黄侃对学术‘认真’，对师友‘真诚’，对欲海横流人心叵测的世界‘天真’，才有了这许多成就、名声、故事和令人永恒的回想，才有了不是因为权势的显赫和表面的喧嚣而带来的不朽与辉煌。”

刘文典

刘文典（1891—1958），原名文聪，字叔雅。安徽合肥人。国学大师，善治庄子；教育家，曾担任安徽大学校长。

关键词：犯颜、傲睨、气节、奇貌、教学、学术、妙论、逸事、知遇、微瑕、评价

犯　颜

蒋介石上台后不久，表示要到安徽大学视察，并发表演讲，被时任安大校长的刘文典断然拒绝，称："大学不是衙门！"但蒋介石还是按原计划到安大视察，可当他进入校园后，到处冷冷清清，没有预料中的"欢迎如仪"的隆重场面，甚至连学生都没碰到几个。刘文典更是连面都不露，只是派了几个人来接待。蒋介石心中极为不快，但即便如此，他还是强撑着视察完安大。

据说，蒋介石到安大视察前，省政府通知刘文典安排学生夹道欢迎"北伐名将"蒋主席。刘文典当时正在打麻将，看完通知后直接扔进痰盂里，继续他的牌局，并说："我手中'将'这么多，还稀罕他那个'将'！"

1928年，安徽大学发生学潮，蒋介石召见刘文典问话。刘文典见蒋介石之前曾扬言："我刘叔雅并非贩夫走卒，即使高官也不应对我呼之而来，挥手而去！我师承章太炎、刘师培、陈独秀，早年参加同盟会，曾任孙中山秘书（按：刘事实上从未担任孙中山秘书，而是中华革命党党部秘书，主要负责孙中山英文电报起草工作），声讨过袁世凯，革命有功。蒋介石一介武夫耳！其奈我何！"

见面时，刘文典称蒋介石为"先生"而不称"主席"，蒋非常不快。蒋要刘交出在学潮中闹事的共产党员名单，并严惩罢课的学生。刘说："我不知道谁是共产党。你是总司令，就应该带好你的兵。我是大学校长，学校的事由我来管。"说着，二人火气都上来了，有说法称，蒋介石当场打了刘文典两记耳光，而刘亦不甘示弱，在蒋打其耳光后，一脚飞踹向蒋的肚子。

这场争论还有几个版本：

刘兆吉在《刘文典先生遗闻轶事数则》里记载：刘文典"因有怨气，见蒋时，戴礼帽着长衫，昂首阔步，跟随侍从飘然直达蒋介石办公室。见蒋介石面带怒容，既不起座，也不让座，冲口即问：'你是刘文典吗？'这对刘文典正如火上加油。也冲口而出：'字叔雅，文典只是父母长辈叫的，不是随便哪个人叫的。'这更激怒了蒋介石，蒋一拍桌子，怒吼道：'无耻文人！你怂恿共党分子闹事，该当何罪？'刘文典也应声反驳蒋介石所言为不实之词，并大声呼喊：'宁以义死！不苟幸生！'躬身向蒋碰去，早被侍卫挡住。蒋介石又吼：'疯子！疯子！押下去！'"

1928年12月3日，《申报》登载《蒋主席严斥安大生捣乱女中》一文，文中这样描述刘、蒋冲突：

等大家都坐定后，蒋介石先问程勉："女中被毁，你有何要求？"程勉回答道："只求保障学校安宁，学生得以安心上学，其他的就不计较了。"

蒋介石转而问刘文典："你打算如何处理肇事的学生？"刘文典并不理会，兀自冷冷地回答："此事内容复杂，尚有黑幕，在事情尚未调查清楚之前，我不能严惩肇事学生。"

看到刘文典这副态度，蒋介石气得"腾"地站起身，拍着桌子，勃然发怒："教不严，师之惰，学生夜毁女校，破坏北伐秩序，是你这新学阀横行，不对你撤职查办，对不起总理在天之灵！"

刘文典也毫不含糊，“嗖”地站了起来，与之直面相对，语调依然是不紧不慢、从容不迫：“提起总理，我和他在东京闹革命时，还不晓得你的名字呢。青年学生虽说风华正茂，但不等于理性成熟，些微细事，不要用小题目做大文章。如果说我是新学阀的话，那你就一定是新军阀！”

时任国民党安徽省党部指导委员会秘书石慧庐记录：

蒋介石盛怒之下，大骂安大学生代表们，骂了又坐下，稍停一下，站起来又开骂，训了学生一顿之后，转过来便责备两校的校长。女师校长程勉，是安徽教育界老辈程筱苏的儿子，他坐在那里恭听责备，一言不发。蒋又转向安大校长刘叔雅大加责难，说他对学生管教无方。叔雅和蒋对话间发生冲突，在座的都为之色变。蒋指着刘怒斥：“看你这个样子，简直像个土豪劣绅！”刘也大声反骂：“看你这个样子，简直就是一个新军阀！”蒋立时火气冲天，大声地喊叫：“看我能不能枪毙你！”此时刘站起来一跺脚：“你就不敢！凭什么！”蒋大吼：“来人，把他扣押起来！”立即冲进来两个卫兵，把刘拖下。

还有一种版本来自于高伯雨的《刘文典与蒋介石》：“刘先生入室，不脱去帽子，昂然坐下，不向主席行礼致敬。老蒋见了已大不高兴，又见他打开烟盒拿出一根香烟，擦着火柴猛抽。就斥他为人师表，又是国立大学校长，如此无礼，刘先生只顾仰天喷出烟圈，然后以极鄙夷的态度，哼了一声。蒋介石大怒，立即下令扣留查办，消息传出后，教育界哗然。”

石慧庐是亲历者，高伯雨行文严谨，相较而言，他们的记载比较可信。且根据刘文典本人的叙述，蒋介石并没有动手打他，他说：“我一生除被一位老和尚打过，没有谁敢打我，蒋介石虽然把我关进了牢房，并不敢动手打我。”

刘文典被羁押后，安徽大学的学生集会游行，后来又有几个学校响应，举行罢课，高呼口号：“打倒新军阀！”“释放刘叔雅校长！”蒋介石采取了镇压行动，逮捕了一批学生。随后宣布安大校长一职暂由程天放兼任。蒋离开安庆时，留下手谕：将刘叔雅交张亚威看管，听候发落。张亚威是省府秘书长，合肥人，与刘文典有私交。他将蒋的手谕偷偷拿给刘过目，表示无可奈何，将刘软禁在省府内的“后乐轩”，待如宾客，一日三餐外带烟茶，统有差役侍奉。

一个月后，在蔡元培、胡适、蒋梦麟等人的多方营救下，经陈立夫从中斡旋，蒋介石释放了刘文典，但要求他“即日离皖”。据说，当来人打开关押刘文典的后乐轩的楼门，恳请刘下楼时，刘死活不肯出来：“我刘文典岂是说关就关、说放就放的！要想请我出去，请先还我清白！”来人哭笑不得，只能好言相劝，刘文典这才罢休。

刘文典的老师章太炎听说此事后，特于病中作联相赠，将刘比作敢于顶撞权贵的“祢衡”，称赞弟子的气节，联云：“养生未羡嵇中散，疾恶真推弥正平。”淞沪会战爆发后，章太炎到北平督促张学良抗日。刘文典到西城的花园饭店拜谒老师，章看见刘，摸摸刘的头说：“叔雅，你真好。”随后就大骂蒋介石的不抵抗主义，真是卖国军阀。

刘文典后来告诉冯友兰，当被蒋介石囚禁时，他已经做好了杀身成仁的心理准备，且戏言：“我若为祢正平，可惜安庆没有鹦鹉洲。我若为谢康乐，可惜我没有好胡子。”

1931 年 12 月 11 日，同门鲁迅发表《知难行难》一文说：“安徽大学校长刘文典教授，因为不称‘主席’而关了好多天，好容易才交保出外。”鲁迅文中还不忘顺带讽刺胡适：“老同乡，旧同事，博士当然是知道的，所以‘我称他主席’！”

实际上，胡适在营救好友刘文典时不遗余力，事后亦专为此事撰《人权与约法》一文抨击国民党的专制独裁：“又如安徽大学的一个校长，因为语言上顶撞了蒋主席，遂被拘禁了多少天。他的家人朋友只能到处奔走求情，决不能到任何法院去控告蒋主席。只能求情而不能控诉，这是人治，不是法治。”这篇文章发表后，胡适又写了《我们什么时候才可有宪法？》等论文，招致国民党人极大不满。国民党上海市党部做出决议，要求国民政府对“公然侮辱本党总理，并抵毁本党主义，背叛政府，煽惑民众”的中国公学校长胡适，予以严惩。1929 年 10 月 4 日南京政府教育部发出公文，对胡适给予警告处分。胡适不服，但迫于压力，只能辞去中国公学校长一职。

刘文典获释后，因蒋命其“即日离皖”，他只能离开安大。刘文典当初接受安徽省政府的邀请回来办学，原本一心想重振安徽教育，为此，他内心极为沉痛：“这次回来，在祖父坟上掘了一个大坑，来害自家的子弟，个人身败名裂不足惜，公家事被我误尽了。”离开安大时，他特意留函劝诫全校师生，“安心向学，努力教务”。

抗战胜利后，刘文典曾替人捉刀，为蒋介石六十生辰写过寿序。当时云南省政府主席卢汉的秘书朱丽东通过李鸿章之孙李广平找到刘，他没有拒绝。刘平章少时曾问父亲为何要给蒋写寿序，刘回答说，他在安徽大学主持校务时，是为了维护学生的利益才与蒋据理力争，二人之间并无大矛盾。抗日战争期间蒋介石领导中国人民打败了日本帝国主义，是有功的，为何不可以给他写寿序呢?

傲 睨

刘文典初到北大时，曾遭辜鸿铭嘲弄。此后几年，他在北大一直过得不甚愉快。1921 年，他写信给胡适诉苦道："典在北大里，也算是背时极了，不如典的，来在典后两年的，都是最高级俸。照章程规定的，授课时间之多少，教授的成绩，著述及发明，在社会上声望四个条件，除末一条外，前三条似乎都不比那班先生差多少，然而整整五年，总是最低的俸。钱的多寡原不算什么，面子上却令人有些难堪，所以典实在不想干了，只要别处有饭可啖，这个受罪而又背时的 Professor（教授），典弃之无异敝屣。"

学生郭鑫铨在《初识刘文典先生》中记载，刘文典曾说："别人不识的字，我识，别人不懂的篇章，我懂。你们不论来问什么问题，我都会予以解答。"

刘文典曾任报社编辑，他曾谈对编辑的想法："这层典很有点抱负，现在的报纸没有半家编得合法子，典要编起来，完全要改成西洋报纸的样子，至少也要和日本的报一样，暇时要做一篇长文章，把全国的报纸都大骂一顿哩。"

当安徽省政府邀请刘文典回乡办学时，刘对安徽的官员们并不信任，他说："安徽的那些东西不能共事，所谓大学也不过是那么一句话而已。"但后来他却来到安徽大学，在一封写给胡适的信中，他说明了到安大的理由："弟所以跑在安庆那样秽浊的地方讨生活，一来是因为安庆有个中学（全省仅剩这一个硕果），小儿可以读书；二来是受生活的压迫，所以才忍耻含垢在那里鬼混，过的生活真苦极了。终日要和一班不相干的人们周旋，简直是娼妓一般。"

20 世纪 30 年代，刘文典在北大开设"校勘学"课程，由于选课的学生少，学校便让他在教员休息室上课。第一次上课，中文系没有为他做好课前准备工作，他大发脾气道："这个课我教不了！我没法教！"学生们面面相觑，不知如何是好。教员休息室的工友赶紧送上热茶说："那哪儿成！像您这样有学问的先生，北京大学有几位？您不教，谁教啊！"刘文典这才消了气，转怒为喜，接着讲课。

刘文典潜心研究庄子多年，1939 年，他出版了《庄子补正》（附《庄子琐谈》）一书。此书由陈寅恪为之作序，陈在序中毫不吝啬赞美之辞。此书一出，刘文典便有了“庄子专家”的美誉，刘自己亦当仁不让。每次上课讲《庄子》时，他开头第一句总是说：“《庄子》嘛，我是不懂的喽，也没有人懂！”

有人问刘文典古今治庄子者的得失时，刘口出狂言说：“古今以来，真懂《庄子》者，两个半人而已。第一个是我刘文典，第二个是庄周，另外半个嘛……还不晓得！”（“另外半个”一直说法各异，有人说刘说的是某位日本学者，也有人说是冯友兰或马叙伦，因为二人均从哲学角度讲庄子，只能算半个。）

王彦铭在《刘文典先生的一堂课》中记载道，刘文典一次上课曾讲元好问、吴梅村的诗，讲完后道：“这两位诗人，尤其是梅村的诗，比我高不了几分。”

刘文典上课讲到“文人相轻，自古而然”时讲得头头是道，但到生活中，他却忘了课堂上讲的理论了。他素来看不起新文学作家，认为“文学创作的能力不能代替真正的学问”。当他获悉西南联大准备将沈从文提升为教授时，勃然大怒，公开在课堂上说：“陈寅恪才是真正的教授，他该拿四百块钱，我该拿四十块钱，朱自清该拿四块钱。可我不给沈从文四毛钱！他要是教授，那我是什么？”

刘平章听其父刘文典说过：“我的名呢，就是在校勘学方面可以留名五百年，五百年之内可能没有人超过我。”

当西南联大开会讨论沈从文提升为正教授时，众人都举手同意，唯有刘文典表示异议，他说：“沈从文是我的学生。他都要做教授，我岂不是要做太上教授了吗？”

一次跑警报时，刘文典看到沈从文从他身边跑过，立刻面露不悦之色，顾不得自己跑得气喘吁吁，转身呵斥道：“你跑什么跑？我刘某人是在替庄子跑，我要死了，就没人讲《庄子》了！你替谁跑？”

章太炎赠给弟子刘文典的对联

文中子在《刘文典：“半个教授”》中写道：“刘文典素来看不起新文学和新文学创作家……他在西南联大的课堂上又开始讲笑话：‘警报一来，一定要跑。我虽很穷，亦必借钱坐车逃出城外。你们要知道，我还没有尽传所学给你们。如果我被炸死，中国文化就被炸去一大半去了。没有中国文化，日寇就会更猖狂了，所以一定要跑警报。'”

沈从文的妻妹张充和是刘文典的学生，她也确认过刘文典藐视沈从文之事，但她说，所有用白话写作的人其实都入不了刘的法眼，连胡适在内。她认为刘虽然对沈有偏见，却并无恶意。她说，刘都不把自己当一回事了，世人又何必正经八百地看他？

刘文典嘲笑茅盾说，他连自己的名字都不会读，那个“盾”字通古汉字里的“楯”字，应该读“shǔn”。

有一次，有人请刘文典批评当前的文艺作家，譬如巴金怎样？他追问一下是谁？问的人再说一遍，他思考了一下说：“巴——金，巴——金，没听说过，没听说过。”

在西南联大任教时，刘文典常常对人说：“联大只有三个教授，陈寅恪是一个，冯友兰是一个，唐兰算半个，我算半个。”

刘文典上课时，偶然向学生提及在日本跟随老师章太炎学《说文》一事，顺口说了一句“鲁迅也参加学习”，同时伸出小拇指。50年代时，有人揭发他侮辱鲁迅，刘辩解说：“我何尝侮辱他，中国人以拇指比老大，那是表示年龄的，自古英雄出少年，鲁迅是我同学中最年轻有为的，我敬佩他是当代才子，所以伸出小指。”对方无话可说。其实，刘文典比鲁迅小了近10岁。

周作人回忆同门刘文典说：“其状貌甚为滑稽，口多微词，凡词连段祺瑞的时候，辄曰：‘我们的老中堂……’”以下便是极不雅驯的话语，牵连到“太夫人”等人的身上去。张中行也谈到刘文典每提及段祺瑞总有不敬之词。

刘文典自叙：“弟近来所发见的，在老大哥面前，说句狂话，实在比石臞（王念孙）、伯申（王引之）贤乔梓的东西坏不了许多，要比起曲园（俞樾）来，竟可说‘好些’呢！”

有一年，刘文典到京参加全国政协会议，会议间歇时，刘在走道里遇到郭沫若，他斜着眼睛看了郭一眼，鼻子里轻轻“哼”了一声，便走远了。

云南大学学生李必雨回忆：

1955年9月，云南大学中文系召开迎新会。会议开始后不久，一个瘦小干枯的老人踱着方步走进了会场，手里拿着一把茶壶，嘴里叼着一支“大重九”。正当新生们在窃窃私语，好奇地相互打听这个“怪人”到底是谁时，系主任刘尧民主动站起来向大家介绍："这位便是刘文典先生。刘先生学术广博，古典文学的造诣尤其渊深，对《庄子》的研究更是独辟蹊径，成就超卓。现在请刘先生给大家讲话！"……

暴风骤雨般的掌声之后，刘文典微笑着站起身，向台下点点头，说道："我一向不参加这类活动。听说新一届新生的入学成绩不错，我心里高兴，破一次例，来看望看望大家。我不教你们，教的是你们老师的老师。说到《庄子》，不是什么研究的蹊径问题。古今中外的那些'学者'不论经由什么蹊径，皓首穷经，勉强算是挨近了《庄子》的，寥寥可数。算起来，全世界真正懂《庄子》的人，总共两个半。一个就是庄子自己，中国的《庄子》学研究者加上外国所有的汉学家，唔，或许可以算半个。"

刘文典傲睨众生，他也非全没有自知之明，曾自我反省道："以己之长，轻人之短，学术上骄傲自大，是我的最大毛病。"

气　节

辛亥革命爆发后，刘文典从日本回国到上海，在于右任、邵力子等人主办的《民立报》担任编辑，宣传民主革命思想。"二次革命"失败后，报社被查封。宋教仁被刺杀的前一天晚上，刘文典听见有人敲门，甫一开门，来人就开了一枪，射中刘的手臂，来人见找错了人，掉头便跑。刘遂逃到日本，于 1914 年加入孙中山组织的中华革命党，任中华革命党党部秘书。袁世凯去世后，刘文典回国，他看到各路军阀混战，饿殍遍野，很是失望，愤而远离政治，决定专心致力于学问研究。于是，他由陈独秀介绍到北大任教。

刘师培是刘文典的业师，刘文典十分钦佩老师的学问。刘师培背叛革命投靠清廷，后又拥护袁世凯称帝，刘文典从此便很少与之往来，言谈中也鲜少提及刘师培。

1919 年 6 月 11 日，陈独秀被捕，学界不分派别，积极营救，联名上书要求释放陈独秀。刘文典积极响应，并动员安徽旅京同乡会的各界知名人士（包括省长）一起进行积极营救。罗章龙在《红楼感旧录》中记载："陈先生虽然出了狱，但随时还有再次被捕的危险，他不得不在刘文典先生家中隐藏下来。"

刘文典在安徽大学任校长时，某日，国民党安徽省党部通知刘文典说安大预科学生王某是共产党员，要刘文典对其严加监视。因“证据确凿”，刘遂令校警搜查了王的宿舍，果真搜出了“秘密文件”。刘立即让安大传达室的王裕祥送王某离开学校。这天夜里，国民党的便衣特务前来搜捕王某，扑了个空，质问学校，刘向当局推诿，最后不了了之。

刘文典的次子刘平章回忆说，刘文典与蒋介石发生冲突被迫离开了安徽大学后，陈立夫和蔡元培上书蒋介石力荐赋闲的刘文典担任教育部部长，但刘文典断然回绝了两人的好意。在后来给刘平章的一封信中，刘文典告诉儿子拒绝的理由：“只有终身之教授而无终身之部长，我决定北上到北大去教书。”

九一八事变发生后，全国上下同仇敌忾。北平爱国青年学生因为国民党政府消极抗日，卧轨请愿。刘文典积极支持当时正在辅仁大学读书的长子刘成章参加请愿活动。刘成章因体质羸弱，卧轨时受了风寒，请愿归来后不幸患病亡故。

刘成章去世后，刘文典十分悲恸，更增添了他对日本人的痛恨。《教授印象记》中记载：“然尚有一事更可以使我们对于刘先生表示极大的敬意的，就是刘先生爱国心的热烈，真是校内无二人！去年长城战事闹得极凶的时节，刘先生每次上国文班，必花一部分的时间，哭丧着脸向我们伸说国势的阽危，并且告诉我们赶快起来研究日本。”

刘文典不仅号召别人研究日本，自己也全力以赴翻译日本陆军大臣荒木贞夫氏的《告日本国民书》，希望通过自己的努力让国人更多地了解日本这个民族。据一位学生回忆：“刘先生那时正着手翻译日本陆军大臣荒木贞夫氏的《告日本国民书》。有一天上国文时精神萎靡得连说话都几乎没有声音，说是因为昨晚译书到夜里三时才休息。我当时听了刘先生的话，眼泪真要夺眶而出了。”

因刘文典大骂蒋介石，一向反对蒋介石的粤系军阀陈济棠曾多次函请刘赴粤共谋大业，并汇来重金相请。刘婉言拒绝，将巨款退回，叹道：“正当日寇侵华、山河破碎、国难深重之时，理应团结抗日，怎能置大敌当前而不顾，搞什么军阀混战？皮之不存，毛将焉附？”

卢沟桥事变后，刘文典未能及时离开北平，日军得知他曾留学日本多年，精通日语，多次利诱，劝他继续到北大任教。日本人还请了刘的好友知交来当说客，其中就有周作人。但刘文典说“读书人要爱惜自己的羽毛”，认定“气节不可污”，坚辞不就。

见劝说无效，日本人便采取强硬手段，两次派宪兵抄了刘文典的家，将于右任、胡适、陈独秀、邵力子等人写给刘的信函都抄走了。刘与夫人张秋华安坐在椅子上，“身穿袈裟，昂首抽烟，怒目而视，以示抗议”。日本人问他话，刘文典不置一词，翻译官责问他为什么对太君的问话一言不答，他怒道：“我以发夷声为耻！”

刘文典的四弟刘管廷本与他同居一寓，北平沦陷后，刘管廷下水，到冀东日伪政府当差。刘文典得知后极为愤怒，以生病为由“不与管廷同餐”，后又说“新贵往来杂沓不利于著书”，拒绝与其同住，逐其迁居。

1937 年年底，在友人的帮助下，刘文典辗转千里，取道天津从海路到香港、越南，一路上，他心中反复默念着文天祥的诗句：“臣心一片磁针石，不指南方不肯休。”1938 年 5 月 22 日，他抵达云南蒙自与西南联大会合时，禁不住泪流满面，他对西南联大常委梅贻琦戏言：“只剩这一身衣裳了！”后来，他在给梅贻琦信中说：“典往岁浮海南奔，实抱有牺牲性命之决心，辛苦危险，皆非所计。”

据吴晓玲回忆，他比刘文典晚到昆明，刘见到他便打听周作人消息。吴说周以“家中还有老小”为托词未出来，刘文典气愤地说：“连我这个吸鸦片的‘二云居士’都来了，他读过不少的书，怎么那样不爱惜羽毛哇！”

到联大后，刘文典给夫人张秋华写信道：“岂有文章千载事，更无消息几时归？”几个月后，张秋华和次子刘平章，带着刘文典的四大箱珍贵书籍、资料，经香港辗转到云南。到香港后，因书籍资料实在无法携带，便寄存在香港，后不幸被日本人掠走。刘文典在课堂上沉痛地说，我的私人书籍都已丢失，资料没有了，我就把脑子里的东西给你们吧！

刘文典不仅有气节，更有器识。1942 年，刘文典作《天地间最可怕的东西——不知道》一文，坚信日本必败，中国必胜。

日本战败后，刘文典又作《日本败后我们该怎么对待他》一文，主张从大处远处着想，“不能逞一朝之忿，快一时之意”，宽大对待日本，对日本不索赔款、不要求割地，“但是有一点却不可不据理力争，就是琉球这个小小的岛屿必然要归中国。这件事万不可放松，我希望政府和国民都要一致的坚决主张。务必要连最初丧失的琉球也都收回来”。

奇 貌

学生曾描述在清华任教时的刘文典说："记得那日国文班快要上课的时候，喜洋洋坐在三院七号教室里，满心想亲近这位渴慕多年的学术界名流的风采。可是铃声响后，走进来的却是一位憔悴得可怕的人物。看啊！四角式的平头罩上寸把长的黑发，消瘦的脸孔安着一对没有精神的眼睛，两颧高耸，双颊深入；长头高举兮如望空之孤鹤；肌肤黄瘦兮似辟谷之老衲；中等的身材羸瘠得虽尚不至于骨子在身里边打架，但背上两块高耸着的肩骨却大有接触的可能。状貌如此，声音呢？天啊！不听时犹可，一听时真叫我连打几个冷噤。既尖锐兮又无力，初如饥鼠兮终类寒猿……"

傅来苏回忆老师刘文典："先生身材不高，晚年体弱瘦削，虽为一级教授，日常均身着青布长衫，脚着布面圆口鞋，不修边幅，却飘逸自如，不失学者风度。上课时则用一块蓝布包着讲义或教材，夹在腋下，慢慢走进会泽院，走入教室……入冬天寒，先生衣着亦无大变化，只是在长布衫下增加一件棉袍或皮袍，从未见过华丽大衣之类的装束。外出或应酬时，服饰亦然，但举手投足中，一派中国儒学传统大师神采。……先生读书或与朋友学生交谈时，喜抽香烟，爱喝清茶。我们去看望或有所请教时，他总是打开烟盒，递给我们一支烟，而后他一支接一支地吸着，此时谈风甚健，说古论今，厚积薄发，虽体虚气弱，常常手之舞之，神采飞扬。"

刘文典

张中行回忆刘文典："三十年代初，他在清华大学任国文系主任，在北京大学兼课，讲六朝文，我听过一年……他偏于消瘦，面黑，一点没有出头露角的神气。上课坐着，讲书，眼很少睁大，总像是沉思，自言自语。"

何兆武在《上学记》中回忆老

师刘文典道："我听说刘文典是清朝末年同盟会的，和孙中山一起在日本搞过革命，非常老资格，而且完全是旧文人放浪形骸的习气，一身破长衫上油迹斑斑，扣子有的扣，有的不扣，一副邋遢的样子……"

1947 年，刘文典摄于云南大学

在西南联大讲《文选》时，刘文典每次上课前，让校役提一壶茶，带上一根两尺多长的竹制的旱烟袋。每讲到得意处，他就一边吸着旱烟一边解说文章中的精义，下课铃响了也不理会。有时候下午上课，他一口气讲到 5 点多。学生说刘“俨如《世说新语》中的魏晋人物”。

有人考证刘文典吸烟的习惯。认为他的学生回忆他边吸旱烟边讲课的细节有误，刘文典抽的应是烟卷，不是烟袋，也不是烟斗。刘文典的照片拍的就是其手夹香烟的样子。

刘文典嗜吸鸦片，上课时烟瘾上来便狂吸香烟解烟瘾，由于他边吸边讲，所以发音有时含混不清，上“《文选》选读”课时，有时只能听到他嗫嚅而言：“这文章好，这文章妙！”

文中子在《刘文典：“半个教授”》中这样描述刘文典：“他的长衫特别长，扫地而行。像辛亥革命以前中国妇女所穿的裙子一样，不准看到脚，走路不能踩到裙边，只得轻轻慢移莲步。他偶尔也穿皮鞋，既破且脏，从不擦油。”

任继愈也回忆老师刘文典：“刘先生不修边幅，头发散乱，一件长衫总是皱皱巴巴。他为人直率、纯真，具有庄子的洒脱。有一次雨中，刘先生一个人打着伞慢慢走着，长衫后襟湿透，鞋子沾满泥水。同学黄钺指点说，刘先生像庄子‘曳尾于涂中’。”

刘文典的次子刘平章回忆说，父亲在他的印象中总是一身长衫。除了在早年的一张照片中身着西服外，在以后的日子里，即使赴京参加政协会议，他也从未改换衣装。刘文典的头发很多，有一次剪短了以后，他就随便“抹一抹”，从此也不再费心梳理，所以他留下来的尤其是晚年时期的照片中头发都是凌乱不堪、微微上指的样子。

教 学

罗家伦任清华校长后，一心想聘请刘文典来清华任专职教授，但北大拒不放人，几经磋商，最后双方达成妥协，刘到清华执教，但仍兼任北大教授，两全其美。由此可见刘文典当年炙手可热的程度。

一次，刘文典上课时，有一位学生站起来说：“先生能不能再大声点，后面的听不见！”刘问：“今天到了多少人？”答曰：“30 多人。”刘说：“我上课，教室里从来不许超过 30 人！今天不讲了。”说完拔腿起身，拂袖而去。

刘文典讲课不拘常规，常常乘兴随意，给学生身临其境的感觉。有一次，他刚上了半小时便讲完了上一讲的内容。同学们以为他接下来要讲新课，谁知他忽然宣布说：“今天提前下课，改在下星期三晚饭后七时半继续上课。”原来下个星期三是阴历五月十五，正是月圆之夜，他要在月光下讲《月赋》。到这日，皓月当空，校园里摆下一圈座位，刘文典坐在中间大讲《月赋》，生动形象，见解精辟，让听者沉醉其中，不知往返。许多年后，学生宋廷琛在回忆文章中写道：“那是距离人类登陆月球二十多年前的事情，大家想象中的月宫是何等的美丽，所以老先生当着一轮皓月大讲《月赋》，讲解的精辟和如此别开生面而风趣的讲学，此情此景在笔者一生中还是第一次经历到。”

刘文典晚年照片

张中行在《刘叔雅》一文中回忆刘文典讲《海赋》时说：“一次是讲木玄虚《海赋》，多从声音的性质和作用方面发挥，当时觉得确是看得深，谈得透。又一次，是泛论不同的韵的不同情调，说五微韵的情调是惆怅，举例，闭着眼睛吟诵‘风压轻云贴水飞，乍晴池馆燕争泥。沈郎多病不胜衣。’念完，停一会儿，像是仍在回味……”

宋廷琛在《忆刘文典师二三事》中也谈到了刘文典讲的《海赋》：“当他解说《海赋》时，不但形容大海的惊涛骇浪，汹涌如山，而且叫我们特别注意到讲义上的文字。留神一看，果然满篇文字多半都是水旁的字，叔雅师说姑不论文章好坏，光是看这一篇许多水旁的字，就可令人感到波涛澎湃瀚海无涯，宛如置身海上一般。”

刘文典对《红楼梦》颇有研究，经常被邀请做《红楼梦》的演讲。张世英回忆：“那时无论文科理科，无论是学生和教授，都喜欢到各系去听自己喜欢的课。所以有些课，你可以看到学生、教授一起听。我到现在还记得我一年级时听刘文典讲《红楼梦》，到了教室，已经挤得人山人海，地上都坐满了。刘文典是一个不拘小节、文人派头十足的学者，只见他抽一口烟，似乎要说话了，但又不说话，大家只好焦急地等待。他又抽一口烟，才不紧不慢地开了腔：‘你们各位在座的，都是贾宝玉、林黛玉呀！’当时化学系的一位老教授严仁荫，已经坐着等了半小时，听到这样的话，很生气地说：‘什么贾宝玉、林黛玉，都是大混蛋、小混蛋！’这是骂刘文典的。可是刘文典讲课后，底下的人，没有一个是走开的。”

刘文典博闻强记，他上课时讲《圆圆曲》、《万古愁》两篇文章时，把明末清初的事迹如数家珍般地一一说给学生听，并且在黑板上列举了许多典故，让学生十二分地佩服。

一次，助教在一位学生的课卷上无中生有地添上了一个错字，这位学生深感不平，马上去找刘文典。刘看后气得摇头咂嘴，回去与助教大闹一场。从此，这位学生所有的课卷都由刘亲手批改了。

何兆武在《上学记》中曾回忆刘文典上课时的情形：“西南联大的时候，刘先生大概是年纪最大的（按：刘文典并非年纪最大，只是相貌颓唐，显老态），而且派头大，几乎大部分时间都不来上课。比如有一年教温李诗，讲晚唐诗人温庭筠、李商隐，是门很偏僻的课，可是他十堂课总有七八堂都不来。偶尔高兴了来上一堂，讲的时候随便骂人，然后下次课他又不来了。按说这是不应该的，当时像他这样的再找不出第二个，可他就这个作风。”

傅来苏在《是真名士自风流》一文中记载：每逢讲授诗歌，刘文典常常摇头晃脑、浅吟低唱，每到激越处则慷慨悲歌。他不仅自己吟诵，还要求学生模仿。有的同学不遵命，他虽不悦，但也不苛责，只是打比方点拨：“诗不吟，怎知其味？欣赏梅先生（兰芳）的戏，如果只是看看听听而不出声吟唱，怎么能体会其韵味呢？”

傅来苏又回忆刘文典讲课：“开宗明义，讲清课题后，即不再翻阅书本，也没有讲稿或教案之类，即兴抒发，或作文字的训诂，或作意境的描绘。有时作哲理上的探讨，有时作情感上的抒发，引经据典，汪洋恣肆，忽如大江之决堤，忽如神龙见首不见尾。口渴了，端起小茶壶呷上两口，润润嗓子，讲累了，点燃一支烟，猛吸几口，靠在椅背上闭目养神。兴浓时，会击节而歌，无所顾忌。兴之所至，说文论诗，出口成章，左右逢源，挥洒自如，又是几乎到了忘我的境界。”

刘文典上课时香烟一支接一支，从不间断，一堂课上完，地下全是烟蒂。上课方式也特别，因为声音小，所以由学生团团围绕他坐在那里听课，如同小孩子环绕姥姥听讲故事一样。

一次，刘文典讲李商隐的《锦瑟》，对于“锦瑟”是乐器还是“小妾”进行了一番考证。他认为“锦瑟”不可能是令狐楚（或其子）的“小妾”，因为李商隐不可能不顾及师生情谊或师兄弟的情谊。后他又说诗的“先”韵是“沉重的长叹而非意切的号啕”，一时来了兴致，边吟边感慨，下课铃响了，亦沉醉其中。而讲下节课的教授早在教室门外等候了。大概过了 20 分钟，刘文典的感情才平息下来，掏出怀表一看，“哦、哦”了两声，收拾书本，慢慢走出教室。

刘文典开“《文选》选读”课程，一年只能讲《文选》中的两三篇文章，每年开课又必讲《文赋》。这几千字的《文赋》，他一讲就是两个月。在说到《文赋》中某个字用得好用得妙时，他说：“《文赋》有多种讲法，讲一年亦可，讲一月亦可。例如此句此字，真乃一字千金！要不是它真好，古人与我非亲非故，我又何必这么捧他？”

吴晓玲在《忆刘叔雅先生数事》中回忆，一次，刘文典在基督教文林堂演讲，他解释《庄子》第二十七篇《寓言》中“万物皆种也，以不同形相禅，始卒若环，莫得其论，是谓‘天均’”的“天均”为“nature balance”，言简意赅，古今相联，一语中的。

学生王彦铭回忆刘文典上“吴梅村研究”课时，到课的人并不多，稀稀拉拉坐着十几个人，偌大的教室显得空荡荡的。但刘文典毫不在意，在教室桌旁的一把“火腿椅”（木椅，右侧有状若整只火腿的扶手，供笔记书写之用）上坐下来，照例先是点燃一支卷烟，深深吸上一口，操着安徽腔：“今天我们只讲梅诗中的两句：‘攒青叠翠几何般，玉镜修眉十二环。’”王彦铭说：“刘先生娓娓而谈，香烟袅袅，把我们引进诗情画意中去了。”

下课的时候，月亮已经升得很高，王彦铭等同学将老师送回住处，刘很是感动，吟诵李白的《赠汪伦》：“李白乘舟将欲行，忽闻岸上踏歌声。桃花潭水深千尺，不及汪伦送我情。”王彦铭清晰地记得，“他那安徽腔普通话，微微摇曳，有时还带点颤音”。

学　术

1917年，刘文典由陈独秀介绍，到北大任教，教授“古典文学”、“《文选》”、“古籍校勘学”等课程。当时，刘文典革命的余热尚存，在五四运动中，他为学生充当“守夜犬”，并积极参与驱逐教育总长章士钊的运动，但随后而来的女师大风潮、“三一八惨案”和章士钊的下台，却让刘文典感到疲惫和失望。从此刘文典“告别革命”，开始沉入校勘古籍，潜心治学。

刘文典平生一直致力于古籍的校勘，他在课堂上常对学生说：“每部古籍，都有一个传抄、刊印的过程，长的几千年，短的数十年，错误实在难于避免。托名伪作的、篡改古籍的不乏其人。看不出问题，真伪不分，曲为解说，就要谬种流传，贻笑大方。搞校勘，须精通文字、声韵、训诂之学，要有广博的文化、历史、名物制度的知识，版本、目录之学也得认真研究。”

1923年，刘文典的《淮南鸿烈集解》共二十一卷由商务印书馆出版。胡适应刘文典之请，破例用文言文为其作序，在序中丝毫不吝啬溢美之词：“叔雅治此书，最精严有法……其功力之艰苦如此，宜其成就独多也。”此后，胡适又在自己的著作《中国思想史长编》中给予此书高度评价：“近年刘文典的《淮南鸿烈集解》，收罗清代学者的校著最完备，为最方便实用的本子。”此书出版后，刘文典一时在学术界声名大噪。

当时，胡适和梁启超应《清华周刊》之请，给青年人开过一份最低限度的国学书目。胡适在书目中自然推荐了好友刘文典的这本《淮南鸿烈集解》。而当时对胡适所开书目嗤之以鼻的梁启超，在自己重新开列的《国学入门书要目及其读法》

中，也推荐了刘文典的这本新书，梁说："《淮南子》，此为秦汉间道家言荟萃之书，宜稍精读，注释书闻有刘文典《淮南鸿烈集解》颇好。"

鲁迅"主张年青人少读中国书的，或者干脆不读"，但在听说同门刘文典的《淮南鸿烈集解》一书正式出版后，特意去商务印书馆买了一套，并将此事写入日记。

刘文典点校《淮南子》时，曾致信胡适道："弟目睹刘绩、庄逵吉辈被王念孙父子骂得太苦，心里十分恐惧，生怕脱去一字，后人说我是妄删；多出一字，后人说我是妄增；错了一字，后人说我是妄改，不说手民（按：印刷业用语，指雕板排字工人）弄错而说我之不学，所以非自校不能放心，将来身后虚名，全系于今日之校对也。"

《淮南鸿烈集解》出版后，十年间重印三次。二十五年后，刘文典重新点校的《淮南鸿烈集解》刊行，此书在原书的基础上，加入了其二十多年读书、教学中遇到的新材料、新思考。

刘文典校勘《淮南子》时，需要查阅《道藏》典籍。刘文典闻说北京白云观里珍藏有明朝正统年间刊印的《道藏》一部，于是，他请朋友帮忙，始住进白云观，得以翻看此典。他在白云观潜心翻检《道藏》，平日足不出户，经常是茶饭不思、寝食难安，以致患上极为严重的神经衰弱症，养息调理了半年方才渐渐好转。

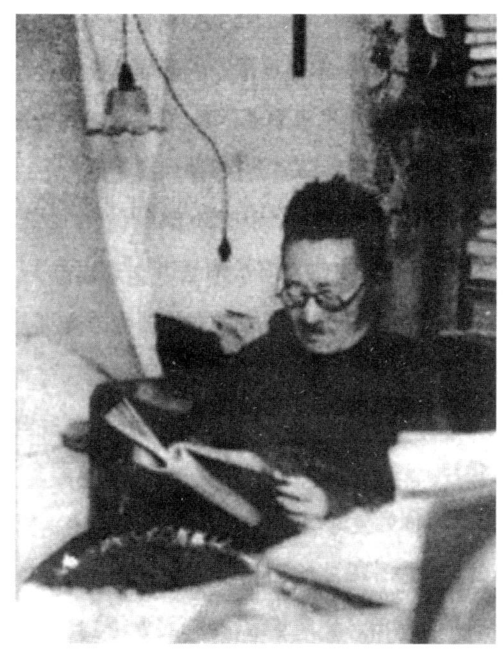

刘文典正专心读书

刘文典常通宵达旦地看书，鸡鸣时始上床，到第二天下午一两点钟吃早饭，其著作多在夜间完成。夜间读书时，则茶、烟相伴。刘文典的儿子刘平章也回忆，为了能静心研究学问，总是在夜里九十点钟才开始看书写作，一直读到到第二天七八点才睡觉，从来不吃早点。到了中午，饭做好后，夫人张秋华负责叫他起床，并把他"领"出房间。刘平章说："有时他还朦朦胧胧的，我母亲给他夹菜，他看也不看也就吃下去了，他不是那么重视外表饮食这些学问以外的事情。”

据刘平章介绍，除了在中国古典文化研究上富有建树外，刘文典还精通英语、日语、德语，平时博览外文书籍，因此对国际情况形势也十分熟悉。他曾写过多篇文章，分析当时的环境形势，从今天来看都具有极高的政治远见。刘文典还对医学颇有研究，并提出了很多新思想。

傅来苏一次为刘文典收拾书本时，无意中看过刘所读的自己著的一本《庄子补正》，他在书页的空白处用蝇头小字密密工整地作了许多眉批注释，其中还有外文。傅来苏与同学都为刘的治学严谨赞叹不已，看来老师确实做到了他所说的“一字异同，必求碻（同‘确’）诂”。

抗战期间，刘文典的书籍由夫人张秋华带到香港，寄存在香港某学生处。夫人到昆明后，刘只说了几句，就和夫人争吵起来，责怪夫人道：“怎么不把书带出来，我以后怎么做学问，那些行李可以丢掉不要！”日军占领香港后，这批书被掠。抗战结束后，他得知日本将归还掠夺的中国书籍时，异常高兴，但结果却让他失望。一直到去世前，他依旧在找自己的藏书。

刘文典去世后的1961年，刘平章曾向周恩来反映此事，但总理办公室答复称：“鉴于中日关系尚未恢复，目前暂时不宜提这件事。”半个世纪后，刘氏后人终于得知，刘文典的藏书日本早已归还，但是，当时正是国民党退守台湾之际，藏书到底现在在何处，却始终不得而知。

刘文典对《庄子》极有研究，于丹的《〈庄子〉心得》参考文献中，刘文典的《〈庄子〉补正》位列第二，而位列第一的便是《庄子》。

妙 论

刘文典性滑稽，善谈笑，语不择言。他曾自称“狸豆乌”，因“狸”、“刘”二字古读音相通；“叔”者豆子也；“乌”则为“鸦”，乃“雅”之异体。所以“刘叔雅”便是“狸豆乌”。因刘喜自谑，故学生们就敢于跟他开点善意的玩笑。

西南联大时，有一次，一位学生在课堂上问刘文典，怎样才能把文章写好。刘文典仅说了五个字：“观世音菩萨。”学生不解其意，刘解释说：“观，乃是多多观察生活；世，就是需要明白世故人情；音，就是文章要讲音韵；菩萨，就是救苦救难、关爱众生的菩萨心肠。”学生闻言，无不应声叫好。

马逢华曾回忆刘文典演讲《红楼梦》的情形。有一次，刘文典在西南联大演讲，演讲地点原定在西南联大的一间小教室中，后因前来的听众太多，容纳不下，只好改到教室前的广场上去演讲。届时早有一批学生席地而坐，等待开讲。"其时天尚未黑，但见讲台上已燃起烛光（停电之故），摆着临时搬去的一副桌椅。不久，刘文典先生身着长衫登上讲台，在桌子后面坐下。一位女生站在桌边，从热水瓶里为他斟茶。刘文典先生从容饮尽了一盏茶，然后霍然起立，像说'道情'一样，有板有眼地念出他的开场白：'只——吃——仙——桃——一——口，不——吃——烂——杏——一——筐！仙桃只要一口就行了啊……我讲《红楼梦》嘛，凡是别人说过的，我都不讲！凡是我讲的，别人都没有说过！今天给你们讲四个字就够了！'于是他拿起笔，转身在旁边架着的小黑板上，写下"蓼汀花溆"四个大字……"

而另一位学生则记下了刘文典对此四字的解释："元春省亲大观园时，看到这幅题字，笑道：'花溆'二字便好，何必蓼汀？花溆反切为薛，蓼汀反切为林，可见当时元春已然属意薛宝钗了。"

一次，刘文典与学生谈到《红楼梦》中妙玉论饮茶："一杯为品，二杯即是解渴的蠢物，三杯便是饮牛饮骡了。"接着调侃说："吾辈饮茶，解渴的蠢物耳。"

刘文典发现学生用参考书后，诙谐地说："去神庙烧香拜佛，烛光闪闪，烟雾袅袅，神佛真容常常模模糊糊、影影绰绰，只有拨开云雾，才能看清庐山真面目。"

周作人回忆：刘文典最不喜中医，尝极论之，备极诙谐溪刻之能事，其词云："你们攻击中国的庸医，实是大错而特错。在现今的中国，中医是万不可无的。你看有多多少少的遗老遗少和别种的非人生在中国，此辈一日不死，是中国一日之祸害。但是谋杀是违反人道的，而且也谋不胜谋。幸喜他们都是相信国粹的，所以他们的一线死机，全在这般大夫们手里。你们怎好去攻击他们呢？"

刘文典批评那时的国会议员道："想起这些人来，也着实觉得可怜，不想来怎么地骂他们。这总之还是怪我们自己，假如我们有力量收买了他们，（他们）却还要那么胡闹，那么这实在应该重办捉了来打屁股。可是我们现在既然没有钱给他们，那么这也就只好由得他们之间去卖身去罢了。"

逸　事

刘文典在白云观潜心研究《道藏》典籍期间，因日子实在太清苦，便忍不住趁着道士们不注意时，偷吃了点荤腥，结果被道士们当场“逮”住了，闹了个大红脸。

一日，白云观里来了个人，拿着旧报纸包的诗集，闯进刘文典的房内说：“我的才太高了，所以很苦的。这是我的诗集，诗好得很……你细细读罢。”刘颇觉好笑，于是低头假装看诗，来人继续发表高论：“我最好哲学，现在研究佛学和写字。我是以哲学为方法，政治活动为目的，政治也是我的唯理哲学的一层。”来人兜了半天圈子才切入正题，说想讨一笔旅费回乡，铜子票和铜子都不嫌弃，并说：“我是不择细流，所以能成其大，我的才学所以能如此的成就，也就是这个道理。”刘文典强忍住笑，将自己的零钱全部给了他。他点完钱，坚持要把诗集留给刘，供他晨昏拜读。刘文典再三辞谢，他方肯收回。临别时，此人一再说，其实你应该好好读读我的诗，不可专做那校书的枯燥活计。走到门口时，他忽然想起还没拜会观里的道长，说：“宗教哲学家不可不见见宗教家。”刘文典赶紧拦住他，说老道们什么也不懂，当不起您这样大学者的拜候，才把他打发走。

在清华大学任教时，刘文典需要查阅某种佛经。他听说香山某寺藏有此佛经，就前去借阅。该寺有严格规定，非佛教人士，不准借阅藏书。允许借阅者必须在寺内念经堂正襟危坐，也不得以手指蘸口水翻书页，必须用寺院特制的篾子翻阅，违者受罚。该寺管理藏书的老和尚与刘文典认识，特准他借阅，并向他说明借阅的规则，刘当即允诺。

老和尚离去后，刘文典静坐读经。不一会儿，刘觉得疲倦，见室内有一空床，便趁机持书卧床阅读。不料，他看了一会儿，就睡着了，书掉在地上。不知过了多久，睡梦中的他忽然听到骂声，头面受到扑打。他睁眼一看，老和尚边打边斥责说：“你言而无信，竟把佛经丢在地上！”原老和尚本来想与他谈论佛学，进来一看书掉在地上，顿时火冒三丈，拿起扫帚便打。刘文典一面道歉，一面在佛堂内“抱头鼠窜”。

刘后来回忆此事说：“他是用扫帚苗子打的，若倒过来用扫帚疙瘩（把子）打，我可惨了。和尚见我甘心承受挨打，并没有教授架子，怒容一变，扑哧一声笑了。以后我们成了好朋友，我曾在清华设素斋招待。我的脑袋虽然不太高贵，但也不是任何人可以打的。但这次挨打应该，君子不可失诺！”

北大文科教员的预备室，被称为“卯字号”。巧的是，这里还真有过两只老兔子和三只小兔子：当时的文科学长陈独秀与主讲中国文学史的朱希祖，同生于已卯年（1879 年），时已三十八岁，被称为“老兔子”；胡适、刘半农与刘文典都为辛卯年（1891 年）生，还不满二十六岁，则是“小兔子”。

张中行回忆，一次上课，不知说起什么，刘文典忽然慷慨激昂，从座位上站起身来，睁大眼睛说，人间的不平等现象使他气愤，比如说有人坐车，有人拉车。学生们都奇怪地说，刘教授怎么从“出世”忽而转为“入世”了。下课以后，有些学生看见他走出校门，上了一辆人力车，他坐上去后，车夫提起车把向西跑去。学生们这才恍然大悟，原来他正是那“坐车”的人。

刘文典长子病逝后，对幼子极为钟爱，上课时便把他带到教室，讲课时，孩子就坐在他身边，但因孩子太小，总是吵闹，此时，学生们便凑钱给他买糖吃。一次，孩子坐不住，到教室外面抓蝴蝶，刘文典见了，忙叫“快回来”。当时学生们正听得入神，将这三字也一字不落地记了下来。

刘文典生活上素来糊涂，他独自到蒙自后，请了一位男佣照料自己的生活。一年后，夫人张秋华带着儿子来到云南。一天，张秋华去市集随意买了点云南的蔬菜，回来烧了几个小菜。刘文典尝过后，惊讶地问：“这菜是哪里搞来的？”张回答说：“就是集市上买来的当地蔬菜。”刘文典听罢感慨道：“没想到云南竟有这么好吃的菜！”原来，男佣为了图方便，只给他做煮咸鸭蛋、蒸鸡蛋，他吃了一年多，竟不知云南有新鲜的蔬菜。

在昆明时，物价飞涨，货币贬值，教授们都过得非常清苦，刘文典亦如此。当时李鸿章之孙李广平也在昆明，他和刘文典既是同乡，又是远亲，二人性情也相投，所以时常接济刘。刘文典“难以为炊”时，就书“刷锅以待”四字，差人送给李。李便立即“雪中送炭”，帮他解困。

新中国成立初期，李广平被逮捕。后虽经排查排除怀疑，但要求有人担保才能释放。刘文典知道后，借了云大校长的小汽车去监狱接李，他对监狱的负责人说，李广平是我看着长大的，无任何问题，若保释后出任何问题由我负责。办完手续后，他将李接到云大。

到蒙自没多久，一天傍晚，刘文典沿着蒙自的南湖湖堤散步，走到来到一个村庄时，正巧碰见一个农夫打老婆，妇人号啕大哭，并不还手。刘文典实在看不过去了，便上去劝阻，没想到对方根本就不理会他：“我打我婆娘，与你何干！”刘极为恼火，抬手给了农夫一记耳光。男子猛遭“突袭”，愣了一下神，看了看刘，以为刘颇有来头，越想越怕，拔腿就跑。谁知，先前被打的妇人却不依不饶，冲过来一把揪住刘的衣领，拉着刘质问为什么要打他男人，并恶语相向，弄得刘很是尴尬。幸亏村里一些明理的人迅疾走过来，上前解了围。日后，刘文典想起此事时还忍俊不禁地说："没想到拍马屁拍到了马腿上。"

昆明气候温和，号称"四季无寒暑，一雨变成秋"。昆明的冬天并不太冷，一般健康人有一件毛衣或一件皮夹克，即可应付一年。刘文典、陈寅恪两人畏寒，冬天却要穿皮长袍。陈和研究生同住一所小楼，冬天怕风，窗户缝隙用纸糊得严严实实，密不透风。一天，刘拜访陈，两人互争谁的身体更差，相持不下。刘说："我穿了两件皮袍子，可见我的身体更差。"说话间，自得之色溢于眉宇间。

西南联大青年教师陶光是刘文典的得意门生，因备课久未去看望老师，心存愧疚，后专门抽出时间拜望恩师。不料，刘一见陶，就大骂陶是"懒虫"、"没出息"、"把老师的话当耳旁风"等等。陶一时莫名其妙，他回忆说："我想他是鸦片没吃足，发神经病，我一向尊重老师，但学生也不是奴隶，随便辱骂，我已忍无可忍，要以暴易暴，当我正要怒目反击时，忽见刘先生用力一拍桌子，声音更大地说：'我就靠你成名成家，作为吹牛的本钱，你不理解我的苦心，你忍心叫我绝望吗？'愤怒的脸忽然变成可怜的脸。"陶光听到老师把自己当成"吹牛的本钱"，很受感动，于是转怒为笑，扶老师坐下，并向刘说明原因，倒茶赔罪。刘亦转怒为喜，马上留陶一起吃晚饭。

学生李埏曾向刘文典借过一本《唐三藏法师传》。当李翻开这本书时，发现空白处全是刘文典用多种语言写的批注，注文除中文外，还有日文、梵文、波斯文和英文。李埏正看得入神时，发现书中有一张刘文典用毛笔画的老鼠。李很是疑惑，便去请教刘。刘文典说，那是他在乡下点香油灯看书时，一天深夜见有只老鼠爬到灯盘上，明目张胆地吃灯芯上滴在灯盘上的油。他本想打死老鼠，但又觉得老鼠也是在讨生活，和他读书也是为讨生活一样，就不必相残了，便用毛笔画了一幅老鼠像夹在书中。李埏于是感慨："先生真有好生之德！"

张中行回忆，刘文典讲课时，吴宓（号雨僧）也去听，坐在教室内最后一排。刘文典总是闭目讲，讲到自己认为独到的体会的时候，总是抬头张目向后排看，问道："雨僧兄以为如何？"吴宓照例起立，恭恭敬敬，一面点头一面答："高见甚是，高见甚是。"全场为之暗笑。

吴宓对刘文典的学问十分佩服，他常去听刘文典讲课、演讲。他在日记中记录："听典讲《红楼梦》并答学生问。时大雨如注，击屋顶锡铁如雷声。"又一次写道："听典露天演讲《红楼梦》。"

钱穆在《师友杂忆》中回忆刘文典："有一年，余适与同车，其人有版本癖，在车中常手夹一书阅览，其书必属好版本。而又一手持卷烟，烟屑随吸随长，车行摇动，手中烟屑能不坠。"

刘文典烟瘾极大。一天上课时，刘文典的烟抽完了，就向前排的男学生示意要烟抽，学生们怕烟太差，不好意思拿出来。但刘一再示意，一位姓张的学生便要掏出烟来，这时正好教室门开了，家人给刘送烟来了。

刘文典与白族诗人马曜曾在云南大学共事，二人都好烟，常一起品烟。后马离开云大后，刘每觅得好烟，便邀马一起品尝。而马亦投桃报李，1951 年，程砚秋到昆明演出，一票难求。马知刘为戏迷，便想办法弄到票，亲自送到刘家。

陶光看上了一位才貌双全的滇戏女艺人耐梅，想请刘文典为之做媒，便常拉着刘去看滇戏。陶光已人到中年，刘自然乐意成人之美。结果，刘从此对滇戏着了迷，而陶也抱得美人归。此事一时传为佳话。刘认为真正能保持中国之正统者，唯有滇戏。20 世纪 40 年代，他几乎天天去看滇戏，"光华剧场的头排两个座位被他常年包下，届时风雨无阻，偕夫人每晚必到。尤对著名老生栗成之的演唱艺术极为倾倒，曾誉为'云南叫天'，并赠以诗'檀板讴歌意蓄然，伊凉难唱艳阳天。飘零白发同悲慨，省食憔悴李龟年。'"

李埏回忆，刘文典和罗庸还因为陶光与耐梅的结合发生过不愉快的争执。刘文典与罗庸、钱穆三人从玉溪返回昆明时，顺道到昆阳浏览。到昆阳的当天闲聊时，罗庸认为，陶光作为一个学者不应与耐梅结合。刘文典则认为只要他们相爱就可，不必用世俗偏见指责陶光的选择，为此两先生争吵到面红耳赤，钱穆则从中调和劝解。第二天他们也无兴再留昆阳，便乘船返回昆明。

婚后不久，陶光与耐梅经常发生争吵，因耐梅生得漂亮，唱戏嗓音又好，深得许多戏迷及一些地痞的追逐，常有人去缠着耐梅。陶光认为已经结婚了，耐梅还这样，觉得面子上下不去，常为此苦恼，便去向刘文典求教。刘文典告诉陶光，你只有离开云大把家搬远。陶光便到昆明师范学校任教，将家迁离翠湖边。过了不多长时间，又有人追到新居处找耐梅纠缠。此时陶光心情更为苦恼，又找刘文典诉说，刘文典只好无奈地说：别无他法，你只有离开昆明。陶光遂抑郁地携耐梅离昆赴贵阳大学任教。陶光到贵阳后和耐梅的争吵随之即消，但隔不了多久，仍然又有人跑到贵阳找耐梅。随后陶光接到台湾大学邀请，便决然离开贵阳赴台大任教。

新中国成立后，刘文典常晚饭后漫步去茶馆听滇戏。一天傍晚，刘携夫人沿翠湖漫步去听戏，忽然有辆小吉普车在他旁边停下，从车上走下一位省级干部，问刘先生要到何处，可以用车送。刘却婉言谢绝曰："安步当车。"说完与夫人信步离去。

刘平章回忆，1957 年 3 月，刘文典在北京开会期间，在一家书店看到《苏联画报》上有一幅名为"擦皮鞋者"的漫画，画着一个满脸皱纹、衣衫褴褛的老头在严冬的寒风中蹲在地上为儿子"kolya"擦皮鞋。当时正在成都读书的刘平章给父亲写信"讨要"生活费，刘文典恰好读到"擦皮鞋者"漫画，想到自己对儿子的溺爱，不免自责。于是他在给儿子的信中称呼儿子为"kolya"，落款为"擦皮鞋者"，信中不提寄钱的事，反说自己在京费用大，钱已用完，要儿子汇点来解除经济危机。这封信如今被收藏在刘文典纪念馆中。

刘文典对故乡有深厚的感情。他是合肥人，在他的旧版著作上都会署名"合肥刘文典"的字样。1949 年，他为自己印制了名片，上面只有"刘文典，安徽合肥"几个字。抗战胜利后，曾有人建议刘文典回家乡执教，刘文典很是欣喜。但由于时局动荡，他的心愿没能达成，这也成为他终身的憾事。

李毕雨进入云南大学后，高年级的学生写了"尗疋"两个字让他读，他张口结舌。此时高年级的同学告诉他，他刚进校时，上届同学也曾写这两个字让他认，他错读成"卡疋"，倒没有人笑话，因为谁都读不出来。这位同学又告诉李，这两个字是刘文典先生的字，读作"叔雅"，而同学们背地里也叫刘先生"卡疋"（音"卡特"）先生，算是对他老人家的昵称。

知　遇

刘文典曾撰写一篇名为"怎样叫做中西学术之沟通"的文章，他在文章中称胡适为"我的朋友胡适之"，并称胡的《中国哲学史大纲》"实在可以算得是中国近代一部 Epoch Making（划时代）的书，就是西洋人著西洋哲学史，也只有德国的 Windelband（文德尔班）和美国的 Thilly（梯利）两位名家的书著得和他一样好"。

刘文典的《淮南鸿烈集解》成书后，胡适自然是最早的读者。1921 年 9 月 24 日，胡适在日记里记载："刘叔雅近来费了一年多的功夫，把《淮南子》整理了一遍，做成《淮南鸿烈集解》一部大书。今天他带来给我看，我略翻几处，即知他确然费了一番很严密的功夫。”胡适还写道：“北大国文部能拿起笔来作文的人甚少，以我所知，只有叔雅与玄同两人罢了。叔雅性最懒，不意他竟能发愤下此死功夫，作此一部可以不朽之作！”

《淮南鸿烈集解》的出版也是胡适努力的结果，胡将文稿推荐给商务印书馆的张元济，并充当刘文典的经纪人，帮助他与商务印书馆交涉。刘对好友也极为信任，写信给胡适说：“《淮南子》事，既然你这样说，典无有不依。”

对于刘文典而言，“我的朋友胡适之”是他生命中不可或缺的人物。刘写给胡的信，大都是让胡为他解决各种各样的难题，无论是生活上的还是学术上的，在信中，刘不是让胡适替他找工作，就是为他的书稿和商务印书馆交涉，或者是找胡适借钱、提供其他帮助等等。

刘文典因校勘《淮南子》曾向北大借款六百元钱，到期却无力还债。当时他的书还没有出版，他便给胡适写信诉苦，让胡帮他向张元济预支稿费，他在信中说：“两三个月薪水一扣，典年内就无以为生了。典想拙作将来销路总不会十分错的，借重你的面子，和张菊生（元济）先生商量，垫几百元，总该可望办到。拙作比起平常的书来，费的心血也多些，将来定价也要贵些，并且价值比较的永远些，无论多少年后都可以有销路，究非那些风行‘一时’的书可比。先垫一笔款，早迟准可以捞得回来的，典想只要请你和张先生一说，典目下这个围就可以解了。你对于典的事素来肯帮忙，这件事必定可以答应我的。”

几日后，刘文典再次写信催促胡适：“典因此又起了一个奢望，看起来好像近于‘无餍之求’，其实和原议相差也不远。就是《淮南子》的垫款六百，加上《印度思想史》的二百，共计有八百元，如果拿二百，就可以凑成一千整数了。”在胡适的帮助下，不多日，刘文典便领到了商务印书馆预支的稿费。

由于刘文典未能及时将最后几章校完，商务印书馆不肯支付剩余的五十元稿费，而北大因经费紧张不能按时发薪，山穷水尽的刘文典只好再次求助胡适：“弟之经济状况已濒绝境，务请你即刻替弟和他交涉一下（打一个电话即成了），我向他开口，实在有些不好，请你援救我一下罢。”

1923年，《淮南鸿烈集解》出版之际，刘文典请胡适为该书作序，并提出序要用文言文：“拙著《淮南子集解》已经全部完成，许多学生们都急于要想看看，盼望早一天出版。现在就因为等你那篇序，不能付印，总要请你从速才好。至于文体，似乎以文言为宜，古色古香的书上，配上一篇白话的序，好比是身上穿了深衣，头上戴着西式帽子似的。典想平易的文言和白话也差不多啊，如果你一定不肯做文言，也只得就是白话罢。”

胡适向来对刘文典有求必应，遂用文言文作序言一篇，将无数溢美之词送给了刘文典：“今日坊间所行，犹是百五十年前之庄逵吉本，而王、俞诸君勤苦所得，乃不得供多数学人之享用；然则叔雅《集解》之作，岂非今日治国学之先务哉？”“凡其所自得有与前人合者，皆归功于前人；其有足为诸家佐证，或匡纠其过误者，则先举诸家而以己所得新佐证附焉。至其所自立说，则仅列其证据充足、无可复疑者。往往有新义，卒以佐证不备而终弃之，友朋或争之，叔雅终不愿也。”

《淮南鸿烈集解》出版后，胡适的这篇文言文序文，竟然引发了一场小风波，有人说胡适主张复古了。曹聚仁回忆说，1922年沈信卿等人发起复古运动，“恰巧，那时有几个新文人偶尔也用古文来写作，如胡适《淮南鸿烈集解》序，鲁迅《中国小说史略》及序文，都是用古文写的。他们便借为口实”。

刘文典对胡适对他的帮助也感激涕零，他在给胡适的信中说：“你是弟所最敬爱的朋友，弟的学业上深受你的益处。近年薄有虚名，也全是出于你的‘说项’，拙作的出版，更是你极力帮忙、极力奖进的结果。”

刘文典校完《淮南子》后，便开始校勘《论衡》。刘文典对于校勘《论衡》并无太多信心，他便写信征求胡适的意见。胡适对刘文典的决定表示支持后，刘文典便坚持不懈，将《论衡》校勘完毕。

《论衡》文稿自然也由商务印书馆出版，但书稿交去后，商务印书馆却迟迟没有动作。刘文典心中很是忐忑，自然，他的解决方法就是请胡适出面与商务印书馆交涉。不久，商务印书馆的高梦旦就写信告诉刘，出版的事将全权委托胡适与刘文典细谈。

商务印书馆出版刘文典《论衡》一书，支付给刘的稿费较低。刘文典交稿时便有所保留，删除了一些内容。事后，刘在给胡适的信中说：“不厂（北大教授单不厂）所说的，弟有些东西不肯放进去，这话不的确的。弟并非胆小，实在是嫌定价少了，凡是费力考出来的，都想留着做我的读书集志，价出足了，弟的胆子就会大的。”信寄出后，刘许久未收到胡的复信，他心中很是担忧，生怕胡责怪自己，也不敢直接去找胡。许久之后，他终于收到了胡的回信。胡在信中解释自己之所以晚回复，是因为之前一直在忙清朝大学者戴震诞辰二百周年的纪念之事，接着，胡适说："我怪你的是你有一次在信片上说，你有许多材料，非有重价，不肯拿出来。我后来曾婉辞劝你过，但我心里实在有点不好过。我觉得你以'书贾'待人，而以市侩自待，未免教我难堪。校一书而酬千金，在今日不为低价，在历史上则为创举；而你犹要玩一个把戏，留一部分为奇货。"胡适的一席话，犹如当头棒喝，刘文典后来做《庄子》校勘的时候，写信告诉胡适，称与出版社"价好商量"。

被迫辞去安大校长一职后，失业的刘文典又求助胡适，他在给胡的信中说："老大哥！弟虽不肖，究竟是个读书人，在那样秽浊的地方，和那些不成东西的人胡缠，试问精神上如何过得？现在环顾一班故旧，最爱我的只有你，能救我出那个恶劣环境的也只有你。务请把我的事不要忘记了。千万不要自己躲在第五国际的租界上，舒舒服服地讲学读书，把一个老朋友丢在 WC 里而受罪啊！"

国民党退守台湾之际，胡适在考虑自己去向的同时，也没有忘记好友刘文典，他准备安排刘一家去美国。他为刘联系好了在美国的具体去处，甚至为他们办好了入境签证，但刘文典却拒绝了胡适的邀请，他说："我是中国人，为什么要离开祖国？"

新中国成立后，刘文典留在云南大学任教，除了偶尔向学生提及他"十二万分"敬佩的陈寅恪外，几乎从未主动谈起过胡适。20 世纪 50 年代，批胡运动如火如荼，刘文典没有任何口头、书面形式的对胡的批判，他保持了沉默。

据刘文典的一位同事回忆，在"批判胡适"的浪潮中，系里组织的批判学习大会，刘文典都参加，但是很少发言。别人讲话时，他要么装着记录，要么闭眼休息。1957 年，刘文典被认定为"反动学术权威"，亦遭到批判，当时有人批判他的"罪状"之一就是，系里组织开批判会，他竟然"靠在沙发上睡大觉"。

微　瑕

刘文典好吸鸦片，周作人曾回忆刘文典："叔雅人甚有趣，面目黧黑，盖昔日曾嗜鸦片，又性喜肉食。及后北大迁移昆明，人称之谓'二云居士'，盖言云腿与云土皆名物，适投其所好也。好吸纸烟，常口衔一支，虽在说话也粘着嘴边，不识其何以能如此，唯进教堂以前始弃之。性滑稽，善谈笑，唯语不择言。"

虽然自己吸鸦片，但刘文典深知吸食鸦片的危害，因此，上课时他常告诫学生千万不要吸鸦片，他说：“我因体弱多病，初因治病染上了恶习，又因为政府腐败无能，任敌侵略，国将不国；又因小儿早殇，悲痛欲绝，国难家愁，吸毒即慢性自杀啊！劝诸君切勿染此恶习。”

西南联大时，由于物价飞涨，而刘文典又吸食鸦片，生活十分困难。为了赚钱，刘便应大盐商张孟希之请，到磨黑为这位盐商的母亲撰写墓志铭。从昆明到磨黑路途遥远，风险极大，为此张派人用滑竿将刘接到磨黑，一路上做了妥善安排，甚至派专人保护。到磨黑后，刘除了替张母撰写墓志铭，偶尔为当地教师讲讲《庄子》和《文选》外，其他大部分时间便躺在鸦片床上吞云吐雾，过足了烟瘾。四个月后，刘文典才回到昆明。

刘文典此行，受到联大同仁的诟病。而且刘文典的私自离校，使正常的课程受到影响。当时西南联大中文系教授仅有七人，其中陈寅恪被困香港，刘文典一走，就只剩下罗常培、朱自清、闻一多、浦江清、王力五人，课程压力极大。刘回到昆明后，第二年续聘，闻一多坚持不给刘发聘书，刘被解聘。刘文典知道自己被解聘的事后，非常生气，曾与闻一多干了一仗。当时和闻一多住在一起的清华研究生王瑶回忆说：“刘文典回到昆明后，对解聘他的事很不服气。他曾到司家营清华文科研究所找闻先生论理。当时两人都很冲动，闻一多正和家人一起吃饭，他们就在饭桌上吵了起来。朱自清先生也住在文科研究所，看到这种情况就极力劝解。刘文典终归未能重返清华。”

刘文典的学生王力亦在中文系任教，极力为刘说项：“我们几个同事去见闻先生，替那位老教授（指刘文典）讲情，我们说这位老教授于北平沦陷后随校南迁，还是爱国的。闻先生发怒说：‘难道不当汉奸就可以擅离职守，不负教学责任吗？’他终于把那位教授解聘了。”

离开清华后，刘文典到云南大学任教。闻一多对云南大学聘请刘极为不满。吴宓在 1944 年 7 月 10 日的日记中记载，国民党教育部高教司司长吴俊升邀集西南联大、云南大学、中法大学文法学院主任讨论《部颁课目表》修改问题，闻一多在会上提到刘文典时说：“谓幸得将恶劣之某教授（典）排挤出校，而专收烂货、藏垢纳污之云大则反视为奇珍而聘请之”，“云大在座者姜寅清无言，徐嘉瑞圆转其词以答，未敢对闻一多辩争”。

1947 年，中央研究院启动第一批院士评审，刘文典被列入候选人名单。中研院史语所所长的傅斯年看到名单后，致信中研院总干事萨本栋，坚决主张把刘从名单中删除，他说："候选人中确有应删除者，如刘文典君，刘君校《庄子》，甚自负，不意历史语言研究所之助理研究员王叔岷君曾加检视（王君亦治此学），发现其无穷错误。更有甚者，彼曾为（云南）土司之宾，土司赠以大量烟土，归来后，既吸之，又卖之，于是清华及联大将其解聘，此为当时在昆明人人所知者。今列入候选人名单。如经选出，岂非笑话？学问如彼，行为如此，故斯年敢提议将其自名单除去。"虽然萨本栋并没有听从傅的建议直接删除刘，但刘在评议会的五轮投票中，得票均为0票，未能当选。

刘文典染上鸦片，据说是因长子刘成章的死。他为打发排遣内心伤恸，麻醉自己，便开始吸食大烟。钱穆回忆说："（刘文典）后因晚年丧子，神志消沉，不能自解放，家人遂劝以吸鸦片。其后体力稍佳，情意渐平，方立戒不再吸。及南下，又与晤于蒙自。叔雅鸦片旧瘾复发，卒破戒。及至昆明，鸦片瘾日增，又曾去某地土司家处蒙馆，得吸鸦片之最佳品种。又为各地土司撰神道碑墓志铭等，皆以最佳鸦片为酬。云南各地军人旧官僚皆争聘为谀墓文，皆馈鸦片。叔雅遂不能返北平，留教云南大学，日夕卧榻上，除上课外，绝不出户。"

据说新中国成立后，在云南，周恩来总理亲自批准两个人抽"云土"，一个是原云南省主席龙云；另一个就是云南大学教授刘文典。

全国解放后，刘文典以惊人的毅力戒掉鸦片，改抽大重九。他抽烟甚多，有时一天两包。当时大重九旧币三千元一包，能抽得起大重九的人并不多，学生抽的都是一千五百元一包的大公烟。刘平易近人，所以学生常到他烟盒里摸一支烟，刘丝毫不以为意，因此深受学生爱戴。新中国成立前后，刘文典的思想发生了巨大变化，他兴奋地说："今日之我，已非昔日之我！我'再生了'！"

李埏告诉何兆武，反右时有人揭发刘文典，说他有一首黑诗，并公布出来。诗的前面有一段序，大意是说他有一个姬人非常可爱，明媚窈窕，温存体贴，可惜短命死矣，他想起伊人十分感伤，夜不能寐，于是写诗怀念她。诗也写得缠绵悱恻、哀婉动人，但怎么会成黑诗了呢？揭发者说，刘文典根本就没这么个姬人，这首诗实际上怀念的是他那杆烟枪，新中国成立后不准抽大烟，他就只好怀念他那杆烟枪了。

1958年，刘文典在昆明逝世。遵照他的遗嘱，家人将他收藏的文物全部捐献给了安徽博物馆。按照夫人张秋华的意愿，刘文典逝世后没有立即火化，而是用棺木土葬在了云南大学后面的圆通山上。一年后，由儿子刘平章取出骸骨，火化后送回祖籍安庆安葬，开始简葬于古月庵，后来正式安葬在怀宁县总铺高家山（今属安庆市）。

评 价

刘文典出版《庄子补正》时，陈寅恪欣然为序，说："先生之作，可谓天下之至慎矣。……然则先生此书之刊布，盖为一匡当世之学风，而示人以准则，岂仅供治庄子者所必读而已哉！"

高伯雨评价刘文典说："为什么会时时想到刘文典先生呢？我就是欣赏他有狂态。当1929年前后蒋介石不可一世的时候，刘先生一如他的老师章太炎藐视袁世凯那样，对着蒋面前敢'哼'他，是真名士，非胡适之、朱家骅等人所及。"

学生傅来苏在《刘文典先生教学琐忆》中称赞刘文典说："其知识之渊博，治学之严谨，令人叹为观止。"

刘文典的学生评价老师："说到刘先生的学问的渊博精深，这个更使我这不学无术的小伙子惊异得如同刘姥姥进大观园，除了拍手嗟叹之外不能赞一辞。"

晚年，周作人回忆刘文典说："他实是一个国学大家，他的《淮南鸿烈集解》的著书出版已经好久，不知道随后有什么新著，但就是那一部书也足够显示他的学力而有余了。"

钱理群评价刘文典：刘文典的"狂"是真的。所谓"狂"无非是把自己这门学科看成"天下第一"，自己在学科中的地位看得很重：我不在，这门学科就没了！这种"舍我其谁"的狂傲、气概，其实是显示了学术的使命感、责任感和自觉的学术承担意识的。

儿子刘平章谈及父亲刘文典："与狂相比，我觉得他这个人还是比较傲的，相比之下，傲字更准确一点。""他的傲是因为他认为自己的学问是可以传承下去的。所谓的狂就是因为傲，而傲又是因为他有本事"。

有人如此评价刘文典，一言以蔽之，是真名士自狂狷。

赵元任

赵元任（1892—1982），字宣仲，又字宜重。江苏武进（今常州）人，生于天津。中国语言科学的创始人，被称为汉语言学之父。

关键词：荣誉、才赋、音乐、温润、逸事、爱侣、婚礼、谐和、至交、眷恋、赏誉

荣　誉

赵元任被称为“中国语言学之父”，会说33种汉语方言，并精通英、德、法等多国语言。他从小就显露出语言天才，各种方言一学就会。研究者称，赵先生掌握语言的能力非常惊人，因为他能迅速地穿透一种语言的声韵调系统，总结出一种方言乃至一种外语的规律。

赵元任还被称为罕见的通才、一个“文艺复兴式的智者”。他文理兼修，获得数学学士学位，哲学硕士、博士学位，并选修物理、音乐，教授过数学、物理学、逻辑学、中国音韵学、普通语言学、中国现代方言、中国乐谱乐调和西洋音乐欣赏等课程，他在语言学领域着力最深，在音乐领域也有很深的涉猎。

1926年，赵元任到清华国学研究院担任导师，与他出生时就已经声名赫赫的前辈梁启超、王国维，以及另外一位国学大师陈寅恪并称清华国学研究院“四大导师”。

赵元任一生有一份煊赫的求学和教学经历：

1907年，赵元任进入南京江南高等学堂预科，成绩优异，英语、德语都学得很好。

1909年，赵元任考取了留学美国的官费生，进入康奈尔大学学习，主修数学，选修物理、音乐。1914年，赵元任获数学学士学位。赵在康奈尔大学的数学课程获得过两个100分，一个98分，保持了多年该大学平均成绩的最高纪录。

1914—1915年，赵元任在康奈尔大学哲学院研究学习一年。

1915年，赵元任进入哈佛大学主修哲学并继续选修音乐。19l8年，获得哈佛哲学博士学位。

1918年，赵元任在芝加哥和加州大学研究学习。

1919年，赵元任回到康乃尔大学物理系任教一年。

1920年，赵元任到清华任教，最初清华请他讲授数学，到校后又加开一门英语课程，后教务长让他改教中国史和哲学，又教授心理学和物理。是年冬，英国著名哲学家罗素来华，他担任罗素讲学的翻译。

1921年，赵元任携妻子杨步伟到哈佛大学任哲学和中文讲师，并致力于语言学研究。

1925年，赵元任再次回清华大学任教，教授数学、物理学、中国音韵学、普通语言学、中国现代方言、中国乐谱乐调和西洋音乐欣赏等课程。

1928年，赵元任作为中央研究院语言研究所研究员，进行了大量的语言田野调查和民间音乐采风工作。

1938—1939年，赵元任又到美国，任教于夏威夷大学，开设中国音乐等课程。

1938—1941年，赵元任任教于耶鲁大学。

之后五年，赵元任再次到哈佛任教，并参加《汉英字典》的编辑工作。

从1947—1962年退休为止，赵元任一直在伯克来加州大学教授中国语文和语言学课程，退休后仍担任加州大学离职教授。

1945年，赵元任当选为美国语言学学会主席，1952年荣任阿加细（Aggasiz）

基金会东方语和语文学教授，1960 年被选为美国东方学会主席。

1973 年，中美关系正常化不久，阔别大陆三十年的赵元任夫妇回国探亲，受到周恩来总理的亲切接见，周总理和赵谈到文字改革和赵致力研究的《通字方案》。1981 年，丧妻不久的赵元任应中国社会科学院语言研究所之邀，偕长女赵如兰、女婿卞学礦、四女赵小中再次回国探亲，受到全国政协主席邓小平的热情接见，并接受了北京大学授予的名誉教授称号。

1982 年 2 月 24 日，赵元任逝世于美国马萨诸塞州坎布里奇。赵元任去世后，加州大学为他设立了赵元任基金会，同年 4 月 4 日，该校举行了隆重的赵元任逝世纪念会。

才 赋

赵元任会说 33 种汉语方言，精通英、德、法、日、俄、希腊、拉丁等多门外语，甚至精通这些语言的方言，因此得了个“赵八哥”的绰号。

赵元任的听觉异常灵敏，他能在很短的时间内就学会一种方言，此后终身不忘。他儿时就展示了非凡的语言天赋，他每到一个地方居住，就能迅速学会当地的方言。清末，他的祖父在北方做官，年幼的赵元任随其家人在北京、保定等地居住期间，从保姆那里学会了北京话和保定话。5 岁时，赵回到家乡常州，家里为他请了一位当地的家庭老师，他又学会了用常州方言背诵四书五经。后来，赵元任又从他的大姨娘那儿学会了常熟话，从伯母那儿学会了福州话。

15 岁时，赵元任考入南京江南高等学堂学习。当时全校 270 名学生中，只有 3 名是地道的南京人，他向这三位南京同学学会了地道的南京话。在某次宴席中，赵元任居然能用 8 种方言与来自四面八方的同桌客人交谈。

刘半农曾想编一本“骂人专辑”，他在《北京晨报》上刊登了一则“粗话启事”，公开征集全国各地骂人的话。赵元任看到启事后，来到刘半农的宿舍，用湘、川、皖等地的方言大骂刘半农。随后，周作人也来了，用绍兴土话又将刘半农大骂了一顿。当刘半农去上课时，竟又被广东、广西、湖南、湖北等地的学生用方言骂了半天。后来，刘去拜访章太炎，被章用各个朝代的粗话大骂一通。

少年时代，赵元任便开始在日记中玩文字游戏。根据其《早年自传》中的回忆，他学习英文后，将英文字掺杂在中国字中间，在日记中“玩”文字拼音，只有以常州音读这些字才能弄明白他的本意所在。例如，在1906年8月18日日记中他说“余去堂兄科安家 t'ei k'o ding no”，常州音近乎“take dinner”（用晚餐）；又“余去看同学石仪的 fa-ze”即 father（父亲）。不久之后，赵元任又开始使用缩写字，如 rivylt 即 rise very late（起得很晚）。据赵自己说，他的日记是给自己看的，其中有太多自造的字和符号，有各种语言和方言的混用。

新中国成立后，赵元任在给留在大陆的女儿女婿赵新那夫妇写信时，也经常使用各种符号，在“文革”中被造反派认为是赵新那夫妇里通外国传递情报的密码，成了罪证。

1920年，美国教育家杜威和英国哲学家罗素来中国讲学，蒋百里、蔡元培、丁文江、陶履恭、秦景阳等人共同推荐赵元任担任罗素的翻译，其时赵元任已接受清华的聘书，人却还没有回到国内。通过蔡元培、丁文江等人的努力，清华大学最后终于答应赵元任担任罗素翻译一事。赵元任回国后，随罗素在全国巡回讲学一年。由于赵元任口齿清晰，知识渊博，每到一地能用方言翻译，因而使当时罗素的讲学比杜威获得更好的效果。从此，赵元任的语言天才得到了公认，他自己也决定将语言学作为终身的主要研究方向。

罗素的演讲涉及心理学、生理学、伦理学、数学、逻辑、物理、教育学、社会学等多个领域，赵元任应付裕如，他觉得，生活中的客套话十分难翻译，而翻译学术讲演反倒容易一些。一次担任学术讲演翻译后，他在当天的日记中写道：“我按己意大加引申说明……以译员的身份讲，比主讲人更有乐趣，因为译员讲完后才引起听众反应。”

赵元任为罗素当翻译，每到一个地方，他都用当地的方言来翻译。罗素在杭州演讲时，赵元任便以杭州方言来翻译；他在去长沙的途中向湖南人学会了长沙话，等到了长沙，已经能用当地话翻译了。以至于讲演结束后，一个学生跑上来问他：“赵先生贵处是湖南哪一县？”

在清华任教时，赵元任曾表演过口技“全国旅行”：从北京沿京汉路南下，经

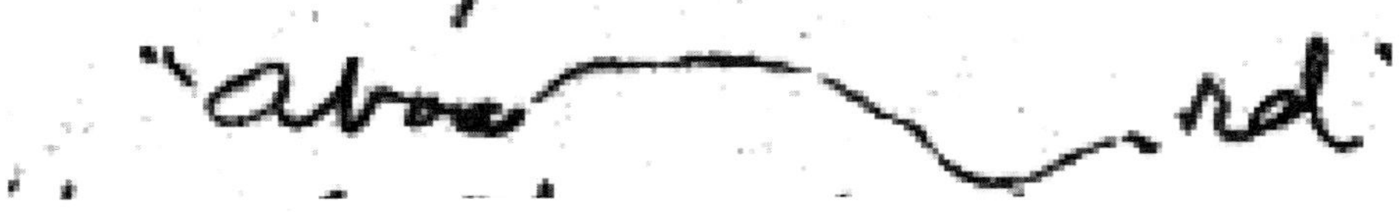

列车员高呼“Aboard（上车了）！”，赵元任根据列车员呼喊的声调记载而成

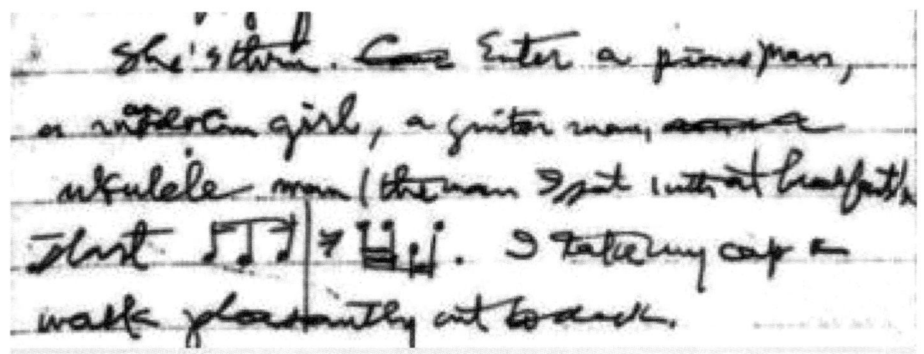

赵元任用五线谱作为符号记日记

河北到山西、陕西，出潼关，由河南入两湖、四川、云贵，再从两广绕到江西、福建，进入江苏、浙江、安徽，由山东过渤海湾入东三省，最后入山海关返京。这趟“旅行”，他一口气说了近一个小时，“走”遍大半个中国，每“到”一地，便用当地方言土话，介绍名胜古迹和土货特产。

赵元任的妻子杨步伟也会几种方言。赵元任和杨步伟结婚后，他们订了一个日程表，今天说国语，明天说湖南话，后天说上海话。

抗战期间，赵元任夫妇赴美，途经香港。陈寅恪夫人唐筼和次女陈小彭陪二人一起购物，在一家象牙工艺品商店，陈小彭听到赵元任与售货员以标准粤语交谈，但速度没有本地人讲得快，觉得奇怪。后来陈才知道，赵元任并不会粤语，但他是语言学家，可以用拼音将粤语拼出。

在外国语方面，据赵元任自己说：“在应用文方面，英文、德文、法文没有问题。至于一般用法，则日本、古希腊、拉丁、俄罗斯等文字都不成问题。”

有一次，赵元任在法国索邦讲演，他用的是纯粹标准国定的法国语音。演讲完毕后，听众对他说：“你法国话说得真好，你的法国话比法国人说得都好。”

到了世界任何地方，当地人都认赵元任做“老乡”。二战结束后，他到法国参加会议。在巴黎车站，他对行李员说巴黎土语，行李员以为他是土生土长的巴黎人，于是感叹道：“你回来了啊，现在可不如从前了，巴黎穷了。”后来，他来到德国柏林，用带柏林口音的德语和当地人聊天。邻居一位老人对他说：“上帝保佑，你躲过了这场灾难，平平安安地回来了。”

赵元任曾和家人一起开车环游欧洲。他总结沿途的国家跟外国人说话的惯例。一路上法国人和比利时人跟他们说法语；荷兰人因为知道很少有人会说荷兰语，所以跟外国人多半说英文；到了德国说德语；丹麦人和瑞典人则尽量跟外国人说英文。他说："我们开车从法、荷、比、德近海一带听他们说话所得的印象，并不是过一国换一种语言，我们的感觉非常像坐着长江轮船从上海到四川一路的口音渐渐地变，而不是一国一国地变。"

有一次，赵元任在瑞士的德语区，因为他第二天要开车到马特峰高山上去，所以准备将车送到车行进行一下保养，上上润滑油、检查一下机器。这天晚上他拿了一本词典查了这些机件的德文名称。第二天到了车行，车行的人看赵是外国人，反而说起法语了。赵元任说："那不成，我昨天晚上用的是德文的功，今儿非得用德文才会讲汽车的事情呢。"

赵元任曾编了一个极"好玩儿"的单音故事，以说明语音和文字的相对独立性。故事名为《施氏食狮史》，通篇只有"shi"一个音："石室诗士施氏，嗜狮，誓食十狮。氏时时适市视狮。十时，适十狮适市。是时，适施氏适市。氏视是十狮，恃矢势，使是十狮逝世。氏拾是十狮尸，适石室。石室湿，氏使侍拭石室。石室拭，氏始试食十狮尸。食时，始识十狮尸，实十石狮尸。试释是事。"此文被收入《大不列颠百科全书》。

赵元任晚年又作《嵇熙戏犀》："西溪犀，喜嬉戏。嵇熙夕夕携犀徙，嵇熙细细习洗犀。犀吸溪，戏袭熙。嵇熙嘻嘻希戏，惜犀嘶嘶喜袭熙。"他注明："嵇，檄倪切，音兮，齐韵。一姓氏，二山名。"他以此文说明中国文字只有形、音、义同时出现，才可表达文章意思。

还有一首《唧唧鸡》也为赵元任所作：唧唧鸡，鸡唧唧，几鸡挤挤集机脊。机极疾，鸡饥极，鸡冀己技击及鲫。机既济蓟畿，鸡计疾机激几鲫。机疾极，鲫极悸，急急挤集矶级际。继即鲫迹极寂寂，继即几鸡既饥即唧唧。

赵元任告诉女儿赵新那，自己研究语言学是为了"好玩儿"。赵元任的三女儿叫赵莱痕思媚，据赵新那说，就是"好玩儿"的结果。经常有人问起赵元任为什么给女儿起这么长的名字。原来，赵的三女儿小时候叫"LenSei"，是赵根据拼音拼出来的两个音节，但并没有相对应的汉字，上学后按谐音写成"莱痕思媚"。

赵元任写信给林语堂时，写的是汉字的英文，例如，"狄儿外剃，豪害夫油鬓？"（亲爱的语堂，你近来忙些什么？）林语堂看了非常喜欢。

赵元任的听力很好，辨音能力强。他能够把一个字的发音分几部分分析，从后面的部分念起，将一个字由后向前倒着念。有时他用录音机录下一段这种古怪的发音，然后用能够倒着放的录音机放，听起来就和按正常发音顺序念一段文章差不多。他高兴时喜欢给朋友们表演这种技艺。

20 世纪 20 年代初，白话文运动已成气候，赵元任开始进行汉字拼音化推广。他编辑灌制了《国语留声机片课本》，胡适为该书作序，称以留声机片教国语没有第二人比元任更适宜，该书最大长处在辨音的正确，如辨声调辨方言等，且书中用语活泼诙谐，可以破除教科书历来的沉闷。

1925 年，赵元任夫妇由法国马赛回国，途经香港，看见一家鞋店的白皮鞋很好，于是赵元任用国语对店员说要买两双鞋。因为赵有一个习惯，遇到合意的鞋总是买两双。当时，香港通用的语言是英语与广东话，通晓国语者不多。这位店员的国语很差，无论赵怎么说他都不明白。于是，赵伸出两个手指，然后指指白皮鞋，意思是要两双。店员看了生气地说："一双鞋不就是两只吗？还要说什么？"最后赵元任只好买一双皮鞋。他们买完东西出门时，店员用浓重的广东话说："我建议先生买一套国语录音磁带听听，你的国语太差劲了。"赵元任问道："谁的国语录音带最好？"店员说："自然是赵元任的最好了。"这时杨步伟在旁边说："他就是赵元任啊！"店员愤愤地说："别开玩笑了，他的国语讲得这么差，怎么能跟赵元任比？"

胡适说赵元任"生性滑稽"，即使做学问也是如此。赵元任在谈到中国语言的五声问题（阴阳上去入），为了便于分辨，发明了一句"荤油炒菜吃"来解说。

1927 年，赵元任到江苏一带进行了为期三个月的吴语调查，他不辞劳苦，辗转镇江、丹阳、无锡、宜兴、溧阳等地，记录了大量的当地方言。回到北京后，他将搜集来的材料写成一本《现代吴语研究》。此书出版时，语音符号准备采用国际音标，但当时印刷厂没有字模，他和助手就自己用手写、画，每天工作 10 小时以上。这本书成为研究吴语等方言的珍贵文献资料，赵元任也成为我国方言调查的鼻祖。

1948 年，赵元任在《国语入门》一书中，讲到语尾助词"吧"字，幽默地举例说明它不宜和"王"、"鸡"这两个字合用。如问人姓时务必不能说："你姓王吧？"在请人吃鸡时，更万万不能说："请你吃鸡吧！"

1949 年以后，胡适仍很关心大陆的文化动静。毛泽东的诗词他也认真阅读，见《答李淑一》的韵跑得没了边，便去问赵元任，是不是湖南方言可以这样押韵，赵回答否。

赵元任根据发音系统和主要现代方言，从《康熙字典》的两万多字中挑选出两千字，作为“通字”，他认为日常的行文用这两千字就够了。他的这本《通字方案》一直不肯轻易脱稿，反复斟酌，思虑再三，一次一次地修改，还征求国内语言学家的意见。1979 年赵新那到美国探望父母，年近 88 岁高龄的赵元任，每天还坚持坐在书桌前研究《通字方案》。

赵元任早年曾和语言专家黎锦熙先生致力于推广普遍话。1981 年，回到北京的赵元任曾感慨道：“现在教育水平高了，人们的说话受广播、报刊、电视等媒体的影响，出口书面语多，不大爱讲白话了。如现在北京人爱说‘开始’，不说‘起头儿’；把长外衣不叫‘大氅’，而叫‘大衣’。连小孩说话也是文绉绉的，人们的日常生活语言显得缺少生活气息。”

赵元任赞同汉字简化，但他觉得简化不能太过，如“闗”字简化为“关”，结果是“无门可关”，实在不成体统。

语言学家陈原在回忆文章中写道：“赵元任，赵元任，在我青少年时代，到处都是赵元任的影子。”少年时，陈就着迷于赵元任翻译的《爱丽丝漫游奇境记》。长大了，想学国语，就通过赵元任的《国语留声片课本》进行学习，后来迷上了音乐，便迷上了赵元任的朋友萧友梅介绍的贝多芬《欢乐颂》，也迷上了赵元任谱曲并亲自演唱的《教我如何不想她》。

《爱丽丝漫游奇境记》的第一个中文译本是由赵元任翻译的，1922 年由商务印书馆出版。当时赵元任特别强调，这本书“又是一本哲学的和伦理学的参考书”。

梁漱溟在晚年口述《这个世界会好吗》中，曾谈到对赵元任的评价：

梁：当时他是清华国学院的四个导师之一，他的知识很丰富，听说他有这样一个本事，就是他一般跟我们一样讲普通的北京话，但是他如果到一个新地方，比如到了福建，到了广东，他住这么一两天，他就能讲那个地方的话。

艾：是这样，我也听说了。

梁：因为他懂得那个地方人讲话，从音韵上，从利用口齿上，他住上一两天就晓得怎么样，就讲当地的话，人家告诉我是这样。

1981 年 5 月 21 日，赵元任应中国社会科学院语言研究所之邀，回国录制国际音标。录制时，他发了四百多种元音、辅音和声调，连非常细微的差别都十分确切，发音辨音能力与他在 20 世纪 30 年代时一样。在座者无不惊讶，非常钦佩。

音 乐

赵元任的母亲擅昆曲，父亲擅奏笛，在家时常妇唱夫随。赵元任自幼便受到良好的音乐熏陶，在音乐上很有天赋。他曾选修音乐，师从著名的音乐学家，专攻过和声学、作曲法，教过音乐、音乐欣赏、中国音乐等课。他为同时代的诗人谱曲：刘半农《教我如何不想她》，徐志摩《海韵》，刘大白《卖布谣》，胡适《他》，陶行知《小先生歌》，施谊《西洋境歌》等。

少时，赵元任曾将牵牛花摘下当作号角吹，甚至曾试图以之吹奏乐曲。

赵元任节拍感绝佳，儿时曾看祖父升堂审案，打犯人板子，便弄通了衙役们计数的特别办法：有的数一拍，有的数半拍，有的数省略……他便留心听衙役们到底有没有作弊跳着数的事情。听了很多次，他发现衙役们没有一回数错，也没有一回数漏。他告诉大人此事，大人总说："你一个小孩子懂得什么？"

在康奈尔大学读书期间，赵元任对音乐的兴趣越来越浓厚，他花 220 美元分期付款（分 6 年）买了一架旧钢琴，而当时他的留学官费每月才 60 美元。为了买到廉价的音乐票，他和爱好音乐的同学半夜起床去排队买票。一次，赵元任凌晨两点起床去替换早已在售票处排队的同学邹秉文，直至六点半，别的同学才来替换他。

1920 年，赵元任作歌曲《尽力中华》，采用了和尚放焰口（一种佛教法事）时唱的调子，稍加改编，并配以和声。

赵元任常随手取身边的小东西做乐器。一次在清华的同乐会上，赵元任取十多只茶杯，然后敲打倾听音调，七音调正后，他用茶杯奏出一首乐曲，四座皆惊。又一次游西湖，在一家木鱼店内，赵元任在每个木鱼上敲一记，很快选出十几个小木鱼，以半音相间凑成一套乐器。他用这套"木鱼琴"，可以奏出各种乐曲。

一次，赵家宴客，饭罢，赵元任不让把盘子、筷子和碗收走，他拿起一根筷子，一个一个地敲，从餐具中挑出 do、re、mi、fa、so……的音来，但找来找去，就是差一个音怎么也找不到。赵元任抬头看见了玻璃灯罩，灵机一动，取下来敲了一下，说也巧，正好补上了这个缺的音，大家全乐了。

赵元任的孩子们学英文字母、国语罗马字、注音符号等，赵元任就教他们唱，歌学会了，字母拼音也跟着会了。他不仅教孩子们唱字母拼音，还将九九乘法表谱上曲，让孩子们边唱边背。他还从女儿们的课本中调出课文，谱上曲，配上和声，教孩子们唱。

赵元任一生创作过一百多件音乐作品，包括声乐和器乐。他和他的女儿们，有机会便聚在一起，组成一个家庭合唱团，分声部地练习演唱他的音乐作品。

在赵元任的音乐作品中，有相当一部分是为家庭创作的，他常为女儿写歌，并教她们演唱。连上邮局寄挂号信排队的时间，也不放过。他把许多歌曲写在小五线谱本子上，随身携带，一有灵感就进行创作修改。长女赵如兰说："他的许多音乐作品，都是在剃胡子的时候创作的。"

抗战爆发后，赵元任一家随着历史语言研究所南迁，东奔西跑，钢琴丢了，天黑了也没有电灯，但他们的家庭合唱团却越唱越起劲。一到天黑，赵家的合唱团就开始唱起来了。赵元任的两个小女儿年纪小，嗓音尖，就唱女高音；赵元任则唱男低音；二女儿赵新那是女中音；大女儿赵如兰则补上第四声部。

著名音乐家萧友梅这样评价赵元任说："这十年出版的音乐作品里头应该以赵元任先生所作的《新诗歌集》为最有价值。""(他)虽然不是向来专门研究音乐的，但是他有音乐的天才，精细的头脑，微妙的听觉。他能够以研究物理学、语言学的余暇，作出这本 Schubert 派的艺术歌（Artsong）出来，替我国音乐界开了一个新纪元。"萧还赞扬赵元任是"中国的舒伯特"。

温　润

赵元任自小聪明、好学，从初中便开始坚持记日记。在南京求学期间，他一度沾染恶习：抽烟、嗜酒、手淫等。但他后来努力改变恶习，并以父亲为自己命名寓意告诫勉励自己："元任，任重道远。"

在南京高等学堂预科读书时，赵元任与章元善同学，他们相互勉励，刻苦读书。因二人卧榻顶头相接，两人便将枕头以绳连接，先起床者拉动绳索，然后二人同时起床，到操场上练习英语发声。

1927 年春天，赵元任曾到江、浙两省做吴语调查。他经常一天跑两三个地方，边调查边记录，找不到旅馆就借宿在农民家中。一次，他和助手夜间由无锡赶火车去苏州，只买到硬板椅的四等车票。由于太疲乏，两人上车后便躺在长板座上睡着了。等醒来时，满车漆黑，往外一看，才知道前面几节车厢已开走，这节四等车厢被扔下了。助手问他怎么办，他说："现在反正也找不到旅馆，就在车上睡到天亮吧！"助手见他身体虚弱，劝他每天少搞点调查，他诙谐地说："搞调查就是要辛苦些，抓紧些，否则咱们不能早点回家呀！将来不是要更费时间，也更辛苦吗？"

赵元任无意于做官，他与夫人杨步伟结婚时，只对杨提出一个要求：别逼他做官。一次，赵从欧洲到上海，当时东南大学正闹学潮，双方相持不下，都想让自己一方的人担任校长，而赵与双方关系都不错，故双方都能接受他出任校长。于是，杨杏佛和胡刚复二人日夜追着赵，邀他出任东南大学校长，吓得赵元任连夜乘船北逃。丁文江在天津迎接，船到港后，丁先到头等舱去接，不见；又至二等舱，仍不见赵一行的踪影；正诧异之际，竟然看见赵从统舱钻了出来。丁骂他为何如此省钱，赵如实以告，是为逃任校长之故，丁又好气又好笑，直骂他没出息。

清华大学也曾让赵元任担任校长，他断然拒绝，后罗家伦出任了清华校长。此后，清华闹学潮，赶走了罗家伦。有关方面再次希望赵元任出任校长一职。赵再次拒任，托翁文灏暂代，并推荐时任清华留美监督的梅贻琦。翁文灏代了两个月还未见梅回来，找到赵元任，追问如何办？赵说："我去替他就可以把他请回来。"于是赵元任亲自赴美担任清华留学监督，换回了梅贻琦。

杨杏佛请赵元任到中研院做研究员，赵同意了，但他和杨杏佛约定不任行政职务，杨杏佛则要求赵永不许辞职，赵元任笑说，若是你老兄不做了或情形变了，也不准我离去吗？未料一语成谶，杨不久被人暗杀。

赵元任到中研院，傅斯年说他在研究院一日，赵元任一日不能离院，他知道赵不做行政职务，不喜与人争权，所以屡次有人提议让赵做总干事，傅斯年总是阻止，以至于有人认为傅斯年嫉贤妒能，并且有些人设法离间二人。这件事杨步伟晚年写回忆录时记叙了下来，此时傅斯年已经去世。

1946 年夏，时任教育部部长的朱家骅连发五次电报催促赵元任回国出任中央大学校长，赵回电："干不了。谢谢！"朱无奈，只能打电报给杨步伟，让杨劝赵就职。杨回电说："我从不要元任做行政事。"并对丈夫说，只有暂不回国，等风波过去再回。未料这一等就是二十多年，直到 1973 年赵元任夫妇才回到大陆。

赵元任不喜穿礼服。赵婚后初到美国时，生活很是艰难，遂到妇女俱乐部去演讲赚外快，贴补家用。在美国演讲必须穿晚礼服，赵元任不管这些，直接穿着便服去演讲。俱乐部主席很是为难，在开讲前问赵要不要租件礼服换一下，赵说一定要换我就不讲了。主席只得将就他。1946 年，赵元任代表联教组织到法国去开会，为了国家形象，才勉强同意，其他时间能不穿礼服时就不穿，自己也从来不购置。

赵元任生活朴素，不讲究穿戴。他一直自己开车，买东西，做饭，补衣服，许多家务事都是自己动手。他钉扣子的方法独到，用一根大针穿上四根线，把线的两端合起来打上结就成了八股线，只一针就把扣子钉上了。

逸 事

少年时，赵元任爱好科学，兴趣广泛。他儿时就动手制作简易的电话；上学后，制作过望远镜和显微镜；还实验用食盐和冰棍混合达到 −20℃；并半夜去观察彗星。赵一生热爱摄影，他的足迹跨越大江南北，横穿美洲大陆，几乎遍及世界各地，一生拍下 4000 余幅照片。

在南京读书时，赵元任醉心革命。当时光绪和慈禧先后逝世，全国举哀，跪在祭坛前的赵元任和同学们高声大笑。当辛亥革命胜利的消息传到美国，赵元任异常高兴，他称辛亥革命为“那时中国最振奋的事件”。

赵元任赴美留学前，需要剪掉辫子，剪辫时，理发师问了他两次，以便确定赵是不是要那么做。美国总领事举行园游会，宴请他们。他看到赵元任等人改换衣着后说：“你们全换西装；希望你们仍为中国人。”

赵元任有女性气质，他自承，少年时，他对男性朋友也会产生爱慕之心，如对在常州溪山学校的李宗堂及在哈佛的胡正修，曾颇为亲近。

在美国读书时，赵元任醉心于学问，对生活心不在焉。他很久不理发，一次在牛津街，走在他身后的一个男孩高叫：“嘿，那个家伙需要理发！”在街头走路遇到熟人，他也不打招呼，于是到康奈尔大学的第二年，他便得了一个外号“教授”。

在康奈尔大学任教时，赵元任还会犯心不在焉的毛病。一天，他于 11 点钟走出物理大楼，一些学生正走进去，他们问：“赵博士，你不来上课吗？”赵说：“当然要来上课！”课是 12 点开始，赵便计划到体育馆做一小时的运动，但运动结束回到物理大楼准备上课时，课室已空无一人。原来他早错过上课时间了。

一次，赵元任坐公共汽车回家，车到站，他忘了下车，等车开动时，他反而

1920 年 9 月 17 日，赵元任自拍照片：兼差摄影师在清华大学物理实验室

走下来，一下就摔倒在大街上了，摔断了右手和肩膀，只好打上石膏绷带，由此还发烧两个多月。

在耶鲁大学任教时，赵元任开车出门总是挨罚，给他送罚单的警察说：“老送罚单给你，我都不好意思了。”后来他离开耶鲁大学时，杨步伟对警察开玩笑说：“因为你们给车开的罚单太多了，所以我们要离开此地。”

赵元任在美国常进行徒步旅行。他将随身衣物包入小行囊，用一根木棍背在肩头，一路西行，远到皮斯费德（Pittsfield），途中便住宿在便宜的小旅馆。

1917 年，刘半农率先以“她”字指称第三人称的女性。三年后，刘写了白话诗《教我如何不想她》，由赵元任谱曲，广为传唱，从此“她”字也借着歌曲被人们广为接受。

罗素的女友勃拉克在师大演讲时，提到未婚男人和未婚女人。赵元任一时口误，翻译成“男不嫁、女不娶”，听众哄堂大笑。勃拉克莫名其妙，赵元任只好小声对她说：“现在没时间解释，以后再告诉你。”

赵元任与王国维、梁启超、陈寅恪并称清华国学研究院“四大教授”或“四大导师”，这个称呼来源于清华校内高层。据赵元任的夫人杨步伟回忆：“‘四大教授’这个称呼，不是我们自诌的，这实在是张仲述找元任时信上如此说，第一次见面也是如此说。而校长曹云祥开会时也是如此称呼的……其实正式名称是‘四位导师’。”

赵元任号宣重，但自到美国留学后就一直没再使用。他归国任教于清华时，有人请客，送来请柬，上面写的是“赵宣重先生”，赵便当着送信人的面在自己的名字下面写上“已故”二字。自此之后，再没有人称呼他为“宣重”。

祖父为赵元任起号叫重远。此号赵一直没有使用，知者甚少。一次，赵住在南京中央饭店，为避免有人骚扰，便登记为“赵重远”。结果一天吴稚晖竟找上门来。赵很是诧异，吴稚晖解释说，他一看黑板上的人名就知道赵重远即为赵元任，因为论语有言“任重而道远”。

1927 年，王力撰写毕业论文《中国古文法》，指导老师为梁启超、赵元任。由于时间不足，王力只写了两章。梁阅后大为赞赏，批曰：“精思妙悟，为斯学辟一新途径，第三、四、五章以下必更可观，亟息快见。”“卓越千古，推倒一时。”而赵元任专找瑕疵，其中有一句评语：“未熟通其文，断不可言其无某文法，言‘有’易，言‘无’难。”王力读后顿悟，从此最后六字成其座右铭。

1920 年 7 月 20 日，赵元任（正中穿暗色衣服）与其他中国留学生在 Beebe Lake 野餐。这是赵元任首次用自拍机拍照

赵元任颇有痴气。女儿如兰出生后，赵元任负责看孩子。他弹钢琴时，总是将女儿的小床放在钢琴旁边，孩子就听着音乐在小床上一面哼一面摇。有一次如兰忽然不摇了，停在那儿脸涨得通红，原来她是要大便，赵元任说别动，等他把这一段弹完了再来弄！等到赵元任弹完了再看，如兰拉得一床一身都是。杨步伟看了又好气又好笑，问赵元任为什么不早点叫她，赵元任说，一个孩子的音乐教育要早打好基础，所以不可以把整段的乐曲随便中断。

另一次，赵元任在给朋友的信中说："要是你收不到这封信，请你赶快通知我，我好告诉你是什么时候付邮的。"

1932年，中国科学社美国分社开年会，大家提议去看日全食。赵元任向来对天文兴趣浓厚，欣然同意。为了赶时间，车子开得飞快，以至于车后的一个手提箱掉了他们都不知道。后面的车拼命按喇叭试图提醒他们，但他们以为自己超速，警察追来，就开得更快了。等他们知道掉了东西，返头找回，再到达目的地时，天色已晚，日全食也快结束了。大家都觉得扫兴，同车的韩权华说："怎么已经完啦？"赵元任的女儿如兰、新那说："就看这么一点儿啊？"三女儿来思则说："太阳真难看，一个黑脸长了些白胡子！"只有赵元任依旧高兴地大叫："看 Corona，corona（日冕）！"

赵元任到中研院语言所后，曾组织了一个小剧团。有一次在协和大礼堂表演话剧《挂号信》，剧本是赵元任在美国时所写，演出前剧团还在北平的电车头上打了广告，熊佛西和赵元任两个人亲自上台表演。预演的第一天赵元任戴了两副眼镜，熊表演时忽然看见赵的怪样子，大笑不止，根本没法继续演下去了。

赵元任喜欢小发明，赵家四处布有大大小小的"机关"。书房、卧室里，东拉根绳子，西扯个滑轮，连炉门上也装了"机关"。早晨，赵元任不用起床，伸手一拉，炉门就"自动"打开，等他起床时，火已经旺了，屋子也烧暖和了。赵家里有一个老式冰箱（非电冰箱），赵元任的女儿儿时常常忘记关上门，赵元任就装上"机关"，门一开冰箱里的灯就亮了，如果没有关上门，灯就一直亮着，这样她们就不会忘记关门了。

抗战爆发后，赵元任随清华南下长沙，闲来无事时，就拿着照相机到处拍照。赵当时使用一部双头的法国相机，为了节省胶卷，他用一只手捂住镜头的半边，只用另半边拍照，这样每张底片就可以拍两次。当时湖南省政府主席何键下令，凡可疑之人都以间谍看待，格杀勿论。警察见赵举止可疑，上前问话，赵未理睬，他们就认为赵是日本人，听不懂中文。但这警察常见赵进出于湖南省教育厅厅长朱经农家中，又住在警察厅厅长的楼上，未敢轻举妄动，只是向省里报告。省政府正召开省务会议，时任财政厅厅长的尹任先是赵元任的老朋友，忙对何键说，动不得，是某某学者，等我们查清了再说。朱经农也赶紧去询问赵元任，赵如实以告，才消除了误会。

随着抗战深入，史语所再次南迁。途经广西桂林时，他们一时很难找到旅馆，只能住在一个车夫们住的小旅馆内。第二天，章元善让赵元任和他一起去拜访广西省主席黄旭初，赵元任颇为反感，说："我不要去看这些大人物。"章说："不能不去，因由广西经过镇南关、谅山这一带非由省政府派车送不可，否则不能去，而你老兄又是多数人知道的，去一下效果很大。"赵元任只好与章同去。见到黄旭初后，黄开口便说："赵先生，我天天办公前总要和你谈谈天。"赵、章二人莫名其妙。黄接着请二人去他休息室内，二人更觉莫名其妙，以为黄有什么秘密要和二人讲。进去一看，二人不觉大笑。原来黄的床前放了一套赵元任录制的国语留声片，有一片还正在唱机上转动。黄解释说："每日我至少都要听一刻钟或半点钟，我才去办公。"

爱　侣

赵元任的妻子杨步伟，是中国第一位女医生，从小就有着离经叛道的性格，与赵性格迥异，但二人却携手走过 60 年，堪称一对佳偶。

杨步伟宣称："我就是我，不是别人。我是五尺一，不是五尺四。""我脾气躁，我跟人反就反，跟人硬就硬。你要跟我横，我比你更横；你讲理，我就比你更讲理。我最爱替受欺负的人打抱不平，总爱多管闲事。"

杨步伟原名兰仙，小名传弟，学名韵卿，出生于南京望族，其祖父是中国佛教协会创始人杨仁山。其生父是杨家长子，育有九个子女，杨步伟最小。养父是他的二叔，无子。杨步伟一生下

1922 年，赵元任、杨步伟夫妇

便过继给二叔，出生前由生父母指腹为婚，许配给姑姑家的表弟。

一周岁时，家里让杨步伟“抓周”，杨步伟抓的是一把尺。杨步伟对此的解释是：这意味着她将来做人要正直，或预言会“量这个、量那个、量体温、量脉搏什么的”。

上家塾启蒙时，杨步伟的启蒙老师说，孔子曰：“割不正不食。”她便在饭桌上批评孔夫子浪费东西：“他只吃方块肉，那谁吃他剩下的零零碎碎的边边呢？”结果遭到父母一顿责骂，斥她对圣人不恭。

杨步伟顽劣调皮，背着先生唱：“赵钱孙李，先生没米。周吴郑王，先生没床。冯陈褚卫，先生没被。蒋沈韩杨，先生没娘。”被长辈斥为没有规矩的“万人嫌”。

杨步伟自小便有许多诨名：“大脚片”、“天灯杆子”、“搅人精”、“万人嫌”和“败家子”，从这些绰号就能看出她自小的性格。叫她“大脚片”，因她脚大；称她“天灯杆子”，因她小时瘦而高；骂她“搅人精”，是因为她太淘气，别人想干不敢干的事，一撺掇她，她就敢干。她还曾与家族的兄弟们到秦淮河游花船。

杨步伟的大伯（生父）曾负责南京狮子山、幕府山炮台工程。当时工程请外国人施工，黎元洪担任翻译和书记，吃住都在杨家。下雪天，小杨步伟便捏个小雪人放在黎元洪的被子里，捉弄黎。黎元洪并不气恼，只是拿尺子在她手心打五下，算是对她弄湿了被子的责罚。打过后，杨步伟抢过尺，在黎元洪的屁股上打了五下，理直气壮地说，是你的屁股不好，尿湿床的。

杨步伟进入南京旅宁学堂学习时，入学考试作文题为“女子读书之益”，她写道：“女子者，国民之母也。”

16 岁时，家里为杨步伟定下婚期，让她和指腹为婚的二表弟完婚。她坚决要退婚，并自作主张写了一封退婚信：“日后难得翁姑之意，反贻父母之羞。既有懊悔于将来，不如挽回于现在。”由于杨步伟的坚持，养父迫于无奈，同意取消婚约，但让她立誓终身不嫁。生父则被气得半死，扬言要将她抓回来嫁了，“不嫁就处死”。最后还是祖父出面，平息此事。退婚后，杨步伟感到“有生以来到现在第一次才是我自己的人”。

“步伟”之名，为杨步伟同学、好友林贯虹为她所起。少时，林贯虹便看出杨的不凡，对她说：“你这个人将来一定伟大，就叫步伟吧。”杨步伟并不接受。日后，林贯虹死于传染病，为纪念林，杨正式易名为“步伟”。

林贯虹病逝后，为将她的遗体送回福建老家安葬，杨步伟背着父母，把自己的一对八两重的金镯子和四个戒指卖掉，支助死者亲属。由此，她又得了个“败家子”的绰号。

1919 年，安徽督军兼第一、第四军军长柏文蔚，为 500 人的女子北伐队开办崇实学校，请当时只有 20 岁的杨步伟担任校长。杨毅然出任，领导学员学纺织、打绒绳、刺绣，并坐镇指挥平息了一场叛乱。

杨步伟后来去日本学医，学成归国后与同学李贯中开办森仁医院。因她们二人及去世同学林贯虹，三人的姓都是木部，三木成“森”，又其中一人已故，只存二人，遂称“仁”，“森仁医院”之名便由此而来。

婚后，杨步伟不再经营医院，但她却闲不下来。在清华的四年期间，为改善师生们的伙食，由杨步伟出资 400 元，与其他两位教授夫人合伙成立“三太公司”，开办“小桥食社”。为此有人嘲讽赵元任，说他的老婆居然开起小饭馆来啦！赵元任也不介意，佯作不知，不闻不问，杨步伟照办不误。然而“小桥食社”非但没有赢利，最后还落个赔本关门，杨作联自嘲道：生意茂盛，本钱干尽。

小饭馆关门后，杨步伟又开始忙着推广节制生育，到妇女会、教职员会、母亲会、女青年会演讲，乐此不疲，并开办了“生产限制诊所”。1926 年“三一八”学潮后，杨步伟的诊所成了进步学生的避难所，被指控为“窝匪罪”，最后在胡适的建议下关门大吉。

后来清华为解决教职员工的子女教育问题开办“成志小学”，请杨步伟担任董事长。清华离城区远，交通不方便，杨步伟又想办汽车公司，最后还是不了了之。

杨步伟性格直爽，话语利落，但每次见了王国维却总是噤不出声。王国维 50 寿诞时，置酒席宴请清华大学的同仁，杨步伟坚持不和王国维同桌：“不！不！我不跟王先生一桌。”果然，王国维那一席一直都是默默不语，而赵太太那桌却笑语不绝。

从 1938 年起，赵元任一家定居美国，数十年来，赵家一直是清华留美学生的“接待站”。著名科学家周培源、钱学森等许多早期赴美留学的学者，都是赵府的座上客。留学生们到了赵家总有一种宾至如归的亲切感。杨步伟好客，而且烧得一手淮扬名菜。她曾把自己几十年来的烹饪经验编成了一本《中国烹调》，在美国畅销不衰。

杨步伟到美国多年，英文却一直学不好。傅斯年在美国时，听见杨和美国人说话，说得异常流利但错误百出，傅斯年感慨：“赵太太真胆大！”杨反问他：“我哪样事不胆大！”

在美国时，杨步伟做全职太太，平常无事可干，赵元任就让她译书。杨步伟就开始翻译山格夫人（Margaret Sanger）的 *What Every Woman Should Know*，译名曰《女子应有的知识》。杨步伟一遇到不认识的英文单词就问赵元任，问得多了，赵元任便说你去查字典以后就记得了。杨不愿意，说要我花那么多时间我就不做，摆着一个活字典在这儿一问就是了。有一天翻译到一个妇女一生大约有两千个卵子（ova），杨步伟译成了鸡蛋。赵元任见后，乐不可支，以后常常拿这事开杨步伟的玩笑——一个女人有两千个鸡蛋。

杨步伟在花甲之年，用了三四个月时间写了部自传《杂记赵家》。胡适看了，称赞她说：“韵卿，你还真有一手呢。”

婚 礼

1920 年 8 月的一天，赵元任在南京一个朋友家结识杨步伟，从此便爱上了她。当时赵正在为罗素的中国巡讲做翻译。一次罗素在师大讲演，赵迟到了，因为语言不通，罗素站在台上呆坐着，毫无办法。赵元任说：“看到我和女孩子（指杨步伟）进来，他低声对我说：‘坏人，坏人！’”

1921 年 6 月 2 日，赵元任和杨步伟举行新式婚礼，他们除了租一间房屋外，一概从简。

婚礼这天，二人先到中山公园当年定情的地方照了张照片，再向有关亲友发了一份结婚通知书，通知书附照片一张，声明概不收礼。下午，二人打电话将胡适和朱徵请到家中，由杨步伟亲自掌勺，做了四碟四碗家常菜。赵元任拿出一张自制的结婚证书，请胡、朱二人做证人、签字。为了合法化，贴了四角钱印花税。

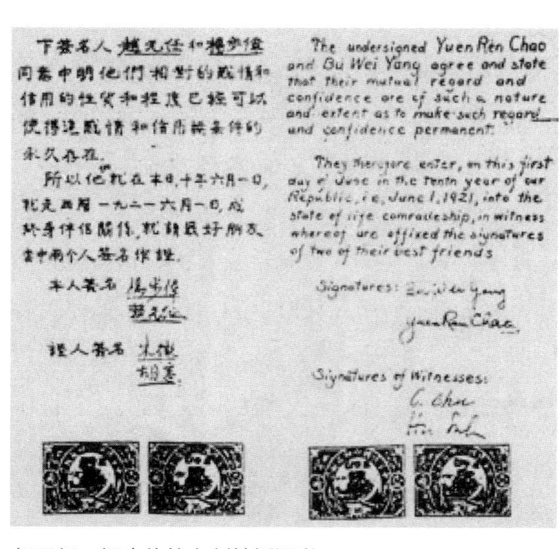

下签名人赵元任和杨步伟同意申明他们相对的感情和信用的性质和程度已经可以使得这感情和信用无条件的永久存在。

所以他们在本日，十年六月一日，就是西历一九二一六月一日，成终身伴侣关系，就请最好朋友当中两个人签名作证。

本人签名 杨步伟 赵元任

证人签名 朱徵 胡适

The undersigned Yuen Ren Chao and Bu Wei Yang agree and state that their mutual regard and confidence are of such a nature and extent as to make such regard and confidence permanent.

They therefore enter, on this first day of June in the tenth year of our Republic, i.e., June 1, 1921, into the state of life comradeship, in witness whereof are affixed the signatures of two of their best friends.

Signatures: Bu Wei Yang Yuen Ren Chao

Signatures of Witnesses:

赵元任、杨步伟的自制结婚证书

杨步伟后来回忆说："本来我们打算连这点手续都不要。后来任叔永（任鸿隽）劝我们说，你们成熟的人这样子不要紧，不过防着不懂事的年轻人学着瞎闹，你们最好用最低限度的办法找两个证人签字，贴四毛钱的印花税，才算合法。"

赵元任和杨步伟的结婚通知书一共寄出四百份左右，通知书这样说："赵元任博士和杨步伟女士恭敬地对朋友们和亲戚们送呈这件临时的通知书，告诉诸位，他们两个在这封信未到之先，已经在民国十年6月1日下午3点钟东经120度平均太阳标准时，在北京自主结婚。告诉诸位，他们结婚的证婚人：胡适之博士，朱徵女医士。告诉诸位，因为要破除近来新旧界中俗陋的虚文和无为的繁费的习气，所以除底下两个例外，贺礼一概不收，例外一，抽象的好意，例如表示于书信、诗文，或音乐等，由送礼者自创的非物质的贺礼。例外二，或由各位用自己的名义捐款给中国科学社……"

赵、杨的结婚通知书所附照片上写有格言："阳明格言：知是行之始行是知之成；丹书之言：敬胜怠者昌怠胜敬者灭"。

胡适这样回忆赵元任的婚礼：

"赵元任常到我家来，长谈音韵学和语言罗马化问题，我们在康奈尔读书的时候就常如此。以后我注意到他来得没有那么勤，我们讨论得也没有那么彻底。同时我也注意到他和我的同乡杨步伟（韵卿）姐时常来往。

有一天，元任打电话给我，问我明晚是不是有时间来小雅宝胡同四十九号和他及杨小姐，还有另一位朋友朱春国（湘姊朱徵的号）小姐一块儿吃晚饭。城里那一带并没有餐馆和俱乐部之类用餐的处所，我猜想是怎么一回事。为了有备无患，我带了一本有我注释的《红楼梦》，像礼物一样，精致地包起来。为防我猜错，在外面加包一层普通纸张。

那晚，我们在精致小巧住宅里，吃了一顿精致晚餐，共有四样适口小菜，是杨小姐自己烧的。饭后，元任取出手写的一张文件，说要是朱大夫和我愿意签名作证，他和韵卿将极感荣幸。赵元任和杨步伟便这样结了婚。我是送给他俩礼物的第一人。"

第二天，晨报以特号大字标题《新人物的新式结婚》报道二人的婚礼。后来赵元任问罗素："我们的结婚方式是不是太保守？"罗素答："足够激进！"威斯康星州威廉斯贝夜可思天文台的比斯布罗克教授接到了赵元任的英文通知书后，将该通知书贴在天文台的布告牌上，让他的同事们看1921年6月1日下午3点钟东经120度平均太阳标准时，发生了何种天文现象。于是赵元任杨步伟的结婚就成了一种“天文现象”。

谐　和

有人说，赵元任“天性纯厚，道德风采，有修养，对人和蔼可亲，从不与人争长短，语言风趣”，是谦谦君子；杨步伟则“天性豪爽而果断，思想灵敏，心直口快，无话不说”。二人性格迥异，却携手走过六十年。

赵元任和杨步伟婚后坐轮船赴美，百无聊赖的时候，两个人便决定下围棋解闷。因没有携带围棋，赵元任向船上要了两袋早晨吃的炒米和炒麦子，可以分黑白两种，当成棋子用。

杨步伟在美国住了三十多年，依然说不好英文，但赵元任从不以此为耻，他常在学术演讲时拿杨步伟的话来举例。1986年，赵元任在其著作《中国话的文法》前写道：“致献给我太太，因为她一不留神就说出些中国话的文法的绝好的例子。”但赵元任对自己却要求极为严格，一字一句都是不能有错的。他曾试着改正杨步伟的文法错误，有时杨烦了，便大发脾气，赵只得作罢。所以赵元任批评杨步伟

1946年6月1日赵元任、杨步伟银婚纪念与女儿女婿合影。后排右起：卞学鐄、赵如兰、赵来思、赵小中、赵新那、黄培云

不但外国话没有说全的，连中国各种方言也无一处说完全的，杨步伟总回他，不要紧，我又不是方言家。

20 年代，赵元任、杨步伟夫妇去欧洲旅行，在欧留学的罗家伦曾开玩笑说："有人看见赵元任和他母亲在街上走。"赵元任一笑了之。

1946 年，赵元任夫妇银婚纪念日（25 周年）时，二人的证婚人胡适因故不能亲临祝贺，特寄来一首贺诗《贺银婚》，戏谑曰："蜜蜜甜甜二十年，人人都说好姻缘。新娘欠我香香礼，记得还时要利钱。"

1961 年，在赵元任、杨步伟结婚 40 周年纪念会上，有人将赵元任做学问的求实精神比之《西游记》的唐僧玄奘，说玄奘之所以能成功，应归功于观世音菩萨的保护，而杨步伟就是赵元任的观世音菩萨。

1971 年，赵元任夫妇的金婚纪念日，二人又各写《金婚诗》一首，押当年胡适《贺银婚》的韵。杨步伟写道："吵吵争争五十年，人人反说好姻缘。元任欠我今生业，颠倒阴阳再团圆。"

赵元任和曰："阴阳颠倒又团圆，犹似当年蜜蜜甜。男女平权新世纪，同偕造福为人间。"赵元任在诗后署名"妧姙"，表示自己来世要成为女性。

1973 年 6 月，赵元任夫妇终于回到阔别三十多年的故土，周恩来、郭沫若、竺可桢等人接见了他们。在和周恩来交谈的 3 小时里，杨步伟是主要的谈话人之一。事后，赵元任对周恩来诙谐地说："她既是我的内务部部长，又是我的外交部部长。"

赵元任惧内，杨步伟说："夫妇俩争辩起来，要是两人理由不相上下的时候，那总是我赢！"赵元任有自知之明，不跟妻子一争高低，他不否认自己"惧内"，往往以幽默的语言回答道："与其说怕，不如说爱；爱有多深，怕有多深。"

花甲之年的杨步伟曾在自传《杂记赵家》中谈到一个重要问题，即平时在家里，杨步伟跟赵元任谁说了算？杨步伟说："我在小家庭里有权，可是大事情还是让我丈夫决定。"但是后面幽默地补充一句："不过大事情很少就是了。"和他们一起生活多年的杨步伟的侄儿说："有时他俩多少也有一点争论，因为姑母嗓子大，性情也急些，姑父也就顺从不争了。"

1981 年，杨步伟先他而去，赵元任悲痛万分。他在致友人信中悲怆地写道："韵卿去世，现在暂居小女如兰剑桥处，一时精神很乱，不敢即时回伯克来，也不能说回'家'了。"次年，赵元任即追杨步伟而去。

至 交

赵元任和胡适同年赴美留学。胡适弃农学文后，与赵元任一同选修克雷登教授的哲学课程，又结伴拜访哲学教师阿尔培，二人交谊日深。由于学业突出，他们二人及胡明复三人入选全美高校联合学会会员，一时传为佳话。

赵元任留学归国，在胡适家中结识钱玄同、黎锦熙等人，并一起致力于国语的推广。对此，胡适极为支持，也给予赵等人帮助。

1930 年，胡适四十岁生日之际，赵元任为他的好朋友写了一篇幽默戏谑的贺词："胡适说不要过生日，生日偏偏到了，我们一班爱起哄的朋友，又来跟你闹了。……天天儿听见你提倡这样那样，觉得你真是有点儿对了都。你是提倡物质文明的咯，所以我们就来吃你的面；你是提倡整理国故的咯，所以我们都进了研究院；你是提倡白话文的咯，所以我们就啰啰唆唆地写上了一大片……"

胡适暇时常以收藏火柴盒自娱，某报纸登了花边新闻后，一家火柴公司便给他送来两木箱火柴，令胡适啼笑皆非。他把两木箱火柴全都转送给了同在美国的赵元任，结果赵家用了几年都没用完。

1948 年，胡适回国就任北京大学校长，他写信给赵元任说："你们怎么还不回来，我至今还盼望元任能到北大教书。"

1949 年，胡适来到美国，他写信给赵元任，说自己不愿久居外国，回去又不知道能做什么，"此事请元任替我想想，就给我一个判断，请不必告诉外间朋友"。赵元任力劝他留在美国任教，甚至要为他预订住房，赠送用书。此后，赵元任在其任教的加州大学征集签名，四处奔走，为胡适争得来加州大学讲学半年的机会。

此次到美国，胡适一下子沦为寓公，心绪恶劣，手头又缺乏图书资料，无法开展深入的学术研究工作。赵元任夫妇想送他原版的《四部丛刊》，多达 2100 册，但胡适谢绝了，因为住处逼仄，实在没有地方安置这些宝贝。他写信告诉赵元任夫妇："一个书架此时已很不易得，何况 2100 册至少要 4 个或 5 个大书架？（若有书架，必须 6、7 大架，怕还不够。）冬秀对于书架，绝对不感兴趣，她绝对不能帮我的忙。"

居美期间，胡适颇为落魄，他对赵元任说："我老了，已到了退休年纪，我有一点小积蓄，在美国只够吃两三年，在台北或台中可以够我坐吃十年而有余。"1957

年11月，赵元任得知台湾“中央研究院”欲聘任胡适为院长时，马上打电话给胡适，劝其应允。

赵元任65岁生日时，胡适前去赵家祝寿并送了一份贺礼。他对赵元任说：“你的生日，我从来没有送过贺礼。今年难得我们能够在一处过你的生日，我要你破例收下我破例送你的一套生日贺礼。你千万别怪我，更不可因此生气！这是我们认识以来四十六年中的第一次破例送礼贺你的生日，我借此祝你能够继续过四十六年的平安、快乐、有用的生活。”

次年春，胡适因患胃溃疡进行手术，胃部切去一半有余。他身边的一班上了年纪的朋友一下子警觉起来，都自觉地去检查身体。赵元任也觉得身体不舒服，结果查出是胆结石；杨步伟的腿三个月不能走动，经检查是脊骨的毛病。胡适得知后，写信安慰好友夫妇，还将自己过去写的一首打油诗略加改动，当作“开心丸”寄给赵元任，以博老友一笑：“依我现在想来，这病该怪胡适。二月胡适破肚，五月你割胆石！”

胡适去世后，赵元任异常悲痛，他根据胡适生前录音撰成《绩溪北岭音系》一文发表，又将胡适写给他的数十封私人信札整理刊发。1968年深秋，76岁的赵元任来到台北南港，在胡适墓前徘徊良久……

而赵元任去世后，他的女儿惊讶地发现，父亲故去的时间竟与他的至交胡适逝世的时间为同日且为同时，只是前后相差整二十年。

眷　恋

赵元任年少时在故乡生活了7年，他曾在忆文中这样写道：“我们常州的房子在城里中间儿的青果巷，是从我曾祖下来三房一块儿住的一所儿大房子……我为什么给这房子说的这么详细呐？因为我在这个家住了这么久，过了多少年还常常儿做梦梦见在那长黑过道儿里跑，或是睡得后进第二间屋子里的床上听外头下雨的声音。一个人小时候儿经过的事情住过的地方印在心里头比什么都深。醒的时候儿觉着从前的事情好像远的不得了，可是做起梦来旧地方又活像在眼前了。”

1923年，赵元任的二女儿出生，赵元任为其取名“新那”，意为“新的支那”。赵元任的朋友丁绪宝便一直叫赵新那“新中国”。

赵元任曾对外国人说：“我们不能全国人一生一世穿了人种学博物院的服装，

专预备着你们参观。中国不是旧金山的‘中国市’，不是红印度人的保留园。”

抗日战争前后，赵元任写了很多爱国歌曲，如《我们不不不买日本货》、《自卫》、《看醒狮怒吼》等。为配合陶行知推行平民教育、儿童教育，他为陶的许多诗谱曲，如《小先生歌》、《人人都说小孩小》、《春天不是读书天》等。

到云南后，赵元任因受到李济的排挤，加上病后精神状态极为不好，一整天手里拿一管笔，却写不出一个字来，终日一言不发。于是，他们决定到美国任教。离开时，蒋梦麟夫妇特地从蒙自赶回送行，送给他们一个蒙自出产的气锅，盖上有“故国可家”四个字，并对他们说，不要忘了此字之意。杨步伟说：“所以在美三十多年以来，我总对小孩们说好好学，不要给本国丢脸，多给中国人尽点义务，看华侨多么爱国啊！”

1956 年，赵元任录制《长恨歌》、《琵琶行》的朗诵唱片时，据他的日记载：“几次试诵，总以情不自禁，泣不成声，不能卒读而告终”，“老哭，只好灌了几个短的”……

1973 年，中美关系正常化刚起步，赵元任夫妇就携外孙女昭波和女婿迈克回国探亲。5 月 13 日晚 9 点至 14 日凌晨，周恩来在人民大会堂接见了赵元任一行。周对赵说，赵元任在清华任教时，他曾考虑去跟先生学语言，后来因赵给罗素做翻译离开了清华大学，所以没能去学，也就不曾见着先生。赵元任听了非常高兴，说：“幸亏没有跟我学语言，不然中国可就少了一个好总理。”

此次回国，赵元任回到了常州青果巷的故居，与在场的亲属一起怀念祖先，谈论家乡风情，并提到自己曾写过一本叫《常州方言》的书，说：“别人以为常州方言不好听，我却以为很好听。”下午，他还偕夫人出席市文教部门假局前街小学召开的座谈会。当时，他的《常州方言的变迁》即将付梓，借此机会听听乡音的变迁。会上他讲了苏州、无锡、常州等地方言。市政协副主席钱小山说：“赵老先生乡音无改。”赵元任报以会心的微笑。

赵元任对历史语言研究所有极深的感情，他两次回国，每次流连于南京北极阁下历史语言研究所的旧址，一间房子挨着一间房子看，还在他当年工作的办公室小坐，拍照留念。

1973 年，赵元任夫妇回国时，开了一份想见面的人的名单，有 70 多人，都是几十年前的朋友和学生，多数只有姓名，没有地址和工作单位。在接待单位的努力下，这些人差不多都见到了。赵元任夫妇非常高兴，赵元任说：“这简直是一项科学研究。”

1981 年，赵元任最后一次回到祖国。他在清华大学校长刘达、副校长张光斗的陪同下，重游清华园。来到赵元任当年在清华任教时住过的老南院（今照澜院）1 号的一幢灰色砖房时，赵元任第一个快步走上台阶，推开了栅栏门走进院内，上前敲门。不巧，主人不在家，进不去。于是众人就和赵元任一块儿在门前照了一张照片。

之后，赵元任还想再去清华故居。6 月 4 日上午，赵元任由女儿赵新那一家陪同，“秘密”回到清华。这次赵元任故居的主人在家，给他们开了门，热情地迎他们进屋。赵元任在五十多年前的“家”里转来转去。接着，他还去看了工字厅、大礼堂。赵新那说，他对清华园的一草一木、一亭一阁都很留恋。

赵元任去拜访金岳霖，金因病行动不便，平常只能坐在椅子上，但三十多年不见的老朋友来访，他非常激动，站起来与赵元任拥抱。这天他们聊了很久，最后告别时，他们依依不舍。

1981 年，赵元任在北京大学授予他名誉教授的仪式上，一口气唱完了《教我如何不想她》；到中央音乐学院座谈时，他也情不自禁地唱起《教我如何不想她》；回到江苏常州青果巷故居时，他让女儿用室内小风琴伴奏，再次深情地演唱了《教我如何不想她》。

赵元任在中央音乐学院唱完这首歌后，有人问道：这是不是一首爱情歌曲？其中的“他”究竟是谁？赵元任回答说：“‘他’字可以是男的，也可以是女的，也可以是指男女之外的其他事物。这个词代表一切心爱的他、她、它。”他说这首歌词是当年刘半农在英国伦敦写的，“蕴含着他思念祖国和怀旧之情。”

赵元任对家乡常州念念不忘，杨步伟去世后，赵元任收到了常州市人民政府的唁电，他感激地说：“常州还没有忘记我这么一个在海外的儿子。”

赵元任去世后，他的大女儿赵如兰在给亲友的讣告信中说：“这一年中，他最满意的一件事是去年夏天同我、卞学鐄、四妹小中，四个人一起回国去了一趟。”

赵元任、杨步伟夫妇去世后，子女遵其遗嘱，未为两位老人举行葬礼，把骨灰撒入太平洋，将他们的房产赠送给加州大学，书籍和遗物分送给亲友，杂志赠给北京大学和语言研究所。

赏 誉

胡适生前这样评价赵元任:“他是一位最可爱的人!”二人留学美国时,胡适便对赵元任推崇备至:“每与人评论留美人物,辄推赵元任为第一。其治哲学、物理、算数,皆精。以其余力旁及语学、音乐,皆有所成就……以学以行,两无其侍,他日所成,未可限量。”

赵元任一生从事教育事业52年,中国著名语言学家王力、朱德熙、吕叔湘等都是他的学生,可谓桃李满天下。

吕叔湘称赞赵元任对中国语言学的贡献:一是他以现代的语言作为语言学的研究对象,给中国语言学研究开辟了一条新路;二是他给中国语言学的研究事业培养了一支庞大的队伍。

在清华大学校庆70周庆座谈会上,赵元任的弟子、语言学家王力说:“赵元任可以称为中国第一代语言学家,我学语言学是跟他学的,我后来到法国去,也是受他的影响。”

“赵先生永远不会错”,这是美国语言学界对赵元任充满信赖的一句崇高评语。

萧友梅在《介绍赵元任先生的新诗歌集》中认为赵元任的艺术歌曲“替我国音乐界开一个新纪元”。

罗常培评价赵元任说:他的学问基础是数学、物理学和逻辑学。可是对于语言学的贡献特大。从1922年到1948年,他一共发表了语言学专著约14种,论文约21篇。近20年来科学的中国语言学研究可以说由他才奠定了基石,因此年轻的一辈都管他叫作“中国语言学之父”(Father of Chinese Linguistics)。

刘师培

刘师培（1884—1919），字申叔，号左盦，曾化名金少甫。江苏仪征人。民主主义革命者，后投靠清朝。经学大师、国学大师。

关键词：天资、家世、治学、传道、婚姻、逸事、恶札、激进、变节、反目、袍泽、宽宥、玉折、评惜

天　资

刘师培的外甥梅鹤孙回忆说：“舅氏生有异相。尻部有一无骨肉尾，长不及寸。我小时候常喜抚摩之，但每抚必怒斥，或持木戒方逐出房外。又左足正中有一鲜红方记，如龙眼大小，常于濯足时见之。当时有人说是老猿转世，所以聪明异于常人。”

刘师培天资聪颖，八岁学《周易》，习得变卦之法，日变一卦。11 岁时曾在两天中作《凤仙花》绝句百首，梅鹤孙回忆：“母亲说有一年初秋，偶取庭前凤仙花汁染指甲。舅氏才11岁，在旁看见，也要母亲替他染。母亲未允，叫他作一首诗方可。舅氏在一个下午，就作了六十几首凤仙花绝句，第二天又作成一百首。当时亲友传诵，称为神童。”

12岁时，刘师培即已遍读四书五经，“为人虽短视口吃，而敏捷过诸父，一目辄十行下，记诵久而弗渝”。其叔父刘富曾回忆，刘师培“生而歧嶷，髫龀授读，过目成诵，习为诗文，有如宿构。亡友朱凤仪目为奇童。”刘师培17岁进学，18岁考中秀才，19岁中举，可谓少年得志。

刘师培为深度近视，十余岁即戴眼镜，当时外国眼镜还未风行，最好仅是银框椭圆式。但银质日久易起黑釉，必须常用粉擦。刘不事擦拭，因此常为眼镜变黑发怒，动辄摔掷于地。一年冬，其伯母寿辰，宾客盛至。江阴何彦昇前来祝寿，章服鲜华，佩戴黄金镜架，自增璀燦。刘见之艳羡，即询问何处可购。何告知可向宝盛银楼定制。次日，刘即向母亲央求，母亲言：“将我的首饰持去改制吧。”即取出金首饰数件，刘立即辗转托人代办。不数日，代办人携眼镜归，刘大乐，跳跃而出。

此时正值书院考试，刘师培立誓必做二十本，所得膏火（按：此处指考试所得津贴，清末扬州有安定、梅花、广陵等书院，每月考试一次，由监运使署拨款，作为诸生的膏火，以照顾寒儒），尽归母亲。书院每次考试题目，有制艺、诗古、算学、词赋各种，考生前夕得题，次晚即须交卷。考生若有余才，除自己名字外，还可借用他人名字，多做一两本，但再多就吃力了。刘师培竟穷一日之力，完成二十本，得膏火数十两，远多过镜架的费用。此事在亲友中传为美谈。

程善之曾叙述，一天，他从上海购蒙古地图，回到扬州府中学堂后，与刘师培、方地山共同浏览。不久，侍者来叫他们吃午饭，程善之先去，等了许久不见二人前去吃饭，于是程去催促。一会儿，刘来了，但方地山未至。程再催，方地山说：“尚缺十数地。”程不解其意。吃饭时，程问方地山刚才所言何意，方答：“吾默识地名，尚有疑误，重新检查了一下。”程大惊，因为蒙古全图上有地名千余个；仅一两个小时，怎可能记住，以为方吹牛。方说：“我不敢自信，但刘师培我可保证他绝没有多少误差。”程更加惊讶。饭后，刘、方二人各取一漆牌，持粉笔，默绘地图。等到完成后，与原图比较，刘师培只有一处错误，方地山有六七处错误。程善之始信其言。

汪东回忆：“余初识申叔时，在日本东京，年才十七八，而申叔亦仅长六岁耳。

著述不倦，积稿盈几案间。形羸而秀口，讷讷如不能言者。然与人论学，释疑解难，穷极九流百家之书，无所留滞。引证某类某事，至能举其卷页，十不失一二。”

郑逸梅记载：“刘师培记忆力极强，在北大任教时，他需参考典籍，致书仪征家中，说明在何橱何格，何排何册，家人一索即得，从无误记。”

家　世

刘家五世传经，文气兴盛。刘师培的曾祖刘文淇、祖父刘毓崧、伯父刘寿曾都曾以治《左传》新疏而名列《清史稿·儒林传》。刘师培的父亲刘贵曾为光绪年间举人，著有《春秋左传历谱》、《尚书历草补演》、《抱瓮居士文集》等。

刘母李汝䕬为江都小学家李祖望次女，刘的外祖母叶蕙也深于经史之学，著有《尔雅古注斠诠》，久已行世，为学者所推重。李家住扬州文选楼巷，称为选楼李氏。李汝䕬亦通晓经史。1898 年，刘师培的父亲刘贵曾病逝，刘师培便由母亲授《尔雅》、《说文》，并向堂兄刘师苍问学。刘师培聪慧好学，博览群书，内典道藏、西方哲学，无不涉猎，尤精历史掌故，在经学方面打下了深厚的功底。

刘家藏书如海。刘师培 17 岁即全部读完了家中的藏书，然后论史谈经，著书立说，在国学界被誉为少年大师，与年近不惑的章太炎齐名。

刘师培年少时便已声名远播，因其早年丧父，母亲怕他出外吃亏，将他禁锢于家中，所以他虽名声在外，但世人皆不知刘师培何许人也。刘因科举考试失利，辱骂清廷被官府通缉，逃到上海，投奔陈独秀、章士钊等人。章士钊在《孤桐杂记》中写道：“申叔于光绪癸卯年夏间，由扬州以政嫌遁沪，愚与陈独秀、谢无量在梅福里寓斋闲谈，见一少年，短襟不掩，仓皇叩门趋入，嗫嗫为道所苦，则申叔望门投止之日也。时年不足二十耳。”

青溪刘氏五世传经，刘师培继承家学传统，研究《左传》，著有《春秋左氏传古例诠征》、《春秋左氏传例略》、《春秋左氏传答问》、《春秋左氏传时月日古例考》、《读左札记》等著作。同时，他还研究《周礼》，著有《周礼古注集疏》、《礼经旧说考略》、《逸礼考》以及《古书疑义举例补》、《论文札记》等作品。

刘氏子弟启蒙入学，必先读《尔雅》，习其训诂。刘师培外甥梅鹤孙 7 岁入家塾，刘师培之姊刘师铄命人购《尔雅》读本一部，带入塾中。先生颇以为奇。因其他学生，皆以《三字经》、《百家姓》、《千字文》等书为启蒙书籍。先生苦于

《尔雅》聱牙难读，姑查《康熙字典》按照句读教之。梅读的《尔雅·释宫》章缺一页，先生并未检书补抄。第二年春天到刘家，每日早起，刘师培为外甥理书，方始发现。刘师培随即抄补，并题其上曰："坊本《尔雅·释宫》缺页，历两师而不知，可异也。"梅鹤孙将书带回家，刘师铄看见后，命人裁去题字，以免先生怀愧。

治 学

刘师培在继承家学的同时，运用近代西方社会科学研究方法和成果，研究中国传统文化，开拓了传统文化研究的新境界。比如，他运用进化论思想研究古代社会生活，著有《论小学与社会学之关系》、《读书随笔》、《国学发微》、《小学发微补》等作品。这些作品都具有开创性的意义。

虽然英年早逝，但刘师培著作颇丰，其中关于论群经及小学者 22 种，论学术及文辞者 13 种，群书校释 24 种。刘师培去世后，钱玄同等人将刘的文章整理编辑成《刘申叔先生遗书》。

1917 年底，北大文、理、法三科各学门先后成立研究所，刘师培兼任了文科研究所国文门的指导教师（类似于现在的研究生导师）。开始，他所指导的研究科目为"文"和"文学史"两个研究方向。从 1918 学年开始，刘师培所指导的研究科目调整为"经学"、"史传"、"中世文学史"、"诸子"四个方向。在所有国文门的教员中，他指导的科目最多，次为黄侃，指导三科，余者仅担任一科，如朱希祖、钱玄同、吴梅、周作人等。北大的这一工作为编纂完善的中国政治史和专门史打下了良好基础。但五四运动发生、蔡元培离京出走时，徐树铮乘机向北洋政府国务院提出由政府收回北大国史编纂处，直接隶属国务院，改称国史馆，北大的这项工作被迫中断。

在北大任教的三年间，刘师培讲授"中国文学"、"文学史"课程，将讲课的讲义结集，出版了《中国中古文学史》一书。该书的出版使"文选"派在文派之争中获得胜利，并在文学史的教学与研究方面成为后世的典范。在此书中，第一次把中古文学作为独立的研究对象，从政治、思想、风俗、时尚等方面阐述了文学发展变迁的大势和文体文风的演变历史。

刘师培也是近代研究魏晋玄学的开创者之一。1905 年，刘师培就在其著述

《国学发微》中对魏晋玄学进行了较为全面的论述。魏晋时期是我国近代学术界比较忽视的一个时代，被梁启超称为“中国数千年学术思想最衰落之时代”。但刘师培对此并不认同，他认为魏晋南北朝时期“较周末诸子之自成一家言者岂有殊哉”，“不可谓非哲学大昌之时代”，学术争鸣和创新程度不亚于先秦诸子；又说魏晋玄学“撷佛老之精华，弃儒家之糟粕”，对魏晋玄学给予了充分的肯定。

在日本期间，刘师培曾编译《共产党宣言》，并撰写大量的文章介绍马克思主义学说。刘师培所译《共产党宣言》，被公认是最好的中文译本。刘师培对马克思主义学说的研究和传播，对当时的留日学生产生了较大的影响。时在日本早稻田大学攻读政治学本科的李大钊正是在他的影响下开始接触马克思主义学说，后来成为传播马克思主义的先驱。

广东省主席徐绍桢学问淹通，历算天算冠绝有清一代。一日，刘师培与徐谈及《春秋长历》时道：“予家五世治《春秋左氏》之学，自高曾伯山、孟瞻诸先生以来，子孙继承，传治《春秋》。予笃守家学，萃数代已成之书，蔚装成轶，精细正确，首尾完备，但《春秋长历》一卷，中多疑难，未成定本；闻先生历算精深，请校阅疑误，则小子无遗恨，先人当罗拜矣。”徐曰：“汝诚敬欲予校正者，明日当具衣冠，捧书来，视其全书，予能修改，汝再具衣冠行跪拜礼，乃秉笔为之。”翌日，刘具衣冠捧书前往，徐正襟危坐，详细阅读几个小时候后，对刘说：“错误甚多，不仅签条疑难也，当尽半月之力，为君改正。”刘乃跪地行礼，顶书谨呈，徐受而动笔。十日后，刘往谒徐，徐曰：“全书改正完善，其中错误，凡百数条，予运用步算，尽掇其微，可携书归，钞正送来再阅。”刘归后展卷阅览，其家数代不能解决的疑问，徐不独改正错误，且发明微旨。刘师培将此事告诉黄侃，并对黄说：“汝愿从我深研经义训诂之学，予亦仿徐先生例，子行拜跪谒师礼，而后教之，不必另具衣冠也。”黄侃遂整服履，请刘上立，行四拜三跪礼。礼成，刘曰：“予有以教子矣。”

黄节对刘师培颇为鄙视，对刘的学问也不以为然。他批评说，刘氏喜用冷僻字，故弄玄虚，他的《中古文学史》，开头简直让人晕倒：“物成而丽，交错发形；分动而明，刚柔判象。在物佥然，文亦由之。惟是捈欲通嫿（音“画”），纮（古通“宏”）埏实同。偶类齐音，中邦臻极。”这“捈欲通嫿，纮埏实同”，“捈”就是“舒”（同抒），“嫿”就是“嚯”，“纮埏实同”就是“八荒实同”——也正如“疾雷无暇掩聪”就是“迅雷不及掩耳”，古奥深涩，完全是故意不让人懂。

章太炎曾评价刘师培的治学道：“常人患不读书，而申叔读书过多，记忆太繁，而悟性反少，诚欲著书，宜三二载束书不观，少忘之而后执笔，庶可增其悟力云。”

刘师培对早年参与政事很是后悔，他去世前对黄侃说：“我一生应当论学而不问政，只因早年一念之差，误了先人清德，而今悔之已晚。”

传　道

1917 年，蔡元培聘请刘师培到北大教授经史。刘师培口吃，又身患肺病，为人不修边幅，蓬头垢面，衣履不整，看上去像个疯子。他上课既不带书，也不发讲义，往台上一站，想到什么便开始说，声音微弱，从不写板书。有人说，若不是北大学生钦佩其学问，早被有赶教授传统的北大学生轰出门去了。

陈独秀是文科学长，与刘师培交往十多年，所以对刘多有关照，刮风下雨照例准假。刘师培书法拙劣，且有手颤的毛病，在讲堂上从来只是讲，不写板书。一次，陈独秀前往听课，刘师培仍是一如既往，一堂课下来，只在黑板上画了个圆圈，中间加一点，算作“日”字。见此，陈独秀一笑了之。

杨亮功回忆刘师培：“刘申叔先生教中古文学史，他所讲的是汉魏六朝文学源流与变迁。他编有《中国中古文学史讲义》。但上课时总是两手空空，不携带片纸只字，原原本本地一直讲下去。声音不大而清晰，句句皆是经验之言。他最怕在黑板上写字，不得已时偶尔写一两个字，多是残缺不全。”“刘先生教我们于汉魏六朝文学中每人任选择一两家做专题研究。他认为研究任何一家文学必须了解其师承所自、时代背景及其个人身世。我所研究的是徐陵（孝穆）、庾信（子山）两家。有一时期我专致力于魏晋六朝文学，这也是受了刘先生的影响。刘先生在北大授课时肺病已到第三期，身体虚弱，走起路来摇摇欲倒，真是弱不禁风。他在刮风下雨的时候，照例是请假。”

冯友兰回忆刘师培道：“当时觉得他（刘师培）的水平确实高，像个老教授的样子，虽然他当时还是中年。他上课既不带书，也不带卡片，随便谈起来，就头头是道。援引资料，都是随口背诵。当时学生都很佩服。”

蔡元培亦说：“君（指刘师培）是时病瘵已深，不能高声讲演，然所编讲义，元元本本，甚为学生所欢迎。”

婚 姻

刘师培中乡举后，经人介绍，与革命党人林白水结为密友。1903 年四五月间，刘师培外出未归。此时，家中已为刘师培定下婚期，准备是年 8 月为刘师培完婚。刘家举家皇急，派人四处寻觅，未见踪影。后来接到上海来信，才知与林白水一同赴沪。刘母派人到沪将刘接回家中，禁止他一人外出，上海的信件、电报雪片似飞来，家人也不与他看。8 月，刘师培如期完婚，婚礼是旧式的，“仍是仪仗、街牌，相当煊赫”。因刘师培已剪去辫发，故用假辫子装在清服红缨纬帽上，再加上红丝绳。

刘师培身体羸弱，其貌不扬，妻子何震却绮年玉容，能诗善画。何震原名何班，其父何承霖，曾任武进县学教谕。何、刘两家为世交，何震的长兄娶刘师培伯父之女、刘师培的三堂姐刘师韫为妻，因此刘师培和何震的婚姻属于亲上亲。何震容貌秀美，家教严格，待字闺中时，闺训甚严，婚后忽然思想大为解放，与刘师培出入同行。

婚后不久，刘师培携妻子返回上海。何震到上海后，进蔡元培等人开办的爱国女社就读，这时的何震从一位旧式的大家闺秀变成了极端的女权主义者，自称“女权运动的狂人”。为了显示男女平等，她将名字班改为震，姓氏也改为从父母两姓，署名何（殷）震。

何震倡导女性解放，因对“男女阶级”与社会革命等现存问题“目击心伤，故创为女子复权会，讨论斯旨，以冀实行其目的”，1907 年 6 月 10 日，何震等人在日本创办《天义报》，作为女子复权会的机关报。

何震在长文《女子复仇论》中全面而详细地阐述了以儒家为代表的中国传统文化对妇女的种种限制和压抑，她说：“儒家之学术，均杀人之学术也。”同时，她在文中鼓吹男女一切平等，认为天下男子都是女子的大敌，女子要复仇，不仅要“革尽天下压制妇女之男子”，还要“革尽天下甘受压制之女子”，对女子中“甘事多妻之夫”者，要“共起而诛之”。

刘师培和何震夫妇受无政府主义思潮的影响，又成立“混账讲习会”，创办《衡报》，宣传“混账理论”，提倡无政府主义。

何震还撰有《女子解放问题》，认为西方社会的男女职业平等、女子和男子拥

1908 年刘师培（右四）、何震（右二）、柳亚子、苏曼殊等人在上海合影

有同样的选举权和参政权还不是“真平等”，必须实行“根本改革”，女子才能真正解放，这就是要走所有人均等、废除私产和政府之路。“故谓职业独立，女子可以解放，不若谓实行共产，妇女斯可得解放也。”又“与其对男子争权，不若尽覆人治”，“由运动政府之心，易为废灭政府之心”。

何震成为女权主义者后，在自己的婚姻生活中也开始寻求女性解放。何震打着“男女平等”的大旗，常常对刘师培“发河东狮子吼”，动辄对刘施以训斥惩罚，甚至拳脚耳光。因畏妻如虎，刘师培被人戏称为“惧内泰斗”。

张继曾回忆刘师培的惧内：某晚，刘师培慌慌张张地冲进张继家中，正喘息不定，外头突然传来一阵急促的叩门声。刘顿时面色惨白，哆嗦着说：“必是我太太来了，怎么办？我非躲起来不可！”说完就闪电般冲进卧室，并迅速钻到了床底。张继开门后，发现是他的一位朋友，就进卧室叫刘出来。但刘认为张继骗他，无论如何都不肯从床底下钻出来。最后张继无计可施，只好把他从床底硬拽了出来。

何震曾向苏曼殊学画。到日本后，苏曼殊寄居在刘家，何震要求刘师培必须对苏优礼有加。得知苏曼殊的母亲生计艰难，何震立刻勒令刘师培拿出钱支助苏曼殊，但是刘家的钱财由刘母掌管，刘师培表示为难，何震就训斥刘师培为“没有丈夫气魄的小气鬼”。

据说，何震还给刘师培戴上一顶绿帽子。何震的情人是她的表弟汪公权。1907 年，章太炎和刘师培夫妇同住时，曾经向刘师培提过此事。刘师培非但不信，还认为章挑拨二人夫妻关系，与章反目。

关于汪、何二人关系，据时亦在东京的汪东回忆：刘是一个学者，终日埋头著作，又有肺病。……何（震）既好名，而又多欲。她一面利用刘能写文章，替她出名办了一种月刊，提倡女权，并带无政府色彩；一面又对刘不满足，行为放荡。汪（公权）趁此勾引，便与何发生了关系。

周作人也说：由于苏曼殊住在刘家，已有轶事传出，龚未生、钱玄同、刘叔雅都讲过。

朱维铮评述刘师培的婚姻说：“平情而论，刘师培与何震，名为夫妇，情如狮羊。就现有材料看，何震在婚后宣称与刘师培‘男女平等’是假，以传统的‘河东狮吼’方式对付刘师培是真。”

刘师培投靠端方后，何震也渐渐安静下来，不再写文章宣扬女性解放。1910年，何震曾产下一女，但几个月后就不幸夭折。1911 年，刘师培随端方入川，辛亥革命后，端方被杀，刘师培被捕。当时在武汉的何震曾辗转千里入川寻夫。刘师培被保释后，两人一起到友人南桂馨家中任家庭教师。

1919 年，年仅 36 岁的刘师培因病逝世，何震因受刺激精神失常，后来削发为尼。柳亚子回忆：“申叔死后，志剑（何震）神经病发作，曾在北大校门伏地痛哭，后来削发为尼，法名小器，再后来就不知下落，也有人说她是已经去世了。”

逸　事

少时，刘师培面容清瘦，两颧稍高，下颌略窄。行走极快，虽在家中，常是挟书疾趋。十余岁时，冬天喜戴绒檐棉帽，后垂红绥，刘母对其极为钟爱，外出必派人跟随在后。

刘师培与堂兄刘师苍关系极好。刘师苍吃饭时，喜欢将《儒林外史》摊在桌上边看边吃。幼年的刘师培看见后，爱不释手。两人读此书后，常笑着说熟人当中某人像书中何人。刘师苍的岳父胡文渊知道后，写文章痛斥“此书少年弟子决不宜看，足以坏人心术”。刘师培的父执朱凤仪看到此文后，大为不平，写了封嬉笑怒骂的信给胡，二人从此绝交。刘师培将此事写成小说，其中有一回的回目是“笑骂二进士跷须，讲潘三乡绅变脸”。

刘师培 19 岁时，到金陵参加乡试。此为刘师培初次出远门，刘师苍遂送其至金陵。途经镇江时，刘师苍因高度近视，天黑未看清，在登江轮时失足落水，不幸溺水而亡，终年 29 岁，这日也是刘师苍的生日。而刘师培此时已先上江轮，到南京后，径直入考场，竟不知此事。

刘师培与章太炎、弟子黄侃并称“民国三疯子”，他一生提倡“三不生活方式”：衣履不要整洁、不要洗脸、不要理发。

刘师培自小“体素羸弱”，“癯瘠秀削如不胜衣”，他十几岁便患肺结核，秋冬天时常咳嗽，咳中常带血。此时初有香烟，名孔雀牌，包内有一套蜡嘴。刘师培初以为新奇，进而每日吸量极大，书案经常布满烟灰，衣袖洞穿。他喜欢边吸烟边看书，有时看得太入神，常将烟蒂错插入墨盒中。

梅鹤孙回忆：“舅氏饮食清淡，不近肥腻，每日必沦佳茗两三壶，佐以杭州天目笋（即是笋尖的别名）。此笋置在外祖母房瓷罐内，常时补充。舅氏一日必来掇取数次或十余次。读书写稿时，口中必定咀嚼不停，常夸其味隽永。”

梅鹤孙还回忆：“舅氏胆小好静，不喜与家人共处一室。乃辟东偏藏书室旁三间房子，白天一人读书其中。到了夜晚，仍不肯不往，其实心中是有点畏惧的。一夕，闻鼠啮书椟声甚厉，大骇，狂奔入外祖母（按：即刘师培之母）寝室，连面色都白了，家人多笑他。”

“苏报案”发生后，刘师培作反清专著《攘书》，反响极大，此书一出版便被抢购一空。时在苏州读书的钱玄同费尽周折买到了一本，读到一半，便激动不已，马上就找剃头匠剪去辫子。

陶菊隐《筹安会“六君子”传》记载：“刘（师培）为人不修边幅，蓬头垢面，衣履不整，看上去活像一个疯子。他住在北京白庙胡同大同公寓。一天，教育部高等司司长易克臬来访，见他一边看书，一边咬馒头，他面前摆着一碟酱油，却因专心看书，把馒头错蘸在墨盒里，送到嘴里去吃，把嘴和脸都涂得漆黑一片，看上去又像一个活鬼。”

刘师培参加筹安会，拥护袁世凯称帝。刘妻何震对刘说：“你们搞的这一套，太麻烦了。我有一计，到十月十日国庆，大总统在天安门阅兵，等军队走到天安门前的时候，忽然哗变，涌上城楼，把黄袍披在大总统身上，叫他非当皇帝不可。大总统做出不得已的样子，当时即皇帝位，宣布改中华民国为中华帝国，废除中华民国的年号，改元洪宪。然后由军队拥着他回新华宫（当时已有些人称中南海为“新华宫”），这不就结了！”

张中行到北大读书时，听老北大的人讲，五四时期，北大的古文家刘师培与今文家崔适对门而居，互为邻里，朝夕相见，每次见面都是恭敬客气，互称某先生，同时伴以一鞠躬；可是上课之后就完全变了样，因两人在学术上观点相左，因此在课堂上总要攻击对方荒谬，毫不留情。

恶　札

刘师培以“恶札”闻名，周作人回忆：“申叔（刘师培）写起文章来，真是‘下笔千言’，细注引证，头头是道，没有做不好的文章，可是字写得实在可怕，几乎与小孩子描红相似，而且不讲笔顺。——北方书房里学童写字，辄叫口号，例如‘永’字，叫道：‘点，横，竖，钩，挑，劈，剔，捺。’他却是全不管这些个，只看方便有可以连写之处，就一直连起来，所以简直不成字样。当时北大文科教员里，以恶札而论，申叔要算第一名，我就是第二名了。”

据为刘师培阅过卷的冒鹤亭回忆：“予中乡试，刘申叔尚应小考。扬州府试，知府沈笔香延予阅卷，得申叔考卷，字如花蚊脚，忽断忽续，丑细不成书。但诗文冠场，如此不取府首案，决不能得秀才。予乃将其八股、诗赋密圈到底，竟压府案。诗题《咏扬州古迹》七律四首，其《咏木兰院》一律，中有警句云：‘木兰已老吾犹贱，笑指花枝空自疑。’尤为俯仰感慨。”

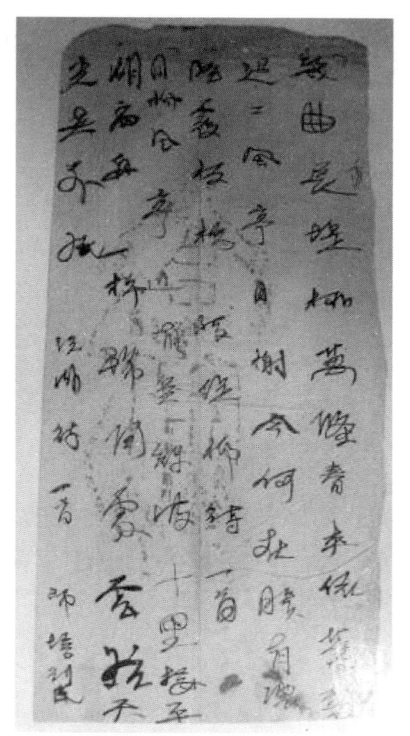

刘师培手书

每日除读书外，刘师培还要著文数千字，

他写字力求迅速，故字迹荒率。写时间长了，墨盒干涸失润，他却不管，仍以破笔蘸上书写。又经常参用《说文》或隶书偏旁以图省事，故文稿类鼠须虫迹，不易辨认。其姊刘师烁常规诫之，并说："老人有言，这样写字，是不主福泽的。"有时刘师铄干脆坐在刘的案头，取笔在刘师培的稿子上有字无墨之处，为之加墨，以为笑乐。刘师铄在给刘师培的信中亦写过："古今人写字没有像弟这样枯瘦无法的。"刘师培常争辩说字是做记号的，要它好有何用处。之后刘师铄便不常说了。

刘师培在南京时，常有人送名人卷册来求题，还有端方、梁鼎芬等人，请在碑帖上写题跋，并送来许多珍贵礼物。刘师培得意地对其姊说："姊常言我写字枯瘦无法，何以仍常有人请我题字呢？"刘师铄笑而不言。

汪东记载："申叔擅经术……小学则非其所长。尤拙于书，笔画欹斜，类小儿初习学者。其妻訾之，申叔不服，曰：我书佳处，唯太炎知耳。妻问果佳否，先生诡答曰佳。复问学何种书，曰：俗人不晓，此乃'比干剖心碑'也。"

一日，刘师培与黄侃聊天，谈着谈着就不知怎地诉起穷来，他想到自己的身体，哀叹自己天不假年，忽然产生了卖字的念头，一本正经地征求黄侃的意思。黄侃此时已拜在刘门下，想到刘氏的字实在不敢恭维，于是半天，他才说了一句："你只要写刘师培三个字去卖就够。"

涂又光认为，一个人有没有灵气，可以从一个人的字中体现；苏东坡偏锋卧笔，是一派敦厚之态，刘师培用墨枯槁，是一副短寿之形。

激　进

刘师培 18 岁中秀才，第二年中举人，可谓少年得志，意气风发。翌年刘师培到北京参加会试，名落孙山。自命不凡的刘师培懊丧不已，在回家途中，不断发泄对会试的不满情绪，上至光绪皇帝下至主考官都一一粗口"问候"。行至扬州时，刘师培酒后狂态毕露，对科举制度大发议论，一一数落科举的弊病。刘师培肆无忌惮的言论惊动了官府，当时官府欲拿其问罪，刘师培得消息后，不敢再回仪征，直接从扬州逃到上海。

在上海，刘师培结识了章太炎、蔡元培、章士钊、陈独秀等人，在他们的影响下，刘师培迅速转变成一个反清斗士，从此绝意科场，投身民主革命活动。他反对满汉一体的论调，主张排满，在《苏报》发表《留别扬州人士书》、《中国民约精义》等文章，公开表明自己的革命立场。

刘师培投身革命后，更名为刘光汉，“光汉”为“光复汉族”之意，表示其反清排满之决心。

1903 年，俄国侵略东北，蔡元培等人发起“对俄同志会”，并创办《俄事警闻》，刘师培加入该会，并担任《俄事警闻》主笔之一。后 1904 年初，《俄事警闻》改名“警钟日报”，刘担任主编。

刘师培革命思想激进，曾自诩“激烈第一人”，并以此为笔名在《中国白话报》发表《论激烈的好处》一文，文字激昂，革命情绪高涨。刘师培在文中说，唯有激烈的手段可以唤醒和鼓动中国的民众，使他们不再安于现状，苟且偷生。一言以蔽之，中国的衰亡都误在“平和”二字，要治本就得激烈。

刘师培曾先后参加了蔡元培组织的军国民教育会、暗杀团，是光复会的首批会员，加入同盟会、国学保存会等组织。加入暗杀团时，先“设黄帝位，写誓言若干纸，如人数，各签名每纸上，宰一鸡，洒血于纸，跪而宣誓，并和鸡血于酒而饮之。其誓言则每人各藏一纸”。

1904 年，刘师培又到河南参加会试未中，心中更为忧愤，归来时途经上海。此时革命党人正密谋刺杀广西巡抚王之春，刘便参与其中。万福华探明王将于某日在三马路金谷春番菜馆宴客，这日下午，刘师培即与陈去病等人怀揣手枪前往行刺。万福华直冲楼上，但刺杀时，子弹竟不出膛，万遂被王的卫兵逮捕。刘师培等人上楼一看，吓得赶紧将枪扔在地上，仓皇逃走。逃走路上，刘遇到巡捕盘问，巡捕见其形色苍黄，言语支吾，将其拘捕，次日释放。

次年 3 月，《警钟日报》因辱骂德国侵略者被查封，刘师培亦被租界巡捕房通缉，刘师培化名“金少甫”，先避往浙江，不久，又应陈独秀邀请来到安徽芜湖，先后任教于安徽公学、皖江中学。刘师培与在安徽公学任教的陈独秀、章士钊等人以教师身份作掩护，秘密组织了反清革命团体岳王会，培养暗杀人才。

刘师培著有《攘书》，表示“攘除清廷，光复汉族”的决心。

刘师培的《辨满人非中国之臣民》是为驳斥梁启超所作，当时梁写《满洲为建州卫论》一文，汪精卫曾撰一文驳斥梁，但征引不充，辞气未达。之后，刘师培便撰此文，他在文中详细考证了满人历史沿革，最后得出满族是外夷，与汉族“不独非同种之人，亦且非同国之人”的结论。章太炎读完此文后，赞不绝口：“申叔此作，虽康圣人亦不敢著一词，况梁卓如、徐佛苏辈乎？”

变 节

1907 年，刘师培受章太炎邀请，举家东渡日本。当时，日本社会党内部弥漫一股无政府主义思潮，刘师培结识幸德秋水后，迅速转变成无政府主义者。刘曾发表《无政府主义平等观》一文，全面阐发自己的无政府主义思想。

刘师培与章太炎、张继等人组织“社会主义讲习会”，在中国留日学生中宣讲无政府主义。刘师培等人宣传的无政府主义是混杂的，杂糅着国学、启蒙学说、马克思主义和无政府主义思想。

1907 年，同盟会中发生了以章太炎为首的“倒孙（中山）风潮”，刘师培是章太炎的支持者之一，并由此引发了刘师培对革命党人的极端不满。陶成章说刘师培当时“因见孙文受外贿，心轻之。寻又以与会中办事争权，大恨党人”。刘师培自己也将“变节”的原因归因于对革命党人的“失望”，他说：“东渡以后，察其隐情，遂大悟往日革命之非。”

刘师培对孙中山厌恶鄙夷，认为“盖孙文本不学之徒，贪淫成性，不知德为何物”。他曾派日本人北辉次郎、清藤幸七郎与程家柽商量，想雇佣杀手取孙中山项上人头。程是卧底清廷的革命党人，刘师培并不知情，因程将此事告诉刘揆一、宋教仁等人，刘师培的刺杀计划未成功。此后，刘师培痛恨程家柽坏其好事，便指使日本人加藤位夫、吉天三郎把程诱拐到偏僻处痛殴。若不是警察闻赶来制止，程恐已命丧黄泉。但因其脑被击伤，时常疼痛，记忆力锐减。（一说挨打的是刘揆一）

对革命党人的失望，对妻子的顺从，与章太炎的反目，最终导致刘师培脱离革命阵营，倒向清廷有名的改良主义者端方。1907 年底，由何震出面联络，他作《上端方书》，表示今后“欲以弭乱为己任，稍为朝廷效力，兼以酬明公之恩”，并献“弭乱之策十条”，背叛革命，但他并没有马上与革命党人决裂，而是暗中充当端方暗探。

刘师培变节的原因，许多人猜测与何震花钱无度有关。有人这样写道：“何震在东京颇有艳名，与其所谓姻弟汪公权有暧昧关系。一个人讨了漂亮老婆，算不得一件好事。漂亮人总不免有些嗜好，第一好修饰；第二好交际，这两种嗜好都需要有较多的金钱供其挥霍。由于丈夫不能满足其欲望，便容易受到外间的诱惑。

何震首先变节，被两江总督端方收买，随后刘师培也上了这条黑船，居间穿针引线的就是汪公权。”

据刘师培的外甥梅鹤孙说，端方为两江总督时，李瑞清为两江师范学堂监督。有人建议延聘刘师培为师范学堂历史教授，但李瑞清因刘为革命党，不敢自作主张，他与端方的首席幕僚陈庆年商量后，由陈向端方进言，说刘师培“虽为革命党人，近年已不谈种族革命。他若能来，实为上选。”端方遂嘱江宁藩司樊增祥具函礼聘，由李、陈电约返国。刘师培接电后很是犹豫，而何震不愿再居日本，又听信小人之言，以为能与官场联系，自然另有出路，遂极力怂恿要挟。刘师培本疏于世故，没有自己的立场，遂听妻言回国。

1908 年 5 月 24 日，刘师培窃得章太炎的私章，在上海《神州日报》上冒章之名发表《炳麟启事》，称章准备“闭门却扫，研精释典，不日即延请高僧剃度，超出凡尘，无论新故诸友，如以此事见问者，概行谢绝”。章太炎看到启事后非常气愤，于 6 月 10 日在《民报》上刊登《特别广告》，澄清事实，并称刘氏夫妇是清廷密探。至此，章、刘反目。

刘师培说：“中国革命党所持之旨，不外民族主义，故舍排满而外，别无革命。师培自斯以后，凡遇撰述及讲演之事，均设词反对民族主义，援引故实，以折其非。盖事实均由学理而生，若人人知民族主义不合于学理，则排满之事实，自消弭于无形。此即古人正本清源之说也。”

刘师培变节后的第一件事便是诱捕陶成章。1908 年冬，徐锡麟案发后，清廷通缉陶成章，刘师培凭着与陶“关系素深”，“日与两江督标军官米占元往各船坞查成章行踪，久之不得，无以复端方之命，而以张恭报告于端方，张恭遂被拿问”。因刘师培的密报，革命党人江浙大举计划泄露，被迫中止。

张恭被捕后，革命党人王金发持枪闯入刘师培的寓所，刘下跪求饶，愿意以身家性命担保张恭安全，才得免一死。汪公权就没有那么好的运气，1909 年 4 月，汪从妓院出来，被王金发在途中击毙。此后，陈其美曾令蒋介石等人暗中除掉刘师培，但因孙中山怕暗杀行动会暴露起义计划，阻止了他们的行动，刘师培才又逃过一劫。

汪公权被杀后，刘师培公开成为端方幕僚，为端方考订金石，并任教于两江师范学堂。至此，刘师培彻底与革命党人决裂。

刘师培入端方幕府后，家中稠人广坐，但刘仍不修边幅，累月才理发，新衣亦墨痕烟灰狼藉。然而每每出门，随身数名仆从，均衣饰整洁华美，出行马车，亦极鲜亮，见者以为奇。

1911 年，刘师培随同出任川汉、粤汉铁路督办大臣的端方入川。在保路运动中，端方因镇压运动被杀，刘师培也在资州被革命军拘捕。辛亥革命胜利后，刘由孙中山保释出狱。出狱后，刘经谢无量介绍，到四川国学院任教。

1913 年夏，刘师培离开成都，他在《与成都国学院同人书》中称自己本想在川兢兢业业，重振国学，无奈力不从心，加上疾病缠身，准备返回家乡。然而，他并没有回到家乡仪征，而是到了山西，担任南桂馨家的家庭教师。后经南介绍，成为阎锡山的幕僚。

阎锡山看重刘师培的学问，将其推荐给袁世凯。在袁世凯称帝的过程中，刘师培不遗余力为袁服务，曾任公府谘议、参政院参政等职，后又加入“筹安会”。1916 年，他为袁世凯所写的鼓吹帝制的《君政复古论》还没来得及全文刊登，袁世凯便一命呜呼。刘师培本被列入通缉名单，幸得李经羲担保，他才免受牢狱之灾。

据梅鹤孙分析，刘师培“一直在家庭庇荫与外祖母劬劳慈爱之下生长的，当然对于人情世故是生疏的。所以在上海与蔡孑民、太炎诸公朝夕谈论，思想日新。加以性情急躁，听见人提一个意见，不假思索，不计利害，马上实行”。这或许就是刘师培迅即革命，又旋即变节的原因所在。

反　目

1904 年，刘师培在上海结识章太炎，二人皆为古文经学家，对彼此的学问推崇有加，又有共同的排满倒清信念，故二人意气相投，视为知交。因章太炎字枚叔，刘师培字申叔，被人合称为“二叔”。

1907 年春，在章太炎的邀请下，刘师培带着母亲、妻子何震和汪公权东渡日本。到日本后，章太炎与刘师培夫妇同租一处房屋合住，“三人同住一起，亲密得像一家人。但是，不过两个月，就吵得不可开交，章太炎不得不搬到民报社居住”。

刘、章关系决裂，据说因章太炎一次发现何震与其表弟汪公权关系暧昧，汪东回忆：“章太炎从民报社迁居刘处，于无意中发觉了汪、何的秘密，便私下告诉刘，刘的母亲也听见了，非但不信，反大骂章造谣，离间人家骨肉。这事声张开来，汪、何二人当然恨之切齿，尤其是汪。我那天正去看太炎先生，被刘母遮住了诉一顿冤。汪公权满脸凶气，眼睛里都是红丝，跳出跳进，嚷着‘我们白刀子进，红刀子出来’。”

据汪东说，此后，章太炎便搬出刘家，重新住到民报社。而何震因此对章太炎怀恨在心，时常对刘师培吹枕边风，刘师培听信老婆的话，与章太炎反目。

梅鹤孙又说，章、刘二人反目是因为“论学及政见不同，闻其中有奸人播弄，遂略有龃龉”。“舅氏与余杭章太炎氏学术既同，情好甚敦。因有不良分子造为诽谤，说章太炎外和内忌，游扬当道，有不利于孺子之心等语，登诸报章。再经舅母加以饰词，舅氏因为大恨，遂向太炎绝交。太炎百计修好，舅氏都置之不理，有信亦不复的。”

此时，刘师培在妻子何震和汪公权的撺掇下，已有了投靠清廷之心。刘师培窃得章太炎私章，伪造《炳麟启事》。何震还亲自动手，给吴稚晖写信，“揭发”章太炎为“反革命”。章非常气愤，他发表《特别广告》，称启事为刘师培捏造，并揭发刘师培夫妇是清廷密探。刘师培夫妇也准备还击，据说他们准备聘请律师，欲与章太炎打官司，后被人劝阻。为了泄愤，他们便到章太炎寓所，将他痛打一顿。

此后，有人在章太炎的茶壶里面投毒，这便是轰动一时的“毒茶案”。据有人猜测，投毒者为汪公权。此事发生后，东京留日学生界舆论哗然，强烈谴责刘师培夫妇。在此期间，日本政府应清政府的要求，查禁《民报》、《天义报》等报刊。刘师培夫妇在东京的处境益加困难，遂返回国内。

刘师培回国后，致函黄兴称，章太炎曾让他写信给两江总督端方，只要端给两万元，便可舍弃革命宣传，赴印度出家。随信附有章太炎要他与端方联系筹款的五封信的影印件。刘师培此事并非空穴来风，当时章太炎对同盟会内部事务不满，曾想出家，去印度学习梵文。因经费问题，曾先后求助于张之洞和端方，但最后此事作罢。1912 年，章太炎在给浙江统一党电报中澄清此事，称当时筹款游印，与革命活动无关。刘师培的信件使得在巴黎的吴稚辉有了可乘之机，吴立即抓住这个机会，称章太炎早已受清廷收买，扩大孙中山与章太炎的矛盾，致使同盟会由于内讧元气大伤。

章太炎曾想挽救与刘师培的友谊，但并未得到刘的谅解。1908 年 6 月 1 日，章太炎曾致函孙诒让，恳请孙调解他与刘的矛盾。他在信中说：刘师培“与麟同术，情好无间，独苦年少气盛，喜受浸润之谮。自今岁三月后，谗人交构，莫能自主，时吐谣诼，弃好崇仇；一二交游，为之讲解，终勿能济（以学术素不逮刘生故）。先生于彼，则父执也。幸被一函，劝其弗争意气，勉治经术，以启后生，与麟勠力支持残局，度刘生必能如命”。

有学者认为，章、刘反目可能还有学术上的原因。章太炎是清末民初著名的古文经学大师，早已饮誉学林，自视甚高，目无余子；刘师培祖辈三代传经，家学深厚，刘本人也在古文经学上卓然成家，且年少气盛，不肯相下。二人长期频繁交往，可能产生龃龉。

辛亥革命后，章太炎不念旧恶，与蔡元培在上海登报寻找刘师培的下落，可是刘依旧未予理会。

袍 泽

1903年，刘师培听说陈独秀、章士钊等人在上海办报，便前去投奔。刘师培因考场失意辱骂科举，遭到通缉而逃到上海。陈独秀因在安庆藏书楼发表了爱国演说，被端方通缉潜逃沪上。因有“同是天涯沦落人”的相同际遇，又有强烈的反满情绪，二人在上海时过从甚密，时时相聚谈说志向。

1903年冬，陈独秀回到芜湖，创办《安徽俗话报》。临行之时，陈独秀送章士钊和刘师培诗云：“勤王革命皆形迹，有逆吾心罔不鸣。直尺不遗身后恨，枉寻徒屈自由身。驰驱甘入棘荆地，顾盼莫非羊豕群。男子立身惟一剑，不知事败与功成。”署名“陈由己”。刘师培深有感喟，在诗下题曰：“由己，由己，由一己所欲。”

回到安徽后，陈、刘书信往来频繁。陈独秀按时将《俗话报》寄给刘师培。陈独秀的朋友何梅士病逝后，陈独秀作《哭何梅士》诗，刘师培将其发表在《警钟日报》上。后刘又向陈约稿，陈独秀作《夜梦亡友何梅士觉而赋此》。刘师培收藏了陈独秀此文的底稿，并在稿下戏道：“由己乎？不由己已。不由己已耳，不由己已耳矣！”

刘师培加入蔡元培等人组织“国民教育暗杀团”（即光复会的前身），并与章士钊同向蔡元培举荐“江淮志士”陈独秀。刘师培说：“陈君还是吾报的作者。他重友情，讲信用，在芜湖创办并发行一种白话报，发起的若干人都因困苦及危险而散去了，他一个人还在干，已经支持了好几个月”。

陈独秀与皖江中学体育教员柏文蔚在芜湖成立暗杀组织。《警钟日报》被查封后，陈独秀邀请刘师培到皖江中学任教。不久，刘师培化名“金少甫”赴芜湖。刘师培来到后，往往以光复会的钦差大臣自居，而陈独秀不承认芜湖的组织与上海的组织是下级与上级的关系，刘与陈产生龃龉。

1907 年，刘师培、陈独秀先后东渡日本。在日本时，刘师培与章太炎为“攘夺干部职权”，曾想拉拢陈独秀及苏曼殊。但陈独秀认为“光汉”是狭隘民族主义，拒不参与其中。

后刘师培投靠端方，端方入川受戮，刘师培被捕入狱。1912 年年初，得知刘师培的下落后，陈独秀上书孙中山，义保刘光汉。在给孙的上书中，陈独秀历数刘之功德，以“神经过敏”为之开脱。

1917 年，陈独秀应蔡元培之邀担任北京大学文科学长。此时的刘师培身体虚弱，生计维艰，他告知蔡、陈，欲进北大任教。陈独秀、蔡元培不计前嫌，聘请刘师培为北大教授。

1918 年，新文化运动蓬勃发展，刘师培执着于旧学，他纠集北大的一班守旧师生，创办《国故》杂志，与陈独秀的《新青年》对垒。

1919 年 6 月 11 日，陈独秀被捕。次日，病魔缠身的刘师培在夫人何震的陪同下，强撑身体，与北京大学的新旧学者们一起联名上书，请求保释陈独秀。9 月 16 日，陈独秀出狱。卧床不起的刘师培欲前往迎接，终因力所不逮作罢。

陈独秀出狱一个多月后，刘师培病情加重，陈多次前往看望。11 月 10 日，年仅三十六岁的刘师培病逝，陈独秀主持了刘的丧礼，并引用康有为诗悼念亡友：“曲径危桥都历遍，出来依旧一吟身。”

宽 宥

刘师培在资州被捕后，其弟子刘文典找到章太炎，请其设法营救。章太炎作《宣言》曰：“昔人曾云，明成祖‘城下之日，弗杀方孝孺，杀之，读书种子绝矣’。……今者文化陵迟，宿学凋丧，一二通博之材如刘光汉辈，虽负小疵，不应深论。若拘执党见，思复前仇，杀一人无益于中国，而文学自此扫地，使禹域沦为夷裔者，谁之责耶？”

刘师培投靠端方，叛变革命，出卖同志，为党人所恨。蔡元培惜其才，极力为之辩护："刘申叔，弟与交契颇久，其人确是老实，确是书呆！"

中华民国成立，章太炎与蔡元培联名在《大共和日报》刊登《求刘申叔通信》，寻找刘师培："刘申叔学问渊深，通知今古，前为宵人所误，陷入樊笼，今者民国维新，所望国学深湛之士，提倡素风，保持绝学，而申叔消息杳然，死生难测。如身在他方，尚望先通一信于国粹学报馆，以慰同人眷念。"得知刘师培下落后，章、蔡又电请南京临时政府设法营救刘师培，孙中山也发电文敦请开释其人，不得苛待之。有了孙中山的保释，刘师培才得以出狱。

陈独秀在给孙中山的上书中说："大总统钧鉴：仪征刘光汉累世传经。髫年岐嶷，热血喷溢，鼓吹文明，早从事于爱国学校、《警钟日报》、《民报》等处，青年学子读其所著书报，多为感动。今共和事业得以不日观成者，光汉未始无尺寸功，特惜神经过敏，毅力不坚，被诱佥任，坠节末路。今闻留系资州，行将议罚，论其终始，实乖大法，衡其功罪，或可相偿，可否恳请赐予矜全，曲为宽宥，当玄黄再造之日，延读书种子之传，俾光汉得以余生著书赎罪。……谨此布闻，伏待后命。"

刘师培先是背叛革命，后又襄助袁世凯称帝，为时人不齿。冯自由回忆，蔡元培任北大校长后，力排众议，聘请刘师培为中国文学门教授，讲授中古文学、《左传》、"三礼"、《尚书》和训诂学等课程。

但关于刘师培到北大任教一事，据与晚年陈独秀来往密切的台静农说，是陈独秀向蔡元培推荐了刘："关于申叔之入北大教授，据我听到的，还是陈独秀先生的意思。当袁世凯垮台后，独秀去看他，借住在庙里，身体羸弱，情形甚是狼狈。问他愿不愿教书，他表示教书可以，不过目前身体太坏，需要短期修养。于是独秀跟蔡先生说，蔡先生也就同意了。"

刘师培变节后，黄侃对其十分鄙夷。但刘师培远离政治到北大教书后，在北大的黄侃对刘师培执弟子之礼。章太炎在为黄侃撰写的《黄季刚墓志铭》中说道："自师培附帝制，遂与绝，然重其说经有法，师培疾亟，又往执挚称弟子。"

刘师培病故后，黄侃作《先师刘君小祥会奠文》悼念老师："我归武昌，未及辞别。曾不经时，遂成永诀。始闻凶信，以师表哀。……我滞幽都，数得相见，敬佩之深，改从北面。"后又作《始闻刘先生凶信，为位而哭，表哀以诗》也说："拜辞既歉阙，闻信翻疑犹。"

玉 折

梅鹤孙回忆，刘师培不到 20 岁，秋冬间就时常咳嗽。后来渐渐加重，一两个月就会咯一次血。每逢刘咯血，刘母即实行监督，不许刘写文章，不许看书，如有人来访，也一概谢绝。梅鹤孙记得，每逢刘发病，刘母就让他坐在自己的卧室中，打开藏置尺页、手卷、折扇的箱子，其中还有许多家藏的手札订成的稿本，让他悠游翻阅。刘师培很以为乐。

刘师培有一种怪论，相信多医治病。在南京时，有一次发病，刘经友人介绍，请了六七位有名的中西医生，坐满了客厅。诊治几日后，病倒是好了，但不知是谁治愈的。刘到山西后，肺病日甚，才过三十，头发就已花白。妻子何震照顾不周详，而刘自己又不善休养，兼具羁孤积瘁之身，思虑伤脾之质，故而身体每况愈下。

到北大任教后，刘师培住在南池子老爷庙，黄秋岳数次前往与之诣谈，每每感慨刘真书痴也。黄秋岳认为，刘“貌白而露睛狼盼，疑当横终”。孙毓筠亦露睛，黄认为二人会因为参加筹安会横死，后二人虽并未因之横死，但皆不寿。

梅鹤孙回忆，舅父刘师培去世后，薛祥绥、张煊等人至其居所检书，发现案头架上，堆积如山，凡经学、小学之书，及清人考证文集之中，不少页数，只存匡廓，边厚中虚，并无文字，以为大奇。后经思考，方知刘平日所引用之书，有不及手抄者，辄以笔蘸水盂，湿其四面边缘，整张揭下，贴于所用之稿，以期迅速省事。但此种习惯，刘在上海与南京时，均未有闻。如此想来，必是后来病体日深，怕烦更甚，力求方便，方才如此。

1919 年 11 月 20 日，刘师培因患肺结核，医药罔效，病逝于北京，年仅三十六岁。临逝前，他派人把黄侃叫至病榻前，“十分吃力地在枕头箱子里找出一部手抄本递到黄的手里”，并嘱咐道：“这是我毕生研究得来的音韵学秘本，今天送给你作为临别纪念，望你继承下来，然后把它再传之后代。”

据说，刘师培的遗稿存放在黄侃处；又有说法称，刘的遗稿由何震交给了刘文典。刘师培去世后，其主要著作由南桂馨、钱玄同等人搜集整理，编成《刘申叔先生遗书》。

《刘申叔先生遗书》中并没有收录刘师培交给黄侃的遗稿。到 1928 年时，黄侃还承认自己藏有刘稿，但到 1934 年年底便“茫无端绪”了。有研究者认为，此时可能与黄侃藏书遭窃有关。“一・二八”事变发生后，黄侃搬迁，仓促中装了 8 卡车书，运到采石矶暂存，不料被当地居民盗出，当作废纸卖了。有学者猜测，可能刘师培的遗稿也一同被窃。倘若如此，又是学术界一大憾事。

评 惜

黄侃说起刘师培这位只比自己大一岁的老师时，无限慨叹道：“真是天才，有清一代有三个天才，都是 36 岁就去世。前清有孔广森，中间有戴望，晚清有刘申叔。可惜可惜。”

刘师培在北大所从事的文学史教学与研究活动，尤其是《中国中古文学史讲义》的出版，起到了垂之后世的“典范”作用。有人评论说：“在现代中国学界，真正将文学史作为一专门学问来深入探讨，而且其著述的影响历久不衰者，此书很可能是第一部。”

刘师培魂归道山后，蔡元培在《刘君申叔事略》中无限惋惜地说：“向使君委身学术，不为外缘所扰，以康强其身，而尽瘁于著述，其所成就，宁可限量？惜哉！”

有人说：刘师培在政治上屡次失足，其品行在生前已为人所不齿。而对他在学术上的贡献，学界评价却始终如一。

有学者嘲弄刘师培一生是“在风雨飘摇的乱世中笑熬糨糊”，这锅“糨糊”足够他消化一万年的了。乱世如狂流，人人好变，人人善变，不少人都在政治追求上反复无常，区别只在有无高标，有无底线。刘师培善变，总是在污泥浊水中辗转其身，最终变得委琐，变得龌龊，道德学术双双受损，遭人鄙弃，关键就是他一而再再而三地甘于堕落，根本没想过要严守底线，大有越堕落越快乐的劲头。

鲁迅在给钱玄同的信中称刘师培是个“卖过人肉的侦心探龙”。

关于刘师培的《中国中古文学史》，鲁迅于 1928 年评价说：“我看过的已刊的书（指中国文学史一类），无一册好。只有刘申叔的《中国中古文学史》倒要算好的，可惜错字太多。”在《魏晋风度及文章与药及酒之关系》的著名演讲中，鲁迅推荐说：“研究那时的文学，现在较为容易了，因为已经有人做过工作……辑录这时代文学讲座有刘师培的《中国中古文学史》……对于我们的研究有很大的帮助。”

同时声明："我今天所讲，倘若刘先生的书里已详的，我就略一点；反之，刘先生所略的，我就详一点。"

刘师培的叔父在给他撰写的墓志铭中道："侄得名太早，厥性无恒，好异矜奇，狷急近利。"

陈中凡在《刘先生行述》中说刘师培"不能忘情爵秩，时时为佥壬牵引……遂入于坎陷"。

黄侃曾评价老师刘师培曰："忧思伤其天年，流谤及于后世，贻人笑柄，至可痛惜！"

王元化先生评曰："世人诋诃，多出于道德上的责备，殊少思想上的探索。其实从激进革命走向拥戴独裁，也不是没有思想上的线索可寻。这在中外近代史上是不乏先例的。所谓两极相反亦相通。"

吴宓

吴宓（1894—1978），字雨僧、雨生，笔名余生。陕西省泾阳县人。民国著名西洋文学家，比较文学家，我国研究中西比较文学的先驱者。

关键词：家风、父子、癖怪、逸事、风采、为学、师道、卫道、红楼、浪漫、严苛、不苟、迂直、坦率、淳厚、任侠、自剖、师生、素友、知己、激恋、抉择、晚景、悲逝、评析

家风

吴宓的出生地安吴堡，隶属于泾阳县，民俗尚朴实，人刚直，风气淳厚。其性格特征，可用倔、犟、硬、顶、碰五个字概括，故而素有“陕西冷娃”之称。任继愈认为：“吴先生生长在陕西，关中有高山大川，水深土厚，文化传统可以上溯到周秦。吴先生具有关河人的凝重、刚健之质。古人常说关西出将，关东出相，吴先生生于关西，出身于军官家庭，他秉赋武将的性格，却走着诗人学者的道路。这种奇特结合，铸成吴先生特有的风格。”

吴宓家为泾阳富户，自幼家教甚严，这也养成了吴宓严谨的性格。吴宓曾在自编年谱中记载家中规矩：“儿童亦不许用鸦片烟器具及与鸦片烟形象有之物，尤其生物之罂粟花及鸦片烟果等，为玩具。尝谓‘一切丧德、败家之行事，皆由吸鸦片烟起’”，“三姑六婆，尤其佛教之僧尼，道教之男女道士，绝对不许入我家门。”“家人及宾客亲友，可畅谈德行善恶及涉及盛衰兴亡之人事、家事，但不许述说因果报应，及星象卜筮风水阴阳等迷信，又不许家人惊说‘怕鬼’。不许单独拜祀某神。”“然对乞丐，则多多施与求告贫乏者，亦酌予救济。”

不足 1 岁，吴宓生母李孺人即病逝，其生父都从不和吴宓谈及生母，家中未保留生母的照相、画像、墨迹、衣服等遗物，吴宓甚至不知生母的名字。到晚年，吴宓仍为此事伤怀，他在日记中写道：“回忆生世多年中行事，悔犹极多。生母李夫人之名讳、容像、性行，皆不获知，知由母之外家徐氏略闻一二，弥也伤怀已！”很多研究者认为，吴宓幼年母爱的缺失影响了他一生的情爱观。

吴宓的继母雷孺人在吴宓 5 岁时嫁到吴家，成为吴宓心目中母亲的替代角色。在《自编年谱》中，吴宓这样描写到他的继母：“雷孺人（讳清芬，1876—1948）为吾家乃至全族妇女中文化最高者，容貌端正，行为通达，无一般妇女之琐谈及俗态。宓自始即爱而敬之。世俗总以‘继母’为残虐不仁，而宓则恒觉雷孺人为可亲，直至 1947 年 10 月宓在上海最后见雷孺人于病床为止。”

由于祖父早逝，吴宓的祖母杨太淑人守节抚孤，忍辱负重，掌管家业数十年，独立抚养两个年幼的儿子长大。祖母虽未读过书，不识字，却通达人情事理，性严而明。但她性格又乖戾多疑，喜怒无常，从吴宓记事起，几乎所有的家庭成员都能感受到一种紧张压抑的家庭氛围，如影子般牢牢地统治着一切。吴宓不到 1 岁，生母就去世了，祖母把襁褓中的长孙抱到自己屋里，“鞠育抚养，不随继母，而长随祖母，共一炕或床寝，几于一日不离膝前者十四年”。

晚年，吴宓曾在自编年谱中反思祖母对自己一生性格的影响：“（1）溺爱，纵容过甚。不但使全家人皆不服，且养成了宓之许多不良的性行、习惯。（2）宓一生感情，冲动甚强。往往以一时之感情所激，固执私见，孤行己意，不辨是非，不计利害（后乃悔悟）。又自己勤奋劳苦，而不知如何寻欢求乐，无逸豫之情，少怡悦之意。即是：能工作，不能休息。能紧张，不能纵逸。对人，则太多计较与责

1938 年，吴宓与生父芷敬公及侄女摄于香港

难——以上皆类似（杨太淑人）之个性，由不自觉（无意）的模仿而来者。”

吴宓 11 岁时，继母雷氏两次带他到亲戚家参加宴席。宴席中，主人几次特夹菜肴，放到吴宓的碗碟中，继母也为他夹肴两三次。不料吴宓每遇主人及继母拈来的菜肴有不合口味者，立即皱眉、摇头，表示不高兴。雷氏则认为他对主人失礼，且在众宾客前不尊重她。两次宴席归来，雷氏皆告诉祖母。于是“宓宴席中失礼之罪行”，乃成为婆媳间斗气的导火索。而祖母也将吴宓当成了婆媳斗气的工具。

据吴宓记载：“1904 秋，某夜。宓读完《左传》中陈公子完奔齐一长篇，能背诵，杨太淑人始同宓寝，时已甚迟矣。中宵，杨太淑人忽起，将宓重责痛打一次，就炕铺上压宓俯卧，用两手力拧（扭、扯）宓臀、腿、臂等处之肌肉，至于红肿，宓大哭叫。芷敬公（按：吴宓生父）不敢来，雷孺人不便来。独有刘妈闻声驰至，涕泣抱宓于怀，极力救护，劝止。杨太淑人旋即放手，侧坐，泪如雨下。久之，杨太淑人自往外间堂屋正中椅上端坐，刘妈侧立，扶持宓跪于其前。杨太淑人坚持送宓至井边，命宓即投井死。刘妈苦谏，相持。其后各自静默，直至明晨，始各归，寝息。”

祖母六十大寿，吴家在西安住宅中摆设女宾宴席，吃饭中间吴宓口渴，小婢女翠屏端来了一碗开水，只因吴宓嫌开水太热，说一口气喝不下，祖母就勃然大怒，将水碗劈头砸向翠屏，又斥令翠屏待在院子里准备受罚。时值阴历九月，北方已有些许寒意，杨老夫人匆匆用完餐，竟然令翠屏脱光衣服，后来经女眷们的劝说才保留了短裤。这还不算，她还亲自动手，用尽气力打骂翠屏，打得她血流满身，披发呼救。经过这一番折腾，14 岁的翠屏患上了“女儿痨”，后被丢给乡间一老妇。吴宓心生愧疚，曾独自去看望过翠屏，但不幸两年后翠屏还是不治身亡。多年后吴宓回想此事，仍自责不已。

父 子

因襁褓中丧母，祖母怕吴宓无人照顾，做主将 3 岁的吴宓出为其叔父吴建常（称仲旗公）的继嗣。吴建常于 1897 年的陕西乡试中被录为副贡生，少年得志，弯弓骑射，西出阳关，欲在边塞建功立业。辛亥前后，吴建常曾官至陕甘都督的参谋长兼秘书长、凉州副都统，辞官后赋闲沪上。吴宓 7 岁之前，吴建常对他并未有太多关心。从吴宓 7 岁到 17 岁赴北京求学的十年间，与吴建常的相处还不足三年。

然而，吴宓受嗣父的影响至深，晚年，吴宓还回忆 1906 年见到嗣父回乡省亲的情形："父归来，行李辉煌，衣服丽都，雍容华贵、俊逸风流兼而有之，众皆钦羡，以为文明人显达者之标准、模范焉。"

有学者认为，吴宓性格中的浪漫来源于吴建常的影响。吴宓曾用崇拜的口吻写道："仲旗公，貌相俊美，举止风流，学问渊博，文章尔雅。偶为对联、小词、灯谜，亦皆隽妙清新，受人称赞。兼习骑射，能中弹枪，举石锁，力巧兼施。故在乡里及本省久负盛名。"

吴建常从不责罚吴宓，指导他读书，介绍和邮寄新出书刊，甚至推荐《红楼梦》和《西厢记》等书给少年吴宓。在自费游学日本一年期间，他还把自己写作的《爱国行记》寄给吴宓，帮助他开阔眼界，增长见识。吴建常从日本回国后，曾在家乡仿效上海蔡元培主持的女子学校，兴办过小型女子学堂，还举办赛马会，较量马匹和骑技，同时教会了吴宓骑马。在吴宓眼中，嗣父禀性豪放，极为仗义疏财，虽算不上豪富，但从不对吴宓谈及金钱之事，并热心赞助吴宓对穷困同学的资助；作为父辈，他也从未以读书求官发财、光宗耀祖的俗念要求过吴宓，尽管他本人颇热衷仕途。晚年，吴宓回忆说："宓独与仲旗公亲，事无不告，理无不问。后来更深知且极佩仲旗公之学问、修养、道德、行谊，于是更亲。于是仲旗公既为宓之父，又为宓之师，兼为宓之友，且为宓之母。"

然而，由于从小受吴宓祖母的偏爱，吴建常又是一个风流浪荡、挥霍无度的纨绔子弟。祖母将家业交到吴建常手中，"数年中，以本性豪纵，喜阔绰，取用吾家商号之资本金过多，致商号数家先后倒闭，欠债亏累，且至涉讼"。而面对如此局面，吴建常却溜之大吉，让哥哥吴建寅（即吴宓生父）应付残局，自己带着剩余的家产，先到上海逍遥，后到日本游学。辛亥革命后，又花钱捐官，很快混迹于新政府之中。

对于嗣父的缺点，吴宓并非不了解，他也曾记录了其嗣父的不负责任："父仲旗不但毫不重视自己之职务与责任，又不听从他人之批评与劝告，而且对经济银钱，毫无计划，有钱即浪用，且慨赐予其左右环绕奉承、陪伴游耍之人。又将公私款项之存于手中者，随意支用，不计将来如何归偿。更妄冀忽来意外之收入。"

1913年5月，吴建常与友人到清华游览，吴宓得知消息后，早早在校准备迎接。将近午饭时，吴宓"忽接电话，云：父乘坐小汽车来，将到海淀，汽车忽坏。今在海淀休息，即将改乘人力车到校，云云。父旋偕一友至。先进午膳，饭后，略一游览，即复乘人力车去。宓按：父喜阔绰，重排场，而往往弄巧成拙，求荣反辱，此在其全部做官之历史及结局为然。而即在小事，亦有此类者。夫在当时之北京，即达官贵人，乘汽车者亦绝少。外国公使及其夫人，出门恒乘马车。"

吴宓记载，1913年2月初，吴建常曾被袁世凯任命为凉州副都统，"而仲旗公惟图及时行乐，毫无西归之意。迟至民国三年五月，方才到任"。因久不到任、挥霍公款、玩忽职守以及目无上峰等原因，他到职后很快遭到拘押审查，历时近一年。这期间，吴建常要求在清华读书的吴宓为他多方求情、找关系、走门路，甚至告诉吴宓可以为此辍学，以便专门为他的事情奔走："汝若因此废学，虽系万不得已，而父心滋戚。汝父因家国身世之感，悲愤填膺，所幸俯仰无愧，道力定坚，已了然于生死关头，故尚可自持。不然，似此横逆之遭，楚歌四面，其不狂且死者几希矣。"事实上，虽在拘禁期间，他却受到优待，生活相当舒适。

吴建常喜交游，出手阔绰，吴宓的同乡、民国元老于右任曾赋诗赞扬吴宓父子云："泾阳吴老字仲旗，其子之名号陀曼。父为大侠子学者，我亡命时蒙疏饭。"

而嗣父的这种"大侠"性格，也影响了吴宓。吴建常在京期间，滥用公款，出手阔绰，吴宓对此极为欣赏，也仿效嗣父的"慷慨豪爽"，在清华求学时也大力资助同学，花销颇大。务实的生父吴建寅劝诫儿子在用钱上要节约，吴宓觉得生父小气庸俗，十分不满，致使父子间出现龃龉。

然而，即便如此，吴宓却终身欣赏、推崇与赞美吴建常。1929年，吴宓陷入对毛彦文的婚外恋时，在日记中写道："宓之感情，恒必有所寄托。游美以前，倾注于父。父实爱我知我。"这儿的"父"，指其嗣父吴建常。

直到晚年，吴宓还赞美推崇嗣父，为其当年在官场上不善于营谋、"处处吃亏"

而遗憾惋惜："宓平生最崇拜父仲旗公，在宓少年时期尤甚。然久后回思，总觉父做事皆不合实际，处处吃亏，所深为惋惜痛愤者矣。"

吴建常更是风月场中的高手。吴宓记载，在京期间，吴仲旗与自己的上司、甘肃省都督赵惟熙的四个儿子"恒相聚，同游北里（注：唐朝长安城平康里位于城北，亦称"北里"，为妓院所在地。后世以北里泛指娼妓聚居地）。父为此中行家。故赵公甚不悦，每对人说：'仲旗游荡无行，且把我的几个儿子都带坏了！'"

晚年，吴宓仍遗憾嗣父"未早以女子之心理及恋爱之技术教宓，致宓有多年的失误。盖仲旗公不但壮年在沪，涉及花柳场中，名妓争相求宠、致情，为人所艳羡。综其一生，概无时、无地（如在乡居丧、任女校校长），不受妇女尤其美而才者之欢迎"。

吴建常去世时，吴宓无法回乡奔丧。他用黄纸亲笔写了一份讣告，交给同在西南师院工作的学生刘兆吉，说："你有《吴宓诗集》（吴宓自己的被别人久借未还），请把这讣告夹在家父相片处，留作纪念，也就表示哀悼了。"刘遵命照办。可惜"文化大革命"刘被抄家，《吴宓诗集》被没收。10 年后，刘千方百计将书找回，已被虫蛀，鼠咬，变成烂纸一堆，难以整理装订了，但刘仍然善为保存，睹物思人，作为怀念先生最可宝贵的纪念物。

有学者认为："吴宓生命中浪漫主义的一面，与吴仲旗的人格和言传身教大有关系。吴宓自幼爱读言情小说，酷爱《红楼梦》，并且入乎其内，设想自己就是'梦'中人物，常常深陷其境不能自拔。憧憬虚幻浪漫之爱，羡慕嗣父的风流时尚，致使文化上保守的吴宓后来在爱情和婚姻上持空虚浮泛的浪漫主义态度。吴宓为人严肃拘谨，偏偏由衷向往浪漫之爱，迷惑于美容饰、善交际的时髦女子，一次次被人利用，一生饱受理性与情感的剧烈冲突之苦。"

癖 怪

1899 年，时年 6 岁的吴宓发现自己有一个异于常人的爱好：喜欢骡子。吴家养有两匹骡子，"一红而牝，情柔顺；一青栗色而牡，性刚劲"。吴宓开始与家中的骡马戏狎，并注意其性动作。他甚至突发奇想，欲变身为骡。他在碾磨房中，扮作骡子，俯伏在地，让仆童拿来骡子驾车时用的鞍勒羁衔，给他披挂在身，将骡项圈（套包）挂在脖子上。骡项圈对幼小的吴宓来说太大了，他可以整个人从中间钻过去。吴宓也坦言："幼时之男女性知识，全得之于骡马。"

1905 年 10 月中旬的一天，吴宓乘坐的姨母家黑色牝骡所驾的车去西安。途中，这匹骡子给吴宓留下了深刻的印象，晚年他回忆道："此骡亦美女子身，今日为载送我来此，行如是之速，路如是之远，乃不赏其功劳，不速给饮食、休息，而痛施鞭打，骡诚冤且苦矣！我未能救护、抚慰，对骡实惭感交并。我中夜醒，不知骡在彼店亦能安息否？不受一群客骡之欺凌、亵扰否？……过后，宓恒念及此骡。直到 1950 年阳历 2 月初，始为此骡赋成一律，如下：'冬昼已完百里程，河坡上下更牵擎。街衢历历行无尽，灯火家家痛此生。行缓立遭鞭背急，身疲未觉压肩轻。娇娥强忍千行泪，旅店中宵自洒倾。'"

骡一般不能生殖。吴宓 15 岁时曾问嗣父仲旗公："骡何以不能传种？"回答："因生殖器不完全。"多年以后，吴宓从亚里士多德的著作中找到了关于骡不能生育的另一种解释：由于牝骡的精液过冷。

吴宓对骡观察得细致入微。到晚年他都记得"牝骡恒含羞，畏人窥看，故在闹市、稠人中，虽停车久伫立，亦隐忍不溲。而车夫明知不顾，往往因牝骡正值涉河之际，或曾久久停车鹄立，甫行数十步之后，竟止步而急溲，遂痛鞭而怒责之，皆不仁、不智之甚者也。"使他更为深受感触的是一次，"此老且病之辕骡又踣地，不能起，痛受鞭击。此骡乃放声长鸣，自表其所苦，哀动行路。一时，在此市镇街衢中，或行过、或止休之骡马，约共三四十匹一齐作哀声以和之。宓往日未尚见骡马能互相怜悯、表现同情如此，亦使宓悲感甚深"。吴宓在其自编年谱中还详细记录了他是如何"抚摩骡之臀股，心殊爱之"，以及左手擎起骡的尾巴，详细窥看其阴部的情节。

到北京后，吴宓最爱的依然是家乡的骡，他对家乡的牝骡的赞词是"美"、"甚美"、"极美"。在北京清华学校读书时，他认为北京驾车的骡子，皆身行丑怪，尾骨不耸，臀部肌肉不丰满，毛色不美，远不及他家乡的骡小姐可爱。

晚年，吴宓为自己 17 岁（1910 年）那年遇到的黑色牝骡写下了《美骡传记》。他说"美骡之动作及情态"，感觉"甚美"。他的五首七律中的两首，内容分别是写这位正值妙龄的美骡的大小便，诗云："已过长衢土辙安，汗流身热胃肠干。渐抟玉液成浓块，更炼金丹作巨丸。节节竹环蛇出洞，高高金座珠堆盘。频看尾举连排泄，妙龄食量可惊叹。""出城骈列暂盘桓，肃立风从尿始湍。蹲股不胜羞欲掩，开关乍见射成澜。微闻芗泽无声响，累皱红巾畏客看。躯体松舒诸事办，长途奋进敢辞殚。”

逸 事

“吴宓”之名是吴宓1910年报考清华学校时自己所取。因吴报考清华时已经17岁，而清华规定入学年龄为15岁。为隐瞒年岁，故而改名。吴闭目于《康熙字典》中，以指任压一字，适为宓字，遂更名为“吴宓”，但平日仍以吴陀曼自称。

马约翰在清华提倡体育锻炼，说服学生们要好好锻炼，有一个强壮的身体，到外国时才不被人讥诮为“东亚病夫”，不给中国人丢脸。而清华也规定，在校学习的8年期间，必须通过“五项测验”，如果不及格，就不能出国留学。这一关难倒了部分学生，吴宓的跳远成绩为11英尺多，而跳12英尺才能及格，于是吴宓被马约翰扣了一年，直到通过才出国留学的。

在美国留学时，吴宓因受陈寅恪的影响，好购书。据说当时吴宓一时冲动，花费60美元（时官费留学生每月官费100美元），把摆在书店极少有人问津的全套《莎士比亚全集》各家注释汇编本共19册分两次买了回来。归国之时，吴宓费心尽力将这套书运回国内，日后多年未用。抗日战争爆发后，吴宓颠沛流离，数次搬迁，因没有合适的存放场所，只能一直随身携带此书，既费钱又费力，竟成累赘。1947年，吴宓再也不堪此书负累，售与了孙大雨，才算扔去了一个累赘。

吴宓终其一生反对白话，但他却曾有过白话文的作品。1928年，吴宓南下拜访毛彦文，应毛之请为其主编的《每周妇女》撰写过白话论文一篇。题为“文学与女性”，署名王志雄。

学生周锡光回忆，吴宓总劝人读他的诗集，并说：“很多人尽管都口头说已读完了，但没认真读完。只有一个人例外——郭沫若，但我们只见过一次……”郭氏30年代曾拜访过他，两人背靠在当时清华的一座桥边，一谈就是两个钟头，谈得很相投。

民国有几位学人，日记以记琐事著称，如赵元任、鲁迅、吴宓。赵元任爱记录生活中遇到的有趣的小事，鲁迅记下每日的收支情况，吴宓则事无巨细，每日花销、生活琐事、身边亲友师生之事、自己的心路历程、爱慕的女性等等，且详尽备至，比如《吴宓日记》1938年2月25日说：“公超陪宓至交通银行，以国币三十五元，换得港币三十二元，公超借去宓港币十元 $10H. K.（始终未还）。”

曹聚仁在《胡子先生——吴宓》一文中记录了吴宓的一件趣事：在西南联大时，吴宓曾追求一位女生。一天，他照例去拜访该女生，恰巧该女生出去了，同室的女同学在，听见敲门声，便开口问道："谁？"门外的吴宓学着小生的腔调回答道："吴宓来也！"女同学闻言答道："她不在家。"吴继续学小生的腔调说："请转告她，明日再来，吴宓去也！"女同学很不客气地说："讨厌，讨厌。"吴宓回道："岂敢！岂敢！"

刘绪贻回忆，新中国成立前他与吴宓同在武汉大学任教，住在吴宓隔壁。吴对刘这位昔日的学生参加进步活动心存不满，故从来不和刘打招呼。但他独居一室，往往回家来不会开锁，进不了屋，此时也只能依靠这位不喜欢的学生替他开门。

1964 年夏，西师一位钟姓教授去世，吴宓为治丧委员会成员。治伤委员会讨论追悼会事宜时，有人提议说家属致辞不好办，钟先生的儿子还戴着"帽子"，只有让儿媳来致辞。吴听后说："三伏天干嘛戴帽子？叫他把帽子揭了不就得了！"弄得大家哭笑不得。

"文革"中，因为吴宓年岁已大，红卫兵便免去吴宓劳动，让他留在牛棚，帮其他人看守衣物。有时也支使他烧烧开水，他却分不清水开与否，大家教他辨认，还是分不清楚。有一次，在牛棚附近插红苕秧子和种大蒜，属于轻微劳动，红卫兵让吴宓参加。他分不清倒顺，都栽插反了，被舆论斥为"百无一用的老废物"、"剥削生活过惯了，四体不勤，五谷不分"云云。

一天下午，张致强去看望吴宓，吴正站在他的小屋门口，手扶门沿，一开一关地，口中不息地发出如像赶小鸡时的"嘶嘶"声。张好奇地问："吴老，你在做什么呀？"吴宓毫不隐讳地说："我刚才在屋里解了大便，把屋里的臭气赶出去。"

"文革"中，吴宓曾冒险"偷书"。吴宓的书籍被抄走后，一次偶然的机会，吴宓在"劳改队"看到了自己被抄去的书籍，遂决定将自己的书偷回来。1967 年 9 月 27 日，吴宓顺利取回 1914 年的日记一册。10 月 7 日上午，他再次取回其 1951 年日记及毕业文凭（英文）三张，下午又取回《游美同学录》一册。两天后，他再一次"偷书"，差点儿被人发现，但幸好有惊无险。他在当晚日记中记载："上午宓又自中文系阅览室取回《吴宓诗集》一部，以赠予凌道新。宓仍插悬于衣内之胸前，但当众写大字报时，宓俯身左偏，《诗集》忽堕于地上。——幸无人注意。"

吴宓 1967 年 12 月 7 日的日记中记载了一件事情："由系办公室收到驺挂号寄来书一包，层层封固，贺君代宓用刀（甚费力）开启之。包内并非《语录》英译本，而是北京精印之塑料薄膜烫金字红封面《毛泽东选集》一部，四册（小本，横排）——宓本不需此而擅代订购；幸刘又辛君愿购去，即付宓书价二元，清。书内附驺与宏勋十二月三日禀，又附其‘家中最好的毛主席纪念章’一枚，供宓佩戴者——宓向不佩戴，留存印章盒中。”“回舍后，宓以驺夫妇完全不了解宓之性情、思想，所以求媚悦宓之办法，徒增宓之怫郁，于是甚怒……”“驺”即吴宓老友吴芳吉之女吴汉驺，“宏勋”即吴汉驺的夫杨宏勋。吴宓托他们买英译本《毛主席语录》，只是为了在这样的时局里继续研读英文用，但二人并不了解吴宓的真实想法，为他买了中文版本的《毛泽东选集》，并寄来毛主席纪念章，“徒增宓之怫郁”。

风 采

温源宁这样描写吴宓：“吴宓先生，举世无双，见过一次，永生难忘。……吴先生的相貌却价值连城，怪异得就像一幅漫画。脑袋的外形像颗炸弹，也像炸弹一样随时都有可能爆炸。憔悴，苍白，头发似乎就要披散下来，亏得天天早上都要剃须，还保持着一张脸面清楚的边界，脸上多皱，颧骨高耸，两颊下陷，盯着人看的一双眼睛像是烧红了的两粒煤球——这一切全都支撑在比常人长一半的脖颈上，瘦削的躯体活像一根坚固、梆硬的钢条。”

唐振常写道：“凡是见过吴雨僧先生的人，总难忘他那踽踽独行、喃喃自语之状。他一个人低着头走，不看前面的道路，不看左右周围的人群，唯喃喃自语，一似重有忧者。”

20 世纪 30 年代，清华学生曾这样描写吴宓的“痴”：“有时你看到吴先生独自呆呆地立着，嘴角浮漾着轻微的笑，那笑，无形中由苦笑而至痴笑而有时竟至非哈哈大笑不可的神情，但刹那间，像在荷叶上飘过的轻风，一切终归沉寂，他毕竟意识到自己是个学者，笑影俱散，剩下的是那俨然不可侵犯的矜持的面相。”

在西南联大时，生活虽然贫困，可吴宓始终注意仪表，每日西装革履。刘兆吉在《我所知道的吴宓先生》中写道：“记得在西南联大，无论在长沙、南岳还是蒙自、昆明，吴先生都是西服革履，脸上的络腮胡刮得光光的。”

1946 年，武汉大学复回到珞珈山，吴宓从西南联大来到武大，任外文系主任。学生孙法理回忆：“他很瘦削，颅顶谢得厉害，且发亮，正中像山脊一样隆起，令我想起孔夫子的大名：丘。眉毛短短的，眉毫却很长，覆在深陷的眼窝上，眼睛闪着光。这一双眼睛和千千万万的人不同，那眼神严峻，即使在笑时也带着庄重，比他的颀顶给我的印象深多了，至今仍炯炯地在我眼前。……师生们上课都是腋下夹着书。吴先生却与众不同，夹着个布包袱，拿根手杖，咔、咔、咔地点着地，走得风快。上了讲台，他的第一件事便是打开包袱，取出一个墨盒和一两支毛笔，然后拿出课本，开始讲课。讲完又整整齐齐包好，咔、咔、咔拄着手杖走掉。他的这一包袱、文房四宝，第一次在课堂上露脸时，曾使我大吃过一惊，特别是那墨盒，我总怕它有淋漓外溢的危险，可它却像有魔法一样，从不出事。后来看到吴先生的'讲义'，我才懂得了那墨盒的重要性。吴先生写惯了墨笔，他的讲义有汉字也有英语，却都是用墨笔书写的。汉字写得整整齐齐，通行亮格，可以叫作'蝇头小楷'，英文也大体是印刷体。重要的地方还用墨笔、红笔打上圆点、波浪线、直线，加以强调。看见了这些点点和道道，我们便仿佛看到吴先生那长眉毫下的眼睛盯着我们，说'Important'（重要），'Emphatically important'（极其重要），'Pitfall（易错）！'"

为　学

在美国留学期间，吴宓师从白璧德，对 19 世纪英国文学，尤其是浪漫诗人的作品，进行了深入的研究。1921 年，吴宓获得哈佛大学文学硕士学位。

次年，在东南大学任教的吴宓与梅光迪、柳诒徵一起创办《学衡》杂志，吴宓任总编辑。《学衡》的宗旨是："论究学术，阐求真理，昌明国粹，融化新知。"1928 年，《学衡》改为双月刊，到 1933 乃停刊，共出 79 期。《学衡》后期，基本上由吴宓一人负责。吴宓曾自称："谓'《学衡》杂志竟成为宓个人之事业'者，亦非诬也。"《学衡》于新旧文化中取径独异，自成一派。

吴宓撰写有《中国的新与旧》、《论新文化运动》等论文，采古典主义，抨击新诗，主张维持中国文化遗产的应有价值。吴宓也以中国的白璧德自任。

吴宓反对白话文，一次酒会上，胡适一见吴宓，即以幽默的口调问道："你们《学衡》派有什么阴谋？"吴对曰："有。"胡微笑道："可得闻乎？"吴对曰："杀胡适！"举座失色。

一次吴宓上课时，谈及文言文，一边挥舞教鞭，一边怒气冲冲地说："As long as Wu Mi lives，wenyanwen will never die！"（只要吴宓活着，文言文永远不会死。）

在日记中，吴宓但凡提到新文化运动，便只有骂语，说新文学是“乱国文学”、“土匪文学”（1919 年 12 曰 30 日），说白话文学是“倒行逆施，贻毒召乱”（1920 年 2 月 12 日），说“白话文学”、“易卜生”、“解放”是“牛鬼蛇神”、“粪秽疮痂”。

吴宓是第一个向国内介绍“比较文学”概念的人，首开比较文学研究之先河，因此吴宓被视为研究中西比较文学的先驱者。

吴宓最推崇希腊的古典文学和近代的法国浪漫主义文学。他讲中世纪的文学，最推崇但丁的《神曲》,《神曲》中游地狱的向导是古典主义诗人维吉尔，游天堂的向导却是但丁一见钟情的美人贝雅特丽奇。他讲法国文学，最推崇卢梭的《忏悔录》，最爱读卢梭牵着两个少女的马涉水过河那一段，认为那是最幸福的生活，最美丽的文字。他讲英国文学，最赞赏雪莱的名言：“爱情好像灯光，同时照两个人，光辉不会减弱。”

吴宓说：“文学是人生的精华，哲学是气体化的人生，诗是液体化的人生，小说是固体化的人生，戏曲是固体气化的人生，哲学重理，诗重情，小说重事，戏剧重变。小说包含的真理多于历史，所以小说比历史更真，我们可以从小说或文学中了解人生。”

师 道

吴宓从走上讲台的第一天开始，就以备课认真著称。他在东南大学任教三年，讲授“欧洲文学史”等课程，一时声誉鹊起，学生们交口称赞。1923 年，清华学生对于当时给他们讲授英国文学的美籍教师十分不满，向学校反映，学校派学生代表梁实秋去兄弟院校调研外国文学教学的情况。梁实秋听完吴宓的课后，在《清华周刊》发表文章述及吴宓在东南大学的授课情形：预先写大纲于黑板，待到开讲，则不看书本、笔记，滔滔不绝，井井有条。文章最后感慨道：“吴先生亦是清华毕业游美同学，而母校未能罗致其来此，宁非憾事者！”

清华大学校长曹云祥请吴宓负责国学研究院的筹备工作，按照哈佛模式制订学生培养计划。吴宓入主国学研究院后，替国学院聘请了王国维、梁启超、陈寅恪和赵元任四个国内一流的学者，这就是著名的“清华四大导师”。

温源宁在《吴宓先生》中说：“作为老师，除了缺乏感染力之处，吴先生可说是十全十美。他严守时刻，像一座钟，讲课勤勤恳恳，像个苦力。别人有所引证，总是打开书本念原文，他呢，不管引文多么长，老是背诵。无论讲解什么问题，他跟练兵中士一样，讲得有条有理，第一点这样，第二点那样。枯燥，容或有之，但绝非不得要领。有些老师无所不谈，却不发任何议论，吴先生则直抒己见，言之有物：也可能说错了，然而，至少并非虚夸。他概不模棱两可，总是斩钉截铁。换句话说，他不怕直言对自己有什么牵累。在事实根据方面，尤其是见于各种百科全书和参考书的事实，他是无可指摘的，只在解释和鉴赏的问题上你还可以跟他争论。”

吴宓曾为翟孟生的《欧洲文学简史》做了许多补充，并修订了某些谬误的地方。他每次上课总带着这本厚书，里面夹了许多写得密密麻麻、端端正正的纸条，或者把纸条贴在空白的地方。

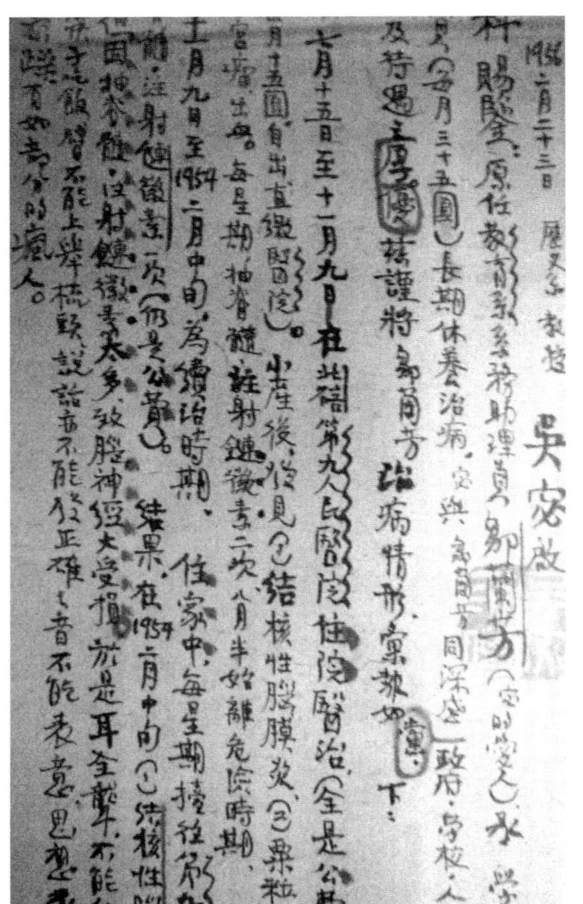

吴宓手书（部分）

学生赵瑞蕻回忆吴宓说：他的考试方法也很独特，每每都有一道题目要求学生默写出自己能背诵的最长的一首诗或评一篇文学专著。有同学向他请教如何学好古典文学，他信口作答：“多读、多背、多用。”

联大上课，从来不排座次，吴宓却例外。他上“欧洲文学史”课时，安排北大、清华、南开的学生坐前排。在美国《诗刊》上发表过英文诗的李廷揆、赵瑞蕻坐在第一排，赵瑞蕻的未婚妻杨苡按学号应该坐在后排，但吴宓却安排她坐在赵的旁边。

学生茅于美（茅以升之女）回忆老师吴宓：“先生不善料理家务琐事。但他给我们修改文章时，总常用毛笔蘸红墨水书写，字迹工整。涂改一字，必涂得四方满格，免被误认。他那种治学的严谨与生活的散漫形成了鲜明的对比。”

吴宓对学生要求极为严格，新学期注册，如果学生的注册写得很潦草，他便拒签。

在南岳时，教授宿舍紧张，吴宓只能与沈有鼎、闻一多、钱穆四人同住一室。沈、闻、吴三人平日孤僻，不爱交游。每天晚上，闻一多自燃一灯放在座位上，研究《诗经》、《楚辞》，每有新见解和新发现，就撰写成篇。吴宓则为明日上课备课，抄写笔记、纲要，逐条写，有合并，有增加，写好后，用红笔加以勾勒。次日，必是吴宓最先起床，一人独自出门，在室外晨曦微露中，拿出昨晚备课所写条目，反复诵读。等他人都起床后，吴宓回到宿舍。钱穆感慨：“余与雨僧相交有年，亦时闻他人道其平日之言行，然至是乃深识其人，诚有卓绝处。”

刘兆吉《我所知道的吴宓先生》提及一件“小事”。有一次，“一位青年教师丢了上课用的教科书，问吴宓先生是否有此书想借用一下，没想到引起了吴先生的严厉批评：‘教师怎能丢失 textbook（教科书）呢！一定要找到，上课前必须找到！’晚上宿舍已熄灯睡觉了，听到后楼敲门声，听到吴先生高声问：‘textbook 找到没有？’也听到不耐烦的回答声：‘找到了！吴先生，请放心吧，我已经睡了，就不开门了。’听到吴先生说：‘那就好，教师不能丢 textbook，下次再不能丢！’后来听那位青年教师说，‘其实当时并未找到，怕得罪吴先生再发神经，撒了个谎’。现在想来，这件小事反映了吴先生对教育事业的认真负责，而且终生不渝。”

吴宓上课时，经常将几种文化做对比，在几种文化之间来回穿梭，跨越好几个世纪，还经常朗诵同一主题的英诗和唐诗，让学生们惊叹不已。

在回答学生的提问时，吴宓喜欢谈及自身，一时兴起，还会在课堂上朗诵自己的诗作，其中甚至有他写给毛彦文的情诗。一次，吴宓上“文学与人生”课，不知不觉讲到《红楼梦》，便将自己的情史作为“反面教材”将给学生听。他讲自己“订婚、结婚及早年认识彦（毛彦文）之往事。听者拥塞”。下课后，吴宓反复思量，觉得对学生讲这些，不妥当，很是后悔。他在日记中记载：“因畅述一己之感慨，及恋爱婚姻之意见，冀以爱情之理想灌输于诸生。而词意姿态未免狂放，有失检束，不异饮酒至醉云。”

在武汉大学，吴宓教授“世界文学史”和“英国诗歌”课。他的“世界文学史”

课排在上午第一节。每天清晨 7 点半钟，吴宓就第一个走进教室，在黑板上写“参考书目”，一写就是一黑板。8 点钟一打上课铃，他就开始讲课。书写时，吴宓习惯地要看看左手的手心，然后在黑板上写参考书的作者姓名、书名、出版年代（包括第几版的年代）、出版公司及地点。学生赵世开以为吴宓左手有一张小卡片，一天他悄悄地走到吴的背后，想看个究竟，出乎他意料的是，吴宓的左手里竟然什么也没有。

刘绪贻回忆，吴宓上“欧洲文学史”课，“讲课时十分投入，比如讲但丁《神曲》时，用手势比画着天堂与地狱，时而拊掌仰首望天，时而低头蹲下。当讲到但丁对贝亚特里切那段恋情时，竟情不自禁地大呼 Beatrice（贝亚特里切）！……不过，他对同学要求却很严，除督促同学认真读参考书外，还规定同学写读书报告，而且批改作业极其仔细认真。即使你的英文字漏掉一个字母，或者你的标点符号不正确，他都要帮你纠正过来。看到学生作业中精彩的地方，他就加上圈点，并写出赞扬评语。他的考试题涉及面广，内容多，答起来很费时间。有几个同学用了 5 个小时，误了晚餐，他请他们上了饭馆”。

新中国成立后，吴宓在重庆磁器口的西南师范学院任外文系的教授，同时又到重庆大学外文系兼课。从磁器口到沙坪坝，他总是步行。江家骏回忆：“在沙磁公路上，人们常常见到一个老人，身穿一件已经洗得几乎变白了的灰布长袍，一手拿书，一手拄着一根极普通的木质手杖，在健步如飞地赶路。寒冬季节，头上多了一顶土棉纱睡帽，睡帽原先的棕色，也是因为时间久了，洗得褪色了。这个老人就是雨师。雨师来重庆大学外文系上课，风雨无阻，我也从未见他迟到过。他每次总是提前到达，在未响预备上课铃之前，他已经来到系办公室了。”

在西南师范学院时，某次进修班英语考试，为了不让学生养成猜题、死背的恶习，吴宓出的试题是当堂翻译他临时书写的《旅美游记》，时间不限，从上午 8 时考到下午 2 时，其间，他亲手送上糕点、茶水供学生饮用。他自己也不吃午饭，一直在教室陪学生考试。

一次，吴宓讲中国诗歌和西方诗歌的区别时说：“中国诗歌逐韵，西方诗歌更重节奏。”为了让学生理解西洋诗歌的节奏，吴背诵了一首并不算短的英文诗。吴神情激动，右手拄着手杖，一面背诗，一面在讲台上来回走动，手杖一次次重重地拄在讲台上，发出有节奏的“笃、笃”声。

张致强回忆：“吴宓特别钟爱有才的学生。当外语系主任时，有个很有才的学生被分配到外地基层单位，吴宓认为这个学生去那里就埋没了，便叫这学生不服从分配，留在北碚，用自己的工资供养他。谁料到后来的政治气候使这个不服从组织分配的学生不能就业，吴宓也就一直供养他。这个学生当了临时工，娶妻生子，吴宓一直接济他。这个学生报恩，便照应吴宓的生活。”“吴宓当中文系主任后，改变了做法，每年都从毕业生中挑选一个最有才的，不让其留校，分到外地工作，要求这个学生每年回西师看吴宓一次，汇报一年的学识长进和成绩，来回路费由吴宓提供。有一位中学教员，1965 年西师中文系毕业，是吴宓最后挑选的一个。有一年，因为没有什么上进，竟不敢回西师看吴宓。”

卫 道

1914 年春，在清华学校就读的吴宓和汤用彤，一起探讨国亡时个体生命究竟该如何选择。汤用彤问：“国亡时，我辈将如何？”吴宓回答：“上则杀身成仁，轰轰烈烈为节义而死。下则削发为僧，遁于空门或山林，以诗味禅理了此一生。”汤用彤则认为，国亡之后，作为学人不应一死了之，因为还有两件事可以作为选择。一是从小处说，效匹夫之勇，以武力反抗，以图复国。二则从大处着眼，潜心于学问，以绝大的魄力，用中华民族五千年的精神文明，创造出一种极有势力的新宗教或新学说。这样中国形式上虽亡，但中华民族的基本精神和灵魂不灭，且长存于宇宙。这将是中华民族不幸后的大幸。汤用彤的一席话，使吴宓感到自己的修养还不够。这次探讨也是吴宓日后养成了不断反省自己，进行自我剖析习惯的原因之一。

吴宓记载在美国留学时同梅光迪的谈话：“梅君慷慨流涕，极言我中国文化之可宝贵，历代圣贤、儒者思想之高深，中国旧礼俗、旧制度之优点，今彼胡适等所言所行之可痛恨。昔伍员自诩‘我能覆楚’，申包胥曰：‘我必复之’。我辈今者但当勉为中国文化之申包胥而已，云云。”这次谈话，使吴宓极受感动，曾引诸葛亮《出师表》中“鞠躬尽瘁，死而后已”之句，表示其誓死捍卫传统文化之决心。

年轻时的吴宓对自己要求严格，他自认在人生的道路上，学问与德行尚无所成，因此，他更觉义务与责任心的重要，对自己的要求也更严格。他读罢《佛说无量寿经》后，表示自己“诚能牺牲一己，以利群众，则恝然直前，无复顾虑”。他认为自己在佛经中找到了“以养成深厚高远之人格”的道理。

青年时代，吴宓反对男女社交公开、婚姻自决和自由恋爱，曾不止一次在《学衡》杂志上撰文表明这个观点。如在《我的人生观》一文中，他抨击道：“世又有因一己所见他人之所妻之美，求纵其欲，乃大倡婚姻废弃、恋爱自由之教矣。即在彼诚心诚意，以为前后两事各无关系，而他人亦无并为一谈者，然冥冥之中害世不浅。若彼昔日能克己，则不致有是也。”然而，他一生在情爱上的表现，却恰恰与他的观点相反。

早年，吴宓不独反对当时的学生运动，连男女同校这一新鲜事物也不能容忍，1920 年 4 月 28 日，他在日记中写道：“乃吾国今日之丧心病狂者流，竟力主男女同校。”同年 6 月 21 日又记道：“人方依古制，履行旧典，着重于道德宗教。而我国中学生，则只知叫嚣破坏，‘革命’也，‘解放’也，‘新潮’也。相形之下，吾之伤感为何如乎？”

1921 年 6 月回国时，吴宓为了到东南大学与梅光迪等人筹办《学衡》杂志与《新青年》对抗，竟拒绝了北京高等师范学校月薪 300 元的主任教授职务，就任东南大学月薪 160 元的教授。他一味尊崇孔子及其学说，欲将孔子作为道德理想之寄托与人格理想之体现，以孔子的道德人格改造世道人心。1927 年 6 月，他在王国维灵前行跪拜礼。同年 9 月 22 日，他在《大公报》发表的《孔子之价值及孔教的精义》一文中说：“（孔子）常为吾国人之仪型师表，尊若神明，自天子以至庶人，立言行事，悉以遵依孔子、模仿孔子为职志。又借隆盛之礼节，以著其敬仰之诚心。庙宇遍于全国，祭祀绵及百代，加赠封号，比于王者；入塾跪拜，与祖同尊。”

王国维自沉昆明湖后，吴宓于王灵前自誓云：“今敢誓于王先生之灵，他年苟不能实行所志而澳忍以没，或为中国文化道德礼教之敌所逼迫、义无苟全者，则必当效王先生之行事，从容就死，惟王先生实冥鉴之。”以后数十年，吴宓始终以此精神贯之。

1927 年 1 月，吴宓到西安省亲。当时吴已是清华教授，但和嗣父叙话时，如同一个小学生听老师训讲，端端正正地站着。嗣父再三促其坐下谈话，到第三次，吴宓才落座，且不偏不倚，正襟危坐，神态温和安详，毫无学者的架子。

抗战前夕，清华大学的上下课铃声改为放汽笛，因为校园太大，敲钟全校听不到。为此，吴宓上书校长曰：“其音复复，其声惨惨。”

卢沟桥事变后，吴宓在日记中写道：“当今国家大变，我亦软弱无力，不克振奋，不能为文天祥、顾亭林，且亦无力为吴梅村。盖才性志气已全漓灭矣！此为我最伤心而不可救药之事。”卢沟桥事变再次诱发了他久违了的“杀身情结”——战争破坏，玉石俱焚……但有自杀，别无他途。吴宓和陈寅恪探讨局势，写诗抒发心中的愤懑：“北都又失好山河，隔岁吟酬涕泪多”，“志事亭林难学步，梅村才薄奈余何？”

何兆武回忆：“一次先生说到，学校里应该把教师授课当成隆重的大事，他曾建议教师授课应该穿上大礼服以昭郑重，但终以格于舆论，未能实现，他很引为憾事。”

赵瑞蕻回忆：“吴先生常常说自己最欣赏古希腊人的两句格言：‘To know yourself’（人贵自知）和‘Never too much’（永远不要太过分）。他一再强调，‘凡为真诗人，必皆有悲天悯人之心，利世济物之志，爱国恤民之意。……故诗人者，真能爱国忧民，则寄友咏物诗中，且可自抒其怀抱。’”

吴宓曾对友人姚文青说：“今之大学生，每写十字，必有一字错讹。”吴宓所谓错，不特指别字、简体字，即稍有不符于字书者均属之。姚文青后见刘古愚的手札，字迹甚劣，俗体字亦颇多。如银作艮，两作刄，如同商贩记的流水账簿。姚拿去给吴宓看，吴宓说：“似此又当别论。”众人皆笑。因为刘古愚是吴宓的太夫子，夙所敬仰，不敢稍下贬词。

抗战胜利后，吴宓在武汉大学任教。此时他对传统的热爱显得有些保守和固执：他总是身着长衫，学生没有见过他穿西服；他也不提手皮包，总是用一块方布，包上讲义和书夹在腋下；他书写英文，不是用钢笔，而是用毛笔。他最讨厌抽烟，办公室的墙上贴着大大的字条：“NO SMOKING”，上课时在黑板上也用大字写上“NO SMOKING”。他坚决反对写简体字。有一次晚上，学生赵世开去拜访他，他甚至建议赵不要用手电筒，说这样会使眼睛更明亮。但他非常熟悉也很尊重西方的文明，他为了让学生懂得西方人餐桌上的礼仪，特地在家里按西方的习俗请学生们吃了一顿正式的西餐。

1947—1948 年间，某刊物曾载有一篇文章，漫谈各省籍贯的现代及当代名人，其中提到陕西时说有所谓“关中四大”，即“大书法家于右任、诗人吴宓、水利专家李仪祉、高僧虚云”。吴宓看到这篇文章，非常兴奋，他毫不掩饰由“诗人”二字引起的喜悦：“诗人吴宓啊，诗人吴宓……诗人，两个字……”但又频频皱眉叹息，反复地说：“怎么把我的名字排在仪祉、虚云之前呢？”为此深深不安。

1949 年秋天，孙法理到北碚去看望吴宓。吴当时在勉仁文学院和相辉学院两处兼课，住在北温泉背后的半山坡上。他住的屋子几乎像个禅堂，除一桌、一床、数椅和桌上的书之外，几乎“四大皆空”，唯一的装饰是帐子上的青铜帐钩，钩上垂了几块饰片。吴见孙望着帐钩，便去打开了窗户，回过头来望着孙笑了笑。窗一开，山风刮了进来，吹得饰片叮叮咚咚地响，吴笑得颇为得意。屋外是满坡松林，时时有松涛的咆哮。吴宓对孙法理说，他很喜欢这屋，喜欢在松涛声里读书，在松径里散步。

1956 年，刘兆吉问吴宓，是否还反对白话诗？吴宓颇不悦，提高嗓门说：“我反对的是不像诗的白话诗，同样没有诗味的旧体律诗我也不喜欢。用白话写诗，也算不了新发明，李白的‘床前明月光’，杜甫的‘两个黄鹂鸣翠柳’，孟浩然的‘春眠不觉晓’，金昌绪的‘打起黄莺儿’……”一口气举了一大堆，许多刘兆吉都闻所未闻。

一直到新中国成立后，吴宓写板书，也是直写，全用繁体，异常工整。他坚执反对简化汉字，在任何场合，从不写简体字。这一条在“文革”中也成了他“反动”罪状之一。

一次，吴宓讲起他的“生活哲学”。他说赞成英国诗人渥兹华斯（W. Wordsworth）的“simple Living and high thinking”，因为这符合孔子“士志于道而耻恶衣恶食者，未足与议也”的精神，接着谈及爱惜物力，引明人朱柏庐“一粥一饭当思来处不易；半丝半缕，恒念物力维艰”的话，联系说起他的生活用品：褥下垫床的是一件所谓的“被套”，这是 30 年代起再也不为人见到的装被褥行李衣服财帛用的以粗线粮袋布制的中间横开口的大褡裢；被面是木机织就的兰靛印花棉布。吴说他珍重此二物，因为这是许多年前从陕西故乡带往北平，抗战后又带之南下一直使用的。蒙的一条薄毛毯是他的一位老友从美国托人带回送他的。桌上的墨盒和一方砚台是他的老同事某教授赠送的。他用的很多物品都或深或浅负载着“人”的感情——诗人吴宓的感情。又如，吴宓那时几乎长年穿着的灰布长衫，已经褪色而且磨损得很厉害了，但吴说：“1943 年我离开昆明时在长途汽车站，他们送我，某某某看到这几个布纽扣和纽绊儿都很不结实了，就在等车中她找来针线给缝坚固了。”（某某某是英文系女生，从抗日阵地到昆明复学两年毕业后就到解放区去了的、一个献身于革命的女青年）。

1959 年，在文教系统发动的一场“交心运动”中，吴宓如实“交心”道：“我是在旧中国生活几十年的人，国民党是我的亲妈（一说为“亲爹”），共产党是我的后妈。现在亲妈死了，后妈对我很好，我就爱我的后妈。”与会之人听罢哭笑不得。

十几年后，学生彭应义问起吴宓“亲爹后妈”的话时，吴宓解释说，就“话”论话：“既是妈爹，就已为尊，虽论先后，又岂可分亲疏？依伦常论之，当并持恭敬之心，一样该尊之敬之。”

“批林批孔”运动开始后，吴宓坚决不批孔子。他说，“没有孔子，中国还在混沌之中”，“宁愿杀头，也不批孔”。结果他被戴上“现行反革命”的帽子。

“批林批孔”运动开始，吴宓每会必到，但从不发言。某次“批林批孔”大会中途休息时，一学员走到先生面前，故意向吴宓提问：“吴宓！你对‘克己复礼’有什么看法？”周围立即围了一圈人。吴宓抗声回答道：“‘克己复礼’是很高的道德标准！林彪是反革命，他永远做不到！”围观者立即哗然，纷纷谴责吴宓“反动”，简直是“死顽固”。

晚年，吴宓十分喜爱学生周锡光，周问起国内外一些知名人物，大都是吴的朋友或学生，吴宓一一回答，十分乐意。此时，他的动作明显有些迟钝，但一谈到文史哲、精神、感情方面的问题，他却显示出惊人的记忆力，令人感觉他的思维还正是高峰，简直无人可比，长时间停在这个领域中谈话，会感到愉快无比。

一天，谈到“四人帮”对文化的摧残，吴宓流泪了，拉住张致强的手，问道：“我担心我们国家的文化会不会亡啊？”张尽力安慰吴宓，坚信中华民族的文化和学术不会亡灭，还以他自己的例子举例，说他从学农机自修文史，说明全国如他这样的青年不知几千几万，中华学术和文化必定后继有人，并安慰吴宓，“四人帮”已丧尽人心，早晚倒台无疑。吴宓既高兴宽慰又不无遗憾地说：“很可能我活不到那一天了。”

红 楼

吴宓出身于巨富之家，祖母是一家之祖。少年时代，吴宓读到《石头记》，就怦然心动，自以为就是《红楼梦》里人。

吴宓曾推动了西南联大的《红楼梦》热。1940 年 4 月 11 日晚，陈铨在大西门内文林堂演讲《叔本华与红楼梦》，反应热烈。这次演讲由吴宓帮助组织张罗，他在日记中记下当日讲演盛况：“听者极众，充塞门户。其盛夙所未有也。”同年，研究《红楼梦》的“石社”成立，吴宓是“石社”的重要成员。这个社团经常于晚间在南食堂举办活动，异趣横生，话题常常不知不觉从品评《石头记》转到诗文及社团成员个人恋爱故事。

汪曾祺回忆，吴宓讲“红楼梦研究”，很受欢迎，经常有后来的女生没有椅子坐，吴宓看到后，马上去旁边的教室搬来椅子，等学生都坐好，才开始讲课。吴此举，也引来一些有骑士风度的男生追随学习。

吴宓一生为情所困，他经常自比《红楼梦》中的贾宝玉。顾毓琇等有“千古多情吴雨僧”句。有同事取笑他是“情僧”，吴宓并不因此恼怒。

有学生赠吴宓“妙玉”的绰号，他含笑回答：“不敢当，不敢当，不敢当。”陈寅恪也曾说吴是《红楼梦》里的妙玉，吴引为知己。

吴宓认为《红楼梦》是古今中外的第一本好书，并且自称紫鹃，理由是紫鹃对林黛玉的爱护最纯粹。吴宓曾在《武汉日报》发表过《论紫鹃》一文，在文中对紫鹃忠诚、善良、执着的品格褒扬备至，文章的尾句是：“欲知宓者，请视紫鹃。”

联大新校舍对面有一家湖南人开的牛肉面馆，名曰“潇湘馆”。吴宓见后大怒，认为亵渎了林妹妹，竟前去砸馆，并勒令老板改名。岂知老板也是牛脾气，坚持不改，双方争执不下，后来有人出面调解，将“潇湘馆”改作“潇湘饭馆”才了事。

一次宴席间，吴宓忽问：“宝玉与秦可卿，究竟发生过关系否？大家俱研究《红楼》，特为请教。”一位研究红楼梦的祁先生马上回答：“没有，绝对没有！”吴宓点头称是。

吴宓研究《红楼梦》，既不同于索隐派，也不同于考据派，而是把《红楼梦》作为纯粹的文学作品，用比较文学的理论和方法研究《红楼梦》，更着重于对人物的剖析。吴宓写过很多文章，对贾宝玉、林黛玉、紫鹃、王熙凤等人物进行深入分析。例如，他用卢梭的所谓“二我”之说，也即心理学上所谓“双重人格”解读贾宝玉，认为甄、贾二位“宝玉”都有着曹雪芹的影子。当时，吴宓的观点独树一帜，令人耳目一新。

吴宓认为宇宙、社会、人生就如同大圈套小圈，其最内的一圈即《红楼梦》的微观形态，认为《红楼梦》涉及天人之际，可以一颗沙粒看世界。

新中国成立前夕，吴宓曾应重庆清华中学之请到该校演讲《红楼梦》。演讲时，有学生问吴宓：“为什么吴先生认为《红楼梦》不能作为当时封建制度濒于解体的标本加以解剖？”吴答道：“这就像解剖尸体不必拿美人的遗体解剖一样。”

浪 漫

1931 年 3 月，吴宓追随心仪已久的毛彦文，远涉重洋来到欧洲，闻知吕碧城旅居瑞士，便致函要求与她见面，并自作多情地为其《信芳集》写了一篇序言。他笔锋一转，又道：“集中所写，不外作者一生未嫁之凄郁之情，缠绵哀厉，为女子文学中精华所在。”吴宓未曾想到，此辞大大激怒了吕碧城。回信中，吕碧城不但一口回绝与他见面，不要他的序言，还斥其为无聊文人。吴宓并不在意，又写信给吕，卑言软语地解释了一番，又劝她读读他编的《学衡》杂志。吕碧城见信气消，后与吴时有信件往来。日后，吴宓三次路过日内瓦，而与吕碧城无一面之缘，他终身引以为憾。

淞沪会战起，十九路军参谋王赓在租界饭店为日军搜去地图。当时盛传王赴租界饭店实因候晤前妻陆小曼。事后，燕京大学史学系教授邓之诚为长诗纪其事，有“汝自负人人负汝”及“才知女宠原祸水，破国亡家皆由此”之句。全诗讥刺徐志摩、陆小曼，不留余地。吴宓却撰文为陆小曼辩解，谓离婚未为失德，沪战全局之胜败，与此区区一普通军用地图之被夺无关云云。

英国诗人马修·亚诺德（M. Arnold）曾为一供人欢笑的不幸女子死去而写了《安灵祭》。30 年代，阮玲玉自杀后，吴宓自称“我本东方亚诺德”，以真实的哀感，凄风苦雨“吊秋娘”。此举招致物议，有些人说：“一贯方正严肃、道貌岸然的吴宓教授，怎么写诗哀悼阮玲玉？”吴宓理直气壮，义形于色：“我是方正严肃的，也是道貌岸然的，为什么因此就不能哀悼阮玲玉呢？一个被人玩弄作践歧视的得不到世人的哀怜，不正是需要诗人的凭吊吗？比如说《红楼梦》里的丫头司棋对待爱情态度，就她处的环境地位而言，她的境界是高过其他丫头的，可是有谁瞧得起她呢？”

女学生茅于美记述道：“我们师生数人走在狭窄的铺着石板的街道上。那街道两边是店铺，没有人行道。车马熙来攘往，挤挤搡搡，先生总是尽量照顾我们。遇有车马疾驰而来，他就非常敏捷地用手杖横着一拦，唤着（张）苏生和我，叫我们走在街道里边，自己却绅士派地挺身而立，站在路边不动，等车马走过才继续行走。他这种行为不禁令人想起中世纪的骑士行径。”

吴宓曾为女学生做枪手，将自己翻译的文章署上女学生名字，并为其推荐发表。某次课堂点名，点到“金丽珠”这个名字时，吴宓情不自禁道：“这个名字多美。”全班哄堂大笑。

一次病后，吴宓在日记中记载：“宓每病恒念先祖母、父亲、姑母，而默呼之。多年来病中兼呼 Helen（毛彦文）之名。此次病中，则窃呼‘Bella’、‘Bella’！”

昆明发生了一起一对青年情侣双双服毒裸体死在床上的事，一般人莫不引为笑谈，独吴宓知道后热泪盈眶，喃喃叹说：“真美，真美……”

一次上课时，吴宓讲到某首诗，涉及女子，吴漫谈说：“有人重男轻女，女孩子有什么不好？林语堂是三个女儿，陈寅恪是三个女儿，我也是三个女儿！”言语中颇为自豪。

严　苛

吴宓性情急躁，有一段时间“动辄发怒，或倒卧地上”。其好友吴芳吉认为：“此人做事过于认真，又责人太严。处世之道，大概对待小人容易，对待君子甚难。因君子之人，事事计较，道德愈高而气量愈小，雨僧正受此病。是以难自打算，此后生活仍只独立自营，不可与之共事。因与共事，则容易得罪，反伤多年交情，不如两地神交可长久也。”

1925 年 10 月 22 日，吴宓初任清华国学研究院主任不久，受邀为清华普通科学生做讲演。演讲完毕，张彭春（字仲述）当场发难，将吴宓讽刺戏弄一番。当时，吴宓觉得自己“空疏虚浮，毫无预备，殊自愧惭。张仲述结束之词，颇含讥讪之意。宓深自悲苦。缘宓近兼理事务，大妨读书作文，学问日荒，实为大忧。即无外界之刺激，亦决当努力用功为学。勉之勉之。勿忘此日之苦痛也”。

学生郑朝宗回忆说：“吴先生是我生平所见最为稀奇古怪的一个人，他的身上充满着种种矛盾，其尖锐的程度似乎只有塞万提斯笔下的堂吉诃德差可比拟。从外表看，他和堂吉诃德也颇相似，貌古身瘦，只是身材不及后者之高。温源宁教授在英文《中国评论》周刊上给他写肖像，说‘脑袋形如炸弹’，里面装着火药，随时可爆炸。这篇小文使吴先生咨嗟累日。其实，他为人性躁心慈，一事不顺意会咆哮如雷，事过之后又会认真道歉，他身边有个忠实的工友吴延增，起初我以为他是吴氏家僮，后来才知道是学校派来侍候吴先生的一个普通工友。那吴延增颇识几个字，常替吴先生抄写稿件，有时我们上工字厅，听见吴先生在屋里大声呵斥吴延增，怪他办事不细心，那态度是够粗暴的。然而吴延增却从来不在背后埋怨吴先生，他常涕泪交颐地告诉我们吴先生为人如何善良，这几天情绪又怎样不安宁，等等。这使我想起了堂吉诃德和桑丘·班沙那一对奇怪的主仆。”

吴宓一生在不停地修正自己，与内心的自我作斗争，以至于一生严苛。20 世纪 30 年代初，吴宓去欧洲进修前，同人为他饯行，朱自清喝得酩酊大醉，席间呕吐不止。吴宓见后感叹万千，觉得自己为人太拘谨，喝酒从不敢过量，颇羡慕别人能有一醉方休的豪情。

在西南联大时，沈有鼎与吴宓同室而居。吴宓不喜沈有鼎，认为他不讲卫生，又自私。沈看到吴宓等室友勤奋用功，喃喃自语道：“如此良夜，尽可闲谈，各自埋头，所为何来。”吴宓闻此言，斥道：“汝喜闲谈，不妨去别室自找谈友。否则早自上床，可勿在此妨碍人。”沈有鼎只得默然。

一些西南联大的教授为了解决物价飞涨入不敷出的问题，便自己动手种菜，吴宓对此颇为反感，他在日记中记载：“侗（注：李继侗）等冒雨锄地，壤成，不留路径。”“近日侗与总（注：陈岱孙）自晨至夕，皆在宓窗外伏地种菜，宓殊厌恨之。”

姚文青到成都看望吴宓，坐定后，探怀出烟，觅火柴不得。吴宓说：“宓不吸烟，原无此物。在昆明时，亦不愿朋友在宓室内吸烟，故于壁上特书‘请勿吸烟’四字以告。”姚戏曰：“倘有人偶然犯禁，将若之何？”吴答：“若未注意，宓即指壁上告之。”姚再问：“告而独不听，奈何？”答：“宓即直语之曰：‘君非吾友，请出可也。”姚笑曰：“余今日几犯禁被逐矣。”

吴宓对闻一多素无好感，闻被杀害时，吴宓在燕京大学任教。噩耗传来，西南联大师生发起捐款，也向在外的校友募捐。吴宓未予理会。此后，联大成都校友在祠堂街开会追悼闻一多，请朱自清、吴宓报告闻一多生平。吴宓看见报纸上的通知，“乃走避之”。

1964 年，吴宓到成都开省政协会议，姚文青到旅馆看望他，吴对姚说，西师领导，以其年老丧偶，力劝其与故妻陈心一复婚，三女与陈亦同意。姚以为他思想已有转变，故言：“我等交往多年，于君婚姻问题，知君素志，始终未曾一提。今既承下问，余以为君年已高，即有采薪之忧。组织上纵有照顾，亦不过送君入医院，终不若左右有人照应为善也。心一和令嫒既已同意，愿君行之勿疑。”不意吴宓闻言大怒，斥姚道：“不料交往多年，竟出此言！倘复如是，当即绝交！”说话时并以拳击姚背。姚笑道："余倘还手，恐君鸡肋吃不消。此事承君垂询，因以己意相告，自问无开罪之处，何怒为？"吴俯首无言，既而曰："明午请君便餐。"次日姚到餐馆，吴宓便开口道歉："昨夕诚粗暴一些，望君勿介。"

1972年，吴宓写信给姚文青，详述不能与陈心一复婚的原因，并抄示《鹊桥仙》词一首，题曰"怀念海伦"，并加了小注。其词曰："死埋长侧[邹兰芳]，生离偶遇[陈心一]，消息独君[毛彦文]全断[知于1949年到美，1957年犹生存，已入天主教而已]。爱君深亦负君多，孰知晓[一作谁解得]吾情最恋？碧空难翥[不能乘飞机去]，黄泉莫透[不能穿地球中心，直达美洲]，此世何缘重见？天涯飘泊曼姝娘，望故国沧桑几换！"（按：中括号中内容为吴宓自注）

当时姚文青正因小病住院，出院回家后即给吴回信，告知不能及时复书的原因。不久，吴宓来信云："近来亲友，仍多劝余复婚。余愤甚，无计可施，乃于静夜在室中焚香祷神，咒诅其人速死，并一一列举姓名：某某已死，某某经咒诅后身患癌症，不久当死；犹可恨者，老友凫公（潘伯鹰）亦有信来，劝余复婚。宓当年和毛彦文恋爱及与陈心一离婚，伯鹰当时极表同情，且加赞助。今乃出尔反尔，更不可恕，因于神前咒之。继知为其夫人之意，伯鹰为媚后妻，故作违心之论，情似可原，但余咒诅已出，无法收回，伯鹰近已重病住院，生命危在旦夕耳。惟于吾兄并未咒诅，盖当时痛斥殴击，愤气已消，但吾兄终不应出是言，此次住院，殆上苍略示薄罚耳。"此函遍传成都朋友，莫不引为笑谈。

不　苟

吴宓有绅士风范。小偷偷走他的西服，他就改穿旧式的长袍和夹克。他走路总是抬头挺胸，持手杖，坚持走直而窄的路，绝不为抄近路横穿草坪。他笃正守时，与人约好下午三点见面，他总会在两点五十前就到达，但出于礼节，他会等到三点整始叩友门。

汪曾祺回忆吴宓："他走路很快，总是提了一根很粗的黄藤手杖。这根手杖不是为了助行，而是为了矫正学生的步态。有的学生走路忽东忽西，挡在吴先生的前面，吴先生就用手杖把他拨正。吴先生走路是笔直的，总是匆匆忙忙的。他似乎没有逍遥闲步的时候。"

1938年，在蒙自，吴宓与汤用彤、容肇祖、贺麟、沈有鼎、钱穆、姚从吾等人租住在校外以东的一幢西式楼房，吴宓为之命名“天南精舍”。大家推举吴宓为社长，浦江清为经理。他们雇人买菜、做饭、挑水、送信。吴宓制定了规章，房租照室分担，有每月五元、六元、七元三种房，伙食和杂费由全体入住的社员平摊。钱穆在《师友杂忆》中回忆这段难忘的生活时写道：“余等七人各分居一室，三餐始集合，群推雨生（吴宓）为总指挥。三餐前，雨生挨室叩门叫唤，不得迟到。及结队避空袭，连续经旬，一切由雨生发号施令，俨如在军遇敌，众莫敢违。然亦感健身怡情，得未曾有。”

吴宓在日记中曾记载一梦：“是夜，多噩梦。若侍父同攀登黑暗之高塔之内侧，达顶，得巨金。宓父子均决定不取此金。但下塔后，记其金之所在地名于某书之页角上。适有某某恶徒，再三探询，宓均未承认。但以其他问题，多言之失，无意中取某书示此恶徒，致于页角上发现所记藏金地址。恶徒即挟逼宓往导取此金。宓拒之甚力，恶徒恫以将伤害吾父，且数人以刃及枪逼我，持我肩背。宓大呼‘杀人’。连呼，无应者，遂惊醒。”

抗战期间，吴宓曾到乐山的武汉大学讲学。乐山工商界的陕西同乡，准备举办联合公宴招待吴宓，遭吴拒绝。众人便请姚文青代邀。姚对吴说：“众以同乡情谊，敬君学品，初非有求于君，何必峻拒？”吴这才答应。这日，众人先至，吴到来时，见室中烟雾弥漫，色颇不怿。众人请吴讲话，吴谢绝，终席无一言。姚低声对吴说，不要拂大家的意思，吴沉思片刻，对姚说：“还是不说的好。”饭罢，有人以法币贬值，问及国家经济情况，吴答：“余未研究，无从奉告。”另一人说：“吾等商人，在国难中，请吴先生将做人道理讲一讲。”答：“我想就是‘不苟’二字。”众旋辞去。此时，姚文青在武大读书的次子姚应禄及同学多人，环立室外，欲一觇领吴先生风采高论。吴宓召入，训语多时，学生等伴送之回寓。

1944 年，吴宓去宝鸡访友，买的是三等车票，上车后没有座位，只能站在走道上。送行的妹夫王俊生在铁路职工学校教书，持免费乘车证，便把他带到二等车厢内的空位坐下。待到查票时，查票员说：“这是三等票，不能乘二等厢。”王即出示证件并向查票员说明，查票员点头认可。查票员走后，吴宓极为生气：“我们是三等票，为什么要坐二等车！”愤然返回三等车厢。

一次，吴宓看见一名国民党军官正举枪打鸟，上前劝阻道：“子弹最好留下打日本人，打鸟太可惜了。”军官一时不知吴的底细，不发一言。此时正有几个学生经过，向吴宓鞠躬问好，军官方知其为一穷教授，便要上前发难。吴宓见状，忙与学生一起离开了。

武大学生孙法理回忆，吴宓写讲义的纸张各异，“有剖开的信封，有购物的包装，也有大小不同的连史纸或毛边纸，仿佛是从各种纸张上裁下来的‘边角废料’。分成参差不齐的若干沓：这一沓是 A. 丁尼逊的《格克斯利大厅》的介绍，那一沓是但丁的《神曲》的讲述（还用粗大的线条画上倒漏斗形的天堂、涤罪界和地狱示意图），诸如此类，每讲完一讲便发下一沓，让大家传看”。孙当时 19 岁，还很调皮，有时便去挑剔那墨笔字体，却发现的确几乎是一笔不苟。

1948 年，法国驻汉口领事派仆人给吴宓送请柬，仆人到吴宅时，吴正和客人聊天，仆人将门拍得砰砰作响，喊道：“哪个是姓吴的，出来接东西，我是法国领事派来的！”吴宓非常生气，怒斥仆人无理，仆人也不甘示弱，出言不逊。吴生气地说：“我要打你！”随即拿出手杖，“啪”地打在桌子上打了一下，然后举杖走向仆人。仆人见状，慌不择路，边跑边说：“你敢打！我到法国人那里告你去！”吴宓追出门去嚷道：“去告诉你们领事，让他明天来给我赔礼道歉！”仆人只好逡巡走去，一面喃喃说道：“好大的教授，哎呀，这老头儿真厉害啊！”仆人走后，客问吴宓：“倘若他要野蛮对您无礼，那怎么办呢？”吴说：“不会的，给洋人当差跑腿的最没人品，对洋人卑躬摇尾，对中国人则是恫吓欺凌，但谁要是显出厉害，他就怕了，正所谓是色厉而内荏的小人服强欺弱。”客再问：“他若不跑开，您真的会打他吗？”答：“我怎么能打人呢，而且用不着打。我把手杖在桌上大敲一下，他就得逃跑。”然后风趣地接着说：“此一敲，乃打草惊蛇之计也！”宾主哈哈大笑。

在西南师院任中文系主任时，吴宓总是提着手杖，行色匆匆，路上有人挡住说事，吴宓便说：“什么事？快说！两分钟！”说着看住表，两分钟一到，不管对方说没说完，拔脚就走。

吴宓有一个众所周知的习惯，他送给别人的钱不求归还，借给别人的钱却要催还，这自有他的理由：“我应当催他还，这是帮助他，怕他万一忘掉成为品德上的污点。”一次，中文系一位教师向吴宓借了五元钱，说好一周归还。但一周过去了，该教师却未还钱，吴宓直接上门向其讨回欠款。那位教师很不高兴，逢人就说：“吴宓是个小气鬼，借他五元钱还好意思上门来讨。”吴宓则说：“我不是为了五元钱，我是在帮他提高道德修养。”

凡接到学生请教学术问题或诗文理解问题的信，吴宓总是详细作答，蝇头小楷，往往数页。如果来信中提到的是非学术专题的求助，或有关职业、生活、日常事务等问题，吴宓常不另外作复，而是在原信上加批注后寄回，这样做，既经济，又清楚，各有针对，一目了然。他的批注也很详细，行间或眉批长行细字，重要处用红墨、朱墨兼施，强调之处还加小圆点或加圈，以促注意，实在写不下则另加纸条附贴笺边，一封信的实际内容可以相当于一两小时的面谈。

吴宓改正自己写错的字时，总是把错字整个涂成长方形，四角齐整，一痕不露，然后把改正的字规规矩矩写在旁边，使看的人绝对不会感到混淆导致误会。无论书写文章、讲义、信札，不论汉文英文都是工楷。写时精神完全集中而速度很快。倘受到不停烦扰，他就会一下子止笔，勃然大怒，给人以巨大难堪。书写信封时，地址、姓名全用整齐清晰的楷书，从较大的字体到较小的字体，连两词三词的间隔都似经考虑留空适当，外文字母及数目字排列及笔画粗细有似刻印。他说一封信往往要经过“长途跋涉”，多少邮工收、检、转、送付出辛劳，如果信封上字迹不清楚或字体不规范，就是给他们制造烦难与苦恼。“一个有道德的人应该随时随地想到如何给别人以便利而不给别人添麻烦。把邮票贴到盖邮戳最顺手的上角，不是远比贴在背后教人翻转寻找为好吗？门牌号码中一个潦草数目字就可能使得投递人来回跑很长的路……”

在大学里，老师们常常上完课就径自离开，课后学生也往往忘记擦黑板。吴宓对此却很在意，他发现空教室黑板上有粉笔字时，总是默默走过去擦干净，拍拍手又默默离开。上课时，吴宓也总是坚持自己擦黑板，有一次吴把黑板擦放在讲台下，要擦时找不到，居然用自己的衣袖来擦黑板，急得前排学生赶紧跑去找出黑板擦来擦。每次下课，吴宓也总是把黑板擦得干干净净，方离开教室。

吴宓一生都有捡纸烟盒的习惯，无论在什么地方，一见烟盒必捡回家。他曾经说过：“我讨厌抽烟，也讨厌乱丢烟盒，影响公共卫生。”又说：“烟盒纸都很好，背面完全可以利用。”

西南师范学生陈述爵回忆，有位高年级学生告诉他，批资产阶级学术权威时，系上发动高年级学生给老师贴大字报。老师一般不会在白天人多时去看那些针对自己的大字报，吴宓却常在这个时候捧着一个厚厚的小本子，认认真真地记录着学生对他的每一条意见。当发现有错别字时，还要在大字报上予以纠正。

1974 年，吴宓公开反对批孔，成为众矢之的。当时西南师范批斗吴宓，使用频率最高的一句话就是：“吴宓是不齿于人类的狗屎堆！”一次批斗时，吴躬身请教一个造反派：“请问革命同志，这‘不齿’二字是何含义？”答曰：“不齿嘛，就是看不起你这狗屎堆！”吴听罢，连呼：“大谬矣！大谬！这‘不齿’，实为不与同列之意。齿，列也。”在场的几个好心人悄悄说：“事已至此，还去咬文嚼字，确是自找苦吃。”事后，吴宓对学生解释说：“学问大小姑且不论，重要的是辨其真伪。纵使吃点眼前亏，也不可让这‘不齿’字谬种流传。”

迂 直

吴宓对王国维极为敬仰，王去世后，清华国学研究院学生戴家祥、姚名达等人要求他为王国维纪念碑捐资，他认为戴、姚等人强迫他，且“愤若辈之无理”，竟拒绝捐资。

吴宓胡子茂盛，有学生形容他两边脸上的胡子永远不能一样：刚刮了左边，等刮右边的时候，左边的又长出来了。抗战期间，曹聚仁在《生活导报》上刊登了一篇文章《胡子先生——吴宓》，吴宓看后勃然大怒，认为曹不但对他的思想不够了解，胡子先生的绰号，也有违尊师重道之旨。随即写数千言的《读后感》对其进行批驳。

吴宓与朋友通信，分为三种，一为论文学，一为研究业务，一为商酌生活，三种界限，不得逾越，否则认为越俎代庖。友人姚文青曾对其生活有所建议，吴宓不肯接受，认为干涉其自由。

有一次，吴宓和毛彦文约好在一家旅馆见面，两人谈得高兴，不觉窗外暴雨倾盆，天色已晚，误了回去的车。吴宓便提议毛彦文上床休息。吴宓对毛彦文说：“我反对《西厢记》的张生，我赞成《红楼梦》的宝玉，贾宝玉从不对林妹妹动手动脚。”当夜，吴宓与毛彦文同睡在一张床上，但吴宓谨守“非礼勿动”的古训，表现出谦谦君子之风，将毛彦文照料得体贴入微。事后，吴宓将这件事郑重地写入日记，以示自矜。

毛彦文别嫁后，吴宓将全部精力都放在出版《吴宓诗集》上，他共选长短诗九百首，分十三卷，其中除作品外，还附以大量插图，全体看来，像是一部用韵文写的自传。然而，诗集出版后，却无多反响。原因在于，吴宓为了力求忠实全面，把幼年时期不成熟的作品和别人恶意讥刺他的打油诗通通收入集中，使全书显得驳杂不纯。另外，他还在《大公报》上自撰广告说：“作者自谓其诗极庸劣，无价值，但为个人数十年生活之写照，身世经历及思想感情之变迁均具于诗中……所作之诗极少删汰，亦未修改。”

一次，吴宓拜访姚文青，见姚诗稿中，少年旧作，各加记号，因问何意。姚答：“备重抄时删汰尔。”吴大不以为然，说：“古人刊印诗集，有将四十以前之作，删除不留一首者。今之老辈，犹有此习。吾侪实不必效之，盖诗首贵真挚，纵有缺失，亦属当时心灵写照。时异境迁，决难再寻此诗中之情感也。宓自始学吟咏，以至于今，有作必录，俱本当时原作，不易一字。盖吾之缺失，若畏人知，则不当作诗，既作而复删之，是自欺也，与诚信乎何有？况君年少之作，不过女儿之情，宴尔之乐，求之古人，所在多有，初非重大缺失，又何嫌乎？”

吴宓有时约茅于美、张苏生、俞铭传等几个研究生下小馆子吃便餐。进店大家落座，由吴点菜。吴必定要问清堂倌某菜价若干，某汤价若干，然后掏出一支铅笔，在一张店里给的纸片上正楷写上菜单，每盘菜记上价钱，再仔细算出总数。有时算错了，在纸片上涂改，也与改学生的文章那样涂得方方正正的。估量着带的钱够了，才正式叫菜。

吴宓长期过着独身生活，吃饭是“打游击”。他经常到文林街一家小饭馆去吃牛肉面。小饭馆的老板很尊重吴宓。抗战期间，物价飞涨，小饭馆随时要调整价目。每次涨价，老板都要征得吴先生同意。吴听完老板说明涨价的理由，把老的价目表撤下，在一张红纸上用毛笔正楷写一张新的价目表贴到墙上：炖牛肉多少钱一碗，牛肉面多少钱一碗，净面多少钱一碗。

在重庆大学外文系举办的迎新晚会上，老师们一一做自我介绍时，一位五十开外精神饱满、衣着朴素、正襟危坐的老先生自我介绍时，用英文说：“My Chinese name is Wu Mi; my English name is Mi Wu.（我的中文名字是吴宓；我的英文名字是宓吴。)”全场发出愉快的欢笑声。

某天，吴宓丢了钥匙串，他用一张烟盒纸写了遗失启事，贴在西南师院三教学楼大门门框上，启事说：“宓不慎遗失钥匙一串（如左图），有拾得者请交中文系办公室或文化村一舍 105 号……”启事上仍是用钢笔直书，工楷繁体，且“宓”字小一号并退右半行。后面还用钢笔画了一串钥匙，形象逼真。见者无不窃笑。

西南农院学生张致强于“文革”中去拜访吴宓，路上花两元钱买了五斤苹果作为礼物。当时吴宓因腿伤未愈，走路不便，学校请其邻居一个妇女照管他的生活。张一路打听到吴宓住处时，天色已黑。邻居指着小屋里床上躺着的人：“那就是吴宓。”这是间约 10 平方米的小屋，昏黄的电灯光下，吴宓已经就寝了。他头戴睡帽，欠起身来迎接张。张简单地自我介绍后，奉上苹果，吴立即勃然大怒："你为什么要买水果来看我？我从来反对别人给我送礼！要买东西，我一个月退休工资280元，要买多少东西？你们来请教我的学问嘛！"不容张分辩解释，斥令张将苹果扔出门外，如果不扔，就拒绝接待张。僵持之际，邻居老太太进来了，张灵机一动，将苹果送给老太太，吴宓这才转怒为和，吩咐以后来时只能空手，然后，才叫张坐到他床沿去谈话。

吴宓询问张致强怎么做学问，张答用卡片法。吴宓激烈地反对："用卡片，那是懒人的办法！用脑子记嘛！我从来反对用卡片！我从来不用卡片！"张固执地不相信用脑子能记下那么多资料，吴宓被激怒了，气愤地斥责："你不要来看我了！每次来，你都要惹我生气！我不要你来看我了！"张赔了许多不是，吴宓都难消怒气。正当张忐忑不安之际，吴开口问："你能说出多少非洲国家？"张将自己记得的一一说了。吴又问："你能说出多少南美洲国家？"张又将记得的一一说了。吴又问："你能说出四川省多少个县？"张一口气说了一百多个县。吴这时笑了："你比我还记得多。"这才怒气消了。

坦 率

吴宓苦恋的毛彦文结婚后，吴宓写下《吴宓先生之烦恼》诗四首，开篇即高调宣布："吴宓苦爱毛彦文，三洲人士共知闻。"此诗在报上发表，并于1935年收入中华书局出版的《吴宓诗集》，只是"毛彦文"三字留了空。友人觉得不妥，便让金岳霖去劝他。金说："你的诗如何我们不懂，但是，内容是你的爱情，并且涉及毛彦文，这就不是公开发表的事情。这是私事情，私事情是不应该在报纸上宣传的。我们天天早晨上厕所，可是，我们并不为此而宣传。"吴宓生气地说："我的爱情不是上厕所。"金岳霖说："我并没有说它是上厕所，我说的是私事不应该宣传。"

《吴宓诗集》出版后，有学生借口研究典故，追问每一首诗的意思。有的吴宓乐意说，有的则闭口不语。但他总禁不住学生几番追问，便如竹筒倒豆子，一股脑儿地说了出来，连他意中人的小名都毫无保留。自觉失言后，吴宓就像顽童自知干了坏事一般，惶恐地伸了伸舌头。

1938年，吴宓到西安讲学，姚文青在家中为其接风，同时邀请了张寒杉、郑伯奇、段绍岩、高又明、王仲符，还有吴宓特地嘱咐姚邀请的研究红学的景梅九及其友人。以上诸人，吴宓之前皆不识。席间，吴宓直接谈及，此次归来，其父仲旗公，劝其结婚，使彼颇为伤心。盖亲如父子，尚不能对之了解，遑论他人。言时泪含声哽，一座皆惊。

茅于美回忆："记得开课不久，先生在课堂上讲某诗人传记及其坎坷境遇时，忽然说到他昨夜失眠，把自己的一生写成一首五言古诗，题为"五十自述"。他说着便用他那浓重的陕西口音吟诵起来，并且着重地讲述其中的一句，即'破家难成爱'。他吟罢竟对着我们这批年轻学生毫不隐讳地谈到他的家庭故事。原来他为了一位女士离了婚（破了家），却仍然没有得到她实现许嫁的诺言（难成爱）。这段人情味十足的'课'，是联系着外国诗人的身世讲解的，听着听着，不觉使我们与他之间的距离缩短了。"

1964 年，吴宓的女儿吴学昭到四川看望父亲，临别时，吴宓在内江火车站告诉女儿想撰写自编年谱的想法，"叙述自己一生的经历并附该项，体例一采简括"。他说："内容但求真实，真实！"

淳 厚

何兆武回忆："当时有位同学为了感情问题很苦恼，遂写了一封信给（吴宓）先生，说明自己思想的苦闷，请求先生指教。先生立即以极其工整的墨迹写了一封回信说：请把我看作是一个虔诚的宗教徒，请信任我，有什么痛苦请尽情告诉我。这位同学果然去请教了先生，并从先生那里得到不少教益和安慰。"

1943 年，吴宓在日记中痛批西南联大的老师们"不务正业"，服役于各种社会机关，"惟多得金钱之为务"，讲课时草草应付，不与学生见面，不批改作业，甚至连批阅新生考卷时都不到场。而吴宓则相反，连学生考试的时候，也要陪在一旁，准备好糕点、茶水，送给考生。

在成都燕京大学时，一次，吴宓与陕西同乡宴请于右任于成都城北颐指期饭庄。同校的后辈王钟翰虽非陕人，但亦被邀请在座。于年逾古稀，豪于饮，王少年气盛，与之对饮，饮过量。席终，于扬长而去，王钟翰则随吴宓步行而归。吴招王暂憩其榻，王和衣而卧，旋即呕吐一地。吴素有洁癖，但此次不但未露愠色，反而取蜜柑让王钟翰醒酒。

担任武汉大学外文系主任期间，吴宓为学生设计了比较完备的课程，聘请和介绍许多知名教授，如周煦良、田德望等，来系任教和讲课，并且捐献出自己珍藏多年的外国文学书籍，设立外文系图书馆。时值内战，许多学生无心学业，热衷于参加学生运动。对此，吴宓极为痛心。1947年3月4日，吴宓在日记中写道："下午二至四时，外文系图书馆开馆，宓往指导。乃学生来者只二三人，殊乃懊丧。使宓痛感今日学生不好学，与宓之每事徒自热心，空费精力也。"

吴宓对学生荒废学业极为痛心。他曾在文学院布告栏里贴过一张纸条，规劝学生，纸条上吴用毛笔工工整整地写道："今日宓来授课，教室内空无一人。珞珈山风景优美，正是诸君大好求知时期，为何不予珍惜，宓深以为憾……"

1956年，吴宓将多年珍藏的1000余册西文图书（其中有不少是早已绝版的珍本）全部捐赠给西南师范大学图书馆。捐赠时，吴宓在每一本（套）书的扉页上，用墨笔工整地写上介绍，谆谆地告诉后来者该怎么去读这本书。

1963年1月，学生周锡光去看望吴宓，这天是周的生日，周请吴在他的日记本上题词留念。两天后，周取回日记本，翻开只见吴宓在上面工整地写了一页，其内容如下：

"宓今七十，锡光年二十岁。愿锡光时时读此页，到锡光七十岁时，仍读不已。

1. 永不吸纸烟，酒亦不经常吃，多走路，多劳动，以长保我健康之身体与美好之容颜。

2. 养成勤敏之习惯；任何大小事，皆必'心到、眼到、手到'，（有时还须口到）。

3. '俭以养廉'；量入为出；非万不得已不向人借钱（分别'赠'与'借'，借来之钱必须速还——借书亦同）。

4. 固须博览、多看杂书。但无论何书，皆必须（1）一直连续到最后一页、一行，一书未读完，不换第二书；（2）积钱买一部旧版《辞海》，读书有一字之音义不明，必须立刻查出；（3）查出之后，有某句的意思仍不全了解，必须请教老师或朋友指教，直到满意为止。

5. 存心忠厚、秉性正直。甘愿吃亏，决不损害别人丝毫。言而有信，处处积极负责。

6. 忠心地服从党，服从政府、学校、各级组织和领导。事事恪守规则。不为危言、激论。言行稳健、步步合法、合理、合情，则常乐而无忧。

纸尽，姑正。吴宓1963（年）一月十七晚"

1977年，饱受折磨、身体虚弱的吴宓回到陕西老家，他听正准备高考的外甥女说起一些中学因为没有外语老师而无法开英语课时，便急切地说：“他们为什么不请我啊？我还可以讲课。”

任 侠

毛彦文逃婚后，毛父要求她代偿三千元债务，才允许她婚姻自主。于是毛彦文的表哥朱君毅向其清华同学及北京各校浙江同乡募集巨款，吴宓对毛彦文的身世和遭遇很是同情，一人独捐50元，是《募捐册》上所认捐数目最多之人。

吴宓乐于助人，他说：“宓就是乐于助人，并无其他目的，亦不望人报答。”20世纪30年代，吴宓的一位学生要去美国留学，但费用不足，吴宓慷慨解囊，支助300元，助其成行，并再三声明，不用偿还。

1947年“六一”惨案发生后，一向与政治无涉的吴宓，极为愤慨，他严词谴责国民党对学生犯下的暴行；后又找到陕西同乡、武汉行辕负责人孙蔚如等人说项，要求无条件地释放被捕的武大师生。在吴宓等人的努力下，武汉当局迫于国内外舆论的压力，释放了所有被捕师生。外文系教授缪朗山被捕出狱后决定出走香港，吴宓马上帮他买好机票，不顾自身安危，亲自将其送至机场，并一直在机场等候，直到得知缪已安全到达目的地后，才返回珞珈山。

在西南师范学院，吴宓一领到工资，就忙于填写汇款单，或者干脆领工资之前就将汇款单填好，分寄给各地由他支助的亲友、学生。每次汇完款，自己便所剩无几，每每不够用，便向邻居钱泰奇借钱度日，并留借条：“今借到钱泰奇先生40元。上月已还清。”

一次，一位女教师为吴宓编织了一双毛线袜子，吴付给女教师100元。有人对他说：“一双袜子值多少钱？你给的太多了。”吴宓回答：“多乎哉？不多也。我把袜子的成本费、劳务费，还有无价的感情都算在里面的，我给她的不算多。”

1969年，吴宓在批斗大会上，摔断左腿，继而右目亦盲，生活不能自理，遂请一保姆照顾。吴宓当时工资只发32元，他不愿薄待保姆，付给工资10多元，故入不敷出，只能四处告贷，每处求借20元。吴也给好友姚文青写信借款，姚当时生活比吴更为困难，但还是从朋友处借得10元，寄给吴宓。吴宓得知姚的处境后，除寄还姚10元外，还将从其他亲友处借得的钱赠给了姚。

自　剖

吴宓在清华的英文教师曾告诉吴宓："没有什么像犹豫如此有力地摧毁人的道德力量。"吴宓从此便认识到修为要靠日积月累的积攒。于是，从此他以此自勉，更加勤奋努力，在读书时注意内省，尤其注重培养自己的道德理想主义信念的确立和完善。吴宓终身保持写日记的习惯，一生都在不停自勉、自励、内省、反思、自剖，这些都表现在他的日记当中。

吴宓有著名的"二马"之喻："言处今之时世，不从理想，但计功利。入世积极活动，以图事功。此一道也。又或怀抱理想，则目睹时势之艰难，恬然退隐，但顾一身，寄情于文章艺术，以自愉悦，而有专门之成就，或佳妙之著作。此又一道也。而宓不幸则欲二者兼之。心爱中国旧日礼教道德之理想，而又思以西方积极活动之新方法，维持并发展此理想，遂不得不重效率，不得不计成绩，不得不谋事功。此二者常互背驰而相冲突，强欲以己之力量兼顾之，则譬如二马并驰，宓必以左右二足分踏马背而絷之，又以二手紧握二马之缰于一处，强二马比肩同进。然使吾力不继，握缰不紧，二马分道而奔，则宓将受车裂之刑矣。此宓生之悲剧也。"

刘绪贻曾谈到吴宓一生的奇特和矛盾，也正印证了他的"二马"之喻：比如他非常反对说谎，但他投考清华学校时年已 17，超过了规定的最高年龄 15 岁，他就瞒了 2 岁。比如他有时很谦虚，认为自己不够资格任清华国学研究院院长，只能做个相当于"执行秘书"的主任，但在筹办及出版《学衡》杂志时，却不顾同人的反对，硬是自任总编辑，并大言不惭地称《学衡》非社员之私物，"乃天下中国之公器"，"乃理想中最完美高尚之杂志"。比如他一生不知恋爱多少次，朋友、学生访谈时，约定除爱情学问外，其他一切免谈，但又写诗云："奉劝世人莫恋爱，此事无利有百害。"比如他平时外表严肃，彬彬有礼，但在昆明时看到有家牛肉店取名"潇湘馆"，他却认为亵渎了林黛玉，提着手杖去乱砸该店招牌，像蛮横的国民党伤兵一样。比如他力主真诚坦率，曾当着胡适的面说想杀他，当着他苦恋的毛彦文的面谈他与其他女子的恋情，但在报复友人劝他促使他与已离婚妻子陈心一复婚时，却像《红楼梦》里赵姨娘一样，偷偷地搞巫术，"于静夜在室中焚香祷神，咒诅其人速死"。

何兆武回忆："先生不但是学人，而且是诗人，是至性中人。有一次上课，先生说到前一天曾和沈有鼎先生相与讨论，说到沈先生是真性情中人；又说道：假如要沈先生和我（先生自称）去搞政治，去做官，那真会叫我们痛苦死了。接着，先生就把前一天两人的讨论内容画了一张七级浮屠式的图，把对权力的追逐放在最下层，以上各层依次是对物质的追求、对荣誉的追求、对真理的追求、对艺术创造的追求。他说，沈先生看了以后提出，应该把宗教置于顶层。先生自己非常欣赏沈先生的这一补充，说话时流露出一种深沉的欣慰。先生是那么执着认真，又是那么易于动情；有一次看到一匹马负重倒毙在路旁，不禁唏嘘地对我们说：'我觉得我自己就是那匹忍辱负重的马。'"

1955 年 6 月 11 日，吴宓在日记中反省道："宓觉往昔行事多非，一生全归自误。盖宓本当专力于学问读书著述，而乃久久费时、费力、费财、费心于诸多庸俗男女之交际周旋中，可悲孰甚。此巨大牺牲之结果，所成之日记，以太重个人之经验，主观之写实，虽细读之不无趣味，可俾史料与谈助，然其全部只是一愚人之感情生活史，庸俗愚暗，可笑可怜。"

1959 年 12 月 27 日，吴宓在日记中对自己的婚姻反思道："近值岁暮，静思宓平生行事，殊多悔恨自责。最要者，宓当坚苦不懈，专心编撰《学衡》，尽力维持其久久出版，且内容充实，立场明白而坚定。至 1937 年停刊，可出至一百五十期或一百八十期。清华研究院主任及《大公报·文学副刊》，均可不担任。在生活上则应与心一和好，决不离婚，对彦可以深挚之情向之。但自己不求婚表爱。效李宜之与赵紫宸两兄。若已经做到离婚求爱，则 1930 年或 1931 年与彦在欧美结婚。即回国后，迟至 1934 年秋，更应与彦结婚，不应走入空虚浪漫，惟情自适，而毁灭自己精力、时光、名誉、金钱之一路。……总之，宓乃一极庸俗、渺小、平凡之人。今虽犹生存，实无异于死。即不死而久活，亦无益于人，无益于己。总观我六十六年之生涯，悔恨何如！"

唐振常认为，先生（吴宓）受西方教育思想，崇拜卢梭，自述自剖，犹如卢梭之写《忏悔录》，这是中国传统文人所不能做到的。先生富于情而明于道，对自己解剖极广，加以生性柔弱，"好谋而不能断"，所以自己遇事常常在悔恨之中。

师 生

吴宓与钱钟书的父亲钱基博私交甚厚，钱钟书考上清华前，吴宓曾让他在清华旁听一年，并亲自辅导他学习外语。吴对钱钟书十分欣赏，曾专门写诗称赞钱的才华："才情学识谁兼具？新旧中西子竟通。大器能成由早慧，人谋有补赖天工。源深顾（亭林）赵（瓯北）传家业，气胜苏（东坡）黄（山谷）振国风。悲剧终场吾事了，交期两世许心同。"

1929年，钱钟书以英文满分的成绩，考入清华大学外文系，成为吴宓的得意门生。他上课从不记笔记，总是边听课边看闲书，或作图画、练书法，但每次考试都是第一名，有一学年还得到清华超等的破纪录成绩。吴宓对钱钟书很是器重，常常在上完课后，"谦恭"地问："Mr. Qian的意见怎么样？"钱钟书总是先扬后抑，表现得不屑一顾。吴宓并不气恼，只是颔首唯唯。

钱钟书即将从清华外文系毕业前，冯友兰亲自告诉他，将破格录取他留校继续攻读西洋文学研究硕士学位。钱钟书却一口回绝："整个清华，叶公超太懒，吴宓太笨，陈福田太俗！没有一个教授有资格充当钱某人的导师！"（据钱钟书夫人杨绛讲，钱钟书不曾说过此话）不久，有人将钱钟书的话告诉了吴宓。吴宓一笑了之："Mr. Qian的狂，并非孔雀亮屏般的个体炫耀，只是文人骨子里的一种高尚的傲慢。这没啥。"

吴宓曾对学生说："自古人才难得，出类拔萃、卓尔不群的人才尤其不易得；当今文史方面的杰出人才，在老一辈中要推陈寅恪，年青一代中要推钱钟书。他们都是人中之龙，其余如你我，不过尔尔！"

温源宁写过一篇《吴宓先生：一个学者、君子》的文章，林语堂将此文译成中文，刊在他主办的杂志《人间世》半月刊上。随后，温源宁将此文收入他的《不够知己》一书。林语堂、温源宁先后邀请钱钟书为此书作中文、英文书评。1937年，当时尚在欧留学的钱钟书为温源宁写了一篇名为《吴宓先生及其诗》的书评，发表在国内某知名大报上，文中以钱氏特有的刻薄肆意地调侃吴宓和毛彦文，使吴宓的"罗曼蒂克爱情"，成为一时笑柄。

随后，钱钟书将这篇书评寄给吴宓，并附信一封。吴宓看了书评后大为恼怒，在日记中写道："该文内容，对宓备至讥诋，极尖酸刻薄之至。""谓宓生性浪漫，而中白璧德师人文道德学说之毒，致束缚拘牵，左右不知所可。"更让吴宓怒不可遏的是书评中还"讥诋宓爱彦之往事，指彦为super-annuated Coquette"（年华已逝的卖弄风情的女子）。吴宓对于钱钟书这样形容自己心爱的女子，伤心不已。他感叹道："除上帝外，世人孰能知我？"这一次，吴宓不再宽容他的得意弟子，他在日记中写道："钱钟书君，功成名就，得意欢乐，而如此对宓，犹复谬托恭敬，自称赞扬宓之优点，实使宓尤深痛愤。"

1937 年 6 月下旬，清华大学外文系人事变动，时任文学院院长的冯友兰准备聘钱钟书为外语系主任，他就此事征询吴宓的意见，吴宓避而不谈。但他在日记中说："宓窃思王退陈升，对宓个人尚无大害。惟钱之来，则不啻为胡适派、即新月新文学派，在清华占取外国语文系。结果，宓必遭排斥。此则可痛可忧之甚者。"事后，吴宓觉得自己的做法不妥，于是又想方设法试图挽回，让联大聘请钱钟书，但为时已晚。

吴宓最终还是宽宥了学生的冒犯。据杨绛说，1938 年钱钟书到昆明时，特意去西南联大拜访恩师吴宓。吴宓喜上眉梢，毫无芥蒂，拉着得意门生谈解学问、下棋聊天、游山玩水。钱钟书深感自己的年少轻狂，红着脸，就那篇文章之事向老师赔罪。吴先生茫然，随即大笑着说："我早已忘了。"从吴宓日记来看，吴宓后来确实宽宥了自己的学生，照旧与钱钟书一起散步，访友，宴会。

但钱钟书此后依然会拿老师的情事作为谈资。《吴宓日记》1939 年 7 月 2 日记载，吴宓曾向钱钟书述及自己同前妻陈心一的"冤苦"关系，"不意明晚滕君宴席中，钟书竟以此对众述说，以为谈柄！"

钱钟书离开西南联大后，吴宓借学生李赋宁所记的钱钟书讲课的笔记来读。笔记内容是钱所教授的两门课：一是"当代小说"；一是"文艺复兴时期的文学"。吴宓在日记中写道："9 月 28 日读了一天，29 日又读一午。先完《当代小说》，甚佩！9 月 30 日读另一种，亦佳！ 10 月 14 日读完，甚佩服……深惋钟书改就师范学院之教职。"

吴宓离开西南联大也与钱钟书不无关系。在西南联大任教两年后，钱钟书和诸公不睦，辞职他就。离开的原因据说是钱钟书学成归国时，吴宓与清华说好，拟聘请他为清华外文系教授，清华当时也同意了。可钱钟书到联大时，学校却只是聘其为副教授，年轻气盛的钱钟书对陈福田、叶公超等人极为不满，甚至迁怒吴宓，并将此事写进了他的小说《围城》。吴宓对清华的变卦也非常不悦，只好劝钱去了湖南兰田师范学校做教授。这件事加深了吴宓与陈福田的矛盾，1944 年秋，吴宓离开求学执教三十年的清华大学，去了燕京大学与好友陈寅恪会合。

1947 年，在武汉大学任教的吴宓受南京正中书局总经理吴俊升的邀请，为编辑英文字典一事前往南京。钱钟书夫妇在上海宴请了老师，并赠送了自己的作品。

回武汉的轮船上，吴宓又一次阅读了《围城》，他在 4 月 19 日的日记中记载：“宓细读钱钟书作《围城》小说，殊佩。自恨此生无一真实成就。《新旧因缘》（按：吴宓一直酝酿要写的一部长篇小说）既未动笔，即论才力，亦谢钱君，焉得如《围城》之成绩也者？……今后决当深藏自隐，倚托佛教，而对外则随缘应付，勿太热心，勿多用力，逐渐脱离世务。……至所著之《新旧因缘》，当以佛教及柏拉图哲学为观察人生、描写人生之根据，而为融化无迹，自由改造之自传。举宓一生之小小知识、小小经验之精华，人生、爱情之心得，道德、宗教之企望，文章、诗词之成绩，全入其中。”

《吴宓日记》出版前，吴宓之女吴学昭请已八十多岁的钱钟书为该书作序。钱钟书在日记看到，1937 年自己所写的那篇文章令先生不快，钱为此修书一封给编者，请其将此信附入日记中。他在序中忏悔道：“弄笔取快，不意使先师伤心如此，罪不可逭，真当焚笔砚矣。”他还说，将此文附入书里，“俾见老物尚非不知人间有羞耻事者，头白门生倘得免乎削籍而标于头墙之外乎”！

素　友

1919 年 3 月 2 日，正在哈佛留学的吴宓受中国学生会之请，作《红楼梦新谈》演讲。刚进哈佛大学一个月的陈寅恪和表弟俞大维一起去听了吴宓的演讲，陈对吴宓的才学留下了深刻印象，很快作《红楼梦新谈》一首相赠。吴宓得陈诗，激动不已，他在日记中写道：“陈君学问渊博，识力精到，远非侪辈所能及。而又性气和爽，志行高洁，深为倾倒。新得此友，殊自得也。”

在与陈寅恪的交往中，吴宓很快为陈的博学所折服。吴宓发现，陈寅恪简直无所不知，无所不晓，甚至连巴黎妓女如何卖淫都知道。日后，他在《空轩诗话》中说：“始宓于民国八年，在美国哈佛大学，得识陈寅恪，当时即惊其博学，而服其卓识，驰书国内诸友，谓‘合中西新旧各种学问而统论之，吾必以寅恪为全中国最博学之人’。今时阅十五六载，行历三洲，广交当世之士，吾仍坚持此言，且喜众之同于吾言。寅恪虽系吾友而实吾师，即于诗一道，历年所以启迪予者良多，不能悉记。”

在陈寅恪的鼓励与帮助下，吴宓学业日渐精进。为此，吴宓终身感激，许多年后，吴宓仍不无感慨地说道：“1919 年 1 月底 2 月初，陈寅恪君由欧洲来到美国，先寓康桥区之 Mt.Auburn 街，由俞大维君介见。以后宓恒往访，聆其谈述。则寅恪不但学问渊博，且深悉中西政治、社会之内幕……其历年在中国文学、史学及诗之一道，所启迪、指教宓者，更多不胜记也。”

1925 年，吴宓任清华国学研究院主任，筹备清华国学院。当时胡适推荐章太炎、王国维、梁启超为国学院导师，因章太炎没有应聘，吴宓便向校方推荐此时仍在国外留学的陈寅恪，但教务长张彭春认为陈留学虽久，学问亦好，然而一无学位，二无著作，不符合聘任教授条件，为保证今后教授水准，不应放松聘任标准，不同意聘请。吴宓说：“陈先生前后留学十八年，他人不过四五年。陈先生学问渊博，能与外国教授上下其议论，堪称学侣。虽无正式著作发表，仅就一九二三年八月《学衡》杂志第二十期所节录的《与妹书》，寥寥数百字，已足见其学问之广而深，识解之高而远。学校已聘定三教授，为院荐贤，职责所在，安能荐一人而尚不得。”至此，事乃大僵。不得已，吴宓用了一点小手段。乘一次宴会的机会，席间有张彭春及张歆海、徐志摩等人。吴宓中途退席，往见校长曹云祥，再申前议，并以去留相要挟，曹遂同意。吴即用铅笔拟一电稿，经曹签字立即拍出。后张彭春得知，很是生气，但亦无可奈何。

陈寅恪曾就吴宓离婚之后绮梦幻灭一事，以杜甫《秋述》一文中的“常时车马之客，旧，雨来；今，雨不来”和李商隐的《马嵬》七言律诗的第二句集成一副对联，联中正好嵌入“雨生”二字，送给吴宓。联云：“新雨不来旧雨往，他生未卜此生休。”

1942 年，国民政府教育部授予吴宓以“部聘教授”的称号。西南联大法律系某教授劝吴宓拒绝接受此称号，吴宓没有听从，理由是：陈寅恪和汤用彤两位也获得“部聘教授”的称号，他能与这两位他所景仰的学者相提并论，将是最大的光荣，至于“部聘”不“部聘”，那是无所谓的。

1944 年，吴宓离开昆明，到成都度年假，他此行的目的是探望在成都燕京大学任教的好友陈寅恪，并和陈朝夕相处。此后，吴宓便离开西南联大，留在燕京大学任教，与陈寅恪成为同事。

这年年底，陈寅恪的视网膜脱落，住进存仁医院。吴宓几乎天天去探望陈，“陪坐”、“久坐“、“陪谈”，还借得张恨水的小说《天河配》送给陈，以便陈在病中消磨时光。春节前，吴宓又托人从药栈购买黄芪、枸杞等明目的药材送给陈。

1961 年 7 月底，吴宓写信给陈寅恪，说将“来粤晋谒”。陈收到信后，忧喜参半。他复信告知吴到广州所应注意的事项，包括怎样选择到中山大学的路线、车资几何、饮食住宿等等，无微不至：“兄带米票每日七两，可供两餐用，早晨弟当别购鸡蛋奉赠，或无问题”，“现在广州是雨季，请注意。夜间颇凉”。

8 月 30 日，由于火车晚点，吴宓抵达中山大学陈家时，已是子夜时分，入门只见陈寅恪“双目全不能视物，发白甚少，惟前顶秃，眉目成八字形”，却坚持不去休息，端坐客厅等待“雨僧兄”。吴宓见此情景，心中感慨万千。此行，吴宓在广州仅逗留五日，临别时，陈寅恪怕他路费不够，硬塞给他一些钱，并作诗一首相赠：“问疾宁辞蜀道难，相逢握手泪丸澜。暮年一晤非容易，应作生死离别看。”竟一语成谶，其后二人均遭浩劫，果不复见。

1971 年，当时断腿、被批斗到几近心理崩溃的吴宓顶着巨大的政治压力，不顾自己的处境，给中山大学“革委会”写信，询问“反动学术权威”陈寅恪的下落。他在信中说：“此间宓及陈寅恪先生之朋友、学生多人，对陈先生十分关怀、系念，急欲知其确切消息，并欲与其夫人唐稚莹女士通信，详询一切。”信去如石沉大海，让吴宓枉耗牵挂。直到 12 月 9 日，吴宓才接到陈寅恪女儿的来信，方知陈寅恪夫妇已于两年前相继去世。吴宓当天写了长篇日记，悼念老友，他说：“宓自伤身世，闻寅恪兄嫂 1969 年逝世消息，异恒悲痛。”

晚年，吴宓常背诵陈寅恪诗文，以寄托对好友哀思。一次，吴宓独卧病榻时，还在大声朗诵陈寅恪的《王观堂先生挽词》，“涕泪横流，久之乃舒”。1973 年 6 月 3 日《吴宓日记》记载：“夜一时，醒一次。近晓 4 点 40 分再醒。适梦陈寅恪兄诵其新诗句‘隆春乍见三只雁’，莫解其意。”

知 己

吴宓在清华读书时，同班同学四川人何鲁受美籍教师所辱，激起全班学生公愤。何鲁同乡吴芳吉被推选为四川学生代表，同校方据理抗争。校方采用高压手段，给全班学生以开除学籍的处分。政府教育总长范源濂闻讯后，立即从南方赶回北京，同校方斡旋。最后，校方同意学生交悔过书后，即可返校复课。绝大多数学生在家长的胁迫下都交了悔过书，独吴芳吉一人觉得无过可悔，拒绝写悔过书，被开除学籍，流落北京，暂时栖身在一位同乡家中，之后又寓居在能免费提供食宿的天津四川会馆。吴宓得知后，带头捐款，筹募到 40 块大洋，亲自送到天津。吴芳吉得知有清华同学来晤，因不知其来意，拒绝晤面。吴宓静候在房间门外。久之，吴芳吉以为人已离去，刚一开门，吴宓急步跨进门来，说明来意，留下 40 大洋，并劝说吴芳吉返回四川老家，以免家人悬念。吴芳吉感动得热泪盈眶，他听从吴宓劝告，踏上了回乡的归途。到宜昌后，吴芳吉在一家客栈遇一同乡重病，无钱就医，便将剩余路费悉数送出，自己重向同乡筹措，却遭拒绝，于是他决心经三峡步行回家，沿途以拉纤糊口，历时五个多月，历经千辛万苦，终于回到了江津德感坝老家。沿途，吴芳吉写下三峡诗十七首，寄给吴宓指正，从此两人结下了深厚友谊。

到美国后，吴宓在留学生中发起支援吴芳吉的募捐活动，并订了五条公约：一、数目多少，各人自由认定。二、定期缴纳，不容延缓。三、只尽在己之义，不问受者作何使用。四、永无酬报还答。五、俟碧柳（吴芳吉字碧柳）独立时，公议解组。除了欠款，吴宓每月还寄来英文书刊，凡认为吴芳吉有疑难之处，均在书眉上给予注释。靠着吴宓的支助，吴芳吉在家自学一年，获益匪浅。后因美元贬值，吴宓的接济才中断。

吴宓留学归国后，曾介绍吴芳吉到西北大学、东北大学等高校任教。吴宓在清华大学主持国学研究院时，也曾聘请吴芳吉前去工作。但吴芳吉未就职，他说，以本身是开除的学生，如果师友间谈起往事，他倘归咎于学校当局，则有伤忠厚；而勉承己过，则又欺骗自己，惟有辞谢不赴，始克两全。

吴宓爱上毛彦文后，要和发妻离异，吴芳吉坚决反对，甚至说："愿迎嫂入川，与我父母同住一年，待兄伉俪久别两情相思时，再送嫂返平。"为了阻止吴宓离婚，吴芳吉甚至拖着偿还吴宓欠款，二人一度发生龃龉，吴宓在日记中斥骂吴芳吉"文人无行"。但最终吴宓还是与妻子仳离，吴芳吉因未能阻止好友离婚，引为遗憾。

吴芳吉在西北大学任教时，遇到内战爆发，西安城被围达八个月之久，吴芳吉几乎饿死。围城期间，音书断绝，吴芳吉工资停发，无钱寄家，吴宓一人负担起吴芳吉父母、妻子及六个子女的全部生活费用。当吴宓得知冯玉祥要去解围时，请时任冯玉祥秘书的嗣父吴建常，待城一解围，立即去西北大学探望吴芳吉。解围后，吴建常立即来到西北大学，将数十名奄奄一息的师生接到军部，饱餐一顿。甘肃学生柳潜就因这次暴食而猝然逝去。数日后，吴宓从北京赶到西安，把吴芳吉接到清华大学养息，然后推荐他到沈阳东北大学任教。

吴芳吉任家乡江津中学校长时，因病去世，年仅 34 岁。吴宓一直照顾吴芳吉的遗属，每月按时寄钱接济吴的夫人和子女，几十年如一日，从未间断过，直至“文革”。

1949 年，梁漱溟命吴芳吉之子吴汉骧回江津筹备勉仁分院。当筹备工作一切就绪时，梁突然来电命即停办。江津县内的一些知名人士建议就现有规模改成白屋文学院，以纪念吴芳吉。吴宓得此消息后，立即予以大力支持，不仅出钱出力，而且邀约重庆大学教授刘朴、相辉学院教授熊东明等，轮流到白沙义务上课。去白沙路途十分辛苦，吴宓等人必须提前一天在重庆城内买好船票，次晨天未亮即到太平门河边等候上船。由于船小客多，加之秩序混乱，乘客在上船时被挤下河去的事时有发生。船上都是一些长条凳，天蒙蒙亮即开船，直到傍晚才抵达白沙，在那条长凳上要坐整整一白天。到后的第二天就要上课，课毕，还必须赶回重庆大学。吴宓等人不仅无报酬，就连每次来去的船费，也是自掏腰包。吴宓还不辞辛劳，应白沙各界人士邀请讲《红楼梦》。每次听众盈座，备受欢迎。

解放时，吴宓选择留在了重庆。吴曾对人列举起他留在重庆的原因，在听者看来，放在最后的、却非最小的、而实际上可能是最重大的原因在于：重庆近临江津，这是吴芳吉的故乡和永息之地。吴宓希望终老于、归宿于吴芳吉的近旁。

1959 年，吴宓到江津县指导在此进行教学实习的西师学生。他主动带学生到黑石山去游览。一行人来到松柏掩映的九曲池旁，远远望去在一巨石上刻有“旧坛新醴”四个斗大的字；旁有一墓，比普通坟墓略显高大。墓前有一石碑，上用中、英文字刻有“吴芳吉先生之墓”。吴宓神情肃穆，走到墓碑前，恭恭敬敬地三鞠躬，肃立良久，然后朗诵起吴芳吉的《白屋清明》：“白屋晓青青，连山拥翠屏……”接着他自言自语道：“人事多荣辱，驷马千钟非我欤，得一知己万念足矣！”

学生问吴宓与吴芳吉的关系时，他只粗略地说早年同就读于北京清华留美预备学校，在一次学潮中两人双双被开除。事后，校长宣布凡写悔过书的人均可恢复学籍，毕业后留学美国，“结果宓写了，如期出国深造，而芳吉拒绝悔过，回乡教书，清苦一生”。说到这里，他唏嘘：“愧对友人，愧憾一生！”

吴宓将吴芳吉生前大量流散的诗作收集起来，计划出版《两吴生诗集》，并请柳诒徵作序。柳认为，川陕两吴生“貌不同，迹不同，遇不同，诗亦不同，但真性情相同，一词一句，皆出自肺腑”；并把“吴芳吉研究”作为 1960 年中文系科研项目之一。

激 恋

陈寅恪初识吴宓时便说，吴宓“本性浪漫，惟为旧礼教旧道德之学说所拘系，感情不得发抒，积久濒于破裂。犹壶水受热而沸腾，揭盖以出汽，比之任壶炸裂，殊为胜过”。

在美国留学时，吴宓的一位清华同学将其妹的照片寄给吴宓，说其妹行将从上海的圣玛丽女子学校毕业，托吴在美国的留学生中，为妹妹物色对象。吴宓将照片拿给哈佛同学胡某看，胡看后只说了四个字：“小家碧玉”，就不再理睬。吴宓遂回信毛遂自荐，未料同学来信斥责道：“舍妹与兄彼此均不合宜，兄近日来函，思想甚多谬误，望速自检身心！”

1918 年 9 月，在美国留学的吴宓接到清华同学陈烈勋的来信，陈在信中向吴介绍了其姊陈心一。陈心一毕业于杭州的浙江省女子师范学校完全科，芳龄 24，目前在浙江定海县任小学教员，素慕吴宓之文章，许为不与世俗浮沉之人，愿意依托终身，家中长辈也认同吴；此后又寄陈心一的照片和文章。到 1919 年 6 月底，陈烈勋亲自到哈佛询问吴宓的意思。吴宓与陈寅恪、汤用彤商量后，二人都说事情不能搁置，应进行调查。吴宓遂致信清华同学朱君毅，请朱托他的未婚妻毛彦文代为考察陈心一。

毛彦文考察后告诉吴宓：“陈女士系完全一师范学生，不十分活泼，然亦不板滞。不十分美丽，然亦不丑。不十分善于交际，然亦不过于默静（交际，指与西人言）。倘欲伊为一贤主妇，在家中料理家务，实甚佳。若欲伊能与西人接近，及与一辈受过西洋教育者交际，或虑不足。”“吴君倘不过求一中等匹配，则陈女士最为合适。若欲得出色人才，陈女士或虑不足。”

吴宓得知考察结果后，与陈寅恪、汤用彤商量，决定允婚。之后，吴宓致函陈烈勋，要求与陈心一通信。陈回信说，其父要求须正式聘定后，方准吴宓与乃姊通信。吴宓颇为愤怒，去信通知取消婚约。信寄出后，吴又颇为后悔，觉得陈氏父子不通情理，又与陈心一何干，且自己既已允婚，不能食言，遂于同日再次致函陈烈勋，自承前函为病后狂言，作为无效，婚约如旧，并不取消。

1921 年 8 月，甫回国不久的吴宓便赶到杭州，与陈心一见面。二人一见如故，并在陈父的安排下泛舟西湖，相谈甚欢。次日清晨，二人再游西湖，吴宓在日记中写道："是日之游，较昨日之游尤乐。家国身世友朋之事，随意所倾，无所不谈……此日之清福，为十余年来所未数得者矣。"十三天后，吴宓与陈心一迅速"闪婚"。

吴宓婚后，与妻子育有三女。陈心一"辛勤安恬"、"谦卑恭顺"，果如毛彦文所言，为一贤妻良母。但吴宓却不满足于此，他不喜陈"呆滞迟钝"、"冥漠昏盲"。婚后，吴宓对在清华读书时就神交已久的毛彦文很是倾心。在经过了多番思虑考量后，吴宓终于决定和陈心一离婚，二人的婚姻仅维系了八年时间。

陈心一早知吴宓爱恋毛彦文之事。1928 年 8 月，吴宓在陈生下第三个女儿不久即南下，到杭州见毛彦文，写下《南游日记》及《南游杂诗》。陈心一读后表示，她毫不生气，又对吴宓说，吴与毛交往，"应以拥抱偎依为非分。如不至此极限"，吴宓"可自由行事"，她"绝无所吝"。

1923 年，吴宓与夫人陈心一及长女摄于东南大学

吴宓离婚之举遭到亲友的一致指责，父亲吴建寅公开斥责吴宓："无情无礼无法无天，以维持旧礼教者而倒行逆施。"陈寅恪也说："学、德不如人，此实吾之大耻。娶妻不如人，又何耻之有？娶妻仅生涯中之一事，小之又小者耳。轻描淡写，得便了之可也。不志于学问之大，而兢兢惟求得美妻，是谓愚谬！"

吴宓最初的打算是让陈心一、毛彦文效娥皇、女英，共事一夫。为此，吴宓长时间在与毛保持柏拉图式的精神恋爱、离婚另娶与双妻三种选择之间摇摆、挣扎。陈寅恪劝吴宓"无论如何错误失悔，对正式之妻不能脱离背弃或者丝毫蔑视，应严持道德，悬崖勒马，勿存他想。双妻制度，亦不可行"。

当吴宓将双妻的意思告知毛后，

遭到毛的拒绝。几番思虑之后，吴宓坚定了与陈心一离婚之心。1930 年 4 月，浦江清不忍吴宓受情感的折磨，也建议吴宓与毛彦文先后赴美，在美国做朋友或同居都可以，每月寄生活费给陈心一。但吴宓此时已经坚定了离婚之心，他说："宓之事业及志愿，如以恋爱而牺牲，则此爱将无价值，宓在中国，有其职志，未可擅离，以此与离婚较，则离婚所损为较小矣。"

吴宓曾总结自己的婚姻道："故妻陈心一，忠厚诚朴，人所共誉，然宓于婚前婚后，均不能爱之。余之离婚，只有道德之缺憾，而无情意之悲伤，此惟余自知之。彼当时诋余离婚，及事后劝余复合者，皆未知余者也。"

对于吴宓离婚一事，毛彦文说："吴脑中似乎有一幻想的女子，这个女子要像他一样中英文俱佳，又要有很深的文学造诣，能与他唱和诗词，还要善于辞令，能在他的朋友、同事间周旋，能在他们当中谈古说今，这些都不是陈女士所专长，所以他们的婚姻终于破裂。"

离婚后，吴宓虽与陈心一分居，但仍负担陈的生活，他每月领到薪水后，必到陈的住处交与陈。姚文青在《挚友吴宓先生轶事》中写道："宓于故妻陈心一女士，德性夙所钦佩，但敬而不爱，终致离婚，然至今仍书信往还。夫妇之谊虽绝，良友之情故在也。"毛彦文也说："吴君是一位文人学者，心地善良，为人拘谨，有正义感，有浓厚的书生气质兼有几分浪漫气息。他离婚后对于前妻仍倍加关切，不仅担负她及他女儿的生活费及教育费，传闻有时还去探望陈女士，他绝不是一个薄情者……"

学生刘绪贻说："吴宓在美留学时（1917—1921）年 23 岁至 28 岁，正是欲念旺盛之期。1919 年 3 月，他曾在日记中写道：'盖饮食男女，人之大欲。大丈夫生而愿为之有室，女子生而愿为之有家。夫情欲如河水，无所宣泄，则必泛滥溃决。如以不婚为教，则其结果，普通人趋于逾闲荡检，肆无忌惮。即高明之人，亦流于乖僻郁愁，宓更掬诚以告我国中之少年男女……毋采邪说，及时婚嫁，用情于正道……而不婚与迟婚……更不可慕名强效。'这段日记，实际是吴宓的夫子自道。比如，当时有朋友寄照片给他，托他在同学中寻找佳婿，他竟然毛遂自荐。这说明他当时并无恋爱至上思想，只是急于想结婚，解决'人之大欲'问题。所以，1918 年 11 月，当他同在美国留学的清华同学陈烈勋向他介绍其姐（或妹）陈心一时，他虽与陈不相识，也答应下来……"对于吴宓与陈心一的婚姻，刘绪贻总结道："他婚前不爱陈心一而与之结婚，主要是为了解决'人之大欲'问题；婚后不爱陈心一，是因为他对为他解决‘人之大欲’问题的这个工具久而生厌。”

毛彦文是吴宓痴恋一生的女子，吴宓曾说：“生平所遇女子，理想中最完美、最崇拜者，为异国仙姝（美国格布士女士），而爱之最深且最久者，则为海伦（毛彦文）。”

毛彦文是吴宓清华同窗朱君毅的表妹，也是朱的未婚妻。毛 9 岁时由其父许配给一位方姓友人之子。毛从浙江女子师范学校毕业时，方家催促完婚。结婚当日，毛成功逃婚，方家遂退婚。之后，毛与青梅竹马的表哥朱君毅订婚。朱为吴宓同桌，每次收到表妹情书，都会让好友吴宓过目。吴对毛在信中流露出的才情至为欣赏，久而久之对毛暗生情愫，碍于同窗之谊，只能将爱慕之情深埋心中。

1921 年，当吴宓到杭州与陈心一见面时，毛彦文正要去北京求学，前来向陈心一告别，与吴宓不期而遇。毛活泼雅趣、大方得体，颇具新派淑女风范，给吴宓留下了深刻的印象。

后朱君毅移情别恋，同时以近亲结婚有害下一代为由提出与毛彦文解除婚约。毛曾请亲友调解，朱当众向毛道歉，将退婚信烧掉。为此，吴宓还与人合伙做东，请到场的各位在东南大学农场餐厅午宴，庆贺两人重归于好。但之后，朱、毛却形同陌路。拖了一段时间，两人正式解除婚约。

朱、毛分手后，吴宓向毛彦文表达爱意，为毛所拒。最初，毛对吴宓的追求颇为反感，她曾回忆：“自海伦与朱解除婚约后，她想尽方法，避免与朱有关的人或事接触，这是心理上一种无法解脱的情绪。吴为朱之至友，如何能令海伦接受他的追求？尤其令海伦不能忍受的，是吴几乎每次致海伦信中都要叙述自某年起，从朱处读到她的信及渐萌幻想等等，这不是更令海伦发生反感吗？”

吴宓一边离婚，一边更加锲而不舍地追求毛彦文。他表示愿意资助毛彦文出国留学，毛拒绝后，他又以朋友张荫麟等人的名义给毛寄钱。

吴宓的锲而不舍最终打动了毛彦文。但当二人谈及婚嫁时，吴宓却表现出了犹豫。1930 年 9 月 12 日，吴宓赴欧洲访学、进修，身边出现了两位留法美国女学生 H（Harriet Gibbs）和 M（Mering），并携 H 游览意大利各地，日记中记载：“宓斜仰，而 Harriet 依宓身，首枕宓右胸，宓以两臂拥 Harriet 肩头，觉死于此亦乐。”两人还一同计划赴美，后因 H 与前男友重逢才未能如愿。另外，他又和远在北平的泰国华侨女留学生陈仰贤通信示爱。

在此情景下，吴宓对毛彦文的态度产生了变化。1930—1931 年间，他连续写信、拍电报给毛，措辞强硬地要求毛放弃学业，迅速赶到欧洲，与之完婚，否则分手。在毛未按他要求行动时，他在日记中写道：“我不爱彦，决不与彦结婚，且彦来欧有妨我对 H 之爱之进行；回国后，既可与贤（按：陈仰贤）晤谈，亦可广为物色选择合意之女子，故尤不欲此时将我自由之身为彦拘束。”

1931 年夏，毛彦文来到巴黎，吴宓又不想结婚了，改为订婚。毛失望至极，她哭着说：“你总该为我想想，我一个三十多岁的老姑娘，如何是好。难道我们的出发点即是错误？”吴宓不为所动，他说：“人时常受时空限制，心情改变，未有自主，无可如何。”他在日记中记载：“是晚彦虽哭泣，毫不足以动我心，徒使宓对彦憎厌，而更悔此前知人不明，用情失地耳！”

后来，吴宓对毕树棠解释他为什么当时不和毛结婚：“这次本来约好在巴黎结婚，那天我从伦敦赶到巴黎，按外国的习惯，也是我预想的，她在车站上接我。我一下车，看清了是她，就上前去，做拥抱与接吻之势，这是一定的，而她竟拒绝，而且毫无通融。以下不多说了。”毕树棠听罢笑了一笑，没有说什么，心里却想，你为什么用外国习惯？

此后，吴宓一人继续在欧洲旅游，途中又恋上过一名德国女子诺伊伯（Neuber）。是年 9 月，吴宓与毛彦文回国前，达成谅解，约定四个月后在青岛结婚，但同时又商量好：“届时如别有所爱，或宁愿独身，那就取消婚礼。”回国后，吴宓回到清华，毛彦文任教于上海复旦大学。

此后两年间，毛彦文一方面有所矜持，使吴宓烦恼；另一方面又总在等着吴宓娶她。毛在给吴的信中说：“先生当记得我们俩在东北大学相处的日子，先生在东北大学任教，彦文若不是真心爱先生，会有到东北大学看望先生的那种一举一动吗？”“我把先生送出门外，先生离开了我，一直往前走去，没有再回头看我一眼，我一直站着，到看不见那消失了的先生的身影，才独自回来，把门关上。”但是，吴宓却不断地爱上别的女子，往往同时爱好几位，并将爱的感受写进日记，甚至说给毛彦文听。

吴宓又转而羡慕鲁迅、许广平的同居生活，他说：“许广平夫人，乃一能干而细心之女子，善窥鲁迅之喜怒哀乐，而应付如式，既使鲁迅喜悦，亦甘受指挥。云云。呜呼，宓之所需何以异此？而宓之实际更胜过鲁迅多多，乃一生曾无美满之遇合，安得女子为许广平哉？念此悲伤。”

1933 年 8 月，吴宓南下，他准备先到杭州向卢葆华（此女吴宓曾有意介绍给

1936年2月，熊希龄与毛彦文结婚周年纪念

陈寅恪）求爱，如不成，再去上海，与毛彦文讨论是否结婚。但吴宓的如意算盘却落了空。毛彦文已经厌烦了吴宓的爱情游戏，她告知吴宓自己准备终身不嫁，领养个小女孩，“归家与女孩玩笑对话，又善为打扮，推小车步行公园中，以为乐”。1935年2月9日，毛彦文与熊希龄结婚。

毛彦文将与熊希龄结婚的消息传来，吴宓备受打击，一连好些天杜门谢客，在“藤影荷声之馆”里啮碎心肠赋忏情诗以泄悲愤。那时谁也不敢去惊动他，学生郑朝宗年少无知，冒昧登门，以《左传》里申公巫臣对楚庄王说的话“天下多美妇人，何必是？”规劝吴宓。吴郑重其事地对郑说：“年龄对你有利，你可以向前看，而我则只能回首前尘了！”

吴宓对毛彦文的爱恋并未因毛的结婚而终止。他一直试图通过各种途径，打听毛的近况。熊、毛二人婚后，由上海回到北平西山的双清别墅，贺麟曾前去拜会，吴宓便让他详细讲述所见所闻。听贺麟分析，在熊公之身后，毛事实情感皆孤立，必有最痛苦之时期，吴宓在日记中写道：“为完成宓对彦之真爱，应专诚独身，以俟熊公百年之后。”转念一想，其时，“彦未必能幡然与宓为觉悟后之爱侣”，于是又“烦扰不安”。

熊希龄病逝后，吴宓为毛悲痛不已，“万感纷集，终宵不能成寐”。他在日记中写道：“此空前大劫之国难1937遂于此终，觉地老天荒，一切都尽。彦嫁未满三载，得此结局！人生如小说戏剧，真到结尾收场时矣！”

此时，吴宓又燃起了与毛彦文复合的希望：“自觉我一生惟爱彦最为深至久长，熊公既殁，宓或可有机缘与彦重复旧好，终成眷属乎？”他一封接一封地给毛写信，希望重建联系，毛不予回复。吴宓因事去香港，登门求见，却被告知毛已去上海。有一位叫毛仿梅的青年，自称其堂弟，与吴宓面谈，代为表示，毛今后拟继承熊公遗志，尽力于慈善教育事业，与一切朋友不欲往来，望吴宓勿再去函，更不可此时到沪过访。吴宓当面表态，绝不愿有一事而使熊夫人不快者。然而回去后，仍不断写信寄到上海。毛彦文不予理会，且态度一次比一次决绝。1940 年 3 月 20 日《吴宓日记》有记："接彦三月十日自沪复书。不着一字，仅剪取宓函中数语，粘贴信笺上，为复。略谓伊决为熊公守节终身，祈宓勿再接近云云。" 5 月 20 日又记："拆视彦命其秘书挂号寄还宓至彦函，并未启视。原函外批云：熊夫人已于月前离沪，故退。熊宅附言。四月二十九日。" 10 月 3 日又有："熊公馆航函：径启者，本宅于九月底退租，以后请勿来信。此致吴宓先生。" 吴宓只能求助友人，让沈从文、贺麟等人帮忙转达自己的心意。直到有一天，吴宓在报上看到毛彦文当选北平市参议员、国民大会代表，他才终于明白，以前种种的推测以及心存的幻想都错了："知彦文热心政治活动，对宓似毫无情意，不欲与宓接近，终当分道背驰以没世耳！" 1949 年，毛彦文离开大陆赴台，此后，吴宓再也没有了他心爱的毛彦文的消息。

吴宓对毛彦文的爱，持续后生。他对此从不避讳，甚至在课堂上与学生公开谈论，并写进自己的诗中。他经常与贺麟、浦江清等人谈他心中的遗憾与矛盾。吴宓的《诗集》中题下不少未注姓名的情诗，都是为毛彦文而写的。1943 年 8 月 20 日，已是知天命之年的吴宓于昆明写下一首五言长诗《五十自寿》，此中仍表达对毛彦文的爱意："平生爱海伦，临老亦眷恋。世里音书绝，梦中神影现。怜伊多苦悲，孀居成独善。孤舟泛黄流，群魔舞赤县。欢会今无时，未死思一面。吾情永付君，坚诚石莫转。相抱痛哭别，安心归佛殿。即此命亦悭，空有泪如霰。"

吴宓追求毛未果之事，闹得沸沸扬扬。一次赴某军长宴时，主人介绍说："此即与毛彦文……之诗人。" 但每遇到此种场合，吴宓都未恶言相加。对于别人有关熊、毛婚事的议论，他也不以为然，表现得相当绅士。

"吴宓苦爱毛彦文" 一事，不仅被当作八卦消息四处流传，还有作家将之写成文学作品。陈慎言以之为素材，作小说《虚无夫人》，在《时报》上连载。吴宓阅后称："描写殊恶劣，而宓心情及彦之苦楚，实未写出。" 李健吾的三幕讽刺剧《新学究》，吴宓认为 "取材既太沾实，而叙事则又失真，皆与宓所行全然相反"。卢冀野撰《恼毛女峰曲》，周光午为之作笺注。曲中词句多取自《吴宓诗集》，而表达的是谴责毛彦文负心、后悔离婚之意，吴宓怒斥其 "均与宓之情意正相反背"。

吴宓对毛彦文的爱是一种柏拉图式的爱情。1936 年 8 月 1 日，吴宓在日记中对自己的爱情进行了反省，他说："盖中国一般人，其视爱皆为肉体之满足及争夺之技术，不知宓则以宗教之情感而言爱。……真正之爱者，皆情智超卓，道行高尚，上帝之宠儿，而人类之俊杰也。爱乃极纯洁、仁厚、明智、真诚之行事，故宓不但爱彦牺牲一切，终身不能摆脱，且视此为我一生道德最高、情感最真、奋斗最力、兴趣最浓之表现。他人视为可耻可笑之错误行为，我则自视为可歌可泣之光荣历史，回思恒有余味，而诗文之出产亦丰。我生若无此一段，则我生更平淡，而更郁郁愁烦，早丧其生矣。今年老情衰，并此而不能再，故益不胜其系恋也。"

20 世纪 60 年代初，吴宓请西南师范大学美术系的一位老师按照相片画了一幅毛彦文的肖像，挂在墙壁上，日日相对，夜夜相守。

然而，20 世纪 60 代末，隐居台湾的毛彦文撰《往事》一书，在这本自传体回忆录中，她提及吴宓时，就如同一个交往不深的朋友，对于她和吴宓的爱情，更是只字未提。从书中的叙述来看，她不仅不爱吴宓，甚至对他有些反感。

据去过台湾而且拜访了毛彦文的沈卫威撰文介绍，当他向毛彦文提及当年吴宓对她的深情厚爱时，已是 102 岁高龄的毛彦文语气平淡地表示："他是单方面的，是书呆子。"再问下去，她便连说"无聊，无聊"。

1953 年 6 月，已近暮年的吴宓迎来了自己的第二次婚姻，他与原重庆大学法律系毕业生、二十多岁的邹兰芳结为夫妻。

邹兰芳出生于地主家庭，她在重庆求学完全依靠两位供职原国民党川军的哥哥救助。新中国成立后，两位兄长因参加武装叛乱被镇压，留下了几个无人照顾的遗孤。邹一已承担抚养兄长遗孤的重担。但由于她出身不好，且患有严重的肺结核，处境很是艰难。

邹兰芳在《新华日报》上看到吴宓的"思想检讨"后，主动写信给吴，称自己对吴极为佩服、崇拜。吴宓回信后，邹便登门求教，此后经常以学生身份为老师缝补浆洗。不久，二人结婚。

谈到这次婚姻，吴宓曾对好友姚文青说："非宓负初衷（他曾发誓：为爱毛彦文，终身不复娶），实此女强我，不得已而为之。以此女学识，则英文不懂，中文不通；以论容貌"，说着掏出一张半身照片，"不过如此"。

婚后，吴宓叫苦不迭。师生恋压得他抬不起头，邹兰芳身体极差，吴宓不仅要照顾她，还要供养其兄的遗属。吴宓曾对朋友说，这哪是黄昏恋，实是在为兰芳治病，在养兰芳一家九口。

婚后仅三年，邹兰芳因肺结核不治，香消玉殒。吴宓很是伤心，他将邹生前所用过、学过的书籍，全部封存不动，放在特定的地方。学生江家骏去看望吴宓时，吴指着这些书，深情而忧伤地告诉江，这是邹兰芳的遗物。逢年过节时，饭桌上必多摆两副碗筷，一为亡友吴芳吉，一为亡妻邹兰芳，并在举箸前，静坐低头、默祷两三分钟；偶尔看电影，也买两张票，空出身边的座位，犹有亡妻相伴。

吴宓在屋子内一张空着的单人床靠着的墙壁的上方，贴了一张约一尺五寸长、一尺二寸宽的淡绿色土纸，恭恭正正地在上面写了两个字："兰室。"因为这间屋子和这张床，是邹兰芳曾经住过和睡过的。

晚饭后，学生江家骏常陪吴宓在校园内散步。当他们漫步到办公大楼正门前，吴宓总要停足凝视对面的远山，一次吴指着对面远山顶上有三根高压电线杆的地方说，在第三根电线杆下，就是邹兰芳埋葬之所。江这才明白，为什么每次来到办公大楼正门前空坝上时，吴宓总要久久凝视对面的远山。

邹兰芳去世后，吴宓并未能摆脱邹家的一大家子人，他继续用工资抚养邹的侄儿侄女，直至"文革"开始后，吴自顾不暇为止。邹兰芳的一个侄儿，在她去世后，长期以照料吴宓为由，和吴住在一起。据谭优学回忆，这个侄儿"五短粗壮身材，流里流气，不三不四……吴宓先生为人忠厚，困难年间，上级分配给他'高知'享受的许多东西，买来都归他侄儿享用。前后两间屋，好的一间让给他侄儿住"。西师一位教授实在看不惯了，力劝他辞掉这个食客。"文革"开始后，这个"食客"才被"横扫"回老家去。当时西南师院的一个青年教师气愤地说："这十几年，一个二级教授的工资大都让一个大地主的女儿和几个国民党反动军官的龟儿子花了。"

学者江勇振曾戏谑地评价吴宓的爱情："吴宓谈恋爱，光说不练是意淫，像吴宓，只在日记、书信里演练他对女性的爱；又练又说，像徐志摩，是浸淫，是真恋爱；光练不说，像胡适，是真淫。"

抉 择

1949 年 4 月，解放军直逼武汉三镇，时在武汉大学的吴宓面临何去何从的问题。岭南大学校长陈序经邀吴宓任该校文学院院长，并告知陈寅恪已应聘到校，他没有应允。张其昀和钱穆劝他离开大陆，赴台或赴港，吴宓婉拒。女儿们让他回清华，他也拒绝了。最后他谢绝友人要他去美国、香港和台湾讲学的劝告，决定留在大陆。他说："生为中国人、死在中国土。"

重庆相辉学院院长许逢熙来函，邀请吴宓到相辉学院任教。这时的吴宓有出家为僧的念头，正好学衡派的王恩洋在成都主持东方文教学院，吴宓便想到那里研修佛教，然后慢慢地出家为僧。于是，1949 年 4 月底，吴宓抵达重庆，任相辉学院外语教授，同时兼任梁漱溟主持的北碚勉仁学院文学教授。

1950 年 4 月，私立的相辉学院、勉仁学院被相继撤销、合并之后，吴宓被调到四川教育学院任教。9 月，该学院又并入在北碚新建的西南师范学院。吴宓成为西师的历史系教授，随后调整到中文系。

吴宓对于自己没有回清华而是到相辉学院的决定，日后颇为后悔，他说："举动之极端错误，而祸害以长者也。"

1961 年，吴宓到北京参加会议。贺麟告诉他，周扬主张调他到中央文史馆任研究员，专力译萨克雷小说，因而愿意陪他去拜访周扬。吴宓未往。后来吴宓写到这段经历时说："若竟从之，后来周扬得罪，宓必受牵连。然谨慎不往。伏处西师，一九六八年以后仍受种种之惩罚与斗争，则何如其往耶？"

晚　景

三年自然灾害期间，许多人都处于饥馑状态，每顿只有二两米饭，但为了配合"形势大好"的教育，在师生中常常要组织辩论会，证明粮食定量足够营养，人人都得表态。一天，吴宓上课时讲，结合课文讲"……犹……，况……"结构和"……者，……也"句式的用法，脱口举了两个例句："吴宓者，西师之教授也"、"三两犹不够，况二两乎？"学生们都被逗笑了。谁知，一次来上课时，只见他皱着眉头，静了一下，声音很慢、如同背书般对学生说道："我做检查。有一次上课，我举了两个错误例子，特别是'三两犹不够，况二两乎'。这是世界观没改造好，今后我要加强……"学生们十分讶然，心情也为他感到了沉重。原来，每一次课后，系里都叫课代表向学生了解对吴宓讲课有什么意见，这句话也成了吴宓的罪证。

20 世纪 60 年代初的一天，吴宓上完上午第一节课，擦完黑板，拍拍满手的粉笔灰，从裤袋里摸出小半截冷馒头，大概是早上为了赶到教室上课没来得及吃完的，背着大家，就在教室门边满不在乎地啃将起来。此时吴宓已经是"有问题"

的人，学生们谁也不敢在讲台上给老先生泡一杯热茶，甚至个别学生还公然说这个老头太不讲卫生。

吴宓的日记成为了吴宓“反动”的罪证，据和吴宓一起蹲“牛棚”的西师中文系古典文学教授谭优学回忆说：

1968年夏，两派斗争又紧张起来。“革命群众”突然对吴宓采取了一次“革命行动”。抄走了他的“反动日记”。这可惹下滔天大祸了。不但自讨苦吃，还连累到我们。他日记里说，叫中学生造反，等于拿小刀给孩子玩，没有不伤手的。“文化大革命”是毛主席“亲自发动亲自领导的”。这不是明目张胆地反对毛主席的罪状之一？日记说“姚文元在江青卵翼之下”，是恶毒攻击中央“文革”和“江青同志”、姚文元。罪状之二。日记里有些地方对毛主席的文艺讲话，说了不全赞同的话，“狗胆包天”，竟敢“唱反调”，罪状之三。我们在“学习”中，监督有时不在，不免对两派的某些事有长短得失的议论，他也记在日记里，而且记下是“某君云”。“牛鬼蛇神想翻天了，那还了得”，于是我们被勒令于某日上午去某处集合。其他系的几条“辫子”挨了毒打，杀鸡给鹅看。我们挨了一顿毒骂。吴宓大概因为年老，免予挨揍，但被宣布为“现行反革命”，严加监管。还据说“两派同志都同意，公安部已批下来给吴宓戴这顶帽子”。这下真成为“不齿于人类的狗屎堆”了。

谭优学还回忆，吴宓自奉甚俭，不抽烟，不喝酒，似乎也不买什么书，他的一些外文书都捐给院图书馆了，他的衣着，在全院老教师中算最坏的，甚至有人目之为“老叫化子”。那他每月270余元哪里去了呢？有些青年教师经过调查研究，断言：拿国家的钱去接济坏人了，是吴宓立场反动的表现。这又是吴宓的一条罪状。“文革”中“革命群众”批斗他时，也没有少掉这一条。

事实上，所谓“好人”向他借钱，他都肯借。有些是存心借了不还，理由是：不义之财该拿来共产。借了不还，他也并不逼着要，久了也就算了。“文革”期间，谭优学也被扣了工资，只发生活费，向吴宓借了近百元，后来如数奉璧，吴宓感激称赞说：“只有您这么讲信用啊。”

吴宓和其他被批斗的人一起蹲牛棚白天劳动，晚上“学习”。一天晚上“学习”完毕，监管的红卫兵叫其他人滚回去，只留下吴宓，说是要对他单独训话。不久，另一位颇宽裕的“棚友”被单独训话后，其夫人到“革命组织”去闹，大家才终于知道了所谓训话的内容，是红卫兵小将要他出200元钱，作为捐献，支持红卫兵小将去大串联。对于此，吴宓说他是赎罪，但大家都认为这是敲诈勒索。

西南师院批斗“牛鬼蛇神”时，勒令他们跪着。被批斗后不久，刘兆吉遇见吴宓，在周围无人的情况下，刘悄悄问吴被批斗后的身体情况，吴说：“跪着比站着好些。”刘听了，想哭又想笑。

1968 年 6 中旬，西南师范学院两派武斗再起，赶走了八三一的春雷造反兵团夺权后，召开批斗原党委书记张永青的大会，据吴宓日记记载，此次批斗大会上，他不停挨打。被押进会场时，“旁人则以竹条打击头肩背不休（此时最痛）”，在台前低头请罪听候大会批判发言时，“坐第一排之女生又频频以竹条打击宓等之头顶”。批斗会结束后，吴宓回到家中，“以所历简告唐昌敏（吴宓所雇家务女工）。视表，正夕 5 时。所历共只 3~5 两小时，而在台前曲躬俯立，则觉其长且久也！又按，宓自 1904 冬夜，为祖母痛打一次之后，一生未受鞭笞如今日者矣！”

1969 年 4 月，吴宓等人又被强行迁往梁平（西师分校）集中进行所谓“斗批改”。5 月 9 日，在梁平分校召开的中文系第二次批斗吴宓大会上，吴宓被两个学生狠狠从高台上推下，致使腿骨跌断。他没有得到及时救治，而是被迫跪坐地上接受“斗争凡历三小时”。大会结束后，吴宓被架回住处时“已成半死”。此后，吴宓“全身疼痛，在昏瞀之中，似两日未饮、未食，亦未大小便。”但他仍被强迫写交待材料，接受批判。

腿断后，吴宓只能爬着要几口水喝，几口饭吃。有时，连水、饭也没有。一次，他困在工棚里，对着窗外大喊：“给我水喝，我是吴宓教授。给我饭吃，我是吴宓教授。”当他断腿稍好一些后，他又被派做扫厕所、刷尿池、刮粪便一类的活儿。

随着吴宓身份的“升格”，有的“革命小将”为了表示自己立场坚定，居然当面称他为“吴老狗”，在批判会上也高呼“坚决砸烂吴宓的狗头”、“把吴宓打翻在地再踏上一只脚”之类的口号。虽然并没有真的去砸“狗头”。但不少“小将”特别偏爱吴宓的光头，一见到他就要上去摸摸拍拍。吴宓对此特别不能容忍，遇此情况，总是甩手护头，铁青着脸，一面躲一面逃，嘴里还唧唧哝哝，谁也听不清说些什么。

“九一三”事件之后，紧张的政治空气有所缓和，不久，吴宓搬进了新修的宿舍，但他的健康已大不如前，最为明显的是记忆力急剧衰退。吴总是坐在床上，闭目不语，有人进屋就睁眼看看，然后闭目冥思，用手指轻轻叩击脑袋，嘴里自言自语：“这位先生叫什么名字呢？这位先生叫什么名字呢？”连同教研室的教师他都忘了姓名，但《红楼梦》的回目却全背得，一字不错。

周锡光得知吴宓因病重回到重庆，便于寒假到重庆去看望吴。当时物资供应紧张，四川正处于“写票供应”期，每人一个月只能买半斤猪肉，想到先生长期营养不良，受尽折磨，周便换号票储备给吴先生买了几斤腊肉，又购买了一些甜食点心带去。行前吴的一些亲友又送来一些东西，装满了两个手提包，一并带给吴。当周见到吴时，已是傍晚，他正在灯下伏案写信，竟一时认不出周来。此时吴身体已大不如从前，头发全白而且更加秃顶，左腿因扭折只能缓慢移动。周报了姓名后，他颤巍巍用双手握住周的手，不禁老泪纵横……稍事盥洗后，吴见周十分疲惫，竟特许周站到门外抽一支烟，然后坐下谈话。当周取出给他带的东西时，吴不禁勃然大怒，马上取出一封信说：“我正在给广州一位朋友写信，不许再给宓寄东西！宓是什么人？宓需要精神上的朋友，交谈学术上的事情，你怎么把自己混同在一般物质生活中的人去了？……”周解释了好一阵，他才安静下来说：“今后再不许有这样的事。”他很快把送给他的东西分赠给了别人。

1973 年春，彭应义听到执教中学的同事、一位毕业于西南师院的女教师反复谈起吴宓在西师的传闻：一是说吴宓唯心宿命，认定自己只能话“三个”28 年，即 84 岁就要去见阎王爷；二是冥顽不化，每次挨批时，总是僵直地硬挺着脖子，不低头，为此吃了不少苦头，以致惹怒了的学生常让他嘴里含着地上的青草挨批，而且说他不接受“反革命死硬分子”的提法，要求给他戴上“反动学术权威”的帽子，可学校就是不给；三是他的生命力特别顽强，七十多岁的人了，批斗时绊断了脚杆，居然奇迹般的痊愈了。

1975 年 10 月的一个黄昏，考入西师的彭应义行至大礼堂大门侧旁时，见前面有一老者拄着拐杖，蹒跚而行。他个儿偏矮，但腰背挺直，头脖平正；身板还较硬朗，上着色泽深暗陈旧而略显肮脏的大圆铜钱花对襟衫。下穿彭儿时在乡下常见的无腰宽松式直筒裤，脚上趿着一双圆口平底布鞋，活脱脱一个银幕上乡绅地主的样子。彭暗想，莫不就是吴宓？向旁一打听，果然。于是彭仗着胆子，赶上前去。只见他天庭开阔，顶秃滑亮，眼眶略陷，眼珠微凸，深邃有神，似乎并不盲视；极力睁大眨动的眼睛，仿佛要洞穿一切，嘴较阔大，双唇紧闭，严峻的面庞配上一个挺正得近乎夸张的大鼻梁，透出一派刚直耿介之气。精神，就当时而论，不像年届八秩的老人。

“文革”末期，吴宓病重，记忆力衰退。所雇保姆，早来晚归，一天晚上，吴宓从床上跌下，糊里糊涂在地上睡了一夜。第二天早上，才被女佣人发觉。

1975 年 8 月，吴须曼到重庆看望兄长。时值酷暑盛夏，吴宓居室的窗户和门上小窗却以铁钉封死。吴须曼问他何以如此？他答以怕人“破门而入”。吴须曼追问是谁所说？他说这是重钢五厂工人杨宗富告诉他的，还说：“他们是好意，有备无患嘛！”吴须曼在他桌上发现有一小闹钟，问他是何时所买？他说，这是杨宗富拿去了他的手表用作交换的。吴须曼说：“你那是只进口手表，价值几百元，这只闹钟不过几元钱，这种交换太不等价了！”他说：“杨宗富说他工作需要手表，这闹钟字大，我容易看清。”

第二天，吴须曼陪他到学院储蓄所，取毕款后，服务员告诉他：“你的存款已经用完了。”吴须曼问他，补发的工资何以用得这样快？吴宓回答说：“有些亲友和学生目前生活很不宽裕，我须不时对他们接济一些。前次有个过去的姓凌的女生（已经工作），因要去上海治病，急需 2000 元，我就如数给了她。”吴须曼告诉他：“如今干部都享受‘公费医疗’，如需到外地治疗，得到医生许可，医疗费即可凭据报销。”吴宓沉默少许后说：“济人之难总是好事。”这个姓凌的此后再未露面。

吴须曼从邻居曾婆婆处了解，吴宓每月领到工资后，总有些人来告贷；而且他还要用钱买回散失了的文稿、日记。一次曾婆婆到吴宓房里，见有个年轻人正给他念“信”，说他的一个学生因住医院动手术，请他支助一笔钱，并说钱可由来人带回。曾婆婆过去一看，这个年轻人拿的是张白纸，上面根本没有字。曾婆婆急忙找来人，要过那张纸，问是怎么一回事，那人支支吾吾，说不上来。曾婆婆等人便把他交给了学院保卫人员。

吴宓曾对张致强说：“‘文化大革命’，我最大的损失是我的日记完全丧失了。我从留学回国就开始记日记，每年一大本，到‘文化大革命’，已经写了四十多本。写的都是每天看书的心得体会、思考的问题、我的学术见解……是我最宝贵的东西。‘文化大革命’一开始，我就考虑到日记的安全，把它们转移到了一个绝对安全、任何人都找不到的地方。（1968 年秋天）清队的时刻，春雷（指春雷兵团，当时西南师范学院群众组织）的头头听人揭发我有记日记的习惯，就把我叫去，命令我写信给帮我保存日记的人，说我有用处，叫把日记还给我。我写好信，谢自由（按：学生）叫我把信交给他，说由他派人去取日记。帮我保存日记的人看到我的信，只好把日记交出来。不久，谢自由毕业分配走了，日记也就没有下落了。不知是谢自由带走了，还是留下散失了。有一册日记散落在成都一个旧书摊上，恰好让我的一个朋友发现，认出是我的笔迹，用钱买了，悄悄地还给我。我就只有这一册日记了，这是我‘文化大革命’最大的损失……”说到这里，吴宓不禁老泪纵横，泣不成声。

1976 年 1 月 9 日，刚回到重庆的张致强便去西师看望吴宓，到门口，便有一个邻居的中年妇女愤怒地拦住他，不许他进屋，两人大吵起来。原来，前一天上午，有个剃光头的劳改释放犯手持菜刀去威胁吴宓要钱，吴宓没钱，那人便说下午去取，吴宓气得想自杀。西师院革委叫邻居保护吴宓，发现可疑的人找吴宓就及时报告院保卫部门。张致强正好剃了光头，故而被邻居以为是前一天的劳改犯。

悲 逝

张致强回忆，他于“文革”中第一次去拜访吴宓，吴曾自我介绍说：“我叫吴宓，字雨僧，陕西泾阳人，1895 年某月某日生。我留学过英、法、美等四个国家，我会几国外语。我已预测出我将在 1977 年 7 月 1 日这天死去，从今天起，我在世界上还能活 600 天！”张听罢不禁毛骨悚然，叩问吴怎么预测的。吴宓坚定地说：“这是我的秘密，我不告诉你。总之，我的预测是准确的。”张感到悲哀，便安慰吴宓：“如果你的预测是准确的，那时如果我还在西农没有走，我一定来照料你，给你送行。”吴宓坚定地说：“不！在那一天之前很长时间里，我已经昏迷不醒了。你们要抓紧时间来请教我学问！”其后，张每次去看望吴宓，吴宓第一句话总是说：“从今天起，我还能活五百 ×× 天。”后来，吴宓 1977 年 7 月 1 日并没有去世，多活了半年时间，人们说，是由于打倒了“四人帮”，吴宓心情愉快所致。

1977 年，生活已经完全不能自理的吴宓，由其妹吴须曼领回陕西老家照料。此前，吴宓原本就答应妹妹要回陕西，但有人捉弄他说：“你吴宓是大教授，回原籍后，地痞流氓晚上破门而入，要你拿出钱来，没有的话，就要杀你。”闻听此语后，无论妹妹吴须曼如何劝说，他都不愿意回老家，直到他卧病在床，生活不能自理。

吴须曼去接吴宓时，他唯一的钱财就是枕头下的七分硬币，只好预支工资购买车票，行李却很简单——一个旧木箱，除几件衣服外，就是几包日记和残缺不全的一些文稿。

吴宓回到老家，暂住在吴须曼面粉厂的宿舍里。之后租了一间民房住下来，吴宓每次吃饭时总要问：“还要请示吗？”吴须曼告诉他说：“‘四人帮’已经被打倒了，都不请示了。”

经过一段时间调养，吴宓病情渐渐好转，由人搀扶着可以下床在院子里活动。精神状态好时，他便给妹妹和小外甥女讲自己儿时的往事，叙说留学美国和欧游的感受。在往日美好的回忆中，寻求风烛残年里心灵上的慰藉。

1978 年 1 月 14 日，吴宓忽然食量大减，第二天只能喝几口牛奶。随即吴宓被送往医院进行抢救。弥留之际，吴宓仍无法驱散在西南师院那段疯狂岁月里被残酷折磨时留下的阴影，他大声叫喊："给我水喝，我是吴宓教授！给我饭吃，我是吴宓教授！"

17 日凌晨 3 时，吴宓离开了这个他热爱却又让他痛苦的人世间。1981 年 1 月 17 日，吴宓的骨灰，由妹妹吴须曼送至安吴堡，葬在白雪笼罩的嵯峨山下。

16 日夜，贺麟梦见吴宓，醒来颇觉奇怪，怎么多年不见，故人忽然又入梦来。后来才知悉，吴就在第二天离开了人世。

评 析

温源宁这样评说吴宓："一个孤军奋战的悲剧人物，然而，更可悲者，则是吴先生完全不了解自己的个性。他自认是一名热诚的人文主义者和古典主义者，但他的气质却是彻头彻尾的浪漫主义者。他的纯真和诚恳，任何人都看得清清楚楚，唯独他自己却看不到。"

钱钟书在书评里写道："吴宓从来就是一位喜欢不惜笔墨、吐尽肝肠的自传体作家。他不断地鞭挞自己，当众洗脏衣服，对读者推心置腹，展示那颗血淋淋的心。然而，观众未必领他的情，大都报之以讥笑。所以，他实际上又是一位'玩火'的人。……最终，他只是一个矛盾的自我，一位'精神错位'的悲剧英雄。在他的内心世界中，两个自我仿佛黑夜中的敌手，冲撞着，撕扯着。……没有哪个正常人能像他那样拥有两颗心灵，尽管一位正常人也会出于实用目的而良心不安，但精神上不会有冲突。他的心灵似乎处在原始混沌的状态，以至不能形成任何道德差异——又湿又黏的泥饼是不会被缺乏智慧的灯火烤干的，与其说他的心灵没有开化，倒不如说没有个性。但吴宓先生的心灵似乎又处在一种缺乏秩序的混乱状态——每一种差异在他脑海里都成为对立。他不能享受道德与植物般平静的乐趣，而这些是自然赐予傻瓜、笨伯与孩子的礼物。他总是孤注一掷地制造爱，因为他失去了天堂，没有一个夏娃来分担他的痛苦、减轻他的负担。隐藏于他心理冲突之后的是一种新、旧之间的文化冲突。他不是一个伟大的诗人，但他无疑是当代最复杂的一个人物，他通过写诗来寻求解脱……”

姚文青说：“世或谓雨僧为儒家信徒，维护封建旧礼教者。实则雨僧受西洋思想影响较深，平生好读柏拉图语录和《圣经》，兼嗜内典，然非迷信宗教，亦非坚守儒家传统思想，盖取耶教之牺牲精神，与佛教之大悲大智大勇，用为一己治事取法。观其恋爱离婚，其在当时，固旧礼教之叛徒也。”

季羡林曾评价吴宓：“他古貌古心，同其他教授不一样，所以奇特；他言行一致，表里如一，同其他教授不一样，所以奇特；别人写白话文，写新诗，他偏写古文，写旧诗，所以奇特。他反对白话文，但又十分推崇用白话写成的《红楼梦》，所以矛盾。他看似严肃、古板，但又颇有一些恋爱的浪漫史，所以矛盾。他能同青年学生来往，但又凛然、俨然，所以矛盾。”

杨绛谈及老师吴宓时说，他“老实得可怜”，“是一位最可欺的老师”，“他老是受利用，被剥削，上当受骗，吴先生又不是糊涂人，当然能看到世道人心和他的理想并不一致。可是他只是感慨而已，他还是坚持自己一贯的为人”。

赵瑞蕻在《我是吴宓教授，给我开灯》文中说：“西南联大外文系里有五位老师给我的印象最深。……那就是吴宓、叶公超、柳无忌、吴达元和燕卜荪这五位先生。其中吴宓先生可说是最有意思、最可爱、最可敬、最生动、最富于感染力和潜移默化力量，也是内心最充满矛盾、最痛苦的一位了。吴先生外表似是古典派，心里面却是个浪漫派；他有时是阿波罗式的，有时是狄俄尼索斯式的；他有时是哈姆雷特型的，有时却是堂吉诃德型的；或者是两种类型、两种风格的有机结合。”

易社强评价吴宓：“在他钻研的各个领域，吴宓都不愧是个博学的怪才，而学识渊博、性情怪僻是文科教授的显著特色。他集思想的多样性与人类的感性于一身，展现了联大的最大特色。”

叶兆言说：“吴宓不是一个豪爽的人，且毫无幽默感，但他却是大度、真诚的君子。”

西南师范大学教授苏光文教授认为：吴宓做出了三大突出成就，一是作为中国 20 世纪比较文学的奠基人，把一种新的研究方法带进了 20 世纪中国文学研究新领域；二是在主持清华大学国学研究院期间，培养了诸如钱钟书、季羡林、徐中舒、高亨、许国璋等一大批同样堪称学贯中西的大师级学者；三是主持创办了《学衡》杂志，形成了现代文化史一个重要的思想文化学派“学衡派”。

钱穆

钱穆（1895—1990），字宾四，笔名公沙、梁隐、与忘、孤云，晚号素书老人、七房桥人，斋号素书堂、素书楼。江苏无锡人，历史学家、国学大师。曾任新亚书院院长。

关键词：潜沉、成就、传道、风华、推重、礼遇、不谐、宗主、爱国、家风、养性、修身、端方、雅趣、逸事、婚姻、抉择、痛楚、魂归、品评

潜沉

钱穆的父亲是前清秀才，因体弱多病，三次参加乡试都在考场中病倒，不待考试结束便打道回府，此后便绝迹科场。他对儿子寄予厚望，希望他们能读书入仕，光耀门楣。钱穆12岁时，年仅41岁的父亲撒手人寰，临终前嘱咐钱穆："汝当好好读书。"父亲故去后，留下孤儿寡母，家境贫困不堪，只能靠义庄接济度日。母亲却咬牙坚持让孩子继续读书，她说：“我当遵先夫遗志，为钱家保留几颗读书的种子，不忍令其遽尔弃学。”钱穆得以继续求学。

钱穆在无锡荡口镇果育学校读初小一年级时，教体操的老师钱伯圭是革命党人，思想激进。一日，他问钱穆：“听说你能读《三国演义》？”钱穆回答是。钱伯圭道：“此等书以后不要再读。此书一开首就由天下合久必分，分久必合，一治一乱之类的话，此乃中国历史走上了错路，故有此态。如今欧洲英、法诸国，合了便不再分，治了便不再乱。我们当向它们学习。”钱伯圭的话对年仅十岁的钱穆震动极大，多年后他回忆此事时说：“此后读书，伯圭师言常在心中。东西方文化孰得孰失，孰优孰劣……余一生亦被困在此一问题内。”

一日，某同学问国文老师顾子重：“钱穆近作一文，开首即用“呜呼”二字，而先生倍加称赏，为何？”顾言：“欧阳修《新五代史》诸序论，不皆以呜呼二字开始吗？”于是同学们都嘲笑钱穆：“你作文也能学欧阳修！”顾子重听闻后，严肃地对学生们说：“你们莫轻作戏谑，此生他日有进，当能学韩愈。”钱穆骤闻震撼，自此牢记老师的教诲，升入中学后，时时诵读韩愈的文章。八十岁时，钱穆回忆说：“余之正式知有学问，自顾此一语始。”

1907年，钱穆入常州府中学堂读书。一次，史地老师吕思勉出考卷，一共四题，每题二十五分。钱穆对第三题有关吉林省长白山地势军情的问题兴趣极浓，便先答此题，谁知下笔不能休，一直写到考试结束，不得不交卷。吕思勉阅卷时，一些同学趴在窗外偷看。改到钱穆的试卷时，吕在卷后加批语。按说考卷无须发回，故一般只批分数，不加批语。但吕的批语，竟然写了一张纸，又加一张纸，手中的铅笔，写久了须再削，吕为省事，用小刀将铅笔劈成两半，夹着铅条边抽边写。铅条易淡，写着写着便写不出颜色来，吕便蘸着桌上茶杯中的茶水书写。纸遇水而破，吕便以手拍纸，使其服帖，仍书不辍。钱穆此卷只答一题，竟得七十五分。日后，吕思勉与钱穆俱成史学大家，二人长函往来探讨学问，最后一次通信，吕在信中对钱说：“君学可比朱子，余则如象山，尽可有此异同。”

年终大考前，钱穆所在的四年级全体向学校提议，请求校方对明年的课程做些改动，减去修身课，增加希腊文课。学生以集体退学相要挟，公推钱穆等五人为代表与校长屠元博谈判，为校方所拒。遭拒后，钱穆填写了退学书，未参加考试，自动退学。这次学潮的五位代表，除钱穆外，还有常州张寿昆（日后《国故》月刊的创办人之一），江阴刘寿彭（即日后的新文化运动主将刘半农），校长的三弟，以及一位姓张的同学。

钱穆虽然退学，但校长屠元博对钱极为赏识，推荐他到南京钟英中学就读。不久，辛亥革命爆发，钟英中学停办，钱穆只能辍学回家。1912 年元旦，钱穆独自在长兄钱挚创办的又新小学闭门读《孟子》。因他上学时，每篇文字大约过眼三遍即能背诵，于是规定自己半日读《梁惠王章句》上，能背诵后才归家午膳，午后，又去又新闭户读《梁惠王章句》下。如是七日，读毕《孟子》七篇。

上大学无望后，钱穆遂矢志自学，发奋苦读。夏天为防蚊叮咬，他便效仿父亲当年读书的方法，将双脚置于瓮中。钱自述，虽“心中常有未能进入大学读书之憾，但并没有因此而意志消沉。矢志自学，闭门苦读。年十八，即辗转乡村，执教谋生”。此后，钱穆在乡村执教的十年间，苦读国学著作，颇有所得。

1913 年，钱穆在报上看到北大入学考试必考书目为章学诚的《文史通义》和夏曾佑的《中国历史教科书》，遂勤读夏的《中国历史教科书》。此书书后详细抄录了《史记》十二诸侯年表六国年表等，不加减一字，篇幅几乎占到全书三分之一以上。钱穆自此慢慢悟到年表对研究史学的重要性。十年后，他写《先秦诸子系年》时，更改《史记》六国年表，便是受了夏氏的影响。

章学诚的《文史通义》钱穆一时无法得到，梦寐求之。某晚，钱穆梦见登一小楼，所藏皆章氏书，有世所未见者。二十余年后，钱在北京大学任教时，竟然真的见到了梦中所见的章氏未为世人所知之书。

1914 年，钱穆在梅村镇无锡县立第四高等小学和无锡荡口镇鸿模小学两校兼课，每周乘船往返梅村荡口两镇。周四下午四时，钱穆自梅村上船，历两小时到荡口，翌日下午四时返回。沿途湖泊连绵，秋水长天，一望无际。八十岁时，钱穆回忆：“犹忆第一次上船，余坐船头上，读《史记·李斯列传》，上下千古，恍如目前。余之读书，又获深入新境，当自读此篇始。”

钱穆边教《论语》课，边读《马氏文通》。他仿照《马氏文通》体例，写成《论语文解》一书，投到商务印书馆。商务同意出版，并赠书百部。钱穆去信与商务磋商，将赠书百部改成赠商务书券百圆。书券寄来后，钱穆到无锡城中一个书店，买回经史子集四部中自己所缺的部分。自此，他的学问又有进益。

早年，钱穆研习《墨子》，觉得浙江官书局本的《墨子》错误百出，遂逐条批驳，写成《读墨闇解》一书，自以为颇有心得。当他读到孙诒让的《墨子闲诂》一书后，深叹“如初生婴儿对七八十老人，差距太远”。他又觉得《墨子闲诂》有解释未尽惬意之处，便改写《墨经闇解》一书，逐条改写孙解中未惬意之处。他将《墨子》原文逐条写下，装在衣兜中，一人在郊外散步时，随手从口袋中取出一条，边散步边思索。思索无结果，又换一条，所思所得积攒下十几条。因最终他并未将经学作为自己的研究方向，此书亦未写成。但这两册书稿，他“常存行箧中”，至老未忍抛弃，“偶一检阅，当时孤陋幼稚独学无友之艰苦情况，犹涌现心头。既以自惭，亦以自奋”。

钱穆读曾国藩家书时，看到曾说其每读一书必认真从头到尾通读。从此，钱便要求自己每本书都必须认真阅读，不遗一字，通读完毕之后才去读另一本。他效法古人刚日诵经，柔日读史之例，规定自己早上读经子艰难之书，晚上读史，上下午读闲杂书，充分提高读书的效率。

梅村四小新聘了一位教师朱怀天，安排与钱穆同一寝室。钱穆告诉朱：“出校门有两路，一左向，过小桥，即市区，可吃馄饨饮绍兴酒，佐以花生塘里鱼，课毕，同事皆往，想君亦已随行多日。一右向，越围墙田野村庄散步塍间，仰天俯地，畅怀悦目。余一人率右行。君今与余同室，愿仍左行，抑改右行？”朱立刻言，愿改右行。于是二人相视而笑，遂为友。自此，黄昏前二人必相偕校外散步，入夜两人各自规定的读书时间完毕，又同在院中小憩，始就寝。周六二人连夜批改完作文，周日相偕远行，“或竟日，或半日，择丛林群石间，无人处，亦坐亦卧，畅论无所不至，迄夜方归”。

成 就

钱穆一生勤奋著书立说，达一千七百万言之多。他说：“我把书都写好放在那里，将来一定有用。”

钱穆认为：“经学上之问题，同时即为史学上之问题。”其《刘向歆父子年谱》中即贯彻这一主张，打破了经学上的门户之见，达到了将经学问题转化为史学问题的目的。《刘向歆父子年谱》成书前，史学界多采康有为的说法，即刘歆伪造诸经。钱穆在书中，力证康说之谬，得到史学界的广泛认可。在《刘向歆父子年谱》成书之前，各大学的课程原来都采用康说，而此书刊印后，这年新学年开学，各大学均改采钱说。

抗战爆发后，钱穆将历年讲授中国通史增删积累的五六大册笔记装入衣箱底层夹缝，随北大一起南下。这些笔记日后成为钱的著作《国史大纲》的基础，其中新意迭出，创见尤多，被定为全国大学用书。

抗战期间，钱穆到四川宜良县城西郊的岩泉寺隐居，专心撰写《国史大纲》一书，耗时整整一年。在准备写书之前，钱穆曾到岩泉寺考察，他见寺中环境清幽，古朴干净，心中甚喜。同来友人问道："此楼真静僻，游人所不至，君一人独居，能耐此寂寞否？"钱笑曰："居此正好一心写吾书。寂寞不耐亦得耐。窃愿尽一年，此书写成。"钱穆在寺中独居一室，有时数日不发一言。此期间，陈寅恪曾来访，他觉得此地风景优美，但太过清幽，笑说："然使我一人在此，非得神经病不可。"其间有联大学生来邀钱穆赴昆明讲演，钱穆道："汝等已来此，亲见此环境，尚开口作此请，岂不无聊。"诸生无言而去。

某日，钱穆独居楼上，专心著书。恰逢几个女学生到岩泉寺游玩，见楼下无人，便上楼参观，逐个房间窥探，忽见左侧房中有人，惊声尖叫，踉跄狂奔下楼，逃窜而去。钱穆亦不意有人，警悚而起。

1965 年，钱穆向香港中文大学提出辞职，从此，他沉潜书斋，专心治学。钱用七年时间写就了《朱子新学案》一书。在书中，钱穆对朱熹的学术思想进行了深入、系统的梳理。他将朱熹的学术思想放在整个中国思想史上去考察，突出了朱熹在中国思想史后半期的重要地位，解决了七百多年来学术思想史上关于朱熹的一些悬而未决的问题。杨联陞读此书后，赞叹不已，说钱穆治中国学术思想史，"博大精深，并世无能出其右者"。

钱穆晚年目力日弱，只能靠夫人胡美琦为其查阅旧籍，引述成语。稿成后，再让胡诵读，口授订正。他在夫人的帮助下，完成了最后一部著作《晚学盲言》。

胡美琦回忆："他（钱穆）73 岁大病后，身体尚未完全复原，两眼也患目疾，医生不让他过长时间看书，尤禁晚上看书，所以生活较前轻松，然而他白天仍然全日工作，这样直到他《朱子新学案》一书完成，那是他生命中一大志愿所寄。他自己说：以后我要减少工作时间了。但也仍保持着半日正常的工作；而一遇心里喜欢的题目，他又耐不住加倍地工作了。近几年来，有时他对我说这几天我真开心，写了一篇得意的文章。但文章写完，他总会有一场病。亲戚朋友都劝我要限制他的用功时间，他们关切地说，宾四写作了一辈子，过八十的人，也该休息休息了。"

1989 年 9 月，钱穆到香港参加新亚书院创校四十周年庆。一天，钱穆高兴地对胡美琦说："这几天我一直在思考一个大问题，我发明了一个从未想到的大发现，真高兴……我今天发明了中国古人‘天人合一观’的伟大。回家后，我要写篇大文章了。”又说：“这将是我晚年最后的成就了。”天人合一观钱穆早就讲过多次，胡美琦以为他记忆力衰退了，提醒说：“天人合一观不是你早已讲过多次了吗？你怎么自已忘了呢？”钱穆听罢有些不开心，说道：“讲过的话，也可再讲。理解不同，讲法也不同。哪里有讲过的话就不许再讲的呢？”之后，钱穆又提到要写文章讲“天人合一观”，胡美琦提醒他以前早写过了，钱穆对于胡始终没能了解他，颇觉失望，他长叹一声说：“学术是不能乡愿的。我从前所讲的和现在所想讲，大不相同。我从前虽讲到天人合一观的重要性，我现在才澈悟到这是中国文化思想的总根源，我认为一切中国文化思想都可归宿到这一个观念上。两者怎能相提并论。这是我对学术的大贡献啊！你懂吗？”

钱穆的最后一篇文章写于临终前三个月，他在文中对自己“彻悟”儒家的“天人合一”，感到“快慰”。他在生前多次说：“天人合一是中国文化的最高信仰，文化与自然合一是中国文化的终极理想。”

传 道

钱穆在乡村小学任教10年，在中学任教8年，此后一直在大学任教。他最怀念在小学任教的生活，他说：“在小学任教时，每校学生都在百人左右，师生相聚，同事如兄弟，师生如家人。每天住在学校，吃在学校，工作在学校，团体如家庭，职业即人生。学校就像堂屋，故在小学任教，总觉心安。而中学、大学规模比小学大，人员比小学杂，师生之间、同事之间来往也比较烦琐。由此才知中学教师、大学教师更是个职业。”晚年，他多次对人说，教大学不如教中学，教中学不如教小学。

1914年，钱穆到无锡梅村县立第四高等小学任教，当时该校只有一个班，学生都住校，他便与学生同住一寝室。一天深夜，钱穆自梦中醒来，一脚踢在床边的墙壁上，他突然想到臂与壁都是形声字，辟属声，但臂在身旁，壁在室旁，凡辟声似皆有旁义。如避，乃走避一旁。璧，乃玉悬身旁。嬖，乃女侍在旁。劈，乃刀劈物分两旁。躄，乃两足不正常，分开两旁，盘散而行。于是他悟出凡辟声皆有义，此即宋人所说的“右文”。想到这里，钱穆顿觉兴奋，又联想到形声字十数例。第二天给学生上国文课，他不讲课文，而改讲昨夜枕上所得。正好县里派督学来校视察，进入讲堂后，竟伫立不走，整整听完一堂课。督学回去后，在县署的月刊上发表一篇文章，记录钱穆讲课一事，钱穆之名遂不胫而走。

1919 年，泰伯市督学许某到无锡县立第四高等小学，敦请钱穆同学安若泰去任后宅第一初级小学校长。安虽有掌初等小学的经验，但因留学日本的学业未完成，还需再赴日本领取毕业文凭，故未应允。当时钱穆诸人也在旁，钱穆忽起立，问许君："我若肯往，君愿聘否？" 众人以为钱穆是玩笑之语，钱说："绝非戏言，乃真心话。"许某喜道："你若真心，我决无条件聘请。"钱说："你无条件，我则有条件。我若去，学校行政及课程编排，我当有绝对自由，你不能干预。倘若上面及外界有非议或斥责，你能否同任其咎？" 许某说："一切可勿虑，悉随尊意。"安若泰劝钱穆不要轻易做决定，因为初级小学与高级小学毕竟不同，钱穆无此经验，困难临头，到时必后悔。钱穆毅然道："正为无经验，故去从头学起。我心已决，绝不后悔。"于是，钱穆便到后宅第一初级小学任校长。

钱穆到后宅小学后，先后对学校教育做了多项改革：将体操、唱歌改为课外活动，令全体学生必同时参加，教师亦须参加；在教学中废除体罚，代之以循循善诱，颇见其效；有若干学生不能准时到校，乃命工友每晨摇铃绕街一周，使学生能知守时；高年级的语文教材，皆由钱穆用白话文自编，并采用剧本对话方式，让学生上台表演，学生因此勤读多练，于是读书及作文程度，倍进于前。

钱穆不主张体罚学生。初到后宅小学，钱穆贴出布告，要求学生下课后到操场玩耍，不得在教室逗留。一日，钱穆巡视，见学生杨锡麟独坐在教室里，钱问他为何不去操场，杨不答，兀坐不动如故。钱穆叫来班长，班长告知钱穆，杨锡麟曾犯校规，前任校长令他到校后除大小便外，必须坐在教室里不得离开。钱穆说，前任校长已经离开学校，命令亦失效，让班长带着杨去操场玩耍，二人遂去。不一会儿，一群学生簇拥着杨来到钱穆办公室，告诉钱穆，杨在操场旁水沟中捕获一只青蛙，竟将它撕成两半。钱穆耐心地劝导他们："杨锡麟因久坐课室中，你们知道的，他都不知道。现在他和你们一起玩耍，你们要随时随地好好劝告，不得大惊小怪，不要他犯一个小错误，就一起来告发。以后再如此，就罚你们，不罚杨锡麟。"诸生听罢，默默无言而退。

又一次，钱穆亲戚家的兄弟二人也入后宅一小读书。钱穆让二人到操场和同学一起玩耍。不久，众学生一起拥着弟弟前来找钱穆，说弟弟随手打人。钱穆说："他年纪还小，你们都比他大，何足惧。他若再打人，你们可回手打他，我不处罚你们。”学生们高兴而散。哥哥听罢大哭，说：“我弟弟将被人打，如何受得起。”钱穆告诉他：“你别担忧，你弟弟若不打人，他人也不会打你弟弟。你好好看着，让他别再打人就行。”此后果然相安无事。学校的其他老师见了钱穆对这两件事情的处理成效，也都赞成不再体罚学生。

钱穆认为办学应办出独特的风格，他极推崇唐文治创办的无锡国学专修学校，他说：“办学不办出个独特的风格，充其量不过是商务印书馆、中华书局教科书的推销员，那是没有意思的。”

1930 年，钱穆的《刘向歆父子年谱》刊印后，钱一举成名。在顾颉刚的推荐下，钱到燕京大学任教，而他的最高学历仅为高中，且尚未毕业。此后八年，钱在燕京大学、北京大学等名校任教，并在清华大学、北平师范大学兼课，抗战期间，又陆续任教于西南联大、武汉大学、华西大学、齐鲁大学、四川大学。

初到燕大，钱穆对学生要求十分严格，考试批阅试卷给分也如此，八十五分以上极少，优秀者通常只批八十分，大部分在八十分以下，一个班总有几个不及格的。他原以为不及格的学生可以补考，不料燕大规定一次不及格就予以开除，从无例外。他听说几个学生因此要失学，立刻找到学校当局，要求重批试卷。学校开始以向无先例为由拒绝，但他据理力争，终于破例让他重新批阅试卷。此事让钱穆意识到，大学与中小学极为不同，在中小学任教，钱穆觉得自己是学校的主人；而在燕大，钱穆心中始终不安，他觉得：“学校是一主，余仅属一客，喧宾夺主终不宜。然余在此仅为一宾客，而主人不以宾客待余，余将何以自待。于是知职业与私生活大不同，余当于职业外自求生活。……遂决意果在大学任教，绝不愿兼任行政事务……”

燕京大学学生李素回忆老师钱穆：“宾四先生……采用旧式教授法，最高兴讲书，往往庄谐并作，精彩百出，时有妙语，逗得同学们哄堂大笑。宾师是恂恂儒者，步履安详，四平八稳，从容自在，跟他中年穿着的宽袍博袖出奇地相称。他脸色红润，精神奕奕，在课堂里讲起书来，总是兴致勃勃的，声调柔和，态度闲适，左手执书本，右手握粉笔，一边讲，一边从讲台的这端踱到那端，周而复始。他讲到得意处突然止步，含笑面对众徒，眼光四射，仿佛有飞星闪烁，音符跳跃。那神情似乎显示他期待诸生加入他所了解的境界，分享他的悦乐。他……和蔼可亲，谈吐风趣，颇富幽默感，常有轻松的妙语、警语，使听众不禁失声大笑。所以宾师上课时总是气氛热烈，兴味盎然，没有人会打瞌睡的。”

1931 年，钱穆在课堂上

在北大时，钱穆和胡适均以演讲的上课方式驰名学校，是北大最叫座的教授，在学生中有“北胡南钱”之说。王玉哲在《我和中国上古史》中回忆钱穆讲课说：“钱先生讲上古史与别人不同，不是从远古讲起，而是先讲战国，再逆向讲春秋。并且也不是一章一节、面面俱到地讲，而是以学术问题为中心，从发现问题到解决问题，层层剖析，讲得娓娓动听，很能启发人深入思考。”

在北大，钱穆最受学生欢迎的课程是中国通史课，这门课每周两次，多安排在下午一点到三点，此时常是学生最疲倦的时候，但钱穆却把下午的课变成了最吸引人的课，除了北大学生，其他学校的学生也慕名前来旁听。因听课的人太多，学校不得不将钱穆的通史课设在北大梯形礼堂，面积是普通教室的三倍，“每一堂课近三百人，坐立皆满，盛况空前”。据说为了给钱穆腾教室，北大将胡适的课挪出了大礼堂。这门课有的学生一听就是四年，北大有位姓张的学生上高三时便到北大听课，从北大一直听到西南联大，总共听了六年之久。

西南联大学生李埏回忆钱穆在西南联大开中国通史课的盛况：“果然不出所料，听课人数确乎不可胜数。那时，先生住宜良岩泉寺撰《国史大纲》，每星期四乘滇越火车赴昆明。当晚即讲授通史课，共两小时。星期六晚又续讲两小时，都是七点到九点。其所以排在晚间，原因是听课者众，昼间没有共同时间以满足大众的要求。西南联大继承北大自由讲学之风，允许校内校外人士旁听，而且尽可能兼顾其便。因此，其他大学的学生，中学的教师以及社会上有志于史的人们，皆来听讲，以致教室虽甚宽敞，仍不能使人各得其所。一张两人并用的课桌，总是三个人挤着坐。椅子坐满了，许多人便席地而坐。室内外的地上坐满了，便坐到窗台上。有的人连窗台也挤不上去，便倚墙而立。常见许多同学去上课时，都拿着一张报纸，为的是用以代席。这种状况，自开学以迄学年结束，始终一样，真是猗欤盛哉！”有一次钱穆因火车晚点迟到二十分钟，“听讲者仍等候着，无一人离去。这是很少见的现象。当时一般情况是；上课铃响后几分钟教师还未来，学生便走了。我多次看见宾四先生满面通红、大汗淋淋地走进教室，从人缝中，甚至踩着课桌，登上讲台”。

当年北大教授中有著名的“岁寒三友”。“所谓三友，就是指钱穆、汤用彤和蒙文通三位先生。钱先生的高明，汤先生的沉潜，蒙先生的汪洋恣肆，都是了不起的大学问家”。

钱穆和胡适关于老子的观点各异。一名新生问钱穆：“旧同学皆告我，应当用心听胡适先生与钱穆先生二人的课，可是二人讲的观点正好相反，不知两位先生可曾当面讨论统一观点？”钱穆回答：“此处正见学问之需要。汝正当从此等处自有悟入。若他人尽可告汝一是，则又何待汝多学多问。”

钱穆受邀去北师大兼课，第一次上课，听众甚众，系主任亦在窗外徘徊。第二周上完课，系主任将钱穆请去，告诉钱：“此课本请某君担任，上堂后，学生问，中国封建社会系秦前结束，抑秦后开始，又或秦前秦后一体直下无变。某君所答，听者不满，争论不已，终至哄堂而散。某君遂不再来。别请某君，复如是，仍哄堂而散。某君亦不再来。恐直言相告，先生决不愿来。今幸两堂过，学生竟不发此问。并闻对先生深致满意。真大佳事。”

何兆武回忆：“钱先生讲课总是充满了感情，往往慷慨激越，听者为之动容。据说上个世纪末特赖齐克在柏林大学讲授历史，经常吸引大量的听众，对德国民族主义热情的高涨，起了很大的鼓舞作用。我的想象里，或许钱先生讲课庶几近之。”

在西南联大，钱穆上中国通史课，第一节课上来便说祖国历史有其独特之处，作为一个中国人，应感到它是可敬可爱的，大家读史，治史应取的正确态度：不应当以古非今，也不宜厚今薄古，不可崇洋，也不可自大；应认识统一和光明是中国历史的主流，分裂和黑暗只是中国历史的逆流，若非如此，中国历史岂能绵延数千载而不绝。钱穆的讲话感情奔放，声音强劲而有力，道理深切着明。那时国难方殷，中原陷没，学校播迁甫定，学生听得感动万分，两个小时的课，自始至终，皆屏息而听，以致偌大一个教室，人挤得满满的，却如同阒无一人。从钱穆的讲授中，学生们不唯大大增加了国史的知识和兴趣，而且强化了爱国主义思想和民族自信心。

很多人慕名去西南联大拜谒求教钱穆。对于前来求教之人，钱穆极少问其姓名、职业，总是和颜悦色地接待，有问必答，一视同仁，有教无类。学生李埏觉得，有些问题过于浅近，殊不必一一作答，于是问钱穆道："有些人似是慕名而来，欲一瞻风采而已。何以先生也很认真地赐以教言？"钱穆回答说："你知道张横渠谒范文正公的故事吗？北宋庆历间，范文正公以西夏兵事驻陕西。横渠时年十八，持兵书往谒。文正公授以《中庸》一卷，说：'儒者自有名教可乐，何事于兵。'横渠听了，翻然而悟，遂成一代儒宗。可见有时话虽不多，而影响却不小。孔子说：'知者不失人，亦不失言。'我宁失言，不肯失人。"

1949年，钱穆在广州街头偶遇张其昀。张告诉他自己想到香港办一所学校，请钱穆加入，钱穆欣然同意。但钱穆到港后，张其昀已离港赴台，钱穆与崔书琴咬牙坚持，同时邀请唐君毅和香港《民主评论》主编张丕介，一起创办了亚洲文商学院，即后来的新亚书院。

新亚书院的创办，旨在收留因战乱流离的学生。钱穆说："我创办新亚的动机，是因为当初从大陆出来，捡到许多流亡青年，到处彷徨，走投无路，又不是人人都有机会到台湾来；而我觉得自己是从事教育工作的人，怎忍眼看他们失学。同时，也觉得自己只有这一条适当的路可以走。虽然没有一点把握，但始终认定这是一件应当做的事。"

徐复观在《忧患之文化——寿钱宾四先生》一文中也记载钱穆等人办学的窘况："新亚书院之创立，盖有类于乞食团，托钵僧"，钱穆等人"日则讲授奔走，夜则借宿于某一中学课室。俟其夜课毕，则拼桌椅以寝；晨光初动，又仓皇将桌椅复原位，以应其早课之需"。

面对困境，钱穆却坚定地说："只要新亚能不关门，我必然奋斗下去，待新亚略具基础，那时才有我其他想法之自由。"为了办学，钱穆简朴节约，他刚开始住

1953 年，钱穆（左）与唐君毅在新亚学院迎新会上

在书院的校舍中，后搬到钻石山贫民区租屋居住，每天搭乘公共汽车到学校；后又搬到较为偏远的沙田西灵寺旁的乡村居住，仍旧每天乘坐公共汽车、火车到学校上课，从来未向校方申请过公费补助。

在钱穆的倡议下，新亚书院创办文化讲座，每周末晚上请校外学者做学术讲演。每到开讲，无论寒暑风雨，可容纳百人的教室座无虚席，以至于新亚书院的学生只好环立于旁，挤在墙根听讲。当时在港的许多名人也前来听讲，如化学家沈燕谋（与胡适同年出国留学，毕业于美国威斯康星大学）每讲必来，散会后便与钱穆谈论讲题。他十分佩服钱穆，称比自己小五六岁的钱穆为师，自称门人。原国民党苏州城防司令孙鼎宸也每周必来，与钱穆成为挚友。

1952 年，18 岁的李敖初次拜访钱穆，此后，他们书信来往多年。钱穆曾在信中殷殷规劝、循循善诱：“学问之事，首贵有恒心，其次则防骄气，小有所成，志得意满，中道而止，虽有脱秀之质，犯此二病，终不能有远到之望，唯立志高远，始克免此。君尚在青年，向学伊始，故特以此相勉。”又说：“当知学问与德性实为一事，学问之造诣，必以德性之修养为根基，亦以德性之修养为限度，苟忽于德性，则学问终难深入，此层务盼注意。”钱穆去世后，李敖回忆说：“信中对一个 18 岁的青年如此鼓励，固因我的好学引起他的注意，也实可看出他具有教育家的风度。”

因为后来钱穆对蒋介石的态度，李敖对钱穆的态度也由最初的佩服转变为厌恶，甚至对钱发起了猛烈攻击。但李敖却始终记得钱穆对他的殷殷教诲。钱穆去世后，他回忆说：“在钱穆死前不久，我去‘故宫博物院’，远远地望见了他，他已老态龙钟、步履维艰。我没有趋前问候，但心里一直感念他，毕竟在我少年时代，他曾经被我心仪，曾经热心指导过我、帮助过我，这种老辈风范的人物，对于‘现

钱穆在素书楼授课

代史’来说，真是‘上古史’了……”

晚年到台湾后，钱穆应张其昀邀请，到台湾中国文化学院（现台湾中国文学大学）任历史系教授，每周讲课两小时。为免钱穆奔波，学校安排钱穆在家中客厅授课，持续18年之久。钱家客厅总是座无虚席，钱穆身旁的圆桌坐的是他带的研究生，旁听者则自行觅座。有人坚持持续听课18年，从学生听成教授，又带着学生来听课。1977年冬，钱穆胃疼，次年春患黄斑变性症，双目失明，但钱穆却一直坚持进行教学演讲。

钱穆对学生要求严格，希望他们潜沉下来，专心治学。他说，五四一代的学者迅速成名，学术却谈不上；清华一代的学者有成绩，却太早当上教授，过舒适日子，谈不上大成就，反不及以一生精力著一本书。他要求弟子不要年轻时轻易发表作品，以免到了年长学问贯通后后悔。

1986年，92岁的钱穆告别了他的教学生涯。这年生辰，他在素书楼讲了最后一课，讲课完毕，他对学生们说：“你们是中国人，不要忘记了中国！”

风　华

苏州中学的学生胡嘉回忆老师钱穆：“钱先生身躯不高，常穿布大褂，戴金丝眼镜，头发偏分，面露笑容，口才很好。讲解符文，巧譬善导，旁征博引。他的国语尽皆吴音，但吐音明白，娓娓动人。有时高声朗诵，抑阳顿挫，余音绕梁。”

朱海涛在《北大与北大人》中描写钱穆：“宾四先生，也是北大最叫座教授之一。这并不需要什么事先的宣传，你只要去听一堂课就明白了，二院大礼堂，足有普通大课室的三倍，当他开讲中国通史时，向例是坐得满满的。课室的大，听众的多，和那一排高似一排的座位，衬得下面讲台上的宾四先生似乎更矮小些。但这小个儿，却支配着全堂的神志。他并不瘦，两颊颇丰满，而且带着红润。一副金属细边眼镜，和那自然而然的和蔼，使人想到‘温文’两个字，再配以那件常穿的灰布长衫，这风度无限雍容潇洒。向例他总带着几本有关的书；走到讲桌旁，将书打开，身子半倚半伏在桌上，俯着头，对那满堂的学生一眼也不看，自顾自地用一只手翻书。翻，翻，翻，足翻到一分钟以上，这时全堂的学生都坐定了，聚精会神地等着他，他不翻书了，抬起头来滔滔不绝地开始讲下去。越讲越有趣味，听的人越听越有趣味。对于一个问题每每反复申论，引经据典，使大家惊异于其渊博，更惊异于其记忆力之强，而易见开讲时的翻书不过是他启触自己的一种习惯，而不是在上面寻什么材料。这种充实而光辉的讲授自然而然地长期吸引了人。”

何兹全回忆钱穆在北大讲课的情形：“钱先生讲课，很有声势，也很有特点。虽然一口无锡方言，不怎么好懂，但仍然吸引人。……他讲课每讲到得意处，像和人争论问题一样，高声辩论，面红耳赤，在讲台上龙行虎步，走来走去。”

方诗铭在《宾四先生散忆》中回忆钱穆在齐鲁大学讲课的情形说：“宾四先生善言辞，长于演讲……先生授课，于兴至之处，时高举双臂，慷慨激昂，间更纵声而笑。”

钱穆注重养生，几十年如一日练习太极拳。钱穆在新亚书院的学生唐端正曾回忆说：“他呼吸深长，全套每次可打 30 分钟。在桂林街初期，有一天正当钱先生在上课，突然来了两个阿飞，在课室门口探头探脑，一派轻薄。钱先生站着问他们是做什么的，他们也不理睬，还旁若无人地在课室内左右穿插。钱先生恼怒了，登时把长袍的两只阔袖拉起，露出两只结实的手臂，一个箭步就抢到那两个阿飞的面前，摆出个揽雀尾的姿势，把他们吓得一溜烟跑了。”

1950 年春天，余英时来到新亚书院，发现“整个学校的办公室只是一个很小的房间，一张长桌子已占满了全部空间”。他对钱穆的第一印象是：“个子不高，但神定气中，尤其是双目炯炯，好像把你的心都照亮了。与人交往，他的尊严永远是在那里的，使你不可能有一刻忘记。”

推 重

1922 年春，钱穆的同事兼同学安若泰在上海与常州府中学堂的同学施之勉晤面，在旅馆夜谈时，纵论一时作家学人。施说，在《学灯》见了钱穆的文章，文体独异，可惜不知道此人资历，今在何处。安若泰说：“此人乃我辈常州府中学堂旧同学，近在后宅，与余同一学校。惟已改名，故君不知耳。”施当时在厦门集美学校任教务长，遂告诉安：“我此去，必加推荐。”是年秋，厦门集美学校果然寄来聘书，聘请钱穆为中学教员。

钱穆与钱基博的结识也源于钱穆发表在报纸上的文章，钱基博对钱穆非常赏识，推荐其到自己兼课的无锡省立第三师范任教。此后钱穆一直敬重钱基博，晚年仍不忘钱基博的提携和赏识，他说：“同事逾百人，最敬事者，首推子泉（钱基博）。生平相交，治学之勤，待人之厚，亦首推子泉。”

1929 年，在南京内学院听欧阳竟无讲佛学的蒙文通读到钱穆的文章后，对钱极为佩服，他先写万字长信给钱穆，后又特地到苏州拜访钱。时值冬日，两人同游灵岩山，又乘轿到太湖畔的邓尉游玩。蒙文通随身携带着钱穆正在写的《先秦诸子系年》书稿，乘坐轿子时，便迫不及待地披览起来。蒙文通对此书赞叹不已，对钱说：“君书体大思精，惟当于三百年前顾亭林诸老辈中求其伦比。乾嘉以来，少其匹矣。”

陈寅恪对《先秦诸子系年》一书也极为赞赏，他多次在不同场合称赞该书“极精湛”，并将该书与自己最尊崇的王国维的书相提并论，说“自王静安后未见此等著作”。

陈寅恪对钱穆的《国史大纲·引论》一文亦极为推重。钱穆在《师友杂忆》中记载：“张其昀晓峰来昆明出席中央研究院评议会，晤及陈寅恪。寅恪告彼近日此间报端有一篇大文章，君必一读。晓峰问，何题。乃曰，钱某《国史大纲》引论。晓峰遂于会后来宜良，宿山中一宵，告余寅恪所言。”

顾颉刚看到《先秦诸子系年》一书后，称该书“作得非常精练，民国以来战国史之第一部著作也”。顾对钱说：“君似不宜长在中学中教国文，宜去大学教历史。”之后，顾颉刚邀请钱穆为《燕京学报》撰文。钱当时正读康有为的《新学伪经考》，心中存疑，又因顾主讲康有为，于是起草《刘向歆父子年谱》一文。此文不啻与顾颉刚进行学术上的争论，但顾毫不介意，既将钱文刊出，又推荐钱穆至燕京大学任教。为此，钱穆称赞顾颉刚道："此等胸怀，万为余特所欣赏。"

胡适邀请弟子顾颉刚到北大任教，其时钱穆正从燕京大学辞职，顾便乘机向老师推荐钱穆。顾在给胡的信中说："我想，他如到北大，则我即可不来，因为我所能教之功课他无不能教也，且他为学比我笃实，我们虽方向有些不同，但我尊重他，希望他常对我补偏救弊。故北大如请他，则较请我为好……"胡适欣然同意，钱穆遂到北大任教。

胡适亦赏识钱穆，称钱的《刘向歆父子年谱》乃"一大著作，见解与体例都好"。钱穆在北大时，有人向胡适请教关于先秦诸子问题，胡适总说："有关先秦诸子事，可向宾四先生请教，不必再问我。"胡适还将自己珍藏的孤本《求仁录》借给钱研览。

钱穆的老师吕思勉盛赞弟子的《国史大纲》一书中论南北经济一节，又说"书中叙魏晋屯田以下，迄唐之租庸调，其间演变，古今治史者，无一人详道其所以然。此书所论诚千载只眼也"。

直到 1968 年，钱穆才当选"中央研究院"院士，李敖很为其抱不平："钱穆的理学怪说固不足论，但他在古典方面的朴学成就，却更该先入选成院士。"

礼　遇

抗战期间，蒋介石数次会见钱穆，与其谈宋明理学与历史，并请他到重庆机关进行演讲。为表示对钱的敬重和礼遇，蒋会见钱时，特地改穿长袍。钱在会面时曾向蒋进言，为了全体国人的利益，请蒋在抗战胜利后功成身退。1949 年，国民党全面溃败之际，钱力主蒋应当下野。蒋日后仍对钱礼遇有加，甚至公开说，或许钱穆等人当时所言，"对国事是有利的"。

钱穆曾回忆他与蒋介石见面的情形：第一次会面，"谈话不到数分钟，已使我忘却一切拘束，权畅尽怀，如对师长，如晤老友，恍如仍在我日常之学究生活中。"第二次，蒋设宴款待钱穆，"餐桌旁备两座，一座背对室门进口，一座在右侧，我见座椅不同，即趋向右侧之座，乃总统坚命我坐背向室门之座。我坚不敢移步，总统屡命辍。旁侍者告我，委员长之意，不可坚辞。余遂换至背室门之座。侍者见我移座，即将桌上预放两碗筷互易，我乃确知此座乃预定为总统座位，心滋不安，但已无可奈何”。

1950年冬，因新亚书院举步维艰，钱穆和新亚其他同人一起到台湾募集资金。飞机飞抵台湾，蒋经国已经派人在机场迎接。第二日中午，蒋介石在士林官邸设宴招待。一早，钱穆等人便由张其昀陪同前往士林官邸，因蒋在台北市区开会未归，由宋美龄作陪，并送上煮汤圆请众人充饥。蒋归后，午宴即开始，钱穆发现，蒋吃的米饭是当时粗糙的配给米，深为感动，竟不忍将新亚书院办学困难之事直言相告，只以他语搪塞。后蒋介石得知新亚书院的资金困境，令人每月拨给钱穆港币三千元资助新亚书院，直到四年后耶鲁大学向新亚书院提供资金补助为止。

1966年，大陆开始“文化大革命”，蒋介石发动“中华文化复兴运动”以示对抗。蒋介石力邀海外的学界泰斗们到台湾定居，钱穆亦受到邀请。钱对蒋此举极为赞许，称此举为“自辛亥以来最大的一件事”。因有蒋的盛情相邀，加上香港情势丕变，政局不稳，钱穆决定到台湾定居。1967年10月，73岁的钱穆偕夫人胡美琦迁居台北，终老于彼。

在蒋介石的指示下，台湾国民政府拨出位于台北外双溪东吴大学旁的土地，并拨公款为钱穆建了一栋别墅式两层楼房，这就是大名鼎鼎的“素书楼”。同时，台北故宫博物院特聘钱穆为研究员，有了此便利，钱穆得以遍览《四库全书》等重要典籍，专心著述。

1967年，钱穆携夫人胡美琦由美国到台湾

蒋介石去世后，钱穆极为悲伤，称：“内心震悼，不知所措。日常阅览写作，无可持续，惟坐电视机前，看各方吊祭情况，稍遣哀思。”

1986年，92岁高龄的钱穆应蒋经国的邀请，出任总统府资政。蒋经国特委托总统府秘书长沈昌焕亲自将聘书送到素书楼，两蒋对一代儒宗的高度尊重，一时传为美谈。钱穆说，在他之前从无学者出任资政的前例，他是为知识分子开这个先例。

钱穆在素书楼树下小憩

李敖对钱穆与两蒋的关系很是不满，他不遗余力攻击钱道：“试看钱穆写的《总统蒋公八秩华诞祝寿文》，歌颂蒋介石是‘诚吾国历史人物中最具贞德之一人。禀贞德而蹈贞运，斯以见天心之所属，而吾国家民族此一时代贞下起元之大任，所以必由公胜之也’。肉麻兮兮，已是全然无耻，知识分子反动到这步田地，真大令人失望矣！回想钱穆当年给我写信，标榜‘学问’与‘德性’的关系，如今‘学问’竟不能阻止‘德性’的沦落，我真忍不住为他悲哀！”并且说：“历史上，真正的‘一代儒宗’是不会倒在统治阶级的怀里的！”

不 谐

在常州府中学堂的学潮中，与钱穆同为学生代表的刘寿彭，聪明过人，且极为激进。一日，刘被舍监陈士辛叫去问话，出来后即进入厕所，大声叫道：“不杀陈士辛，我就不是刘寿彭！”他就是后来的刘半农。20年后，钱穆到燕京大学任教，前去拜访刘半农。刘很客气地留他吃了午饭，两人谈了两个小时，但刘闭口不提当年在常州府中学堂时期的事情，不问钱穆二十年来的情况，也不谈提倡新文学方面的动态。钱穆遂感叹道：“不客气乃旧相识，无深语似新见面。”从此以后，钱穆便鲜少与之来往。刘半农去世后，钱穆挽其曰：“人皆认之为半农，余独识之是寿彭。”

钱穆与陈寅恪时有过从。但钱穆晚年在《师友杂忆》一书中提及陈寅恪，多为日常生活中的往来，很少语及陈寅恪的学术。究其原因，研究者认为大概是二人对于史学的研究方法的分歧所致。

1932年，国民政府下令将中国通史作为大学必修课，北大准备请多位史学家分讲该课程，当时钱穆也是北大拟请的担任该课程的史学家之一。但钱穆却对分讲很有意见，他在课堂上对学生说：“乃有人谓，通史一课固不当分别由多人担任，但求一人独任，事也非易。或由钱某任其前半部，陈寅恪任其后半部，由彼两人合任，乃庶有当。余谓，余自问一人可独任全部，不待与别人分任。”

1933 年暑假，文学院院长胡适拜访钱穆，与钱商量关于不续聘蒙文通之事。理由是学生听不懂蒙文通讲话。钱对胡的决定很不满，他说：“文通所任，乃魏晋南北朝及隋唐两时期之断代史。余敢言，以余所知，蒙文通离职，至少在三年内，当物色不到一继任人选。其他余无可言。”研究者认为，此番话虽是针对蒙文通所说，但却暗示了钱对陈寅恪研究的不认同，因为当时研治晋至唐史的人选，史学界公认陈寅恪最佳。

1960 年，钱穆在给余英时的信中，曾论及近代学者之文章，他对章太炎、王国维、梁启超、胡适、陈垣，均是褒多于贬，但论及陈寅恪时，钱穆却说：“又如陈寅恪，则文不如王（王国维），冗沓而多枝节，每一篇若能删去其十之三四方可成诵，且多临深为高，故作摇曳，此大非论学文字所宜。”

1929 年，胡适应邀到苏州女子师范、苏州中学做演讲。胡适友人在其行前，写信告知：君来苏州不可忘两事，一当购长洲江湜弢叔《伏敌堂集》一书……其二，则莫忘一见苏州中学之钱某。胡适遂借此机会拜访钱穆。钱穆时正撰写《先秦诸子系年》一书，有两本讨论《史记·六国年表》的著作始终找不到。二人甫见面，钱穆便出口询问，胡适无以对。演讲完毕后的晚宴，胡适以“忘带刮胡子刀”、“积习非此常用刀不可”为借口匆匆返回上海。临走时，胡适给钱穆留下了他在上海的地址，曰，“来上海，可到此相晤。若通讯，亦照此地址”。这是此次苏州之行中胡适与钱穆唯一的正式交谈。八十岁时，钱穆对此仍耿耿于怀，说：“倘以此行匆匆不克长谈，可于返沪后来一函，告以无缘得尽意。余之得此，感动于心者，当何似。颜斶见齐王，王曰斶前，斶曰王前，终不前。此后余亦终不与适之相通问。”

钱穆回忆，一次，他得知胡适藏有潘用微的《求仁录》一书，“向之借阅。彼在别室中开保险柜取书，邀余同往。或恐余携书去有不慎，又不便坦言故尔。……余移寓南池子锡予家，一日傍晚，一人偶游东四牌楼附近一小书摊，忽睹此书，亦仅数毛钱购得。”

钱穆一向反对新文化运动，他在谈论新文化运动时说，“凡中国固有必遭排斥”，“厚诬古人，武断已甚”，“谴责古人往事过偏过激”。对于新文化运动的领袖胡适，钱也毫不客气地批评说：“当时中病实在一辈高级知识分子身上。而犹如新文化运动诸巨子，乃群据大学中当教授，即以大学为根据地大本营。”他亦表明自己的立场：“时余已逐月看《新青年》，新思想新潮流至涌来。而余已决心重温旧书，乃不为时代潮流挟卷而去。及今思之，亦余当年一大幸运也。”

早年，钱穆称赞胡适“介绍西洋新史学家之方法来治国故，其影响于学术前途者甚大”。在将胡适与梁启超进行比较时，钱穆更赞赏胡适，他说虽然梁的著作“精美详备”，“惟其指陈途径，开辟新蹊，则似较胡氏为逊”。但他又说：“要之其书（胡适《中国哲学史大纲》）足以指示学者以一种明确新鲜之方法，则其功亦非细矣。”

钱、胡二人在老子问题上观点迥异，胡认为老子的生卒年代早至春秋晚年，略早于孔子，并在《中国哲学史大纲》中，将神仙化的“老子”还原为哲学化的老子。而钱穆在《关于老子成书年代之一种考察》一文中主张，老子晚到战国，晚于孔子，略早于韩非。为此二人时有争辩。胡适虽对钱穆的《刘向歆父子年谱》一书颇为赞赏，但在课堂让却不遗余力地批评钱穆关于老子和《老子》一书成书年代的结论；而钱穆亦不因胡对其的提携之恩就赞同胡的观点，课堂上，他常不客气地批评道：“这一点胡先生又考证错了。”

当时有传闻说胡适因此对钱穆有成见，胡一次便在课堂上说：“老子又不是我的老子，我哪会有什么成见呢？”一位同学问他钱先生的说法和他不同，究竟哪一个对时，胡适答道：“在大学里，各位教授将各种学说介绍给大家，同学应当自己去选择，看哪一个合乎真理。”

张中行在《红楼点滴》一文中记载二人的争论趣事：“胡书早出，自然按兵不动，于是钱起兵而攻之，胡不举白旗，钱很气愤，一次相遇于教授会，钱说：‘胡先生，老子年代晚，证据确凿，你不要再坚持了。’胡答：‘钱先生，你举的证据还不能使我心服，如果能使我心服，我连我的老子也不要了。’”

钱穆称：“余自入北大，即如入了一是非场中。”钱穆和胡适上课均吸引了众多的学生，原因之一便是他们的观点的鲜明对立，钱称“大凡余在当时北大上课，几如登辩论场”。据说，当时北大教授的夫人们常去听钱穆讲课，听罢后又去旁听胡适的课，回去后作为谈资。

一次，商务印书馆想请胡适编一本中学国文教材，胡适知道钱穆有多年中学教书经验，便请钱合编，但钱却婉言谢绝，他认为两人的中国文学观点大相径庭，一起编不合适，最好每人编一本，让读者比较阅读。

钱穆认为胡适“世俗之名既大，世俗之事亦扰困之无穷，不愿增其困扰者，则亦远避为是”。胡适患病住院，钱穆未去探望。有人责问他：“适之尊君有加。今病，访者盈户，君宁可不去？”钱穆答曰：“此显属两事，君并合言之，将教余何以为人！”

钱穆居北平七八年，钱、胡交往并不多，胡适仅为蒙文通解聘一事到钱家拜访过一次。当时钱穆对解聘蒙一事表示不满，据理反驳，胡适两次“语终不已”，“两人终不欢而散”。钱穆为此对胡颇有微词，他在北平购书5万余册，尝对友人开玩笑说：“一旦学校解聘，可摆一书摊，不愁生活。”

任继愈回忆，有一年历史系系主任陈受颐休假，有人提议系主任是否由钱先生接替。胡适说：“钱先生刚来北大时是副教授，现在已是教授了。”没有往下说，这个建议也就搁浅了。

钱穆治史重考据，初到北平时，被史料考证派的傅斯年视为同道中人，二人交往颇多。傅经常邀请钱到史语所做客，宴请贵客如法国汉学家伯希和等人，亦经常邀钱作陪，并让钱坐于贵客身旁，向客人郑重介绍钱。后来，由于学术观点的分歧，二人关系逐渐恶化。钱穆的《国史大纲》出版后，张其昀询问傅斯年对此书的看法，傅说：“向不读钱某书文一字。彼亦屡言及西方欧美，其知识尽从读《东方杂志》得来。”张问道：“君既不读彼书文一字，又从何知此之详。”傅无言以对。

40年代初，傅斯年公开宣称：“钱某著作，我不曾寓目一字。”钱穆亦不甘示弱，说道：“彼之深斥于我，特以我《国史大纲》，于我国家民族历史传统多说了几句公平话。彼之意气激昂，锋铓峻锐有如此，亦使我警悚之至。”钱穆对史料考证派不遗余力的批判也导致了他在胡适、傅斯年有生之年始终受到主流史学派的排挤，他在致徐复观的信中也说：“胡氏（胡适）之害在意见，傅氏（傅斯年）之害则在途辙。”

1958年4月，胡适赴台接任中研院长，不少钱穆的学生质疑中研院院士独少钱穆，欠缺代表性。钱一度极为气愤，1966年，有人主张提名钱穆，但被他断然拒绝。钱穆愤然诘问，早在1948年，中研院就提名八十多名院士，他难道不该入列？！

1960年，钱穆应哈佛燕京学社的邀请，到哈佛做题为“人与学”的讲演，由杨联陞担任翻译。李济也去听讲。据余英时说，这位“平时喜作青白眼”的考古学家对钱穆的演讲不以为然，当时的反应是“白眼时多，青眼时少”。第二天，李济见到杨联陞时，称赞其翻译功底，竟能将钱穆演讲中的“语病”都掩盖过去。

抗战期间，顾颉刚在成都齐鲁大学设立国学研究所，希望钱穆出任主任一职。为报顾的知遇之恩，钱穆于 1940 年离开联大，到成都助顾办学。钱穆离开西南联大的原因，虽主要是因为顾颉刚的邀约，但也与他不喜联大的激进气氛有关。钱穆说：“自余离开联大以后，左倾思想日益嚣张，师生互为唱和。闻一多尤为跋扈，公开在报纸骂余为冥顽不灵。……凡联大左倾诸教授，几无不视余为公敌。”

宗 主

钱穆说：“当我幼年，在前清时代，就听有人说，‘中国不亡，是无天理。’在我幼小的心灵里，不禁起了一番反抗之心。”

钱穆认为，中国传统文化的精髓就在儒学，他主张现代中国人必读九本传统经典：《论语》、《孟子》、《大学》、《中庸》、《老子》、《庄子》、《六祖坛经》、朱熹《近思录》，以及王阳明《传习录》。只有读了这九本书，才能领略古人先贤的文化抱负。

泰伯市下扇扇董邹茂如因辖下区域赌风甚炽，问计于钱穆，钱穆对曰：“其惟导之使读书乎。”于是，邹即请钱穆筹设泰伯市图书馆。

钱穆反对胡适的“全盘西化论”的主张，曾评论道：“这是借尸还魂，纵使活转过来，也不真是我们自己了。”

燕京大学是教会学校，校务由监督司徒雷登主持。一日，司徒雷登设宴招待新来的教师，席间他问大家到校印象如何。钱穆直抒己见：“初闻燕大乃中国教会大学中最中国化者，心窃慕之。及来，乃感大不然。入校门即见‘M’楼、‘S’楼，此何义？所谓中国文化者又何在？此宜与此中国名称始是。”燕大为此召开校务会议，会上通过了钱穆的提议，将“M”楼改为“穆”楼，“S”楼改为“适”楼，“贝公”楼改为“办公”楼，其他建筑也一律以中文命名。校内有一湖，因所有提名都未得到认可，一时无名，遂命名为“未名湖”。有人向钱穆开玩笑说：“你提个意见，得了一楼，与胡适分占一楼，诚君之大荣也。”

燕大通用的语言为英文，连水电费的缴费通知亦如是。一次，钱穆接到一份水电费缴费通知，见上面全是英文，极为不满，索性不缴。到年底，学校派人来问他收到通知没有，他说收到了。来人又问：“为何不按月缴费？”钱穆气愤答道：

“吾乃学校所聘一国文教师，不必要识英文，何以在中国学校必发英文通知？”来人大怒，说：“我特来收费，其他学校的事情我一概不知。”

钱穆对留学生中鄙视中国文化之人，极为反感，说这种人一登洋船，面目全非。他对外国人用对待殖民地的那一套，施之于中国，也异常反感，曾说：“中国人自己的铁路，为什么车站站牌上，中国字下面偏要注上英文拼音？汪伪汉奸政府将它一律取消，这一点却做得痛快。只是他们将来会不会再注上日文，这可难说了。”

钱穆对洋节日也极反感，他在齐鲁大学国学研究所时，因齐鲁大学是教会学校，每逢圣诞节要放假，钱穆便贴出一张布告，上面只写：“十二月二十五日，全所循例放假一天。”美国教会派人来调查研究所情况，由钱穆接待。钱介绍说：民国某年研究所情况如何如何，某年又如何如何。美国人问：那是一九多少年？钱穆严肃地说：“我不知道。”

冯友兰至成都，华西大学教授开茶话会欢迎冯，钱穆亦在座。席间，钱穆说道：“吾侪今日当勉做一中国人。”冯正色说：“今日当做一世界人，何拘拘于中国人为。”钱反驳道：“欲为世界人，仍当先做一中国人，否则或为日本人美国人均可，奈今日恨尚无一无国籍之世界人，君奈之何。”冯友兰无言以对。

抗战期间，钱穆花费一年时间写就《国史大纲》，他说要将“我国家民族已往文化演进之真相，明白示人，为一般有志认识中国已往政治社会文化思想种种演变者所必要之智识”，作为修撰新通史的必备条件。

钱穆的《国史大纲》，提倡“国民当知国史”，确信知“国史”方能建“信仰”。他说：“一、当信任何一国之国民，尤其是自称知识在水平线以上之国民，对其本国已往历史，应该略有所知。二、所谓对其本国已往历史略有所知者，尤必附随一种对本国已往历史之温情与敬意。三、所谓对其本国已往历史有一种温情与敬意者，至少不会对本国已往历史抱一种偏激的虚无主义，亦至少不会感到现在我们是站在已往历史最高之顶点，而将我们当身种种罪恶与弱点，一切诿卸于古人。四、当信每一国家必待其国民具备上列诸条件者比数渐多，其国家乃再有向前发展之希望。”

钱穆说，“中国为世界上历史最完备之国家”，表现有三：一“悠久”，二“无间断”，三“详密”。

钱穆极力维护中国文化，他说：“若一民族文化之评价，与其历史之悠久博大成正比，则我华夏文化，于并世固当首屈一指。”

钱穆一直致力于增强国人对传统文化的自信，他认为，中国人对中国文化失去信心是中国文化的最大危机，学校教育偏重于自然科学，崇洋蔑己，全盘西化，是中国文化的重大隐忧。他认为，中国从无侵略他国的文化传统，向来推崇“不嗜杀人者能一之”，这才是真正的世界性和平观。

抗战胜利后，一日，钱穆在小学兼中学同学华沛若家中晤谈，华问：“《论语》‘孔子五十知天命’，先生今年亦已过五十，敢问知天命之义？”钱穆回答：“此乃大圣之境界，吾侪何敢妄加揣测。余只敢在三十而立、四十而不惑上用心。回忆自果育学校、常州府中学堂以来，改朝换代，天翻地覆，社会一切皆已大变。而吾两人今日在此檐下坐谈，岂不仿佛依然是往日情况。此亦可谓是吾两人之能立能不惑，但只可谓是一种具体而微之能立能不惑，又只是微之又微，微不足道。正如一万贯钱与一文钱，一文钱太少，太无价值，但亦同是钱。孟子谓‘人皆可以为尧舜’，罗近溪渭‘端茶童子亦即如圣人’，皆此义。倘吾侪能立能不惑，继续下去，亦可算得是吾侪之天命矣。孔子言：‘天生德于予。’人之禀赋有高下，德亦有大小。大德敦化，小德川流，纵是沟渎之水，只川流不息，亦皆朝宗于海。大海是其汇归歇宿处。此即是天命。”

严耕望回忆，钱穆教导学生应立志宏大，拿出气魄与意志，做个领导社会、移风易俗的大师，否则学术局限一隅，纵使当代是第一流学者，回归历史之后，仍是第二流学者。

钱穆预言：“我民族国家之前途，仍将于我先民文化所贻自身内部获其生机。”

创办新亚书院时，钱穆几次写信给在大陆的学生洪廷彦都流露出对故乡山水之胜的眷念，他在信中曾说道：“我虽不能回来，但在香港还有我应做的事。我的著述留存于天壤之间，自信可传之将来。

钱穆应邀去美国讲学，在美国碰见蒋梦麟，二人曾坐谈一小时。蒋告诉钱：“已连读君之《国史大纲》至第五遍，似君书叙述国史优处太多，劣处则少。”钱问蒋：“所叙国史优处有不当处否？”蒋答：“无。”钱穆说道：“既无未当，则亦不妨多及。国史叙治世则详，叙乱世则略。一朝兴则详叙，一朝亡略及。拙著亦承国史旧例。今日国人好批评中国旧传统，却绝不一道其优处，拙著亦以矫国人之偏，君谓有未当否。”蒋梦麟再三点头称是。

钱穆从美国讲学返国时，绕道英国，赴友人家中拜访。友人家在伦敦近郊，傍晚时钱穆夫妇出外散步，附近一个小镇上的居民群出围观，问钱穆是否自香港来，钱穆答以美国，众人纷纷问美英孰优孰劣。钱答："美国何堪与英国相比。"众人大惊，问有何据。钱穆指着田塍间的老幼男女，说道："如此接近大自然，生活何等幸福。美国人家宅纵在乡野，出门即大马路，汽车交驶，岂容徒步。即欲就近买一包纸烟卷，亦得驾车出门。长日困居院中，何得如君辈快乐。"众人闻言面露喜色，纷纷点头。

1989年，钱穆到香港参加新亚书院四十周年校庆，他在与学生座谈时说："救世界必中国，救中国必儒家。"

余英时谈论恩师钱穆时说道："钱穆治学的宗主，便是立志抉发中国历史和文化的主要精神及其现代意义。"

爱　国

钱穆的小学老师钱伯圭对钱穆说："你知道今天我们的皇帝不是中国人吗？"钱穆骤闻，大惊，云不知。归家后询问父亲，父亲说："老师说得对，今天我们的皇帝是满洲人，我们则是汉人，你看街上店铺有满汉字样，即指此。"钱穆自此便抱民族观念，同情革命民主。

在常州府中学堂就学时，钱穆偶然发现了一本谭嗣同的《仁学》。他一口气读毕此书，觉得心情激荡，革命思潮顿时高涨。第二天就去理发室剪去长辫，大为得意。考试结束后，他和同学一起回家，有人说："你脑后无辨，乘坐火车，如果遇到警察盘问，有革命党嫌疑。"在众人的劝说下，钱穆将所留长辫缝在帽子上，才未引起别人的注意。

在南京钟英中学上学时，每天清晨，钱穆都能听到环城军号声起，继而看到陆军中学学生腰佩刺刀在街上迈步出操，从此，他便有了投笔从戎、驰骋疆场的念头，经常幻想着出山海关，将日俄侵略者赶出东三省。此后，他虽没敢报考陆军中学，却学会了骑马。每逢星期日上午，钱穆便和几个同学租几匹马，出城直奔雨花台古战场，俯仰凭吊，半日而返。

抗战时期，钱穆在西南联大讲授中国通史课程，他在讲课中结合历史与现实，增强学生对抗战胜利的信心。当时学生们因时局失利而情绪低落，钱穆便在上课时鼓励学生，他充满信心地说，统一和光明是中国历史的主流，分裂和黑暗是暂时的，是中国历史的逆流，胜利一定会到来。

钱穆在《国史大纲·引论》中说："惟藉过去乃可认识现在，亦惟对现实有真实之认识，乃能对现在有真实之改进。""故欲其国民对国家有浓厚之爱情，必先须使其国民对国家已经之历史有深厚之认识。""此种新通史，其最主要之任务，尤在将国史真态传播于国人之前，使晓然了解于我先民对于国家民族所已尽之责任，而油然生其慨想，奋发爱惜保护之挚意也。"

1944 年，国民党政府号召知识青年从军，钱穆在《大公报》上发表《知识青年从军的历史先例》一文，发动青年响应政府号召，从而掀起了"一寸山河一寸血，十万青年十万军"的大规模从军运动，影响甚大。

1950 年秋，"新亚书院"在香港成立，钱穆出任书院院长。钱穆说，"新亚"之名，意为"新亚洲"，希望为在香港的中国人争取稍微光明的未来。钱穆的后人说，钱穆看到生活在香港的中国人失去精神支柱，希望藉由在百年殖民之地上办校，倡导中国文化，让流亡者勿忘要做中国人。

香港政府决定将崇基、新亚、联合三家书院合并为一所大学，拟定名称时，众说纷纭，争议难下。有人主张叫"九龙大学"，也有人说叫"中山大学"，钱穆提议叫"中文大学"，因为在香港这个特殊地域，使用"中文"作为新大学之名称，具有一定象征意义，并符合筹设时英文直译的背景。最终他的意见被采纳。此后，在钱穆的坚持下，香港当局任命中国人李卓敏担任中文大学首任校长。

钱穆主张国家应该统一。1986 年 2 月，92 岁高龄的钱穆发表《丙寅新春看时局》一文，认为"和平统一是国家的出路"，而"历史传统和文化精神的民族性，是中国统一的基础"。

家 风

钱穆父亲钱承沛爱子女深挚，钱父尝对人言："我得一子，如人增田二百亩。"钱穆出生时，曾啼哭三日不止，钱承沛对妻子说："此儿当命贵，误生吾家耳。"

钱穆儿时，疼爱儿子的父亲每晚归家时都带一些糕点零食，放在他床边小桌上，用一只碗或帽子扣着，以便钱穆早晨起床后揭开碗就能吃到。这一习惯，到钱穆七岁上了私塾，方才停止，母亲对他说："汝已入塾，为小学生，当渐知学大人样，与兄姊为伍，晨起点心，可勿望矣。"

刚上私塾，钱穆出教室小便，归座后，老师问道："你为什么离座？"遂重打其手心十下。于是钱穆再不敢出去小便，以至于尿湿裤子。回家后，母亲问何故，钱穆不敢答，母亲问其长兄，长兄如实相告。不久后，母亲告知父亲此事，年底，父亲遂辞退了塾师。

其间，钱父到私塾，见钱穆正诵读大学章句序至"及孔子没"，塾师时尚未为钱穆讲解。父亲指着"没"字考问钱穆何意，钱穆答道："如人落水，没头颠倒。"父问："汝何知此没字乃落水？"钱答："因字旁称三点水猜测之。"父亲抚摸着钱穆的头对塾师说道："此儿或前生曾读书来。"

钱穆的祖父留下一部大字木刻本《史记》，上有五色圈点，并附有批注，钱穆自识字起就开始阅读此书。学生赵捷民回忆，钱穆在北大任教时，给学生推荐参考书，除了自己著的《先秦诸子系年》，就是《史记》，并要求学生们精读《史记》。

八岁时，钱穆因家中迁居而不再上私塾，常常躲在院中一个大石堆后面，背墙而坐，每日读小说。傍晚时屋内光线昏暗，他就爬上屋顶读书。他也因此患上了近视。

儿时，钱穆最爱看《三国演义》，九岁时便能背诵。父亲每晚到一个鸦片馆与人议事，一次，钱穆同去，一个客人问："闻汝能背诵《三国演义》，信否？"钱穆点头。又一客言："今夕可一试否？"钱又颔首。又一客言："当由我命题。"遂令钱穆背诵诸葛亮舌战群儒。钱穆边背诵边表演，背到诸葛亮时，立在一处；背到张昭诸人，又另立他处。背诵完毕，诸客竞相向父亲夸赞钱穆，父亲唯唯不答一词。翌日晚，钱穆又同去，父亲也不制止。路过一桥，父亲问："识桥字否？"钱穆点头曰："识。"问："桥字何旁？"答曰："木字旁。"问："以木字易马字为旁，识否？"答曰："识，乃骄字。"父亲又问："骄字何义，知否？"钱穆点首曰："知。"父亲牵着他，轻声问："汝昨夜有近此骄字否？"钱穆闻言如闻震雷，俯首默默不语。至馆中，诸人再让钱穆背诵，钱拒之。

钱父常晚归，母亲姐姐都已先睡，唯独长兄钱挚边读书边为父亲等门。父亲归后，还要考问钱挚功课。钱穆也陪着兄长，听到父亲的叩门声，他便迅速上床，听父兄谈话。某一时期，父亲让兄长读国朝先正事略诸书，讲湘军平洪杨事。某夜，值曾国荃军队攻破金陵，李成典、萧孚泗等先入城有功。父亲便说，此处语中有隐讳，接着又告诉钱挚："读书当知言外意。写一字，或有三字未写。写一句，或有三句未写。遇此等处，当运用自己聪明，始解读书。"钱穆枕上窃听，喜而不寐，此后便经常偷听父亲教导兄长读书。

钱挚入果育小学读高小，钱穆亦入该校读初小。父亲对钱挚督导甚严，对钱穆似较放任，不加督促。某日晚，有两个客人来家中闲谈，钱穆睡在隔壁，听见父亲与客人谈起自己："此儿亦能粗通文字。"又拿出钱穆在学校的作文，以及在家偷偷仿效兄长所作的专论关羽、张飞的散篇论文数十篇。钱穆惊愧不已。此后，父亲再教导钱挚读书，允许钱穆旁听。

钱父的身体每况愈下，不再每晚赴鸦片馆，而是一人在家据榻吸食。母亲和姐姐在灯下纺纱缝衣，钱挚则伴读一旁。每晚，父亲必让钱穆到鸦片榻前闲话，一说便是一两个小时。母亲兄姐私下对钱穆开玩笑说："汝在兄弟中貌最丑，陪侍父亲，却能多话。聒聒竟何语。"钱穆恧然不能对。

钱父与人交往，语不及私，往来酬酢，皆守礼节，绝不奢纵，亦不示人以贫窘穷迫之相。故而外人尊崇钱父，却不知钱家的经济状况。一日，钱穆从兄与人闲谈，此人盛赞钱父的为人。从兄说："外人都知家叔父为人，却不问家叔父阖家生活。"钱父听闻此语，特地叫来钱挚与从兄，训诫道："生活各家不同，非年轻人所当过问，更不宜与外人道之。"钱穆之母日常与亲戚族人来往，亦绝不谈及家庭经济。钱穆日后亦秉承家训，与人交游，只谈学术，甚少涉及生活之事。

钱父去世的这年除夕，午后，钱挚去七房桥钱家义庄领取钱米。钱穆三弟患疟疾，寒热交作，拥被而卧，钱母在一旁看护。四弟依偎在母亲身旁。钱穆一人独坐在大门门槛上，等候钱挚。钱挚久久不回，近邻各家，香烟缭绕，爆竹喧腾。邻居是徽州朝奉某夫妇，见钱家室无灯，灶无火，欲招他们同吃年夜饭。母亲坚却之。某夫妇坚请不已。母亲说："非不知领君夫妇之情，亦欲待长儿归，具香烛先祭拜祖宗，乃能进食。"某夫妇嗟叹不已。暮霭已深，钱挚才踉跄而归。又上街办得祭品数物。母亲率钱穆等人焚烧香烛，祭拜祖先后，才草草聚食，已是深夜。

养 性

钱穆自小身体羸弱，时常生病，其祖父、父亲均英年早逝，后又遭妻儿长兄接连亡故之变。一日，钱穆读到日本人所写的一本小书，论人生不寿，乃一大罪恶，当努力讲究日常卫生。钱当时又正读陆游晚年诗作，心中大奋发。遂认为："不高寿，乃余此生一大耻辱，大惩罚。"于是，钱穆从此在日常生活上严格要求自己，规律起居、注重锻炼，每天坚持静坐散步。他还一度仿效伍廷芳进行冷水浴，虽寒冬不辍。

钱穆从二十多岁练习静坐，对静坐之法深有心得。某年，他的一位堂房叔父病逝，他回乡送殓，至深夜，他一人去寝室床上静坐。忽闻堂上一声火铳响，他一时受惊，“若全身失其所在，即外界天地亦尽归消失，惟觉有一气直上直下，不待呼吸，亦不知有鼻端与下腹丹田，一时茫然爽然，不知过几何时，乃渐恢复知觉”。至此，钱穆遂知静坐佳境。回至学校后，他勤加练习，又读天台宗《小止观》一书，先用止法，一念起即加禁止。但他性躁，愈禁愈起，终不可止。遂改用观法，“一念起，即返观自问，我从何忽来此念。如此作念，则前念不禁自止。但后念又生，我又即返观自问，我顷方作何念，乃忽又来此念。如此念之，前念又止。初如浓云密蔽天日，后觉云渐淡渐薄，又似得轻风微吹，云在移动中，忽露天日。所谓前念已去，后念未来，瞬息间云开日朗，满心一片大光明呈现。纵不片刻，此景即逝，然即此片刻，全身得大解放，快乐无比”。

胡美琦回忆钱穆时也提到他的静坐：“我和宾四刚开始共同生活时，他整天在学校，有应付不完的事；下班回家一进门，静卧十几分钟，就又伏案用功。有时参加学校全体旅游，一早出门，涉海、爬山，黄昏回家，年轻人都累了，但宾四一进门仍只休息十几分钟便伏案。我觉得很奇怪，有一天谈起，他说：这是因为有静坐之功。他年轻时为求身体健康，对静坐曾下过很大功夫，以后把静坐中的‘息念’功夫应用到日常生活上来，乘巴士、走路，都用心‘息念’，所以一回家就能伏案。”

钱穆对朱熹“出则有山水之兴，居则有卜筑之趣”的生活方式极为欣赏，他治学著述便喜欢选择环境清幽、景色绝佳的地方。

在集美学校任教时，钱穆每天掌握好海潮的时间，在涨潮前到达海滩，在大石上迎潮而坐，潮迫身而退。一位同校的音乐图画教师，也每日前来迎潮，经常对钱穆讲其师弘一法师的言行，纤毫备叙。钱穆听闻此等言语，真如在世外，而非人间，令人神往。

在北大时，钱穆常到太庙备课，在古柏旁草坪上，“或漫步，或偃卧，发思古幽情”。第一年开中国通史课时，钱穆上课前，“必于先一日下午去太庙，预备翌日下午上课内容。……除遇风雨外，一年之内，几于全在太庙古柏荫下，提纲挈领，分门别类，逐条逐款，定其取舍。终能于一年内成其初志”。

钱穆在师友杂忆中记载一次他和熊十力、蒙文通、汤用彤四人在清华的一处农场中，此处多白杨，四人夜坐大厅上，“厅内无灯光，厅外即白杨，叶声萧萧，凄凉动人”。钱穆晚年追忆此夜，谓：“诚不失为平生难得之夜。”

1936年夏，钱穆到庐山游玩，住在汤用彤在牯岭的一处宅院中。钱穆尤爱三叠泉瀑布，下有三潭，潭水清洁，他曾裸身卧一潭中大石上半日，及起，懒不能堪。

抗战期间，钱穆曾在四川宜良县的岩泉寺闭门著书。去寺庙八里有一处温泉，每逢周日，钱穆便手持《陶渊明诗集》，一路吟诵而至。浴后，钱穆赤身坐在石阶上晒太阳，边饮茶边吟陶诗，尽兴而归。归途中至宜良县城吃午饭，宜良产鸭，钱穆到酒楼要一只烤鸭，外加烧饼，饱啖而去。

1943年，钱穆在遵义讲学期间，每天都要出去散步一个小时。学生李埏曾回忆道：“先生很喜欢散步。每晨早餐后，由我陪从，沿着湘江西岸顺流南行；大约走一小时，再沿着去时的岸边小道回老城。这样的散步，除天雨外，没有一天间断过。先生总是提着一根棕竹手杖，边走边谈。先生说，他很爱山水，尤爱流水，因为流水活泼，水声悦耳，可以清思虑，除烦恼，怡情养性。”李埏对钱穆感叹道：“不意先生之好游，乃更为我辈所不及。今日始识先生生活之又一面。”钱穆则说：“读书当一意在书，游山水当一意在山水。乘兴所至，心无旁及。……读书游山，用功皆在一心。”

在成都齐鲁大学国学研究所任教期间，钱穆住在成都北郊赖家园。赖家园园中有池，池边柳树依依，池中荷叶田田。每当风和日丽之时，钱穆便坐在池边的“消夏亭”中读书。其学生严耕望在《钱穆宾四先生与我》一文中回忆道：“消夏亭长方形，占地约八九百平方尺，中间置大型长桌，供集会之用；前端临池，横置小型长桌，即先生平日读书、写文之处。四周空阔，夏日清风徐来，荷叶飘香，有些山林习读之趣。研读既久，就提了手杖，到田野蹊径间漫步走一圈。”

在无锡江南大学时，钱穆常一人泛舟于太湖之上，小船任其所往，常两三个小时方归；在遵义浙江大学讲学时，钱喜在阳春时节，漫步于草地花茵之上，听溪水喧闹，观群燕翔天，“流连不忍去”。

修 身

钱穆少时顽劣轻狂。因成绩优秀，钱穆连跳两级，到后来只比长兄钱挚低一个年级。三年级时，钱穆奉师命和四年级的兄长一起去投考常州府中学。考国文时，钱穆交卷，一人略一阅看，抚着钱穆的肩说："此儿当可取。"不料，四年级去投考的八名学生全部被录取，仅钱穆一人未取。是夜，钱穆拥被大哭，翌日发奋苦读，准备下次雪耻。过了十几日，钱挚准备出发去常州读书的前一晚，老师钱伯圭前来通知钱穆，县署补发通知，钱穆亦被录取，让他准备行李，明日一起出发。钱穆大喜，次日一早仍极为兴奋，在船上畅述新读到的演绎归纳法，指着各位同学说："凡人皆有死，你们皆是人，皆当有死。这是西洋名学家言，汝曹何辞以答。"护送他们前去的华某在旁聆听，大为激赏，说钱穆年幼，已能谈西洋思想，他年必可有大前途，慎自勉之。入学后，钱穆才知当日说"此儿当可取"之人是常州府中学的创办人屠元博。

当时学生以和舍监作对为荣，钱穆私下也仰慕此种行为。某晚熄灯后，钱穆和同学夜谈。舍监陈士辛手持小电筒来寝室巡视，听见后喝道："爱说话的到舍监室和我说。"钱穆即披衣悄悄起身，尾随陈下楼。陈走近舍监室才察觉有人尾随，回头问钱穆为何下楼。钱答："听老师训诫前来谈话。"陈斥道："速去睡去，速去睡。"此后，陈特别在意钱穆，年终操行只给钱二十五分。钱穆同班一位同学，以及下一级两名同学，也各得二十五分，合计一百分。同学遂引四人为荣。

陈士辛教修身课，屡屡说："士尚行，不尚言。朴讷不语非即小人，多语擅文非即君子。"一日月考，同学约好捉弄陈，每答一题，不得超二十字，答语不得修辞费时，限三十分钟内全部交卷。钱穆坐教室前排第一位，陈士辛刚在黑板上写出四道题，钱穆便交了卷。其他同学也陆续交卷，鱼贯出了教室，返回自修室后，群聚哄笑。有两名同学被旁坐告发，答一题时超过两行，众人皆说要罚。两人到小食品摊买来两笼蒸馒头，热气熏蒸而上，众人围蒸笼争食。陈士辛尾随而至，见他们如此，无法斥责，悻悻然而去。

在常州府中学读书时，钱穆的体操课老师刘伯能在操场呼立正，即曰："须白刃交于前，泰山崩于后，亦凛然不动，始得为立正。"如遇烈日强风或阵雨，即曰："汝辈非糖人，何怕日。非纸人，何怕风。非泥人，何怕雨。怕这怕那，何时能立。"后钱穆在小学教体操课，每引刘伯能之语。日后，钱穆也将此语作为人生立身大训。

南京钟英中学放暑假时，钱穆从南京返回无锡，途经常州，与常州府中学的同学小聚。当时钱正读曾国藩《求阙斋记》，要求自己应当自求己阙。钱穆认为自己有时少决断，因此每日晨起，必预立一意，竟日不违，以修炼自己。这日他去常州府中学，立意与旧同学约谈，但不留宿。他到时已是晚餐过后，同学留宿，说：

“今晚周末，宿舍多空床。”但钱穆坚辞不留。其时风雨骤来，钱穆也不初衷。出了校门，钱穆抄旷野小径，风狂雨骤，伞不能撑，灯亦熄灭，而风益横，雨亦厉，钱穆浑身尽湿，淋漓不已。此时离校门尚不远，钱穆本想折回，但转念一想，清晨立志不可违，于是坚定意志向前而行。脚下草径已辨认不清，石块树根遍布脚下，危险万状，钱穆只能伏地爬行，摸索爬到石板路上。进入市区，钱穆找了一家旅店住下，急作一柬，嘱咐旅店派人去同学费子彬家借衣服，自己则拥被卧床以待。这晚虽然吃尽苦头，但钱穆心志愈坚，日后每做决定动摇之时，想起此夜之事，便不再轻易转变。

钱穆自上小学便开始吸烟，日后染上烟瘾。到梅村四小任教后，课本中有劝人戒烟的文章，钱穆告诫学生：“我已染此习，已无奈何。诸生年幼，当力戒。”课后，他暗自思忖：以无奈何自诿，他日何以教诲诸生。遂决心戒烟，以后三十年不再吸烟。友人夸赞他：“能提得起，放得下，洒落自在，不为物累。”

钱穆立誓每天必写日记，记下每日所读之书，不许一日停辍。结婚之日，远近亲戚蜂拥贺仪，钱穆一上午竟没有时间读一字。下午钱穆又继续忙乱于人情，心里惦念着今日日记之事，颇为沮丧，正好理发师前来为他理发，钱穆赶紧利用这个时间默然成诗两首，心中方才释然，自觉今天的日记，终可勉强交卷。

北伐胜利后，与钱穆同在常州府中学作为五代表与校长谈判的同学屠平叔，到苏州拜访钱穆。屠问钱：“兄往年多言好辩，今沉默少言不与人争，俨然两人矣。何以得此？”钱穆答：“我不自知有此异，亦不知何故。”

钱穆晚年，在香港做了一次精彩的演讲，名为“人生的三步骤”，其中着重提及了修身。他讲到，人们往往听到修身二字就顿生反感，认为它是一种束缚人的旧道德旧规矩，其实中国人所谓的修身并非如此。人必有所不为，而后可以有为，修身是一种最大的自由。

端 方

1922 年秋，钱穆到无锡县立第一高等小学任教。到校未满一月，钱穆收到厦门集美学校聘书，聘请他到该校任中学教员，月薪八十元。而钱穆此时的薪水只有二十四元，故他准备前往厦门，遂向校长辞职。校长力加挽留，钱穆考虑到学校一时未找到人接替自己，岂可遽然离去，心中颇忐忑，仍照常上课。一天晚上，某同事到钱穆寝室，诧异地问："听说你已经收到集美的聘书，向校长辞职了，怎么还留在学校上课不走啊？"钱穆告以校长挽留，不便遽离。同事笑道："此乃校长对你的礼貌，听说他已经找好人接替你了。你不走，反而使校长为难。你只管向校长请辞便是。"钱穆闻言，这才放下心来。

在苏州省立中学任教时，一日，班上的学生告诉钱穆："学校以前欠薪时，被学生尊仰的任课老师必告假缺席，不赴校上课，依然上堂授课的老师必然被同学鄙视。先生授课极受同学尊崇，而最近学校欠发薪水，先生独上堂不辍，同学都很诧异，不知何故。"钱穆闻言，诧异道："学校欠发薪水，是暂时之事。诸生课业，有关诸生之前途，岂可随时停止。诸生惟安心上课，勿以此等事自扰。"诸生闻言，各默然相对，无语而退。

在北大任教时，钱玄同之子也在钱穆班上。一次，钱穆上古史课时讽刺钱玄同的"疑古玄同"之名，说道："事有可疑，不专在古，上古也有很多不可疑之处。如某姓钱，此钱姓便属古，无可疑。……近来有人不姓钱，改姓'疑古'，此何理！"有人告诉他钱玄同的公子就在班上，让他讲课时稍加注意，以免引起麻烦，但他说："余任上古史课，若亦疑古，将无可言。"

钱玄同之子非常喜欢钱穆讲课，笔记记得极为认真，一字不遗，钱穆讽刺其父之言亦记之于笔记。不久，钱穆和钱玄同在一个宴会上偶遇，二人正好比邻而坐，钱玄同告诉钱穆他看过其子的笔记，钱穆一时不知如何作答，幸好钱玄同并未继续这个话题，而说："我儿子很相信你的话，不听我的！"钱穆遂释然。

钱穆的学生吴沛澜回忆，他在大学一年级时上了钱穆的《中国通史》，也读了顾颉刚《古史辨》七册。比较而言，他更赞同顾的观点，便就此写了一篇长文。钱穆看后，"加以批评，态度严肃，声色俱厉，历时亦长"。

长沙临大学生集会，欢送两名学生奔赴延安，邀请钱穆与冯友兰前去演讲。冯先发言，对赴延安两生倍加赞许。钱继之，力劝在校诸生须安心读书。散会后，钱穆回到寝室，冯友兰即来拜访，说："君劝诸生留校安心读书，其言则是。但不该对赴延安两生加以责备。"钱穆言道："如君奖许两生赴延安，又焉得劝诸生留校安心读书。有此两条路，摆在前面，此是则彼非，彼是则此非。如君两可之见，岂不仍待诸生之选择。余决不以为然。"二人力辩，冯最终不欢而去。但此后冯仍携其新成未刊稿前来请钱穆提建议，钱亦欢迎如故。

钱穆的《国史大纲·引论》一文在《中央日报》发表后，昆明的报纸零售摊上的《中央日报》一早便被联大史学系师生争购一空。一些没有买到的学生只能借来抄录。一时，此文成为联大师生热议的话题。一天，钱穆对学生李埏说：“一篇文章引起如此轩然大波，是大佳事。若人们不屑一顾，无所可否，那就不好了。至于爱誉，我从来不问。孔子说得好：不如其善者好之，其不善者恶之。说到毁誉，不妨取王荆公《与杜醇书》一读。”李埏便到图书馆借阅王临川集，见《与杜醇书》中有如下几句话：“夫谤与誉，非君子所恤也，适于义而已矣。不日适于义，而唯谤之恤，是薄世终无君子也。唯先生图之！”李由是而知：“在对待毁誉问题上，先生与荆公虽悬隔千载，却是很相契合的。”

《国史大纲》完成后，国民政府要求钱穆将书中所提及的“洪杨之乱”修改为“太平天国”，否则不允许他出版。但钱穆坚持不改，以致拖了半年之久，此书方得付梓。

1941年夏，钱穆回乡省亲期间，应老师吕思勉之邀回母校常州第五中学讲演，时钱已名扬天下，但对吕仍极为恭敬，字字句句仍以学生自居。他在演讲中说：“此为学校四十年前一老师长，带领其四十年前一老学生，命其在此演讲。房屋建筑物质方面已大变，而人事方面，四十年前一对老师生，则情绪如昨，照样在诸君之目前。此诚在学校历史上一稀遘难遇之事。今日此一四十年前老学生之讲辞，乃不啻如其四十年前老师长之口中吐出。今日余之讲辞，深望在场四十年后之新学生记取，亦渴望在场四十年之老师长教正。学校百年树人，其精神即在此。”

钱穆希望在乱世中找一方清静之地，能让他潜心读书研究。故而他离开了风潮迭起的西南联大。钱穆离开后，与钱素有往来的闻一多在报端公开骂钱穆“冥顽不灵”。陈寅恪到成都，与钱晤面时，告知钱此事，并说：“君倘在滇，当可以诽谤罪讼之法庭。”钱说：“此乃一时思想问题。凡联大左倾诸教授，几无不视余为公敌。一多直率，遂以形之笔墨而已。此等事又岂法堂所能判。”二人相与唏嘘。后闻一多遇刺身亡，钱穆到昆明时，赴其身亡处凭吊。

抗战胜利后，因中外形势，云南大学学生经常罢课。每每罢课，都是由学生发一通知，校方不加过问。一次，罢课多日后，几个学生来钱穆寓所请钱去复课。钱穆对学生说：“余之来校授课，乃受学校之聘。今罢课复课，皆由诸君主动，诸君在学校中究是何等地位。余前日非遵诸君罢课令不到学校上课，乃因去至讲堂空无听者，不能对壁授课，因此不往。今日余亦不愿遵诸君复课令即去上课。诸君既不像一学生，余亦竟不能做像一教师。甚愧甚愧。”学生赶紧谴责自己，表示认罪，卑辞坚恳。接着，陆陆续续又来了一些学生，站满了钱穆的寓所。钱穆无奈，最终还是随学生去上课了。

钱穆操一口无锡腔，几十年不曾改变。钱穆自己从来不觉得无锡话有什么不好，50 年代，他在新亚学院演讲时，香港学生反映听不大懂，有人问他需不需要翻译，意思是将他的话翻译成粤语，他反问道："要译成英语吗？中国人怎么会听不懂中国话呢？"

1960 年 1 月，钱穆应美国耶鲁大学东方学系邀请到耶鲁讲学半年，期间，耶鲁大学为其颁赠了名誉博士学位。钱穆出席颁赠典礼时，不愿穿戴礼服方帽，而坚持穿着普通衣服出席，他以此强调他是以普通人的身份接受荣誉学位头衔。

钱穆曾应台湾孔孟学会之请作《孔子传述》一书，他在书中说《周易》并非孔子所著。孔孟学会对此极为不满，几次要求钱穆易稿，否则拒绝出版。钱穆坚持自己的学术观点，双方僵持不下。后钱穆将稿件交其他出版单位出版。

1985 年，江苏古籍出版社准备出版钱穆全集，但遭到钱穆的拒绝。钱拒绝的原因，一是不赞同以简体字出版他的学术作品；二是该出版社未将他手边未发表或即将发表的新作纳入出版计划；三是钱穆拒绝删除他的文中关于两岸对峙的政治言论。

在清华读书的钱穆之孙钱松到香港看望祖父时，未经祖父同意，向香港的先生们打听出国留学之事。钱穆得知后，严肃地对钱松说："我是不会托人帮你们其中哪一个出国的，你们出国要靠自己努力。"钱松听从祖父的教导，后来考取了南京大学研究生，不久由校方派去美国访问学习一年。

雅　趣

钱穆好藏书，他在北平居住八年，购书 5 万册。他在回忆文章中说："先三年生活稍定，后五年乃一意购藏旧籍……余前后五年购书逾 5 万册，当在 20 万卷左右。历年薪水所得，节衣缩食，尽耗在此。"钱穆经常到琉璃厂、隆福寺两处的旧书店闲逛，与两处书店的老板都熟识。他想要某书，便给两处各打一个电话，如果这家没有，书店便代其询问同街其他书店；如有，书店便将书送至钱宅。每到周日，钱家便像一个小型书市，有十多家书店送书过来（大都为成套书中的头一两册）供他挑选。如果他选中了，店家便在下个周日将全套书送来。

钱穆晚年回忆："北平如一书海，游其中，诚亦人生一乐事。至少自明清以来，游此书海者，已不知若干人。今则此海已湮，亦更无人能游而知其乐趣者。言念及此，岂胜惘然。"

钱穆曾回忆他买到梁启超未出版的近三百年学术史讲义之事："余决开近三百年学术史。此一课程，梁任公曾在清华研究所已开过，其讲义余曾在杂志上读之。任公卒后，某书肆印此书，梁家以此书乃任公未定稿，版权所属，不准书肆发行。余求其书不得。或人告余，可赴东安市场，在某一街道中，有一书估（按：同"书贾"）坐一柜上，柜前一小桌，可迳授与八毛钱，彼即在其所坐柜内取出一纸包授汝，可勿问，亦勿展视，即任公此书也。余果如得之。"

钱穆好昆曲，他年少时在常州府中学堂曾跟随童伯章学过昆曲。他说："余自嗜昆曲，移好平剧，兼好各处地方戏，如河南梆子、苏州滩簧、绍兴戏、凤阳花鼓、大鼓书一一兼好。"

钱穆亦好箫笛，曾述："好吹箫，遇孤寂，辄以箫自遣，其声乌乌然，如别有一境，离躯壳游霄壤间，实为生平一大乐事。"他少时学唱昆曲，所以在吹箫笛上曾下过极大的功夫。冬天下雪时，他便在户外当风练习，吹奏时将一腿抬起，做金鸡独立状，慢慢蹲下再站起来，一直练到蹲下起来时箫笛声音不断不变为止。

钱穆喜欢下棋，他在《八十忆双亲·师友杂忆》一书中写道："余在府中学堂时，即好围棋，先兄亦然……广罗晚明以下各种围棋谱，课余在此对弈，或摆谱……几乎每日必对弈一局。"

余英时也曾回忆老师喜爱对弈："钱先生那时偶然还有下围棋的兴趣，陈伯庄先生是他的老对手，因为两人棋力相等。我偶然也被他让几个子，指导一盘，好像我从来没有赢过。"

逸 事

钱穆记忆力极佳，去私塾上学的第二天，"日读生字二十，忽增为三十"，"能强记不忘，又增为四十。如是递增，日读生字至七八十，皆强勉记之"。

钱穆在果育小学读书时，一日，国文老师顾子重带了一本大字木刻的《水浒传》到校，学生们说，诸同学因言，校中有位年幼的同学钱穆，勤读《水浒传》，每清晨上课前，诸同学每环听其讲述。顾子重让人找来钱穆，问："你能读《水浒》

吗？”钱答能。顾随口问《水浒传》中之事，钱应对无滞。顾说：“你读《水浒》，只看大字，不看小字，故所知仅如此。”钱穆闻言大惊，觉得先生如何能知他的隐私。于是回去重读，自首迄尾一字不遗，这才知道小字是金圣叹批语，细读不忍释手，竟将全书反复读了六七遍。此后读其他小说，皆觉远逊《水浒传》，于是不再读其他小说。

一日钱穆读到同学的一本《曾文正公家训》，第二天一早，书店刚开始卸门板，他便自门板缝中侧身窜入，急问店家有没有《曾文正公家训》。买完书后，他正要回去，店主人拉住他，问他从何处来，他答府中学堂。店主人便留他用早餐，并说：“汝年尚幼，能知读曾文正家训，此大佳事。此后可常来，店中书可任意翻阅，并可借汝携返校阅后归回。”此后，钱穆便常去这家书店，店主常向他推荐一些书，如果钱穆身边没有钱，店主便让他带回去先看，看了想买再付钱，不想买可以还回店里。

18 岁时，钱穆到三兼小学任教，宿舍所在的楼外是一个荒园，有老树两百株，枝叶蔽天。学校中的寄宿生滕德奎告诉钱穆，园中有狐魅作怪，说得绘声绘色，如在目前。一次，钱穆深夜起床小解，打开电灯，忽见地上鞋子只剩一只，而寝室门窗紧闭。第二天清晨遍寻不见，最后在帐子顶上找到了那只鞋。这类事情连续发生了几次。钱穆对滕德奎说：“我二人讲狐魅并未开罪于他，但他却来作弄，我要写一文，责狐不是。”于是让滕德奎买来纸锭锡箔，用黄纸朱笔恭敬写下此文，在园中焚烧。此后这类事情再未发生。

钱穆与蒙文通、汤用彤交好。1933 年，北大聘请蒙文通到历史系任教。蒙文通刚到北平，便一头扎进汤用彤家中，与汤、钱二人秉烛夜谈通宵。天刚拂晓，三人意犹未尽，一起到公园共进早餐，接着又找了一家茶楼，边饮茶边聊天，时至中午，三人方散去，前后畅谈竟达二十小时之久。

在宜良岩泉寺著书时，钱穆觉得寺中一切甚好，唯独伙食极差，难以下咽，方丈建议他自己请人做些荤菜，并代他物色了一位女佣。某日，钱穆请的女佣为钱穆煮了一只鸡，饭后，钱穆正好要出门，路过厨房，见方丈坐在门侧，手持一鸡腿大嚼特嚼，钱穆极为诧异，问道：“和尚亦食鸡腿？”答曰：“和尚不食鸡腿将何食？”原来，这是方丈特地安排，女佣为钱穆所做荤菜，日日方丈都要共享。此后，钱穆又得知此和尚在附近村中还公然置有家室，不时往返。

抗战时期，钱穆到浙江大学讲学。那时滇、川、黔之间没有火车，达官贵人和富商巨贾有专用小轿车，一般旅客只能乘“木炭车”（以烧木炭为动力的客车或货车）。木炭车极慢，又易“抛锚”，一天的路程常常要走几天。而邮政车烧汽油，速度较快，邮局出售司机旁的座位票，价虽较高，但极难购得。钱穆在一位北大毕业生的帮助下购得一张“邮政车”车票。到后，学生李埏问他途中劳顿否？钱穆莞尔笑答道：“我是乘驴子车来的，还好。”李埏不解其意，问：“何谓驴子车？”钱答：“你知道‘人骑骏马我骑驴’那首打油诗吗？我坐的是邮政车，虽不如轿车之佳，但胜木炭车多矣，故我称之为驴子车。”在座诸人听罢皆大笑。

婚 姻

钱穆少时，家中曾为他定下一门亲事。未婚妻是当地一名沈姓乡村医生的女儿。沈翁对钱穆的父兄极为敬佩，对钱穆也颇为欣赏，主动将女儿许配给钱。钱穆在南京钟英中学读书时，曾得伤寒急症，沈翁得知后，说：“我必先至婿家。”幸得沈翁及时诊治，钱穆才无性命之虞。但他的未婚妻却不幸过早夭亡。

1917 年秋，钱穆娶邹氏为妻。1928 年，邹氏产下一子。不久，邹氏及新生婴儿相继去世。钱穆的长兄钱挚赶回家中帮助钱穆料理后事，却因劳累伤心过度，旧患胃疾突发，不幸病逝。钱穆在两月之内，连遭三丧，心中悲痛不已。他在《先秦诸子系年·跋》一书中写道：“儿殇妻殁，兄亦继亡，百日之内，哭骨肉之痛者三焉。椎心碎骨，几无人趣。”

妻子去世后，金松岑曾先后两次为钱穆做媒。他先将自己同族的侄女金小姐介绍给钱穆。金小姐长相甚美，号称东吴大学校花。钱穆与她曾通过几封信，又在金松岑的安排下见面相亲。见面后，金小姐说：“钱先生做老师很合适，做丈夫却不合适。”此次做媒未成功，金松岑又准备将自己的一个女学生介绍给钱穆，这位女学生对钱穆也极不感兴趣，回信给金说：“钱君生肖属羊，彼属虎。羊入虎口，不宜婚配。”虽然媒未做成，钱穆对金还是十分感激，后来他与第二任妻子张一贯结婚时，请金担任介绍人。

1929 年春，钱穆与张一贯结婚。张一贯曾担任一所小学的校长。二人婚后聚少离多。1930 年，钱穆只身来到北平，先是到燕大任教，一年后辞职。后由顾颉刚推荐，又到北大任教。直到工作稳定后，他才将妻子接到北平团聚。1937 年，抗战爆发后，钱穆只身随北大南迁，而张一贯带着孩子留在北平。直到 1939 年夏，钱穆回到苏州侍母时，张一贯才携子女回到苏州，一家得以短暂团聚。一年后，钱穆返回西南联大，此后又辗转于后方的各大学，而张一贯则留在苏州。1949 年，钱穆离开大陆只身赴香港，从此便与张一贯天各一方，再未相见。钱穆与张一贯生有三子一女，钱穆离开大陆后，几个子女都是由张一贯抚养长大。

到香港后，钱穆生活清苦，加上无人照顾，生活缺乏规律，致使时常胃病发作。1952 年 4 月 16 日，钱穆在台湾淡江文理学院的“惊声堂”演讲唐宋史。演讲完毕后回答听众提问之际，讲台前的屋顶突然掉下大水泥块，将在第一排听演讲的“立委”柴春霖当场砸死，钱穆头部也遭到石块重击昏厥。众人从碎石堆中将他救出，送往台北中心医院急救。蒋经国、张群、何应钦等人闻讯后，均赶到医院探望。幸好钱穆无性命之忧，但头部受伤，醒来后竟不记得被砸伤之事，记忆还停留在演讲之前，行动亦不便，他只能在台中养伤四个月。

这次意外让钱穆遇到了他一生的第三位妻子胡美琦。胡美琦是江西南昌人，父亲是国民政府时期的江西省主席胡家凤，与钱穆本是旧识，1950 年由港赴台任国策顾问。胡美琦曾在新亚书院读书，后随父亲到台湾，在台中师范学院图书馆任职。听说钱穆受伤后，她便常常前来看护照顾老师。她每天下午下班后前来，晚饭后离开，周末则陪他到公园散步，或到台中各地游览，协助他搜集藏书研究。随着相互了解的加深，两人渐生感情。

两年后，师范大学毕业的胡美琦来到香港，时常和钱穆见面。一次钱穆胃病复发，久治不愈，照顾之际，钱穆向她求婚，胡美琦应允。

胡美琦曾说，她和钱穆之间并非浪漫的爱情，她因景仰钱穆人格学养，愿意委身下嫁，照料不时为胃疾困扰的钱穆。而钱穆亦说明他对胡美琦的希望：“不希望她是一个只懂管理家务的主妇，希望她做一个懂得他、了解他的知己。”

1956 年春，62 岁的钱穆与比他小 35 岁的胡美琦在九龙亚皆老街更生俱乐部举行了简单的婚礼，仅邀新亚书院同事及二人眷属等十余人参加。新婚洞房设在九龙钻石山一个贫民窟租的一套两室一厅中。虽然条件简陋，钱穆却十分高兴，亲自撰写了一副对联：“劲草不为风偃去，枯桐欣有凤来仪。”

钱穆与胡美琦结婚，始有安定生活。胡美琦对钱穆的起居饮食照料得体贴入微。二人生活虽然清苦，但却饶富情趣，夫妇俩每天必然携手散步。金庸曾亲眼见到钱穆夫妇婚后的幸福生活，所以他在其小说《神雕侠侣》修订版的后记中，专门提及钱胡的这段“师生恋”，说他们的结合当时虽受到某些香港文人的批判，但是他却对二人深为敬佩。

胡美琦曾回忆她与钱穆的婚姻生活：“我们钻石山的那个家，仅有 20 余平米，就养了大大小小近百盆花草，摆满在窗框上柜子上书桌上茶几上阳台上。他用栽花赏花代替一部分书房运动。他永远保持着乐观心情，使家庭中朝气充沛。他喜欢接近大自然，我们在香港时，先后两个家都可以望月，可以观海。得了空闲，他喜欢自香港山顶看海上落日，看夜景，或是到九龙乡村漫游。他对于一年四季阴晴冷暖的变化，都觉得意味无穷。他喜欢饮下午茶，也喜欢围棋。但不喜欢和人对弈，他嫌那样费时伤神，所以更喜欢摆棋谱。在我觉得心情沉闷时，他常说，我来替你摆一盘棋吧。偶然也夫妻对下，他说：只有如此，胜也好，败也好，可以不伤神。

我最爱听他吹箫。我们住在九龙沙田的那一段日子，每逢有月亮的晚上，我喜欢关掉家中所有的灯，让月光照进我们整条的长廊，我盘膝坐在廊上，静听他在月光下吹箫，四周寂静，只听箫声在空中回荡，令人尘念顿消，满心舒畅。”

钱穆晚年著述甚多，这些都与胡美琦的细心照料分不开。弟子何泽恒说：“大凡到过素书楼的人，无不承认钱师母对宾四师的贡献。确切地说，没有师母，便没有宾四师的晚年。”

钱穆自己在写给他与张一贯的幼女钱辉的信中也表达了对胡美琦襄助照料的感激：“我此数年来，双目失明，但还能写稿，都由你后母先誊正再改定。若非她，我此两年亦不能再写此许多稿。”

抉 择

抗战胜利后，傅斯年代理北大校长，钱穆未收到回北大的邀请函。当时国共矛盾日益加剧，而雅尔塔会议后，美国急求撤退，苏联则急求东进，国事蜩螗，方兴未艾。钱穆不愿卷入政治纠纷，他思忖：如“再返北平，遇国共双方有争议，学校师生有风潮，余既不能逃避一旁，则必尽日陷入于人事中。于时局国事固丝毫无补，而于一己志业则亏损实大。因此自戒，此下暂时绝不赴京沪平津四处各学校，而择一偏远地，犹得闭门埋首温其素习，以静待国事之渐定”。故仍留昆明的五华书院任教。

1949 年春，在时局动荡不安之际，钱穆接到广州私立华侨大学的聘函，请他到广州讲学。经过考虑，钱穆决定南下广州暂避。当时江南大学创办人、无锡商人荣德生劝他不要走，钱基博双胞胎的弟弟钱基厚也劝钱穆不要离去，钱穆对钱基厚说："吾叔日常好谈论古文辞，不知共军先后文告，亦有丝毫开国气象否。"遂不顾各方挽留，仍决定南下。

离开无锡时，钱穆以春假旅行为托词，为了给大家留下去旅行的印象，他在江南大学的床铺、宿舍中的书籍都原封不动地放置着，到达广州后，再让学生帮他将书籍寄了过去。

路过上海时，钱穆在江南大学的同事、无锡同乡许思远说："你暂时去避一避也好，等到秋天时局稳定下来，我们再在这里相见。"然而，到广州后两个月，钱穆便随学校迁到香港，从此远离故土，再未相见。

钱穆在广州街头遇到老友张其昀，张告知准备到香港办一个学校，已经约了几人，也邀请钱同往。钱决定随行。离开广州前，钱穆曾邀一干老友同往，他曾去岭南大学拜访陈寅恪，因陈外出，未能晤面，之后得知陈决意留在大陆，遂未再往。此后，他又去广州乡间访熊十力，熊亦无离开大陆之意。他致函梁漱溟，劝梁来粤，梁未复函。再到中山大学见杨树达，杨决定返回湖南。于是，这年秋，钱穆随侨大迁至香港。

1949 年 8 月，毛泽东在《丢掉幻想、准备斗争》一文中，点名批判钱穆、胡适和傅斯年为"帝国主义及其走狗所能控制的极少数人"。钱穆对此极为不理解，1950 年秋，他在给学生郦家驹的信中说，抗战胜利后他的"足迹不到京、沪、平、津，不在公立学校教书"，"单枪匹马，一介书生"，"怎么找到我头上"？

痛 楚

1921 年，钱穆在无锡后宅镇第一小学任教时，曾向上海《时事新报》的副刊《学灯》投稿。钱第一次投稿，便被编辑以大一号字刊登在《学灯》首幅，此前有此礼遇的仅有《学灯》的主编李石岑一人。于是钱穆便再次投稿，报社又用大一号刊发，并在文章后刊载一启事，让钱穆告知他们通讯地址，主编李石岑要与他通信。钱穆第三次投稿时便准备写上地址为后宅镇第一小学，同事劝他不要附此地址，如要告知，也用学校附近的图书馆，让主编觉得他是一个宿儒。但钱穆并不听劝告，附去真实地址，结果他的第三篇文章便改成小号字体刊发在青年论坛中，而《学灯》也不曾寄信来。钱穆见该报如此势利，便不再投稿。

钱穆与钱钟书为同宗不同支，都出于无锡钱氏一族，不同支之间，遇年长则称叔，遇高年则称老长辈。故钱穆尊钱基博为叔，而钱钟书则称钱穆为叔。1927 年，钱穆的《国学概论》一书出版时，特请钱基博为之作序，时年 20 岁的钱钟书代父执笔，文中“有所针砭”，钱基博读后一字未易，原文刊出，钱穆在《自序》中还特别向“子泉宗老”致谢。钱穆一直不知该序文为钱钟书所作，直到后来杨绛爆出此事，钱穆方才知晓。钱穆觉得钱氏父子看轻了自己，虽未明言，却在台北联经出版全集本《国学概论》中删去了这篇序文，一并将《自序》中感谢“子泉宗老”的话也删去了。

钱穆是中国传统文化的捍卫者，他的主张长期受到主流史学派的批驳。因与主流史学派的矛盾，钱穆长期没有当选“中研院”院士；在大陆，钱穆是被毛泽东点名批评的对象，著作长期被禁；而许多研究者认为，即使是钱穆的拥趸，大多也并非他理想中的读者，因为钱穆毕生辛勤著述是为培养对中华传统文化抱有信仰的读者，但现实中中国大多数读者，离信仰中国文化还很遥远。所以，余英时说：“钱先生无疑是带着很深的失望离开这个世界的。”

1949 年，钱穆离开大陆，从此远离故土，与妻儿离散。余英时回忆，钱穆初到香港时，曾经与余一家去观看了一场讲述亲子之情的电影，向来能够“以理驭情”的钱穆，想起在大陆的儿女，悄然泪下。

因为办学艰难，身边无人照顾，钱穆常常犯胃病。余英时回忆：“有一年的暑假，香港奇热，他又犯了严重的胃溃疡，一个人孤零零地躺在一间空教室的地上养病。我去看他，心里真感到为他难受。我问他，有什么事要我帮你做吗？他说：我想读王阳明的文集。我便去商务印书馆给他买了一部来。我回来的时候，他仍然是一个人躺在教室的地上，似乎新亚书院全是空的。”

钱穆为自己在外双溪的寓所取名“素书楼”，此名来源于钱穆在家乡无锡七房桥故居中第二大厅的名称。钱穆认为“素书”之名大概脱衍自《中庸》所记：“素贫贱，行乎贫贱；素夷狄，行乎夷狄；素患难，行乎患难；君子无入而不自得焉。”钱穆为此楼起名，特为纪念母亲。因钱穆少时患伤寒，又服错药，性命怠危，全

钱穆（前排中）送别侄儿钱伟长（前排右一）留学美国时，在上海与家人合影

赖母亲日夜尽心看护，陪他在故居素书堂养病才得以痊愈。

离开大陆后，钱穆再也没有回到过家乡无锡。他在素书楼的庭院中种上苏州紫竹，寄托对家乡的思念。八十岁时，他在夫人胡美琦的陪同下南游，并在夫人的帮助下写成《八十忆双亲》、《亲友杂忆》两书，表达对故乡、父母、亲人、师友的追忆和无限眷恋。

离开大陆的 40 年间，钱穆与留在大陆的子女只相聚过四次，分别是 1980 年、1981 年、1984 年、1988 年，每次长则月余，短则一周，地点均在香港。1980 年夏，钱穆第一次与阔别三十二年之久的子女们（三子钱拙、钱行、钱逊，以及女儿钱辉）相见，欢聚一周。回到台湾后，有人质疑他返回大陆探亲，而一年半后，他的长子钱拙即因淋巴癌去世。

钱穆在新中国成立初给学生的信中，曾说："将来要回大陆，即使坐牢，也要回来。"1984 年与诸子女子香港会见后，又屡言要"大团圆"，所谓"大团圆"，即来大陆能见到诸婿、诸媳、诸孙及外孙的意思。

因数度轻微中风，加上年事已高，钱穆不适宜长途旅行，只能盼望着子女能赴台探望他。1987 年底梁实秋去世时，梁留在大陆的长女梁文茜准备赴台送别父亲，遭到台湾当局的拒绝，激起民愤，台湾遂于 1988 年 11 月公布大陆公民赴台探亲奔丧办法。办法公布时，钱穆的长女钱易正在荷兰阿姆斯特丹进行学术访问，当月即申请赴台，成为两岸分隔四十年来第一位赴台探亲的大陆人士。见到女儿后，钱穆异常激动。当他听到女儿细数家乡景色变迁时，黯然神伤，怅然道："此生恐怕是回不去了。"

钱易回忆在台湾陪伴父亲的情形：父亲总把我看成"小孩"。他常常问我："你今年几岁了？"听到回答后，又总是大吃一惊："喔？！"这样的问答，不知重复了多少遍。父亲常爱一声不出地旁听我和客人的谈话，夜晚他会告诉继母；"我的女儿很懂事的，她长大了。"父亲见我总在家陪伴他，关切地问道："你怎么不出去玩玩哪？"可他夜间从睡梦中醒来，又常要问身边的继母："我的女儿在哪里？"听说我在睡觉，他不满地嘀咕："她怎么老要睡觉？"曾有几晚，我睡在他卧室里陪伴他，当我听到稍有动静，立即翻身下床上前侍候时，父亲总是抚摸着我的手臂，说："快去睡，别着了凉。"有一次我为父亲洗澡擦背，他连声说："好舒服啊！这是我女儿第一次为我擦背。"我不禁泪水盈眶，喉头哽咽。

孰料钱易的此次赴台却引起了一场风波，当时台湾民进党跳出来揭发钱易申请赴台时掩饰了其共产党员身份，要求台湾当局立刻处理；并且说钱易在国立大学教书，她参加的是台湾方面定义的"叛乱组织"，引发轩然大波。此后，有人更是扬言要告钱穆"知匪不报"。虽然 1988 年底，台湾"高检署"对各相关控告做出不起诉决定，但钱易只能被迫提前离台。面对此景，钱穆哀伤地说："这些人已经完全抛弃了中国文化传统，不承认父女间的亲情，更不能理解他的女儿为何会从这么远的地方来看望父亲。"

钱穆立下遗嘱：如果人不能回去，也要葬回去。钱穆去世后，为了完成丈夫魂归故里的遗愿，夫人胡美琦将丈夫的灵骨一直安放在台北永明寺，等待日后能归葬大陆。

1990 年，台湾"立法委员"陈水扁宣称钱穆居住的素书楼实为政府所有，指责钱穆霸占公产。是年 6 月 1 日，95 岁高龄的钱穆毅然搬离了素书楼。钱穆去世后，素书楼改为钱穆纪念馆，胡美琦感叹："宁为死人办纪念馆，也不给活人住。"1998 年 5 月 22 日，当时参加连任台北市长竞选的陈水扁到素书楼参观时，声称要向钱穆夫人说抱歉。对此，台湾舆论纷纷指责，陈水扁有心要说抱歉早该说了，何必等这么多年，何况大师已乘黄鹤去，再说抱歉又有何用?

魂 归

1990年6月1日，重病缠身的钱穆搬离素书楼，住进台北杭州南路的一间寓所。搬家时，钱穆已不大能出门，也不太愿意多讲话进食，记忆力明显减退，仅希望子女能在他生前再去台一聚。在生命的最后三个月中，清晨醒来，他总是望着窗外问胡美琦：“树呢？大树怎么不见了？”

8月30日晨，台北大风雨。上午9时许，刚过完96岁生日的钱穆在平静中走完了他的一生。

钱穆去世后，李登辉以台湾领导人身份亲往致哀，并于9月26日在台北举行公祭。钱穆的子女们也准备前往台湾送别父亲。然而，当其子女申请赴台奔丧时，遭到拒绝。台湾当局甚至要求钱穆胞侄钱伟长“公开宣布脱离共产党”作为赴台的条件。无奈之下，钱氏子侄只得赶赴香港，参加了9月30日在香港新亚书院举行的公祭。

1990年11月，胡美琦专程到大陆为钱穆选择茔地，由钱伟长夫妇和钱穆幼女钱辉全程陪同。他们先到无锡马山，此处环境优美，眺望太湖，天水一色，极目千里，胡美琦对钱辉说：“这里固然好，但却富帝王之气，而你父亲只是个读书人，恐不合适。”于是一行人又到了离钱穆故乡七房桥不远的鸿山，山上有吴泰伯墓，东有梁鸿、孟光墓。胡美琦说：“鸿山虽好，却有古迹，你父亲怎能去占一席之地呢？”接着又去了苏州吴县的东山，县领导说：“这里果园极好，春天万紫千红，秋天硕果累累，生活设施齐全，有空地可供选择。”但胡美琦不愿占用公家的土地，又到了西山的四墩山选地。四墩山密密层层都种满了茶树、橘树、枇杷和杨梅。胡美琦攀到半山，停下来说：“山上再好，我也不能选，这条路太窄了，为了建墓把路拓宽，要砍多少树啊，怎能叫老百姓受这么大的损失呢！”最后，一行人来到距太湖更近的石皮山，胡美琦说，这里的风景和他们在九龙沙田的和风台5号所见相似，她和钱穆在楼廊上观海赏月的时候常常提起太湖，谈起将来有一天要在太湖边上建一小屋安度晚年。最后胡美琦决定选择石皮山作为钱穆的归葬之地。

1992年1月6日，胡美琦在钱穆学生辛意云和曾任钱穆秘书的邵世光的陪同下，护送钱穆的灵骨回家。葬礼于 1 月 9 日上午 11 时正式开始。墓中的随葬品是一包钱穆的著述。参加葬礼的孙辈，除了孙女钱婉约外，均没有见过祖父或外祖父，所以胡美琦特意安排辛意云给钱氏子孙讲述钱穆的为人与学术。至此，钱穆归葬于太湖西山之俞家渡石皮山。

钱穆去世后，夫人胡美琦及其学生搜集、整理他生前著作，编辑成 1700 万言的《钱宾四先生全集》3 编，共 54 部，于 1994—1997 年由台北联经出版公司出版。

品 评

今人品评钱穆，见仁见智，或贬其“迂腐得自成一家”，或赞其“真有一分为往圣继绝学的气魄”。

学术界大多尊钱穆为“一代宗师”，有学者谓钱穆为中国最后一位士大夫、国学宗师。

余英时评价老师钱穆说：“钱先生自《国史大纲》起才公开讨论中西文化问题。他以鲜明的民族文化的立场表明了他在学问上的‘宗主’。”

刘梦溪说，钱穆是“文化史学集大成者”，并且“国学大师之名，章太炎之后，惟钱穆当之无愧”。

晚年，钱穆与林语堂比邻而居，两人结为知交。林语堂说，看过钱穆的《中国近三百年学术史》，让他决定从此改用中文著作。

杨联陞极为推重钱穆，他说：“钱先生的中国学术思想史博大精深，并世无人能出其右”，认为钱之《朱子新学案》提纲，“胡适之恐怕是写不出来的”。

耶鲁大学授予钱穆名誉博士学位时，在颂词中称：“你是一个古老文化的代表者和监护人，你把东方的智慧带出了樊笼，来充实自由世界。”

殷海光则评价钱穆：“……他们全然是一群在朦胧的斜阳古道上漫步的人。他们的结论是轻而易举的从庙堂里或名人言论里搬出来的，他们的古典是不敢（也从未曾）和弗洛伊德、达尔文碰头的。……他们基本的心态上是退缩的，锁闭的，僵固的，排他的。我和他们是……判然有别的。”

徐复观曾批判钱穆的历史观是“良知的迷惘”。

对于钱穆，李敖说：“按说以钱穆对我的赏识，以我对他的感念，一般的读书人，很容易就会朝‘变成钱穆的徒弟’路线发展，可是，我的发展却一反其道。

在我思想定型的历程里，我的境界很快就跑到前面去了。对钱穆，我终于论定他是一位反动的学者，他不再引起我的兴趣，我佩服他在古典方面的朴学成就，但对他在朴学以外的扩张解释，我大都认为水平可疑。钱穆的头脑太迂腐，迂腐得自成一家，这种现象，并无师承，因为钱穆的老师吕思勉却前进得多，老师前进，学生落伍，这真是怪事！”

钱伟长挽钱穆云：“生我者父母，幼我者贤叔，旧事数从头，感念深恩宁有尽；从公为老师，在家为尊长，今朝俱往矣，缅怀遗范不胜悲。”

余英时挽老师钱穆：“一生为故国招魂，当时搗麝成尘，未学斋中香不散；万里曾家山入梦，此日骑鲸渡海，素书楼外月初寒。”

王国维

王国维（1877—1927），字伯隅、静安，号观堂、永观，浙江海宁人。近代中国著名学者，杰出的古文字、古器物、古史地学家、诗人、文艺理论学家、哲学家、国学大师。

关键词：独立、守阙、辫发、对话、讲学、治学、端穆、悲郁、婚姻、嗜好、逸事、恩怨、黯淡、沉湖、逝因、誉美

独 立

王国维向往一种无功利、纯粹的学问。他毕生笃志于追求学术独立。1905 年，王国维发现，自严复翻译《天演论》后，中国的学者开始逐渐接受西方学说，但是康有为等人并未从形而上的层面真正理解西方学术的价值，而只是将其作为谋求政治的一种手段。因此，王国维提出："故欲学术之发达，必视学术为目的，而不视为手段而后可。"

1914年，王国维在《〈国学丛刊〉序》中说道："学之义，不明于天下久矣！今之言学者，有新旧之争，有中西之争，有有用之学与无用之学之争。余正告天下曰：学无新旧也，无中西也，无有用无用也。凡立此名者，均不学之徒，即学焉而未尝知学也。"

自1917年开始，北大的马衡、张嘉甫曾先后五次邀请王国维到北大任教，王国维均婉辞。之后，王终于答应担任北大的通信导师，但两年后便请辞。他在给好友蒋汝藻的信中曾说明自己不愿去北大任教的原因："弟以绝无党派之人，与此事则可不愿有所濡染，故一切置诸不问……观北大与研究系均有包揽之意，亦互相恶，弟不欲与任何方面有所接近。"

1925年，王国维接受清华的聘书出任国学研究院导师时，在给好友蒋汝藻的信中坦言应清华之聘的原因："数月以来，忧惶忙迫。直至上月，始得休息。现主人（指溥仪）在津，进退绰绰，所不足者钱耳。然穷困至此，而中间派别意见排挤倾轧，乃与承平时无异。故弟于上月中已决就清华学校之聘，全家亦拟迁往清华园。离此人海，计亦良得。数月不亲书卷，直觉心思散漫，会须受召魂魄，重理旧业耳。"蒋复函表示赞成，说得更加直白，认为王国维"从此脱离鬼蜮，垂入清平，为天地间多留数篇有用文字，即为吾人应尽之义务"。

守　阙

王国维遵守传统的君臣纲纪思想，据学生蒋息岑回忆，王国维1904年左右在苏州江苏师范学堂任教，他常对学生们讲授修身、伦理，出入于封建名教纲常之领域。

1898年，王国维第二次乡试落第后，想去国外留学，但因家中无力负担求学费用，便到上海谋生，边工作边在东文学社学习新学及日语。在此过程中，他接触了西方哲学，以后一直醉心于尼采、叔本华等西方哲学，却始终在情感上对中国传统文化难以割舍。

辛亥革命后，王国维避居日本5年。在日本时，他曾作《送日本狩野博士游欧洲》诗，其中有"庙堂已见纲纪弛，城阙还看士风变"、"汉土由来贵忠节，而今文谢安在哉"之句，表达他对纲纪忠节的呼唤和对现实状况的不满。

从日本回国后，王国维发现社会风气日见败坏，他将此归结于君主的废除，他在《论政时疏》说："先王知民不能自治也，故立君以治之，君不能独治也，故设官以佐之，而又虑君与官吏之病民也，故立法以防制之。"

1917 年，王国维的《殷周制度论》撰写后，被新旧史学家奉为圭臬。王国维在文中指出，从表面上看，殷、周的变革，不过一姓一家之兴亡与都邑之转移，与后世帝王朝代的更替无异；但从本质上来看，实际为旧制度废而新制度兴、旧文化废而新文化兴，周公制礼为万世治安之大计。他在给罗振玉的信中评价此文"于考据之中，寓经世之意，可几亭林先生"。

1917 年，张勋复辟，拥立废帝溥仪，王国维对张寄予很大希望，但希望很快就破灭了。1923 年，张勋病逝，王国维代溥仪为张勋起草碑文，他在碑文中写道："此运之移既莫之至而至，忠义之至乃无所为而为，虽质文有殊尚之时，而名节无或刊之日。"

王国维曾在犹太富商哈同创办的仓圣明智大学任教。该校一切遵循旧俗，开学定在阴历正月，而不是阳历九月；休息日不是星期日，而是一旬休息一日。王国维还为该校起草了一份《仓圣明智大学章程序》，其中有云："举世竞言新，独我学校以旧名于天下。有以质余者，余对曰：余不知新旧，余但知是非而已；余焉知是与非，余但知利害而已；余焉知利害，余但知不以小利易大利，不以大害易小害而已夫。"

五四运动爆发后，王国维的儿子们书信往来，均对五四表示支持。王国维对此表示反对，他认为不平等条约并不见得损害中国利益，1921 年，他写信对长子王潜明道："津地闹事情形如何？其实以后各国皆将自顾不暇，外交上不致吃亏之事。彼等鼓噪，其里面实为过激运动，其附合者皆不自知。汝等前此主张，皆系为虎作伥，助其声势。前见汝与汝弟书似知一二，汝须知我之观察不误也。"

1922 年，在升允的推荐下，王国维成为清逊帝溥仪之师，王将之视为一生莫大的荣誉。次年，王国维任溥仪"南书房行走"，溥仪赏他"五品衔并赏食五品俸"，其后又赏他在紫禁城骑马。王仅为秀才出身，能进入清廷南书房，属于溥仪特恩直拔，故他对溥仪十分感激，他记下了每次溥仪赏赐的日期，并将"圣旨"的内容记录下来，妥善保存。在溥仪赏他紫禁城骑马后，他高兴地向友人汇报说："维于初二日与杨、景同拜朝马之赏。此事在康熙间乃时有之……然此后则内廷虽至二品亦有不得者，辛亥以后，此恩稍滥，若以承平时制度言之，在杨、景已为特恩，若维则特之又特矣。"

1924 年，冯玉祥率军“逼宫”，王国维陪侍溥仪左右，顷刻不离。溥仪先藏于日本公馆，后又移居天津张园。而王国维对于冯玉祥撕毁民国优待皇室的约定异常愤怒，引为奇耻大辱，曾约罗振玉、柯劭忞同沉神武门御河自尽，以示抗议。后因其家人极力阻拦，严密看守而未果。

溥仪被驱逐出紫禁城后，办理清室善后委员会整理故宫文物，在坤宁宫检得王莽嘉量一件，上面的容量斛、斗、升、合、龠具与《汉书・律历志》所载相同。马衡告知王国维此事，并告知自己据此作刘歆铜斛尺，并欲推作《隋志》十五种尺。王国维对此虽感兴趣，但却致函友人蒋谷孙，说他“不忍往观”。

1924 年，北京大学考古学会发表《保存大宫山古迹宣言》，批判清朝皇室出卖大宫山产业。王国维见此文后，极为生气，他致函马衡、沈兼士，为清皇室辩护，称清皇室财物是“私产”，且原民国订立的“优待条件载，民国人民待大清皇帝以外国君主之礼，今《宣言》中指斥御名至于再三，不审世界何国对外国君主用此礼也”。信后又附“再启者”，辞去北大通信导师一职：“弟近来身体孱弱，又心绪甚为恶劣，所有二兄前所属研究生至敝寓咨询一事，乞饬知停止。又研究所国学门导师名义，亦乞取消。又前胡君适之索取弟所作《书戴校水经注后》一篇，又容君常白钞去金石文跋尾若干篇，均拟登大学《国学季刊》，此数文弟尚拟修正，乞饬主者停止排印，至为感荷。”

周光午回忆，某日他到王国维家中拜访，王外出未归，他在王书房的案头看见一封王国维写给钱玄同的信，周记得，大意是因当时钱玄同曾写文章对溥仪大肆讥评，其中对溥仪不称呼宣统而直呼其名，故王国维对其“指斥御名，至再至三”，深致愤慨，责其不应有此态度。王在信中说，中华民智未开，如实行西洋近代民主政治，徒为野心家所利用，而召祸乱，故其主张君主立宪之制。

王国维认为“一战”后欧洲社会混乱、时局动荡，是西方人一味追求财富的结果，他在致罗振玉的信中说：“时局如此，乃西人数百年讲求富强之结果，恐我辈之言将验。若世界人民将来尚有孑遗，则非采用东方之道德及政治不可也。”

王国维在《论政学疏》中贬低西学，盛赞中国传统文化，他写道：“原西学之所以风靡一世者，以其国家之富强也。然自欧战以后，欧洲诸强国情见势绌，道德堕落……而中国此十年中，纪纲扫地，争夺频仍，财政穷蹙，国几不国者，其源亦半出于此……盖与民休息之术，莫尚于黄、老；而长治久安之道，莫备于周、孔。”

辫 发

学生蒋君章回忆在仓圣明智学校的开学典礼上看见王国维时的情景：“他是短短的身体，嘴唇上蓄着八字胡须，瓜皮小帽，缀有红帽结，后面拖着一根长辫子，这是他的特别表记，十足的清廷遗老，最引起同学们的注意。”

王国维在日本时便已声名日隆，常有日本学者慕名来访。一次，日本学者青木正儿前来拜谒，一位中国女佣应声而出。青木说明来意后，只听对方向二楼大叫一声，接着，一个“垂着辫子、相貌丑陋的乡下人”出现在门口，他就是王国维。青木正儿对王国维的辫子实在感到震惊，他说：“曾经接触过西方新文明的先生，在壮年时还顽固地留了发辫，即便是我也不能不感觉到有一点滑稽。”

青木正儿与王国维聊天之时，正好有人来找王，王对青木说声失陪便走出书斋，他的“辫子猪尾巴似的在腰带上摇来摇去”，“灰色长袍上系着带，打扮得就像蒙古人那样古式”。

李恩绩描写王国维：“一个不很高大的身材，面孔也瘦小，牙齿有点獠在外面。常穿着当时通行的及法布袍子，罗缎短袖马褂，后面拖了一条短辫子。冬天他戴上一个瓜皮帽子，或者穿上羊皮袍子。但他没有比羊皮更高贵的皮衣。他的衣式不很时式，也不很古板，但很整洁。他的近视眼镜是新式的。他也会抽香烟。总之他的物质生活，是很随随便便，决没有一点遗老或者名流的气味。看上去有点像旧式商店里的小伙计。”

徐中舒回忆王国维：“先生体质瘦弱，身着不合时宜之朴素衣服，面部苍黄，鼻架玳瑁眼镜，骤视之几若六七十许老人，态度冷静，动作从容，一望而知为修养深厚之大师也。……先生口操浙江音之普通话，声调虽低而清晰简明可辨。当先生每向黑板上指示殷墟文字时，其脑后所垂纤细之辫发，完全映于吾人视线之前，令人感不可磨灭之印象焉。”

周传儒记述王国维道：“不知底细的人，但看衣饰相貌，很可能错误判断把他当作乡下佬。头戴红顶瓜皮帽，背后拖着不长不大的小辫，青马褂，蓝长衫、布裤，扎着腿头，布鞋布袜，面黄肌瘦，行动迟缓，说话满口宁波腔。”

吴其昌回忆王国维：“中年以后的先生，肤色黧黑，颌上留两撇八字胡须，秃顶，脑后拖着一条小辫发，说话时露出长长的两个门牙，其余的牙齿脱掉很多，经常穿一件长袍，外面套上马褂。……我没有入清华以前，在上海哈同花园第一次见到先生，过后有人问起我印象如何，我譬喻他如一古鼎。”

王国维的辫子成为清华园一道独特的风景，清华从师生到校工都知道王先生的辫子。采菊轩主人记载：“余每访先生于清华园，校仆必肃然低语曰，彼留辫之先生，是此校第一学者也。敬导而入。”

一次，日本学者桥川时雄到清华园拜访王国维，留着辫子的门房问桥川找谁，桥川告之后，门房立刻很恭敬地对他说：“你真了不起！”桥川很是奇怪，问为什么，门房答：“拜访那位留辫子的先生的人，都很了不起！”

王国维之女王东明回忆，在清华时，“每天早晨漱洗完毕，母亲就替他梳头，有次母亲事情忙了，或有什么事烦心，就嘀咕他说，人家的辫子全都剪了，你留着做什么？他的回答，既然留了，又何必剪呢？”

王国维的亲友学生都劝他剪辫，但他却始终不肯。一次，日本京都大学的小川琢治前来拜访，他没有到小川的住处回访，告诉小川不出门的理由是因为辫子，小川当即劝他剪去这“障碍物”。他在给友人的信中写道：“以后便拟简出，恐遭意外之侮辱也。前小川博士见访未能往答，因告以不出之由，彼言此甚不便，何不出此障碍物？殊可笑也。”

殷南认为，王国维的辫子是形式的，他的精神上没有辫子。如他说：“大王之立王季也，文王之舍伯邑考而立武王也，周公之继武王而摄政王也，自殷制言之皆正也。”殷南和王国维曾谈及多尔衮娶顺治之母之事，王国维表示首肯，如果是清朝的遗老，因礼教的关系一定替他们讳言。所以，殷据此认为王国维并非卫道的遗老。

对　话

作为新文化运动的领军人物，胡适对王国维这位传统文化的代表人物殊为佩服。1917 年，胡适从美国留学归国，他在《归国杂感》中写道：近几年的学术界，“文学书内，只有王国维的《宋元戏曲史》是很好的”。

1922 年 4 月 15 日，胡适在日记中写道：“读王国维先生译的法国伯希和一文，为他加上标点。此文甚好。”8 月 28 日，他再一次在日记中写道：“现今的中国学术界真凋敝零落极了。旧式学者只剩王国维、罗振玉、叶德辉、章炳麟四人；其次则半新半旧的过渡学者，也只有梁启超和我们几个人。内中章炳麟是在学术上已半僵化了，罗与叶没有条理系统，只有王国维最有希望。”

而王国维并不因为胡适是新文化运动的代表就对胡表示排斥，1922 年，他在致顾颉刚信中说道：“顷阅胡君适之《水浒》、《红楼》二卷，犁然有当于心，其提倡白话诗文，则所未敢赞同也。”他也曾对日本学者桥川时雄说，胡适是一个非常了不起的人物。

顾颉刚将王国维对胡适之评语告知胡适，胡适便去拜访王国维。胡适在 1923 年 12 月 16 日的日记中记载：

“往访王静安先生（国维），谈了一点多钟。他说戴东原之哲学，他的弟子都不懂得，几乎及身而绝。此言是也。戴氏弟子如段玉裁可谓佼佼者了。然而他在《年谱》里恭维戴氏的古文和八股，而不及他的哲学，何其陋也！

静安先生问我，小说《薛家将》写薛丁山弑父，樊梨花弑父，有没有特别意义？我竟不曾想过这个问题。希腊古代悲剧中常有这一类的事。

他又说，西洋人太提倡欲望，过了一定限期，必至破坏毁灭。我对此事却不悲观。即使悲观，我们在今日势不能跟西洋人向这条路上走去。他也以为然。我以为西洋今日之大患不在欲望的发展，而在理智的进步不曾赶上物质文明的进步。

他举美国一家公司制一影片，费钱六百万元，用地千余亩，说这种办法是不能持久的。我说，制一影片而费如许资本工夫，正如我们考据一个字而费几许精力，寻无数版本，同是一种作事必求完备尽善的精神，正未可厚非也。”

王国维所说的前两件事都是胡适不曾注意到的，所以他从王宅出来后，便到马幼渔处借得戴震后学焦循的《雕菰楼集》一部。当晚，他便开始着手研究戴震，作短文一篇，题为《述东原在思想史上的位置》，此后，又成了《戴东原的哲学》一书。

胡适拜访王国维的第二日，王出于礼节，到胡适府上回访。晚年胡适对助手胡颂平说，王国维是一个绝顶聪明的人，他少年时用德国叔本华的哲学来解释《红楼梦》，他后来的成就，虽然是罗振玉给他训练成功的，但也要靠他自己的天分和功力。又说：“他的人很丑，小辫子，样子真难看，但光读他的诗和词，以为他是个风流才子呢！”

1924 年，清华学校欲改为大学，设国学研究院。校长曹云祥原准备请胡适担任筹建中的清华大学国学研究院院长，胡适推辞不就，建议曹，国学院应采用宋、

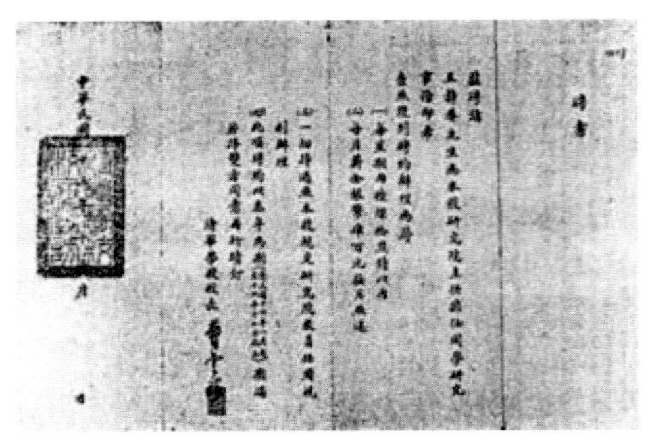

清华大学给王国维的聘书

元书院的导师制，同时推荐了四位导师人选：梁启超、王国维、章太炎、赵元任。后因章太炎坚拒清华之聘，而由吴宓推荐留学归国的陈寅恪担任导师。

王国维时任逊帝溥仪的南书房行走，校长曹云祥亲往敦请，王国维婉辞。1925 年，胡适代清华前去请王国维出任清华国学研究院导师，王仍婉拒。胡适便找到溥仪的英文老师庄士敦，托庄请溥仪出面帮忙劝说。溥仪便命师傅们代写了一道诏书，令王国维到清华任教。王国维不好再推辞，答应下来。

王国维决定亲自到清华去看一看。胡适知道后，当即用自己的车子接上王国维，陪同他到清华园考察了一番后，再将王国维送回。王国维看后表示满意。

此后，清华国学院主任吴宓带着聘书去王国维家中敦请。《吴宓日记》记载：“宓持清华曹云祥校长聘书，恭谒王国维（静安）先生，在厅堂向上行三鞠躬礼。王先生事后语人，彼以为来者必系西服革履，握手对坐之少年。至是乃知不同，乃决就聘。”王国维到职后，对吴宓说：“我本不愿意到清华任教，但见你执礼甚恭，大受感动，所以才受聘。”

王国维自沉昆明湖后，陈寅恪在《王观堂先生挽词》中提到了胡适协助清华聘请王之事，陈诗云：“鲁连黄鹞绩溪胡，独为神州惜大儒”（胡适为安徽绩溪人）。而陈寅恪此后一直对胡适敬重有加，大概原因也有胡适敬重他所敬重的王国维先生，并力促王国维成为清华国学院导师。

讲　学

早在 1906 年，王国维就将美育列为教育宗旨之一，他主张：“教育之事亦分为三部：智育、德育（即意志）、美育（即情育）是也。”

王国维在犹太富商哈同夫妇创办的仓圣明智大学任教时，向该校校长姬觉弥提出的就聘条件为：将上课时间安排在上午，并备车迎送。但时髦的学生们对于这位拖着小辫子的先生，并不大欢迎。王国维不会高谈阔论，做不出什么噱头来，再加上学生们的国学功底浅薄，对王亦不了解，所以对他就更引不起兴趣了。

蒋君章回忆王国维讲课："我曾在窗前静听他的讲学，但见他嘴唇上下翕动，声音细小，咫尺之间也听不清楚，这也许我当时程度太低，听不懂他的话的关系吧。"

清华国学院学生戴家祥回忆说："清华国学研究院的教学大纲是王国维先生起草的，采取了中国书院和英国牛津大学两者相结合的办法教学。教授有赵元任、王国维、梁启超、陈寅恪，李济是青年讲师。他们教学也各有特点，和王国维在一起，他不讲，只听学生讲，讲到他满意的地方，他就点点头说'还可以'；和梁启超在一起，只听他讲，不给学生讲话的机会；和陈寅恪在一起，他讲一半学生讲一半。"

王国维不会说国语，一直是一口海宁土话。刚到清华时，王国维用海宁土话讲课，学生们不知所云。吴其昌回忆："先生满口海宁土白，当年同学诸君中，能完全把先生的话听懂的，只有我一人。这因为我也是海宁人。"

一次课后，谢国桢问吴其昌："王先生讲课常说'呒啥'，这'呒啥'是什么意思？"吴其昌答："没什么。"谢又问："'呒啥'怎么讲？"吴其昌仍答："没什么。"最后谢急了："我问的是'呒啥'这两个字是什么意思？"吴其昌笑了："'呒啥'就是'没什么'。"

周传儒回忆，王国维上课从不迟到早退，风雨无阻。讲课时"不说废话，以说明题旨为度。他人已说过的东西，从来不抄袭，不掠美，不诋毁，说话负责，做事负责"。学生们住的地方，他从来不去，去就是为了上课，上完就走。学生去请益，他有问必答，遇有不知道的事情，他就说"弗晓得格"（不知道），没有一次掩饰。

王国维讲话不利落，还有些口吃。毕树棠回忆，一次，北京历史学会请他去演讲，听的人都几乎睡着。因为他讲的题材太专业，干枯，加上他口才又笨，听者提不起劲儿，又不能干瞪着眼，只好睡觉了。

在清华就读时，徐中舒常去向王国维请益。徐回忆，王国维"谈话雅尚质朴，毫无华饰"，他话极少，"非有所问，不轻发言。有时或至默坐相对，爇卷烟以自遣，片刻可尽数支；有时或欲有所发挥，亦仅略举大意，数言而止；遇有疑难问题不能解者，先生即称不知，故先生谈话，除与学术有关者外，可记者绝少也。"

王国维性情僻冷，但一谈到学术问题时就显示出热情的一面。1926 年 12 月

3日，王国维五十岁生日，学生们纷纷来家中向他祝寿。7日后，他在清华工字厅设宴答谢学生们。席间，他向学生们展示他所藏历代石经拓本。学生们竞相发问，他辩答如流，欣悦异常。

课堂上，王国维从不要求学生死记硬背，学生有疑问，他必回答，不厌其烦。王的学生徐中舒回忆：连续发问一个星期，王先生可以连续讲一个星期，分析得很透彻。

王国维上课不大抬头看学生，但他讲课非常细腻、细致。王国维在清华讲《说文》，用的材料许多是甲骨金文，用三体石经和隶书做比较。王国维要解决一个问题，先要把有关这问题的所有材料找齐全，才下第一步结论，把结论再和有关问题相对照，阅看再三，然后才对此问题下结论。

卫聚贤在研究和写作中，早先总是作翻案文章，罗列各家学说，进行排比，予以逐条辩驳，然后再说出自己的主张。到清华研究院学习后，王国维对他说："你只管说你自己的，何必去管别人的？"卫回答说："不把别人的学说驳倒，我自己的就站不起来。"王说："只要你自己的说对了，相比之下，别人不驳自倒。"卫遂遵循这一教诲，在其后的著作中，就很少去辩驳他人，只是将自己的意见写出，也不轻率地作批评别人的文章，只是你说你的，我说我的，听不听，信不信由你，别人自会鉴别，历史自会做出结论。

治　学

王国维自幼在父亲王乃誉的指导下习读四书五经，他聪颖好学，其弟王国华在《海宁王静安先生遗书序》中写道："时先兄才十一耳，诗文时艺，早洛洛成诵。"

王乃誉曾在日记中记载对王国维的培养计划：读经书、考秀才、中进士，经世致用，光宗耀祖。王国维天资聪颖，在父亲的教育下，十六岁考中了秀才后，便到杭州崇文书院就读，准备应考。

王国维自小便喜爱读书，他说，家中的藏书有五六箧，除不喜欢的《十三经注疏》外，均已读遍。他对八股文并不热衷，而喜研经史。到杭州后，见友人读《汉书》，王遂用自幼攒下的零用钱买了四史的前四册：《史记》、《汉书》、《后汉书》、《三国志》，他称此为"平生读书之始"。

1894年，王国维到杭州应乡试未中，与他同去应试的友人陈守谦回忆道："君于学不沾沾于章句，尤不屑就时文绳墨，故癸巳大比，虽相偕入闱，不终场而归，以是知君之无意科名也。”三年后，王国维再试未中，此后遂绝迹科场。

中日甲午战争打响，新思潮也迅速地涌入。王乃誉不仅敏感地察觉到社会思潮的变化，而且也及时地将这种变化传达给儿子们。王国维之弟王国华回忆：“中日之战，变攻议起，先君以康梁疏论示先兄，先兄于是弃帖括而不为。”王乃誉在致族叔的信中也说：“大儿……性讷钝，好谈时务，嗜古籍而不喜于帖括……以期通达中西要务以自立。”

王国维早年专心学习外文，他精通英文、日文，能够阅读德文原版哲学著作，是最早研究康德、叔本华、尼采等西方哲学的中国人。他还将中西学说融会贯通，用西方哲学思想对《红楼梦》中的人物进行性格分析。他按照叔本华的哲学去解读《红楼梦》，认为《红楼梦》是彻头彻尾的悲剧。

王国维认为，《红楼梦》中的“玉”即欲，他认为《红楼梦》为解脱之书，他的《红楼梦评论》先用大篇幅谈人欲，然后将整部《红楼梦》看作是宝玉还玉（欲）过程：“所谓‘玉’者，不过生活之欲之代表而已矣。”“生活之相质何？‘欲’而已矣……此可知生活之欲之先人生而存在，而人生不过此欲之发现也。此可知吾人之堕落由吾人之所欲而意志自由之罪恶也。夫顽钝者既不幸而为此石矣，又幸而不见用，则何不游于广莫之野，无何有之乡，以自适其适，而必欲入此忧患劳苦之世界？不可谓非此石之大误也。由此一念之误，而遂造出十九年之历史与百二十回之事实……而解脱之道，存于出世，而不存于自杀。”研究者认为，按照王国维的理论，“宝玉”似乎当谐音“饱欲”，“黛玉”当谐“待欲”。

早年，王国维致力于哲学研究，但日后却转向文学研究。他在而立之年写的两篇自序中谈到转变的原因是由于“疲于哲学”，因为“哲学上之说，大部可爱者不可信，可信者不可爱。余知真理，而今又爱其谬误”；而观世界近二十年的学问，建立新的理论体系的学者极少，希望自创一新哲学者，“非愚则狂也”，他不愿意只是做一个搜集、整理材料的二流学者。他说：“以余之力，加之于学问，以研究哲学史，或可操成功之券。然为哲学家，则不能，为哲学史，则又不喜，此亦疲于哲学之一原因也。”因为近年来填词，他的爱好慢慢偏向文学，他说：“近年嗜好之移于文学，亦有由焉，则填词之成功是也。”他分析道：“要之，余之性质欲为哲学家则感情苦多而知力苦寡，欲为诗人则又苦感情寡而理性多。诗歌乎？哲学乎？他日以何者终吾身所不敢知，抑在二者之间乎？”日后，他的《人间词话》、《中

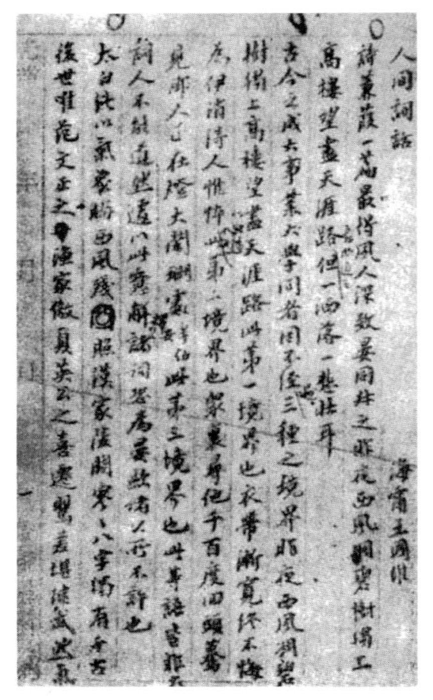

王国维《人间词话》手稿

国戏曲史》正是诗歌与哲学二者之间的学问。

《人间词话》是王国维文学批评的著述中影响最为深远的一部，他在本书中运用西方美学理论，对中国旧文学作出评论，但同时又摆脱了西方理论束缚，以自己的思想见解，尝试将某些西方美学理论中的重要概念融入中国固有的传统文学批评之中。

《人间词话》中最广为人知的三个境界理论：古今之成大事业、大学问者，必经过三种之境界："昨夜西风凋碧树，独上高楼，望尽天涯路。"此第一境也。"衣带渐宽终不悔，为伊消得人憔悴。"此第二境也。"众里寻他千百度，蓦然回首，那人却在，灯火阑珊处。"此第三境也。此等语皆非大词人不能道。然遽以此意解释诸词，恐为晏、欧诸公所不许也。

王国维又致力于美学研究，他在《去毒篇》中谈到自己为何致力于美学："古人之疾饮酒、田猎，今人之疾鸦片、赌博。西人之疾在酒，中人之疾鸦片。……前者强国的疾病，后者亡国的疾病也。前者欲望的疾病，后者空虚的疾病也。"他认为，"自国家之方面言之，必其政治之不修也，教育之不溥及也。自国民之方面言之，必其苦痛及空虚之感深于他国民，而除鸦片外别无所以慰藉之术也。此二者中，后者尤其最要之原因。""此空虚之感，尤人生所难堪，人所以图种种遣日之方法者无非欲接此感而已。"那解决之道何在？"则宗教与美术二者是，前者适于下流社会，后者适于上等社会，前者所以鼓国民之希望，后者所以供国民之慰藉，兹二者尤我国今日所最缺乏，亦其所最需要者也。"

王国维试着用学术揭示人生的目的与意义，将传统的学术研究与科学的考据方法结合起来。他提出的"学无新旧"、"二重证据法"、"中西化合"等学术研究方法，对构建中国现代的学术思想乃至推动民族文化的发展，起到了举足轻重的作用。陈鸿祥称王国维"以学术为性命，而又以性命殉了学术"。

孙诒让的《契文举例》一书早在 1904 年便写成，但一直没有刊行，直到 1913 年才被王国维发现。当时在上海的英籍犹太富商哈同，为投其夫人所好，搜购了很多甲骨文，并在哈同花园内兴办了一所仓圣明智大学。王国维为更好地研究甲骨文，便到该校任教。1917 年，王国维以哈同花园大总管姬觉弥的名义，刊印了《戬寿堂所藏殷虚文字》一书，王在书中将罗振玉搜集的甲骨文资料拓印，并对每片的卜辞做了考释。

王国维通过考释甲骨文，印证了《史记·殷本纪》的记载，证明了司马迁是一个严肃的历史学家。王国维还根据甲骨文中的记载，将《史记·殷本纪》中记载的讹误一一加以订正。

王国维曾四读康德的《纯粹理性批判》，他说自己还是不能弄懂，并说："哲学的海洋深不可测。"

王国维论近世学人之弊有三：损益前言以申己说，一也；字句偶符者引为确据，而不顾篇章，不计全书之通，二也；务矜创获，坚持孤证，古训晦滞，蔑能剖析，三也。此三弊今人亦有。

王国维叹曰："天才者，或数十年而一出，或数百年而一出，而又须济之以学问，帅之以德性，始能产生真正之大文学，此屈子、渊明、子美、子瞻等所以旷世而不一遇也。"

王国维说，"生百政治家，不如生一大文学家"，因为政治家只能谋求物质利益，文学家则可创造精神之利益，"夫精神之与物质二者孰重？物质上利益一时的也，精神上利益永久的也"。

司马迁 20 岁时，曾有过一次游历。王国维研究过司马迁的出游路线，发现司马迁游历的路线，与秦始皇南游东巡的路径，多有重合。

王国维说，人的精神每天是从朝气落到暮气，所以上午宜读经典考据书，午后宜读史传，晚间读诗词杂记等软性的东西。

在日常生活中，王国维处处严谨自持，不营生计，不图享受，潜心研究学问。他虽盛名满天下，却心无旁骛，专心向学，甘于清贫。1925 年，他受清华之聘到国学研究院任导师，清华本希望他出任国学院院长，但王国维坚辞不就，因为他认为出任院长后必须"总理院中大小事宜"，要为行政事务分心，使他不能专心治学。故此后国学院院长由吴宓以办公室主任的名义兼理。

徐森玉对许姬传说："王静安写书的方法有三个字：'博'、'专'、'细'。一天，我去他家，静安正在写《宋元戏曲史》。桌上、书架上摆的都是有关这部书的资料，其中还有一部分是从日本收来的善本。我们聊天时，他总把话头引到这部书上来，听取我的意见。这时，另一位朋友来看他，他还是用此法谈话。有时候提出问题和我们研究。如有相反的意见，展开辩论，最后得出的结论，他都记在笔记里。

隔了一个时期，再到他家，问起《宋元戏曲史》的情况，静安说：'已看过校样，静等看最后的清样。'这时，他的书房里，桌上、架上、凳子上有关那本书的资料，全都收起，另换下一本书的资料，谈话的题目也变了。"

一次，清华开茶话会，王国维为学生们朗诵辛弃疾的《摸鱼儿》、《贺新郎》助兴。这两首词脍炙人口，但王仓促诵之，皆有遗脱。徐中舒说："以此知先生不善强记，其谨严精深之学，殆皆由专一与勤苦得来。"

端　穆

王国维四岁丧母，父亲在他十一岁之前一直在外谋生，只能依赖姑祖母和伯祖母抚养，由年长他九岁的姐姐王蕴玉照应，故而童年颇为孤寂。其弟王国华对他年幼时的印象，就是"寡言笑"。

王国维之父王乃誉出身贫寒，靠自学而诗、书、画皆通，然因自身际遇而未成大才。于是他将希望寄托于儿子身上，督导甚严。1882 年 10 月 17 日，王乃誉在日记中记载时年仅五岁的王国维的学习情况道："可恨静儿之不才，学既不进，不肯下问于人。而作事言谈，从不见如此畏缩拖沓。少年毫无英锐不羁，将来安望有成！……不患吾身之死，而患吾身之后子孙继起不如吾。……盖求才难，而欲子弟才过其父为尤难！"而甚至王国维十六岁中秀才，他也在日记中说，亲友"赞静儿不去口，余不以为然"。

王乃誉曾有《岁暮蕴零用册示儿辈》之诗，云："粗衣淡饭苦难全，莫为奢华体而牵。试看几多炊爨绝，何如守我旧青毡。"父亲质朴的生活态度，也深深地影响了王国维。

少年王国维喜考据，日与朋辈高谈阔论，指斥前辈文章中的疑误，考查古书注释中的纰缪。父亲王乃誉对此颇不以为然，并且严厉得批评王国维："名为高，实则懒；名为有学，不苟且，实则无作为耳！"

王国维有道德洁癖，他总是将文章与人格相联系。他说："三代以下之诗人，无过于屈子、渊明、子美、子瞻者。此四子若无文学之天才，其人格亦自足千古。无高尚伟大之人格，而有高尚伟大之文章者，殆未之有也。”

王国维自陈：“余之性质，欲为哲学家则感情苦多而知为苦寡，欲为诗人则又苦感情寡而理性多”，“哲学上说，大都可爱者不可信，可信者不可爱，余知真理，而余又爱其谬误”。

对自己的词作，王国维颇为自负：“余之于词，虽所作尚不及百阕，然自南宋以后，除一二人外，尚未有能及余者，则平日之所自信也。”他曾对吴宓说：“自谓视梅村《圆圆曲》过之。”

王国维对柯劭忞（字凤荪）所著《新元史》一书不以为然，但却极力称赞他的旧体诗：“今世之诗，当推柯凤老为第一，应以其为宗。”

王国维经济一直不甚宽裕，故即使不喜，他在仓圣明智大学任教时，也时与姬觉弥往来酬酢。其长子王潜明刚到天津海关工作时，因海关循惯例每月扣款以备“储金养老”，而颇有牢骚，王国维开导道：“观此即见谋事之难，视汝辈如登天矣。海关储金养老办法，并非不善，此事汝可随多数人进退，不必自作主见。”王潜明与罗振玉之女罗孝纯结婚后，住在天津罗家，王国维几次叮嘱儿子要向罗家支付生活费。王潜明冬天只穿夹袄，不穿棉袄，罗家人劝告，但王潜明并不听从。罗振玉将此事告知王国维，王立即写信规劝儿子，并说：“汝意亦不差，然人家好意，亦须委曲之。”

在哈同花园时，姬觉弥每每要和王国维探讨一个字的字义时，王国维但笑不语，或借机走开。李恩绩认为王是“感到和这位‘小学大师’学问的途径有点不同，所以不肯多所非难，引起无聊的误会”。

有人请王国维鉴定一件古铜器，他认为是假的，便说“靠不住的”，来人再请他仔细看看，说这件古器色泽如何古雅，清绿得如何莹彻，文字如何精致，什么书上有类似的著录，并将这些提供给他做参考，请无论如何再仔细看一下。他看了后，依然只是说：“靠不住的。”既不附和，也不驳难。

日本人本田成之读谭献的著作，问王国维对谭的看法，王说：“他是个疯子，不过遣词巧妙。”接着本田又问如何给词断句，《万氏词律》如何，王说：“那种东西不行。”本田再问什么是好的，王国维说：“对中国人来说，这类规则性的东西没有也罢。”

青木正儿对王国维说，自己打算研究明以后的戏曲，因为元代以前的已经有王国维的大作了。王国维听罢，谦称："我的著作没什么意思。"接着又生硬地说："可是明以后的戏曲没有味道。元曲是活的，明以后的戏曲，死去了。"

一次，一位日本人去拜访王国维，说他想研究中国的中古史，王国维听罢极不高兴，一声不吭。后来桥川时雄问他为什么，他说根本不知道那人所说的中国中古史是什么玩意儿。

王国维自吸香烟而不知敬客。罗振玉的弟弟罗振常觉得他极为傲慢，于是每次王国维来访，他必倒茶、拿烟，但王似无所感。罗振常之女罗守巽说："意观堂并非惜一支烟，实疏于酬应，其诗有'强颜入世苦支离'之句。"

辛亥革命后，王国维转向研究经学，聊天的时候，狩野直喜与他谈及西洋哲学，王国维便苦笑着说他不懂，避而不谈。他晚年亦闭口不提自己会外文。

一次，王国维送给铃木虎雄一本《寐叟乙稿》，铃木回去翻看，觉得文辞不算难懂，但诗中交游诸家的称呼都是别号，铃木便告诉王国维，王国维恳切细致地一一为他加注原名。

王国维不善书，没有所请，他一概拒绝。一次，有人请王国维为一位福寿双全的老太太题像赞，他当面拒绝说："这是应酬，我没工夫。"还有一次，他的近邻想请他写一幅小屏，怕被拒绝，故先找到王夫人，王夫人说："你把格子打好，交给我，我逼他写就是。"王国维这才同意了。

蔡元培几次找人请王国维到北京任教，但王国维忠于清廷，认为不能为民国做事，五次拒绝。蔡元培只好想了个变通的办法，让他做通信导师，虽为北大学生讲课，但名义上并不是北大的教师。王国维指导半年后，蔡派张嘉甫送去200元工资，王国维拒不接受，去函道："窃以导师本无常职，弟又在千里之外，丝毫不能有所贡献，无事而食，深所不安；况大学又在邸屋之际，任字诸公尚不能无所空匮，弟以何劳敢贪此赐，故已将脩金托交张君带还，伏祈代缴，并请以鄙意达当事诸公，实为至幸。"最后由北大研究生国学门主任沈兼士出主意，说北大正筹办《国学季刊》，需要王国维指导之处甚多，这二百元不是束脩，而是邮资，王国维这才收下这笔款项。

北大曾邀请王国维到校参观，为显示对王的尊重，北大预先布置好师生们开欢迎会，王国维一口回绝，他说欢迎者中有各式人等，免不了有与其道不相同话不投机者，他不能接受这些人的欢迎。蔡元培听罢一笑了之，随即把欢迎仪式改成茶话会，只是邀请与王有共同研究兴趣的教授们参加。

王国维性情僻冷，埋头治学，常长久枯坐，默然无言。平日里，除了清华的几位同事如陈寅恪、吴宓及学生们，旁人概不接触。他曾填《浣溪沙》词一首：“掩卷平生有百端，饱更忧患转冥顽，偶听啼鴂怨春残。坐觉无何消白日，更缘随例弄铅丹。闲愁无分况清欢。”

王国维曾坦然对学生们说自己愚暗，对于《尚书》大约有十分之五还读不懂，对于《诗经》也有十分之一二读不懂。学生听罢大为震动。

一次，北大的学生皖峰、何子星等人前往王国维处问学。对于金石学、小学、学术史、文学史的问题，王国维均一一解答，何子君提到李邕书叶国重碑，据所见本：一为“江夏李邕撰书”，一为“括州李邕文并书”，不知孰真孰伪？王国维沉思片刻，答：“不甚清楚。”皖峰说：“即此可见先生研学态度的忠实。”

王东明在《先父王公国维自沉前后》中回忆父亲：“先父生性内向耿介，待人诚信不贰，甚至被人利用，亦不置疑。在他眼中，似乎没有坏人。因此对朋友，对初入仕途所侍奉的长官和元首，一经投入，终生不渝。他不是政治家，更非政客。他所效忠的只是他心中的偶像。”

一次，清华教职员在工字厅聚餐，毕树棠当时正夹起一块海参往嘴里送，忽然听邻座某君喊道：“看！王国维！”他筷中所夹海参顿时滑落在地，随之看到校长曹云祥对面坐着一位清瘦而微须的四十多岁的老头儿，红顶小帽，青马褂，身后垂着小辫子和玄色扎腰，谦恭而谨静地坐在那里。满室的人都在喧闹笑谈，似乎唯有他是安静沉默的，除偶尔动一动筷子，他什么都不甚理会。曹的态度倒很周到，话很多，每一句话都必问到老先生。但王只是微笑，点头，没有太多回答。饭后，照例有余兴，但早已不见了王国维的身影。

毕树棠回忆王国维：“他的态度老是那么沉静而枯独，却又含着和蔼，每当夕阳衔山的时候，常见他在西院大路上散步，相遇必点头微笑，缓缓而去，总是那么淡淡的，而和他朋友见面时，又往往好问时事，却又不大看报纸，似乎是模模糊糊的，教人瞧不透。”

毕树棠回忆说，他没有见过王国维大笑，只记得一次他曾经笑过，那是在一家的晚饭席上，王国维亦在座，还是老样子，只是呆坐，没话，只吃菜，不喝酒。席间毕树棠与他人的一番对话，竟然逗的王国维笑出声来。

王国维每天在书房看书、著述，对于家务，不闻不问，他身上从不带钱，每月的薪水由家人到学校为其代领，领回后也由夫人负责用度。他埋头读书，家里人也不去打搅他，大家各安其事。

一次姜亮夫填了一首词，想请王国维指正。他晚上七点半到王家，王国维看过后说："你过去想做诗人，你这个人理性东西多，感情少，词是复杂情感的产物，这首词还可以。"王国维便帮他修改，一改改了近两个小时。在他改词之时，姜顺手翻看两本书，其中一本是德文版的《资本论》，姜见书中用好几种颜色的笔打了记号。王国维对他解释说："此书是十多年前读德国人作品时读的。"姜亮夫立时感到先生不仅学问广博，思想也非常超前。晚上九点多，姜亮夫告辞，王国维要家人点着灯笼跟他一起送姜，一直送到清华大礼堂后面的流水桥，等姜过桥后他才回去，他对姜说："你的眼睛太坏，过了桥，路便好走了。"闻此语，姜几乎落泪，此后一生难忘。

王东明回忆道："父亲的一生中，可能没有娱乐这两个字，那时收音机尚不普遍，北京虽有广播，顶多有一个小盒子样的矿石收音机，戴耳机听听，就算不错了。举凡现代的音响视听之娱，非当时梦想所能及。他对中国戏曲曾有过很深的研究，却从来没有见他去看过戏。"

王国维不擅丹青，孩子们缠着他要他画小人，他只会画一个策杖老人或一叶扁舟。他偶尔指导孩子读书，教孩子读《孟子》、《论语》，为孩子讲解或听孩子背诵时，他并不看书本；进行讲解也不是逐字逐句地讲，一口气讲完了，问一句懂不懂，孩子点点头表示懂了，这一天的功课就算完成了。

旅居上海时，王家中常有日本客人来访，与王国维探讨学问。王国维的孩子们当时还年幼，顽劣淘气。他们知道日本人喜欢乌龟，就趁着客人不注意时，悄悄地在他们后背用白色的石膏粉画上小乌龟图案，然后躲在一旁偷笑。王国维见状，并不责怪孩子们。等他们成年后才知道，他们开玩笑的对象，都是日本赫赫有名的学者，如铃木虎雄、神田喜一郎等。

龚自珍一生泛滥情海，行事则任兴驰骋，风流不羁。他的诗词常写男女情感纠葛，多缠绵悱恻、婉约生姿之句。晚年曾有诗云："偶赋凌云偶倦飞，偶然闲慕遂初衣。偶逢锦瑟佳人问，便说寻春为汝归。"王国维素不喜龚，读此诗后，更斥责龚道："其人之凉薄无行，跃然纸墨间。"

王国维弃世前数日，曾替学生谢国桢题写扇面。王书写了唐末韩偓的《即目》和《登南神光寺塔院》两首七言律诗，题款时，在谢国桢的名字后面加上了"兄"字。旧时礼数，朋友间无论年齿长幼，皆可以"兄"相称。但师称弟子为"兄"，就悖逆礼节了。于是，蹈湖当日，王国维先赴清华研究院，照常处理教务后，特地找到谢国桢，用墨笔在为谢题写的扇面上涂改“兄”为“弟”字。做毕这桩事，他才乘车到颐和园，步行至排云殿西鱼藻轩前，临流徘徊片时，方毅然自沉。其时适为榴花盛开的端午时节，屈原也是这个时节自沉的。

悲 郁

王国维性情悲观，他在《静安文集续编・自序》中自陈：“体质羸弱，性复忧郁，人生之问题，日往复于吾前。自是始决定从事于哲学。”

王国维一生中，家庭成员死亡的阴影一直笼罩着他：四岁时，母亲病逝；1887年，祖父去世；1906年，父亲去世；次年，继母去世；同年，发妻莫氏因生产双胞胎女儿病危，王国维从北京赶回家乡海宁，虽延请名医救治，但无力回天，十几天后，莫氏离开人世。

王国维一共生有六子八女，其中，六个女儿夭折。王国维多次痛失子女。在长子潜明前，即生有一女，不幸夭折；1907年，莫氏病逝前所生的一对双胞胎女儿夭折；1908年，王国维与潘丽正所生的女儿明珠夭折；1921年5月，四女儿通明出生，9月即夭折。1923年5月，女儿瑞明夭折。1924年，王国维的一对孙女夭折。1925年，他与莫氏所生的长子王潜明去世。

1898年，王国维由父亲护送到达上海，进入《时务报》工作。王对时局有了更深的了解，因而忧心忡忡，他在给友人许家惺的信中认为，列强虎视眈眈，而清政府又不思变法，于是中国“如圈牢羊豕，任其随时宰割而已”。此后不平等条约纷纷签订，王国维心情郁郁，致函许家惺说：“瓜分之局已见榜样，如何如何！胸中所欲言于足下者十倍于兹，每一捉笔不知其何以忘也。”

王国维一度希望通过办教育来改变中国的积弱，但他到上海后，发现他所寄予希望的“士大夫”却令他十分失望，他在给许家惺的信中说：“大抵近世士大夫不乏魁垒奇特之才，而于学术异同之际意见极深，稍有不合，即成水火，日日言合群而终不能合群，私见之难泯，盖如此也。”“大抵合群二字，为天下第一难事。其所以难合，实因民质未进之故，斯宾塞尔之言深足味也。外患日逼，民生日困，虽有智者，亦无以善其后。”在这样的忧患之下，王国维认为中国必有大难，他选择了读书作为自己应付国难来临的唯一途径，他告诉许家惺：“来日大难，非专门之学恐不能糊口。”

到《时务报》馆工作，王国维本是顶替许家惺的职位而去，之前许每月工资20元，到发工资时，报馆却只发给王12元。王国维也不争吵，只是写信给许，诉说不满。许家惺接信以后，以推荐者的身份，给汪康年兄弟写信询问此事。孰料，汪氏兄弟复函，不仅不同意给王国维增加薪水，反而还抱怨王来馆不善办事、不懂待人处世。父亲知道后，来信要他“以家累身世为第一义”，“勉忐相习”。王国维只好强压自尊，“愧无可言”地复信许，对他“不督过而惠全之”表示感谢。故而罗振玉回忆初到《时务报》工作时的王国维道：“公平生与人交，简默不露圭角，自待顾甚高。方为汪舍人（康年）司书记，第日记门客及书翰往来而已，故抑郁不自聊。”

马衡受蔡元培之托邀请王国维到北大任教。王写信征求罗振玉的意见，罗让他询问沈曾植有何看法。王复函罗道：“北学之事，若询之寐叟（按：沈曾植之号），必劝永（按：王国维自称）行，然我辈乃永抱悲观者，则殊觉无谓也。”

王国维论《红楼梦》的精神主要是“示人以解脱之道”，解脱“存于出世，而不存于自杀”。他说《红楼梦》里真正可以达到解脱，只有三个人：一个是惜春，一个是紫鹃，一个就是宝玉。

王国维受叔本华影响甚深，叔本华的悲观主义自然也影响了王国维。王深感“伟大之形而上学，高严之论理学，与纯粹之美学，此吾之所酷嗜也。然求其可信者，则宁在知识论上之实证论，伦理上之快乐论，与美学上之经验论。……余之性质，欲为哲学家，则感情苦多，而知力苦寡；欲为诗人，则又苦感情寡而理性多。”

婚　姻

1896年，二十岁的王国维奉父命迎娶二十三岁的莫氏为妻。当时王国维一心想去日本留学，但父亲王乃誉坚决不同意，说现在首要的是“求度衣食”，至于求学，那是十年后的事情。王国维只好谨遵父命“成家立业”。

莫氏家中世代经商，家境比王家稍好，王、莫两家早年就已定亲。王国维十四岁时便闻名乡里，号称“海宁四才子”之一，十六岁即考中秀才，王的岳父对其极为赏识，提起王国维这个未来的女婿时赞不绝口。

莫氏与王国维结婚后，王国维因“家贫不能以资供游学，居恒怏怏”，两年后便到上海时务报馆工作，从此便辗转奔走，与莫氏聚少离多，分居十年。这十年间，他在家中住的最久的时间便是1906年父亲去世后，回家奔丧，为父亲守制，前后共八个月。但从王国维所作的词看，王与莫氏夫人的感情极好，如这首《清平乐》："樱桃花底，相见颓云髻。的的银缸无限意，消得和衣浓睡。当时草草西窗，都成别后思量。料得天涯异日，应思今夜凄凉。"

1907年4月，王国维为父亲守制完毕，再次返回北京。当时家乡父老曾联名邀请他出任海宁州劝学所学务总董，但他婉拒。谁知刚返回北京三个月，便传来妻子病危的消息，十天后，王、莫二人便天人永隔。

妻子去世后，王国维为妻子写下许多深挚的悼亡诗，兹录两阕：

《蝶恋花》："落日千山啼杜宇，送得归人，不遗居人住。自是精魂先魄去，凄凉病榻无多语。往事悠悠容细数：见说他生，又恐他生误。纵使兹盟终不负，那时能记今生否？"

《苏幕遮》："倦凭栏，低拥髻，丰颊修眉，犹是年时意。昨夜西窗残梦里，一霎幽欢，不似人间世。恨来迟，防醒易，梦里惊疑，何况醒时际。凉月满窗人不寐，香印成灰，总作回肠字！"

莫氏留下三个男孩，最大的八岁，最小的才三岁。王国维将孩子们托付给继母叶太夫人，但几个月后，叶太夫人去世。三个孩子无人照看，亲戚们便劝他续娶。最后，岳母莫太夫人做主，为他续订了一门亲事。

王国维的第二任妻子潘丽正，是前妻莫氏的远房表亲，据王国维的女儿王东明说是莫氏的表甥女。潘丽正嫁给王国维后，便承担起了照顾王国维子女，为王操持家务的任务。王国维与潘丽正生有三子五女（其中两个夭折），这些孩子加上王国维前妻留下的三个儿子，都由潘丽正照顾。王国维一生不问家务，家中事无巨细，全由潘丽正料理。一次，潘丽正牙疼得厉害，但当时孩子们一个接一个地发烧，她的牙病竟霍然而愈。

王国维长子王潜明后娶罗振玉三女罗孝纯为妻，据罗氏后人记载，罗与婆婆潘丽正偶有龃龉。罗振玉之女罗仲安说："家中遇有纠纷，先生不作左右，袒护潘夫人，人谓其如'金人'。"王国维的女儿王东明解释"金人"指王国维沉默不语，只是缄默。

一次，潘丽正与王国维商讨家事，但王手不释卷，耳若未闻，潘一怒之下，便要将书投入火中。正好此时罗振玉来访，潘入内室回避，才解了围。

潘丽正对莫氏的母亲莫老夫人也极为照顾，她每月必送用度给莫老夫人。王国维一家居上海时，有人回乡，她必托人带去莫老夫人喜欢吃的山楂糕、粽子糖、香菇等物。回乡探亲时，她也必接莫老夫人前来同聚。莫老夫人去世后，她回乡奔丧，以孝女身份为莫老夫人守灵、治丧。

潘丽正对莫氏生的三个儿子如同己出。王国维自杀时，他的第三子贞明还不到娶亲的年龄，后来贞明的婚事，由潘丽正一手操办。王国维的二儿子高明曾告诫他的妻子："吾辈弟兄，赖继母抚育成长，费尽心思。汝须尽子妇之德，毋得相慢！"

王国维沉湖后，潘丽正有追随他去的打算，她在给王国维治丧期间，便写好遗书，嘱咐子女们待她和王国维下葬后，筹划南归，回到家乡去依舅父及姨母生活。女儿王东明看到遗书后，不知所措，后来和佣人钱妈商量，请与潘丽正交好的郑桐荪教授的夫人帮助劝说。在郑夫人的劝说、女儿的哀求，以及钱妈的解劝下，她才打消了死志，说："好吧，我再管你们十年。"

潘丽正于 1975 年在台北逝世，据陈鸿祥《王国维传》："潘夫人名丽正，1975 年病卒于台北医院。"

嗜 好

王国维嗜烟，且烟瘾极重，上课时也忍不住抽上几支。在学生的印象中，王先生总是烟雾缭绕地来，又烟雾缭绕地去。每每饭后，王国维总是一支烟一杯茶，然后再进书房工作。

容庚回忆王国维："先生沉默寡言笑，问非所知，每不置答。喜吸纸烟，可尽数支；当宾主默对时，唯见烟袅袅出口鼻间。"

王国维爱吃甜食，他的卧室中摆放着一个朱红的大柜子，上面两层专门放置零食。女儿王东明六十年后还记得，打开柜门，琳琅满目，如同是一家小型糖果店，从胶切糖、小桃片、云片糕、酥糖等苏式茶点，到红枣、蜜枣、茯苓饼、核桃、松子等，应有尽有。其夫人每个月从清华园进城采购零食和日用品，回来必是满满一洋车，那些精致的点心就是为他准备的。他每天午饭后休息一小会儿，抽根烟、喝杯茶，然后进书房工作，几个小时后，他便到卧室的柜子里找零食吃。

在饮食方面，王国维有些挑剔，他要求夫人亲自下厨，如果是佣人做的，他就不愿入口。每遇到饭菜不可口，他的筷子就在碗里慢慢地拨弄。他爱吃红烧的食物，所以家里的食物经常是红烧的。他爱吃的水果不多，喜欢西瓜、橘子、柿子、葡萄等，但他夏天不吃香瓜，也不准孩子吃，认为不好消化。

王国维平时最爱去逛琉璃厂，对古玩只是看看，主要是买旧书，如果在书店看到了想要的书，就非买不可。每次夫人知道他要逛琉璃厂，就先替他准备好钱。一次，他如获至宝地夹着一个包裹回家，打开一看，里面是一本书，他兴奋地对夫人说，自己要的不是这本书，只是夹在其中的一页旧书。

在北京时，王国维晚上常赴宣外大街喝大酒缸（即小酒店），以盐水毛豆、煮花生佐酒；酒是白酒。他酒量很小，稍饮即鼻眼皆红，但仍乐此不疲，说是以此寻觅高阳酒徒的风味。

王国维生活极有规律，晚上十点多一定上床。每天看完书后回到卧室，就一个人拿着牌玩“过五关”，尽了兴，睡觉时间一到，也就熄灯就寝了。

逸　事

少时，王国维即闻名乡里，与褚嘉猷、叶宜春、陈守谦被人称为海宁四子。据王国华《海宁王静安先生遗集序》中称：先兄“年十六，入州学，好《史》、《汉》、《三国》。与褚嘉猷、叶宜春、陈守谦三君，上下议论，称‘海宁四子十八丁’。”

王国维与陈守谦等人“朝夕过从，商量旧学，里人目为‘四才子’而推君（王国维）为第一”。特别是王国维与陈守谦，几乎天天见面，纵论古今，研习学问。有时陈守谦留王国维吃晚饭，以便饭后能继续与王畅谈，但王从来不答应。因为王国维生母早逝，父亲续娶，继母家规极严，每日必同王一起进餐，不能不回去吃饭。陈守谦便说王国维“曲承后母欢也”。

本田成之曾回忆王国维：“王先生满脸是粉刺或别的什么，面孔也不太好看，可是他不修边幅的坦率的样子给我很大的好感。”

梅原末治回忆王国维，他到罗振玉家中拜访，罗家“人多得简直不可思议，其中有一位其貌不扬，说话口吃，看起来倒是读书人的样子，他好像非常专心地写着什么。”后来梅原才知道，这个人就是王国维。

王国维在日本住的屋子很小，里面连厕所都没有。一次，神田喜一郎到王国维住所借便所一用，王指着院子说：“请便。”神田吓了一跳。

与客人会谈时，宾主落座后，王国维将手探进袖口，似乎在取物，客人则以为他胳膊痒，不多时，摸出一根纸烟递给客人，自己也掏出一根吸。据日本学人记载，这是王留学日本时的旧习惯。

王国维秀才出身，但后任溥仪的南书房行走。溥仪对他很是尊敬，有时留他在宫中用餐。因王国维深度近视，用餐时辨不清楚，溥仪便帮他夹菜。

溥仪对王国维去清华任教之事也极为热心，先应胡适之请下了诏书，到天津后，他仍惦记此事，让罗振玉问王国维是否已去清华。据罗振玉说，溥仪曾说："我无养贤之赀，清华为我暂时养贤，亦稍慰我心。"

李恩绩回忆，王国维的书不是整整齐齐地堆在书架上，而是摆得到处都是。桌子的每一只角上，茶几上，椅子上，床上，甚至于地上，都摊着翻开的书。要等他把正在起草的一篇著作告竣了，才把四处散落的书整理一下，但下一篇文章要动笔之前，书又随处堆放了。

王国维憎恶冯玉祥，他搜集了许多对"二马"（即冯）的负面评价，送到日本人辻听花处，要求他登载在报纸上。如果没有登载，他便写信催促："前天我要辻听花登载，怎么还没载呢？"

王国维疼爱孩子，孩子们小的时候，他一闲下来就抱着孩子，一个大了，接着抱另一个。到清华任教时，最小的六儿子已六七岁了。没有孩子可抱，王国维就养了一只狮子猫，毛长得很长，体形也大，而且善解人意。只要有人一叫它，它就跳到人身上。王国维有空坐下时，总是呼一声猫咪，它就跳到他的膝盖上，任王国维用手抚弄它的长毛，在他的膝上打起呼噜来。

在清华园时，王国维的几个年幼的孩子颇为淘气，总爱到前院去玩，有时声音太大了，潘丽正怕他们吵扰了王国维，就拿着一把尺子将他们赶回后院去。但他们却躲在王国维背后，而疼爱子女的王国维则一手持卷继续阅读，一手护着他们满屋子转，让潘丽正啼笑皆非。

赵万里是王国维夫人表姐的长子，只是素无往来。他由王国维八十一岁的远房叔叔推荐，拜王国维为师，住在王家，之后又担任清华助教。他第一次由人领到王家，见到王国维即叩头行礼，奉上两条大前门香烟。他对王国维执礼甚恭。第一次见面时，他回答王的问题，毕恭毕敬远远地站在王面前，身体呈 150 度向前躬着，两手贴身靠拢，王说一句，他答一句："是！"问他什么话，他轻声回答，话说完了，倒退着出来，头也不抬一下。他对王国维的夫人不称表姨母而称师母，态度也极为恭敬。王国维去世后，他将王国维的著作编撰整理，编为《海宁王静安先生遗书》，并撰写了《王静安先生年谱》。

王国维在清华任教，但他却从来没有去过颐和园，他笑着说："吾自来此，未窥颐和园，顽朴可羞。"孰料 1927 年他选择在颐和园的鱼藻轩前投湖自尽。

王国维自杀前几日，汉堡大学中国文学教授、德国人颜复礼博士奉德国政府的命令，聘请王国维担任"东方学术研究会"名誉会员。法国的伯希和博士亦在此时致函王国维索取王所著的《鞑靼考》。但信未寄到，王国维已辞世。

恩　怨

王国维与罗振玉是浙江同乡，罗振玉对王国维来说，不仅仅是同乡、儿女亲家，更是老师、挚友，对王国维有知遇之恩。

据罗振玉的外孙刘蕙孙谈二人相识的经历：1898 年正月初二，罗到时务报馆给馆主汪康年拜年，进门以后，没有见到人，一直走到楼上，只有一小房间里有人边看《文选·两都赋》，边自斟自酌。罗进而问询，乃知其为《时务报》校对员海宁人王静安。两人对坐攀谈，罗觉得此人才华和学养都不平凡。继又看到他为同舍生撰题的扇面上有咏史绝句，其末句为"千秋壮观君知否，墨海西头望大秦"，乃大异之，遂劝他加入东文学社学习，并说王有秀才功名，可以直接进入师范班。王面露难色，说："奈生计何！"罗遂说："你去读书可也，我在农学报馆给你挂个名，闲时写写文章即可，月薪 40 元，则家用及本人生活都可以维持了。"王遂入罗振玉开办的东文学社学习。

从二人相识开始，王国维一生的重大活动以及学术研究方向均与罗振玉发生着密切联系。留学日本，系罗资助；到南通师范学院任教，系罗推荐；在废帝跟前当差，亦是罗所推荐。甚至学术研究方向，也与罗振玉不无关系。据刘蕙孙回忆，王国维原本兴趣在西方哲学，罗振玉力劝其转向国学。对于罗振玉的知遇之恩，王国维一直非常感激，他曾写诗称颂罗振玉道："匠石忽顾视，谓与凡材殊。"

徐中舒在《王静安先生传》中亦记载："辛亥之役，罗氏避地东渡，先生亦携家相从，寓日本之西京。罗氏痛清室之沦亡，于西洋学说尤嫉恨之。至是乃欲以保存旧文化之责自任，且劝先生专治国学。先生乃大为感动，遽取前所印《静安文集》尽焚之。"

1916 年，王国维（左）与罗振玉摄于日本

辛亥革命后，罗振玉将藏书运到日本，寄存于京都大学，共五十万卷，古器物铭识拓本数千通，古彝器及他古器物千余品，名之大云书库。罗邀约王国维共同整理编目，这样王国维便有了固定收入。1913 年春天，王国维移居吉田田丁神乐冈八番地，与罗振玉新建的永慕园相去不远。罗守巽追忆："观堂每晨必由直路至永慕园，像上班一样。穿上白、下淡青两折圆长衫，头带辫发，至伯父家，共研文史；仆辈称他为'王老爷'。"王夫人于 1914 年回国后，王国维与长子王潜明次年再到日本，便住在罗家，以节省开支。

有研究者认为，罗振玉善于钻营，他在提携王国维的同时，也利用王国维为其做事。王国维埋首学术，处处听罗所言，鲁迅说王"老实到像火腿一般"。有说，罗振玉不少重要的学术成果其实本是王国维所作，比如罗振玉的《殷虚书契考释》一书便是王的研究成果；也有人说王国维自沉昆明湖亦是被罗氏逼债所致。

一次，王国维到罗振常处，让罗振常赶紧通知罗振玉，说国民党要抓捕罗振玉。王国维平日勉强能说普通话，但情急之下，海宁乡音便出来了。罗振常听了半天才明白其意，忙通知罗振玉，罗振玉避往天津。

1919 年，王国维的长子王潜明娶罗振玉三女罗孝纯为妻。1926 年 9 月，年仅 27 岁的王潜明因病去世。王国维深为悲痛，赶赴上海料理长子后事，谁知却与罗振玉发生矛盾，至死不解。

矛盾发生后，罗振玉携女儿返回天津，二人打起笔墨官司，他们大约三天致对方一封信，从发生龃龉到断交，仅 20 天。从书信往来的内容来看，矛盾的起因是王潜明的抚恤金及生前存款。罗孝纯回天津后，王国维为安排好长媳未来生活，先将次子王高明的长子庆端过继给王潜明，并将海关发给王潜明恤金等遗款，请人通过银行全数汇到天津给罗孝纯。但罗孝纯却拒收这部分款项。

罗振玉几次不领情，将钱退回。对此，王国维气愤异常，10 月 31 日，王国维再次致函罗振玉，认为罗孝纯不收王潜明遗款“是蔑视他人人格也”。最后，罗振玉将钱收下，但他颇为恼怒，给王国维发出断交信，虽在信中说断交“殊非我心所欲”，指责王国维“来书严峻”。

罗振玉的侄女罗守巽说：“先伯父（罗振玉）性子急，脾气大，待人处事欠冷静。两亲家晚年失和，同他的这个‘脾气’有很大关系。”

据罗振玉的长孙罗继祖回忆说，姑母（罗孝纯）婚后与王国维的继室潘氏夫人关系处得不好，婆媳感情冷淡。潜明病亡后，王国维夫妇到上海，与同样赶到上海的罗振玉发生争执。“潘夫人处置善后偶尔失当，姑母泣诉于祖父，祖父迁怒于王先生，怪他偏听妇言，一怒而携姑母大归。……三十年夙交感情突然破裂，原因是祖父脾气褊急，平日治家事事独断，而王先生性格却相反，平日埋头治学，几于不过问家政，一切委之阃内。……事情闹僵，又没有人从中转圜，以至京津虽密迩，竟至避面，直到王先生逝世。”

据陈鸿祥《王国维年谱》中罗振玉次女罗仲安的回忆说，1916 年，王国维自日本回国后，在上海租住了“房价低廉”、“屋亦宽敞’的“闸库门”三楼底楼的一处寓所。此处房屋是闹市中的静僻之地，荒寂阴森，连木工等苦力搬进去一日便要迁走，而且，此处还经常“见鬼”。罗曾写信给王说：“公寓有鬼，信否？若然，是宜移居。……弟平日不信鬼，然近来有人亲见过，至是乃不得不信矣。”王潜明与罗孝纯结婚后，二人便住在这“鬼屋”中，王国维北上后，二人依然居住于此，故罗振玉对于王使爱女爱婿居住于此，极为不满。不久，王潜明果然病亡，罗遂“迁怒”亲家夫妇，但此语实难出口，只能携女“大归”，以泄其胸中所蓄怒意。

研究者认为，“罗王交恶”，表面上看起因于王潜明“遗款”问题，但这仅仅是导火索，之前罗振玉就对王国维不满，只是引而不发而已。罗引荐王入小朝廷，是希望通过王，时时掌握小朝廷内的动向，让王向溥仪进言，并拉拢溥仪倚重的洋教师庄士敦。罗拥护升允，而希望扳倒郑孝胥。因升允生活困窘，罗不仅自己支助升允，还要求王也出资支助，王未出资，罗便直接将王寄存于他处的一幅画标价一百元出售，准备得款后赠给升允。但王国维对小朝廷内部的权力斗争并不感兴趣，对罗打击政敌的行为反应消极，而引发了罗的不满。

1923 年 5 月，王国维入溥仪的小朝廷不久，在给罗振玉的信中提到，他准备将自己的《观堂集林》进呈溥仪。罗亦趁此将他的《殷虚书契前后编》及《考释》两书从天津寄到北京，请王国维托书店做了黄绫套代为奏呈。王国维颇感为难，因为他知道罗振玉与郑孝胥等人有矛盾，便复函告诉罗振玉，为避嫌疑，等过一段时间再呈交溥仪。罗极为恼怒，当即复信王国维不必代呈，将原书交人带回天津。

一次，罗振玉和推荐王国维入“南书房”的升允，要联名上折参劾以郑孝胥为首的“新派”，让王代呈奏折。王国维回京以后，听到了关于升、罗二人“结党”排除异己的议论。他怕贸然将二人的奏折递上对二人不利，便写信婉言劝罗改“奏”为“函”，建议直接致信荣源（溥仪岳父，婉容父亲）。王国维本是一番好意，却又引来罗振玉误会。

王国维发现自己陷入政治斗争的旋涡后，萌生退意，他致函罗振玉道：“观之欲请假者，一则因前文未递，愧对师友；二则因此恶浊界中机械太多，一切公心在彼视之尽变为私意，亦无从言报称，譬如禁御设馆一事近亦不能言，言之又变为公之设计矣。”所以，他准备“闭门授徒以自给，亦不应学校之请，则心安理得矣”。罗振玉回信说：“来书言圣断可喜。……高见与弟十九不合，倘亦不能谓然，于入直之事恐亦无甚关系矣。”第二天，罗振玉又写信说，“昨作答时忧愤已极”，“劝公之北来，不免蛇足”。

王国维的长女王东明并不同意其母潘氏夫人处理善后失当这种说法，认为这是没有根据的臆断之辞。她认为罗、王交恶“毋宁说是偶发事件较为合理”。王东明回忆说：“父亲最爱大哥，大哥病逝，给父亲很深的打击，已是郁郁难欢，而罗振玉先生又不声不响地偷偷把大嫂带回娘家，父亲怒道：‘难道我连媳妇都养不起？’然后把大哥生病时的医药花费全汇去罗家，他们寄回来，父亲又寄去，如此往复两回，父亲生气得不言语，只见他从书房抱出一叠信件，撕了再点火焚烧。我走近去看，见信纸上款写着：观堂亲家友道……”

王东明读到罗振玉给王国维的“绝交书”后，感慨万分地说：“任何一句，无不伤人自尊，不是常人所能忍受的。也由此，使我想到被父亲焚去的信件，当有更甚于此者。再从父亲给罗氏的信来看，无不婉转谦抑，委曲求全，未发现有恶言相向的。我常常痴想，如果二人不失和，父亲伤心时得到挚友的劝解慰藉，迷惘时获得劝解宣泄，或可打消死志，拉一把与推一把，其结果就不可以道里计了。”

王国维沉潭当天，赵万里给罗振玉拍了电报：“师于今晨在颐和园自沉，乞代奏。”罗振玉极为悲痛，马上派其子赴京奔丧。据王国维的三子王贞明写给王次子王高明的信中说，罗本拟亲来京奔丧，因家人“恐彼来此有所感或有他变，故不肯放他来京”。

罗振玉后又代王国维给溥仪上了一道遗折，溥仪下旨为王国维赐谥号“忠悫”。其实这封遗折是罗振玉让自己的儿子模仿王国维的笔迹所写。对此，王贞明说：“原来这‘遗折’是罗先生命他的第四个儿子仿父亲的字迹写成的。罗振玉先生为什么这样做？想是要利用父亲‘忠于清室’来标榜自己。”后罗振玉又在天津日租界为王举行公祭，设“忠悫公”灵位，广邀中日名流学者前来吊唁，罗还在天津《日日新闻》报发表《祭王忠悫公文》一文，赞颂王国维的“完节”和“恩遇之隆，为振古所未有”。

公祭结束后，罗振玉赴京参与处理王国维后事。他奉溥仪“谕旨”从清室驻北京办事处领得赏银两千元，交给了王国维夫人潘丽正，自己又送上葬礼银一千元。

王国维去世后，罗振玉为王国维校理和编辑遗著，将其已刊和未刊的著作分编四集，以《海宁王忠悫公遗书》为书名出版。罗晚年对孙儿辈说：“静安以一死报知己，我负静安，静安不负我。”

黯　淡

1927 年，王国维自沉于昆明湖，他的女儿王东明称这一年为王“最黯淡的一年”。

1926 年 9 月，王国维年仅 27 岁的长子王潜明在上海病故。面对此打击，王国维悲痛异常，郁郁寡欢。处理长子丧事的过程中，王国维又与亲家罗振玉决裂，这更导致了王国维的落寞。此一连串的事件对王打击甚大，他给日本友人神田喜一郎信中，提及“弟秋闻长子之丧，心绪恶劣”。据说，他时常发呆，见人就要诉说自己的不幸。

1927 年 2 月 12 日，王国维到天津为居住在天津张园的废帝溥仪祝寿，并力劝溥仪迁出天津，因为王认为，不断发生的战乱会威胁到溥仪的安全。但溥仪并不理会王国维的忠言。王国维担心溥仪的安危，“愤激几泣下”。此行，他还遇到了罗振玉，但二人却不交一言，形同陌路。

是年，时局动荡不安，李大钊等人被张作霖杀害，接着四一二反革命政变发生，国民党北伐。当时清华园内人心惶惶，吴宓在日记中记载：“近顷人心颇皇皇，宓决拟于政局改变、党军得京师、清华解散之后，宓不再为教员，亦不从事他业。

而但隐居京城，以作文售稿为活，中英文并行。”而本就悲观的王国维更是深为担忧，惶惶不可终日。

四五月间，北伐军逼近北京。接着，传来学者叶德辉和王葆心被杀的消息。王葆心是乡里德高望重的老先生，仅因信中有“此间是地狱”之语，便被拽出，遭受极端侮辱致死。王国维听闻此消息后，更加惊心。

北平的《世界日报》晚刊曾发表《戏拟党军到北京所捕之人》一文，王国维被列入其中，有人将这份报纸送给王国维过目。

面对时局，许多人都劝王国维剪辫，周光午回忆：“研究院同学之关心王先生者，日往造其家，柔色巽词，以去其辫为请，意盖设有万一，先生此辫，将为取祸之标识，而难见谅于群众也……先生喟然曰：‘吴（其昌）谢（国桢）诸君，皆速余剪其辫，实则此辫只有待他人来剪，余则何能自剪之者。’”

冯玉祥军队到保定后，桥川时雄等人去看望王国维，桥川觉得王国维神色异于平常，直说“再坐一会儿”、“在这儿吃饭吧”等等，桥川等人上午到达，一直到晚上才告辞。临别时，王国维一直将他们送到清华大学正门。桥川和同去的小平都很纳闷，觉得今天王先生如此热情而且依依不舍，后来才知道王大概已存死志。

4 月下旬，一向不出游的王国维意外地抽出时间，携家人与同事一起游览西山。

此时梁启超正准备去日本避难，他亦邀请王国维同行。一日，王国维从梁启超处回家后对夫人说：“梁启超约我赴日暂避，尚未作考虑。”

5 月底，王国维为学生谢国祯题扇面，他共题七律四首。四首中，有两首为陈宝琛（溥仪的老师）所作落花诗。研究者认为，此时他已隐藏殉身之志。

沉　湖

1927 年 6 月 1 日中午，清华在工字厅为毕业生举行师生告别会。宴会一共有四桌，师生间不拘形迹，欢声笑语洋溢在整个工字厅中。但负责这次告别会的姚名达却发现，王国维所在的那一桌寂然无声，姚名达心下疑惑：“不知先生之有所感而不乐欤？抑是席同学适皆不善辞令欤？”

当时王国维为学生们谈蒙古杂事，“其雍容淡雅之态，感人甚深”。席间虽有个别学生论及时局，但并没有影响到整个聚会的氛围。

宴会快结束时，梁启超站起身向大家致辞。致辞结束后，梁启超又说："党军已到郑州，我要赶到天津去，以后我们几时见面，就很难说了！"（据说 5 月底梁启超收到一封恐吓信，内有一枚子弹，故梁有此语。）梁启超说完，大家都相惊失色。此前卫聚贤曾劝王国维去山西避祸，此时王问同桌的卫聚贤："山西怎样？"答："山西很好。"

蒋复璁在《追念逝世五十年的王静安先生》一文中提到，研究院的学生何士骥从城中赶来，带了北京大学沈兼士、马衡的口信，劝王国维入城，住到他们家中，而且特意提出要请王国维将头上的辫子剪去。研究院的学生们也大多劝王国维进城暂避，但是王国维却说："我自有办法。"

师生告别会结束，王国维与诸位同学道别，然后去了陈寅恪家中。姚名达与同学朱广福、冯国瑞同游朗润园。回去的路上，朱广福忽然说道："王先生的家在哪里，我还没有去看过？"于是他们便到王家拜访。到王家后，王国维并不在书房，他们叫王家仆人打电话到南院的陈寅恪家，问王是否在陈家。陈家回答说王已经在回家路上了。当王国维回来后，他们三人在他的书房中，提了许多问题，王的回答照例很是精练。谈了一个小时后，便到晚餐时间了，他们便起身告辞，王国维像往常一样，将他们送到院子中。

晚上，柏生（按：据戴家祥说柏生为刘节，此处从此说）与谢国桢一起去王国维处，向王询问阴阳五行的起源问题，并论到某位日本学者在研究干支时的得失。当他们在谈话中涉及时局时，王国维立刻呈现出黯然的神色，似乎有避乱移居的想法。王国维送别二人之后，回屋继续阅学生试卷。据家人回忆，当夜"熟眠如故"。

第二天，天色微亮，王国维和平常一样起床，由夫人为他仔细梳好辫发，服侍他洗漱后，和当时在家的三子贞明、女儿东明共进早餐。餐毕，王国维去书房整理了一会儿东西，有别于往常的是，他没有叫老家人冯友跟随送东西，而是一人独自出门，去了研究院公事房。

八时许，王国维来到公事房，只有研究员办公处的侯厚培在，这时他发现已经批改完的学生成绩本没带，便让研究院的听差去家中取。然后，与侯厚培商谈下学期招生之事。谈完之后，王国维请侯借他两元钱，侯身上没有零钱，就随手给了王一张五元的钞票。

上午十一点多，陆侃如找卫聚贤与他一同去王国维的办公室，请王为他题签。

但他们却没有在办公室找到王国维。他们认为王国维可能去厕所了，便一直等到中午，见王一直未归，他们才离开办公室去吃午饭。午饭过后，王家人打电话到办公室，问王怎么还没回家吃饭？这时，人们才着急起来，赵万里立即到清华门口询问是否有人见到了王国维，有一个黄包车车夫说："王先生坐车往西走了。"赵万里和卫聚贤立刻又向西追去，到了颐和园门口，颐和园的门房说："一位老人跳湖自杀。"

赵万里和卫聚贤进去时，发现王国维的尸体已经放在了湖边的亭子里。一位扫亭子的园丁说："这位老人，在石船上坐了许久，吸纸烟不停，到湖边，走来走去，我扫地没有留意，听见扑通一声，不见了人。我跑到湖边，见他跳下水去，我也跳下去，抱他上来，已经死了。"

湖水不过深两尺，但王国维跳下去时，头先入了水，以致口、鼻都被泥土所塞，虽然园丁很快将王救了上来，但因他不懂急救术，王国维还是窒息而死了。此时，他穿在里面的衣服还未湿。

是日下午，国学研究院的学生隐约已经知道王国维失踪的消息，但大家都认为他可能避难去了。时至傍晚，浙江同学会准备欢送毕业学生，他们邀请了王国维，但王没有到场。因他平日就不大参加学校的交际宴会，所以并没有引起注意。宴会将散时，有人进来将校长曹云祥请到外面说了几句话。一会儿，曹云祥进来宣布道："顷闻同乡王静安先生自沉颐和园昆明湖，盖先生与清室关系甚深也。"众人闻言大惊失色，柏生和吴其昌立即奔出宴会厅到四处去打探消息，途中遇到赵万里。赵证实王国维的死讯后，吴其昌不由失声恸哭，柏生亦唏嘘不止。

此时，全校都已知道王国维的死讯，校长、教务长及研究院的教授、助教诸人，带着学生们，一行三十多人坐车赶往颐和园查看。当时已经是夜里十点左右，因为戒严，看守颐和园的警察不许他们进入，争执了许久，到十一点半左右，警察才允许校长、教职员和校警四人进去。王国维的遗体并没有立即被运回清华，警察说要等法院的裁决。其他学生不得已，只好哭着返回学校。

6月3日下午一点，国学研究院的全体学生都来到颐和园，由园丁引至鱼藻轩，王国维的遗体便停放在亭中，上面覆盖张芦席，席角压了四块砖。众人的脸上无不呈现惨淡的神色，默然许久，才让园丁将席子掀开，瞻仰王先生的遗容。当园丁将席子打开的一瞬间，人们再也控制不住自己的情绪，立刻悲声大作。此时，王国维已经去世二十多个小时，脸呈紫胀，四肢蜷曲，匍匐于地上，其状惨不忍睹。

王国维的家属和校中的办事人员已经全部到来，北京大学的马衡以及燕京大学的容庚等人也陆续赶来。等到下午四点多，法官才领着检验人员来到现场，略作查问后，开始对尸体进行检验。从王国维的衣袋中，找出一封遗书，信封上写着“西院十八号王贞明先生收启”，信中写道：“五十之年，只欠一死。经此事变，义无再辱。我死后当草草棺殓，即行藁葬于清华茔地。汝等不能南归，亦可暂移城内居住。汝兄亦不必奔丧。因道路不通，渠又不曾出门故也。书籍可托陈、吴二先生处理。穷人自有人料理，必不至于不能南归。我虽无财产分文遗汝等，然苟谨慎勤俭，亦不必至饿死也。”

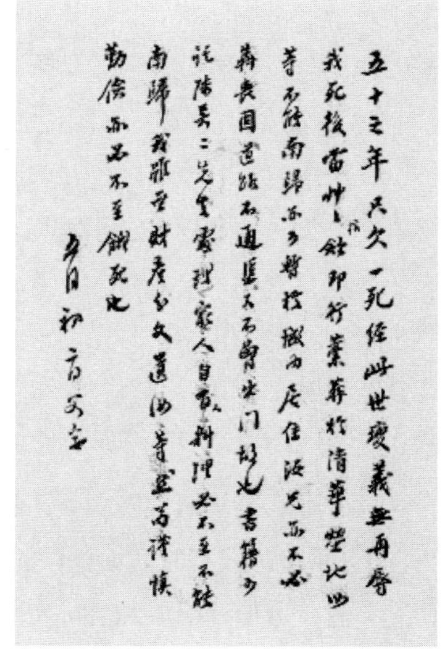
五十之年只欠一死經此世變義無再辱
我死後當草草棺斂即行槁葬於清華塋地汝
等不能南歸亦可暫於城內居住汝兄亦不必
奔喪因道路不通渠又不曾出門故也書籍可
託陳吳二先生處理家人自有人料理必不至不能
南歸我雖無財產分文遺汝等然苟謹慎
勤儉亦必不至餓死也
五月初二日父字

王国维遗书

法官念完遗嘱，校中人员将王国维的遗体移放在一个绷布架上，由学生们扶护着，抬至颐和园西北角门外旧内庭太监下处三间小屋中，以前清冠服入殓。傍晚七八点钟，研究院同人及学生们手执素灯，将王国维的灵柩移到清华南成府的刚秉庙停灵。停放既妥，即设祭。

在王国维的灵前，其他人都行鞠躬礼时，唯陈寅恪身着长袍，行旧式的跪拜大礼，吴宓和研究院的学生们也纷纷效仿。

七月十七日申刻，王国维下葬。遵照王国维的意愿，不请风水师择坟，也不挑选“吉日”，而在清华外面七间房买地安葬，“坟是清华的泥水匠做的，立了一个碑，上书宣统皇帝加予的‘谥号’王忠悫公，坟地四面都种了树”。

这天下着雨，道路泥泞。因为研究院的大部分学生已经离校，送葬的只有校长和校内同人，以及何士骥、姜亮夫、王力、毕相辉、柏生等部分学生。

在接到王国维去世的消息后，罗振玉代替王国维作了一道“临终遗折”，并为王国维请谥赐祭。因为按照清代的则例，王国维仅为五品，身后只能进爵四品，不能称“公”。民国八九年以后，爱新觉罗皇族常上折向溥仪讨谥，溥仪小朝廷便规定，三品京堂以下的，不予赐谥。

溥仪在《我的前半生》一书中回忆道，看到罗振玉所上的“临终奏折”后，“我看了这篇充满孤臣孽子情调的临终忠谏的文字，大受感动，和师傅们商议了一下，发了一道‘上谕’说，王国维‘孤忠耿耿，深堪恻悯……加恩谥予忠悫，派贝子溥伒即日前往奠缀，赏给陀罗经被并洋二千元……”

1927 年 6 月 17 日，王国维的同乡朋友们，在全浙会馆，为王国维举行了悼念大会。坛中置王国维遗照，并陈遗嘱，王国维的亲属列于左右，四壁挂满了挽联。逊帝溥仪派人前来参加，罗振玉也专门从天津赶来，与王国维生前有过交往的学者、教授、官吏，以及日、欧友人，都赶来吊唁。同月 19 日，罗振玉在天津为王国维举行公祭。25 日，王国维的日本友人狩野直喜、内藤虎次郎、铃木虎雄等人，在日本京都的袋中庵为王国维开追悼会。王国维生前极为不喜交际，死后却极为喧嚣。

两年后，清华研究院同人请陈寅恪为王国维撰写碑文。陈为王国维写下碑文：“先生之著述，或有时而不章；先生之学说，或有时而可商，惟此独立之精神，自由之思想，历千万祀与天壤同久，共三光而永光。”

逝　因

关于王国维自沉昆明湖，众说纷纭。王东明说父亲的死：“父亲一生是个悲观的文人，他的死亦如他的诗有着孤寂之怆美——最是人间留不住，朱颜辞镜花辞树。”

赵万里在《王静安先生年谱》中记载：“去秋以来，世变益亟，先生时时以津园为念。新正赴津觐见，见园中夷然如常，亦无以安危为念者，先生睹状至愤，返京后，忧伤过甚，致患咯血之症。四月中，豫鲁间兵事方亟，京中一夕数惊，先生以祸难且至，或有甚于甲子之变者，乃益危惧。”研究者认为，赵说的“世变益亟”、“以津园为念”（牵记溥仪安危）、“忧伤过甚”、“先生以祸难且至”，大概就是王国维自杀的多重原因。

1926 年，中国共产党在湖南发起了农民运动，运动中，叶德辉和王葆心两名学者被处决。赵万里在《王静安先生年谱》中说：“他平日对于时局的悲观，本极深刻。最近的刺激，则由两湖学者叶德辉、王葆心之被枪毙。叶平日为人本不自爱学问却甚好，也还可说是有自取之道，王葆心是七十岁的老先生，在乡里德望甚重，只因通信有‘此间是地狱'一语，被暴徒拽出，极端箠辱，卒致之死地。静公深痛之，故效屈子沉渊，一瞑不复视。”

容庚在《甲骨学概况》中也回忆，王国维自沉之前，曾专门拜访过他。当谈到了叶德辉被杀一事，王国维深表忧郁，他说："共军来，不畏枪杀，而畏剪辫也。"容庚不知如何劝慰，只说，即使共产党来了，也不至于这样的吧。

此时，王国维的学生卫聚贤正好准备回山西省亲，临行前向王国维辞别。王国维便问道："何处可以避难？"卫答："山西省可以，阎锡山又善变，国内几次大变动，他都避免过了！"王问："我去了生活费如何维持？"卫答："我们几位朋友，办了一间兴贤大学，王先生在那里教书，月薪只能给一百元，居住在山西省风景区晋祠，距学校三十里，洋车两点钟可拉得到，那里，学校的校长有洋房可住，每月来校上课一次。"王说："我的书不够。"卫说："山西省图书馆有书，私人也有藏书，都可以借。"

王国维自沉的前夕，北伐军已逼近津京，北京上下，一片恐慌。梁启超在给大女儿梁思顺的信中谈及时局问题时，提到了对共产党的恐惧。作为前清遗老的王国维自然更是恐惧。

据柏生在《记静安先生自沉始末》一文中回忆，1927 年的 4、5 月间，北伐军攻下徐州，同时冯玉祥大败张作霖的奉军于河南，直逼山东、河北，北京感到极度的恐慌。6 月 1 日，柏生曾在王国维身边侍奉，王说："闻冯玉祥将入京，张作霖率兵总退却，保山海关以东地，北京日内有大变。"这日晚上，柏生与谢国桢一同到王国维住所，谈及时局，王国维神色颇为黯然，似乎在沉思着应该到什么地方去避难，因为那时与国民革命军政见不同的人，都已经离京避难去了。

谢国桢回忆 6 月 1 日晚与王国维谈话的情形说："先生……谈笑和怡，诲以读书当求专精。既而曰：'时事如斯，余全无可惜。惟余除治学外，却无从过活耳。'盖先生之死志著之久矣。"

姜亮夫回忆，当时，很多人都劝王国维剪发，而梁启超突然去天津后，王国维心中更是惶恐。这期间，姜亮夫去看望王国维两三次，一次（大约为农历四月二十八）去后，王国维说："有人劝我剪辫子，你看怎样？"姜亮夫说："你别管这些事，这个学校关系到国际关系，本校是庚子赔款而维持的，一定要看国际形势，你剪不剪辫子，这是形式。"王国维似乎觉得有些道理。

6 月 1 日，即王国维自沉前一日，姜亮夫又去了王国维家中。王国维说："亮夫，我总不想再受辱，我受不得一点辱！"姜劝了劝王国维。离开王家后，姜亮夫将王的话告诉了陈寅恪，陈本来要去看王国维，但因为马上要去城里未婚妻家，故打算晚些再去。

在王国维自沉前的三天，好友金梁曾经到清华看望王国维，王显得颇为忧愤。金梁回忆说："既以世变日亟，事不可为，又念津园可虑，切陈左右，请迁移，竟不为代达，愤激几泣下。余转慰之，谈次忽及颐和园，谓：'今日干净土，唯此一湾水耳'。"当时王国维大概已有了自沉的想法。

王国维沉湖的原因，学界大概总结了以下说法：

一为"殉清"说。王国维为清朝遗老，早在冯玉祥逼宫时，他便有自杀"完节"的想法。梁启超坚持此说，并将王国维比作不食周粟的伯夷、叔齐，清华校长曹云祥及吴宓、金梁、杨钟羲等人也均持此说，罗振玉更是伪造遗折，坚定认为王为殉清。

而在此之前，王国维便有过多次自杀的想法。1924 年 11 月 5 日，冯玉祥逼宫之际，王国维曾邀罗振玉、柯劭忞共沉于神武门御沟，自杀殉清。王国维的家人在回忆中，曾经提到王国维多次自杀未果。

金梁在《王忠悫公殉节记》中指出王国维自沉鱼藻轩前有其深意："《诗》曰：鱼在在藻，有颁其首，王在在镐，岂乐饮酒。忧王居之不安也。逸诗曰：鱼在在藻，厥志在饵，鲜民之生矣，不如死之久矣。忧世变之日亟也……赋骚见志，怀沙自伤，其觍然偷生，厥志在饵者，观之能无愧死耶。"

鲁迅也持此观点，他在《谈所谓"大内档案"》一文中，称王"在水里将遗老生活结束"。

但反对此说者认为，王国维与罗振玉、郑孝胥、陈宝琛等遗老有别，王在清华任教，心无旁骛，潜心学术。他虽"忠清"，却不至于"愚忠"到"殉清"程度。而且王的遗嘱中未提及溥仪一字，故当时即有人说："你看他那身边的遗嘱，何尝有一个抬头空格的字？殉节的人岂是这样子的？"

二为"逼债"说。溥仪在《我的前半生》一书中说："内务府大臣绍英委托王国维代售宫内字画，事被罗振玉知悉，罗以代卖为名将画取走，并以售画所得抵王国维欠他债务，致使王无法向绍英交待，遂愧而觅死。当时报纸还传，王曾与罗合作做生意亏本，欠罗巨债。罗在女婿死后，罗、王已生嫌隙，罗令女居己家为夫守节，逼王每年供其生活费 2000 元。王国维一介书生，债务在身，羞愤交集，便萌生短见。"史达亦认为是逼债，郭沫若也赞成。但从王遗书对后事的安排看和事后其他一些证据表明，王国维生前并无重债足以致其自尽。

三为“惊惧”说。1927 年春，北伐军兵临城下，有人认为，王国维自杀是怕自己落入北伐军手中，蒙受耻辱；又因其视脑后辫子为生命，当时传言北伐军入城后将尽诛留有发辫者，所以与其被辱，莫若自我了断。但这种说法为当时许多人所鄙夷，认为不符合王国维立身处世之道。

四为“谏阻”说。认为王国维投湖，是以“尸谏”劝阻溥仪，让溥仪不要听从罗振玉等人之言东渡日本，并认为王、罗决裂的真正原因便在此。

五为“文化殉节”说。陈寅恪在《王观堂先生挽诗》中写道：“敢将私谊哭斯人，文化神州丧一身。越甲未应公独耻，湘累宁与俗同尘。吾侪所学关天意，并世相知妒道真。赢得大清干净水，年年呜咽说灵均。”陈寅恪认为，1924 年冯玉祥逼宫，陈寅恪视为侮辱，他在遗书中说“义无再辱”，是不想第二次受冯玉祥部之辱。

陈寅恪的《挽王静安先生》，最先认为王国维自沉是“殉清”，但后来他作《王观堂先生挽词》，在序中第一次提出王“殉文化”说。两年后，他在《清华大学王观堂先生纪念碑铭》中，又再申以一死见“独立自由之意志”之旨。

陈寅恪认为王国维自杀的原因：“凡一种文化值衰落之时，为此文化所化之人必感苦痛，其表现此文化之程量愈宏，则其所受之苦痛亦愈甚；迨既达极深之度，殆非出于自杀无以求一己之心安而义尽也。”“盖今日之赤县神州值数千年未有之巨劫奇变，劫尽变穷，则此文化精神所凝聚之人安得不与之共命而同尽，此观堂先生所以不得不死，遂为天下后世所极哀而深惜者也。”

最后一种说法是综合说，认为上述“诸因素”皆有。

而王国维的后辈们则认为王国维自杀与罗振玉有关。1983 年 8 月王国维三子王贞明和长女王东明在台湾发表《父亲之死及其他》、《最是人间留不住》，他们认为：“父亲自尽与大哥（潜明）病逝有很大关系。父亲最爱大哥，大哥病逝给父亲很深的打击，而罗振玉先生又不声不响地偷偷把大嫂带回娘家，还拒收恤金……面对罗振玉这位数十年培植资助他的挚友和共同研究学问的伙伴，是一件痛苦的事。……此事后，不再见父亲的欢颜，不及一年他投湖自尽了。”对于王国维“殉清”之说，他们认为：“其实父亲只是一颗棋，也是他（指罗振玉）预布的羽翼……渐渐地父亲感觉到已卷入‘浑浊世界’的大旋涡，必须脱身出来，因此婉拒代缮奏章，代递奏折，代为进言，并表示‘闭门授徒以自给’，以求心安理得，罗氏对父亲的态度颇为不满……”王东明又说：“王氏后人大都秉性沉默，且有不少流寓海外的，不能广集多方意见，仅凭罗氏家人之言做成结论，自有偏差。”

王国维的孙子王庆山同意姑母和三叔的看法，他认为二人的说法可信。因为王贞明是当年在北京时王国维身边最亲近的儿子，父亡之时，他最早一个奔赴出事地点，最早读到父亲遗书，手头又握有第一手资料；王东明是王国维最宠爱的女儿，相处时间最长，最熟悉其性格和内心世界。

王庆山说，1968 年他回家探亲时，父亲王高明（王国维次子）曾告诉他："我们王家长子娶的是罗家的小女儿，最根本的是你大伯与伯母的婚姻是不平等的。你祖父对这门罗王联姻并不赞成，只是因为我们生活靠罗支助，所以他出于无奈，才同意这门亲事。我们王家人不求名利，又爱自责。当年祖父对大儿子的死，十分难过，又自感对不起。"

与王国维相交近三十年的马衡在《我所知道的王静安先生》一文中说："但这个环境也就不知不觉把他造成一个遗老。偏偏在去年秋天，既有长子之丧，又遭挚友之绝，愤世嫉俗，而有今日之自杀。这不但是人家替他扼腕惋情，也是他自己深抱隐痛的一点。岂明君说他自杀的原因，是因为思想中的冲突与情神的苦闷，我以为是能真知王先生的。"

誉 美

罗振玉评价王国维："博学强识，并世所稀，品行峻洁，如芳兰贞石，令人久敬不衰。""先生的学问，是用文字、声音，考古代的制度、文物和他自己所创立的方法而成功的，他的方法由博反约，由疑得信，做到不悖不惑，刚刚适可而止。"

罗振玉挽王国维："至诚格天，遨数百载所无旷典；孤忠盖代，系三千年垂绝纲常。"

梁启超挽王国维："其学以通方知类为宗，不仅奇字译鞮，创通龟契；一死明行已有耻之义，莫将凡情恩怨，猜拟鹓雏。"

梁启超这样评价王国维："若说起王先生在学问上的贡献，那是不为中国所有而是全世界的。其最显著的实在是发明甲骨文。和他同时因甲骨文而著名的虽有人，但其实有许多重要著作都是他一人作的。以后研究甲骨文的自然有，而能矫正他的绝少。这是他的绝学！不过他的学问绝对不只这一点。我挽他的联有'其学以通方知类为宗'一语，通方知类四字能够表现他的学问的全体。他了解各种学问的关系，而逐次努力做一种学问。本来，凡做学问，都应如此。不可贪多，亦不可昧全，看全部要清楚，做一部要猛勇。我们看王先生的《观堂集林》，几乎篇篇都有新发明，只因他能用最科学而合理的方法，所以他的成就极大。此外的著作，亦无不能找出新问题，而得好结果。其辩证最准确而态度最温和，完全是大学者的气象。他为学的方法和道德，实在有过人的地方。近两年来，王先生在我们研究院和我们朝夕相处，令我们领受莫大的感化，渐渐成为一种学风。这种学风，若再扩充下去，可以成为中国学界的重镇。……”梁盛赞王国维“不独为中国所有而为全世界之所有之学人”。

梁启超又评价道：“静安先生平时对时局悲观，看得很深刻，他的性格很复杂，而且可以说很矛盾……他对于社会，因为有冷静的头脑，所以能看得清楚；有和平的脾气，所以不能采取激烈的对抗；有浓厚的情感，所以常常发生莫名的悲愤。积日既久，只有自杀一途。”

郭沫若评价王国维：“留给我们的是他知识的产物，那好像一座崔嵬的楼阁，在几千年的旧学城垒上，灿然放出了一段异样的光辉。”

郭沫若又说：“卜辞的研究，要感谢王国维。是他，首先由卜辞中把殷代的先公先王剔发了出来，使《史记·殷本纪》和《帝王世系》等书所传的殷代王统得到了物证。并且改正了他们的讹传。”“我们要说，殷虚的发现，是新史学的开端；王国维的业绩，是新史学的开山，那是丝毫也不算过分的。”

郭沫若将王国维与鲁迅进行比较后说：“我所感觉着的，是王国维和鲁迅相同的地方太多。”郭氏认为，鲁迅和王国维有相同的人生和求学经历，如幼年家况都很不好；都赴日本留学；都受过一年相当严格的科学训练（王国维学习物理学，鲁迅习医）；都喜欢文艺和哲学，都曾醉心过尼采；都先从事教育工作，而后参加教育行政工作（王国维任清朝的学部总司务行走，鲁迅到民国教育部工作），到晚年又从事大学教育。不仅如此，他们的“思想历程和治学的方法及态度，也差不多有同样令人惊异的相似”。他们都曾“想要成为物理学家或医学家的志愿虽然没有达到，但他们用科学的方法来回治旧学或创作，却同样获得了辉煌的成功。王先生的《宋元戏曲史》和鲁迅先生的《中国小说史略》，毫无疑问，是中国文艺史研究上的双璧；不仅是拓荒的工作，前无古人，而且是权威的成就，一直领导着百代的后学”。两位先生都富于理性，养成了科学的头脑，“但他们的生活也并不偏枯，他们是厚于感情，而特别是笃于友谊的”。不同的是，“鲁迅先生随着时代的进展而进展，并且领导了时代的前进，而王国维先生却中止在了一个阶段上，竟成为了时代的牺牲”。“王国维好像还是一个伟大的未成品，而鲁迅则是一个伟大的完成”。

王国维自沉后，梁漱溟闻讯赶去：“目睹之下，追怀我先父昔年自沉于积水潭后，有知交致挽联云：‘忠于清，所以忠于世；惜吾道，不敢惜吾身。’恰可移用来哀挽静安先生。”

陈寅恪挽王国维：“十七年家国久魂销，犹余剩水残山，留于累臣共一死。五千年牙签新手触，待检玄文奇字，谬承遗命倍伤神。”

陈寅恪在《清华大学王观堂先生纪念碑铭》中写道：“士之读书治学，盖将以脱心志于俗谛之桎梏，真理因得以发扬。思想而不自由，毋宁死耳。斯古今仁圣所同殉之精义，夫岂庸鄙之敢望。先生以一死见其独立自由之意志，非所论于一人之恩怨，一姓之兴亡。呜呼！树兹石于讲舍，系哀思而不忘。表哲人之奇节，诉真宰之茫茫。来世不可知者也，先生之著述，或有时而不章；先生之学说，或有时而可商，惟此独立之精神，自由之思想，历千万祀与天壤而同久，共三光而永光。”

研究者们对王国维的《人间词话》的评价是：“王国维的《人间词话》是中国近代最负盛名的一部词话著作。它用传统的词话形式以及传统的概念、术语和思维逻辑，较为自然地融进了一些新的观念和方法，其总结的理论问题又具有相当普遍的意义，这就使它在当时新旧两代读者中产生了重大反响，在中国近代文学批评史上具有崇高的地位。”

顾颉刚评价王国维说：“静安先生……是一天比一天进步的：三十五岁以前，他在学问上不曾做过什么大贡献，他的大贡献都在三十五岁以后，到近数年愈做愈邃密了，别人禁不住环境的压迫和诱惑，一齐变了节，惟独他还是不厌不倦地工作，成为中国学术界中惟一的重镇。”

张慧剑说：“中国有三大天才皆死于水，此三人者，各可代表一千年之中国文艺史——第一千年为屈原，第二千年为李白，第三千年为王国维。”

那波利贞在《王国维君殉节追悼会》一文中评价王国维说：“作为学界名宿、中国完人，他临终的悲壮、他冠绝千古的学与德，谁能不联想到楚屈原。”

缪钺在《诗词散论·王静安与叔本华》中评价王国维道：“海宁王静安先生为近世中国学术史上之奇才。学无专师，自辟户牖，生平治经史，古文字，古器物之学，兼及文学史，文学批评，均有深诣创获，而能开新风气，诗词骈散文亦无不精工，其心中如具灵光，各种学术，经此灵光所照，即生异彩。论其方面之广博，识解之莹彻，方法之谨密，文辞之精洁，一人而兼具数美，求诸近三百年，殆罕其匹。”

李泽厚分析王国维道：“（王国维）之所以追求艺术的幻想世界，以之当作本体，来暂时逃避欲望的追逼和人生的苦痛，这也正是儒家士大夫本来没有宗教信仰的缘故。王国维就是这样。他只能在艺术中去找安身立命的本体，虽然他明明知道这个本体是并不可靠的暂时解脱。所以当现实逼迫他作选择时，他便像屈原那样，以自杀——生的毁灭来做了真正的回答。但以所谓‘义无再辱’作为死的理由，却又仍然是传统的儒家精神。王的自杀倒是近代西方悲观主义和传统儒家挫败感的结合产物。”

陈寅恪

陈寅恪（1890—1969），江西义宁（今修水县）人。中国现代极富盛名的历史学家、古典文学研究家、语言学家。

关键词：博学、推崇、游学、治学、独立、纯儒、风采、燃灯、提携、谠论、性情、虚怀、清洁、僻冷、忧愤、逸事、联语、伉俪、困囿、多舛、命运、晚景、归去、叹誉

博　学

游学海外时，陈寅恪就以博学著称。罗家伦回忆："朋友中寅恪从哲学、史学、文字学、佛经翻译，大致归宿到唐史与中亚西亚研究，又供他参考运用的有十六七种语言文字，为由博到精最成功者。"

学生季羡林曾用"泛滥无涯"四个字来形容陈寅恪所懂得的语言数量，他研究陈寅恪的读书笔记说："陈寅恪先生20年代留学德国时写了许多学习笔记，现存六十四本之多，门类繁多，计有藏文、蒙古文、突厥回鹘文、吐火罗文、西夏文、满文、朝鲜文、梵文、巴利文、印地文、俄文等二十二类。”“英文、德文、法文、俄文等等，算是工具语言。梵文、巴利文、印度古代俗语、藏文、蒙古文、西夏文、满文、新疆现代语言、新疆古代语言、伊朗古代语言、古希伯来语等等，算是研究对象语言。陈先生对于这些语言都下过深浅不同的工夫。还有一些语言，他也涉猎过，或至少注意到了，比如印地语、尼泊尔语等等。专从笔记本的数量和内容来看，先生致力最勤的是中亚、新疆一带历史、语言和文化的研究，以及藏文研究和蒙文研究。”

陈寅恪甚至对高等数学也有所涉猎，季羡林说：“最值得注意的是关于数学的笔记本。陈先生在这方面的造诣我不清楚，不敢乱说。但是笔记本里所记的微积分公式，充分说明先生在数学领域内也绝非处于初级阶段。这立刻就会让我们想到马克思。但是马克思搞的是经济学，经济学与数学关系密切。而陈先生则是搞文史的，他竟也钻研数学。这不能不让我感到十分有意义。”

陈哲三说，其师蓝文徵（曾在清华国学院就读）回忆，陈寅恪“所会业已死了的文字，拉丁文不必讲，如梵文、巴利文、满文、蒙古文、藏文、突厥文、西夏文、及波斯文非常之多，至于英法德俄日希腊诸国文更不用说，甚至于匈牙利的马扎儿文都懂”。

陈寅恪的侄儿陈封雄曾说：“寅恪叔到底学了多少种文字，我也不清楚。一般说来，他能读懂 14 种文字，能说四五国语言，能听懂七八种语言，是大致不差的。这些成绩基本上是他在 36 岁以前取得的。”

一次，陈寅恪随意翻看上中学的陈封雄的世界史教科书，此书根据当时美国的教科书编译，并配有许多图片。其中一张图片的下面的注释写着：“刻有巴比伦文的出土碑碣。”陈寅恪见后即道：“这不是巴比伦文，是突厥文，写书的人用错了图片。”

陈寅恪博览群书，这让在哈佛留学的吴宓敬佩不已，吴宓说：“以后宓恒往访，聆其谈述，则寅恪不但学问渊博，且深悉中西政治、社会之内幕。例如，于巴黎妓女及秘密卖淫之生活实况，又欧美男女迟婚、不得嫁之痛苦及流弊，述说至为详切。”

胡适花费大力气考证出了南朝陶弘景的《真诰》抄袭《四十二章经》，写成《陶弘景的真诰考》一文，以为发千余年未发之覆。但傅斯年告诉他，其实前人早有此发现，陈寅恪即说过《朱子语录》中曾经指出《真诰》有抄袭《四十二章经》之处。胡适听后检出《朱子语类》的“老氏”、“释氏”两卷查看，果如陈所说。

到清华任教的第二学年，陈寅恪主讲“西人之东方学之目录学”与“梵文—金刚经之研究”两门课，同时指导学生进行专题研究，专题研究的学科为：一、年历学（中国古代闰朔日月食之类）；二、古代碑志与外族有关系者之比较研究，三、摩尼教经典与回纥文译本之研究；四、佛教经典各种文字译本之比较研究（梵文、巴利文、藏文、回纥文及中亚细亚文诸文字译本与中文译本之比较研究）；五、蒙古、满洲之书籍碑志与历史有关系者之研究。听讲者常生望洋兴叹之感。

每次上课前，陈寅恪对学生道：“前人讲过的，我不讲；近人讲过的，我不讲；外国人讲过的，我不讲；我自己过去讲过的，也不讲。现在只讲未曾有人讲过的。”

陈寅恪讲课时，或引用多种语言文字，佐证历史；或引诗证史，从元稹的《连昌宫词》到白居易的《琵琶行》、《长恨歌》，信手拈来，文字出处，无不准确，伴随而来的阐述更是精当，令人叹服。

学生姜亮夫回忆：“陈寅恪先生广博深邃的学问使我一辈子也摸探不着他的底。他的最大特点：每一种研究都有思想作指导，听他的课，要结合若干篇文章后才悟到他对这一类问题的思想。他的比较研究规模很大，例如新、旧《唐书》的比较，有的地方令人拍案称奇。可惜我书读得少，与先生的差距实在太大，所以我记了很多笔记。”

姜亮夫还回忆：“陈寅恪在清华讲《金刚经》，他用十几种语言，用比较法来讲，来看中国翻译的《金刚经》中的话对不对，譬如《金刚经》这个名称，到底应该怎么讲法，那种语言是怎么说的，这种语言是怎么讲的，另一种又是怎样，一说说了近十种，最后他说我们这个翻译某些地方是正确的，某些地方还有出入，某些地方简直是错误的。因此寅恪先生的课我最多听懂三分之一（而且还包括课后再找有关书来看弄懂的），除此之外，我就不懂了。”

在清华时，学生常到陈寅恪家中问学，蓝文徵回忆说：“每到他家，身上总是带几本小册，佣人送上茶果，有时先生也叫我们喝葡萄酒，我们便问其来历，他于是把葡萄原产何处，原名什么，葡萄酒最早出现何处，称什么，何时又传到何处，一变成为何名，如此这般，从各国文字演变之迹，看它传播之路径。这些话我们都记在小册子里，日久之后，积了不少小册，可惜九一八之变起，我只身入关，那些小册和藏书便全部沦陷了，至今想起来都感到无限痛惜。”

金岳霖回忆陈寅恪："有一天我到他那里去，有一个学生来找他，问一个材料。他说：'你到图书馆去借某一本书，翻到某一页，那一页的页底有一个注，注里把所有你需要的材料都列举出来了，你把它抄下，按照线索去找其余的材料。'寅恪先生记忆力之强，确实少见。"

1931 年，吴宓到欧洲游学，赴伦敦大学东方美术及考古学家叶慈家宴，汉学家马伯乐夫妇也在座。当时叶慈拿出他考释的某中国碑文，请吴宓及马伯乐帮助解释，但二人均未尽解。吴宓便寄信给浦江清，让浦去请教陈寅恪，碑文最终才得以解释。

1933 年 3 月 23 日下午，陈寅恪的研究生朱延丰参加毕业考试。据朱自清日记记载："陈先生问题极佳，录数则：一、新、旧《唐书》记载籍贯，以《新唐书》为可信，因《旧唐书》据碑志多记郡望也。二、唐代人吃饭，分食，多用匙；广东用手，中土人游印度者，恒以此相比也。又从高丽情形及诗中见之。三、玄奘在印，印人称为摩诃衍提婆或摩荼提婆，译之大乘天、解脱天也。天为印人称中土僧人通名。四、官职趋势，京官由小而大（如侍中），外官由大而小。"

考试后，陈寅恪在课堂上问朱延丰自觉考得如何，朱以为尚不错，陈笑曰："恐也不一定。当时还准备一题，后觉恐较难，故未问，即中古时大解后如何洁身。"朱迟未作声，另一学生邵循正乃答："据律藏，用布拭净。老僧用后之布，小僧为之洗涤。"陈初闻未语，少顷，深表赞许。

同年，陈寅恪的弟子蓝文徵在日本，一次，他到东洋文库吃饭，席间遇到如日中天的日本史学泰斗白鸟库吉。白鸟对蓝并不重视，称蓝为"蓝君"而不是"蓝先生"。有人拿来一张中国地契，说是明末的，但蓝鉴定是清末，白鸟对蓝才稍稍重视起来，问蓝道："蓝君你认不认得陈教授？"蓝问："是不是陈援庵先生？"白鸟说："不是，是陈寅恪先生。"蓝答："那是恩师。"白鸟一听，马上隔桌趋前伸过手来，和蓝文徵握手。白鸟说，他研究中亚问题，遇到困难，写信请教奥国学者，该学者复信说向柏林大学某教授请教，而再写信请教某教授，某复信说应请教陈寅恪教授。适逢钱稻孙度来日本度春假，正住白鸟隔壁，说可以代为求教陈教授。钱的春假未完，陈教授的复信便到了，白鸟遇到的问题也解决了。他对蓝文徵说如无陈教授的帮助，此问题可能至死不解（按：此事学界存疑，仍录于此）。

《蒙古源流》一书为明朝万历年间内蒙古萨囊彻辰所著，其中讲述了许多神话传说，与元代蒙汉文史书多有不同，许多研究者对此书困惑不解。20 世纪 30 代初，陈寅恪对该书进行研究后，发表了 4 篇论文，探明了《蒙古源流》一书的本来面貌，解决了让人们困惑不解的难题，对蒙古史学研究产生了重大影响。

陈寅恪从事敦煌文献研究，为了引起学术界对北京图书馆收藏的敦煌残卷的重视，陈仔细阅读该残卷后，发表文章，从摩尼教经、唐代史文、佛教主义等 9 个方面阐述其价值，为人们从事敦煌文献研究开创了先河，被公认为敦煌学的奠基人之一。

1939 年春，英国皇家学会授予陈寅恪研究员职称，同时，英国牛津大学聘请陈寅恪为该校汉学教授，请其赴牛津讲学。他是该校聘请的第一位中国语汉学教授。此前，陈寅恪曾两度辞谢该校的延聘，但为到英国治疗眼疾，才接受聘书。当时整个欧洲的汉学家风闻陈寅恪即将赴英，皆云集牛津，等待陈寅恪的到来。陈衡哲得此消息后评论道："欧美任何汉学家，除伯希和、斯文·赫定、沙畹等极少数人外，鲜有能听得懂寅恪先生之讲者。不过寅公接受牛津特别讲座之荣誉聘请，至少可以使今日欧美认识汉学有多么个深度，亦大有益于世界学术界也。"但遗憾的是，因太平洋战争爆发而未成行。

陈寅恪熟稔晚清掌故，对于现今保存的当时士大夫之间私函中透露机密情报所用的隐语，往往一语猜透，使迷茫难解的材料顿时明朗，成为关键性史料。如张佩纶的《涧于集》中，载有他甲申变局前写给张之洞的密函，中有"僧道相争"和"僧礼佛甚勤"等隐语。陈读后立即指出："僧"当指醇王，字朴庵；"道"指恭王，号乐道堂主，"佛"则指太后，当时宫中久已称太后为"佛爷"。隐语解通后，甲申政局变动前恭、醇两王之矛盾及太后与醇王之密谋，就又增一证据。

1946 年，吴小如在清华大学中文系就读，选修了陈寅恪的"唐诗研究"课。陈时已目盲，故这门课不采取讲授制，凡选修者只须拟定一个论文题目，经陈同意，即可自行准备，定期同导师谈话，汇报学习情况。吴小如每次去见陈寅恪，每次必带去一堆问题。陈听过之后，语调轻缓、从容不迫地对吴说，这个人的名字似乎见于《新唐书·宰相世系表》，那个人的材料可能出于某人文集中的某篇文章。特别是有些人物传记和典章制度，陈大都能列举新、旧唐书某卷某传，或某志某条，让吴自己去按图索骥。吴回来检索时，十之七八都能找到答案，顿时佩服得五体投地。

陈寅恪熟读《资治通鉴》。王永兴回忆，陈寅恪目盲后，一次他为陈读《通鉴》，读至一段时，陈忽然让其停止，重读。王意识到可能读有脱漏，便仔细慢读，果然发现第一次读时脱漏一字。

1962 年，时任中宣部副部长的周扬在一次讲话时说："我与陈寅恪谈过话，历史学家，有点怪，国民党把他当国宝，曾用飞机接他走，记忆力惊人，书熟悉得不得了，随便讲哪知道哪地方。"

中印战争结束后，中方密拟以麦克马洪线为准与印度谈判边界问题，但当时却无人知晓关于麦克马洪线的内容，毛泽东思考了一整夜后想到了陈寅恪。当时陈寅恪已被打倒，双目早已失明，但他凭借记忆说出某段某句当在某书某页，为我国政府的谈判提供了重要的历史证据（按：此事亦存疑，姑且录于此）。

推　崇

梁启超向清华大学校长曹云祥推荐陈寅恪任清华国学研究院导师时，曹问梁："他是哪一国的博士？"梁答："他不是学士，也不是博士。"曹又问："他有没有什么著作？"梁答："也没有什么著作。"曹说："既非博士，又没有著作，这就难了。"梁启超生气道："我梁某也没有博士学位，著作算是等身了，却还比不上陈先生寥寥几百字有价值。"梁接着列举了柏林大学、巴黎大学的几位名教授对陈寅恪的评价和赞誉，曹云祥只好同意聘用陈（按：陈得到清华系吴宓极力推荐，此事为陈之弟子蓝文徵记载，学界尚存疑，姑录于此）。

1926 年，陈寅恪学成归国后，到清华大学国学研究院任教，是当时清华国学院"四大导师"之一，并成为清华唯一的中文、历史两系"合聘教授"，在师生中享有"盖世奇才"、"教授的教授"、"太老师"等称誉。在清华园，师生有文史方面的疑难问题，常去向他请教，大都能得到满意的答复。陈寅恪也因此被称为"活字典"、"活辞书"。当时清华历史系教授姚从吾说："陈寅恪先生为教授，则我们只能当一名小助教而已。"

在清华时，陈寅恪讲课，许多教授老师都前去听讲，研究院主任吴宓风雨无阻，堂堂必到；其他教授如朱自清、冯友兰等，也常到教室听他讲学。在华西大学讲课时，不仅程千帆、沈祖棻夫妇前去听讲，连父亲陈三立的诗友、名诗人林山腴也前往听讲。当陈寅恪看到学生中也有林山腴，为之瞿然，对人说："山公厚我励我，真我良师也。"

1931 年，吴宓到法国拜访汉学家权威伯希和，伯氏初对吴宓颇冷谈，当吴宓谈起王国维和陈寅恪，又说起自己是《学衡》的主编时，才对吴宓“改容为礼”。

从留学时代起，傅斯年便推崇陈寅恪。1923年，毛子水在柏林甫一见傅斯年，傅便告诉他：“在柏林有两位中国留学生是我国最有希望的读书种子：一是陈寅恪，一是俞大维。”抗战期间，傅斯年到昆明后，住在陈寅恪楼下。当时陈寅恪右眼失明，左眼患疾，视力模糊，身体羸弱。每当日机轰炸昆明，空袭警报响起，众人纷纷跑向楼下，傅斯年却先冲上三楼，将陈寅恪搀扶下楼，一起躲进防空洞。

史语所成立后，该所的研究员们大都在北大、清华等高校兼课，以贴补家用。所长傅斯年怕兼课耽误研究工作，故规定凡史语所专职研究员不得在外兼课。陈寅恪当时仍住在清华园，并兼任清华中文、历史两系教授，对傅斯年的这条规定，陈寅恪表示拥护但不服从，赵元任对傅斯年的规定也置之不理。傅斯年对二人实在无可奈何，最后只好妥协。史语所研究员李方桂回忆说：“他（傅斯年）不得已，为了请到这两位杰出的人才，只好退让一步。说，好！只有你们两位可以在外兼课，别人都不许！为了顾及某些特殊人才的特殊情况，他也只好不坚持他的原则了。”

在西南联大，陈寅恪被刘文典誉为“国粹”。刘文典素日对自己的学问极为自负，寻常学者、教授从不放在眼里，但对陈寅恪却尊崇有加，公开宣称自己的学问不及陈先生之万一，并多次告诉学生们，他对陈先生的人格学问不是十分敬佩，而是“十二万分的敬佩”。刘曾经多次在课堂上竖起大拇指说：“这是陈先生！”然后，又翘起小拇指说：“这是刘某人！”他说：“陈先生连波斯文、突厥文都会，跟他比，我还差得远哩。”

一日，日机前来轰炸，空袭警报响起，西南联大的教授和学生们忙四下散开躲避。刘文典跑到半途，忽然想起他“十二万分”佩服的陈寅恪先生身体羸弱且目力衰竭，于是便带着几个学生折回来搀扶着陈往城外跑去。他强撑着不让学生扶他，大声叫嚷着：“保存国粹要紧！保存国粹要紧！”让学生们搀着陈先走。

每当听到有人说陈寅恪的不是时，刘文典一定要维护陈先生，破口大骂道：“没长眼睛的狗东西！陈先生是当之无愧的大学者，是‘教授中的教授’，闭着眼睛都能把你们撂倒，哪轮得到你们来教训他！”

冯友兰早年留学哈佛时，就对陈寅恪十分仰慕。在西南联大时，时任联大文学院院长的冯友兰已是声名远播的哲学家，但他对陈寅恪依旧尊敬。每次上“中国哲学史”课时，冯总是恭敬地跟着陈从教员休息室里出来，一边走一边听陈讲话，直至教室门口，才打个大躬，然后分开。

1941年，珍珠港事件爆发后，本打算前往英国治疗眼疾并讲学的陈寅恪羁困香港，生活日益困难。一日，陈垣长子、史学家陈乐素带着一个孩子，背着一个布袋出现在陈家门前，布袋中装的全是米。陈乐素得悉陈家生活困难后，不惜冒着生命危险，扮成回乡的难民，绕路将米送到陈家。

岭南大学教授冼玉清听说陈寅恪被困香港后，托人送给陈四十元“军票”，陈婉拒。新中国成立前夕，陈寅恪到广州后，冼玉清一直照顾陈寅恪和其家人，陈家的大事小事，冼都极为关心，甚至连陈寅恪女儿的婚事，冼玉清都负责张罗。1956年春节，为表示对冼玉清的感谢，陈夫人唐筼曾手书陈寅恪撰的春联相赠：“春风桃李红争放，仙馆琅玕碧换新。”

1944年，陈寅恪双目失明后，住进成都存仁医院治疗，不久，唐筼因心脏病复发卧床。燕京大学的学生们自动组成看护队，女生值白班，男生值夜班，轮班照料老师，白天为陈寅恪读报纸、小说，晚上陪陈闲谈。陈寅恪很是感动，对前来探望的校长梅贻宝（梅贻琦之弟）说：“未料你们教会学校，倒还师道犹存。”晚年，梅贻宝说：“能请动陈公来成都燕京大学，是一杰作，而能得陈公这样一语评鉴，更是我从事教育五十年的最高奖饰。”

季羡林得知陈寅恪从英国治疗眼疾回国的消息后，立即前去清华园拜见。当时从北京城到清华园颇费周折，宛如一次短途旅行。沿途几十里路全是农田，秋天青纱帐起，还有绿林人士拦路抢劫。但是季羡林丝毫不以为意。季羡林知道陈寅恪最喜欢天主教外国神父亲手酿造的栅栏红葡萄酒，就到神父们的静修院的地下室中去买了几次栅栏红葡萄酒，长途跋涉送到陈先生手中，心里颇觉安慰。

陈寅恪晚年助手黄萱是印尼华侨首富黄奕住之女、周寿恺教授的夫人。自1952年开始，黄萱在陈寅恪身边工作了十四年，直到“文革”爆发后被迫离开。陈寅恪晚年的著述《论再生缘》、《元白诗笺证稿》和《柳如是别传》等都由黄萱记录、整理。其间，因周寿恺工作调动，黄萱一度欲辞职。陈寅恪说：“你的工作干得不错，你去了，我要再找一个适当的助教也不容易，那我就不能再工作了。”黄萱心有不忍，又留了下来。

蒋天枢为陈寅恪早年在清华国学研究院的学生，新中国成立后，二人十余年仅晤面两次，但陈寅恪以身后著作相托。而蒋天枢没有辜负先生所托，从1973年开始便悄悄整理先生遗著，历经数年，将先生的遗著整理出版。

蒋天枢到广州看望陈寅恪时，每天与老师晤谈。有一天，蒋天枢去时，陈夫人唐筼不在家中，陈寅恪忘记请其坐下，年近花甲的蒋就几个小时侍立在旁，而陈寅恪目盲，始终不知。

1958 年，蒋天枢在其《履历表》“主要社会关系”一栏中写道：“陈寅恪，六十九岁，师生关系，无党派。生平最敬重之师长，常通信问业。此外，无重大社会关系，朋友很少，多久不通信。”

1981 年，由蒋天枢编辑校订的 300 余万言的《陈寅恪文集》出版，同时，由他编撰的《陈寅恪先生编年事辑》也出版。出版社给他 3000 元稿费，他分文不取，说道：“学生给老师整理遗稿，怎么可以拿钱呢。”

新中国成立后不久，周恩来专门派人到广州看望陈寅恪。陈的腿摔断后，周曾亲自过问医院的治疗方案。陈寅恪之父陈三立的墓在杭州西湖边，后因扩路而要被迫搬迁，陈寅恪致函周总理，希望得到帮助。周让办公室通知杭州方面，不要移动陈三立的墓。后来杭州将路线做了少许改动，陈三立的墓才免于搬迁。“文革”爆发后，周恩来特地对从广州中山大学进京串联的造反派们说，“陈寅恪教授还是善于古为今用的”，意在对陈给予保护。

1949 年，毛泽东访问苏联时，斯大林突然问起陈寅恪的行踪，原来斯大林所著的《中国革命问题》援引了陈寅恪著作中的很多材料。毛泽东嘱咐随行人员记下，回国后查找，后来得知陈寅恪在广州中山大学，便嘱咐广东当局要好好优待。

陈寅恪曾当选学部委员。对于陈的当选，张稼夫回忆说：“在这个工作中，矛盾最尖锐的是研究隋唐五代史的历史学家陈寅恪，他是这个学科的权威人士，不选进学部委员会不行，他下边一班人也会有意见。若选他进学部委员会，他却又一再申明他不信仰马克思主义。我们只好请示毛主席，毛主席批示：‘要选上。’这样，陈寅恪就进了哲学社会科学的学部委员会”。

胡乔木曾在清华大学历史系就读，听过陈寅恪的课。1962 年，胡到广州拜访陈寅恪。他由陶铸陪同，以学生见老师的心态走到陈寅恪的跟前。陈频频发问，胡尽量委婉地解释。谈到国家近年经济形势时，陈寅恪问：“为何出现那么多的失误？”胡笑答：“就好比在一个客厅里将沙发、台椅不断地搬来搬去，目的是想找一个好的位置，所以就免不了产生搬来搬去的失误，就好比是经历一场地震一样。”当谈起自己的著作迟迟不能出版时，陈寅恪说：“盖棺有期，出版无日”。胡忙答道：“出版有期，盖棺尚远。”

广东省委书记陶铸对陈寅恪极为关心，因陈目盲腿残，特专派三名护士照顾他的生活。由于陈残存的视力只能微弱地辨别白色，便为他在院子里特意修一条白色甬道，确保他在散步时不会因看不见脚下的路而跌倒。50 年代末，陶铸关照中山大学为定位“中右”的陈寅恪摘帽。为了陈寅恪能欣赏戏曲，陶铸曾指示中山大学为陈配备一台好收音机，当时学校未予照办，陶铸生气地说：“学校不送我送”。随即给陈送去牡丹牌电唱机一台，唱片三十二张。

很多人无法理解陈寅恪何以享受如此待遇，彼时在中大流行的说法是：我们都没有饭吃，为什么要这样优待他。1963 年 7 月中大党委副书记马肖云向陶铸汇报学校工作时，反映了“群情”，认为对陈寅恪的照顾太过分，三个半护士的照顾太特殊。陶铸大怒道：“你若像陈寅恪老这个样子，眼睛看不见，腿又断了，又在著书立说，又有这样的水平，亦一定给你三个护士。”

陶铸被打倒后，造反派曾统计出 1966 年 6 月到 12 月间，远在北京的陶铸先后三十八次用电话对广东省委做“遥控指示”，其中数次指示：“对陈寅恪的待遇要保持原状不变。”红卫兵质问陶铸为何庇护陈寅恪，陶答：“你们如果有陈寅恪的水平，我也那样对待你们。”

在中山大学时，陈寅恪早年清华国学院的学生、已过知天命之年的刘节时任中大历史系主任，每年春节照例去老师家中叩头行礼。“文革”开始后，造反派要将已经目盲腿残的陈寅恪抬去批斗，刘节拦住他们说：“我是他的学生，他身上有的毒，我身上都有，斗我就行了！千万别斗他！”刘节于是自愿代陈寅恪受批斗。红卫兵问刘有何感想，刘答：“能替恩师受批斗，是我一生的光荣。”

“文革”中，众人皆批陈寅恪，但季羡林始终不忍违心批斗老师，他晚年回忆：“我不愿意厚着面皮，充当事后的诸葛亮，我当时的认识也是十分模糊的。但是，我毕竟没有行动。现在时过境迁，在四十年之后，想到我没有出卖我的良心，差堪自慰，能够对得起老师在天之灵了。”

陈寅恪去世的消息传到台湾后，中央研究院立即举办了一场纪念会，俞大维（陈寅恪表弟、同学兼妹夫）发言时，声泪俱下。回家后，他口述发言内容，由其学生周乃菱记录在台湾大学绿格子的稿纸上，前后修改了不下二十次。每次只要变动一两个字就要重新誊写一遍，几周下来，《怀念陈寅恪先生》一文周乃菱几乎可以背得出来。

如今，陈寅恪故乡江西省修水县建有一座“五杰广场”，以纪念义宁陈氏“一门五杰”：陈宝箴、陈三立、陈衡恪、陈寅恪、陈封怀。

游　学

1902 年春，十三岁的陈寅恪便随长兄陈衡恪东渡日本，自费留学，这是陈寅恪第一次坐上轮船，见到苍茫的大海。从此，陈寅恪开始了陆续长达 16 年的海外游学生涯。

到日本后，陈寅恪进入东京弘文学院就读，与鲁迅成为同学。1904 夏，暑假期间的陈寅恪回到国内，与五哥陈隆恪一起考取了官费留日生，并于秋天再度赴日留学。

在日本，陈寅恪亲睹了当时日本人对中国人的欺辱，心中颇为愤慨。他学习异常刻苦，除完成学校规定课程外，还注意浏览东洋文化科学知识。由于伙食甚差，每天带的便当仅有咸萝卜佐餐，少见新鲜菜蔬及豆类、肉类，偶尔有鱼，又腥又生，很难下咽，而陈此时正值生长发育年龄，故而营养不足，次年患上脚气病，医生建议易地疗养。于是，1906 年春，陈寅恪回到国内，母亲不忍他再赴日本，陈遂插班考入上海复旦公学，学习英、德、法等多种语言，于 1909 年毕业。毕业后，在亲友的资助下，又自费赴德国柏林大学就读。

1911 年秋，陈寅恪转入瑞士苏黎世大学就读，因学费筹措困难，于次年短

1904 年，留学日本的三兄弟，左起：陈隆恪、陈寅恪、陈衡恪

复旦公学考试等第名册，陈寅恪 94 分（全校第一）、竺可桢 86 分

期回国，在家中自修文史。1913 年春，陈寅恪经西伯利亚再赴欧洲游学，进入法国巴黎高等政治学校社会经济部就读。次年，第一次世界大战爆发，陈寅恪陷入经济困境。此时正好江西省教育司副司长符九铭以江西省留学官费为条件（注：此时的江西省教育司司长为陈冲恪，学界有人考证陈冲恪实为陈三立长子、陈寅恪长兄），请陈寅恪到南昌总览留德学生考卷，陈欣然同意，回到国内，为江西教育司阅卷三年。

1918 年 12 月，陈寅恪获得江西省留学官费资助，再次东渡太平洋。他原本想重返德国柏林大学，但由于当时第一次世界大战还未结束，而在哈佛大学留学的表弟俞大维建议陈先到美国，于是，陈寅恪进入哈佛大学学习梵文与印度哲学，师从东方史学大师兰曼教授。

陈寅恪的侄子陈封雄回忆说："寅恪叔学习外国文字的惊人能力并不是由于他有异于常人的头脑，而是凭他坚忍不拔的求知毅力。例如，1919 年他在哈佛大学时开始学习梵文，他的表弟俞大维同时也选修这门课，但是学了半年便畏难而退了（这是俞大维亲口对我说的），先叔却一直继续学了二十多年，当他在清华大学任教时，仍经常到东交民巷向精通梵文的德国教授钢和泰求教。我幼时见过他在书房内朗诵梵文经典拓片。使我亲聆了'梵音'，并问他在念什么咒语，引起他大笑。"

初到哈佛，陈寅恪就主张多购书籍。1919 年 8 月 18 日《吴宓日记》载："哈佛中国学生，读书最多者，当推陈君寅恪及其表弟俞君大维，两君读书多，而购书亦多。到此不及半载，而新购之书籍，已充橱盈笥，得数百卷。陈君及梅（光迪）君，皆屡劝宓购书。”

1919 年 3 月 27 日，陈寅恪与吴宓谈游学西方时的见闻，吴宓在当晚的日记中写道：“是夕，因见衣肆玻璃橱上裸体美人之招牌（此等广告及招牌，遍地皆是）。围共论西洋风俗之坏。陈君述其在法、意两国之经历。其最足骇人者，如巴黎之裸体美人戏园：秘室之中，云雨之事，任人观览。甚至男与男交，女与女交，人与犬交，穷形尽相。每观一次，需钱凡三佛郎。陈君谓，到此地步，如身游地狱，魔鬼呈形。只觉其可惨可骇，而不见其可乐。盖欧洲风俗之恶，以法、意等国为最甚。美国较欧洲已觉差强人意，然亦有不堪述说之情形。”

到哈佛后，亲朋好友为陈寅恪接风洗尘，出于礼节，陈寅恪便回请还席。陈寅恪在波士顿著名的中国饭馆“东方楼”宴请众人，菜肴完全按照北京、上海的排场，燕窝、鱼翅、海参、各地名酒、特色菜点等一应俱全。

陈寅恪在美时，正值国内动荡，故而有时江西省的官费拖宕，父亲陈三立为此忧心忡忡。1921 年，吴宓自美回国，到上海俞宅向陈三立及俞明颐“报告在美与寅恪、大维二三年同学情形，及二君平安无事”，陈三立“即深为伤叹，谓无钱寄与寅恪，使其困居外国云云”。其实陈在美国的生活并不困窘，吴宓在《读〈散原精舍诗〉笔记》中写道：“寅恪在美，虽困而非甚困。平日衣食居处，所费与我等每月 $100 美金之官费生（按：吴宓是清华派送，官费由美国以退还的庚子赔款承担，按时发放，从无拖欠）相同，而购书独多，屡次装箱运回，庚申春，且与宓合作主人‘大宴东方楼 Far Esatern Restaurant’。殊不如（散原）先生所忧情形之甚。盖寅恪、登恪虽处拮据，自有其筹划经营之法，为先生所未知。先生惟秉慈爱之心，故以二子为‘长饥’耳。”

1921 年秋天，32 岁的陈寅恪与俞大维又同赴欧洲。陈寅恪再次进入柏林大学哲学系，师从路得施（Prof. Henrich Luders）教授，主修梵文、巴利文。

彼时许多中国留学生在欧游学，李璜记载，在柏林有陈寅恪、俞大维、朱家骅、傅斯年、罗家伦、毛子水、何思源、金岳霖、姚从吾、段锡朋、周炳琳、宗白华、曾琦、徐志摩等人。他们经常往来，访谈游玩，时常一起把酒言欢，高谈阔论。陈寅恪常与几个朋友下午相约去某同学寓所或到康德大道之咖啡馆中把酒清谈。陈的言谈涉及政治、教育、民生等诸多问题，分析透彻，鞭辟入里，令众人钦佩不已。

当时在欧洲的留学生离婚风潮盛行，甚至有些留学生帮闲为朋友筹划离婚，已离婚的便有陈翰笙和夫人顾淑型、徐志摩和夫人张幼仪，而张时已有身孕。陈寅恪、傅斯年从来不掺和这些事情。以至于留德同学说只有傅、陈二人是“宁国府大门口的一对石狮子，是最干净的”。

在德国时，陈寅恪等人经常聚会，因留学生比较清苦，故吃饭奉行 AA 制，私下里也各有省钱的办法：俞大维黑白颠倒，日当夜、夜当日，白天睡觉晚上看书，据说这么做是因为白天开销相对较多；陈寅恪则每次总吃炒腰花。后来在清华园任教时，他和赵元任夫妇同住，杨步伟总是叫厨子做腰花，可是陈寅恪一点不吃。杨步伟问他：“你在德国不总是叫腰花吃吗？”他答，那只是因为腰花最便宜。

陈寅恪女儿陈美延说，在柏林求学期间，由于“经济来源断绝，父亲仍坚持学习。每天一早买少量最便宜面包，即去图书馆度过一天，常常整日没正式进食”。

1923 年，在柏林求学的陈寅恪在给其妹陈新午的信中写道：“我前见中国报纸告白，商务印书馆重印日本刻大藏经出售，其预约券价约四五百元。他日恐不易得，即有，恐价亦更贵。不知何处能代我筹借一笔款，为购此书。因我现必需之书甚多，总价约万金。最要者即西藏文正续藏两部，及日本印中文正续大藏，其他零星字典及西洋类书百种而已……我今学藏文甚有兴趣，因藏文与中文，系同一系文字。如梵文之与希腊、拉丁及英、俄、德、法文等之同属一系。以此之故，音韵训诂上，大有发明。因藏文数千年已用梵音字母拼写，其变迁源流，较中文为明显。如以西洋语言科学之法，为中藏文比较之学，则成效当较乾嘉诸老，更上一层。然此非我所注意也。我所注意者有二：一历史（唐史西夏），西藏即吐蕃，藏文之关系不待言。一佛教，大乘经典，印度极少，新疆出土者亦零碎。及小乘律之类，与佛教史有关者多。中国所译，又颇难解。我偶取《金刚经》对勘一过，其注解自晋唐起至俞曲园止，其间数十百家，误解不知其数。我以为除印度西域外国人外，中国人则晋朝唐朝和尚能通梵文，当能得正确之解，其余多是望文生义，不足道也。隋智者大师天台宗之祖师，其解悉檀二字，错得可笑（见《法华玄义》）。好在台宗乃儒家五经正义二疏之体，说佛经，与禅宗之自成一派，与印度无关者相同，亦不要紧也。（禅宗自谓由迦叶传心，系据护法因缘传。现此书已证明为伪造，达摩之说我甚疑之。）旧藏文即一时不能得，中国大藏，吾颇不欲失此机会，惟无可如何耳。又蒙古满洲回文书，我皆欲得。可寄此函至北京，如北京有满蒙回藏文书，价廉者，请大哥五哥代我收购，久后恐益难得矣……”吴宓将此信以《与妹书》

为题刊载在《学衡》杂志上，时人得窥陈寅恪治学之博专。

在《与妹书》中，陈寅恪说明了自己长期游学的原因："我之久在外国，一半因外国图书馆藏有此项书籍，一归中国，非但不能再研究，并将初着手之学业亦弃之矣。我现甚欲寻得一宗巨款购书，购就即归国。此款此时何能得，只可空想！"

陈寅恪游学欧美第一流学府，却未得任何学位。陈对大量仅仅为了学位而不是真正研究学问之留学生非常不屑。他说，从前读书人学八股，是为了功名富贵；如今留学生又一窝蜂地学工程技术，虽所学不同，然其"希慕富贵，不肯用力学问则一"。鄙夷之情，溢于言表。侄儿陈封雄曾问他："您在国外留学十几年，为什么没有得个博士学位？"陈寅恪答："考博士并不难，但两三年内被一个专题束缚住，就没有时间学其他知识了。只要能学到知识，有无学位并不重要。"后来，陈封雄半信半疑地向姑父俞大维提起此事，俞说："他（寅恪）的想法是对的，所以是大学问家。我在哈佛得了博士学位，但我的学问不如他。"

关于陈寅恪的学位问题，陈哲三听蓝文徵说："因先生读书不在取得文凭或学位，知某大学有可以学习者，则往学焉，学成则又他往。故未得一张文凭。"另有一种说法是，陈寅恪曾得到一个学士学位。而陈的另一个侄儿陈封怀在《回忆录》中说："在那时，我们叔侄二人经常谈论欧洲，特别是对英、德、法语言文字学术，有了深入的理解。他在这三个国家得了三个学士学位。"

治　学

少时，陈寅恪课余博览群书，夜以继日。夜间，为防止家人知晓，他将小油灯藏在被褥中读书，并放下蚊帐以免灯光外露。因当时的书本多为光纸石印缩印本，字体极小，且模糊不清，对目力损伤颇大，加上陈寅恪有时遇上一书，爱不释手，以至于通宵达旦，久而久之便成高度近视。这大概也是他日后罹患眼疾的重要原因。

俞大维回忆：陈寅恪常说"读书必先识字"。陈幼年对于说文与高邮王氏父子训诂之学，曾用过一番苦功。另据蒋天枢回忆，陈寅恪在国外时，曾携有两部《经解》石印小字本，其中一部《续经解》直到陈去世后，尚存于遗物中。

陈寅恪强调"读书先识字"，要研究历史学特别是东方学，必须要懂得东方的文字，包括历史上存在过的、如今已死去的文字，只有如此才能揭示历史的源流和本真。因而他无论是在留学期间还是在日后的治学过程中，对各种古代文字均下了极大的功夫。

季羡林说，东方古代语言的掌握，主要以比较语言学方法，即用一种文字之佛教经本与其译本相比照，进而探究不同语言之规律与变化。陈寅恪之语言学习与文献阅读是相关联的。例如学习梵文时，陈寅恪就专门听过梵文《金刚经》研究课程。

中山大学青年教师贝司曾请教陈寅恪："学外语有什么方法？要注意什么呢？"陈回答道："学外语要有个'诚'字，'诚'就是诚意，就是诚心。诚则勤，不会三天打鱼，两天晒网；诚必韧，碰到困难不打退堂鼓。"

贝司又问陈寅恪："听说先生博闻强记，一部二十四史都能背出，真的吗？"陈笑道："没有此事！我可没有三国时代张松的本事，过目不忘！"贝司不甘心，又问："然而毕竟先生的记忆力是惊人的。"陈道："记忆力也是锻炼出来的。再说只要是你决心要记的东西，你的脑袋总会有办法的。"

在成都时期，陈寅恪曾写过一篇纪念梁启超的文章，约四千字，是用文言文写就。由于视力不好，他只能口述由助教程曦记录。文成后，程朗诵一遍，陈随即进行修改，也不看底稿，只听一遍，即能将全文基本背诵出来，何增何删，哪句前移，哪句错后，处理得准确无误。

姜亮夫曾回忆陈寅恪在清华任教时仍学习语言之事："他（陈寅恪）引的印度文、巴利文及许许多多奇怪的字，我都不懂"，"他在这个时候还在跟人学西夏文、蒙古文，每个礼拜进城去学两天。这么一个大学者，还在这样勤奋读书，想我们这些人不成其为人了！真是无地自容！"

陈封雄回忆："寅恪叔在新中国成立前的清华大学执教 10 年多，过了 4 年的独身生活，在赵元任教授家寄餐。他习惯于熬夜写文章，写完又一再改动，有时睡在床上一两个小时以后，又突然爬起来开灯将已写好的论文改动几个字。有时文稿已经付排，他还要从印刷厂取回来作些改动，足见他对工作一丝不苟。"

陈寅恪购书成癖，毫不吝惜。一次他用积蓄 2000 元买了一套日本刻印的《大藏经》，有二三百巨册。他在清华的书房里满地都堆放着书，几乎无立足之处，也不许人收拾整理，怕一整理就会乱了。每年春节琉璃厂市集期间，他总要去逛旧书摊。陈寅恪带陈封雄去过两次，一去就钻到旧书摊中流连忘返。陈封雄当时才十几岁，跟着他逛书店，不但感觉不出逛厂甸的乐趣，反而苦不堪言，第三次就不再跟着去了。

蓝文徵回忆，在清华时，不论寒冬酷暑，陈寅恪常乘车到大高店军机处查阅档案。清时机密都以满文书写，陈一本一本地翻阅，重要的就随手翻译。暑假蓝要回老家吉林，他交给蓝一张单子，上头全是满文："这些字字典查不到，而都是关键字，若不能译，译出来的也都无用了，你回吉林，遇到懂满文的满人向他请教。"蓝文徵回来时替他解答了八九十个字，他如获至宝，说帮助极大。蓝文徵感慨："他若不失明，大高店的满文档案全译出来，对清代史之研究将要有多大的贡献啊！"

王国维对陈寅恪的影响深巨，俞大维在晚年的回忆文章中说："到了中、晚年，对他（陈寅恪）早年的观念（指读书先识字）稍有修正。主要原因，是受了两位大学者的影响。一是瑞典汉学大家高本汉先生。高氏对古文入声字的说法与假借字的用法，给他极大的影响。二是海宁王国维先生。王氏对寅恪先生的影响，是相得益彰的。对于殷墟文字，他受王氏的影响；对梵文及西域文字，则王氏也受他的影响。"

俞大维回忆，陈寅恪对于史书格外用力，特别注重各史中的志书，如《史记》中的《天官书》、《货殖列传》、《汉书·艺文志》、《晋书·天文志》等，即使德文原版的天文学也是他经常诵读的史书之一。

陈寅恪读《建炎以来系年要录》，其中有几处颇为不解，霍然联想到自己由香港脱险归来的亲身经历，顿觉醍醐灌顶，他说："平生读史凡 40 年，从无似此亲切有味之快感。"

1946 年 10 月，陈寅恪夫妇及小女儿陈美延重返阔别九年的清华园，时陈寅恪已双目失明，但他决心静下来好好做一番学问，并把自己的书斋取名为"不见为净之室"。

陈寅恪考证唐代西胡血统的辨认标准为五点：一是相貌，胡人深目、高鼻、多须；二是姓氏，胡人"以国为姓"，如昭武九姓都是西胡姓氏；三是名字，名字多为译音，与汉名大相径庭；四为习俗，如"胡旋女"能歌善舞，"酒家胡"营酒为生，"火胡"拜火；五为胡气，即腋气、狐臭，他曾撰写《狐臭与胡臭》一文论证胡人的此特征。

陈寅恪治史，对女性的命运深为关注。他研究过武则天、《秦妇吟》中的秦妇、《莺莺传》中的崔莺莺、杨贵妃、白居易诗中的琵琶女、元稹的妻子韦氏等，晚年，更是写出了《论再生缘》和《柳如是别传》。

唐振常回忆陈寅恪在成都燕京大学讲课："还记得讲《元白诗》，第一课是讲《长恨歌》，首先讲的是杨玉环是否以处女入宫。这个话听起来很怪，当时著名话剧导演贺孟斧寓居成都，与我相熟，他耳闻先生大名，想来听课。我告诉他，第一课讲的是杨玉环是否以处女入宫问题，他以为无聊，便不来了。其实，先生是以这个题目带出唐代婚礼制度，乃重要事。"

一位听过陈寅恪讲课的清华学生对陈封雄说："陈先生讲课也够怪的，讲白居易的《长恨歌》时，第一句'汉皇重色思倾国'，为了考证一个'汉'字，旁征博引竟讲了四堂课。低年级学生听他的课，自然难以消受！"

陈寅恪曾讲授"元白诗证史"课程，以诗对历史进行考证。学生刘隆凯曾听过"元白诗证史"一课，他根据自己的课堂笔记，把陈寅恪所讲的内容整理出来，于是世人得见陈寅恪"以诗证史"的研究方法。例如陈寅恪曾考证唐代大诗人白居易《琵琶行》中"琵琶女"的年龄。诗中写道："弟走从军阿姨死，暮去朝来颜色故。门前冷落车马稀，老大嫁作商人妇。"陈据此进行考证："古代男子三十而娶，女子二十而嫁，已是男女婚娶的最后年龄了。过了这个界限，便是老大了。像崔莺莺，贞元十六年才十七岁，以后结婚也在二十岁之前；韦氏，在贞元十八年结婚时正是二十岁，若再不出阁，也就难了，她比崔氏大一岁。"诗中说："十三学得琵琶成，名属教坊第一部。曲罢常教善才服，妆成每被秋娘妒。"对此，陈说："看来，唐代女子与人应酬是在十三岁。杜牧《赠别》：'娉娉袅袅十三余，豆蔻梢头二月初。春风十里扬州路，卷上珠帘总不如。'秋娘是贞元十五年白氏中进士时长安最负盛名的倡女。白氏沦落江州，感念昔日之游，乃取于诗中。有人以为是杜牧诗里的杜秋娘，谬极。假定琵琶女贞元十五年是十三岁，那么，到元和十一年，她在浔阳江头应该是三十岁了。她嫁商人不会太久——商人重利轻别离，前月浮梁买茶去——茶商在长安领了专卖券，同时娶了琵琶女，再到产地买茶，蜜月里就离开了新妇。可以说，元和十年，琵琶女二十九岁时，弟走从军，不久，阿姨又死了；再过年余，她三十岁时才嫁，真可谓——老大——了。"陈寅恪用此法考证出这个三十岁才嫁的琵琶女是西胡女，并非汉人，与商人是同居关系，不是正式结发夫妻等。

费海玑说："陈先生之哲学，其特点有七：……第二即'礼法使人消极说'。夫礼法，汉族之所重也，异民族同化于汉族，则其初崇尚礼法之程度大不同也，若其父母之婚配违反礼法而罪及其子孙，则子孙之贤者亦势不得不消极矣。陈先生举白乐天之事为证，其父季庚年四十一而娶其甥女，亦即乐天之母，伊才十五岁耳。其父乱伦，而乐天为名教不容，放乐天趋于消极也。是故治史者不可厚责于人，为政者亦不可过为矜尚礼法也。今日留学生之婚嫁，多牵涉国际私法，其问题严重者即双重国籍之子女是也。吾人之下一代，乃至数代，必多华裔美人或美裔华人。而中美文化在礼教上迥异，倘以固有之礼法绳之，鲜不使贤子孙流于消极也。是故陈先生之哲学，不能不重。”

一次，陈寅恪在香港用英语做学术讲演，题为“武则天与佛教”。消息一出，全港轰动。因为许多人听说这个题目，以为必定有关于武则天的宫闱秘事，在好奇心驱使下，趋之若鹜，满心希望一饱耳福。谁知陈讲的是纯粹学术性的考据，运用大量史料进行考证最后得出结论：武则天之所以有许多面首，原来是《佛经》中有言，女人不可能成佛。若要成佛，除非广蓄面首。人们失望而归。

陈寅恪治史，既继承了清代乾嘉学者治史中重证据、重事实的精神，又吸取西方的“历史演进法”（即从事物的演化和联系考察历史，探究史料），运用此种中西结合的考证比较方法，对一些资料穷本溯源，核订确切，求得历史面目的真相。他精通多种语言文学，也为他从汉文以外搜罗史料进行研究提供了较大的方便。

双目失明之后，陈寅恪仍笔耕不辍，在助手黄萱的帮助下，穷十年岁月，写出《论再生缘》、《柳如是别传》（85 万字文言巨著）等著述。对《柳如是别传》，陈寅恪的助手黄萱曾感慨地说：“寅师以失明的晚年，不惮辛苦、经之营之，钩稽沉隐，以成此稿。其坚毅之精神，真有惊天地、泣鬼神的气概。”

晚年的陈寅恪“体弱、多病、目盲、残足”，然而，他却以惊人的毅力，将《隋唐制度渊源论稿》、《唐代政治史述论稿》、《元白诗笺证稿》以外的旧文，编为《寒柳堂集》、《金明馆丛稿》，最后还撰有《寒柳堂记梦（残稿）》。

独　立

王国维纪念碑碑文由陈寅恪执笔，其中“独立之精神，自由之思想”既是对王氏治学精神的概括，也是陈一生治学的圭臬，碑文云：“士之读书治学，盖将以脱心志于俗谛之桎梏，真理因得以发扬。思想而不自由，毋宁死耳。斯古今仁圣所同殉之精义，夫岂庸鄙之敢望。先生以一死见其独立自由之意志，非所论于一人之恩怨，一姓之兴亡。呜呼！树兹石于讲舍，系哀思而不忘。表哲人之奇节，诉真宰之茫茫。来世不可知者也，先生之著述，或有时而不章。先生之学说，或有时而可商。惟此独立之精神，自由之思想，历千万祀，与天壤而同久，共三光而永光。”

陈寅恪唯一一次指导学生作中国近代史学位论文，是石泉的毕业论文《甲午战争前后的中国政局》。陈寅恪对石泉说：“我可以指导你，其实我对晚清历史还是熟悉的，不过我不能做这方面的研究。认真做，就必然会动感情，这样一来，看问题就不客观了。”

王钟翰回忆：“1945 年秋，一日，先生仰卧病榻上，当我提问治学与政治有无关系时，先生沉思片刻，云：‘古今中外，哪里有做学问能完全脱离政治之事？但两者之间，自然有区别，不能混为一谈。如果作学问是为了去迎合政治，那不是真正在做学问。因为做学问与政治不同，毕竟有它自己的独立性。’据我所知，当时蒋介石喜以唐太宗李世民自比，耳闻先生为当代海内外隋唐史名家，曾托人以重金请先生写一部唐太宗传。先生当时患病，生活十分艰辛，但对奉命写书之事，仍毅然拒之。”

1946 年，石泉找到黄濬所著《花随人圣庵摭忆》一书，感到其中保存了不少珍贵的史料，因而多有称引。燕大一位老先生看到后，大不以为然，说此人是抗战初期已枪决的汉奸，他的作品岂能引用。石泉将此话告诉老师陈寅恪，陈明确说道：“只要有史料价值，足以助我们弄清问题，什么材料都可用，只看我们会不会用，引用前人论著，不必以人废言。”1962 年，陈在广州中山大学任教时，曾托人带口信，向石泉借用此书。后陈在《寒柳堂记梦未定稿》残稿中多有引摘。

1953 年，时任中国科学院院长的郭沫若让汪篯带着其亲笔书信前往广州，敦请陈寅恪出任科学院哲学社会科学历史研究所第二所长。汪篯曾师从陈研究隋唐史，有两年多时间与陈朝夕相处，吃住都在陈家。汪篯到广州后，像之前一样住进老师家中，本想先叙师生之谊，再谈“正事”。不料，一开始两人就话不投机，汪住到了招待所。据传汪是用了“党员的口吻”、“教育开导的口吻”与老师谈话，引起了陈的反感，为陈所怒斥。次日，陈寅恪写了著名的《对科学院的答复》，提出了两个条件。当时冼玉清、黄萱在场，都劝陈寅恪不要这样提，陈却坚持说：“我对共产党不必说假话”。

汪篯并没有马上放弃，他努力向师母了解老师的状况。唐筼对他说，陈寅恪最不愿意看到别人写文章时时提到马列主义，一看头就痛，但他在上课及平时“决无讽刺现在政府等情事”。

陈寅恪在《对科学院的答复》里，提出他就任所长的两个条件：第一条，“允许中古史研究所不宗奉马列主义，并不学习政治。”第二条，“请毛公或刘公给一允许证明书，以作挡箭牌。”并说：“其意是，毛公是政治上的最高当局，刘公是党的最高负责人。我认为最高当局也应和我有同样看法，应从我之说。否则，就谈不到学术研究。”

陈寅恪对汪篯说：“我决不反对现政权，在宣统三年时就在瑞士读过《资本论》的原文。但我认为不能先存马列主义的见解，再研究学术。我要请的人，要带的徒弟都要有自由思想、独立精神。不是这样，即不是我的学生。你以前的看法是否和我相同我不知道，但现在不同了，你已不是我的学生了，所有周一良也好，王永胜也好，从我之说即是我的学生，否则即不是。将来我要带徒弟，也是如此……你要把我的意见不多也不少的带到科学院。碑文你要带去给郭沫若看。郭沫若在日本曾看到我的王国维诗。碑是否还在，我不清楚。如果做得不好，可以打掉，请郭沫若来做，也许更好。郭沫若是甲骨文专家，是‘四堂’之一，也许更懂王国维的学说。那么我就做韩愈，郭沫若就是段文昌。如果有人再作诗，他就做李商隐也很好。我的碑文已经传出去，也不会湮没。”

陈寅恪在《对科学院的答复》一文中还说：“没有自由思想，没有独立精神，即不能发扬真理，即不能研究学术。学说有无错误，这是可以商量的，我对于王国维即是如此。王国维的学说中，也有错的，如关于蒙古史上的一些问题，我认为就可以商量。我的学说也有错误，也可以商量，个人之间的争吵，不必芥蒂。……我写王国维诗，中间骂了梁任公，给梁任公看，梁任公只是笑了笑，不以为芥蒂。我对胡适也骂过……”

新中国成立后，大陆曾经掀起过两场对胡适的批判。胡适许多的门生故旧都写文章清算其思想，与其划清界限。对此，陈寅恪冷眼道：“一犬吠影，十犬吠声。”

“文革”开始后，一批曾听过陈寅恪“元白诗证史”课的中山大学历史系学生，开始撰文向昔日的老师发难，文中说：“陈本人从来不学习马列主义，也不相信马列思想，而是以资产阶级厚古薄今的治学态度，对封建阶级的史书古籍做了一些繁琐考证。他对一些鄙琐不堪的小事体和旧社会的达官贵人、王妃妓女特别感兴趣，如杨贵妃身体是胖是瘦，体重几何，入宫以前是不是处女，等等。他还特别考证出‘杨贵妃和安禄山之间究竟发生过关系没有，以及皇帝穿的龙袍是刺着五个爪的龙，大臣穿的蟒袍是刺着四个爪的龙等’。他还厚古薄今地讲一些陈词滥调，搞一些无聊的考证，如讲《莺莺传》时，莺莺是‘如何把淡妆短眉变为浓妆细眉’；讲到白居易的《琵琶行》时，居然考证出了那个在船头犹抱琵琶半遮面的商人妇，祖籍何处，什么人种，什么年月、什么岁数入得妓院，在长安属第几流妓女，何时退居二线，何时嫁与做何生意的商人，属于二房还是三房，是妇人还是妾身，等等。”世人从此文可以反推出陈寅恪的治学方法。

陈寅恪概括其治学宗主：“寅恪平生为不古不今之学，思想囿于咸丰同治之世，议论近乎湘乡南皮之间”。

晚年，陈寅恪写《论再生缘》，书中颂扬陈端生道：“端生此等自由及自尊即独立之思想，在当日及其后百余年间，俱足惊世骇俗，自为一般人所非议。”

纯　儒

陈寅恪夫人唐筼是清朝最后一任台湾巡抚唐景崧的孙女。清廷将台湾割让给日本，台湾人悲愤万分，曾准备举事，成立台湾共和国，由唐景崧担任总统，陈寅恪的族人亦参与其中。但最后举事未能成功。陈宝箴、陈三立及陈寅恪祖孙三代，对于甲午战争战败，割让台湾，心中愤懑痛惜。陈寅恪始终认为台湾属于中国。长女出生时，陈寅恪在北平淘得一枚旧官印，印文为“福建台湾巡抚关防”，为其岳祖唐景崧在任时使用过的，陈为纪念唐景崧，以台湾古称，为长女起名“流求”。此印陈寅恪夫妇保存在天津一家银行的保险柜中，抗战南下一直携带到香港。此后，陈寅恪又为次女起名“小彭”，隐喻澎湖列岛。

王国维遗体入殓时，参加葬礼的清华师生向王遗体三鞠躬。陈寅恪则与众不同，身着长袍马褂，向王遗体行跪礼，并三叩头。一些学生见陈行跪拜礼，也跟着行跪拜礼。

陈寅恪在国学院时，其学生到上海陈家去谒见其父陈三立，陈父与学生谈话，大家皆坐，唯陈寅恪侍立一旁，并坚持到谈话完毕。

陈寅恪游学欧美十六载，但乡音未改，装扮如故，与当时大多数归国留学生的西装革履不同，他常是一袭长衫，脚踩布履，冬春则棉袍马褂。数九寒冬，就在脖间缠一条五尺围巾，头戴厚绒帽，裤脚扎一根布带。

季羡林回忆："有时候，在校内林荫道上，在熙往攘来的学生人流中，有时会见到陈师去上课，身着长袍，朴素无华，肘下夹着一个布包，里面装满了讲课时用的书籍和资料。不认识他的人，恐怕大都把他看成是琉璃厂某一个书店到清华来送书的老板，绝不会知道，他就是名扬海内外的大学者。他同当时清华留洋归来的大多数西装革履、发光鉴人的教授，迥乎不同，在这一方面，他也给我留下了毕生难忘的印象，令我受益无穷。"

学生梁嘉彬说："寅师之德：温、良、恭、俭、让五字可以括之。其教学系采有教无类主义。弟对于中国上古中古近古史，自问实未下工夫，寅师恒接之以温，每有请益，必循循善诱，多方指示无倦。上课、下课，鞠躬如也；开会，木讷若无意见。居常衣一长袍，不事更换，某师曾短寅师于弟之前，而寅师则从未有短他人而自炫耀之事，则其涵养忍让可知。"

中国古代诗人中，陈寅恪最为佩服陶渊明、杜甫，虽好李白及李义山诗，但并不认为是上品。宋词之后，他仅推崇龚自珍、朱祖谋及王国维三人。

陈寅恪通晓国内外各种语言文字近二十种。一次，王钟翰问陈："先生能广识如此众多之语文，究以哪种语文为最有用？"陈寅恪不假思索地答道："最有用的还是要推汉语文。"

新中国成立前，艾天轶成为陈寅恪的研究生，这年春节，艾一大早便去老师家中拜年，他到时，已经有两位同学先他而至，正欲行礼。见他到来，三人排成一排，向老师三鞠躬。陈寅恪既不还礼，也不阻拦，师母唐筼亦如此。礼毕，唐筼端给每人一碗白糖糯米粥，中间有两三颗小红枣，并嘱咐他们一定要将红枣吃掉，以示吉利。艾颇觉新鲜，唐筼告诉他这是陈家的老习惯。

晚年，陈寅恪撰《柳如是别传》时，曾提及少年时在南昌住居期间，偶随父亲陈三立夜逛书肆，购得有钱谦益序文之《吴梅村集》，陈读之竟至入迷，经年不忘。抗战期间，陈寅恪在昆明得常熟白茆钱宅红豆一粒，晚年重萌相思，故致力于钱谦益与柳如是关系研究，并写出85万言的《柳如是别传》。

陈寅恪治《柳如是别传》，视柳如是为隔代知己，尤爱柳的《金明馆咏寒柳词》，为书斋命名"金明馆"和"寒柳堂"。《柳如是别传》遭到不少学人讥嘲。陈不以为意，对吴宓说："研究红妆之身世与著作，盖籍已察出当时夷夏之防与道德气节之真实情况，盖有深素存焉，绝非清闲风流之行事也。"

风　采

学生劳榦回忆陈寅恪：“寅恪先生身材瘦削，并且也不高大；加上了具有神采的双目和高耸的鼻子，的确有些像‘甘地型’的人物。清华园内有趣的人物真多，但其中最有趣的，要算陈寅恪先生了……你们将看见一位里面穿着皮袍，外面罩以蓝皮大褂青布马褂，头上戴一顶两耳有遮耳的皮帽，腿上穿着棉裤，足上蹬着棉鞋，右手抱着一个蓝皮大包袱，走路一高一下，相貌稀奇古怪的纯粹国货式的老先生从对面行而来，这就是陈寅恪先生了。”

一天，陈寅恪在清华园便服乘凉，一位新生看到后，告诉其同学说：“我今天看到一个人真像甘地。”陈听闻，亦为之莞尔。

陈封雄回忆六叔陈寅恪：抗日战争以前，陈寅恪是北平清华大学中文系与历史系合聘教授。当时有些学生背地里称他为“怪教授”。他之所以被认为“怪”，是因为学生知道他曾留学欧美十多年，学识渊博，而他的装束却一身“土”气，没有半点洋味：夏季一袭长衫、布裤、布鞋，冬季则一顶“三块瓦”皮帽、长围巾、棉袍再加黑面羊皮马褂、棉裤扎腿带、一双厚棉鞋口戴上近视眼镜，完全是一副只知“子曰”、“诗云”的老学究模样。他的住所离教室有很长一段路，每次去上课，他把要用的书籍讲义用一块方布包好挟在腋下，低头而行。因为是近视眼，所以只顾走路，不和别人打招呼。

学生许世瑛回忆课堂上的陈寅恪先生：“北方的冬天酷寒，寅恪师不喜欢穿大衣，他总是在棉袍外再穿上一件皮袍子，有时候还在皮袍子外加上一件皮马褂，讲课时讲得兴奋而感到有些燥热，先脱去皮马褂，有时候更脱去皮袍子，等到下课又一件一件穿了上去。”

许世瑛还忆及：“他讲授佛经文学、禅宗文学的时候，一定用一块黄布包了许多那堂课所要用的参考书，而讲其他课程，则用黑布包了那些参考书，他很吃力地把那些书抱进教室，绝对不假手助教替他抱进来。下课时，同学们想替他抱进教员休息室，他也不肯。每逢讲课讲到要引证的时候，他就打开带来的参考书把资料抄在黑板上，写满一黑板，擦掉后再写。”

学生罗香林回忆说：“陈师每次上课，必携带要引用的书籍多种，以黄布包裹，拿到课室，放在讲台。遇须引证的重要文句，亦必写在黑板。陈师夏秋季常穿蓝布长衫，冬春季常穿长袍马褂。来校，常挟黄布书包，进入课室，就提出要讲的专题，逐层阐释，讲至入神的地方，往往闭目而谈，至下课铃响，还在讲解不停，真是诲语谆谆，从无倦容。”

燃 灯

蓝文徵曾对学生说：“陈先生演讲，同学显得程度很不够。他……上课时我们常常听不懂，他一写，哦！才知哪是德文，哪是梵文，但要问其音叩其义方始完全了解。吴宓、朱自清都常来听讲。他的书房中各国各类书都有，处处是书，我们进去要先搬搬挪挪才能坐下。”

陈寅恪在清华给研究生讲佛学校勘时说，唐人译佛经采用音译，出了许多错误。他举例说，王维字摩诘，“维”在梵文中是降伏之意，“魔诘”则是恶魔，那么王维便是名降伏，字恶魔了。学生们哄堂大笑。

陈寅恪声名远播，远在城内的北大学生和年轻教员，也成群结队，穿越西直门，到离城几十里的西北郊外清华园“偷听”陈寅恪讲课。前往听课的师生曾几次遇到过拦路劫财的强盗，多亏每次都靠人多势众，手里又各自拎着木棍铁器等防身家伙，对方不敢轻举妄动。即使如此，北大师生也愿冒险出城，亲自聆听陈寅恪上课时那如同天幕传来的梵音绝唱。

周一良就读燕京研究院时，常听同学俞大纲（陈寅恪表弟）盛赞陈寅恪学问既博且精，于魏晋隋唐史学方面的造诣尤深，遂前去旁听。他晚年回忆说：“第一堂课讲石勒，提出他可能出自昭武九姓的石国，以及有关各问题，旁征博引，论证紧凑，环环相扣。我闻所未闻，犹如眼前放一异彩，深深为之所吸引。”当时和周一良一起去听课的，还有在中央研究院历史研究所工作的余逊、劳榦，几个人都喜好京剧，每次听完陈讲课后，三人便赞叹说，犹如看了一场著名武生杨小楼的拿手好戏，感到异常过瘾。

周一良又提及：“陈先生讲课之所以使我们这些外校的学生特别倾服，应有其原因……陈先生谈问题总讲出个道理来，亦即不仅细致周密地考证出某事之‘然’，而且常常讲出其‘所以然’，听起来就有深度，说服力更强。”“陈先生善于因小见大，在魏晋南北朝史研究方面虽没有写出像《隋唐制度渊源略论稿》和《唐代政治史述论稿》那样综观全局、建立框架的论著，但除经济方面而外许多重要方面的大问题都接触到了”。

金克木曾在北大图书馆当图书管理员。有一次，一位身着旧长衫、神气落拓的老先生，挟着布包来借书。管古籍的人觉得这位先生不在北大教书，借的又是珍本善本，怕借出去后收不回来，便以馆长换人无权出借为由拒绝了他的要求。老先生走后，金克木默写出了这位先生提供的借书单，日后有了空隙便按此书单翻阅书籍，进行学习。多年后他回忆说：“我真感谢这位我久仰大名的教授。他不远几十里从城外来，用一张书单给我上了一次无言的课。”金克木并没有透露这位先生的名字，很多人认为，这位先生即是陈寅恪。

陈寅恪讲课时总是端坐而讲，所论者皆关宏旨，绝无赘语；态度严肃，从不哗众取宠；认真负责，极少旷课，有学生听他讲课四年，从未见他请假。他讲课虽多平铺直叙，但听课者并不觉枯燥。

许世瑛回忆：“寅恪师身体一向衰弱，学校当局特别尊敬他，他的课永远排在上午二、三两节（九时至十一时），所以三年级以上的学生才有资格去选修，一、二年级必修课程多，而那些功课所排的时间不是第一、二节，就是三、四节，因而根本无法选寅恪师的课。……寅恪师学问渊博而精湛，有许多的教授也经常来旁听，清华园中的人凡有疑难不能解的问题（属于文学和史学的）都向他请教，他一定会给质疑的人一个满意的答复，所以大家都奉他为‘活字典’、‘活辞书’。……他讲课都是讲他的心得和卓见，所以同一门功课可以听上好几次，因为内容并不全同。他最令同学们敬佩的，就是利用一般人都能看到的材料，讲出新奇而不怪异的见解。大家听完以后都会有‘我们怎么竟想不出’的感觉。”

梁嘉彬回忆：“寅师授课，恒闭目而思，端坐而讲，奋笔（粉笔）而书，所举史料详记卷数页数，反复论证，数满黑板，所论者皆关宏旨，绝无游词，每堂皆自立己说，非好奇立异，目的实只在求真，对同学发生强烈启发作用。弟又曾笑语同学曰：‘寅师一堂所授，真是令人耳不及听目不暇给。’”梁嘉彬日后教学数十年，也效仿老师，“闭目始能讲出，睁目则心不贯注，口反迟钝”。

罗香林回忆陈寅恪的教学方法时说：“陈师讲学，注意自然启发，注重新的发现。他认为问答式的笔试，不是观察学问的最好办法。但作论文，他要求新资料和新见解，否则并无益处。他认为最好的办法是：各同学听讲及研究后，细细地想，到了学期结束，对教师每位提出一二问题；自然，教师也是不能包懂的，但对学生能否提出适当的问题，也可以知道学生是否曾用过工夫。”“陈师对学生的爱护，真是无微不至，不但在学术上的个别引导，使学生个个都走向专门研究，能渐渐有新的发现的境地，就是对学生的日常生活，乃至于毕业后的就业情形，也非常关心。”

陈寅恪上课，从不点名，亦无小考；就是大考，也只是依照学校的规章举行，没有不及格的。他常说：“问答式的笔试，不是观察学生学问的最好办法。”因此每次他都要求学生写短篇论文代替大考。但他又强调：“做论文要有新的资料或者新的见解，如果资料和见解都没有什么可取，则做论文也没有什么益处。”

季羡林的《回忆陈寅恪先生》中写道：“我旁听了寅恪先生的‘佛经翻译文学’。参考书用的是《六祖坛经》，我曾到城里一个大庙里去买过此书。寅恪师讲课，同他写文章一样，先把必要的材料写在黑板上，然后再根据材料进行解释、考证、分析、综合，对地名和人名更是特别注意。他的分析细入毫发，如剥蕉叶，愈剥愈细愈剥愈深，然而一本实事求是的精神，不武断，不夸大，不歪曲，不断章取义，他仿佛引导我们走在山阴道上，盘旋曲折，山重水复，柳暗花明，最终豁然开朗，把我们引上阳关大道。读他的文章，听他的课，简直是一种享受，无法比拟的享受。……寅恪师这种学风，影响了我的一生。”

学生卞慧新回忆：“30 年代中，不佞曾在清华听过陈先生讲课。有一次，在讲到当时流行学说时，先生笑着说：马克思和弗洛伊德两派学说，其实《孟子》中‘食色性也’四个字已足概括了。不佞体会，先生既轻视又肯定两派之说，只是认为两派各得真理之半，没有必要过分张皇强调。”

陈寅恪曾在北大兼课，谢兴尧回忆：“陈先生身体很弱，高度近视，秋风一起，便穿着厚重的大马褂，坐着讲书，有时反手在黑板上写几个字。开课时听讲的约三四十人，满满哨一小屋人，逐渐慢慢地消失，到最后只剩六七个人。其原因，一是他讲话声音很低，后面的人听不见。二是他说话似江西口音，有些人听不懂。三是他所讲的问题窄而深，如所讲大夏、大月氏及突厥、吐鲁番等，广征博引，听起来好像杂乱无章，实则是围绕一个主题，寻根究底，不细心耐心听，是不能理会的。他在清华大学，梁启超先生讲某一问题时，常对学生说你们去问陈先生，可见学者们对他的推重。”

在《陈门问学丛稿·前言》中王永兴写道：“1937 年 11 月，我在长沙临时大学听陈寅恪先生讲魏晋南北朝史。这是我从寅恪先生受业的开始，也是我学术生命的开始。当时，我对寅恪先生之学完全不懂，但他的讲课却深深地吸引了我。

同时听课的友人徐高阮也与我同感。课后，我们立即向教务长潘光旦先生提出：我从中文系、高阮从哲学系转到历史系。

在西南联大时，每次上课，陈寅恪须步行一里多路到学校。他仍像在清华园时一样，每次上课都是用一块花布或黑布，包着一大包书向教室匆匆走来，到达教室时总是满头大汗。王永兴等几个学生不忍见先生如此辛苦，几次提议去接他，帮他拿书，他都拒绝了。陈寅恪讲课时，总是写了满满的两黑板材料，然后坐下来闭着眼睛讲。学生们又几次建议由他们来帮着板书，陈都不同意，但是他同意学生们帮他擦擦黑板。王永兴感慨道："这似乎是很小的事情，但是可以看出他作为一个教师的严肃态度。"

王永兴感叹道："我们经常看见他老人家抱着用黑布包袱包着的一大包书，沉重而缓慢地走在昆华路上。为什么要带这么多的书呢？寅恪先生讲课时要引证很多史料，他把每一条史料一字不略地写在黑板上，总是写满了整个黑板，然后坐下来，按照史料分析讲解。他告诫我们，有一分史料讲一分话，没有史料就不能讲，不能空说。他以身作则，总是在提出充分史料之后，才能讲课，这已是他的多年习惯。当时，寅恪先生多病体弱，眼疾已相当严重，写完黑板时常常汗水满面，疲劳地坐下来闭目讲解。他的高度责任感，他的严谨求实精神，他为了教育学生不惜付出宝贵生命力的高尚行为，深深感动并教育了我们。"

学生程靖宇回忆陈寅恪："先生体弱多病，盛夏衣棉，在昆明时，四季如春，每至讲堂，必深闭门窗以防风，然从不轻易请假缺课。每岁讲演必不与旧岁者重复，盖先生每年必出其研究之新心得以授诸生。先生尝云，若干年讲同样的，印而刊之可也，又何必上课哉。"

学生宗良圯回忆说："陈先生上课一丝不苟，多数时候先抄了满满两黑板资料，然后再闭上眼睛讲。他讲课总是进入自我营造的学术语境或历史语境，似乎把世事都忘得一干二净。某日，第一只脚甫踏入门，距离黑板尚远，陈师即开始讲述，谓上次讲的……随即走近桌旁，放置包书之包袱，就座于面对黑板、背朝学生之扶手椅上。讲述久之，似发觉座位方向不对，始站起身搬转坐椅，面对生徒，而做微笑状。有时瞑目闭眼而谈，滔滔不绝。"

许渊冲曾听过陈寅恪讲《南北朝隋唐史研究》，陈讲课时，闭着眼睛，一只手放在椅背上，另一只手放在膝头，不时发出笑声。他说，研究生提问不可太幼稚，如"狮子颌下铃谁解得"？解铃当然还是系铃人。问题也不可以太大，如两个和尚望着“孤帆远影”，一个说帆在动，另一个说是心在动，心如不动，如何知道帆动？心动帆动之争问题就太大了。问题要提得精，要注意承上启下的关键，如研究隋唐史要注意杨贵妃的问题，因为“玉颜自古关兴废”嘛。

1943 年成都燕京大学礼聘陈寅恪到国史系开课。国文系一名学生在毕业论文后列举了大量参考书目，以警奇炫博。陈见到书目后问：“这些书你都看过吗？”学生支支吾吾，陈当即指出：“此书只有北平图书馆藏有，柏林图书馆也有，内地不会有此书。”接着他告诫学生，做学问要实事求是，没有看过的书，不应列入充数。

王钟翰回忆陈寅恪在成都燕京大学讲课的情形道：“先生初开魏晋南北朝史，继开唐史，一时慕名前来听讲者，不乏百数十人，讲堂座无虚席，侍立门窗两旁，几无容足之地。记得先生开讲曹魏之所以兴起与南北朝之所以分裂，以及唐初李渊起兵太原，隋何以亡，唐何以兴，源源本本，剖析入微，征引简要，论证确凿。每一讲有一讲的创获和新意，多发前人未发之覆。先生讲课，稍带长沙口音，声调低微，每令人不易听懂。而所讲内容，既专且深，我亦不甚了了，自然更难为一般大学生所接受。两课能坚持听讲到底者，不过二十人，其中大多数今已成为在文史研究方面学有专长的专家了。”

有一次，陈寅恪讲元稹的《悼亡诗》，讲到“唯将终夜长开眼，报答平生未展眉”句时，忽然问坐在前排的唐振常：“为什么说‘长开眼’？”唐瞠目结舌，无言以对。陈又问了几个学生，皆不能回答。于是陈寅恪从“鳏鱼眼长开”讲起，说明元稹将不再娶。

抗战胜利后，陈寅恪从欧洲回到清华园，历史系主任雷海宗因他双目已盲，劝他休养一段时间，他婉言谢绝。助手王永兴劝他：“一门课已经够辛苦了，是否不要在中文系上课了？”他严肃地说：“我拿国家的薪水，怎能不干活？”送走雷海宗，陈寅恪立即吩咐王永兴，通知在历史系、中文系各开一门课，立即行动，不得有误。雷海宗不忍见他来回奔波，于是想了一个折中的办法，让学生到陈宅上课，陈寅恪应允。王永兴忆及此感动地说：“使我感动的是他那朴实而坚定的语言，他没有说过作为一个教师应该如何如何的冠冕堂皇的话，但是，他的身教要比那许多话高明得多。今天，我作为一个教师，虽学识浅陋，但仍要每学期开两门课，是因为每每想起老师身教如此，不敢懈怠。”

王永兴曾回忆当时备课上课的情形：“他备课也是极其认真、十分严谨的。一般的情况是：在开始备课的前几天，他向我和汪先生说，这一学期他要讲的主要问题、主要内容，然后就指定我们读哪些书给他听。他备课要读的第一种书总是《资治通鉴》，然后是《通典》、《会要》、《六典》、两《唐书》等等，当时的情景是：我们坐在两个沙发上，当中摆着一架书，在我的面前摆着一张小桌子，他指定我读《通鉴》哪一卷或者从哪一年到哪一年，而且嘱咐我要读得慢一些，读得清楚一些。读到一个段落，他就叫我停下来，他思索着，然后就提出来这一段里的问题和要注意的地方，让我写在本子上。常常是读完《通鉴》某一段，就要我去查出在两《唐书》里，在《会要》、《通典》里所记载的和这一段有关的材料，读给他听，然后，他指出这几种书所记载的有哪些不同，哪个记载是对的，哪个是不对的，这些，他都让我记在本子上。这样读了几天，他就叫我把本子上所写的重复给他说一遍，他总结综合，口授出来由我写下，就形成了讲课稿或者讲课的详细提纲。不只是讲课的主要内容，而且讲课所涉及的史料、与讲课有关的每一条材料，他都做了严谨的校勘与考证。在备课的过程中，我懂得了什么叫严谨的学风，应该怎样读书、怎样教课，这对我一生的教学研究，都极有教益。当时上课是在寅恪先生家里，一般有二三十个学生，上课之前他指定我在黑板上写史料，然后，坐在一把藤椅上，问我写了些什么材料，我一一和他说。没有材料，他是从来不讲课的。两黑板的材料讲完了，我于是再写。讲课之后，他常常问我这样讲，学生能接受吗？他常要我征求学生们的意见，然后再修改讲课稿。陈先生讲课精湛，深入浅出，引人入胜，而在这背后的，是他备课的辛勤。他年年开课，年年都是这样备课讲课。”

陈寅恪常说：“（历史研究）最重要的就是要根据史籍或其他资料以证明史实，认识史实，对该史实有新的理解，或新的看法，这就是史学与史识的表现。”他的学生曾经回忆道：“陈师在讲历史研究时，常说：凡前人对历史发展所留传下来的记载或追述，我们如果要证明它为‘有’，则比较容易，因为只要能够发现一二种别的记录，以作旁证，就可以证明它为‘有’了；如果要证明它为‘无’，则委实不易，千万要小心从事。因为如你只查了一二种有关的文籍而不见其‘有’，那还不能说定了，因为资料是很难齐全的，现有的文籍虽全查过了，安知尚有地下未发现或将发现的资料仍可证明其非‘无’呢？”

初到岭南大学任教时陈寅恪，讲授“唐代乐府”课程，此课程只有胡守为一名学生选修，但他仍认真讲解，并不辍止。

提　携

季羡林在晚年的回忆文章中，说陈寅恪是一位“平生不解掩人善，到处逢人说项斯”的好好先生，对人宽容，又乐于助人。当年一名学生参加清华大学硕士生考试时，因为一个微小的问题，吴宓没有让这个学生及格，陈寅恪觉得不公，与好友据理力争。

陈寅恪在提携后进方面让季羡林感触最深。季羡林本研究西洋文学，后改专攻梵文、巴利文故纸堆，是受在清华旁听陈寅恪“佛经翻译文学”的影响。1945年，留德十年的季羡林准备回国，听说陈寅恪在伦敦治疗目疾，便写信向他汇报学习情况。陈本不了解季的学业，当他听说季的指导老师瓦尔德施米特竟是自己的同学时，马上复长函鼓励季羡林，并热情将他推荐给时任北大校长的胡适。有了陈的推荐，季羡林顺利到北大任教。陈寅恪读了季羡林的论文《浮屠与佛》后，大加赞赏，推荐给《中央研究院史语所集刊》，使季羡林“一登龙门，身价百倍”。季羡林晚年追忆陈寅恪时深情地说：“如果没有他的影响的话，我不会走上现在走的这一条治学道路，也同样来不了北大。”

陈寅恪的研究生朱延丰爱上了北平女子篮球队里一位白白胖胖的女士，但半年即告吹。朱伤心失落，两周未到校上课，宿舍里也不见其踪影。有人说他回江苏老家，也有人说他可能自杀。陈寅恪听闻后异常着急，让罗香林四处寻找，未果。所幸不久，朱延丰回到学校，但一直郁郁寡欢。罗于是对朱说：“听说胡适之先生进行一种翻译计划，我们可求陈师介绍，做点翻译，来寄托寄托。”二人去见陈寅恪，陈非常高兴，立即写信向胡推荐。

1936年冬，邓广铭撰写论文《总评几本〈辛稼轩年谱〉和〈稼轩词疏证〉》，发表在次年春的《国闻周报》上。陈寅恪看后颇为赏识，他不知邓广铭为何人，后来从胡适和傅斯年处得知，邓在北大文科研究所工作。邓时正申请中华教育文化基金会的科学研究补助费，研究课题是辛稼轩的生平和对于他的长短句的注释，胡、傅是该基金会的负责人，听了陈对邓广铭那篇文章的评论，便批准了邓广铭的申请。

劳榦是陈寅恪的学生，毕业后即进入中研院史语所工作。1949年，劳榦随国民党政府退居台湾，仍在“史语所”供职。傅斯年去世以后，他参加了傅斯年遗稿编辑整理工作。整理资料时，他看到傅斯年的一本书中夹着的陈寅恪写给傅斯年的信函，陈在信中“对我加以郑重推荐，这件事陈先生从未曾直接或间接表示过的，使我万分感动”。

罗香林写了一篇《客家渊流考》的论文，请陈寅恪为其修改。这日，他到陈家拜访陈寅恪，与其谈论论文之事。罗香林到陈家时，陈寅恪正在午睡，听见罗和唐筼的说话声，便起来招呼。唐筼见陈起床，便很不高兴道：“你要午睡的，怎么又起来了？”陈回答：“我在床上还没睡着，听了说话，知道罗先生来了。他不知道我要午睡，又难得来，所以我起来了。”唐筼坚持让陈去午睡，罗香林见老师被师母责备，内心不安，忙起身告辞。陈寅恪温和地说：“坐一坐吧，论文我看过了，很好，现在我到房里去拿了给你。”坚持将罗留了下来。

罗尔纲一直仰慕陈寅恪，却无缘得见。抗战爆发后，陈寅恪南下避难，罗有幸晤见陈先生。罗尔纲回忆说：“社会科学研究所派我回广西接洽迁桂林，住在环湖酒店。这是个寒冬之夜，约在 7 时半，听有人叩房门。开了门，原来是陈寅恪先生！陈寅恪先生光临我这个小小的助理研究员的住所，真是天外飞来的喜讯！我恭迎陈先生进来坐定。他说夜到旅馆访友，见住客牌知我住在这里，就来看望，不访朋友了。陈先生一坐下来，就说看过我许多考证，接着一篇篇加以评论。他一直坐到 11 时，旅馆要关门，服务员来通知，我送他出旅馆门口，他才依依不舍告别。这件事，距今 57 年，却如在眼前。……我今天回想起来，使我豁然感到陈寅恪先生胸怀旷达，润物无边。”

王永兴是陈寅恪的助手，居住在城里，每天乘校车往返于清华和城区之间。1947 年 1 月中，清华庶务科通知王说，分配给他两间住房，在西校门外喇嘛庙（即颜家花园）。王很茫然，他并未向学校申请住房。直到 1990 年，清华大学召开纪念陈寅恪先生百年诞辰学术讨论会，并出版纪念文集。王永兴负责文集的出版工作，他在查阅清华校史档案时，发现了 1947 年陈致清华大学校长梅贻琦的信，信中提及为王解决住房的问题，其言辞恳切，语意感人：“思维再四，非将房屋问题解决不可”，否则“弟于心亦深觉不安”，“详情悉由内子面陈”。但此事陈寅恪与唐筼从未向王提起。王读到这封四十多年前的信，宛如“大梦初醒，悲感万分”，特作《种花留与后来人》，颂扬陈寅恪仁者之怀的厚德。

周连宽曾协助陈寅恪做资料收集工作，前后达十年之久。陈每天把所想到的问题若干条记录下来，交给周去图书馆查找有关资料。周因为受过图书馆学的基本训练，对图书馆的参考工具书比较熟悉，阅读古书，范围较广，故尚能应付。有一次，陈寅恪严肃地对周连宽说："我正式承认你是我的学生。"

三年自然灾害时期，米珠薪桂，国家发给陈寅恪较多的食油和肉类，以示照顾。学生周连宽当时因缺少营养而眼珠变黄，肝病缠身，陈寅恪慷慨地分给周一瓶生油，济周于危难之中，周连宽感激涕零。

谠 论

陈寅恪可能是最早读德文原版《资本论》的中国人。抗战期间，陈寅恪对学生石泉谈到共产主义与共产党时说："其实我并不怕共产主义，也不怕共产党，我只是怕俄国人。辛亥革命那年，我正在瑞士，从外国报上看到这个消息后，我立刻就去图书馆借阅《资本论》。因为要谈革命，最要注意的还是马克思和共产主义，这在欧洲是很明显的。我去过世界许多国家，欧美、日本都去过，唯独未去过俄国，只在欧美见过流亡的俄国人，还从书上看到不少描述俄国沙皇警探的，他们很厉害，很残暴，我觉得很可怕。"

陈寅恪说："平常人把欧亚做东西民族性的分界，是一种很大的错误。欧洲人的注重精神方面，与印度比较相近些，只有中国人是顶注重物质，最讲究实际的民族。"陈源于1922年第一次在柏林听到陈寅恪的上述妙论，觉得是"闻所未闻的奇论，可是近几年的观察，都可以证实他的议论，不得不叫人惊叹他的见解的透澈了"。

陈寅恪与吴宓谈论中西方文化的比较时说："中国之哲学美术，远不如希腊。不特科学为逊泰西也。但中国古人，素擅长政治及实践伦理学。与罗马人最相似。其言道德，惟重实用。不究虚理。其长处短处均在此。长处即修齐治平之旨；短处即实事之利害得失，观察过明，而乏精深远大之思。"

初到清华，陈寅恪与赵元任一家一起住在南院，在赵家搭伙吃饭。饭后，三人总是聊上一两个小时。他们经常谈到一个问题，即何谓"雅"。他们虽然没有拟出一个正式的定义，但是有几点看法却相同：第一，雅这个东西不可求的，往往你越求雅反而越得俗；第二，一个人做人做事写东西不可以避俗，只要听其自然就不会太俗；第三，陈寅恪说太熟套的东西最容易变俗，简单说就是"熟就是俗"。

陈寅恪将爱情分为几个不同的层次："(一)情之最上者，世无其人。悬空设想，而甘为之死，如《牡丹亭》之杜丽娘是也。(二)与其人交识有素，而未尝共衾枕者次之，如宝黛等及中国未嫁之贞女是也。(三)又次之，则曾一度枕席，而永久纪念不忘，如司棋与潘又安，及中国之寡妇是也。(四)又次之，则为夫妻，终身而无外遇者。(五)最下者，随处接合，惟欲是图，而无所谓情矣。"陈寅恪曾谈到自己的爱情观："学德不如人，此实吾大耻。娶妻不如人，又何耻之有？"又说："娶妻仅生涯中之一事，小之又小者耳。轻描淡写，得便了之可也。"

陈寅恪对国民党殊无好感，1932 年对俞平伯言："吾徒今日处身于不夷不惠之间，托命于非驴非马之国。"

陈寅恪谈及四十年代末的学生运动时说："我班上的好学生大都是共产党。我怎么知道的呢？抗战前那一两年，上我的课的学生中有些人学得很好。后来有一天我去上课，他们忽然都不见了，我一打听，才知道是因为国民党要抓他们，都躲起来了。我由此感到共产党将要成功，因为好学生都到那边去了。"

第二次世界大战后期，盟军方面曾酝酿要定日本天皇为战犯。石泉为陈寅恪读了报上的这条消息，陈立刻说："这事绝对做不得。日本军人效忠天皇，视之如神。如果我们处置天皇，日本军人将拼死抵抗，盟军则要付出大得多的代价才能最后胜利。如果保留天皇，由他下令议和，日本军人虽然反对，也不敢违抗，就会跑到皇宫门前切腹自杀。这样，盟军付出的牺牲就小得多，而且日本投降也会较易。因此，希望盟军不要做那样的蠢事。"后来，事态的发展果不出陈寅恪所料。

晚年，陈寅恪说："中国书虽多，不过基本几十种而已，其他不过翻来覆去，东抄西抄。"

1961 年 7 月，《吴宓日记》中记载："寅恪兄之思想及主张，毫未改变，即仍遵守昔年'中学为体，西学为用'之说(中国文化本位论)，而认为共产党已遭遇甚大之困难"，"中国应走'第三条路线"，"独立自主，自保其民族之道德、精神、文化，而不应'一边倒'，为 c.c.c.p. 之附庸"，"夸中国之经济目困，而国际之风云愈急，瞻望世界前途，两大阵营之孰胜孰负正难预卜，未来趋势如何，今正难言，共产主义未必一帆风顺，掌握全球。但在我辈个人如寅恪者，则仍确信中国孔子儒道之正大，有裨于全世界，而佛教亦纯正。我辈本此信仰，故虽危行言逊，但屹立不动，决不以时俗为转移。"

性　情

某年，陈寅恪与五哥隆恪、七弟方恪、八弟登恪相聚，谈到某地风景正佳，盍不命驾一游，但苦于囊空，游资无着。陈寅恪遂慨然将自用金表一只送往当铺典质，得银元若干，充旅游之费。

1912 年，陈寅恪自欧洲短期回国，住在上海虹口老靶子路 27 号家中自修文史。陈寅恪与小他十岁、正在上海读中学、乳名“细毛”的侄子封怀同住一室。陈寅恪在国外生活多年，饮食习惯有点趋同西方，早餐爱吃牛奶面包，这倒很对少年“细毛”的胃口。一次，陈寅恪想请“细毛”到上海一家讲究的西餐馆吃西餐，无奈囊中羞涩，前思后想仍然抵挡不住美食诱惑，就去典当了自己口袋中的怀表，叔侄二人在西餐厅大快朵颐，满意而归。几十年后，叔侄二人都已步入老年，陈封怀调到广州任职，已经目盲的陈寅恪还约“细毛”去广州沙面吃正宗西餐，兴致不减当年。

赵元任和杨步伟夫妇去德国旅游，俞大维和陈寅恪请他们看德国歌剧 *Freischutz*（魔弹射手），结果送到戏院门口，他们却并不一同进去。赵、杨二人问何故，陈寅恪回答说，他们两个人只有这点钱，不够再买自己的票，要是他们也去看戏，那回去又得吃好几天的干面包了。

在清华读书时，姜亮夫曾写了一篇批评容庚的文章，发表在《燕京学报》上，容庚将这篇文章送去给陈寅恪看。陈对姜说：“你花这么大的精力批评别人，为什么不把精力集中在建立自己的研究工作上。”姜亮夫听罢，大受震动，从此再不轻易著写批评文章。

课余，陈寅恪常和清华同事、老友谈天说地。一天家里做好了晚餐，掌灯已久还不见陈寅恪回家，家人便出去寻找，才发现他在离家不远的小道上，跟吴宓聊得格外投机，忘记了时间。1942 年在桂林，陈寅恪常与老友谈论时局，有一次，与心理所的唐擘黄站在路旁聊天，又忘记吃饭，害得家人一通好找。

陈寅恪考证出李唐是胡人，朱希祖反对此说，撰文斥责陈打破了传统观念。陈寅恪不以为意。“史语所”成立时，陈寅恪向傅斯年推荐朱希祖为特别研究员，并对朱收藏近代史籍，表示敬意。

1937 年，方国瑜宴请陈寅恪、顾颉刚、姚从吾、向达，以及复旦大学法学院的方豪。方国瑜是云南人，席间，方豪便问他道：“宗兄，云南方姓是从哪里迁来的？”方国瑜回答：“我是桐城方氏后裔。”方豪一听觉得更为亲切了：“我原籍诸暨，诸暨方姓好像也是从河南迁到桐城，再从桐城迁到诸暨的。”宴罢，顾颉刚将方豪拉到一旁，悄悄对他说：“方国瑜是么些族，他说是桐城方姓，只是为了好看些。”陈寅恪听后说：“我们万不可拆穿他，唐朝许多胡人后裔，也用汉姓，自道汉姓始祖何处。”陈的话给方豪留下了深刻的印象。

陈寅恪一向敬重胡适，蔡元培身故后，国民政府决定重新选举中研院院长，陈寅恪从昆明特地到重庆支持胡适参加竞选，他公开说：“本人不远千里来重庆，只为了投胡先生一票。”

中研院院长竞选过程中，曾有传闻说蒋介石亲自下条子指定院长，陈寅恪闻此消息后对蒋心存不满。一日，蒋介石来参加评议员的集体宴会，宴会结束后，陈寅恪赋诗一首《重庆春暮夜宴归有作》：“颇恨平生未蜀游，无端乘兴到渝州。千年故垒英雄尽，万里长江日夜流。食蛤那知天下事，看花愁近最高楼。行都灯火春寒夕，一梦迷离更白头。”

此诗，陈曾抄录一份赠与好友吴宓，吴宓收入《吴宓诗集续集》中，并附注曰：“寅恪赴渝，出席中央研究院会议，寓俞大维妹丈宅。已而蒋公宴请中央研究院到会诸先生。寅恪于座中初次见蒋公，深觉其人不足有为，有负厥职。故有此诗第六句。”

1947 年，国民党军警特务以防共为名，在北平全市搞了一次深夜挨家突击搜查，逮捕了一些人，引起市民不安与各界公愤。北平十三位大学教授联名发表宣言，谴责这种行为，陈寅恪亦为十三教授之一。石泉等学生去看望陈寅恪，谈及此宣言，陈态度非常鲜明，说：“我最恨这种事！夜入民宅，非奸即盗！”

新中国成立前夕，国内物价疯涨，陈寅恪穷得无钱买煤取暖。季羡林知道后，将情况告诉胡适。胡适马上决定赠予陈一笔数目可观的美金。陈寅恪提出将自己的藏书让与胡适，这笔钱算是售书所得。之后，季羡林以北京大学的名义购买陈的藏书，用胡适的小汽车从陈家载走一车藏书，多为西文、佛教、中亚古代语言珍藏版书。陈寅恪只收了两千美元，而他的一部《圣彼得堡梵德大辞典》市值就超过此数。唐筼对女儿们解释说，这批书是陈寅恪省吃俭用在国外所买，现在目盲无法阅读，而北大复员后成立东方语言学系，有研究东方语言的青年学者，可以让这批书发挥作用，所以不去考虑书的价钱，乘此机会将书托付给北大。

1948 年 12 月，解放军围困北平，国民政府开始实施“抢救学人”计划。当浦江清告诉陈寅恪此事时，陈仅表示知悉此事，并未表示是否随国民党的飞机南下。随后胡适托邓广铭转告陈，说昨日南京政府来电，今日即派专机抵达南苑机场，接胡与陈等著名教授离开北平。邓广铭找到陈，转告胡之言。陈寅恪答：“走。前许多天，陈雪屏曾专机来接我。他是国民党的官僚，坐的是国民党的飞机，我绝不跟他走！现在跟胡先生一起走，我心安理得。”（邓广铭按：到北平迎接胡的专机乃是由教育部派出的，而胡适毕竟不是国民党官僚。于此也可看出陈先生总是要尽可能与国民党保持距离）

岑仲勉以治隋唐史著称，与陈寅恪同在中山大学任教。他在课堂上向学生传授治学之道说：“射人先射马，擒贼先擒王。进行讨论和商榷也得找名家，这样才有影响。”陈寅恪是研究隋唐史的头号名家，他的许多观点就顺理成章地成了岑在课堂上的批判对象。但陈寅恪对此从未予以反驳。1956 年 8 月 31 日，中山大学 52 级拍摄毕业照，陈、岑二人都参加。拍照前就坐时，岑仲勉与陈寅恪亲切握手，岑说：“我们很长时间没见面了！”陈点头唯唯，并不应答。他之所以不应答，实因为岑仲勉耳聋，说了也听不见。

蒋天枢回忆，1955 年春节，陈寅恪撰联标门曰：“万竹竞鸣除旧岁，百花齐放听新莺。”时“反右”将起，有记者谒先生请其“鸣放”，陈笑指门上春联示之。

1955 年，全国政协准备请陈寅恪担任政协委员，广东文化厅厅长杜国庠告诉陈此事。陈说：“我眼睛看不见，耳朵还是能听得清的，那些个政协委员说的东西，尽是歌功颂德，不讲真话，没有什么意思，我听着听着都气得把收音机关掉！另外，我自己身体不好，患高血压，怕冷，不适应北京的寒冷。请你转告周先生，我还是不担任政协委员。”于是杜只好搬出周恩来来说服陈：“邀请陈先生担任全国政协委员的正是周恩来先生。”并说：“只要先生担任全国政协委员，凡是在冬春寒冷季节开的会，陈先生可以不去开会。当然，愿意去开，也一定会照顾好陈先生的。”陈寅恪这才同意担任。

1956 年，陈毅曾到中山大学探访陈寅恪，并与陈谈文论道。陈毅走后陈寅恪十分感慨：“没有想到共产党里有这样懂学问的人。”并找陈毅的诗作来读。

1958 年，陈伯达的《厚今薄古，边干边学》报告一发表，中山大学便贴出大字报，矛头直指陈寅恪等人，称其学术为“伪科学”，要“拳打老顽固，脚踢假权威”。陈遂致函中山大学校长表示：一、不再开课；二、马上办理退休手续，搬出学校。此后，陈虽被劝阻没有搬出学校，但他不再讲课。学校劝他带研究生，陈寅恪生气地表示：“只要毛主席和周总理保证不再批判我才开课。”当年批判过陈寅恪的金应熙，本是他的学生。运动过后，金后悔万分，负荆请罪。陈寅恪只淡淡地说：“你走吧，免我误人子弟！”

1959 年，正值自然灾害时期，中山大学给予陈寅恪夫妇特殊照顾。膳食科长告诉陈寅恪说，学校准备每日供应他 4 两肉，唐筼每日 2 两。科长最后说了句：“6 两肉就是 12 个人的分量。”陈听闻，脸色突变，事后表示他不需要。大学党委为此事专门开会讨论，多数人认为科长没有错，有个干部甚至拍着桌子说：“陈寅恪有什么了不起，他能生产 1 亿斤粮食出来，给他什么都可以。”

同年，时任中宣部副部长的周扬拜访陈寅恪，表示“想看看陈寅恪的藏书”。陈寅恪本不想见，后经中山大学校长陈序经再三劝说才与周见面。

康生曾拜访陈寅恪，“校长办公室一与陈宅电话联系，才知陈寅恪病了，正在卧床休息。办公室人员试图说服陈家人动员陈寅恪接待一下，但没有成功”。

虚 怀

1930 年，陈寅恪指导罗香林作论文《客家源流考》，罗在结论提及孙中山和陈寅恪都出自客家系统。陈读后特批：“孙先生开国伟人，自宜表白；寅恪何得与比，万请删去。”

据王永兴回忆，西南联大和历史系曾三次要求陈寅恪填写履历表，表中有一项为“教课研究专业范围”。陈寅恪口授王永兴写上：“中国中古文史之学。”在履历表上“懂何种外语”一项中，只简单地写上“德语”二字。对于他熟悉的二十多种外语，包括一些已经死亡的语种，他从不炫耀，亦不提及。谈到历史，陈寅恪虽对三代两汉之书有卓识高见，但他却说：“寅恪不敢观三代两汉之书，而喜谈中古以降民族文化之史。”

方豪曾谈及对陈寅恪的印象：“另一个印象是他（陈寅恪）太谦虚，我那时常以后辈自视，因为听说他研究过梵文和几种中亚古文字，也通拉丁文，一心想向陈先生请教……我便一连串提出许多中西交通史方面的疑问，请求解答，陈先生是一问九不知，一再谦称对此实在毫无所知云云。”

陈寅恪谦虚谨慎，从未将所学炫耀于他人，他到底懂多少种语言文字，直到去世都未能有定论，世间没有一个人能说得清楚，即便是他的师友、家属、弟子。

清 洁

陈寅恪十三岁到日本留学，就读于东京弘文学院，与鲁迅成为同学，二人曾有交往。但从陈寅恪留下的诗文与回忆文章中，几乎看不到他与鲁迅的交往经历，倒是鲁迅日记中曾有记载：“赠陈寅恪《域外小说》第一、第二集，《炭画》各一册，齐寿山《炭画》一册。”据陈寅恪晚年说，因为鲁迅的名气越来越大，最后以“民族魂”的大旗覆棺盖椁，继尔成为“先知先觉”和“全知全觉”的圣人，他怕言及此事被国人误认为自己像鲁迅所说的那样成为“谬托知己”的“无聊之徒”，“是非蜂起，既以自炫，又以卖钱，连死尸也成了他们的沽名获利之具”。

早年，陈寅恪在北京时，曾任蔡锷秘书。1917 年，陈寅恪受湖南省长兼督军谭延闿延聘，担任湖南交涉使署交涉股长一职，当年留日同学林伯渠任总务科长。这些经历，陈寅恪也很少对人说起。

在德国留学时，陈寅恪曾与周恩来共过“患难”。抗战期间，陈寅恪曾对石泉说：“一天晚上在一家华侨开的饭馆里，我无意中和周恩来还有曹谷冰等三人相遇，同在一桌吃饭，由于政见不同，彼此争论起来。周恩来很雄辩，曹等三人都说不过他，恼羞成怒，动手就打，竟同时连我一起打。我们一同退入老板娘的住房，从里面锁上门。直到曹等走后才出来。”他说：“没想到他们竟把我也当作了共产党，其实我那天什么也没有讲，只听他们辩论。”周恩来官至总理后，陈寅恪就再没有提起这件陈年往事。

无论参加任何会议，陈寅恪都不发表个人意见。他说，在任何一次评议会的记录本上，决不会找得到他的一次发言。

三年经济困难时期，国内食品奇缺。一天，陈寅恪忽然收到从香港寄来的一箱食品，内有奶粉、罐头等物，寄者自称是陈的学生。陈不知此人是谁，以为是曾在岭南大学选过他的课的中文系学生。但为了慎重起见，他叫助手去核实，经查证并无这样一位学生。陈说，东西来历不明，断然不能接受。于是将原件退了回去。

僻　冷

陈寅恪的大哥陈衡恪结婚时，合家皆欢庆喧腾，唯独不见五岁的陈寅恪，原来他独自一人，默坐空院台阶前沉思。

1912 年，陈寅恪自欧洲短期回国，与家人同住在上海。陈寅恪在西方接受了现代卫生科学观念，如“传染”、“消毒”、“细菌”等常识。一日听说有位患肺痨病的客人刚离去，即要求家人将其接触过的器皿，包括茶杯、毛巾甚至门把手都统统消毒。母亲及家中其他人很不理解，认为他想法怪异。

冯友兰晚年回忆说：“我于 1920 年，到美国哥伦比亚大学研究生院做研究生，同学中传言：哈佛大学的中国留学生中有一奇人陈寅恪，他性情孤僻，很少社交，所选功课大都是冷门，我心仪其人，但未之见。”

洪业曾回忆陈寅恪在哈佛时的趣事：某日，他在哈佛校园见一中国学生的衬衣全都露在裤子外面，并且口诵中国诗歌，旁若无人。当时美国人多把衬衣的下半部系于腰带以内，露在外不合礼仪，所以周围的人纷纷投来异样的目光。洪业见此人如此怪异，便向他人打听，被告知，此乃哈佛一位有名的学生，名叫陈寅恪。

1924 年，赵元任拟辞去哈佛教职回清华任教。当时赵获得了美国 Hall 铝大王基金的款项，即为哈佛燕京社的前身。因赵执意要离去，基金会主任说：“你一定要回国，必须找到相当资格的人来代替。”并暗示“找陈寅恪如何”？赵遂写信到德国询问陈的意见，陈复书云：“我不想再到哈佛，我对美国留恋的只是波士顿中国饭馆醉香楼的龙虾。”

陈寅恪初到清华，星期天常和侄子陈封雄到城中的商铺、书铺等地闲逛。他身体很差，薪水一多半用来购书，剩下的部分则用于买药。但陈只相信西医，常到药房买些西药。据陈封雄说：一次到西单一家药店去买胃药，“当时西药店的药品绝大部分是洋货，店员取出几种胃药，其中有德国货、美国货和日本货，没有中文说明书。他把每个瓶上的说明以及盒内的说明书都仔细看过，然后选购了一种。店员以为他是精神病患者，我在旁边连忙解释说‘他懂各国洋文’，使所有在场的人立即向他投以‘奇怪’的眼光”。

陈三立去世时，陈寅恪是父亲身边最大的儿子，故而主持父亲的丧事。全家不披麻着白色孝服，一律穿着特为丧事缝制的黑布孝衣，儿媳头上都戴着白色绒袋小花，亲戚女眷头戴深蓝色绒线笑话，男眷左臂围着黑色布圈，没有披麻着白色孝服，也未请僧侣念经。陈寅恪坚决不同意请僧道唪经，说："佛经讲的东西都是骗人的，我都读过，并且能像和尚一样地背诵。不要搞这套迷信蠢事。"以至于在东北的郑孝胥听说后，于日记中愤慨言道："听说散原去世了，在他身边有一个儿子，就是在清华作教习（注：郑孝胥是清朝遗老，拒绝用"教授"这个新名词）的那个儿子，这个儿子既不给散原开吊，自己也不服丧。"陈寅恪随后南下避难，他走后不久，陈三立出殡，由从庐山赶来的陈隆恪主持，改穿白色孝衣，披麻戴孝，请僧侣诵经开道。

在联大就读的学生周法高回忆："研究生住在三楼两间大房里面，加外两小间，一间住的是陈寅恪先生，一间住的是汤用彤先生。……他（陈寅恪）的脾气也真不小，可能是由于健康不佳的关系吧！我们和他同住在三楼，彼此从不交谈。有一次大概他午睡的时候，有一个客人慕名来看他，他一直打恭作揖把那个人赶下楼去。又有一次，二楼罗常培先生的房里研究生满座，闹哄哄的，那时大概九十点钟吧，听到楼上陈先生用手杖重重地把楼板敲了几下，罗先生吓得赶快偃旗息鼓。"

1944 年暑假，杨向奎到成都，住在华西坝，与陈寅恪比邻而居。杨与陈本不相识，慕名前去拜访，也想请教有关隋唐史中的问题，解决讲课过程中的疑问。杨到后，陈不在家，等了一会儿，陈回来了，二人坐下谈话。杨问："陈先生您看到杨慎在《丹铅录》中有关李唐氏姓问题的文章么？"陈答："没有见过。"杨不意陈如此回答，他本想借这个问题，引起对于唐史几个问题的讨论，同时要说明向陈说明"其道不孤"。但陈这样回答，他一时不知该如何继续话题，只是默然，气氛颇僵。几分钟后，杨向奎起身表示要走，陈寅恪也就"端茶送客"了。

陈寅恪好京剧，晚年虽然目盲，但仍乐而听之。王越回忆，一次，王越陪同一位官员去拜访陈寅恪，陈问他："你是分管文教的，那么戏剧、音乐方面你管不管哪？"客人回答也管。于是陈脸一沉，很不客气地说："有人送了三张京剧的戏票给我，我很高兴，但临出门前，突然告诉我因故暂停了，这是为什么？难道你们就没有考虑过观众的感受吗？"客人向陈解释说，中山纪念堂临时有一个重要会议要开，那场京剧就不得不暂停了。陈觉得这不是理由，拿起茶杯就叫喝茶，意为下逐客令，场面颇为尴尬。

新中国成立后，陈寅恪避居广州，但孤傲的性格一如既往。1961 年 8 月 30 日，吴宓到广州看望陈寅恪，他在这天的日记中写道：“寅恪兄说明宁居中山大学较康乐便适（生活、图书），政府于是特别尊礼，毫不系于苏联学者之请问也！此后政府再三敦请，寅恪兄决计不离开中山大学而入京：以义命自持，坚卧不动，不见来访之宾客，尤坚决不见任何外国人士，不谈政治，不评时事政策，不臧否人物……决不从时俗为转移。”

忧 愤

1910 年秋，远在德国留学的陈寅恪听闻日本吞并朝鲜的消息，想到了中华民族的命运，作《庚戌柏林重九作》：“陶潜已去羲皇久，我生更在陶潜后。兴亡今古郁孤怀，一放悲歌仰天吼。”

1928 年，陈寅恪到北大兼课，讲“佛经翻译文学”及“蒙古源流研究”，每周到北大上课一次。他每次从清华园坐人力车到位于沙滩的北大，一路颠簸两个小时，颇为辛苦。由于深感疲惫，只上了一年课便请辞。课程结束前，陈寅恪有感于日本人从中国搜罗了大量文物古籍，在日本兴起了汉学研究热，而中国学子纷纷东渡日本学习中国史，曾写诗两首赠给史学系毕业生，勖勉北大学生雪耻。其中一首云：“群趋东邻受国史，神州士夫羞欲死。田巴鲁仲两无成，要待诸君洗斯耻。”九一八事变后，陈寅恪不再治考据，而开始研究政治制度。

日本人占领香港后，有人曾送面粉给陈寅恪夫妇，陈氏夫妇因来历不明，拒绝收下，双方在门口推让半天，最后来人扔下面粉就跑，陈氏夫妇只好将面粉分给周围共患难的邻居。

1942 年春节过后不久，有位中等偏瘦身材、穿着灰色西服的中年男子到陈家拜访，自称是陈寅恪旧日学生，寒暄后说道：“奉命请老师到广州或上海、北平（都为沦陷区）任教。”以后，此人又与他人同来，陈寅恪卧床称病，拒绝接见。陈致函傅斯年述说当时情况道：“精神上之苦，则有广州汪伪组织之诱迫，陈璧君之凶妄，北平之伪‘北京大学’亦以伪币千元月薪来诱招，香港倭督及罕见复欲以军票二十万（港币四十万），托办东亚文化协会及审查教科书等，虽均已拒绝，而无旅费可以离港。”

在朱家骅的帮助下，陈寅恪借到数百元，又以衣物、皮鞋等抵债，一家人冒险从香港回到大陆。在海上，陈寅恪吟有“万国兵戈一叶舟，故邱归死不夷犹”

的诗句。

抗日战争时期，桂林某些御用文人为向蒋介石献媚，发起向蒋献九鼎的活动，并邀请陈寅恪参加。陈作《癸未春日感赋》讽刺道："九鼎铭辞争讼德，百年粗粝总伤贫。"

陈寅恪在成都华西坝居住时，牛津大学曾有一位高级讲师来访，重申牛津之前的邀请，陈谢绝了。客人走后，陈寅恪对石泉说："狐死正首丘，我老了，愿意死在中国"。

1949 年，陈寅恪到广州岭南大学任教。国民政府教育部长杭立武受傅斯年之托，多次派人劝说岭南大学校长陈序经动员陈寅恪赴台湾，为陈序经所拒。杭立武便直接找到陈寅恪，劝陈先到香港看看情形，说这样可以进退有余，但陈没有理会。国民党退守台湾之际，杭立武和"战时内阁"财政部长徐堪再次到岭南大学，要求校长陈序经帮助劝说陈寅恪到香港。据说当时杭立武已到了哀求的地步，对陈序经说，如果陈寅恪答应去香港，他马上可给陈寅恪 10 万港币及新洋房，陈序经抢白道："你给 10 万，我给 15 万，我盖新房子给他住"。见陈序经不肯合作，杭立武只好亲自带上财政部长直奔陈宅劝说，但陈寅恪不为所动。

周扬曾回忆与陈寅恪见面的情形："1959 年我去拜访他，他问，周先生，新华社你管不管？我说有点关系。他说 1958 年几月几日，新华社广播了新闻，大学生教学比老师还好，只隔了半年，为什么又说学生向老师学习，何前后矛盾如此？我被突然袭击了一下，我说新事物要实验，总要实验几次，革命，社会主义也是个实验。买双鞋，要实验那么几次。他不大满意，说实验是可以，但尺寸不要差得太远，但差一点是可能的。"

1959 年，陈寅恪贴出一副对联："六亿人民齐跃进，十年国庆共欢腾。"有台湾学者认为并非陈所书，而余英时却认为应是陈亲撰。余解释道，为何陈会撰写如此浅露、粗俗甚至肉麻的对联，是因为陈联面虽为歌颂，实则暗含讽刺，因为六亿人民齐跃进，跃进哪里，没有说，是火坑还是地狱？共欢腾的"共"是指共产党。

"文革"期间，陈寅恪在第七次交代稿中写道："当广州尚未解放时，伪中央研究院历史语言研究所长傅斯年多次来电催往台湾。我坚决不去。至于香港，是英帝国主义殖民地。殖民地的生活是我平生所鄙视的。所以我也不去香港。愿留在国内。"

逸　事

陈寅恪自小不擅长户外游戏，被兄妹们笑为“笨手笨脚”。陈隆恪之女陈小从回忆：“先君言彼少时，顽皮甚，一日，有亲戚某从乡间来，小兄弟喜获作弄对象。经聚议，在花园内挖一大坑，上铺以乱草杂枝为掩饰。陷阱成，派寅叔为先锋，诱敌人圈套。岂料先锋诱敌未果，自己反误中机关，落人陷阱。”

1896 年，家中为陈氏兄妹合摄留影。当年照相是件稀罕事情，因此小陈寅恪对拍摄觉得甚为新奇，心中暗自思量：长大后恐怕难以辨认出照片上哪个小孩是自己，刚巧拍照时他正站在一株小桃树旁边，便伸手握住一枝桃花作为标记，想将来再看必定不致出错。

侄女陈小从回忆六叔陈寅恪：“祖父藏书很丰富，六叔在他十几岁以及后来自日本回国期间，终日埋头于浩如烟海的古籍以及佛书，等等，无不浏览。”又说：“我父和六叔在出国前那段启蒙教育都是延师在家教读，先后所延聘教师有王伯沆（名瀣）、柳翼谋（国学大师柳诒徵）、萧稚泉等。萧兼为画家，曾教过三位姑母学画。当教师初到时，祖父常和他们约：第一，不打学生；第二，不背书。这和当时一般教师规范大不相同。所以父亲和几位叔叔都是在这种轻松活泼比较自由的气氛中，度过了他们的蒙馆生涯。”

1896 年，陈氏兄妹在长沙巡抚署花园“又一村”合影，左起：陈康晦、陈隆恪、陈新午、陈方恪、陈寅恪。照片中的每个人成年后都极珍视这张合影，各家均将其悬挂室内作为纪念

陈寅恪记忆力极佳。陈寅恪的祖父陈宝箴会客，年仅八九岁的陈寅恪随侍在旁静听。客人走后，谈话的内容，别人都不记得，但陈寅恪照述无遗。陈从小看书，常只看一遍，就能背诵，对新旧唐书尤为熟悉。

1899 年，陈宝箴与诸孙及重孙合影于江西南昌，左起：陈方恪、陈寅恪、陈覃恪、陈宝箴、陈封可（陈衡恪长子）、陈衡恪、陈隆恪

1912 年，陈寅恪回到国内，为了了解更多国外动态，希望订一份英文报纸。当时上海的英文报纸价格不菲，陈寅恪不便轻易跟母亲提出要求，就让侄儿封怀开口。封怀对六叔言听计从，以自己学英文需要为名，向祖母提出要订阅英文报纸。俞明诗虽然纳闷，但疼爱孙儿，为孙儿的前途着想，还是答应了他的要求。

陈寅恪闲暇时喜欢听歌剧、评书、京剧等。一次，他忽然带侄儿陈封雄去东安市场的一个茶馆听说书和京剧清唱，听得津津有味。这使得陈封雄也觉得他有点“怪”，因为陈封雄一直以为六叔是个除了看书之外没有其他嗜好的书呆子，没想到他还有听说书和清唱的兴趣。

1926 年 1 月，陈寅恪结束了长达十数年的国外留学生涯，自德国柏林启程，至法国马赛港乘游轮通过苏黎世运河，经印度洋回到上海。此次归国不但携带大量书籍，还带着表弟俞大维的一个三岁的小男孩。这孩子身体强健，精力旺盛，爬上跳下，一刻不停。船过苏黎世运河到红海，不分四季的炎热气候，令幼童长满痱子，头发根处特多，陈寅恪不得不将他剃成光头，方便清洗；小娃不肯按顿吃饭，随时闹着要吃东西，于是趁船过热带地区，陈寅恪“整株”买下香蕉，利于保鲜，放在船内，随时摘下一只给他充饥。男孩顽皮淘气，不时出现危险动作，如想把手指伸入转动的电扇等。陈寅恪带着这个活蹦乱跳的孩子回到家里时，真已筋疲力尽。这时陈母已经去世，这个小孩由仍待字闺中的妹妹陈新午照顾，日后也成就了陈新午与俞大维的姻缘。这个活泼的小男娃一到陈家，立刻赢得陈三立的喜爱，见他长相如洋人，又剃个光头，便戏呼他为“洋和尚”。后来，这孩子的名字即以此谐音称“扬和”，又按俞家排行“文明大启”称“启德”。

陈垣将陈述的文章拿给陈寅恪看，陈寅恪表示想见见作者。一日，罗常培通知陈述某日某时去姚家胡同见陈寅恪。姚家胡同是南北向的，陈宅座东朝西。陈述敲开陈宅大门，把名片递给门房。门房双手将名片举在眉上进去禀报，这一幕给陈述留下了深刻的印象。

世人多将陈寅恪的“恪”字，读作“què（音‘确’）”，据说是因为陈寅恪先祖原居福建上杭，属客家人，客家人读“恪”作“què”。但据金文明在《守护语林》中所作考证，上杭的客家话里，根本没有 q 这个声母，凡普通话 q 声字在客家话里多读作“k”。“què”应为粤语中“恪”的发音。据陈寅恪助教王钟翰回忆，陈寅恪所用的英文署名是 Tschen Yinko（ko 一作 koh）。陈本人也认为，用普通话时，“恪”当读作“kè（课）”。

陈寅恪在瑞士、美国、德国留学和发表论文的署名，以及 1956 年在中山大学《本校专家调查表》上填写的名字拼音均为 ChenYinke 或 ChenYinKoh。陈寅恪及其兄弟们在正式场合都使用 kè 音。陈寅恪在成都燕大时曾亲口对石泉说：“我的名字念‘客’。”

毕树棠曾问过陈寅恪其名字的发音，陈告诉他“恪”应读 kè 音，他又问：“为什么大家都叫你寅 què，你不予以纠正呢？”陈笑着反问：“有这个必要吗？”

金岳霖曾回忆：陈寅恪先生，我在纽约见过，没有谈什么。后来到柏林，见过好几次。看样子，他也是怕冷的。我问他是如何御寒的。他说他有件貂皮背心，冬天里从来不脱。他告诉我说，前一天有一件很特别的事，一个荷兰人找他，来了之后又不说话，坐了好一会儿才说：“孔夫子是一个伟大的人物”。陈先生连忙说“Ja，ja，ja（德语：是的、是的、是的。）”。这位先生站起来敬个礼，然后就离开了。

浦薛凤在《蒙自百日》中记载：“寅恪渊博之至，记忆力极强，予佩服不已，惜其体质太弱，大有弱不禁风之感。……蒙自城蕞尔弹丸……吾侪进东门，出西门，到市集，仅需一刻钟。……西门大街最热闹。门外为市集之地，每逢三六，拥挤异常。屡往观光，一无可购，不外土布、烟叶、席子及食物而已。土地粗窑难辨别。尝与寅恪选购茶杯之类，行人停足相看。初不会意，其后在佩弦处听说，本拟购此粗碗粗杯，而房东以为太不雅观，恐人见笑，乃另购外来磁器。是则寅恪与吾选购茶杯大碗（仅二三分一只），本地人士不以为愚，必视为怪。"

治学之余，陈寅恪很喜欢"看"张恨水小说。抗战时期，陈因视网膜脱落住进医院，因唐筼犯心脏病卧床，燕京大学学生主动承担照料老师的责任。女生李涵常值日班，陈寅恪便让她念报或读张恨水的小说，借以消遣。每听到小说中主人公的不幸遭遇时，就为之蹙然不乐。

1946 年秋，暌违九载的陈家兄妹六人齐集南京萨家湾俞大维家中。乱后重逢，悲喜交集，陈寅恪每于饭后，便建议道："我们一道去'煮粥'吧！"于是，择一静谧之室，六人围坐，共话家常。

联　语

1926 年，陈寅恪与梁启超、王国维、赵元任同在清华国学研究院担任导师，喜爱作对联的陈寅恪曾送学生们一联，联云："南海圣人，再传弟子；大清皇帝，同学少年。""南海圣人"指梁启超的老师康有为，而王国维则做过宣统皇帝溥仪的师傅，所以他说学生们是康有为的再传弟子，是大清皇帝的同学。

罗家伦担任清华校长时，一次去看望陈寅恪，送陈一本自己的著作《科学与玄学》，陈随手翻看几页后说："志希，我送你一联如何？"罗说："甚好，我即刻去买上好的宣纸来。"陈说："不用了，你听着：'不通家法，科学玄学；语无伦次，中文西文。'"此联嵌有"家伦"二字，罗大笑。陈寅恪又说："我再送你一匾额：'儒将风流。'"又解释说："你在北伐军中官拜少将，不是儒将吗？你讨了个漂亮的太太，正是风流。"

1932 年夏，清华大学国文系主任刘文典请陈寅恪拟定国文招生试题，陈出作文题"梦游清华园记"，并让学生们对对子：一年级的上联为"孙行者"，"少小离家老大回"，二三年级出上联"莫等闲白了少年头"，一时引得舆论大哗。陈寅恪见议论纷纷，遂于《学衡》杂志上发表《与刘叔雅论国文试题书》，提出之所以让学生对对子的四条理由：一、对子可以测试应试者能否分别虚实字及其应用。二、对子可以测试应试者能否分别平仄声。三、对子可以测试读书之多少及语藏之贫富。四、对子可以测试思想条理。陈认为对对子其实是最简单的测验应试者基本功的一个好办法，并称："凡能对上等对子者，其人之思路必贯通而有条理，故可借以选拔高才之士。"

陈寅恪出上联"孙行者"，当时在清华学习的周祖谟以"胡适之"对，一时传为笑谈。后陈寅恪回忆此事时说：他所出的"对对子"题中"孙行者"的下联实想让应试者以"祖冲之"对应，但"胡适之"也为佳对，"盖猢狲乃猿猴，而'行者'与'适之'意义音韵皆可相对"。

据说，陈寅恪还在研究生的中文考试卷中出过一上联："墨西哥"，当时有人对以"淮南子"，陈认为后两字对得极为工整。

陈寅恪在西南联大时，为躲避日机轰炸，人们在离郊区不远的地方，在院子里挖好防空洞，上盖木板。每遇到日机轰炸，空袭警报便响起，人们便避入防空洞。陈寅恪因而作了一副对联曰："见机而作，入土为安。"

伉　俪

陈寅恪 38 岁时（虚岁三十九）与唐筼结婚。他对大嫂说，他在 38 岁以前只忙于做学问，38 岁以后才想到要结婚。

1926 年，陈寅恪到清华任教。陈"愿意有个家，但不愿成家"，故不愿住在清华工字厅的单身宿舍，而与赵元任夫妇一起住在南院，在赵家搭伙吃饭。杨步伟常对陈说："寅恪，这样下去总不是事。"陈寅恪答："虽然不是永久计，现在也很快活嘿，有家就多出一些麻烦来。"赵元任幽默地说："你不能让我太太老管两个家啊！"于是赵元任夫妇就与清华学校的体育教师郝更生一起做媒，将郝更生的女友高仰乔的义姐唐筼介绍给陈。

陈寅恪此时答应赵元任夫妇为其做媒之事，也与其父陈三立逼迫有关，他晚年回忆道："寅恪少时，自揣能力薄弱，复身体孱多病，深恐累及他人，故游学东西，年至壮岁，尚未婚娶。先君先母虽累加催促，然未敢承命也。后来由德还国，应清华大学之聘。其时先母已逝世。先君厉声曰：'尔若不娶，吾即代尔聘定。'寅恪乃请稍缓，先君许之。"

唐筼，字晓莹，广西灌阳人，为台湾最后一任巡抚唐景崧的孙女。唐筼自小

唐筼婚纱照

读书，毕业于金陵女校体育专业，后在北京女子师范大学任体育教师。许广平曾是她的学生。

吴宓曾叙述陈、唐二人的恋爱过程："乃至清华，同事中偶语及：见一女教师壁悬一诗幅，末署'南注生'。寅恪惊曰：'此人必灌阳唐公景崧之孙女也。'盖寅恪曾读唐公《请缨日记》，又亲友当马关中日和约割台湾与日本时，多在台佐唐公独立，故其家世，知之尤稔。因冒昧造访。未几，遂定偕老之约。"

据陈氏后人记载，此幅令陈、唐喜结连理的条幅，二人非常珍视，1931 年九一八事变前，请胡适为之题诗；1938 年在香港，又请许地山为之题诗。因胡、许二人的父亲都是当年与唐景崧一起抗击日本的同僚。

结识后，陈寅恪第一次邀唐筼同游中山公园。唐筼到达约定地点，远远见陈走来，发现他走路的姿势微跛。唐是体育教员，出于职业敏感，心里产生了一个小疙瘩。在散步中与陈寅恪聊天，才知道他足部有多处鸡眼、胼胝，是因为早年留学时，穿着不合脚的硬皮鞋引起的。

陈寅恪与唐筼交往时，吴宓曾为陈介绍钟令瑜女士。安排二人见面后，吴宓曾私下探寻陈寅恪对钟的看法，陈没有直接拒绝，而是委婉地表示自己喜欢的女性是"身瘦而面长之 Intellectual type（知识分子类型）"，钟为"中等"，故拒绝。唐筼正是此类型。

陈寅恪、唐筼相识后，杨步伟鼓励陈多去高家与唐谈谈。一日，陈寅恪和唐筼见面回到清华园后，对杨步伟说："我今天和唐女士谈了大半天，现在真是筋疲力尽了。"杨步伟听罢开玩笑道："还未到真筋疲力尽的时候，就筋疲力尽了。"

1928 年，陈寅恪、唐筼结婚，先借赵元任的住宅设订婚喜宴招待亲友，后又至上海举办婚礼。此时，陈寅恪已经 38 岁，唐筼也已 30 岁。

在上海举办婚礼时，上海治安欠佳，陈寅恪决定把彩车上的装饰全部撤掉，以免引起劫匪注意。此举瞒着父亲陈三立，怕他觉得不吉利。婚礼举行期间，唐筼听闻，另一位新娘的彩车被劫匪盯上，饰物被抢劫一空。大家都称赞陈寅恪有先见之明。

婚后不久唐筼即怀孕，她本有心脏病，在生长女流求时一度病危，几乎丧命，此后一生终为心脏病折磨。生下长女后，健康状况大不如前，又为了支持丈夫的治学研究，故辞去教职，全身心在家主持家务、相夫教子。

1929 年，唐筼怀抱长女陈流求在北平姚家胡同三号

结婚前，唐筼便注意到陈寅恪身体不够强健，故而婚后要求他坚持每日散步、午睡。陈有慢性胃病，消化不良，却又严重偏食，偏重湖南口味，喜欢以味精或勾芡调味，爱吃西餐，认为面包易消化，偏爱苹果派，不注重营养均衡，并说："喜欢吃的食物，令胃液分泌增多，就能消化。"为此，唐筼努力学习烹饪，为丈夫作羹汤，还抄录了各种食物的营养成分，以便陈寅恪的饮食能够做到营养均衡。

抗日战争爆发后，经历了国难与丧父之痛、并且右眼已患眼疾的陈寅恪决定南下与清华会合。唐筼支持丈夫的决定，二人带着三个幼小的女儿仓皇南逃，当时三女儿美延还在襁褓之中。他们一路经天津、长沙、梧州，最后辗转到达香港。在济南火车站上车时，由于人多拥挤，上不了车，幸好刘清扬的家人已经上车，才将他们从车窗拉了上去。到达香港后不久，陈寅恪独自赴云南西南联大教书，将唐筼和孩子们留在香港。由于常年颠沛流离，担惊受怕，唐筼在香港心脏病复发，幸得许地山夫妇施以援手，才得以获救。因经济窘迫，他们一家居无定所，四年内迁家六次。对于这一切，唐筼都毫无怨言，只是默默承受，拖着病体照顾孩子，为陈寅恪分忧。

1951 年，陈寅恪的助手程曦不辞而别，陈因眼盲无法上课，唐筼便开始担任丈夫的助手。但她并非专业的文史工作者，为了能够更好地协助丈夫的教学工作，唐筼尽量抽空去听陈讲课，并认真记笔记。一年后黄萱到来，唐筼才卸下这个担子，但她依然要为陈寅恪代笔书信，整理陈的文稿资料，为《陈寅恪文集》的出版做准备，并且还手录陈寅恪的诗稿（这些诗稿中大量袒露陈的心迹，不宜外人抄录）。

陈寅恪生性悲观郁悒，唐筼却坚韧豁达。陈一生多舛，如果没有唐生活上的细心照料、精神上的默默支持，他恐怕很难在目盲、足残之后坚持治学教学。1955 年 9 月 3 日是二人结婚二十八年纪念日，陈赠唐诗云："同梦忽忽廿八秋，也同欢乐也同愁。侏儒方朔俱休就，一笑妆成伴白头。"唐筼以陈之原韵答云："甘苦年年庆此秋，已无惆怅更无愁。三雏有命休萦念，欢乐余生共白头。"

陈寅恪生命的最后二十一年一直处在政治的风口浪尖，因他目盲，无法书写，那些署名陈寅恪的声明、抗议书、检讨交代材料都出自唐筼之手。"文革"开始后，学校不再配给陈护理工和清洁工，照顾陈和家庭的重任全落在患有心脏病的唐筼一人身上。无奈之下，陈寅恪只能申请保留一位老工友助其坐椅、上厕所并干杂活。但因陈寅恪和唐筼的工资停发，少量的存款也被冻结，所以，他们根本无法支付工友的工资，以致陈寅恪、唐筼故去后，家中的家具被人搬去抵债。

一次，唐筼心脏病突发，此时陈寅恪正值万念俱灰之际，为爱妻预写挽联：涕泣对牛衣，卌（音"西"，意"四十"）载都成断肠史；废残难豹隐，九泉稍待眼枯人。

唐筼好像专为陈寅恪而来到这个世间。陈寅恪故去四十五天后，她亦步其后尘而去。

困 囿

珍珠港战争爆发后，陈寅恪一家羁困香港。病中的傅斯年百般设法营救，陈寅恪亦被列入重庆国民政府抢救的滞留在香港的政府要员与著名文化教育界人士的名单。1941 年 12 月 18 日，当国民党政府派出的最后一架飞机抵达香港机场时，香港已经沦陷。当陈寅恪和家人赶到机场时，却被孔祥熙的夫人宋霭龄、女儿的随从和保镖所阻。与陈寅恪一道被阻的还有何香凝、国民政府检察院副院长许崇智、郭沫若、茅盾、蔡元培的夫人周峻等人。

12 月 24 日，昆明的《朝报》发表文章说："最近太平洋战争爆发，逃难的飞机竟装来了箱、笼、老妈子与洋狗，而多少应该内渡的人尚危悬海外……"消息见报后，联大许多师生都以为陈寅恪已经在战乱中去世，几位历史系学生发表文章悼念陈寅恪道："著名的史学教授陈寅恪导师，不能乘政府派去香港的飞机离港，命运似不如一条洋狗……"吴晗在课堂上愤慨道："南宋亡国前有个蟋蟀宰相（指贾似道），今天又出了一个飞狗院长，真是无独有偶啊！”

联大学生联名起草“讨孔宣言”，高呼“打倒孔祥熙，铲除贪官污吏”的口号，开始了示威游行。游行队伍的前锋是一幅用床单制成，上画脖颈上套一巨大铜钱做枷的孔祥熙头像。游行沿途陆续有云南大学、昆华师范学院、南菁中学等十多所大中学校师生陆续加入，汇合成数千人的游行队伍。一直反对学生运动的北大校长蒋梦麟默许此次行动，他与清华校长梅贻琦乘车尾随游行队伍，对师生加以保护。之后，联大举行了悼念活动。

傅斯年得知陈寅恪“去世”的消息，立即急电重庆中央研究院总办事处询问是否属实，重庆方面的回电称同样听到了如此不幸的消息，却无法确定真伪。于是，盛怒中的傅斯年呼吁要“杀‘飞狗院长’孔祥熙以谢天下”！

此时，香港与内地所有的交通、通信全部断绝，整个香港已成为一座孤城。陈寅恪一家困境重重，钱粮已断绝，为节省口粮，唐筼开始强行控制家人进食，孩子们吃到红薯根、皮也觉得味美无穷。

一日，日军要征用陈寅恪家所租住楼房作为军营，勒令所有住户限期搬出，全楼人惊慌失措。此时大街已被日军封锁，住户根本无处可去。危难之中，陈寅恪不顾个人安危，与房东及几位年长者下楼与日军交涉，要求延长搬迁时日。陈寅恪长女流求回忆道：“第二天清晨天，母亲含着眼泪，拿一块浅色布，用毛笔写上家长及孩子的姓名，出生年月日及亲友住址，缝在 4 岁美延的罩衫大襟上，怕万一被迫出走后失散，盼望有好心人把她收留。如此情景，不仅全家人眼眶湿润，连正要告辞返乡的保姆也哭了。”后因这支军队突然撤离，全楼才得以幸免。

在香港的日军奸淫掳掠，无恶不作。陈寅恪邻居一家五个女孩全部遭到日本士兵的强奸污辱。陈流求当时已上初中，唐筼得知惨剧后，立即拿过剪刀，剪掉她头上的长发，又找出陈寅恪的衬衫让其穿上，让她女扮男装，并由陈寅恪将她送到表弟俞大纲家中，以防不测。接着又传来蔡元培夫人周峻家中遭劫的消息，陈寅恪急忙跑去一看，蔡家钱物已被洗劫一空。

蒋天枢在《陈寅恪先生编年事辑》的按语中写道：“如非日本挑起太平洋战争，（陈寅恪）赴英伦之举或终能成行。先生离北平时，右眼视网膜已发现剥离现象，若得至英伦，眼疾当可医治痊复，不致终于失明。”蒋慨叹：“天欤，际遇之不幸欤？”

多舛

陈寅恪幼年起即多病，留学期间，曾几次患脚气病回国疗养。在南昌为江西省教育司审阅留德学生考卷的空隙，陈寅恪有次去远郊西山为祖父陈宝箴扫墓，突然染上痢疾，腹泻脓血不止。他身体本不强健，又遭病患，当地偏僻，缺医少药，得不到及时治疗，甚为痛苦。好心的乡亲派人连夜赶到南昌城内，向其五哥陈隆恪报信。陈隆恪迅速赶往墓地，费了好大一番周折，租到一顶轿子，内置马桶，让陈寅恪坐在马桶上，抬回城里就医。

卢沟桥事变发生时，陈寅恪85岁的父亲陈三立老人已身染沉疴，卧病在床，当闻有人言中国非日本人之对手，必弃平津而亡全国时，老人于病榻上怒斥曰："中国人岂狗彘不若，将终帖然任人屠割耶？"言毕拒绝服药进食。平津沦陷后，老人悲愤疾呼："苍天何以如此对中国邪！"遂绝食五日，愤然离世。

正值国家危亡关头，又遭老父离世打击，陈寅恪急火攻心，导致右眼视网膜剥离。医生让陈及时入院进行手术，不可延误。但由于陈已决定离京南下，犹豫不决。长女流求回忆："记得那天晚上祖父灵前亲友离去后，父亲仍久久斜卧在走廊的藤躺椅上，表情严峻，一言不发。以后他说决定不做手术，奔向当时清华内迁的临时校址赶着上课，还未等到祖父'出殡'的日子，就依靠他唯一的左眼和母亲带着襁褓中的三妹和两个刚上学的女孩，还有照顾三妹的王妈妈一起开始了逃难的历程。"不成想陈寅恪因此延误治疗，竟导致最后右眼完全失明。

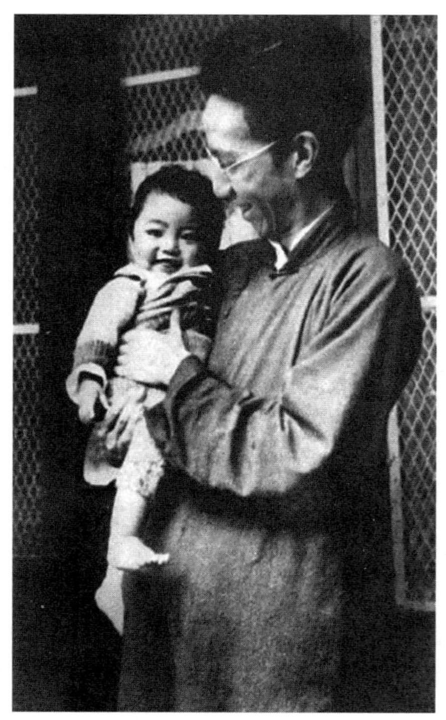

1938年初春，陈寅恪怀抱幼女美延在罗便臣道

初抵香港，唐筼便突发心脏病，三女儿美延又患上百日咳，高烧发热，咳嗽不止，全家只能滞留香港。据陈流求

回忆，那年的大年之夜，幽暗灯光映照下的餐桌上，唐筼悄悄叮嘱女儿："王妈妈（陈家的保姆）和我们奔波半年，过旧历年总要让她多吃几块肉。"意思是让尚不太懂事的女儿们尽量让王妈妈多吃一些。王妈妈在旁闻听，感动得泪流满面。

陈寅恪独自在昆明时，很是思念留在香港的家人。一次，他在集市上偶然见到一位苗族妇女，身背孩童，胖胖的，眼睛挺大，像极幼女美延，就紧盯着看。那妇女却误以为陈寅恪对孩子有歹心，带着孩子赶紧离去。

卢沟桥事变爆发，日本飞机首先轰炸北京西苑兵营。陈寅恪被阻隔在清华，费了很大力气才乘人力车逃进城与家人团聚。他一到家就急切地惦记在清华的藏书。说其他东西都可牺牲，但求能保住他留在清华的手稿和常用书。陈家人总算雇了一辆出租小汽车，由陈封雄前去抢救六叔的书籍。慌乱中，陈封雄只能把他书桌内外一些手稿及书桌周围的书胡乱地装满一车。汽车刚要驶出清华大学西校门时，正好碰见一辆日军坦克迎面驶入，经过检查，一看都是线装书，就放行了。以后清华大学成了日军兵营，陈寅恪的《大藏经》和其他许多书就不知下落了。

逃难至香港后，陈寅恪决定孤身一人前往西南联大。临行前，他将一些文稿、拓本、照片、古代东方书籍，以及经年批注的多册《蒙古源流注》、《世说新语》等文献资料，装入一只新买的高级皮箱交于铁路部门托运。当时的滇越铁路上难民拥挤，交通混乱，小偷猖獗。他的那只沉甸甸的新皮箱被小偷误认为必藏有贵重财宝而受到"照顾"。等货物托运到蒙自，皮箱内早被人替换成了砖头。遭此痛击，陈寅恪一病不起。

祸不单行，陈寅恪丢失藏书的事情一再发生。"文革"时，陈寅恪在第一次交代稿中谈到了关于藏书受损的情况："抗日战争开始时清华大学迁往长沙。我携家也迁往长沙。当时曾将应用书籍包好托人寄往长沙。当时交通不便，我到长沙书尚未到。不久我又随校迁云南，书籍慢慢寄到长沙，堆在亲戚家中。后来亲戚也逃难去了，长沙大火时，亲戚的房子和我很多书一起烧光。书的册数，比现在广州的书还多。未寄出的书存在北京朋友家中。后某亲戚家所存之书被人偷光。"

对于这次损失，陈寅恪曾对友人叙述："廿年来所拟著述而未成之稿，悉在安南遗失。"计有"蒙古源流注"、"世说新语注"、"五代史记注"、"凡佛教经典之存于梵文者，与藏译及中译合校，凡译匠之得失，元本之为何，列于校记"、"巴利文长老尼诗偈一部，……欲集中文旧译并补译及解释其诗"等。"当日两书箱中，中文及古代东方文书籍及拓本、照片几全部丧失"。

初到联大，陈寅恪写信给劳榦、陈述二人，信中说道："大作均收到，容细读再奉还。……研究所无书，实不能工作。弟近日亦草短文两篇，竟无书可查，可称'杜撰'，好在今日即有著作，亦不能出版，可谓国亡有期而汗青无日矣。大局如斯，悲愤之至。匆复。"许多年后，陈寅恪的弟子蒋天枢在《陈寅恪先生编年事辑》录此信时，曾注："借见先生彼时情怀。世之读上录函件者，其亦省识先生当日感愤之深欤？"

到达成都后，陈寅恪对王钟翰说："二三十年代中，我刚从国外回国，专心致志于元史，用力最勤。我的《元史》一书，并不是一部很好版本的书。我读过好几遍，每有一点心得，就批于书眉，蝇头细楷，密密麻麻，丹铅殆遍。可惜卢沟桥事变起，我携之南迁。谁知批过好几遍的这部书，托运至重庆附近时，竟毁于兵荒马乱、炮火空炸之中。我今老矣，无暇重温旧业，只好期诸后贤了！"言谈中，犹有余痛。

1954 年，有一位住在越南西贡的华侨彭禹铭写信给陈寅恪，说他在海防买到陈批注的两本《新五代史》，是陈在抗战期间被盗的书之一。彭禹铭原已准备将《新五代史》寄还，但越南政府严格管制书本出口，故终未运出。1955 年清华毕业生梁秩风给陈寄信告知："日昨彭先生到访，袖示家书，缕述越南去月战况，兵火所及，万家已成瓦砾之场。尤可惜者，彭先生积聚古籍数千卷，尽付一炬。而先生之史本，同为劫灰。承诺有心，归璧无路，徒负先生殷殷期望，恨不能如愿以偿。"陈寅恪阅罢，只能一声长叹。

1939 年春，陈寅恪收到牛津大学聘书，决定赴英治疗眼疾。然而，陈抵港未久，太平洋战争爆发，航船中断，陈寅恪再一次耽误了治疗眼疾，最终导致双目失明。当时他在给傅斯年的信中无奈地说："天意、人事、家愁、国难俱如此，真令人忧闷不任，不知兄何以教我？"

陈寅恪身体羸弱，他在 1942 年 8 月 30 日给傅斯年的信中说："弟之生性非得安眠饱食（弟患不消化病，能饱而消化亦是难事）不能作文，非是既富且乐，不能作诗。平生偶有安眠饱食之时，故偶可为文。而一生从无既富且乐之日，故总做不好诗。古人云诗穷而后工，此精神胜过物质之说，弟有志而未逮者也。"

1943 年，陈寅恪终于从香港脱困，前往四川。途经贵阳时，唐筼染上痢疾，腹泻脓血，调养月余才勉强上路。抵达重庆后，陈寅恪与唐筼卧床不起，弟子蓝文徵和蒋天枢前来探视，二人只能倚被而坐。陈寅恪看到蓝文徵路上好不容易买到的三罐奶粉时，叹息道：“我就是缺乏这个，才会病成这样”。

陈寅恪的视力越来越差，在燕大任教时，阅卷后，要把分数登记在成绩表上时，因为格子很小，印刷质量差，陈看不清楚，只能让女儿协助完成。1944 年 12 月 12 日，一个阴冷雾大的早晨，陈寅恪忽然发现两眼一片漆黑，什么也看不见了。他马上到存仁医院就诊，才知道左眼的视网膜也已经脱落，医院立刻进行手术，但手术后仍不能恢复视力。

双目失明使得陈寅恪心灰意冷，他请父执林山腴集写李商隐等古人句联：“今日不知明日事。他生未卜此生休。”林责之曰：“君自有千秋之业，何言此生休耶！”谢以不能书，且多方温慰之。陈于是另请友人书写，悬挂家中。后经唐筼及亲友多方劝导，陈寅恪才开始重新振作，新集苏东坡诗句：“闭目此生新活计，安心是药更无方。”唐筼请郭有守夫人杨云慧书写，替换前联。

不久，陈寅恪开始学习在目盲的情沉下继续工作。如用手握笔，摸着纸张试行写字，但笔画及行列常常重叠，令人难以辨认。两年后，他重新恢复讲课，能摸着在黑板上写下几个难懂的字，但不能使用这种方法撰写长篇论著。主要还是以耳代目、以口代手的方式来认真备课，著书立说。

抗战结束后，陈寅恪终于得以赴英国就医，但两次手术均无明显效果。陈抱着最后一线奢望，将英国医生的诊断书寄给时在美国的胡适。胡托人将诊断书送往哥伦比亚眼科学院咨询，但结果令人失望。胡适“很觉悲哀”，只好托人带了两千美金给陈，以示安慰。胡适在日记中写道：“寅恪遗传甚厚，读书甚细心，工力

陈寅恪摄于中山大学东南区 1 号楼上阳台，约在 1957—1959 年间

甚精，为我国史学界一大重镇，今两目都废，真是学术界一大损失。”

在英国手术失败后，陈寅恪原本打算去美国治疗眼疾。轮船靠岸，他未登岸，便得知美国医生对他的眼疾亦束手无策，遂没有上岸。赵元任到船上看望他时，他听到赵氏夫妇的声音后，哽咽得不能出声。他对杨步伟说：“赵太太，我眼虽看不见你，但是你的样子还像在眼前一样。”这也是陈寅恪最后一次见到赵元任。

1957 年反右开始，陈寅恪只能以“偷渡”的方式，请章士钊将自己的著作带出境外刊行。

1958 年批判“厚古薄今”，陈寅恪亦受批判，他遂不再教课，专力著作。助手黄萱曾劝他复课，他说：“是他们不要我的东西，不是我不教的。”他曾叹曰：“纵有名山藏诗稿，传人难遇又如何？”

陈寅恪对黄萱说：“我的研究方法，是你最熟识的。我死之后，你可为我写篇谈谈我是如何做科学研究的文章。”黄萱闻之，很是难过，她说：“陈先生，真对不起，您的东西我实在没学到手。”陈用很低沉的声音说：“没有学到，那就好了，免得中我的毒。”

1962 年 6 月 10 日，73 岁高龄的陈寅恪入浴时不慎滑倒，摔断右腿，次日被送入中山医学院第二附院救治，因疼痛过度，昏迷三天不醒。因陈寅恪年事已高，若动手术其体质难以承受，医生只能采取保守之物理疗法，但效果不佳。从此，陈寅恪的断肢再也没有复原。

1965 年，目盲、足残的陈寅恪摄于中山大学寓所

这年夏，中山大学的青年教师贝司受人之托给陈寅恪的二女儿陈小彭送东西。陈寅恪听到后，让佣人请他上楼聊聊。贝司见陈平易近人，风趣健谈，便鼓起勇气对陈说：“大家都说先生是‘国宝’呢？”“国宝？国宝！哈……”陈笑完后，问道：“你看我是国宝吗？腿拐、眼瞎，成个废物了……”贝司感到陈寅恪的笑声里，不无凄凉，忙道：“先生对国家民族的文化贡献巨大，国宝之荣，当之无愧！”

目盲残足的陈寅恪失去了活动能力，整日卧床，偶尔被抬放到一张木椅上静坐。1963 年春天，南京博物院院长曾昭燏到广州出差，赴中大校园探望陈寅恪。面对故人来访，陈寅恪于怆怀哀愁中赋诗云：“云海光销雪满颠，重逢膑足倍凄然”，“论交三世无穷意，吐向医窗病榻边。”几日后，又有“自信此生无几日，未知今夕是何年。罗浮梦破东坡老，那有梅花作上元”等句，悲凄万分。

陈寅恪曾对杨东莼谈及自身命运：“左丘失明，孙子膑足，日暮西山。”悲怆之情溢于纸上。

完成《柳如是别传》后，陈寅恪开始口述回忆录《寒柳堂记梦》，记叙其三世家风及本身旧事，作为对这个世界最后的告别。“文革”中，未完稿的《寒柳堂记梦》，以及他的诗集丢失，至今下落不明。

陈寅恪在《赠蒋秉南（天枢）序》中总结一生，痛陈内心：“默念平生，固未尝侮食自矜，曲学阿世，似可告慰友朋。至若追踪前贤，幽居疏属之南、汾水之曲，守先哲之遗范，托末契于后生者，则有如方丈蓬莱，渺不可即，徒寄之梦寐，存乎遐想而已。呜呼！此岂寅恪少时所自待及弄日他人所望于寅恪者哉？？”

命 运

曾任陈寅恪助手的浦江清说：“那时候左右分明，中间人难于立足。他（陈寅恪）不反对共产主义，但他不赞成俄国式共产主义。”

1948 年 12 月，陈寅恪离开北平前，曾对前来送行的邓广铭说：“其实，胡先生（胡适）因政治上的关系，是非走不可的；我则原可不走。但是，听说在共产党统治区大家一律吃小米，要我也吃小米可受不了。而且，我身体多病，离开美国药也不行。所以我也得走。”当时陈寅恪的大女儿陈流求已经在清华大学读书，不想随父母离开，唐筼告诉她，是姑父俞大维传话来说接他们离开战火中的北平，陈流求遂从母命。

1948 年 12 月 15 日清晨，胡、陈两家赶到南苑机场，乘机飞离北平，抵达南京明故宫机场，王世杰、朱家骅、傅斯年、杭立武、蒋经国等均前往机场迎接。但陈寅恪只在南京住了一个晚上，第二天便携家眷悄然赴上海，住在表弟俞大纲家中。一个月后，陈寅恪没有跟随国民党赴台，而到广州岭南大学任教。

因陈氏夫妇均多病，医生曾劝说陈寅恪“宜往南方暖和之地”，故 1948 年夏，陈寅恪已与岭南大学校长陈序经联系过，陈序经聘他为岭大教授，只是由于他还依恋北方，所以未即成行。这次，陈寅恪即为践约而往。

据陈寅恪的学生梁嘉彬说，陈寅恪曾从广州写信，托友人调查台湾房屋地价租钱，为准备来台之计，但后未果。

2010 年，张求会经朋友帮忙，从“中研院”拿到了 1949 年 5 月傅斯年以史语所名义为陈寅恪一家向台湾警务处申请办理入境的电报底稿。电报写着：“查本所专任研究员兼第一组主任陈寅恪先生自广州携眷来台工作，兹附上申请书四纸，敬请惠发入境证是荷。”张求会认为，这是陈寅恪在 1949 年有意赴台的直接证据。

1949年春，俞大维夫妇离开大陆，在广州与陈寅恪话别。陈、俞二人分析时局、详谈各人行止、今后考虑，最后，陈寅恪决定留在大陆，俞氏夫妇取道香港到美国，之后去了台湾。

据余英时说，身处岭南的陈寅恪和夫人唐筼曾为去留问题发生强烈争执，唐筼执意要走，因此只身去了香港，住在“一家无招牌的私家旅馆”（按：余英时又曾引冯衣北的文章，说冯向当时接近陈家的人了解到，唐筼曾去香港，借寓于香港大学文学院长马鉴家中，但因陈坚持不往，唐筼只好返回广州），后来陈序经做工作后派人迎还。陈寅恪事后深深佩服夫人的远见，后悔自己没有及早谋身远去，《柳如是别传》就是陈的忏悔之作云云。但据汪荣祖考证，陈和夫人并无去留争执，余的说法并不准确。

陈寅恪去世后，杨联陞谈及，陈生前曾说，“生为帝国之民，死作共产之鬼”，今竟不幸言中。

晚　景

“文革”开始后，陈寅恪由原来的大字号“走资派”、“资产阶级反动学术权威”，“升级”为“牛鬼蛇神”、“封建余孽”、“死不改悔的走资派”，甚至被列为“特一号案犯”，被指为大肆挥霍国家财产、享受高级护理待遇、非美帝国主义的药物不吃、有意污辱为其理疗的年轻女护士等的“罪魁祸首”。

陶铸曾多次指示广东省委善待陈寅恪，但红卫兵置之不理，反而逼迫陈交待与陶的关系。陶铸被打倒后，陈寅恪更是雪上加霜。陈与夫人的工资被冻结，助手黄萱及三名护士被赶走。风声日紧之时，陈寅恪命人将阳台的外门关闭，但仍有人从阳台上爬进陈家，打开大门，于是人大量涌进楼上，挤满一屋，大字报贴到床上、门上，面对此情景，唐筼说："人还没死，已先开吊了。"自是开始，红卫兵来抄家者先后不绝，谁想抄家，随时可去。凡是可拿之物，大至落地收音机，小至茶杯，无所不拿，包括陈寅恪后半生积攒的书籍、手稿及陈寅恪保存的二十余封祖父陈宝箴的手札均被抄走。家中用品，遂荡然无存。有一次，红卫兵勒索唐筼家藏的珠宝首饰，竟将唐殴打甚重，抢走饰物。又一次，红卫兵要将陈寅恪抬去大礼堂批斗，唐筼阻止，被推倒在地，结果由陈在清华国学院的学生、前历史系主任刘节代陈挨斗。

因为存款被冻结，陈寅恪曾向中大革委会递交一份《申请书》，内容如下："一、因心脏病须吃流质，恳求允许每日能得牛奶四支（每支月四元八角）以维持生命，不胜感激之至。二、唐筼现担任三个半护士的护理工作和清洁杂工工作，还要读报给病人听，常到深夜，精神极差。申请暂时保留这位老工友，协助厨房工作，协助扶持断腿人坐椅上大便。唐筼力小头晕，有时扶不住，几乎两人都跌倒在地。一位工友工资二十五元，饭费十五元，可否每月在唐筼活期存款折中取四十元为老工友开支。又，如唐筼病在床上，无人可请医生，死了也无人知道。"

陈家正好位于中大制高点大钟楼的对面。两年多的时间里，陈寅恪被四面八方的高音喇叭声包围。他们甚至将喇叭设在他床前，"让反动学术权威听听革命群众的愤怒控诉"。陈本就精神衰弱，以往尚且要依靠安眠药才能入眠，此时他精神所受之摧残，可以想见。陈封可之子陈贻竹回忆说："叔公家没搬之前屋子里外都贴满大字报。1968 年之前，我跟妈妈去看过叔公一两次，他当时不说话，不能谈政治，也不能谈感受。"

1969 年春节过后，陈寅恪一家被勒令搬出东南区一号二楼，迁至中大校园西南区一所破旧的平房住居。此时陈寅恪病体衰弱得无法进食，只能进一点汤水之类的流食，偶有亲友偷偷登门拜望，他躺在病榻上已说不出话，只是眼角不断有泪流出，望者无不凄然。而此时的唐筼几次被登门的革命者"乱拳打倒"，心脏病日趋严重到几乎瘫痪。

归 去

1969 年 5 月 5 日，陈寅恪被迫作"口头交待"，直至不能讲话才罢休。讲话中有"我现在譬如在死囚牢"语。5 月 17 日，陈寅恪八十寿辰，次女陈小彭回家探亲，陈寅恪气愤地说："我将来死后，一本书也不送给中大。"

10 月 7 日晨，陈寅恪于凄风苦雨中离开人间。45 天后，1969 年 11 月 21 日晚 8 时许，唐筼撒手人寰，追随陈寅恪而去。她曾对人说，"待料理完寅恪的事，我也该去了。"

梁宗岱夫人甘少苏在回忆录《宗岱和我》中说："那时候，挨整的人及其家属都特别害怕高音喇叭，一听到高音喇叭声，就战战兢兢，因为红卫兵经常用高音喇叭通知开会，点人出来批斗游行；而出去一次也就是小死一场。历史系一级教师陈寅恪双目失明，他胆子小，一听见喇叭里喊他的名字，就浑身发抖，尿湿裤子。就这样，终于给吓死了。"

大陆媒体中最早登载陈寅恪去世消息的是《南方日报》。1969 年 10 月 18 日，《南方日报》刊登了一条一百多字的消息："中国人民政治协商会议全国委员会常务委员、中央文史研究馆副馆长、中山大学教授陈寅恪先生因病医治无效，于本月七日在广州逝世，终年七十九岁。"

陈寅恪夫妇去世后，骨灰一直不能入土为安。"文革"结束后，陈家后人为陈氏夫妇归葬杭州义宁陈氏祖坟一事奔走，但却一直不能如愿。1989 年，陈氏后人只能退而求其次，选择陈氏夫妇归葬庐山，但此事却一再搁置。直到 2000 年，黄永玉得知陈先生夫妇归葬之事困难后，协助陈家后人，力促庐山植物园作为大师夫妇归骨之所。经过一波三折，2002 年 6 月 16 日，陈寅恪夫妇得以入土为安。1945 年陈寅恪于成都作《忆故居》诗哀叹："松门松菊何年梦，且认他乡作故乡"，正成谶语。

叹 誉

吴宓在《空轩诗话》中写道："义宁陈氏一门，实握世运之枢轴，含时代之消息，而为中国文化与学术德教之所托命者也。"

吴宓说："宓于民国八年在美国哈佛大学得识陈寅恪。当时即惊其博学，而服其卓识，驰书国内诸友谓：'合中西新旧各种学而统论之，吾必胜寅恪为全中国最博学之人。'今时阅十五六载，行历三洲，广交当世之士，吾仍坚持此言，且喜众之同于吾言。寅恪虽系吾友而实吾师。"

吴世昌与唐兰纵论天下饱学之士曾云："当今学者称得上博极群书者，一个梁任公（梁启超），一个陈寅恪，一个你，一个我。”

傅斯年曾对蓝文徵这样评价陈寅恪：“陈先生的学问，近三百年来一人而已！”

美国弗吉尼亚大学教授汪荣祖说：“陈寅恪在现代中国史学上占有极其重要的地位，在国外影响也很深远。”

一位美国学者写《论韩愈》一书，特在扉页上注明：“将此书献给陈寅恪先生。”

胡适在日记中写道：“读陈寅恪的论文若干篇。寅恪治史学，当然是今日最渊博、最有识见、最能用材料的人。”

李慎之说，中国学人历来的一个价值标准就是要“学有宗旨”。陈寅恪在20世纪20年代提出“独立之精神，自由之思想”以来，终身未曾违背这一宗旨，真是“造次必于是，颠沛必于是”。

季羡林说：“寅恪先生为一代史学大师。这一点恐怕是天下之公言，绝非他的朋友们和弟子们的私言。”季羡林又这样评定陈寅恪：他继承了中国“士”的优良传统：天下兴亡，匹夫有责。

劳榦说：“二十年来的历史研究，国内几个好的大学及研究机关，虽然都有他们的贡献，但孟真主持的中央研究院历史语言研究所以及北京大学文科研究所，的确能做到中心地位。尤其历史语言研究所的有关历史部分在陈寅恪先生以历史学先进、谨严而渊博的方法领导之下，影响尤深。”

1963年正月，罗香林将为纪念港大五十周年而写的《香港与中西文化之交流》一书，寄给法国汉学家法兰西学院的戴密微教授（P. Demievill），书中有一幅陈寅恪与唐篔的照片，戴密微回信道：“在你有关香港的一本书中，有陈寅恪的照片，我看到时，感情激动。我虽未曾见过他，但我相信他是仍生在世最伟大的中国学者。”

葛兆光谈道：“有人曾说鲁迅是中国最痛苦的文人，那么我想，陈寅恪也许可以称作中国最痛苦的学人。学人比文人更不幸的是，学人的理性使那些痛苦压抑积存在心底而不得宣泄，‘玉满贮伤春泪，未肯明流且暗吞’，于是盘旋纠缠，欲哭无泪，欲语又止，化作了晦涩深奥的诗句，在譬喻、典故、成语包裹了一重又一重的诗句中一滴一滴地向外渗露。不知为什么，读《陈寅恪诗集》时我想到的都是一个意象：‘啼血’。”

俞大维说：陈寅恪平生的志愿是写成一部《中国通史》，及《中国历史的教训》，在史中求史识，“因他晚年环境的遭遇，与双目失明，他的大作*Magnum Opus*未能完成，此不但是他个人的悲剧，也是我们这个时代的悲剧”。

章太炎

章太炎（1869—1936），初名学乘，字枚叔，后改名绛，号太炎。浙江余杭人。清末民初民主革命家、思想家、史学家、朴学大师。

关键词：狂傲、峻急、疯癫、迷糊、癖怪、辱弄、戏谑、逸事、婚姻、革命、政见、囚禁、师徒、大儒、雄论、传道、讲学、大暮、评赞

狂　傲

章太炎属古文经学派，他刻了一枚“私淑刘子骏”的印章，表示对汉代古文经学派创始人刘向（刘歆之子）的仰慕。章也因此对今文经学家刘逢禄很是鄙夷。章在诂经精舍就读时，曾写就《春秋左传读叙录》一书，批评刘逢禄等人的观点。书写成后，章自负地对同学说道：“申受（刘逢禄字）见之，唯有匍匐却走！”先生俞樾却并不以为然，说：“虽新奇，未免穿凿，后必悔之。”

章太炎在上海提篮桥监狱中著文，以中国文化托命之人自任："上天以国粹付余，自炳麟之初生，迄于今兹，三十有六岁。凤鸟不至，河不出图，惟余亦不任宅其位，繄素王素臣之迹是践，岂直抱残守阙而已，又将官其财物，恢明而光大之！怀未得遂，累于仇国，惟金火相革欤？则犹有继述者。至于支那闳硕壮美之学，而遂斩其统绪，国故民纪，绝于余手，是则余之罪也！"

《台湾日日新报》的中文记者谢汝铨、李书回忆：章太炎在台湾时，常发表文章抨击日本的治台政策。开始，由于他的行文还算和缓，当局便未深究。后来，章又撰文说："台湾总督府的官僚大多作威作福，压制人民。"台湾总督见后，将《台湾日日新报》报社社长守屋善兵卫狠狠地训斥一番。守屋善兵卫回到报社后，立刻差人去叫章太炎。章不理不睬，只写了张纸条："何不唤守屋来？他不知士前为慕势，王前为趋士乎？"守屋见后，勃然大怒，到章太炎的寓所，咆哮怒骂一通，令其离开报社。章待守屋善兵卫走后，平静地说："名善兵卫，竟是恶兵卫。礼貌衰，则去之，何用逐？"遂收拾行装离去。

章太炎常批评孙中山，但是他在骂孙中山时，别人只能听，不能答，更不能附和，如果有人附和说骂得对，他马上给此人一记耳光，说："你是什么东西？总理（孙中山）是中国第一等的伟人，除我之外，谁敢骂之？"

王森然记载："据汤用彬言，先生扇面，大书'悔不击碎竖子脑袋'八字。"

孙中山、章太炎、胡汉民、朱执信等人合影。前排左起：孙中山、章太炎、胡汉民

民国初年，黄兴应袁世凯之邀到北京，袁于府中设宴款待黄，并请章太炎赴宴。章接到请柬后，随手在上面写了四个大字："恕不奉陪！"然后直接投进邮箱。

章太炎弟子兼女婿朱镜宙回忆，蔡元培辛亥初年归自欧洲，与章太炎在上海三马路跑马厅一品香饭店晤面。章询问道："鹤卿（按：蔡早年字鹤卿，民元后始改孑民），所学何如？"蔡答曰："可骗他人，却不能骗自己。"章遂问吠檀多哲学，蔡不能答。既退，章笑语门人曰："鹤卿并印度吠檀多之学亦未能解，而谓可骗人耶。"

张继说："南京临时革命政府时候，没有顾到章太炎先生，章先生并不是要做大总统，说来好笑，他只想做一个国师。国师是什么？即是明太祖成功以后的刘伯温，他以刘伯温自居，本来也应该的，大家没有留意，以致章先生不快，反过来将黎元洪抬得很高，这种因小事而误大事的例子，实在不少。"

章家厅堂不张书画，只挂大鳄鱼皮一张于壁间，客来见之，咸为诧异。据风闻，章太炎曾以王者之师自任，选黎元洪为弟子。他厅堂所挂的大鳄鱼皮下面，就挂着黎元洪所赠横幅，上书："东南朴学，章太炎先生，元洪。"

当章太炎被袁世凯幽禁，以绝食抗议时，弟子朱希祖多方奔走营救，劝慰备至。他每周探望数次，有时私下里拿点饼饵劝导其师，结果被章训斥，饼饵也被掷之于地。一日，章呼朱希祖至榻前，叹道："余为国绝粒，虽以身殉，亦无遗憾。余殁后经史小学，传者有人，光昌之期，庶几可待；文章各有造诣，无待传薪，惟示之格律，免入歧途可矣。惟诸子哲理，恐将成广陵散耳。"

1917年，章太炎应孙中山之请去云南游说唐继尧参加护法运动，被唐聘为秘书长，一时趾高气扬，命人做一竿大旗，上书"大元帅府秘书长"。随军出发时，此旗高举，招摇在大军之中，异常抢眼，居然比唐继尧的帅旗还要高大许多。唐继尧的副官将此事告诉唐后，唐只是一笑了之，命副官好生照料章太炎。

胡适的《中国哲学史大纲》上卷出版后，特送一本给章太炎，上书"太炎先生指谬"，下署"胡适敬赠"，人名旁用标点符号标点。章看到自己的名字旁边加了黑杠，不禁大骂："何物胡适！竟在我名下胡抹乱画！"待看胡适自己的名旁也有黑杠时，才消了气："他的名旁也有一杠，就算互相抵消了罢！"

清华组建国学院时，本请胡适任主任，胡适推辞，并建议清华聘请王国维、梁启超和章太炎为国学院教授。在胡的努力下，王、梁二位先后应聘。但章太炎素与梁启超不睦，且不喜王国维研究甲骨文，认为甲骨文是商人假造，所以不愿与王、梁二人同堂共事。他见到清华的聘书后，当场将聘书摔在地上，并一脚踏上，以示拒绝之意。

上海曾有人选编近世文人名家笔语，章太炎的文章自然位列其中。但章闻得此消息后，却大发牢骚，颇为不快。原来他是怪这选文者放着自己那么多好文章不选，尽选些“浅露”之作。接着，他又满腹怨气，指责选文者将自己的文章和黄遵宪、谭嗣同、康有为等人的文章并列，让这些人有机会“鱼目混珠”，降低了他的身价。

章太炎晚年，有人问及他对梁启超的看法，他毫不客气地说道：“文求其人，则代不数人，人不数篇，大非易事，但求入史，斯可矣。若梁启超辈，有一字入史耶？”再问吴稚晖之文如何，章曰：“何足道哉！所谓苫块昏迷、语无伦次者尔！”

据陈存仁回忆，章太炎与夫人弟子在楼外楼用餐，蒋介石与宋美龄在杭州市市长周象贤的陪同下也到楼外楼吃饭。蒋等一行人临走时，章太炎正为楼外楼主人题字，周对蒋介绍说，写字之人就是章太炎。蒋便过来和章打招呼：“太炎先生你好吗？”章回答：“很好很好。”蒋问他近况，章答：“靠一支笔骗饭吃。”蒋说：“我等你一下，送你回府，你有什么事可以随时关照象贤。”章答：“用不到，用不到。”并坚持不愿意坐蒋的车。蒋无奈，便将自用的手杖送给他，章对手杖倒还满意，收下了。次日，杭州各报大登这件新闻，说章太炎“杖国杖朝”，蒋主席对故旧极为关怀（按：也有学者对此事真实性存疑）。

1929 年春，中山陵竣工，墓志铭本用由章太炎撰写的《祭孙公文》。章曾云：“论与中山先生交谊之密，互知之深，其墓志铭惟我能胜，亦只有我有资格写，我欲为中山先生筹备处干事，并撰写墓志。”然而，由于章太炎平素常斥责蒋介石，蒋心怀愤恨，便拒绝使用章太炎撰写的墓志铭。因此，中山陵建成之后，只有“天下为公”碑代替墓志铭置于碑亭中。对此，章太炎愤怒地说：“蒋以个人好恶，竟宁使革命元勋之陵墓缺少碑铭，可憾也。”

章太炎为中华民国的建立，做出了杰出贡献，但袁世凯政府仅授予他二等勋章，章对此大不满，“自谓于民国无负”，至少应与孙中山、黄兴、孙武、段祺瑞、汪精卫、黎元洪同授一等勋章，于 1912 年 12 月写信给负责稽勋局的王揖唐说：“二等勋位，弟必不受。”但次年 5 月他还是去北京接受了二等勋章。后因章参加“二次革命”、反袁、参加“护法革命”等功勋，为此，总统黎元洪于 1922 年 8 月授

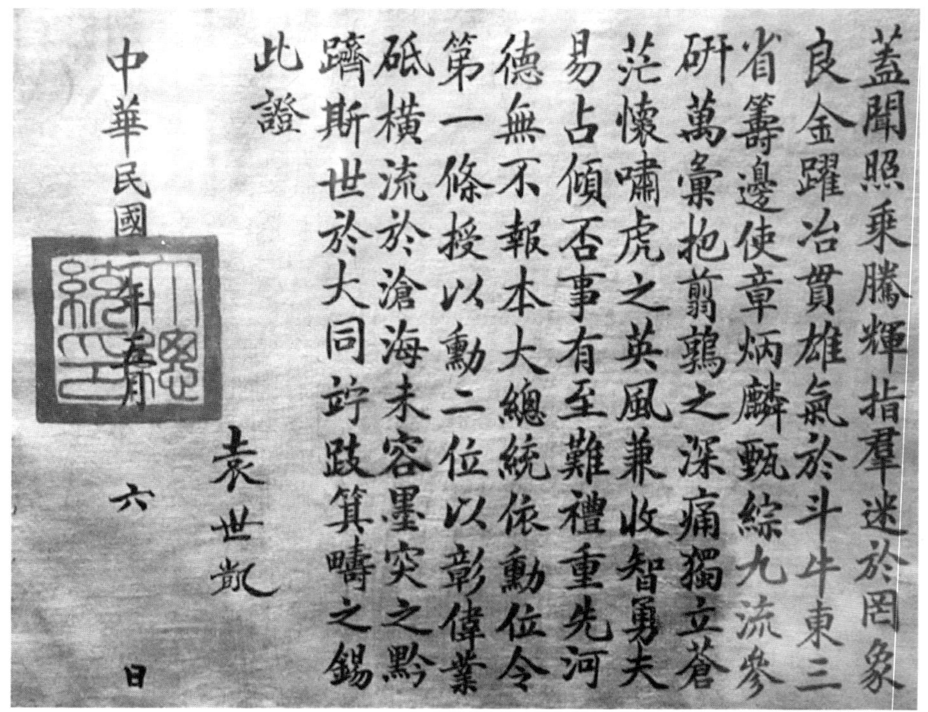
蓋聞照乘騰輝指羣迷於罔象
良金躍冶貫雄氣於斗牛東三
省籌邊使章炳麟甄綜九流參
研萬彙抱翦鶉之深痛獨立蒼
茫懷嘯虎之英風兼收智勇夫
易占傾否事有至難禮重先河
德無不報本大總統依勳位令
第一條授以勳二位以彰偉業
砥横流於滄海未容墨突之黔
躋斯世於大同竚跂箕疇之錫
此證
袁世凱
中華民國　年五月六日

1913 年 5 月 6 日，时任中华民国大总统袁世凯授章太炎勋二位授勋令

他一等勋章。章于上海南洋桥裕福里寓所郑重地接受了一等勋章，还请来军乐队迎接授勋官，并预供香案袍褂恭迎，供勋章于案上，行三鞠躬礼。晚年他在遗嘱中嘱咐后人："余所有勋位证书二件及勋位金章二件，于祭祀时列于祭器之上，不可遗弃。"

章太炎一生极为自负，临终时，其留下遗言曰："朴学从此中绝矣。"

峻　急

1907 年，日本政府应清政府要求，将孙中山驱逐出境。但日本政府又不愿完全开罪孙，便由外务省赠予程仪（路费）五千元。此外，东京股票商铃木久五郎也馈赠孙一万元。孙当时正为募集革命经费发愁，便欣然笑纳。此事同盟会同仁一无所知，而后引发风波。章太炎时正支撑同盟会机关报《民报》，经费左支右绌，听说孙收取大笔黑金，拨给《民报》的经费却只有两千元，登时气愤不已。他取下总编室所挂的孙的肖像，咣啷一声掷于地上，写道："卖《民报》之孙文应即撤去。"时孙已到香港，章特地将撕坏的照片和评语寄给孙。

朱镜宙回忆："刘师培申叔居东时，尝卖文自给。有河南富孀某，与伯叔争产不协，东渡办一《河南》月刊，申叔经宋遯初之介撰文二篇，应得稿费四十元。遯初故脱落，竟忘去。申叔误为遯初所截用。泣诉余杭先生。时遯初与先生同居。一日遯初盛服高帽，方自日本某外交盛会回，未及去帽。先生持帚，突自后击之，中，高帽落地，作车轮转。遯初出不意，骇甚，急返顾，而第二击又下。询所以。先生厉声数曰：'申叔稿费，汝亦欲饱私囊乎？'宋始恍然，急白原委始止。"

1908 年，有人在民报社的茶壶里投毒，在《民报》打工的一个日本下女首先中毒，之后爱国学社社员汤增璧险些丧命。汪东认为，此事的主谋是汪公权，但没有证据。东京警察厅经勘察，认定有人在水中投毒，遂派员到《民报》调查，询问章太炎有无嫌疑之人，章答无。警察厅又讯问黄兴。黄言湖北张某似有可疑，张遂被拘留一日夜。张某被释后，向章太炎哭诉。章大愤，召黄兴至，还未质问，

章太炎（左二）、黄兴（前排坐者）与《民报》编辑部部分人员合影

即掷案头石笔筒击之，未中；又掷石砚等具，仍未中。章愈加愤怒，奋拳掊之。黄躯体伟硕，孔武有力，章反被压地，情急，奋爪破黄面。黄不敢恋战，遂相率起。时章氏弟子李培甫在侧，屏息不敢出声，亦不敢相救，惟垂手端坐而已。

之后，章太炎认为毒茶案是唐绍仪指使人所为，便准备暗杀唐。唐吓得逃离开日本。章便带人到留学生总会馆，将挂在墙上的玻璃相框中的唐绍仪像，“击堕地，蹴碎之”。

孙中山、黄兴相继离开日本后，同盟会便由湖南人刘揆一（字霖生）代理理事。同盟会机关报《民报》经费匮乏，屡屡断炊，报社社员向刘揆一索款，刘答：“头可杀，款则无之。”社员回告章太炎，章愤甚，通告各省部长集会。章出利刃曰：“霖生言头可杀，《民报》款则无之，今吾不要霖生款，仅断霖生头以为不负责者戒。”刘揆一闻言急遁。

同盟会会员孙岳后依附曹锟，因事南下，到上海拜谒章太炎。名片递入后，章太炎持杖立在楼门口，见孙上楼迎面击之，曰：“何物孙岳！乃北洋派鹰犬尔。何面目来此相见？”孙狼狈下楼，章追骂之声尾随不休。

周黎庵记载，章太炎与吴稚晖、张继私交甚笃，章与张更是结拜金兰，后发生冲突，章作《北山移文》与二人绝交。吴、张知其脾气，亲往其家请解，吴杖往，章掷刺拒见；张继则迳入其室，章适持杖，一见张即掷杖击之，张抱头而逃，始终不获交一语。（按：章、吴早年即有隙，此说存疑）

对看不顺眼的政客和军棍，章太炎总是疾言厉色。曾有某省总督慕名前来拜访章，奉上重礼，但三句话不对谱，章太炎便以杖击地，怒骂此人是“北洋军阀的鹰犬”，并将茶杯狠狠掷向此人。这位总督吓得抱头鼠窜。

曹锟贿选总统时，章太炎放言大骂。曹对章颇为忌惮，派人甘词厚币至章宅求其封口。章不等来人说明曹意，抡起拐杖，照来人劈头盖脸就是一阵乱打。来人狼狈而逃。

疯　癫

章太炎患有癫痫。1883 年，十六岁的章太炎参加县试前，癫痫病突然发作，父亲考虑再三，让他放弃科举，从此章绝迹科场，广泛涉猎经史子集。冯自由亦记载：“太炎夙患羊痫疾，有一次自外返寓，甫入门即昏厥仆地，余为之延医诊治，一日而愈。”这可能也是章太炎被称为“疯子”的原因之一。

庚子义和团事变后，张之洞在湖北办《正学报》，聘章太炎任该报主笔。《楚学报》第一期出版时，章太炎竟然写下洋洋六万言的《排满论》，呈该报总办梁鼎芬审阅。梁阅后惊呼百余声：“反叛反叛！杀头杀头！”遂乘轿子疾驰总督衙门，报张之洞，要捉拿章，按律治罪。幸亏《正学报》助办王仁俊惜才，对张之洞说：“章太炎是个疯子，即日逐之出境可也。”但梁鼎芬怒无可泄，归后命轿夫四人将章扑倒在地，用轿棍猛揍一气，蜂拥逐之。后章太炎每与人争论，嬉笑怒骂时，对方但说“叫梁鼎芬来”，章便微笑不语。

章太炎举动亦甚特异，据《东吴六志》记载，他的发辫早经剪去，“尚留半尺许，披于两肩”，“观其平时举动，出门行路，无论雨淋日炙，行所无事，不肯张伞”。

一日，章太炎与黄摩西入半露阁品茶，茶座皆客满，仅有一桌可坐四人，但已有两人就坐。章黄就坐此桌后，章立取桌上他人的瓜子就嗑，黄忙阻止。两客并不介意，移近章道：“无妨共食。”章不答谢，且啖且谈，旁若无人。之后两客切磋书院课题，一人沉吟道：“使功不如使过，此何语？”另一人答：“此似外国理论，必古籍所无，或为西哲伊索寓言？”章听至此，遽然昂首瞋目大呵曰：“你们还是读书人吗？《后汉书》都没读过？！”两人不料遭呵斥，愕然色变，反唇相讥，令章吐出吃下的瓜子仁。章愤极，挥纨扇击一人脑袋，孰料扇子折断，纨扇为友人书赠，向来为章太炎所爱，章勃然大怒，几至肉搏，黄急忙拉开，匆匆付钱将章拽出。

“苏报案”发后，上海租界巡捕房捉拿章太炎等人，众人皆逃走，唯有章太炎不听劝告，坚持坐镇爱国学社，遂被捕。章在狱中写信给在逃的邹容，唤其前来一同抗辩。邹不愿大哥一人担此责任，毅然主动入狱，与章共患难。章、邹对革命言行供认不讳。邹因体弱，瘐死狱中。三年后，章太炎出狱，他特地在宅壁高处挂了一幅邹容的遗像，前面摆一张横板，上设香炉，每月初一、十五必沐手敬香一次。

章太炎在东京留学生欢迎会上致辞说，自甲午战争后，他便常对友人说逐满之言，友人听了，大摇其头。因此有人说他疯癫，有人说他叛逆，更有人说他自取杀身之祸。他却任凭他人说他“疯癫”，“还守我疯癫的念头”。他说：“……大凡非常可怪的议论，不是神经病人，断不能想，就能想也不敢说，说了以后，遇着艰难困苦的时候，不是神经病人，断不能百折不回，孤行己意。所以古来有大学问、成大事业的，必得有神经病才能做到。……为这缘故，兄弟承认自己有神经病，也愿诸位同志，人人个个，都有一两分的神经病。……近来有人传说：某某也是有神经病，兄弟看来，不怕有神经病，只怕富贵利禄当面现前的时候，那神经病立刻好了，这才是要不得呢！”最后，章太炎大声疾呼道：“我要把我的神经病质，传染诸君，传染与四万万人！”

章太炎因孙中山收取日本人的“黑金”与其发生争执后，黄兴曾在给孙中山的信中劝孙道：“弟与精卫等商量，亦不必与之计较，将来只在《民报》上登一彼为神经病之人，疯人呓语，自可不信。”

辛亥革命成功后，章太炎在政府中被边缘化，于是，他便逢人开骂，原先革命阵营中的同志如孙中山、黄兴、宋教仁等，民国新贵唐绍仪、赵秉钧、梁士诒、段祺瑞等，保皇派的康有为、张謇、汤化龙、谭延闿等……民国初年的报纸屡见章太炎骂人的文章，严词刻薄，毫不留情。被章骂得多了，众人也都习惯了，并不理会，只是以“章疯子”一笑了之。

鲁迅在回忆乃师章太炎的文章中说：“……其人既是疯子，议论当然是疯话，没有价值的人。但每有言论，也仍在他们的报章上登出来，不过题目特别，道：‘章疯子大发其疯。’有一回，他可是骂到他们的反对党头上去了。那怎么办呢？第二天报上登出来的时候，那题目是：‘章疯子居然不疯’！”

章太炎曾受孙中山之托前往湖北去见黎元洪。章一到湖北便受到了黎的热烈欢迎，这令章对黎好感倍增，逢人便说：“民国总统一席，非公莫属！”一时，章言尽人皆知。王揖唐听闻后，马上告知袁世凯，并说道：“章疯子的言论和他手中的那支笔还是有号召力的，不能不加以笼络。”袁世凯马上召章太炎进京，并给他颁发二等勋章一枚。

弟子景梅九回忆：“民国成立，袁氏初以东三省筹边使饵先生，既而罢职返燕都，隐窥袁氏抱帝制野心。一日，予谒先生于客寓，先生拟效方孝孺故事，执丧杖，穿麻衣，痛哭于国门，以哀共和之将亡，为同人所劝阻。然‘章疯子’之名，遂由此播露。”

据传，袁世凯一度很想杀章太炎，但又怕民众不满，于是便自我解嘲说：“章太炎是疯子，我何必跟他计较？”

袁世凯死后，章太炎获释南下，云南名士赵藩（人称“病翁”）曾送给他七绝诗一首曰：“君是浙西章疯子，我乃滇南赵病翁。君岂真疯我岂病？补天浴日此心同。”章太炎得诗后甚是得意，晚年常读与人听。

迷 糊

一日，小章太炎在天井看书，不知不觉天色渐暗，气温转低，长嫂唤他进屋添衣，免得着凉。章看得入神，长嫂连唤几次，他才勉强进屋，添衣后仍回天井读书。众人见后，大笑不止，原来他竟穿上长嫂的一件花马甲。而章太炎却茫然不知，问家人笑为何事，让他知道了也乐一乐。众人越发狂笑不止。

章太炎的书房，四壁琳琅皆是书，一无隙地。室内了无陈设，中置一床，章独睡于此。每中夜睡醒，忽记起某书某事，即起床到书架上翻阅，往往自中宵达旦，虽在严冬，也不知加衣，有时候仆人夜起，或者清早进室内洒扫，见他持卷裸立，形如木鸡，忙唤道："老爷，你没有着衣呢？"

一次，章太炎宴请亲朋，宾客满堂即将开宴之际，章却不知所踪。家人四处寻找，均未见其人。后来有人到厕所，竟发现章在厕内独立凝思，把宴客一事，忘得一干二净。

朱镜宙回忆："先生居东京时，雇一下女。一日，女忽自称与先生私，得孕。先生不得已，请医师验之，孕已五月。而先生雇此女仅二月耳。"

章太炎有随地吐痰的习惯，而日本的房子都铺木地板，非常干净。章太炎初到日本时，进屋说不了几句话，嘴一撇，"噗"的一声，一口浓痰飞射而出，让旁边的管家日妇窃笑不止。

汤国梨手持章太炎的"汉家和服"留影，衣服上绣着"汉"字徽章

居上海同孚路时，章太炎的被褥帐子，从不换洗，臭虫满床，大肆猖獗。有几个年青朋友，常到他寓所替他捉臭虫，其中一人也姓章，捉臭虫特别卖力，因而得一雅号曰"名誉孝子"。

章太炎在上海期间，妾王氏不在身边，无人为他浆洗衣裳，于是他干脆不换洗衣服。他的衣服总是油光泛亮，远看似绸缎丝质光鲜，近观方知是陈年老垢。章太炎在日本避难三年多，竟从未换洗过衣服被褥。他鼻子有鼻息肉，长年呼吸不畅，每当鼻涕蜿蜒而出时，他索性大袖一挥，用衣袖擦去鼻涕。

剪辫后，章太炎在租界里可以畅行无阻，但出了租界却有被清廷抓捕的危险。于是他便在帽子里装上一条假辫子，可他又不愿效仿他人将假辫子缝在帽子里，而是嵌在了帽沿里。一上街，辫子摇摇晃晃，时常掉落，引得路人侧目。一次，有人打赌，说章太炎从某地到某地如果辫子不掉下来，就输一桌酒席，结果无人应赌。

章太炎东游日本，认为日本衣冠文物有盛唐遗迹，回到上海后，他便改变了自己的衣装：秋冬恒服长袍，外罩以一件宽氅和服；剪了辫发后，头发就留了四五寸长，左右两股分梳，下垂额际，不古不今，不中不西。他见日本人在和服上绣着家徽，便仿效日本家徽，也在自己和服上绣上一个大大的圆章“汉”字，以示自己是汉人。这件和服他一直穿到辛亥革命后。被袁世凯软禁时，章决定绝食抗议，特将这件“汉家和服”寄给在上海的夫人汤国梨留作纪念。

某日章太炎试穿一件新袍子，里面的短衣有半边没有套上，故而一罩上袍子，外面半边自然不服帖。章左扯右扯，总觉得不合适，大不高兴，迁怒裁缝道，怎么做出这样的衣服来。

章太炎自己不修边幅，却某日致书陈三立，言将偕一日本友人来访，请陈务必整顿衣冠，勿作一副落拓邋遢之态。

1906 年，章太炎出狱，同盟会派邓家彦、龚练百前去迎接，发现章“面白体胖”，二人都“诧之为毕生所未见”。原来章太炎平日最害怕沐浴，入狱后，西洋狱卒每天强迫他洗澡，体魄反而变强健了。但章太炎自己说，胖是因狱中食物无盐之故。

朱镜宙回忆：“先生居东讲学，从业者众。先生无暇具食，每以面包充饥。一日弟子贺伯钟见先生案头面包皆发霉。询之。先生始恍然知已数日未进食。其诲人不倦如是。先生居东京，每星期仅能肉食一次，麦酒二斤。蜀弟子陈新彦、曾通一能自调味，每隔数日，即亲烹馔以献，先生乐之。”

章太炎几无生活自理能力，在日本时，他常将自己的衣服鞋袜弄得杂乱无章，福建人林文（黄花岗起义七十二烈士之一）常为他整理打点，免得他找不到。

刘师培的外甥梅鹤孙回忆，章太炎在日本时，曾住在刘家，章“囚首垢面，衣巾经月不浣，养松鼠于袖中。果壳和干肉狼藉，室内虫蝇飞扰。又夜斥下女，继以号哭，旋复高歌”。刘师培夫人何震不堪忍受，将章逐出。但刘师培之母认为，同在异乡，应彼此照应，对何晓以大义，命刘师培将章接回。

王森然描写章太炎：“壬寅年，先生居海上，馆吴彦复家。吴待之甚厚，时剪发者极少，先生已先数年剪去。夏中著半截长衫，赤足登履，蹀蹀通衢，人以为狂。至友所，辄不俟请，自去长衫，赤其上体，屡屡系裤，盖其裤带仅一围，犹两袭相接缚，不能紧也。其衣至褴褛，两袖污垢常满。某年在海上演说，谈次犹时时以袖角拭涕。”

一次，家人见章太炎脚背上隆起一块东西，便让他脱下鞋查看，原来章将袜子底背朝天地穿着。因为传统手工织出的袜子是不分底面的，章穿惯了传统手织袜，拿起机器织的就穿，根本不去注意袜子是否分底面。

章太炎原先不爱洗脸，更怕沐浴，手指甲留得很长，指甲内污垢斑斑。他出外游历讲学时，夫人汤国梨常嘱咐随从随时为他换洗衣服，他因此与随从争吵，认为这是干涉他的个人自由。但随从也不示弱，有了夫人的旨意后，变得有恃无恐，常常采用强迫手段，令他换下衣服。

民国元年，章太炎应袁世凯之招北上，蒋维乔在天津至火车上遇到章，见章衣服丽都，面部及指甲清洁，不若十余年前之垢腻斑斑，颇为诧异，后才知是汤夫人强行训练使然。

吃饭时，章太炎只夹自己面前的菜肴，马叙伦说，“其食则虽海陆方丈，下箸惟在目前一二器而已”。章晚年，考虑到他的健康，案上也常常设鸡肉，但章却从不下箸，仍只食面前菜蔬。后来有人建议，把鸡肉放在章面前，从此即见章专以鸡肉佐餐。

朱镜宙亦回忆：“先生生平不讲究饮食，且又近视。每食仅就案前近身菜肴下箸，家人以是每将先生好者置其前。时有不当意者，则尽白饭数碗，不语而去。方口可容拳。一竽之食，三数口能尽之。因患鼻疾，以口呼吸，饭时亦然。故饭屑最易误入气管。往往对案就嚏，饭花四溅。而先生容色自若，视如无事。”

南方人常吃鱼，章太炎生在江浙，却不知如何剔鱼骨，往往连骨咽吞，弄得狼狈不堪。

章太炎被软禁于龙泉寺时，厨师向其请示做何菜，他只想得出两道菜：蒸鸡蛋和蒸火腿，因这两种在南方常吃，其他都叫不出名字。于是，之后厨师顿顿都做这两道菜；后软禁于钱粮胡同，亦是如此。厨师所做蒸火腿并非南方的蒸火腿，厨师以北京清酱肉切片蒸之，章亦认同。

章太炎在上海南阳桥居住时，被清廷通缉，捕快们已经侦察得知其住地，友人多劝其移到别处居住，章不为动。后友人只好以死诳之，章听闻后，前往友人家中吊唁，这才移居。他出门后不久捕快便赶至其住处抓捕。

马叙伦说，章太炎“长亦独慧于读书，其于人事世故，实未尝悉也”。章太炎不认路，出门即不能自归。有时出门几十步买包烟，一转身就回不了家，而且他沿途问路也让人觉得啼笑皆非：“我的家在哪里？”

陈旭轮在某刊上记载：“黄摩西与章太炎同任东吴大学讲席。一日同赴茶肆品茗，两人未携钱囊，付账时，均无所出。于是摩西返校取钱，但摩西抵校，适朋好邮来一诗文集，他一卷在手，将太炎忘置于茶肆中，而太炎又不识途径，必须有人引导，遂致进退维谷，日暮始由肆僮伴送返校，给以茗资与酬金。闻者无不引为笑柄。”

王森然记载章太炎：“先生曾为苏州东吴大学掌教，居于螺蛳桥头小屋。朝出暮归。在讲堂中萃精聚神，上下古今，于是往往忘却己门，走入邻家，而先生不觉也。一日自学堂归，忘跨一门槛，仆地伤臂，裹创者累日。又尝衣日本和尚之衣，冠草帽，手挥团扇，背驼至弓形，走足登履，蹀蹀通衢，儿童争聚视之，先生奚如也。”

某日，章太炎自东吴归，倦极，以急思归眠，乃误走邻家之室，据榻而眠。孰知此为邻妇之室，方出外购物，归而视之，大哗。幸邻里有识章者，呼之醒，护送其归，而太炎尚茫然，说：“我方酣睡，何必扰人清梦？”

章太炎在日本时，常到离民报社不远的孙中山家与孙中山、胡汉民、汪精卫等人谈天。从报社到孙家的路，他来来去去走了几个月，竟然还不识得。一天，他只身从孙家返回报社，竟然走到一户日本人家中。后报社众人见他一直未归，四处寻找，才将他找回。

章太炎的夫人汤国梨回忆，章与她结婚后，常与孙中山、廖仲恺、苏曼殊等人往来，有时在章家叙谈，更多时候则在孙家。章太炎能独自雇车前往孙家，但对于自己住的地址却弄不清楚，因此每次从孙家回来，必由人陪送。有一次，孙中山照例派人送章回家，章出门，见门口有辆人力车，也不等陪送人员，便径自上车，挥手令车夫快跑。车夫问：“住哪里？”章回答说：“家里！”车夫问：“你家在哪里？”章说：“马路上弄堂里，弄口有家纸店。”车夫没办法，只能拉着他走一程问一问，在大马路上兜圈子。孙家陪送之人，当时要找另一辆人力车同行，等找到时，章已不知去向，便打电话到章家询问。得知章并未回家，孙家又派出三人，与陪送者一起四处寻找，最后终于在大世界游艺场附近，见章坐在车上顾盼自若，才拦住送回章家。

一次，章太炎独自去三马路的来青阁买书，去的时候叫了辆人力车。到了来青阁，看了半天，一本书也没买，叫了另一辆人力车回家。车夫问他到哪里，他只是指向西边，始终说不出自己家的地址。车夫走了半天，便问他："先生你究竟想到什么地方？"章太炎说："我是章太炎，人称章疯子，上海人个个都知道我的住处，你难道不知道吗？"车夫频频摇头，只好把他重新拉回来青阁。

日常生活中，章太炎记忆力弱，朋辈三月不见，往往不知姓名。在上海爱国学社讲学时，章不洗澡亦不理发，一位朋友实在看不过去，就每月定期强拉他到理发店理发，理完他也不付钱，兀自往外走，朋友只好替他付账，长久如此。一次，友人聚谈，这位朋友也在场，章太炎问此人是谁，被问之人大嚎怪叫："他给你付了这么久的理发钱，你连他是谁都不知道？"

章太炎没有金钱概念，周黎庵记载："章太炎让仆人去买包烟，给五元，儿子要做大衣，也给五元，甚至在苏州盖房子的时候，他也照样掏出了五元。对章太炎来说，一张钞票，便有一次用途。"

台湾日日新报社的同事谢汝铨回忆，章太炎居台时，乘人力车出门，其妾王氏必以丝草为绳，贯铜钱一结，纳其衣袋中，告以到友家乃以钱给车夫。

胡适日记记录了章太炎的一件趣事，民国初年，陈仲恕任国务院秘书时，东北三省筹边使章太炎一日来访，说要借六百万外债，请袁总统批准。陈请他先送计划，然后可提交临时参议院。章说："我哪有工夫做那麻烦计划。"陈不肯代他转达，问他究竟为什么要借款，章说："老实对你说吧，六百万借款，我可得六十万回扣。"陈仲恕大笑，详细指出此事不可行。章说："那么，黄兴、孙文他们为什么可以弄许多钱？我为什么不可以弄几个钱？"坚坐三四个小时，见陈不肯代转，大怒而去。次日，章又来，指名不要陈秘书接见，要见张秘书（张一麐）。张问陈，陈便告知前日之事。张出来后，直接问章："你要多少钱，可以托梁士诒设法，就不必谈借款了。"章答要十万。张去与梁商量，梁说给他两万。张回复章太炎，太炎大怒，复信说："我不要你们的狗钱！"张将信给梁看，梁士诒便不再理睬。第三日，章又来信，全不提前一日之事，只说要一万元。张又去同梁商量，送了他一万块钱。

到上海与汤国梨结婚时，章太炎随身携带着东三省筹边使任内所积俸给以及北京等地亲友所赠贺仪共 7000 元现款。抵沪后，亲友们闻讯前去探望，在上海新闻界工作的苏州人钱某对章说，这 7000 元现款带在身边不方便，不如存入银行为妥。章欣然同意，将钞票交给钱某代存银行。过后，钱将一张 3500 元的存折交给章太炎，并说经银行职员当面点清，只有 3500 元。章瞠目结舌，毫无办法。

1913 年 4 月，因章太炎对黎元洪素有好感，到处说总统非黎莫属，袁世凯为收买章，下令授勋二等，并拿出一张四万元的支票，对章叮嘱说："清帝退位，革命成功，参加革命而识时务者，今以多居显要，住洋房，子女玉帛，如愿以偿。惟君仍孑然一身。近来南方报纸，对余多毁谤，谓余将复辟帝制，淆乱人心，现在特授君四万元支票一张，实际上只需向上海各大报，以津贴为由，酌予点缀。所余大部分可由君自由支配。"章颇踌躇，但仍接受了。回到上海后，他正不知如何处理，张謇就立即找上门来，说："听说袁项城拨款四万元给你去办报。今共和党在上海出版的《大共和报》经费支绌，你可将这四万元交我以资维持。这既符合袁项城在沪办报要求，又无须你繁琐劳神。现在你我同为共和党的发起人，将此款维持《大共和报》，正是得其所用。"章太炎听罢，即将钱交给了张謇。据汤国梨说，张謇在京城安排有耳目，所以章太炎回沪，他马上能跟踪而至。

是年底，章太炎被袁世凯软禁之初，一度想逃走，他找来刘成禺、吴宗慈等人，说明自己的想法，众人皆觉为难，不作一词。章得意地说："吾知君等穷措大，虑无行资。吾早有所备，但一人送吾至津登日本轮，宁不可耶？"说完从纸包里掏出了八十元，众人皆强忍笑意，因为这点钱绝对不够回上海的路费。

章太炎晚年寓居上海，一次有事到苏州，有人劝他定居此地，并且介绍他买一所房子。那房子前面一重是楼房，院子里栽了几棵树。章太炎背着手走过去一看，满意地说："还有楼。"进到院子里一看："还有树。"他便不看后面了，直接和人议价。此人见他满意，便漫天要价一万五千元，这个价格高出市价许多，有还价的余地。可章太炎不仅不还价，竟还主动加价，最后以一万七千元成交。汤国梨闻讯赶来，阻之不及，章已和人完成交易。之后，汤还发现，院子旁边就是一家纺织厂，每天清早机器轧轧之声喧耳扰心，房子根本不能住。无论是卖是租，都无人问津，只好空着，还得花钱雇人看守。于是只好在锦帆路另行置产，举家迁苏。

弟子王基乾回忆，章太炎对于金钱，极为糊涂，但他晚年性情却叫人摸不着，有时家里零用他都要管，甚至买一刀草纸，也得直接向他领钱。

章家在苏州锦帆路建新居时，章太炎的儿子章导学习建筑学尚不满半年，章太炎便让儿子担任工程师，其子瞠目结舌。

癖 怪

章太炎一直对湖北情有独钟，认为此地四通八达，为天下中枢，人才辐集，学术文化气氛浓厚。早年他曾到湖北为张之洞幕僚，中年时征婚，娶妻条件之一便是女方应为湖北女子，辛亥革命后，他也对曾镇守湖北的黎元洪青眼有加。

章太炎好吸烟，自己吸的香烟一般是廉价的"金鼠牌"，招待客人则用"大英牌"。他还欢喜抽水烟。每抽一筒水烟，地下必留有一个烟蒂，因此家中地板上就有成千上万个被烟蒂烧出的小黑点。

章太炎嗜烟，讲课时，常常一手拿粉笔，一手拿烟卷，写板书时，误拿着烟卷在黑板上写字；吸烟时，又误将粉笔当作香烟放进嘴里。引得大家哄堂大笑。

章太炎抽烟，不似别人那样把烟蒂放进嘴里，而是把一根烟的大半含入口中。说得高兴时，烟烧到了嘴唇，疼得他以手拍口，喷出余火，如同表演魔术一般。有时不注意，烟头落到裤子上，烧穿裤子并烫到腿，痛得他大叫，大骂"鬼烟"不止。而那条烧出洞的裤子，日后他仍然穿在身上。

冯自由曾请章太炎书写两份文件，一份是民国成立时孙中山的《中华民国政府成立宣言》，一份是《讨袁世凯檄》。这两篇文章本为章太炎所撰，冯自由让他亲笔再各书一份，成为"历史文献"。当时冯送了润笔墨银20元。报纸报道此事后，许多人慕名前来求这两份文件。每次求书，都会送润笔费，但章太炎"口不言钱"，常由夫人汤国梨或弟子应付。有时章太炎写到十件以上，就恼怒了，再也不肯动笔。汤国梨反复劝说，他便默不作声。汤无奈，只好想了个办法。原来他平日吸的都是廉价的"金鼠牌"香烟，一次有人送他一罐茄力克香烟，章太炎很是喜欢，称它为"外国金鼠"，时常吵着要吸。汤国梨告诉他，每写一份，就给他买一罐"外国金鼠"，章便高高兴兴地继续写下去了。

左舜生回忆，章太炎"嗜纸烟，往往一支尚余寸许，又燃一支，曾见其历三四小时不断。所吸以当时上海流行之"美丽牌"为常，偶得"白金龙"，即为珍品，盖先生为人书字初无润格，有欲得其翰墨者，大率即以纸烟若干听为酬，故能取之不尽，用之不竭”。左舜生在上海任报馆编辑，习惯夜间工作，也养成了抽烟的习惯，于是，居上海三年，去拜访章，“每至，先生必纵谈不断，吸烟不断；余则静听，亦吸之不断；余至今仍非每日四十支至五十支不能尽兴，盖与先生之一段因缘，不无关系也”。

左舜生又回忆：“他最喜欢吃的东西，是带有臭气的卤制品，特别爱好臭乳腐，臭到全屋掩鼻，但是他的鼻子永远闻不到臭气，他所感觉到的只是霉变食物的鲜味。”

上海画家钱化佛总能找到臭的食品投其所好，因此求得章太炎的不少真迹。一次，钱化佛带来一包紫黑色的臭咸蛋，章见后大喜，对钱说：“你要写什么，只管讲。”钱立即拿出预备好的斗方白纸，让章在每张都写上“五族共和”四个字，而且提出落款不要署章炳麟，只署章太炎，章居然无不听从，不出一声，一挥而就。以后每隔几日，钱就送来臭的食品，如臭苋菜梗、臭花生、臭冬瓜等，章每次见后都乐不可支，有求必应，前后为钱写了一百余张“五族共和”。原来，上海一家番菜馆新到一种“五色旗”酒，此酒倒出来时十分浑浊，沉淀几分钟后，就变成红黄蓝白黑五色，宛然民国国旗五色旗的颜色。钱化佛灵机一动，想出做一种“五族共和”的封条，请章太炎写完裱好后，挂在番菜馆中，以每条十块大洋售出，竟然卖到脱销。钱化佛也因此大赚了一笔。

章太炎喜欢吃一种糯米蒸的小饼，黏性很大，而且甜腻。左舜生每次去拜访章太炎，汤国梨便用此饼待客，左舜生颇苦，但因“见先生食之津津”，他也“不能不食之津津”。

在台湾期间，章太炎为《台湾日日新报》撰写文章。读者反映，他的文章常用生僻字，晦涩难懂。报社主笔木下新三郎便委婉地问他：“先生所撰论说，将自解而自读者欤？抑将给一般之人共读而俱解者乎？”章太炎不置一词，只是提笔在纸上写道：“世人之知不知，解不解，我可不管。我只患吾文之不善，苟文善，会尚有知之者，请勿问。”木下知其执拗，不敢与之辩论，但曰：“如此，报社用不着汝矣！”觍然而退。

章太炎的老师俞樾喜欢出怪题，他放河南学政，主持地方考试时，曾出怪题如“兽蹄鸟迹之道”、“鸡鸣狗吠相闻”等。章受先生影响，也喜欢出怪题。1925年，湖南省长赵恒惕欲澄清吏治，昌明内政，遂请章太炎担任“县长考试”主考。章专车至长沙，赵恒惕亲率军政官员到车站，脱帽登车，握手欢迎，即请章乘舆，军乐队前导，省长各要人殿后，至学院招待所，鸣大礼炮九响，排西餐四十余份为章洗尘。考试时，章出两题：一曰“宰相出于州郡”；一曰“荒田防旱之法”。应试者搜索枯肠，不知章所出之题目见于何经何典，一时群情哗然。其中有不耐烦者，问章题目之出处。章回道：“如此显浅之题目，尚不知出处，将来又安能做民牧耶？”言毕，带有叹息之意。应试者不敢再有问，草草完卷，甚至有交白卷者。考生张力生，年少气盛，在卷内赋七律一首以讽之，诗曰：“贸然应试入场来，题目虽奇亦怪哉。宰相一官安可仰，荒田防旱更难猜。不知州郡将谁问，未习农工只自哀。最恨考官偏作剧，此回惟我独垮台。”章见其交卷神速，认为张是捷才，立取张之试卷评阅，频频微笑，加评语曰：“诗是实情，联甚工整，此一笔龙腾虎跃之字，可不让王右军之专美，虽无百里之才，亦可以秘书任用。”赵恒惕见章所批，徇章之意，委张力生为省政府秘书。

章太炎与妾王氏生有三女，他替三个女儿分别取名为：章㸚、章叕、章㠭。传说，章的女儿到标梅之期，却迟迟无媒人前来提亲。章太炎后来终于悟出此中原因。原来这几个字很少有人识得，媒人们怕读错了字丢脸，都不上门提亲。于是，他叫夫人在家里摆了几桌宴席，邀请亲朋故旧做客。席间，章向客人讲解三字音意。他说：“㸚”读“里”，是“窗格子”的意思；“叕”读“灼”，是“众口”之意，“㠭”其实就是“展”的古字，段玉裁注《说文》曰“工为巧，故四工为极巧”，并不古怪。此后，媒人络绎不绝。

鲁迅、周作人兄弟在日本留学期间曾经出版一本他们翻译的外国小说集，出版时他们将该小说集命名为《或外小说集》。“或”是“域”的古字，周氏兄弟如此命名自是受老师章太炎的影响。

章太炎曾写了张条子让仆人买肉做羹，但是仆人跑遍苏州城内各个肉铺也没有买到，回来后他对章太炎说：“你写的字，他们看了之后都说没有。”原来章将“肉”字写作类似于篆书的“月”字，卖肉者根本不认识。

晚年，章太炎为人开药方写的是金文，药店之人不识，章便愤愤然说道：“不认识字，还开什么药店！”

张小泉剪刀是几百年的老字号，故仿冒者甚多，杭州大井巷内悬“真正张小泉剪刀店”者有十家以上。其中某店老板为在竞争中脱颖而出，便请章太炎题字。章欣然答应，挥笔写下“张小泉前刀店”几个大字。店主登时傻眼，要章退还百元润笔费。章解释说：“月旁已有一刀，何须叠床架被，为人诟病。”老板听罢欣然

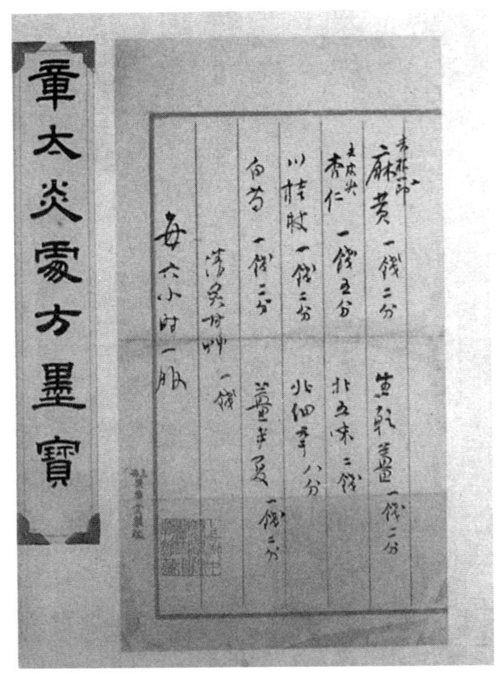

章太炎所开药方

离去。此后，顾客皆认为“前刀店”为真正的“张小泉”，其余皆假冒。

左舜生回忆：“先生为人书字，以钟鼎为常，喜以一人牵纸，振笔疾书，一日，章夫人立先生后，指点某字不佳，先生回头笑谓夫人曰：‘你不懂得写字啰！’”

汤国梨说：“虽然我自知不学无术，但对太炎的文章，记得曾向他当面指出，他年青时期即靠笔杆子鼓吹革命，可是有些文章中所用的文字，常有很古僻的或古体字，例如《訄书》的訄和他三个女儿的名字㸚、叕、㠭之类。即使是大学生，恐怕认识的也不一定多。鼓吹革命宣传的对象，首先是在我国占人口总数百分之八十的农民，其他为次多数的工人，绝大多数是识字不多和不识字的。再次是城市平民，虽然识字的多一些，但对这种奥僻的文字，也只能望洋兴叹。所以我认为越通俗，则作用越大。太炎听了我的话，他说：你的意见我不反对。”

章太炎博览古今医学著作，自认为医术高明，所以很爱替人医病。与朋友见面时，听朋友偶尔说起近来牙痛或患胃病等时，他便要替人诊视，开出药方，并且逼着朋友照方服药。但他用起药来，不计份量，药方中动不动开出一两八钱，因此谁也不敢吃他开的药。

孙中山病重时，章太炎曾为其开一药方，托弟子但焘转交。但焘后来对薛慧山说：“大家听了是章疯子所开的，反而不敢用。”

一日，章家厨司有疾，章太炎为之配方药，令夫人亲往调之，途遇章门弟子汪东，索方观之，似不对症，急止夫人曰：“何不救人一命？”夫人曰：“此汝师之意也，将奈何？”汪东曰：“生死攸关，不可戏也。”遂替换药方。未几，厨司病愈，章大喜，对汪东言：“古方灵验，惜世人不省耳！”汪东不禁哑然。

曾有人问章太炎：“先生的学问是经学第一，还是史学第一？”章笑答：“我是医学第一。”

辱　弄

孙中山倡导革命之初并不为人知，章开始亦附和当时其他人的看法，认为孙是个“不学无术的土匪”，是“江湖大盗”。章倾向革命后，他改口说孙：“稍通洋务，尚知辨别种族。”

在《时务报》馆工作时，章太炎的思想日益激进，渐趋革命。章与梁启超等康门弟子相遇，“论及学派，辄如冰炭”。章太炎对梁启超等康门弟子尊康为圣人的做法很是鄙夷，讽刺道：“这群康门弟子好比一群屎克螂在推滚粪球！”康门弟子听闻此言，大怒。1887 年 4 月 14 日，时务报馆内，“康党麕至，攘臂大哄”，并出手殴打与章太炎立场一致的麦仲华（按：系康有为弟子、长婿，但不赞同康的保皇思想）。梁启超弟子梁作霖狠狠放言：“昔在粤中，有某孝廉诋谟康氏，于广座殴之，今复殴彼二人者，足以自信其学矣。”章太炎也不示弱，奋起反击，打了梁启超一记耳光。恰巧时务报馆主汪康年听到打骂声，从经理室跑出来劝架，一场风波才算暂时平息下去。章太炎在给友人的信中犹不忘讥讽康有为：“噫嘻！长素有是数子，其果如仲尼得由，恶言不入于耳邪？遂与仲华先后归杭州，避蛊毒也。”（据说，子路身强力壮，如果有人说孔夫子不是，就对其报以老拳，于是，至此，孔子“恶言不入于耳”）

康有为自称“教主”，号称“不出十年，必有符命”。章太炎嗤之以鼻：“康有为什么东西！配做少正卯、吕惠卿吗？狂言呓语，不过李卓吾那一类货色！”

章太炎曾作一联嘲讽康有为曰：“国之将亡必有；老而不死是为。”上下联分别集《左传》中“国之将亡必有妖孽”和《论语》中“老而不死是为贼”两句。上联句尾隐去“妖孽”，下联句尾隐去“贼”字。联尾处嵌入“有为”二字，意指康有为乃“妖孽”、“贼”。

康有为别号长素，有人认为此号源自孔子的尊称素王，即他想以教主自命。章太炎在张之洞帐下时，梁鼎芬曾问章太炎：“听说康祖诒（康有为）欲做皇帝，真的吗？”章答：“康有为想做教主，未闻他想做皇帝。人人有帝王思想，本不足异，但想做教主，则未免想入非非。”梁为之大骇。

章太炎被袁世凯软禁期间，有人劝章讲学，章欣然同意，在化石桥共和党本部开了一个国学讲习会。章讲学之余，以骂康有为和陈焕章等人为消遣，他在国学讲习会门口贴有一张告示："康有为之门徒不许入内。"

而据顾颉刚回忆，当时在讲学处的墙壁上"粘着一张通告"："余主讲国学会，踵门来学之士亦云不少。本会专以开通智识、昌大国性为宗，与宗教绝对不能相混。其已入孔教会而后愿入本会者，须先脱离孔教会，庶免薰莸杂糅之病。章炳麟白。"

章太炎被杖出武汉后，对张之洞心存怨气。张在湖北时，巡视纺纱厂途中，遇一卖茶少女。属下会其意，与少女的父亲协商，骗其入府侍奉三姨太。该少女入督署后，张纳之，流连两月。少女后得痞疾而亡。于是章太炎改李商隐诗讽刺张道："汉阳铁厂锁烟霞，欲取鹦洲作督衙。玉玺不缘归载沣，布包应是到天涯。而今梁上无君子，中古文昌唤卖茶。地下若逢曾太傅，岂宜重问纺棉纱。"

章太炎常改诗嘲弄人。黎元洪入京时，章改唐诗讥讽道："西望瑶池见太后（指黎元洪入京谒见隆裕太后），南来晦气满民关。云移鹭尾开军帽，日绕猴头识圣颜。一卧瀛台经岁暮，几回请客劝西餐。"

在日本时，东京警视厅曾让章太炎填写了一份户口调查表。章所填各项为："职业——圣人；出身——私生子；年龄——万寿无疆。""圣人"是自封，而私生子以日本为最多，"万寿无疆"则为讽刺慈禧，面对章这份充满调侃意味的回答，日警们哭笑不得。

"苏报案"发生后，章太炎在会审公廨法庭上对清政府及审判员极尽嘲弄之词。对于在《〈革命军〉序》中所写"载湉小丑"四字触犯清光绪帝圣讳及辱骂清帝一事，他说，我只知清帝乃满人，不知所谓"圣讳"。而且按照西方的法律，人名是不避讳的，所以我直接写"载湉"，没有什么不对。再说，从字的意思来讲，"小丑"两个字中，"丑"字本来作"类"字，或做小孩子解，所以"小丑"也就是"小东西"或"小孩子"，并没有诽谤的意思。章太炎的滔滔雄辩，引得听众席上掌声雷鸣，而审判员亦如坠云雾里，非常尴尬。

其中一位审判员突然想到章太炎是海内外著名的学问家，肯定是科举正途出身，便小心翼翼探身问道："您得自何科？"太炎听此问题，更觉可笑，故作糊涂，高声回答："我本满天飞，何窠之有？""科"与"窠"同音，"满天飞"即浙江方言"老布衣"的意思。一说当时审判员问章有功名否，章答："我双脚落地，便不承认满猪，还说甚么功名呢！"

审讯过程中，章太炎大逞口才，亦庄亦谐，辛辣犀利，把代表清廷出席原告的官僚孙建臣弄得张口结舌。最后章太炎大笑："你们堂堂大清政府，竟然跑到租界的小法庭控告我一个老百姓，国家被你们败坏成这般模样，还有何脸面出席叫嚣？"孙气急败坏，脱口而出："我和你无冤无仇，何必如此辱弄？你还有什么话快说！"引来旁听观众哄堂大笑。

1907 年 3 月，章太炎为邹容作传，在书中称吴稚晖献策，卖友投敌以自保。吴时在巴黎，读到《邹容传》后，勃然大怒，认为章是借纪念邹容，故意对他进行辱骂。于是，他写信给章太炎，要求章说明是谁说他出卖朋友的。章太炎立即复公开信一封，开头便称："稚晖足下：吴眺、吴腓、吴敬恒，皆足下也！"吴见信后，作文反诘，这年七月，章再答吴，二人"笔战愈来愈凶，终至夹着毒詈"，章后竟用街语骂吴道："善钳尔口，勿令舔痈；善补尔裤，勿令后穿。"

章太炎曾有白话文作品集《章太炎的白话文》，此书为其于 1909 年至 1910 年间在日本为中国留学生讲学的讲稿的汇编。他的白话文嘻笑怒骂，皆成文章，他曾在《留学的目的和方法》中讥讽日本学者道："有一位什么博士，做一部《支那哲学史》，把九流的话，随意敷衍几句，只像《西游记》说的猪八戒吃人参果，没有嚼着味，就囫囵吞下去；那边的人，自己有一句掩饰的话，说我们看汉土的书籍，只求它的义，不求它的文。这句话只好骗骗小孩儿。仔细说来，读别国的书，不懂它的文，断不能懂它的义。假如有人不懂德国文字，说我深懂康德的哲学，这句话还入耳吗？"

袁世凯称帝后，欲物色德高望重者为其撰写元旦草诏，有人推举章太炎为独一无二之人选。袁叹道："何必为人所难呢？你们难道忘记了他绝食之举？如果以此事逼迫他，是加速其死之志啊！我不愿意让太炎为祢衡，我岂能成为变相之黄祖呢？要是他真的死了，最起码也是方孝孺，我可不能成全其美名。等他日帝国勃兴，再处置章太炎也不迟，现在不是动他的时候。"章太炎闻听此言，轻蔑地说："人家大明的天子姓朱，洪宪天子姓袁，我既不是祢衡，也不是方孝孺，袁世凯更不是明成祖朱棣，仅仅是乘乱而起，过一把皇帝瘾的袁术而已。"

章太炎素恶伍廷芳。1922 年，伍廷芳病逝，其子伍朝枢路过上海，特来拜谒章。二人谈及伍廷芳的病状，伍朝枢说："先父身体康健，只因总理蒙难，奔走湘粤，操劳过度，遂致病倒，十天之中，须发皆白……"章接口道："伍子胥一夜须白过昭关，君家早有先例。"章此语是将伍廷芳比作春秋时狼狈逃难过昭关的伍子胥。伍朝枢闻言，只能尴尬一笑。又谈及伍廷芳火葬之事，伍朝枢说："火葬如在欧美，极为寻常。惟在中国，尚属创见。”章哂笑道：“我国古已有之，武大郎就是火葬。”次日，章特差人给伍朝枢送去一副挽联：“一夜变须眉，难得东皋公定计；及时移骨殖，不用西门庆花钱。”

北洋政府时屡任总长的王正廷，字儒堂，奉耶稣教，后以张学良推荐，在南京政府一度任外交部长，章太炎为联讽刺道：“正廷屡受伪廷命，儒堂本是教堂人。”王正廷知后大窘。

章太炎在《章氏业书·原学》一文中主张“是故九流皆出王官”，胡适撰《诸子不出于王官论》对其进行批判。章太炎对周黎庵等人谈起胡适时，轻蔑地笑道：“哲学，胡适之也配谈吗？康、梁多少有些‘根’，胡适之，他连‘根’都没有！”

顾颉刚素来佩服章太炎，故为自己起名“上炎”，意为超越章太炎。一次，顾拜访章太炎，谈及西方的科学实验，强调一切事物，必须亲眼看到，才算真实可靠。章问：“你有没有曾祖？”顾茫然：“我怎么会没有曾祖？”章说：“你真有吗？你亲眼看到你的曾祖了吗？”

刘半农曾说：“文言文是死的文字，什么人再写文言文，就是死人；白话文是活的文字，凡是写白话文的，就是活人。”刘到上海后，对记者说要去拜访章太炎。汤国梨听到后特地叮嘱章说：“如果刘半农真的来访问你，你千万不要生气，更不要执杖以击之。”刘到后，章与之谈白话文，又说：“我知道你曾经在北方的报纸上，征求过‘国骂’的字句及各地方骂人的话，第二天早上，就有人到你学校中，在课堂上讲出许多骂你老母的地方话。所以后来你就不敢再做这件工作，现在我来骂几句给你听。”接着就说汉代的骂人话，是 ××× 出于何书，唐朝骂人的话，是 ××× 出于何书，直说到上海人宁波人，以及广东人的三字经，完全骂出来。看起来好像供给他资料，事实上把刘半农祖宗三代都骂到了。与刘同来之人见状，就赶紧向章作揖告辞。待刘一行出门后，章太炎坐在藤椅上纵声大笑。

一个姓王的暴发户，附庸风雅，也来求章太炎为其题字，章太炎对其不屑，不予理会。但王某不死心，出高价到处托人代为说情，章不胜其烦，于是写下一联：“一二三四五六七，孝悌忠信礼义廉。”王某得书后极为高兴，命人将对联悬于高堂，逢人便炫耀。一天，一位明眼人含笑对王说：“写倒写得很好，可惜上联忘八，下联无耻，似乎有点取笑伤人之意。大概意思就是说‘王八，无耻也！’”王某这才知章联之意，气得七窍生烟，又羞愧不已。

戏谑

章太炎少时，章家与烟馆为邻。烟馆主人年已五十，娶少妻年仅十五，结婚之日，章撰一联贺之，联曰："五十新郎，十五新娘，天数五，地数五，但愿儿孙添五代；两三好友，三两好土，损者三，益者三，互相谈笑到三更。"其少时已善调侃人如此。

章太炎在上海时，曾邀同住的田桓、汪东、但焘几个人做长夜谈。田因匆忙，来不套上裤子，打算转身拿裤子，章高声喝止，要田开口吟诗，田被逼窘迫，随口吟出一句："不穿裤子是田桓。"汪东接到："穷极无聊两县官。"（汪东和田桓都做过县官）但焘接着吟出第三句："胜有图书三万卷。"章太炎说："图书三万卷，要值多少钱？钱是怎么来的？"因此他吟第四句："地皮刮尽水都干。"吟罢众人大笑。

一次，包天笑遇到章太炎，章问包住在哪里，包告诉他住在启秀编译局，他说："何不到刚毅图书馆去？"包问："哪里有刚毅图书馆呢？"章答："启秀与刚毅，不是庚子拳变时代的名人吗？"

汪东回忆："先生晚年居吴，余寒暑假归，必侍侧。一日，戏言余门下当赐四王。问其人，曰：季刚常节老子语'天大，地大，道亦大'。丐余作书，是其所自命也，宜为天王；汝为东王，吴承仕为北王，钱玄同为翼王。余问钱何以独为翼王？先生笑曰：'以其尝造反耳。'（钱本受章太炎文字学，后参加文学革命，主张废弃汉字，章太炎大骂'反了，反了！'）越半载，先生忽言，以朱逖先（朱希祖）为西王……今先生与诸子，先后殂谢，一时诙嘲，思之腹痛！斋（吴承仕）久居此地，逖先为浙西人，故名号从之。"

据薛慧山记载，1906年，章太炎从西牢出狱时，还不忘说句笑话："现在就要出去了吗？在这里读书也很不错呀。"

章太炎娶妻时，两位大麻子刘成禺和李根源前往祝贺，章邀二人合影留念，两人都争着要站在章的左面，因左为尊。李对刘说："我较你年长，当以齿等。"刘却说："你不过是李麻子，天下人都叫我刘麻哥，当然要让我站上位。"章太炎听罢哈哈大笑说："我这里可不是麻花大学啊，还是不要在这里争行辈吧！"

章太炎六十八岁生日之际，冯自由等人前往祝寿。酒后，章忽在礼堂昏厥，众人忙从后面抱住他，一会儿他清醒过来，回头看着众人说："我非孙凤鸣，尔非张溥泉（张继），又无汪精卫在前，何故抱我弗释耶？”（指孙凤鸣刺杀汪精卫一事，时张继从后抱住孙，将其制服）众人闻言大笑。

逸　事

章太炎初名学乘，后改名炳麟，因他仰慕顾炎武，而顾炎武名绛，便易名绛，字太炎。章的曾祖为余杭巨富，祖父为乡村医生。父亲曾官至河南按察使，后任杭州诂经精舍监院多年。章太炎幼承家学，从外祖父、父兄治经书和训诂之学。

日本著名作家芥川龙之介曾描述过章太炎晚年的容貌：“不客气地说，他的相貌，实在不漂亮，皮肤差不多是黄色的，鬓髯稀少得可怜，那突兀峥嵘的额，看去几乎像生了疣。只有那丝一般的细眼——在上品的无边眼镜背后，常是冷然微笑着的那细眼，确有些与众不同。”

章太炎自幼聪慧，六岁时，一日下雨，父亲章浚邀请十余位亲友在家聚谈，边饮酒边吟诗词。一位与章浚同宗的章老先生酒兴上来，便令小太炎应景诵诗一首。小太炎略作思考吟道：“天上雷阵阵，地下雨倾盆；笼中鸡闭户，室外犬管门。”顿时四座皆惊，章老先生即令人拿来宣纸笔墨，挥毫录下了章太炎这首“六龄童诗”。该诗现珍藏于章太炎纪念馆。

少时，章太炎喜欢到舅舅朱子春家中玩耍。朱子春嗜饮，但因家贫而难得有醉。一次，章太炎见朱子春向小贩买蟹沽酒时，因身无分文，当场解下裤子准备换酒。朱子春擅画仕女，此时正好有人前来求画，朱便进屋取了一幅价值四两黄金的古画，以五百钱的价格让给来人，终于可以买蟹沽酒，痛饮一番。许多人认为，章太炎狂放不羁的性格，多少受其舅朱子春的影响。

居沪时，章太炎偕数友往命相家谈相，命相家初以为平庸无所异，后揣骨则大惊曰：“君人仙骨，欲富则富，欲贵则贵，好自为之，前途未可限量。”因问章姓氏里居，章不以实告，然未尝不叹命相家之神技不可及也。

章太炎先生早岁游学日本，一日，到浴室洗澡，忽见一女郎裸其皓体前来同浴，章羞窘，未浴竟即遁去，女郎大笑。盖在日本，男女同浴，固司空见惯者也。

在日本时，一日，章太炎带着长女、三女以及弟子，龚未生一起去饭馆共进便餐。餐后，章只携三女回寓。三女奇怪地问：“为什么大姊不一起回来？”章说：“大姊随未生去了。”三女始知这顿饭就是大姊与龚未生成亲之婚宴，如此简陋，实出意外。

章士钊说："吾弱冠涉世，交友遍天下，认为最难交者有三人：陈独秀、章太炎、李根源。"

章太炎狂傲，但唯独对陈三立尊敬有加。他在为吴宗慈的《庐山志》题词中尊称陈为"义宁陈翁"。吴宗慈说："太炎文集中，如此尊称，殊不多见。"

章太炎初到湖北，张之洞对章很是器重，因当时章已主张革命，张之洞只能将他藏在钱恂（钱玄同长兄）的内室中，到深夜才屏退左右，与章太炎畅谈到天亮，对其极为佩服。

章太炎畏梁鼎芬，亦畏廖平。章入川时，廖在成都，扬言章若至，必面折之，章遂不敢至成都。

章太炎幽居时，夜间常梦见自己到地府帮助阎王断案，章为此还写信请教乌目山僧该如何是好。章恢复自由后，冯自由去看望他，问及此事，章告诉他说："有一夜朦胧间，忽然被官差强迎上马车，到了一间衙署，群拥我升公堂，接着便有判官模样的人拿着多件公文，让我在文件的下面署名，这些公文和世间的普通公文略同。审完案，仍用马车把我送回来。以后每晚都是这样。我在梦中问判官怎么回事，判官说是地府请我替阎罗王断案。这样已经持续了半年，我日久生厌，决意不去，但到了晚上身不由己，常常被官差挟持而去。直到我恢复自由南下，才不做此梦。"

一次，吴承仕去探望幽禁中的章太炎，归来后与夫人开玩笑说："章太炎先生说如今阴曹地府也有星期日了。"夫人问其故，原来是那天吴去龙泉寺，门禁刁难说，今天是星期日，无论何事一概不管。章知道后，气愤之下便有此说。四十年后的1953年冬，某个很冷的早晨，一位老妇人在院里升煤炉，准备用一本破书引火。吴承仕之子吴鸿迈捡起来翻了翻，书名为"玉历至宝钞"，书中插图，有故事，说神道鬼，是一本劝人烧香念佛的书。翻到某一页，上用仿宋体铅字排印的一段话赫然入目："司法部佥事吴承仕说：'章太炎先生说如今阴曹地府也有了星期日了'。可见鬼神之论决非子虚，奉劝善男信女，烧香念佛，修修来世，要紧要紧。"

章太炎与曹亚伯友善，皆有"疯子"之称。一日，章对曹说："我两人虽未出家，但颇似唐代的寒山、拾得两疯僧，他日把臂云游四海，亦一乐也。"言罢大笑不已。民国三年，曹逃亡英国，章仍留国内，被袁世凯囚禁。消息传到伦敦，曹叹道："太炎昔日曾谓他和我类似寒山、拾得，我脱离袁氏魔掌，拾得了一条性命，应验了'拾得’之名，太炎当然是寒山了，那一个名字真非吉兆，在袁氏压迫之下，恐怕他一如伯夷、叔齐，要饿死首阳山的了。”言毕，掩面流涕。后章恢复自由，次年曹回上海，与章见面时，一把搂住不放，大叫道：“吾以汝死矣！”章立即回答道：“子在，吾何敢死！”旁观者闻之，皆大笑。

张竞生曾在《京报》上征求他人性史，并且出版了一本《性史》，上海书商出版该书后，日销一两万本，上海的青年男女，几乎人手一册，男性公开讨论，女性则在深夜窥看。章太炎的学生陈存仁告知章此事后，章很是好奇，让陈去买一本给他看看。看过后，章说：“现代白话文的描写技术，远不如文言文，要是改用文言文来写，要超过金瓶梅，这本《性史》瞠乎后矣。”接着他又担忧地说：“这个白话文的妖风一起，势必会弄到白话文宣告变质。”

在日本时，一次，章太炎无钱度日，便写一张纸条给汪允宗：“今已不名一钱，乞借银元两枚，以购香烟。”同室的蒋维乔说：“既已向人借钱，曷勿多借几元？”章答道：“此君只有两元之交情。”

章太炎曾为蒋维乔改《沈竹礽先生传》，修改前，章征询蒋的意见，蒋说：“太炎改，无意见。”文章刊出后，蒋说：“这已不是我的文笔，应改署太炎。”

黄侃常将其师章太炎比作苏格拉底，将自己比作柏拉图，他认为老师的学问如苏格拉底一样博大而散漫，唯自己能整理之；且认为章太炎像苏格拉底一样不懂何为美，而自己却如柏拉图般关心并懂得欣赏美。一次，章太炎问黄侃：“妇人身上何处最美？”黄侃反问：“老师您以为呢？”章太炎说：“以我观之，妇人之美，实在双目。”黄侃笑道：“都说先生痴，据此来看，先生哪里痴呢！”

山东某太夫人民国初年倡导男女平等，与章太炎相识。这位太夫人六十大寿时，一定要请章为其作寿序。章太炎此时已经不赞成男女平等，便在寿序的结尾写道：“诘朝登芝罘（山东某山名）之巅，东望日出，回顾落月，其平如引绳，斯盖饮觞称寿之时也。”其中虽有“其平如引绳”之语，但实将男女比作日月，不能平等。

章太炎参加护法运动，汤国梨带着孩子独自在家，夜间常听见有人来家中翻箱倒柜，她很是惶恐。护法运动失败，章回到家中，一日谭人凤来访，他便对谭说起家中失窃之事。几日后，一名仪表轩昂、衣冠楚楚之人，前来拜访章太炎，自称龙在田，住在章家晒台对面。他坦率地对章说：“以前你家楼上失窃，是我所为，当时不知是你的府上，现在知道后，觉得非常抱歉，因为大家知道你太炎先生靠写文章过活，一心为国，所积的钱来之非易，我不应该来窃取。但窃去的东西早已变卖，目下手头拮据，现以公债票200元及文房四宝四件作为赔偿，聊表歉意。”章见这龙在田不是寻常的窃贼，高兴地接受了这批退赔的东西，并嘱不必介意。

章太炎笑词人作词，颠倒往返不出二三百字。汤国梨反驳道：“二三百字颠倒往返，而无不达之情，宁非即其胜处？”章无言以对。

陈存仁回忆，章太炎晚年在上海的收入，主要靠卖字。但因他不登广告，且性情古怪，所以平时来求字的人很少。当时上海“朵云轩”笺扇庄的老板，时常带了纸张来求他写字，每次都有小件大件百数十宗；取件时不论件数多少，每次总是留下润笔50元。如是朋友求墨宝，向来不收费。每隔三两个月偶有人来请他写寿序或墓志铭等，则由夫人汤国梨出面与人协商，每件收100元。但有时钱已经收下了，章却因不喜其人而不愿写，常把事情弄得很僵。

章太炎的书件落款，往往只写“某某属”或“某某嘱书”，绝不称“仁兄”或“先生”。求字的人为此常不高兴，而且他写喜欢写小篆，亦不受当时的富商巨公欢迎，故常门庭冷落车马稀。吴铁声偶于古玩市场购得章太炎所书楹帖，上款为“书赠铁公”，为之大喜。一次，有人以“楚公”款备润金求书，章太炎以为此人名“楚公”，径书“楚公”上款，岂知这是商人黄楚九所玩的把戏。黄得书后，夸炫于众，谓：“太炎虽傲慢，却称我为公，足见我的声望，足以压倒太炎。”

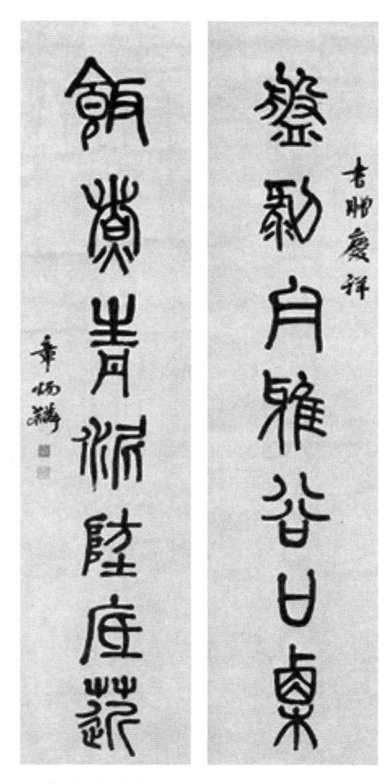
章太炎篆书作品

为人撰写对联题上款时，章太炎从不肯称人先生，但写墓志铭，却不管对方是市井大猾歹徒之流，总是要刻意颂赞几句。薛慧山有次忍不住向章叩问何故？章答道：“此中大有道理，你要骂人，总得先要捧他几句才好。你要帮他的忙，也就不妨闹些小别扭再说。所以，好人固要你捧，坏人也不可骂他到底。否则，坏人的心一横就会更坏了……”

章太炎次子章奇七八岁时，常见有人上门向父亲求字，也制作了润例，贴于楼下墙壁上，上书：“七言联一幅，皮球一个；单条一幅，火车头（玩具）一个。”

章太炎写字时，常对自己的作品不甚满意，便作为废纸存放起来。谁知仆役竟串通一家装裱店，将这些废弃作品，盖上章的图章，装裱后高价卖与他人。章太炎得知后，就把废弃的作品一律扯破，塞在字纸篓中，图章也从侍役手中收回，以为这样便稳妥了。谁料，仆役竟将破纸贴补整齐，重新装裱，至于图章，则在章交给他清洗的时候，统一盖上，仍拿去出售。

陈存仁回忆，章太炎原先用一个锡夜壶，又重又臭，陈存仁拜在章门下后，每天的工作之一就是要帮章倒夜壶。一日，有一位清朝陆姓官员的后人请章太炎为陆写墓表，章对于清朝官员素无好感，故迟迟不动笔。陆家人来催了好几次，陈存仁得知陆家有一个明朝青花瓷的夜壶后，便让陆家人送来。果然，章太炎对于这个青花瓷夜壶爱不释手，陈存仁便乘机进言，章当即挥笔写就。

杜月笙家祠落成时，想找章太炎求墨宝。杜找到一位曾与章太炎同狱甚久的游侠徐福生，去找章求字。章对徐很是客气，但一听为杜求字，便断然拒绝。杜便请陈存仁出面。陈对章说，太史公在《史记》上作过一篇《游侠列传》，老师应该对杜先生的祠堂落成作一篇文章。章便问陈杜月笙的故事，陈一一道来，章越听越高兴。陈乘机拿出宣纸说：“老师的文字应该写成一幅横披，作为杜氏家祠的镇宅之宝。”章太炎不出一言，也不起稿，就一边抽烟，一边写字，不过四十分钟，已经写成。杜月笙得文后，送给章士钊看，章士钊边看边赞：“真是传世之作。”

陈存仁回忆，一次，在上海法租界居住的章太炎之侄，与一位颇有势力的人发生房屋纠纷，相持不下，其侄请章太炎帮忙。章想到了杜月笙，便致信杜，请其帮忙。杜月笙见信后，马上帮章侄摆平了纠纷，之后，借口向章报告房屋纠纷的解决经过，专程到苏州拜访章。章、杜二人相见甚欢。杜月笙告辞前，将一张两千银元的钱庄庄票，悄悄压于章宅茶几上的一只茶杯底下，却不说破。杜月笙走后，章才发现了庄票，不好推谢只能收下。经过此事，章对杜既感激又敬佩，认为杜月笙讲义气，重礼节，有古豪侠之风，二人始订交。此后，杜月笙每月都派人给章太炎送钱，接济章；章对杜也另眼相看，常常为杜说好话，甚至还为其修订了家谱（按：章氏后人对此事存疑，称章太炎之侄未在上海居住过）。

因章太炎享有当代大名，所以常常接到一些不相干的信函，或是同他讨论某种问题，或只是恭维他。为章处理笔札的弟子，对于此类信函，往往置之不理。

但章认为，人家既有信来，总得答复，免使人家失望。因此这些被弃置的信，反而得章亲笔答复。

章家访客极多，章太炎不胜其烦，便在墙上贴纸条一张，上书："来客谈话以十分钟为限。"但客人中有与其论及学问的，章来了兴致，便忘了自己定的规矩，一聊就是一两个小时，客人要走，他拉住不让。一次，客人指了指墙上的纸条，他忙说："下次十分钟为限吧。"

1929年，上海《时报》曾有文章仿效《水浒传》一百零八将，为东南文坛的名士依次排座次，第一名天魁星为章太炎，第二名天罡星为陈三立。

张敬尧在北京东交民巷为人所暗杀，章太炎作小诗一首咏其事，诗曰："金丸一夜起交民，射杀湘东旧领军，为问长陵双石马，可知传法有沙门？"一日，左舜生至章家，见诗后问"沙门"何指，章笑道："古人作诗亦往往有在可解不可解之间者，何必深问？"

晚年，章太炎写信给友人蒋观云说："我已潦倒数十年，依然无恙，天公盖欲多留一人讲话耳。"蒋回信说："非天公多留一人讲话，乃多留一人吃饭耳。"章太炎阅后，拍案叫绝。

章太炎仰慕刘伯温，被袁世凯幽禁期间曾致信杜致远托其代谋葬地："刘公伯温，为中国元勋，平生久慕，欲速营葬地，与刘公冢墓相连，以申九原之慕，亦犹张苍水从鄂王（岳飞）而葬也。君既生长其乡，愿为我求一地，不论风水，但愿地稍高敞，近于刘氏之兆而已。"

汤国梨回忆，章太炎在上海居住时，曾有游某、李某二人到章家与章太炎密谈，说已经在日本组织中国流亡政府，并决定举章太炎当总统，希望章能到日本主持大计……章太炎本反蒋，听了二人的话后，似乎有所心动，但并未做出表示。汤国梨当着来人对章说："这个家是尔我共有的，如果你要去当总统，则我绝不想当总统夫人，你离家去日本当中国的流亡总统，这个家便是我的。此后无论你当总统与否，不必再来过问我这个家。我明天当亲自做一桌丰盛酒席，为你们饯行。"章太炎听罢，打消了去日本的念头。

章太炎去世后不久，有一个四十多岁的、操广东口音的妇人找到汤国梨，对汤说自己是从南洋来的，并说在南洋有一个以章太炎为首领的组织，本来组织与首领天天互通消息，但最近首领的消息忽然中断，所以特来探明情况。并说组织中有三支金镖，其中一支由章保管，问汤国梨是否章去世前将金镖交其保管。又说首领夫人叫汤国梨，长子章导、次子章奇。汤听罢极为惊讶，因为她从未听章提起，家中亦无电台，不知章如何与该组织互通消息。到汤国梨去世，她仍不知究竟是怎么回事。

“文化大革命”后期的“评法批儒”运动中，由于章太炎被认为是法家体系在晚清的代表，而获得平反。当时上海人民出版社解放了一批学者，编辑了若干章太炎的诗文、著作的选本和注释本。这些虽是受到政治风潮的影响，但为以后研究和编校章太炎著作奠定了基础。

婚　姻

章太炎曾说其择偶标准：“人之娶妻当饭吃，我之娶妻当药用。两湖人甚佳，安徽人次之，最不适合者为北方女子。广东女子言语不通，如外国人，那是最不敢当的。”后来章续娶汤国梨，能诗善文，虽并非章理想中的两湖人，却能说鄂语。

在与汤国梨结婚前，章太炎只娶一妾王氏，并未正式娶妻。他的自定年谱中关于此次婚姻，只是简单记载：“光绪十八年，二十五岁，纳妾王氏。”据章太炎弟子汪东所撰的《余杭章太炎先生墓志铭》中记载：“先置室，生女子三人。”据说章太炎早年患癫痫病，加上动辄言反满，被人认为是个“疯人疯言”的疯子，门当户对的人家无人愿将女儿嫁其，母亲只好将自己的陪嫁丫头许配给他。因地位悬殊，又无媒妁之言，故不能算正式结婚，只能算纳妾。而章太炎在文章或书信中提到王氏，也称其为“妾”。

1903 年，王氏去世，章太炎准备娶妻，在北京《顺天时报》上登了征婚广告，成为我国最早登报征婚的人。根据日本武田熙《章炳麟的结婚》及高田淳《章炳麟传》的记载，章征婚的条件大致如下：“一、以湖北籍女子为限；二、文理通顺，能作短篇文字；三、大家闺秀；四、出身于学校，双方平等自由，互相尊敬，保持美德；五、反对缠足女子，丈夫死后，可以再嫁，夫妇不和，可以离婚。”章太炎的征婚广告登出后，一时沸沸扬扬，传为奇谈。各地报纸争相转载报道，而章“夫死之后，不令守节，可以再嫁”，更被许多人认为荒唐透顶（按：章氏后人认为此征婚广告为人伪造，理由在于当时太炎办完王氏丧事，应蔡元培之邀，匆匆赶赴上海，去蔡创办的爱国女校教书，一边培养革命种子，一边去张园鼓动革命，一边与保皇党论战，为邹容写《革命军》序及《驳康有为论革命书》，并引发了震惊中外的“苏报案”，当年五月，太炎即被捕入狱，哪里会因不胜孤寂而登报征婚云云）。

章太炎对湖北女子有好感，据说，是因为他曾对湖北籍女子吴淑卿极为中意，也有人告诉他，吴对他亦有好感，但此事最后作罢。日本1936年8月的《中国文学日报》报道：“吴淑卿女士，十九岁，志愿加入革命军，称为革命女志士，为当时轰动一时的新闻人物。彼愿做章炳麟伴侣，有意示爱。章氏懵然，未曾介意。黎元洪见此情形，愿意做媒。章氏以革命为重，结婚为次，未成事实。”

据说章太炎在北京遭袁世凯软禁时，袁世凯有一次问过他。章太炎答：“湘女多情，鄂女多音。湖北人语音之中，保存着许多古音。本人研究古音，若有鄂女应征，自当结秦晋之好。”

汤国梨字志莹，自幼聪慧好学，曾入私塾读书两年。23岁时，汤国梨受革命新思潮影响，谢绝媒妁，入上海务本女校读书，乡人以奇女子视之。汤在校结识张謇之女张敬庄、张伯纯之女张默君等，常一起纵论天下大事，颇有男儿气概。1907年，汤以第一名的优异成绩毕业，任教于吴兴女校，后担任该校校长。1911年秋，汤与同学张默君、谈社英等筹组女子北伐队响应革命。后在孙中山的指示下，与张、谈等人在上海创办神州女校和《神州日报》。

汤国梨能诗善赋，章士钊在《伯兄太炎先生五十有六寿序》中写道：“吾嫂汤国梨女士，辞趣缤纷，足有才藻，徒以文名为吾兄所掩，则温和勤谨以相夫子，非吾兄欢辄不自欢。”

郑逸梅记载，沈泊尘为汤国梨表兄，闻章太炎无正式夫人，且知章研究音韵学，而以湖州音为标准，颇思择一湖州女子为妇，即介绍汤国梨。沈泊尘之叔沈和甫（汤国梨寄父）得知此事后谓：“婚姻大事，不可儿戏，当与章氏一晤，以检其是否为疯。”沈泊尘遂安排沈和甫与章见面。章有所准备，衣冠楚楚，与沈和甫会面，言语得当，一谈之余，沈和甫出语人曰：“谁谓章氏疯？谓章氏疯者，其人则真疯矣！”于是婚事乃定。

旧例，娶妇须先送首饰以为信物，首饰大都四件，奈何章太炎囊无余资，正在踌躇，适财政次长张弧来沪，馈赠二千金，报社方面致送一千金，兑得金戒指、金臂钏、金锁片，尚缺其一，章太炎忽想到袁世凯曾颁彼金勋章一枚，方凑成四件。

章、汤二人于1913年在上海哈同花园举行婚礼。婚礼上，一向糊涂的章太炎又闹出了不少笑话。这日，章太炎须穿西服，着皮鞋。章一向穿布鞋，不知如何

1913年，章太炎（右二）、汤国梨（左三）婚礼照片。右一为张继

穿皮鞋，结果左右不分，将鞋穿反，宾客见状狂笑不止。

结合当时报纸的报道和一些文字记载，章太炎和汤国梨在“一品香”餐馆宴客的情况大致如下：

章、汤在一品香大厅宴客，席间，一位女士提议要求新郎新娘当众做游戏：其一，新郎即席赋诗一首，以三十分钟为限，否则罚酒十杯。此游戏提出后，男宾们认为，为显公平，新郎吟成后，新娘须唱和，若新娘于短时间内未能吟出，录写旧作一首亦可。其二，于白纸板上书写八个两寸见方的字，请新郎新娘于距离一丈五尺外的地方辨认。如辨认不出，则罚酒。其三，请新郎新娘各讲笑话一则，如来宾中有三人不笑，则罚酒一杯，有五人以上不笑，罚唱歌曲一首。游戏规则提出后，女宾席派出二人，记时监督。

章太炎在二十分钟内即席成诗曰：“吾生虽稊米，亦知天地宽。振衣涉高岗，招君云之端。”请新娘作诗，新娘敬谢不敏，征得多数人认可，改请其录旧作一首。新娘吟道：“生来淡泊习蓬门，书剑携将隐小村。留有形骸随遇适，更无怀抱向人喧。消磨壮志余肝胆，谢绝尘缘慰梦魂。回首旧游烦恼地，可怜几辈尚生存。”众人一致称赞。

接着，男女两席各派代表拟定所书字样，书以“章童、汤炀、国圆、炳柄”八字，请章太炎辨认。因为章近视，故出此题，试其视力。章本将字看错，不料一弟子上前耳语，章得以过关。女宾们发觉后，一片哗然，群起攻击此弟子，并要章罚酒八觥，但饮到一半，章门弟子黄侃和汪东抢着代饮。

轮到讲笑话时，章怎么也想不出来，最后只能说："吾人读《红楼梦》，于贾二老爷谈笑话时，仿佛近之。"只有少数人笑了起来。轮到新娘，她想了很久，也未能讲出，于是由四名女弟子唱歌代替。

最后，众人一致让章太炎赋诗一首，答谢月老张伯纯。章太炎随即吟道："龙蛇兴大陆，云雨致江河。极目龟山峻，于今有斧柯。"众人听罢，称赞不已。

章太炎、汤国梨婚后与长辈合影

是日名流贤达，纷来道贺，如孙中山、黄兴、陈其美、杨千里等人均参与其盛。孙、黄演说毕，杨千里力请陈其美演说，陈亟欲遁走，几至失足而仆，观者大笑。

因孙中山、黄兴、陈其美等人都亲往祝贺，故哈同花园戒备森严。介绍人沈和甫是吴兴文士，有些土头土脑，见到爱俪园前门雄伟，已经畏怯非常，且沈一口湖州话，司阍的章家下人许福也听不懂，故许福以为他是陌生的参观者，拒不让其入内。等了许久，介绍人不到，主办方只好临时拉人，权充介绍人，才完成了这个结婚大典。

章太炎的婚礼极盛，但其家却甚为简陋，仅有白木方桌一张，长条木凳四只，新房内其他家具和陈设都是从外面租来的。

婚后一个月，章太炎匆匆告别新婚妻子，北上讨伐袁世凯，结果被袁软禁三年。章太炎被困后，屡求速死，章之长女自缢身死，汤国梨心中极为悲苦。

汤国梨曾直接致电袁世凯，要求袁释放章太炎："外子生性孤傲，久蒙总统海涵，留京全属保全盛意。惟旧仆被摈，通信又难，深居龙泉，殊乏生趣。伏乞曲赐慰谕，量予自由，俾勉加餐，幸保生命。黎结缡一年，信誓百岁，衔环结草，图报有日。"

后汤国梨又致信国务卿徐世昌："外子好谈得失，罔知忌讳，语或轻发，心实无他。自古文人积习，好与势逆，处境愈困，发言愈狂，屈子忧愤，乃作离骚，贾生痛哭，卒以夭折，是可哀也。外子若不幸而遽殒，生命诚若鸿毛，特恐道路传闻，人人短气，转为大总统盛德之累耳！”

汤国梨对嫁给章太炎颇觉委屈，她说：“关于择配章太炎，对一个女青年来说，有几点是不合要求的。一是其貌不扬，二是年龄太大（比我长13岁），三是很穷。可是他为了革命，在清王朝统治时即剪辫示绝，以后为革命坐牢，办《民报》宣传革命，其精神骨气与渊博的学问却非庸庸碌碌者所可企及。我想婚后可以在学问上随时向他讨教，便同意了婚事。无如婚后的章太炎，渐以夫权凌人。始知其已逝世之妾王氏，虽与生有女儿三人，稍不遂意，即遭其凌辱。所以太炎除老丑穷，脾气也很坏。”

1912年，章太炎娶妻前，朋友问他对于未来的夫人有什么要求，章回答：“什么严格的条件都没有，只要能读读《红楼梦》，也就足够了。”但汤国梨和他结婚后，他却规定她每天必须读《说文解字》。

汤国梨年轻时曾作诗一首描写乌镇农村的景色：“春水鸭头绿，夕阳牛背红。无风炊烟直，摇出小桥东。”儿子章导五六岁时，汤便教孩子读此诗。章导熟记后，读给章太炎听，章太炎听后说：“这首诗不知从哪里抄来的。”汤国梨异常气愤，以后便不再向章请教。

婚姻时日渐长，二人相处也日渐和谐。薛慧山记载：章太炎狂狷，“但有一个人，却能使章太炎软化的，那便是他的太太汤国梨女士，正当他在大发疯劲、滔滔不绝的当儿，只要汤女士娇嗔一声，他便点头微笑不再出声了。一物制一物，似天造地设”。

袁世凯去世后，章太炎重获自由，汤国梨随夫参加社会活动，成为章的得力助手。九一八事变后，章氏夫妇奔走呼号，动员抗日。淞沪会战打响后，汤国梨在上海创办伤兵医院，支援十九路军抗日。章创办章氏国学讲习所，汤国梨担任教务长。章太炎病逝后，她继承丈夫遗志，坚持办学，成立章氏国学讲习所董事会，亲自任董事长，并建立章氏藏书楼，整理章的遗书，出版《章太炎全集》。抗战爆发、讲习所被迫停办后，汤国梨又在上海创办太炎文学院，自任院长直至上海沦陷。

全国新中国成立前，汤国梨拒绝接国民党要职，亦拒去台湾。新中国成立后，汤国梨曾担任苏南行政公署专员，并当选江苏省和苏州市首届人民代表，任江苏省文史馆馆员、苏州市妇联执行委员、民革苏州市委副主任、主任等职务。“文化大革命”中，汤国梨受到冲击，幸得周恩来眷顾，才免遭迫害。1979 年，《章太炎全集》出版，汤国梨数十年夙愿终于实现。1980 年 7 月 27 日，98 岁高龄的汤国梨病逝于苏州，1986 年，迁葬于杭州西子湖畔南屏山麓章太炎墓侧。

革 命

鲁迅称乃师章太炎是“有学问的革命家”，认为“先生的业迹，留在革命史上的，实在比学术史上还要大”。

黄侃的《太炎先生行事记》中记录：“先生（章太炎）生而徇敏，幼读《东华录》，愤异族之君中国，即立志不仕进。”

14 岁时，章太炎听闻杭州有人出了一本叫“灭鞑子”的书，讲述元末明初汉人排满之事。章朝思暮想，希望一睹为快，于是决定亲自到杭州寻觅此书。章家门口就是运河，每天都有船到杭州。某天，章太炎上了一条船，对船家说要去杭州。船家知道他是仓前镇大户人家的孩子，未见大人带领，便不许章太炎上船。章只得快快地下了船。船至杭州，船家却意外地发现章在船上。原来出发时，章太炎趁船家不备，又悄悄上船，躲进了船舱。当家人发现章太炎失踪，四处找寻之时，章太炎已经携带着书回到了家中，而且在回家的路上他已将《灭鞑子》读完了。

1895 年《马关条约》签订后，章太炎异常气愤，从杭州寄给康有为设立的上海强学会 16 元会费，加入该会。次年年底，章应梁启超之邀，担任《时务报》撰述，结识谭嗣同等人。受梁、谭等人影响，章的思想渐趋革命。1897 年 6 月，章太炎在杭州发起成立兴浙会。

1897 年，时年三十岁的章太炎随叶浩吾来到《时务报》工作。章“独居一小楼上挥汗执笔，日不遑食，夜不遑息”，发表了《论亚洲宜自为唇齿》、《论学会有益于黄人亟宜保护》等一系列支持变法的文章。由于他文辞犀利，论说有力，使维新派感到振奋，谭嗣同在给汪康年和梁启超信中说：“贵馆添章枚叔先生，读其文，真巨子也，大致卓公（梁启超）如贾谊，章似司马相如”，黄遵宪给汪良年信也谈道：“馆中新聘章枚叔、麦孺博，均高材生，大张吾军，使人增气。”

孙中山因从事反清革命斗争被清廷驻英国使馆幽禁于伦敦，引起海内外哗然。章太炎阅西报得悉其事，“问梁启超：‘孙逸仙如何人？’梁云：‘此人蓄志倾覆满洲政府。’”章太炎听罢，“心甚壮之”，暗暗引为同志，说：“窃幸吾道不孤！”

1898 年 12 月，章太炎因支持维新变法，遭到清廷通缉，逃往日本占领下的台湾，次年又因发表言论，触怒台湾当局，随后奔赴日本，八月回国。在日本期间，章太炎与孙中山晤面，过从甚密。

1900 年，章太炎的《訄书》出版。章在书中提倡复兴诸子之学，排满，反对列强，并首倡光复之说，在当时产生了深远的社会影响。清廷后来因“苏报案”诉章太炎时，此书也是清廷指控章的罪状之一。

是年 7 月，唐才常发起“张园国会”，章太炎、严复、容闳等八十余人参加了大会；章对唐等人“排满”又“勤王”的大会宗旨极为不满，他说：“诚欲光复汉绩，不宜首鼠两端，自失名义。果欲勤王，则余与诸君异趣也。”于是他当场“宣言脱社，割辫与绝”，脱去“戎狄之服”（清朝服饰），换上“欧罗马衣笠”（西服），扬长而去。随后，章写《解辫发》一文明志。唐才常自立军失败后，章太炎被清廷追捕，躲到家乡余杭龙泉寺中避难十日，方返回上海。宋平子等友人相见慰问，规劝他宜明哲保身。章答曰：“辫发断矣，复何言！”宋平子笑曰：“君以一儒生，欲覆满洲三百年帝业，云何不量力至此，得非明室遗老魂魄凭身耶。”章太炎亦笑。

1901 年，由吴保初介绍，章太炎到东吴大学任中文教员。在课堂上，章不谈经史，却大谈民族大义，倡导学生走光复之路，一时哗然。他发表《正仇满论》，在书中首次对清廷及保皇主义公开进行批判。保皇派十分震惊，视章为“乱党”。次年元月，江苏巡抚恩寿到学校通知该校美籍校长，要缉拿章太炎。章此时正回家过年，得到吴君遂的通报后，匆忙逃往日本。

在日本，章太炎于明崇祯皇帝的忌日，发起支那亡国二百四十二年纪念会。因清室干预，日本警方驱散学生，孙中山及数百留学生未能与会，后在横滨补办仪式。席间，孙中山提议与会者各敬章太炎一杯酒，共计七十余杯，章太炎亦未醉。

爱国学社规定师生每周要去张园演讲，“倡言革命”。章太炎每会必与，登上会台，慷慨演说一番。马叙伦回忆，章时已断发，而仍着旧装。夏季，套一件浅绿纱半截衫，袒胸赤臂，裤腰上系两根缚腿带，因带子不紧，时不时以手提裤，以免裤子掉落。章登台不从台后拾级而上，而是自台前攀援而上，登台后，演说不过数语，即大声疾呼：“必须革命，不可不革命，不可不革命。”言毕而下。台下掌声雷动，一到散会的时候，就有许多青年“像蚂蚁附着盐鱼一样，向他致敬、致亲”。

章太炎在日本与张继相识，后在爱国学社，又结识了邹容、章士钊，四人意气相投，过从甚密，约为兄弟，常常聚会，纵论天下。邹容少年气盛，每每出语惊人，引得章太炎刮目相看。邹容见爱国学社许多人日日学习英语，嘲笑他们道："你们弃了国学不研究，专习英文，将来堪做买办，预备做洋奴了。"这些学员听了，气得要动手打他。但邹容性情暴悍，加之身上别着一支手枪，人不离枪，枪不离身，大家终不敢惹他。邹容倜傥不群，对章太炎却一见倾心。章太炎这一年35岁，邹容方19岁，两人相见恨晚，成为忘年之交。邹容封章太炎为东帝，自称西帝，平日称章太炎大哥，自称小弟。

1903年，章太炎为邹容《革命军》一书作序，称该书为"义师先声"，因文中有"载湉（光绪）小丑，不辨菽麦"之语，引起清廷震怒；同年6月，章太炎的《驳康有为论革命书》与《革命军》同时付梓刊行，不足一月，便抢购一空。此时，《苏报》又以《康有为与觉罗君之关系》为题，摘录发表了章的《驳康有为论革命书》一文，在全国引起了极大的反响。清廷要求租界查封《苏报》，逮捕章太炎与邹容。因讼案发生在上海租界，经外国法庭审判，章太炎被判刑三年。

1906年6月，章太炎出狱，孙中山派人将其接到日本。在东京留学生欢迎会上，章太炎发表演说，认为当前最紧要的，"第一，是用宗教发起信心，增进国民的道德；第二，是用国粹激动种姓，增进爱国的热肠"。到日本后，章太炎加入同盟会，主办《民报》，与梁启超主持的《新民丛报》论战。章的加入，使得"向之与《新民丛报》有关系者，莫不倒戈相向"。一时，《民报》的销售数量激增，而《新民丛报》则大规模减少，最后《新民丛报》不得不停战，关门了事。

1907年，同盟会原本计划从日本运送枪械到钦州防城附近的白龙港，以支援当地起义。章太炎在《民报》报社听日本人平山和田说，同盟会所购的枪械陈旧不堪作战，便一心要破坏孙的购买计划。刘揆一回忆，章太炎当时"乱吵乱嚷地说道：'孙某所购军火是村田式，这种式子在日本老早不用了，用到中国去不是使同志白白地丢了性命吗？可见得孙某实在是没道理，我们要破坏他！'他说了这些话便使别的同志也附和了起来"。章太炎想到一个办法，《民报》与香港的报纸多有业务联系，他便给香港的《中国日报》发了一个明码电报，电报上载："械劣难用，请停止另购。"由于事情已公之于众，孙中山等人只好协商取消此次计划。但冯自由说，章"秉性憨直，少有感触，辄一吐为快"，而运枪械到钦州的计划早已取消，不能归咎于章太炎。

"中华民国"之名乃是章太炎首先提出，中华民国国旗五色旗也由章太炎提议。

1936年，鲁迅撰文纪念老师时叹道："至于今，惟我们的'中华民国'之称，尚系发源于先生的《中华民国解》，为巨大的纪念而已。然而知道这一重公案者，恐怕也已经不多了。"

民国成立后，章太炎一度拥护袁世凯。二次革命袁世凯迫害革命党人，章太炎大闹总统府，被袁世凯软禁。余杭的章氏族人恐受牵累，在家祠中召开全族会议，将章太炎开除出族。汤国梨因章被囚一事，派家人寿荣去见章太炎的兄长章箴。寿荣进入大门后，即被命站在天井中，不准入室内。章箴对寿荣说："太炎被捕，家族无能为力，且恐祸及全族，已将他开除出族了。"说完，挥手令去。

袁世凯死后，章太炎获释归家，未住满一月，又去西南和南洋争取革命力量，一去近半年。南洋归来，长子章导出生尚未满三个月，章又离家参加护法战争，随孙中山去广州组织护法军政府，一年零三个月后才回家。夫人汤国梨日后每忆及此，总不胜感叹，说章太炎心里只有国，没有家。

章导回忆：记得一九一七年夏，我家居住现在上海连云路延安路口的也是庐，中山先生住现在的香山路，常派车来接先父去商量国家大事。有一天，先父去中山先生寓所夜深未归，先母遣人去接，派去的人回来说："先生（指先父）说今天会议未完，不回来了。"第二天再遣人去接，又回来说："先生说今天会议未完，不回来了。"第三天依然未能接回。第四天正拟遣人再去，只见报章已登载他随中山先生乘军舰去广州，不告而去了。

章太炎追随孙中山参加护法运动，担任护法军政府秘书长，以及川、滇、黔靖国军总参议。他奔走于西南各派军阀之间，历时一年三个月，行程一万四千里，为促进各派的联合，他唇焦舌敝，但派系斗争有增无减，护法运动最终失败。章太炎这才彻底意识到西南各军阀与北洋军阀"为一丘之貉"，遂"发愤杜门，不时见人"。

1925年，五卅运动爆发，章太炎发出通电，欲"使水深火热之民，早登衽席"。

九一八事变后，章太炎在给友人的信中愤然道："东事之起，仆无一言，以为有此总司令、此副司令，欲奉、吉之不失，不能也。东人睥睨辽东三十余年，经无数曲折，始下毒手"，虽然抵抗未必能胜，"败而失之，较之双手奉送，犹为有人格也。辽东虽失，而辽西、热河不可不守"。

张中行在《章太炎》一文中回忆章太炎演讲："现在只记得最后一句是：'也应该注意防范，不要赶走了秦桧，迎来石敬瑭啊！'其时是'九一八'以后不久，大局步步退让的时候。话虽然以诙谐出之，意思却是沉痛的，所以听者都带着愤慨的心情目送老人走出去。”

1932 年 2 月 23 日，章太炎动身北上，此时“一·二八”战火未熄，北上火车尚未通行，他冒着吴淞口纷飞的炮火，坐船前往青岛，然后改乘火车抵达北京。当时记者访问章太炎，询问北上之意和对时局的看法。他回答道：“此次来平，将分访张汉卿（张学良）、吴子玉（吴佩孚）诸氏”，“对日本之侵略，惟有一战，中国目前只此一条路可走。”张学良到花园饭店看望章。据当时在场的刘文典回忆：“张学良去见他的时候，我在楼下龚振鹏的房里，听见他大声疾呼，声震屋瓦，他那种激昂慷慨的声音，至今还留在我耳朵里。”汤国梨回忆说：“张学良是很尊重太炎的，据说当时深为感动，面对正直的民国元勋，他既无从申辩，又无法出兵，于是对太炎出示了蒋介石给他的不抵抗密令，以说明苦衷。据说这是张学良第一次向人透露这个密令。这时太炎感到无可奈何，不久就南归了。”

是年 3 月，国联派出以李顿为首的调查团来华调查中日事件，国民党政府驻国联代表顾维钧也随团同往。日军对国联的调查百般阻碍，甚至扣留调查团成员。章太炎闻讯，立即写信给顾维钧，要他学习洪皓、左懋第以死自矢，“牺牲一身，而可以彰日人之暴行，启国联之义愤，为利于中国者正大”。顾维钧得信，啼笑皆非。

1933 年 4 月 1 日，章太炎与马相伯、沈恩孚发表《三老宣言》，指出抗日的希望不应寄托在国联仲裁上，应“以自力自助自求”。4 月 27 日，他与马相伯联名通电，告国人毋因小胜而忘大虞。5 月，冯玉祥在张家口就任民众抗日同盟军总司令，率吉鸿昌等宣誓抗日，章太炎立即与马相伯通电声援，电云：“某等虽在暮年，一息尚存，必随全国民众为执事后盾。”每当前线传来捷报，他必致电祝贺，并亲为《察哈尔抗日实录》一书作序，赞颂冯玉祥察哈尔抗日的功勋。当他得知华北失守，危及南京时，便愤然作诗鞭挞：“淮上无坚守，江心

1932 年，北上督促张学良抗日的章太炎（刘半农摄影）

尚苟安。怜君未穷巧，更试出蓝看。”

蒋介石对章太炎十分恼火，于是让章的金兰兄弟——国民党要员张继出面，劝“大哥当安心讲学，勿议时事”。章太炎闻言，愤然提笔作答，说：“吾老矣，岂复好摘发阴私以示天下不广？……吾辈往日之业，至今且全堕矣，谁实为主？吾辈安得默尔而息也？”“五年以来，当局恶贯已盈，道路侧目。”“栋折榱崩，吾辈亦将受压。而弟欲使人不言，得无效厉王之监谤乎？”章太炎最后说：我“年已耆艾，唯望以中华民国人民之名表吾墓道”，他反问张继：“谁使吾辈为小朝廷之民者？谁使同盟会为清名而被人揶揄嘲弄者？愿弟明以教我。”

政　见

章太炎之父立下《家训》，要求子女们不得对清廷卑躬相事，并希望子女们精研经史。章父生前曾对家人道：“吾家入清已七八世，殁皆用深衣（汉族士大夫平时闲居在家时所穿的衣服，上衣和下裳相连）敛，吾虽得职事官，未尝诣吏部，吾即死，不敢违家教，无加清时章服。”章太炎听闻，尤为感动。

少时，章太炎受外祖父朱有虔启导。其十一二岁时，朱为其讲《东华录》，说：“夷夏之防同于君臣之义。”章问：“前人有谈此语否？”朱答：“王船山、顾亭林已言之，尤以王氏之言为甚，谓历代亡国无足轻重，惟南宋之亡则衣冠文物亦与之俱亡。”章说：“明亡于清，反不如亡于李闯。”朱回答道：“今不必作此论，若果李闯得明天下，闯虽不善，其子孙未必皆不善，惟今不必作此论耳。”章日后自陈：“余之革命思想，即伏根于此。依外祖之言观之，可见种族革命思想原在汉人心中，惟隐而不显耳。”

章太炎主张排满，曾作《逐满歌》，其中直呼清朝皇帝名讳，讽刺清廷叔嫂通奸等一系列秽闻，语气十分蔑视。梁鼎芬的弟子朱强甫问章道：“你的祖宗不也有人做过清朝的官吗？”章太炎答道：“那是为强暴所污，不得已而为之！”张之洞遂辞章太炎，赠以五百金。梁鼎芬却扣留其款，章只能狼狈而归。

1899 年，章太炎第一次流亡日本期间，结识孙中山。此次见面，章太炎被孙中山“当今中国不流血就不能推翻满清王朝”的议论深深打动，连连叫好，称其为“卓识”。

章太炎在东吴大学讲授中文课程，但他好对学生讲民族大义，给学生出的论文是“李自成胡林翼论”，意为即使是灭亡了大明的李自成，也胜过苦心孤诣维护异族江山的胡林翼。

1902年，章太炎在日本发起纪念支那亡国会，清朝驻日公使蔡均得知后，大为惊恐，请东京警察厅下令解散此会。日本警察便传讯章太炎等人，章等人“如约偕行，时着华服者只太炎和陈桃痴二人。太炎长衣大袖，手摇羽扇，颇为路人所注目”。日本警察问章等人是清国何省人？章回答：“我们是支那人，非清国人。”警察吃惊道：“你在国内什么阶层？士族还是平民？”章答：“遗民。”警察无奈，只好让他回去了。

在爱国学社任教时，章太炎曾给学生们出过一道作文题，为：某某某本纪，命学生作一篇自传。柳亚子时在爱国学社读书，写了一篇《柳人权本纪》（人权是柳当时改用的名字）交卷，章非常赏识。

1904年，慈禧七十大寿，章太炎写下一副对联以示讽刺，传诵一时：“今日到南苑，明日到北海，何日再到古长安？叹黎民膏血全枯，只为一人歌庆有；五十割琉球，六十割台湾，而今又割东三省，痛赤县邦圻益蹙，每逢万寿祝疆无。”

1906年7月15日，出狱后的的章太炎来到日本。孙中山与东京留学生为其开欢迎会，到会者两千多人，由于地方太小，许多人只能挤在屋檐下或爬在窗台上，以求一睹章太炎的风采。这天一直下着大雨，许多人从上午9点钟到中午12点钟，“咸植立雨中，无惰容”。章在会上致辞说：“兄弟少小的时候，因读蒋氏《东华录》，其中有戴名世、曾静、查嗣庭诸人的案件，便心中发愤，觉得异种乱华，是我们心里第一恨事。后来读郑所南、王船山两先生的书，全是那些保卫汉种的话，民族思想渐渐发达。”

章太炎与吴稚晖打笔墨官司，复吴稚晖书中自白云：“少小未尝应试，至今犹是汉族完人也。”

中华民国成立前，曾开会商讨国旗一事。孙中山提议用青天白日旗，黄兴主张用井字旗，袁世凯主张用龙旗，章太炎提议用首先光复南京的江浙联军的军旗五色旗。章说：“红、黄、蓝、白、黑五色，代表我国汉、满、蒙古、回、藏五个民族，寓意五族共和。”于是，五色旗成为中华民国国旗，直至民国十六年蒋介石改用青天白日旗为止。

孙中山任临时大总统时，曾聘章太炎为总统府枢密顾问。此时，章太炎对孙中山心存芥蒂，因为他认为光复会副会长陶成章之死，是孙中山所为。

章太炎强烈感受到南京临时政府的软弱，他提出的种种主张和方案不被采纳。此时，他更希望尽早结束南北分裂的局面，共御外辱。最为了实现自己的政治抱负，权衡对比后，他将希望寄托在袁世凯身上。于是章开始为袁摇旗呐喊，攻击同盟会的革命党人，骂他们是“鼠窃狗偷”的“群盗”。但当袁世凯如愿上台，并开始迫害革命党人、谋划称帝时，章太炎、梁启超等人才如梦方醒，悔之莫及。此时，章才认识到革命党人必须重新联合起来，于是主动找到孙中山、黄兴等人，开始商讨如何对付袁世凯的阴谋。

章太炎对于临时政府的许多设施如定都、借款等事多所匡正，同时对于党政军人的争权夺利深致不满。某次在南京的川军革命时期死义先烈追悼会上，章太炎送来一副挽联，上书：“此地龙蟠虎踞，古人之虚言；群盗鼠窃狗偷，死者不瞑目！”

章太炎独独对黎元洪心生好感，无论政治风云如何变换，他都鼎力支持黎，以至于有报社记者说：“章太炎先生的政见，无外乎‘总统非黎公不可’。”

袁世凯上台后，给了章太炎一个虚职：“东三省筹边使”，并拨给他一万元经费。章踌躇满志，到吉林赴任，发表了《筹边使告东北父老书》和《筹边使四策》等文告。没曾想刚到东北便受冷遇，无人迎接不说，召见吉林西南道孟宪彝和长春知府德养源，二人竟不理会。章气愤不已，找到吉林都督陈昭常说：“本使是国家堂堂官吏，他们被传不到，就是目无本使，就是目无共和国家！”陈昭常深知袁的用心，并不和章计较，对章恭敬如仪，好吃好喝招待，最终将章礼送出境了事。至此，章才若有所悟，对袁颇为失望。

章太炎在为刘成禺的《洪宪纪事诗》作序时，将袁世凯的洪宪解释为：“袁世凯以明太祖建号洪武。满清以太平军为劲敌，其主洪也。武昌倡议者黎元洪，欲用其名以厌胜之，是以建元曰洪宪。”

袁世凯称帝之时，章太炎弟子康宝忠亦拥护袁。康去探望幽禁中的章，章问康道：“我未教尔劝人家做皇帝，汝何故反背师说？”康曰：“先生亦皇帝也。素王改制，加乎王心。先生执《春秋》之笔，行天子之事。项城不过借周室天子位，以洪宪元旦，为‘元年春王周正月’耳。兴周故宋，黜周王鲁；笔削之权，仍属先生。”章曰：“周家天子姓姬，洪宪天子姓袁，汝何不直称之曰袁术？我已为彼贮蜜十斛，恐江亭呼唤，声力俱碎，一滴不能入口耳。尚欲闻蜜脾香乎？速去勿多言。”

护法运动时，章太炎到云南游说唐继尧，唐亦慕章太炎之名，放八十一响礼炮以示敬。但章到后发现唐没有出兵诚意，而且治下秩序混乱，乌烟瘴气，颇为失望。于是，他白昼外出，命人手提灯笼，上书“大元帅府秘书章”的字样，引起围观如堵。有人问何故，他答道：“地方黑暗，不得不借此以见一线光明也。”也有说法称，章当时答：“此地种鸦片，漆黑一片，不照明何以举步？”

1920年，章太炎由最初的反对军阀割据转变为赞成军阀割据，提出“联省自治，虚置政府议”的主张。1922年，黎元洪就任总统，章太炎受勋一枚，到处宣讲“联省自治”，还主张首都“南迁武汉”。

1924年，中国国民党第一次全国代表大会召开，发表宣言，实现国共合作。在国民党右派冯自由、居正等人的怂恿下，章太炎公开发表言论，反对国共合作。章太炎说蒋介石执行的三民主义是“卖国主义、党治主义与民不聊生主义。”

章太炎后支持孙传芳，而于1927年被国民党以“学阀”的罪名通缉。1928年6月，南京政府宣布“统一告成”，改“五色旗”为“青天白日旗”。同年，黎元洪去世。章太炎认为中华民国已经死去，他始终不承认蒋介石的中华民国，不当青天白日旗的顺民，自称“中华民国遗民”。11月22日，国民党放松了对章的限制。隐匿经年的章太炎，参加老友蒋智由之子蒋尊簋举行的新闻记者招待会时说，今民不堪命，蒋介石是最大魁首，以党治国是攫夺国民政权，“袁世凯个人要做皇帝，他们是一个党要当皇帝，这是叛国，叛国者国民应起而讨伐之”。第二天，国民党上海市三区党部再次呈请通缉章太炎，25日，国民党特别市党务指导委员会五十八次常会通过“通缉反动分子章炳麟案”。章太炎只得再次隐匿，躲到妻妹汤国夙家位于上海成都北路一栋二层小楼中，过着完全与世隔绝的日子。自1927年至1931年，章太炎的行踪几从全国报刊中消失。

三十年代，薛慧山去拜谒章太炎，闲谈中章郑重地说：“我是同情青年人的，你反封建……”突然又提高了声音说：“但是你知革命以后，竟比封建时代更糟吗？”

1935年12月9日，北方的广大学生纷纷上街游行请愿，要求政府积极抗日。国民党华北当局宋哲元欲以“共党分子”作乱为由镇压学生运动，章太炎得知消息后，去电支持学生运动，曰：“学生请愿，事出公诚。纵有加入共党者，但论今之主张何如，何论其平素。”宋哲元复电表示：“先生之嘱，自当遵办。”

七七事变发生后，上海学生赴南京请愿，列车被扣于苏州。时天寒风厉，群情义愤，居苏的章太炎得知后，立请吴县县长，以饼饵等为饷。

蒋介石对章太炎晚年的抗日言论颇为忌惮，曾派章太炎的老友、中执委秘书长丁惟汾，借探望为名，给章太炎送去一万元“疗疾费”，欲封其口。章公开登报宣布作为“讲习会基金”，用以办学，奖励学子，而“肆言照旧”。蒋日后屡次任命其为“国史馆长”、“政府高等顾问”、“粤海书院院长”，章太炎均坚拒。

1936 年 5 月，蒋介石亲自写信给章太炎，“属以共信济艰之义，劝诱国人”。6 月 4 日，章复书蒋，劝他“开诚布公，以悬群众，使将相之视枢府，犹手足之扞头目”，并建议将察哈尔一省“交付之共党”，因为中国共产党“对于日军，必不肯俯首驯伏明甚”，要求将共产党和工农红军“姑以民军视之”。章太炎此前坚决反对共产党，反对国共合作，称共产党武装为“赤匪”，后又改称“赤军”，到此次已称之为“民军”。

章太炎原本为自己选择去世后葬在刘伯温墓侧，但国难当头之时，他选择死后与抗清英雄张苍水毗邻以明志。他生前曾替《张苍水集》作跋，叹曰：“余不得遭公，为执牧圉。”

囚　禁

1903 年，邹容写《革命军》一书，请章太炎为之作序，《苏报》选登章之文章，引发清廷震怒。清政府下密谕，拿办上海革命党。上海道商之于租界总领事。总领事已经签字，但工部局以政治犯例应保护，不肯执行。被拿者六人：章太炎、蔡元培、邹容、黄宗仰、吴稚晖、陈范。工部局屡传蔡、吴前去，告以尽力保护之意，实即暗示被拿诸人从速离开上海。不久，两江总督魏光焘派道员俞明震来沪查办，于是蔡赴青岛，吴赴欧洲，陈赴日本，黄宗仰避居哈同花园。独章太炎不肯他去，并且让邹容也不可离去，说：“革命没有不流血的。我被清政府查拿，现在已经第七次了。”

清政府严谕魏光焘，有“上海爱国党倡言革命，该督形同聋聩”之语，魏惶恐，因工部局不肯拘人，乃问计于律师，律师以为只有诉诸法律。于是魏光焘代表清政府为原告，控诉章太炎等六人于会审公廨。工部局于闰五月初六日，出票拘人。巡捕至爱国学社，进客室，问谁是章炳麟。章正在室内，自指鼻端答道：“章炳麟就是我。”欣然同去，大有“我不入地狱，谁入地狱”的节概。

吴稚晖回忆，闰五月初五傍晚，报社诸人已经听说巡捕房将来拿人，便商量逃走，但面对章太炎时不敢说逃走之事。是晚，吴等人到苏报报社人员住处，直奔楼上。章太炎、王小徐、俞桐伯等人已经就寝。吴等人发出声响，章即在被中骂曰："小事扰扰。"次日早上七时，叶浩吾来劝章太炎离去，说留此身以有待，章未听从。叶离去后，吴稚晖与沈步洲进门，章独自在楼梯下一张桌子上喝粥。他见二人上楼，做鄙夷不屑之态曰："赫赫。"吴亦不让步，一而上楼梯，一面对他做鬼脸"哈哈"，即飞奔上楼。下午，章即被捕，吴听说，到巡捕房，章马上写条子，劝邹容、龙积之自首。龙连夜到案，邹本被张继藏在虹口一位西洋教士家中，也听从章之言，七日便投案自首了。

因讼案发生在上海租界，当时，清政府曾向西方列强许下了沪宁铁路的特权、白银十万两引渡章太炎、邹容，但在舆论重压下，西方列强称："租界事，应当在租界处理。"章太炎等人的案件仍由租界的会审公廨审理，得以不被清廷引渡。

章太炎被捕后，上海《新闻报》上有文章，嘲笑章主动送上门，"不去为愚"。章看见此文后，写下《狱中新闻报记者书》一文，刊登在最后一期《苏报》上。章在文中称：在当今的时代，必须实行革命，而"吾辈书生，未有寸刃尺匕足之抗衡，相延入狱，志在流血，性分所定，上可以质皇天后土，下可以对四万万人矣！"最后，章太炎嘲讽《新闻报》的记者说："斥鷃井蛙，安足与知鲲鹏之志哉！"并以革命者的豪情写道："天命方新，来复不远，请看五十年后，铜像巍巍立于云表者，为我为尔，坐以待之，无多聒聒可也。"从此文足见，章太炎当时就有杀身成仁的想法。

会审公廨开庭之日，章太炎长发披肩，穿着他的"汉家和服"。邹容剪掉辫子，西服革履。庭审完毕，他们坐着马车回巡捕房，上海街头万人空巷，争睹章、邹英容，章高声诵诗曰："风吹枷锁满城香，街市争看员外郎。"

章太炎被判刑三年，邹容被判刑两年。1904 年 5 月正式宣判以后，章太炎、邹容被移送到位于提篮桥的上海西牢监禁。章太炎回忆，两人虽不在同一监室居住，但在同一个工作室做裁缝工作，主要缝袜底，有时也缝囚衣。章太炎近视，缝补动作不敏捷，经常挨巡警的棍子。章后来回忆狱中生活说："今西人所设狱，外观甚洁清，而食不足以充腹，且无盐豉，衣又至单寒，卧不得安眠，闻铃即起。囚人相对，不得发一言，言即被棒。此直地狱耳。"

面对狱卒的虐待，章太炎曾对邹容说："尔我体皆弱，又不忍辱，与为白人陵藉而死也，勿宁早自为计，然以禁锢期限计之，我三年，尔二年，尔当生，我当死。”邹容哽咽流涕：“兄死，余不得不死。”章说：“不闻子胥兄弟事耶？且白人内相陵逼，而外犹恶其名。余死，彼惧烦言之不解也，必宽假尔。”因而求死，但在狱中，刀索金环毒药皆不可得。章太炎遂决定绝食，并言：“独饿死耳。中国饿死之故鬼，第一伯夷，第二龚胜，第三司空图，第四谢枋得，第五刘宗周，与我而六。”章断食七日不死，同狱之人劝道：“断食虽久，不必死，徒呕血耳，毋自苦。”章遂放弃。但邹容却随之病倒，一年后，年仅二十岁的邹容庾死狱中，章太炎伤恸不已。

由于邹容的死，章太炎在狱中的情况大为改善，章后来在《与篁溪书狱中事》中写道：“威丹（邹容的字）既殁，白人稍善视余，使任执爨之役，因得恣意啖食。余之生，威之死为之也。”张篁溪也在《章太炎先生在狱佚闻录》中记载，后来章得到一个美差：做饭，因为做饭的人可以偷吃，这是做饭者特有的权利，故其他犯人极为羡慕。

1906 年 6 月 29 日，章太炎出狱。是日之晨，蔡孑民、叶浩吾、蒋维乔等数十余人，均集于河南路工部局门前守候，迎接章重获自由。出狱时，章剃一光头，人谓恐风吹伤脑，章笑曰：“刀尚不怕，乌论风吹。”孙中山也特地派龚炼百、时功玖、胡国染、仇亮等人专程从日本到沪，迎接章出狱。当章走出牢门，大家鼓掌欢迎，一齐乘马车至吴淞中国公学。熊克武问章：“你准备去哪里？”章说：“中山在哪里，我就去哪里。”同盟会总部代表即代表孙邀请章太炎赴日本，章马上表示：“孙逸仙与吾辈同气，允宜合作。”当晚就随同盟会代表东渡日本。

到日本后，章太炎担任《民报》主笔。章一接手《民报》，立即引起清政府的恐慌。清政府马上派唐绍仪与日本政府交涉，于是《民报》被禁，章太炎几次入警署进行交涉，并三次致书日本内务大臣，均未果。1908 年 11 月 26 日，东京地方法院裁判厅开庭审讯，章太炎据理辩驳，无懈可击，裁判长被章的辩词说得张口结舌、理屈词穷。但东京地方法院仍判决章太炎罚金 150 元或服役 150 天。章的学生鲁迅、许寿裳等人代他交了罚金，章太炎在被关押一天后获释。

1913 年，二次革命失败后，新婚不久的章太炎从上海跑到北京讨伐袁世凯。当时袁世凯密布网罗，搜捕革命党人，孙中山、黄兴等人邀章同去日本，章拒绝，理直气壮地说：“以前为了反帝反满，所以在日本闹革命，现在已经光复，为什么还要去日本！”汤国梨也曾力劝他东渡，但他毅然说：“事出非常，明知虎穴，义不容辞，我志已决，卿毋多虑。”遂匆匆北上。

吴宗慈回忆，是袁世凯授意共和党“急电促章入都”的。“太炎先生居沪，常发表反袁文字，一纸宣传，报章争载，袁恨且畏，而无如何。鄂人陈某献媚于袁，谓破可致太炎于北京，袁颔之，陈乃商之共和党郑某、胡某，于党中集会，谓党势孤危，不如请太炎先生来京主持党事，党议韪之。不一月，先生遂入京，即寓化石桥共和党本部。到京后，仅一往晤黎公，袁遣人招之往见，弗应也。”

袁世凯命北京军政执法处明以保护共和党党部，暗对章太炎进行监视，限制其行动，并不许章随意与他人会面。章开始并不知情，一日，他乘车外出赴宴时，宪兵也跳上车，呈前后夹卫状，宴后归时，夹卫如故。章颇觉奇怪，问张伯烈，张未如实相告。第二日，他再问胡培德，胡对他说：“此为袁世凯派来保护者。”章闻言大怒，抄起手杖把宪兵打得抱头鼠窜，这才心情大好，对吴宗慈说：“袁狗被我赶走了！”吴只能唯唯以对。

章太炎曾致书袁世凯，要求袁勿对其进行监视，但袁并不理会。吴宗慈回忆这段时间章的生活状况：“先生居党部右院斗室中，朋辈过从极少，日其谈话者为宗慈与亚农，张真吾三数人耳，上天下地，无所不谈。谈话既穷，继以狂饮，醉则怒骂，甚或于窗壁遗遍‘袁贼’字以泄愤，或掘树书‘袁贼’埋而焚之，大呼‘袁贼烧死矣’。骂倦则作书自遣，大篆、小楷、行草，堆置案头，日若干纸，党中侪辈欲得其书者，则令购宣纸易之，派小奚一人主其事。”

章太炎喜以花生米佐酒，居化石桥时，每饮必去花生蒂曰：“杀了袁皇帝头矣。”继而大乐。

为了收买章太炎，袁世凯曾派陆建章的秘书秦某（曾为前清翰林）前去探望章太炎。吴宗慈回忆：“秦入，致词毕，探怀出钞币五百元置书案。先生初默无一语，至此，遽起立持币掷奏面，张目叱曰：‘袁奴速去’。秦乃狼狈而遁。”

章太炎被监视，心情郁郁。此时，其得意弟子黄侃到北大教书，前来陪侍，章便口授《中国文学史》讲义，由黄侃悉心整理，师徒二人常夤夜不辍，章稍觉宽慰。

吴宗慈回忆：“黎公念先生抑都，召慈等至瀛台，商所以安慰之策，嘱询先生在京愿为何事，经费可负责，并言袁对之尚具善意，但不欲其出京及发表任何文字耳。慈等归商先生，先生表示愿组考文苑事。复黎公命。黎往商袁，年拨经费十五万元，先生开列预算，坚持非七十五万元不可。袁允经费可酌增，但不必如预算所列，设机关办事。……先生最终表示，经费可略减，但必须设机关办实事。……双方谈判，终告决裂。……当时预算中，所拟办事人才，其高足弟子黄季刚，赫然首选焉。”

出京不得，章太炎就开始讲学，聊以解忧。吴宗慈回忆：“国学讲习所遂克期成立。……袁氏私人受命来监察者，亦厕讲筵。讲授科目为经学、史学、玄学、子学，每科编讲义，党中此类书籍无多，先生亦不令向外间购借，便便腹笥，取之有余。讲授时源源本本，如数家珍，贯串经史，融和新旧，阐明义理，剖析精要，多数到创见之处。讲学时绝无政治上感情，不惟专诚学子听之忘倦，即袁氏之私人无不心服，忘其来意矣。”

1914 年 1 月 3 日，章太炎摆脱袁世凯便衣的监视，托人买好了离京的火车票。临行前，章约共和党本部干事张伯烈、张大昕、吴宗慈等人前来为自己饯行。席间，众人豪饮，有人倡议以“骂袁”为酒令，章大喜，边喝边骂，结果一直喝到下午五点。到了车站，已经阒静无人，火车早就开了。

延误了火车，章太炎不愿回共和党党部，到六国饭店住下。谁知甫一住下，看守他的军警便闻讯而来。章气愤异常，张伯烈劝他去见见袁世凯，向袁当面辞行。

1 月 7 日晨，天气异常寒冷，章太炎独自赴总统府见袁世凯。章身着蓝布长衫，手持羽扇，扇下坠勋章，兀坐承宣处，等候袁召见。少顷，梁士诒前来接待，未及开口，章即说：“吾见袁世凯，宁见汝耶？”梁默然而去。旋即又来一秘书，谓总统事冗，请稍待。久等无消息，章太炎大怒，将承宣处内器物几乎砸尽。至下午五时许，陆建章昂然入内，向章鞠躬道：“总统有要公，劳久候，殊歉。今遣某迎先生入见。”章思忖片刻，随陆出门，登上马车。车出东辕门，章唶曰：“见总统胡不入新华门？”陆笑对曰：“总统憩居仁堂，出东辕门，经后门，进福泽门，车可直达，免步行耳。”章颔首。由是，章被骗至某军事废校囚禁。

章太炎被捕的消息一经传开，便有当日同盟会的故旧前往总统府为他缓颊：“袁总统有精兵十万，何必畏惧一介书生，不恢复其自由呢？”袁回答道：“太炎的文笔，可横扫千军，亦是可怕的东西！”袁为向舆论交代，不好给章派罪名，就定了个“疯子病发违禁”的滑稽名目，将章太炎幽禁。

袁世凯曾准备接章太炎的家属来京与章同住，章以为是“诡术”，汤国梨也怀疑袁有阴谋，都谢绝了。袁世凯长子袁克定曾来看望章太炎，让章住到他的家中，章默不作声，最后作罢。

1月21日，章太炎被移至龙泉寺，杀人如麻、被人称作“陆屠夫”的陆建章亲自骑马前导，以示恭敬。人均异之，问陆，答曰：“他日太炎若能为我草一檄文，则我可少用十万兵马，安得不尊？”陆又说：“太炎先生是今之郑康成。黄巾过郑公乡，尚且避之。我奉极峰命，无论先生性情如何乖僻，必敬护之；否则并黄巾之不如了。”

移居龙泉寺的翌日，袁世凯次子袁克文亲自前来送锦缎被褥，但未敢面见章太炎，只是让人转交。章觉得窗缝外有人窥探，牵帷一看，乃是袁克文，便立即入室点燃香烟，将被褥上烧出许多洞穴，遥掷户外，曰：“将去！”

袁世凯告知陆建章应特别优待章太炎，不得加以非礼，但也不许章越雷池一步，陆奉命唯谨。章焦怒不已，常以杖扫击器物，并欲焚烧屋宇，陆只是吩咐守卫慎防而已。据陆建章言：“袁曾手示八条，保护太炎先生：（一）饮食起启，款多少不计。（二）说经讲学文字，不禁传抄；关于时局文字，不得外传，设法销毁。（三）毁物骂人听之，物毁再购。（四）出入人等严禁挑拨之徒。（五）何人与彼最善，而不妨碍政府者，任其来往。（六）早晚必派人巡视，恐出意外。（七）求见者必持许可证。（八）保护全权交给你。”

警察厅长吴炳湘派暗探充作门房、厨司、清洁工，阻挡来客，被章太炎斥退，吴又派军警四五十人前来守卫，章即行函斥吴：“遵法而施，则官吏视之；违法而行，则盗贼视之。卿等所为，无异于马贼绑票，而可借口命令乎？”

章太炎在家书中对汤国梨叙述在龙泉寺期间的生活：“余在此已二星期，不见天日，左右更无他人，亦无启口笑谈之事，抑郁已极。……有生之乐既尽，厌世之心遂生，唯有趣入死地耳。观君来书，殆未知幽囚之苦，不知此时更苦于下狱也。”“狱中尚有同囚者，此则唯有一人。”

章太炎遂决定绝食相抗。5月23日，章将在日本时穿过的一件旧衣服寄给汤国梨，并在信中说：“幽居数日，隐忧少寐。……知君存念，今寄故衣，以为记志，观之亦如对我耳。斯衣制于日本，昔始与同人提倡大义，召日本缝人为之。日本衣皆有圆规标章，遂标汉字，今十年矣。念其与我共更患难，常藏之箧笥，以为纪念。吾虽陨毙，魂魄当在斯衣也。……不死于清廷购捕之时，而死于民国告成之后，又何言哉！吾死以后，中夏文化亦亡矣。言尽于斯，临颖悲愤。”

汤国梨接到来信，深为担忧。一月后，她再次接到章太炎的来信，信中所言让她忍俊不禁：“汤夫人左右，槁饿半月，仅食四餐，而竟不能就毙，盖情丝未断，绝食亦无死法。”

弟子朱希祖劝章太炎进食：“袁欲杀先生只须命其爪牙一举手之劳，其所以不敢贸然下此毒手者，正因畏于先生声望，如先生绝食而死，正投其所好。”章认为他的话在理，但仍未进食。

章太炎绝食数日，莫能劝其进食者。袁世凯询问左右，孰能劝其进食。王揖唐曰能。王揖唐到龙泉寺，章见之斥曰：“汝来为袁世凯做说客耶？”王揖唐曰：“是何敢？”遂与章道家常及他琐事，久之，章脸色稍霁。王漫然曰：“闻先生将绝食死，有诸？”曰：“然。”王问：“其义何取？”曰：“吾不待袁贼来杀，宁自饿死耳。”王又曰：“先生如此，袁世凯喜而不寐矣。”问：“何故？”王答：“先生试思之，袁世凯果杀先生，当易易；今若此，可知其非不欲杀，乃不敢杀耳。袁氏之奸，等于阿瞒；先生之名，过于正平。所以不敢者，千秋万世后杀士之名，不易负耳。先生自愿饿死，袁既无杀士名，又除腹心之害，先生所以为袁谋甚善，其自谋何疏？”章太炎嚄然起立曰：“然耶。”遂进食。

许多年后，有一次汤国梨问章太炎：“你在北京绝食近半月几死，当时有何感觉？”章太炎笑答：“头晕得很哪！”

章太炎绝食后，黄节、马叙伦等人致函政治会议议长李经羲，请李斡旋，要求释放章太炎。袁亦恐章饿死，延请医生前来省视，医生说龙泉寺不利于章太炎养病，于是又移至东城钱粮胡同。

移至钱粮胡同后，章太炎疑惧袁世凯遣人投毒，自己死得不明不白，必以银碗银箸银勺用餐，因根据《洗冤录》，银可验毒。马叙伦周末常去章，二人一谈就是一天，有时章还留他用餐。因餐具皆银制，热气腾腾的饭菜拿不上手，汤喝不进口，马叙伦陪章吃饭，苦不堪言。

朱希祖长子朱偰回忆，章太炎入住钱粮胡同后，所有厅差人等，表面上看似别人推荐，其实都是警厅暗探。来客起初并不限制，一日，来了一个日本学者，因言语不通，彼此都用笔谈。暗探们听不到声响，向窗内张望，以为定是商量什么机密，赶着去报功邀赏。警厅小题大做，便密令断绝宾客来往。章一连好几日不见客人前来，遂又一次绝食，表示抗议。

马叙伦得到消息，一大清早便赶到钱粮胡同。时值隆冬，章因怕袁世凯用煤气熏死他，故室内不生炉火，裹了三条棉被躺在床上。马也不敢脱去裘皮大衣，小坐片刻，两只脚便冻得几乎没了感觉，只好在室内不停地兜圈子，一面走，一面与章聊天，伺机劝章进食。一直聊到晚八时许，马已饥肠辘辘，看准时机，告知章自己已饥饿难耐，求章陪他吃点东西。章兴致正高，欣然答应。马忙叫厨司做两碗鸡蛋来。鸡蛋送来，马先给章端去一碗，章一口一个，不消一分钟便落了肚。马再递上给自己准备的那碗，章也不推辞，又很快落肚。此后，汪东、马叙伦等人通过多方努力，迫使警察厅放松了门禁，拟定了十二人的名单，可以随时探望。章太炎不觉寂寞，遂复食。

连横入京，听说章太炎被囚在京中，于是多次往谒。连横回忆："曩游燕京，曾谒先生于旅邸，时袁氏专国，慕间正人，幽诸龙泉寺中，复移钱粮胡同。不佞每往请益，先生据案高谈，如瓶泻水，滔滔不绝。"

在钱粮胡同的居所，袁世凯在生活上对章太炎照顾有加。汤国梨说，章太炎每月的费用是 500 元（当时一个警察每月薪水 4 元左右，大学里工资最高的教授，每月不过 400 元）。但章并不因此就感激袁世凯，骂袁之余，他就拿看押的警察开涮。据传章曾发表"约仆规则"六条："一、每日早晚必向我请安；二、见我时须垂手鹄立；三、称我曰大人，自称曰奴仆；四、来客统称曰老爷；五、来客必须回明定夺，不得擅行拦阻，亦不得擅行引入；六、每逢朔望，必向我一跪三叩首。"还说："你们要吃这碗饭，就照做，要不就滚蛋"。这些特务中间，有一个是京师警察厅的副课长，他每逢初一、十五，遵照规则，向章一跪三叩首，章还特别为他讲一段《大戴礼》，以示"有教无类"。

有人问章太炎为何要订立此规，章答："我弄这个名堂，没别的缘故，只因'大人'与'老爷'都是前清的称谓，至于'先生'，是我辈革命党人拼死获得的替代品。如今北京仍是帝制余孽盘踞的地方，岂配有'先生'的称谓？这里仍是'大人'、'老爷'的世界，让他们叩头，不是合情合理吗？"

1915 年 8 月 23 日，筹安会成立以后，袁世凯积极进行称帝活动，章太炎悲愤异常。某日，以七尺宣纸篆书"速死"二字，悬于壁上，并自跋云："含识之类，动止则息，苟念念趣死，死则自至，故书此二字，在自观省，不必为士燮之祷也。乙卯孟秋，章炳麟识。"章又满屋子遍贴"袁世凯"字样，以杖痛击，谓之"鞭尸"。他在室内写满了"杀、杀、杀、杀、杀、杀、杀，疯、疯、疯、疯、疯、疯、疯"的对联。

章太炎的长女到北京陪伴父亲，于 1915 年 9 月自缢于钱粮胡同。汤国梨回忆："一九一五年春，㸚偕未生及妹㠭入京省父，㸚孝思颇笃，见其父之困踬忧愤，

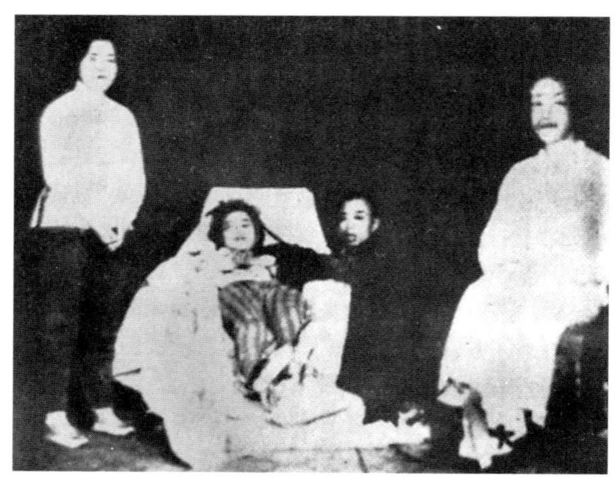
章太炎（右一）在长女遗体前留影

乃极意承欢，饮食医药，无不周至。顾其心危虑深，居恒辄郁郁也！留五月，其姑驰书召归，叕既不忍远离父侧，又不欲重违姑意，自此益忧形于色！行有日矣，竟自缢于卧室，平旦发觉，已不救。叕之死也，非袁氏杀之其谁邪！”

吴宗慈在《太炎先生言行轶录》中记载：先生长女嫁龚未生，因家庭琐事口角，赴徐宅（即钱粮胡同章幽居之所），诉于先生。先生曰：“胡不死？”女果自经，先生大恸。或谓先生：“君女之死，乃遵父命；既命之矣，何恸之深？”先生呜咽曰：“讵料其真死耶？”

章太炎玄外孙邹立人说，外祖母章㠭告诉他，钱粮胡同四号素有“鬼宅”之称，每日夜幕降临，院中便风声凄厉，哀哀的哭声、尖锐的叫声、刺耳的狞笑声此起彼伏，声声传入房中，彻夜不绝。后来才知道，原来是军警执法处派人装鬼以吓唬章太炎。章精神每日都处于高度紧张之中，每晚睡得很少，亦很少与子女们谈话。……长女死后，虽然鬼叫之声似乎较前减少，但阴森森、凄惨惨的气氛却有增无减。章亦常常噩梦缠身，时时在半夜惊叫而醒。

据汪太冲称，袁世凯妄图称帝时，“广罗名士劝进，某君请于袁，愿游说太炎上请愿书，以为交换释放之条件。某趋谒太炎，说明来意，太炎伪诺之。明日，果有一纸呈览矣。袁拆而阅之，云：‘某忆元年四月八日之誓词，言犹在耳。公今忽萌野心，妄僭天位，非惟民国之叛逆，亦且清室之罪人。某困处京师，生不如死！但冀公见我书，予以极刑，较当日死于满清恶官僚之手，尤有荣耀！’袁大怒，欲杀之，转而又自嘲道：‘彼一疯子，我何必与之认真也！’”

1915 年 12 月，云南护国军起。袁世凯于翌年三月取消洪宪年号。至六月，袁世凯呕血，渐不支。章太炎急欲观察南方动向，有在海军部的友人，准备在日本人协助下，助章易和服出逃，从铁路至天津。至约定之日，日本驻津领事密携宪兵迎章太炎于东站，未及上车，暗探尾随而至，做无赖口吻道："你欠了我钱，为什么逃走？"遂抢章之戒指及常玩耍的古玉而去。另有一伙人上前，将章拖曳至警察厅。时袁世凯病重，警吏气焰亦衰，只是将章送回钱粮胡同。

1915 年，章太炎曾写"明年祖龙死"五字。次年元宵，章太炎见众人愁容满面，便举箸夹起一个汤圆说："汤圆又称元宵，元宵者，袁消也。"一口吃下，众人大笑。是年，袁世凯果然暴毙，章始得自由。

师　徒

章太炎投身革命，其师俞樾甚是反对。后章到苏州东吴大学任教，前去拜望老师，俞樾大怒，斥责章道："闻而游台湾，尔好隐，不事科举，好隐，则为梁鸿、韩康可也。今入异域，背父母陵墓，不孝；讼言索虏之祸毒敷诸夏，与人书指斥乘舆，不忠。不孝不忠，非人类也，小子鸣鼓而攻之可也！"章不服，对曰："弟子以治经侍先生，今之经学，渊源在顾宁人。顾公为此，正欲使人推寻国性，识汉虏之别耳，岂以刘殷、崔浩期后生也？"遂写《谢本师》一文，表示从此与俞樾断绝师生之谊。

虽因政见不合，章太炎与本师闹翻，但他内心对老师依然十分尊重。章颇喜月旦人物，少有嘉许，但终生对老师俞樾和谭仲修二人极为尊敬。曾国藩曾说俞樾只是个"闻人"，章闻之勃然大怒，驳斥道："先生虽广涉群书，先务自有所在，与夫泛滥记诵无所归宿者固殊矣！"

金性尧曾记录章太炎对老师俞樾的维护："有一次在西湖的某处，跟梁启超等在一起，梁氏看见前面挂的一副俞氏所撰楹联，就讥讽地说：'喔，原来是一对鹁鸪！'章就闻而恚甚，动起武来了。"

俞樾去世后，章太炎亲撰《俞先生传》，虽不无微词，但通篇充满敬意，曰："浙江朴学晚至……昌自先生。"章太炎自定《太炎文录初编》，并没有收录他的《谢本师》，倒收了晚年写的《俞先生传》。对此，李肖聃在《星庐笔记》中对章尊师之举予以表扬。也有人据此称章太炎《谢本师》是为在政治上保护老师。

陈存仁回忆，章太炎晚年游杭州，晨起特地穿上长衫马褂，又要学生陈存仁和章次公也同样穿戴，并命他们带着香烛水果，到“曲楼”凭吊老师俞樾的故居。到曲楼前，一位老妪前来应门，章抬腿就往里面走，老妪问他是谁，双方一语不合，老妪便举起扫帚逐客。三人无奈，只好在门口等着。大约等了两个时辰，曲楼才开门，出来一位姓陆的中年人，章太炎说明来意后，陆某告知曲楼早已易主，并让他们进楼祭拜。到春在堂前，章命陈等点起香烛，行三跪九叩之礼，对俞樾尊敬如故。陆某在旁看得呆了。章本想留下几个字，但因主人有笔无纸，章便在墙上题诗两首，黯然离去。

章太炎作《谢本师》一文与俞樾断绝关系。后来章依附孙传芳，其弟子周作人亦作《谢本师》一篇，与章断绝关系。抗战期间，周作人与学生沈启无产生龃龉，沈亦作《谢本师》，与周绝交。

章太炎晚年曾自撰《弟子录》，其中不仅没有鲁迅、许寿裳、钱家治、朱蓬仙等当年在日本办《民报》时期听讲诸人，而且连其长婿龚未生也未收入。钱玄同问他是否有深意，章答：“但凭记忆所及耳。……无微言大义也。”之后章又对弟子录进行了修改，这一次新收入了周作人等人。对此钱玄同大吃一惊：“其中竟有启明。”

在日本期间，章太炎诚邀鲁迅兄弟学习梵文，并为他们支付了半月学费，而鲁迅与朱希祖等门人，则凑钱为老师出版《小学问答》等著作。章影响鲁迅至深，远不止于小学，当时鲁迅撰写的《文化偏至论》、《破恶声论》，与章的《俱分进化论》、《四惑论》等著相较，几乎如出一辙。章被袁世凯幽禁于北京，鲁迅曾多次与同门前去探望（日记中记载七次，章还曾书庄子的一段话赠给鲁迅），章太炎后遭国民党当局迫害，鲁迅也多次为老师仗义执言。

1932 年，章太炎北上督促张学良抗日，并在北平为弟子讲学，在欢迎老师的宴席中，章环顾四周，不见鲁迅，便问：“豫才现在如何？”大家回答：“现在上海，颇被一般人疑为左倾分子。”章听后沉思了好一会儿，才喃喃自语道：“他一向研究俄国文学，这误会一定从俄国文学而起。”

1933 年 6 月 18 日，鲁迅在给曹聚仁的信中提到章太炎时说道：“古之师道，实在也太尊，我对此颇有反感。我以为师如荒谬，不妨叛之，但师如非罪而遭冤，却不可乘机下石，以图快敌人之意而自救。太炎先生曾教我小学，后来因为我主张白话，不敢再去见他了，后来他主张投壶，心窃非之，但当国民党要没收他的几间破屋，我实不能向当局作媚笑。以后如相见，仍当执礼甚恭（而太炎先生对于弟子，向来也绝无傲态，和蔼若朋友然），自以为师弟之道，如此已可矣。”

许广平回忆，鲁迅提到章太炎时，依然非常尊崇，总是称呼“太炎先生”。1936年6月14日，章太炎逝世；当时已经病重的鲁迅，于10月6日、10月17日连续写了两篇文章《关于太炎先生二三事》、《因太炎先生而想起的二三事》。两天后的10月19日，鲁迅去世。在这两篇文章中，鲁迅对老师曾经给予他的积极影响表示感激，并盛赞老师在革命史上的义举。

钱玄同师从章太炎，深得其古文经学之真传，被誉为尊崇国粹之先锋。章写信作文有一习惯，喜在文中用上几个古体篆字，借以体现其崇古立场。而钱玄同每次看到先生信件或书稿时，总觉得他的文章时而楷体，时而篆体，不够规整划一，遂全部改为古体篆字。章太炎起初还辩解一二，次数多了，再见钱手里攥着稿子登门来访，便主动投降，承认写字非写篆字不可，连说：“就按照你的意思去办！”

弟子吴承仕三十年代日益激进，倾向共产党，赞成马列主义。章太炎视他为叛逆，和他断绝了师生之谊。吴在课堂上对学生说：“太炎先生对他的老师表示决裂，写过《谢本师》。我的老师不同意我现在走的路，我不会做出他那样的表示。”章逝世苏州，吴奔丧回京后，学生问他有何感想，他说：“当然沉痛，但也解放了些。”

2000年，已经93岁高龄的姚奠中对人提起乃师章太炎，立即一脸肃严。姚说，章太炎老师对其学生要求甚严，一丝不苟，这为他以后治学授业打下良好扎实的学风基础。当他说到老师仙去时，黯然泪下，哀叹唏嘘，豁然起身，直至书案提笔写下：“以正己为本，以从义为怀，以博学为知，以勇决为行，以用世为归。”接着说道：“这就是我老师章太炎先生一生的写照，也是我的座右铭。”

大　儒

章太炎的祖父章鉴不喜做官而爱读书，一有钱就搜集古本书籍，所以家中藏书十分丰富，收藏有宋、元、明、清刻版书5000余册，可惜这些书后毁于战火。章太炎虽然没有见过这些刻版，但从祖父的藏书目录中，可以想见当年家中藏书的盛况。章鉴曾经专心致志于中医学30余年，对于古代医学方书颇有所得，成为当地有名的医生。章鉴曾一度以行医为业，对于乡间穷人看病，他非但不收诊金，还免费给他们抓药，救治了不少穷人，故而在仓前镇一带的口碑甚好。

太平天国起义时，章鉴率全家先后逃难至江南和浙西，其子章濬（即章太炎之父）随他而行。章濬逃难时，竟然不带一文钱而只抱一份《章氏家谱》，一时在乡间传为笑谈。

童年时，章太炎便是个“书迷”，不谙嬉耍。章母常与女眷戚在家打麻将消遣，而章太炎就坐在旁边，就着麻将桌上的小油灯读书，虽环境吵闹，他却旁若无人。

少年章太炎专于学业，不谙嬉要，平日只会玩“升官图”（按：一种类似于飞行棋、运动棋之类的游戏，过程中有进有退，以先到终点者为胜）。玩耍时，不重消遣，而是从中学得不少知识：如清朝的人事制度、机构编制、官阶升迁和赏罚制度；又如捐监是怎么回事，捐监不能做宰相等等。章坦言，其在三十岁之前，终日别无他事，就是读书。

在台湾时，一日，章太炎去拜访记者李书。李正在家中读《汉书》，章见之，即曰：“此为我五岁时所读之书，尔近三十矣，读之何为？”李曰：“能记否？”答：“可能背诵百分之九十九。”试之果然。后李对人言：“章太炎为人，不但为一书呆，且兼书库也！”

蒋维乔回忆，爱国学社与中国教育会因经费发生纠纷。章太炎甚愤，痛诋爱国学社之不合，主张教育会与学社分离。爱国学社社员章陶严（章士钊之弟）本学陆军，性甚暴烈，与章太炎一言不合，竟当众打其耳光。太炎端坐不为动，曰：“我颊可批，我舌不可断也。”

章太炎曾向梁启超等人出一上联：“今古三更生，中垒、北江、南海。”这里说的“三更生”第一个是汉朝刘向，本名更生，官中垒校尉；第二个是清代洪亮吉，著有《北江全集》，人称北江先生，自号更生；第三为康有为，南海人，戊戌政变后改名更生。在座几人无人能对。20多年后，钱玄同重提此联，符鼎升沉吟良久，以“世间一长物，孔兄、墨哥、佛郎”对，虽不算工整，但始有下联。

朱镜宙回忆章太炎之好学：“先生居东时，曾从印人某习梵文，时先生已四十余矣。或询卒业期。先生答曰，约须十余年。或曰，然则先生将六十矣。先生曰，君不闻学为毕生之业乎。”

清朝末年，在日本的革命党人将许多日本著作翻译成中文，冯自由便翻译《政治学》一书，请章太炎为他润辞。当时的译者对于日本的名词，译时煞费斟酌，如，冯将“社会”译作人群或群体，而严几道译作群；“经济”一词，有人译作财政。但章太炎对于这些词直接引用，并不用中文名词进行替换，如今社会、经济等词已成为通用的语言。

文字学，古称小学，由小学改称文字学，则始于章太炎，他说："文字学必涵形音义三者，名之为小学，便于指示耳，若以实当之论称之，宜名之为语言文字学。"

刘成禺回忆，凡著述大家，皆有平生用功夹带，手抄秘本，匿不示人。章太炎有手抄秘本数十册，蝇头小字，极妙精善，内中皆是汉魏以前最好的文句，故其作文，渊博古茂，有其本原。一日，章为人作文，末句为"是真命也夫，君子"，刘见后，笑言："先生一定是套用四书中的句子'吾知勉矣夫，小子'，我是从先生的秘本中看到的。"章听罢怒目相视，几至动武。

弟子汪东以具体事例说明章太炎文章的影响："章太炎的文辞渊雅，立论以经史为根据，这样，就使当时的士大夫阶级在思想上发生了很大震动。……我祖父已将近 80 岁了，常常严厉教训我们不要为革命谬论所蛊惑。我却从别人手中弄到一本《国民报》，其中便是登载了《驳康有为书》的，偷偷地把它放在祖父桌上。祖父看见了，仔细读了一遍，便问我：'这是你拿来的吧？'我一口承认了，原准备大受斥责，谁知祖父却笑道：'这篇文章很有道理。'"

章门弟子枝繁叶茂，遍布北京高校，讲课时，对学生开口便说"吾师太炎"。章士钊任教育总长，为文尝曰"吾家太炎"，言外之意与章太炎关系最深，非一般可比。

朱希祖长子朱偰回忆章太炎："有一次他到我家来了，门下子弟前呼后拥，还带了他的两位女公子同来。章先生穿着玄色长袍马褂，端坐在客厅中间，道貌岸然。门下弟子对他，都非常恭敬；但是那是纯粹出于自然的敬爱，大家还是有说有笑，空气非常融洽。因为他的女公子也来了，母亲也出去招待。那时二弟还不过四五岁，从客厅门外探头向里望，拉着母亲的衣裾，轻轻地问道：'那中间坐着的，是皇帝吗？'客人走后母亲告诉大家，惹得大家哄堂大笑。"

章太炎之孙章念驰说："父亲（章导）几乎记不得祖父跟他讲过什么话，家庭的乐趣更少。祖父没有带他出去玩过，也没有给孩子讲故事，什么都没有。祖父在父亲眼里，就是一个圣人，整天忙着各种各样的事务，忙着讲学，忙着政治，这是我们这种家庭最特别的地方。"

孙中山有四本著作如《革命方略》、《赤十字章程》等，都是由章太炎作序，而孙一生未再请过第二个人为他写前言。

章太炎在成都时，有一客叙述己贫，请他向四川当局推荐。章听了勃然大怒：

“你一贫已至此，若至穷时又将如何？”在座的赵熙是章的旧友，以为章说错了，问道：“贫与穷亦有异乎？”章答道：“异甚，所谓贫者，以其贝（古人以贝为钱）分之于人，而己身尚不致一无所有；若穷则弃家而无有，孑然一身，藏身穴内，安能与贫并论乎？”此后，赵熙对他人说：“我读书数十年，今日方才懂得贫穷两字字义啊！”

章太炎对白话文深恶痛绝，对白话诗亦颇多嘲讽，他在江苏省教育会讲演国学时说：“凡称之为诗，都要有韵，有韵方能传达情感；现在白话诗不用韵，即使也有美感，只应归入散文，不必算诗。正如日本和尚娶妻吃肉，我曾说他们可称居士，何必称作和尚呢？”

章太炎坚持要弘扬国学，国学是面对西方挑战之际精神动力，他在《国学讲习会序》中说：“夫国学者，国家所以成立之源泉也。吾闻处竞争之世，徒持国学固不足以立国矣。而吾未闻国学不兴而国能自立者也。”

章太炎曾批评当时的欧化主义风潮道：“近来有一种醉心欧化的人，总说中国人比西洋人所差甚远，所以自甘暴弃，说中国必定灭亡，黄种必定剿绝，因为他不晓得中国的长处，见得别无可爱，就把爱国爱种的心，一日衰薄一日。”

章太炎于学，无所不窥，教人在明旧知新，寓新生于旧体，而使旧体产生新生。1927年前后，有些人以为线装书不足学，甚至把中国积弱极贫一切罪责，都推线装书去担负。章对此最不以为然。邓择生厌恶线装书，章劝导说：“汝应该多读历代典籍，这不是线装书的错，是没有读线装书，或读得不多的病！”顺手把架上的通鉴及周秦诸子赠之，邓携回诵读，过了些时日，再谒章，连说：“先生真够伟大。”

章太炎于卜筮、星相，也无一不通，无一不精，他尝说；“圣哲无不知命，不知命无以为君子也。”又说：“人生无论穷通寿夭，都有一个吉运，不过其规模巨细，时间长短却不一定，那必须人事的配合，若徒委之天命，则吉运来临时，或且还正在睡梦中应了。……未能事人，焉能事鬼，人事先要尽其所当尽的！”

田君亮等人从日本留学归国，拜访章太炎。田年轻气盛，颇为自负，见面即问章道：“请教先生，人生要怎样才不辜负一个我？”章环顾左右，笑曰：“这是个大问题，古今思想家、政治家所见不同。”他反问田，“你是否以为人生要当一个大英雄、大豪杰才不辜负一个我呢？”接着，他深有感慨地说，“你要知道古今中外的大英雄、大豪杰都不是自封的。他们在世时为老百姓做了不少好事，死后，老百姓纪念他们，才把这个称号追赠给他们。而今中国社会军阀割据，帝国主义横行，闹得民穷财尽，就是那些自封为‘大英雄’、‘大豪杰’的人太多了……依我之见，哪怕是当个泥匠、木匠、石匠，当个工人、农民，只要他做的事对老百姓有益处，也就不辜负一个我了！”田认为章之语平淡无奇，不以为然。

十年后，田君亮辞去贵州省婺川县县长官职，决心弃政从教，致力于贵州省教育事业。他说：“我弃官不做，宁可当个穷教员，做个有益于老百姓的人，正是受章太炎先生十年前谈话的启迪。”后来田君亮在贵州省大、中学校讲授“人生哲学”一课，便根据章太炎的这番话加以发挥。他教导学生说：“我之为我，就是要为人民做一点事，而不应做鬼混之我，贪图小名小利之我，护黑暗、助黑暗之我，倒行逆施之我。要做有益于人类之我，走在时代前头，创造新时代之我。”

章太炎疾恶如仇，凡人有不善，总是面加呵斥，不留余地。到晚年，凡他不喜之人，绝不接见，即使见了也不多话，嘿尔顾他，但不再做灌夫骂座。他曾书曰：“少年气盛，立说好异人，由今观之，多穿凿失本意，大抵十可得五耳。假我数年，或可以无大过。”

章太炎总结平生学术道：“自揣平生学术，始则转俗成真，终乃回真向俗。秦汉以来，依违于彼是之间，局促于一曲之内，盖未尝睹是也。”

陈存仁回忆，章太炎曾在杭州昭庆寺讲经堂讲学，当时方丈为他设了一个讲坛，地上排了数十个蒲团。章到后，命人撤去讲坛，亦坐蒲团上，并解释说这是汉时的讲学方式。第一天：讲《经学源流》，大肆抨击康有为“伪经考”，听者兴高采烈。第二天，讲《清代国学》，听者更众。第三天，讲《小学〈文字音韵学〉大义》，听者大半不懂。但学生一天比一天多，第三日竟达百余人。章讲学三天后，感染伤风，兼发胃病，遂中止讲学。

1935 年 7 月，章太炎立下遗嘱，告诫子孙：“凡人总以立身为贵，学问尚是其次，不得因富贵而骄矜，因贫困而屈节。其或出洋游学，俱有资本者皆可为之，何足矜异，若因此养成傲诞，非吾子也。入官尤须清慎。若异族入主，务须洁身。”

雄　论

民国初年，章太炎进京，见到当时参谋次长陈宧，便惊谓陈为“中国第一人物”，同时称：“他日亡民国者，必此人也。”后陈果然襄助袁上台，并称帝。章太炎去世后，陈宧在北平常语人曰：“太炎云殁，世间无真知我陈某为何如人者，太炎真知我，我亦真知太炎。彼陆朗斋谓得章太炎作一篇文字，胜过用十万兵马，犹轻视太炎耳；我则谓太炎一语，足定天下之安危也。”

坊间传言袁世凯欲称帝，章太炎对袁道：“夫非能安内攘外者，妄而称帝，适以覆其宗族，前史所载则然矣。法之拿破仑，雄略冠世，克戡大敌，是以国人乐推。今中国积弱，俄日横于东北，诚能战胜一国，则大号自归；民间焉有异议？特患公无称帝之能耳。”

章太炎将民国的历任元首分为三类，一类“枭鸷”，如袁世凯，于国于民有“威福自专之患”；一类“仁柔”，如黎元洪，一旦“将相上逼”，则无法安于其位；一类“狂妄”，如孙中山，“势稍强则与枭鸷者同，势稍弱又与仁柔者同”；这三类人同时出现，有枭鸷者时，仁柔者狂妄者“又必不能与争”。

章太炎议论，袁世凯之所以失败，关键原因在于以三人反对三人：其一，梁任公（启超）反对杨皙子（度）；其二，张仲仁（一麐）反对夏午诒；其三，雷震春反对蔡松坡（锷）。

黄侃曾记录章太炎语：“师前日说今学者之蔽：一、好尚新奇；二、专恃智慧；三、倚赖他人；四、偏听偏信。”

章太炎将中国与印度对比后，认为中国人患有六种精神痼疾：诈伪无耻，缩肉畏死，贪叨图利，偷惰废学，浮华相竞，猜疑相贼。

章太炎尝云：“大国手门下，只能出二国手；二国手门下，却能出大国手。因大国手的门生，往往恪遵师意，不敢独立思考，故不能大成，如顾炎武门下，高者不过潘耒之辈；而二国手的门生，在老师的基础上，不断前进，往往能青出于蓝。如江永的门下，就有戴震这样的高足。”颇有自叹之意。

章太炎说：“盖凡百学术，如哲学、如政治、如科学，无不可与人相通，而中国历史，断然为我华夏民族之历史，无可以与人相通之理。”

章太炎的治学之法被称为“地上派”，其治学有四言：不以全文疑群经，不以赝品校古史，不以甲文黜许书，不以臆说诬诸子。

传　道

章太炎门徒甚众，著名者有：黄侃、但焘、康宝忠、景梅九、钱玄同、鲁迅、许寿裳、周作人、沈士远、沈兼士、马幼渔、朱希祖、任鸿隽、吴承仕、汪东、刘文典、曹聚仁……

因“苏报案”被囚于狱中时，章太炎名声响亮，犯人见到他，都恭恭敬敬地称他“先生”。有一个犯人叫徐福生，基本不识字，章每天在狱中教他识字并为他讲解。到徐福生出狱时，已经能读会写。徐福生称章太炎是“人中麟凰”。章太炎逝世后，徐福生曾撰文《铁窗感遇记》，怀念先生。

章太炎的余杭口音很重，又因生有鼻息肉，说话口齿不清，带有浓重的鼻音，演讲、讲学需人翻译。1922 年，章太炎在上海举行有关国学的系列讲演，曹聚仁记载说，这十回的系列讲演，逢星期六下午举行，第一次听众千人，第二次不到一百，最少的时候只有二三十，结束的那次稍好些，有七八十人。最初大家都是慕名而来，但由于世人对章的学问缺乏基本了解，加上“章师的余杭话，实在不容易懂”，所以，听者锐减。

1923 年，章太炎到东南大学暑期学校演讲《治史学的方法》，章满口余杭土话，学生们大都听不懂，只能由在座的柳诒徵翻译，“柳先生翻译时，好像西人讲学，中国人翻译一样，但他声如洪钟，有条不紊，娓娓动听”。

周作人曾追忆章太炎在北大研究所讲《论语》时的情景：当日讲演系太炎所著《广论语骈枝》，就中择要讲述，因学生多北方人，或不能懂浙语，所以特由钱玄同为翻译，国语重译，也是颇有意思的事。

章太炎讲学，声势浩大。他名满天下，前来听讲者甚众，所以主办者干脆安排一次大课满足听者所需。章每次来上课，都有五六个弟子陪同，有马幼渔、钱玄同等，都是一时俊杰，声名在外。章国语不好，便由刘半农任翻译，钱玄同写板书，马幼渔倒茶水，可谓盛况空前。章太炎讲课，开口就说：“你们来听我上课是你们的幸运，当然也是我的幸运。”

钱穆回忆：“某年，章太炎来北平，曾做演讲一次。余亦往听。太炎上讲台，旧门人在各大学任教者五六人随侍，骈立台侧。一人在旁作翻译，一人在后写黑板。太炎语音微，又皆土音，不能操国语。引经据典，以及人名地名书名，遇疑处，不询之太炎，台上两人对语，或询台侧侍立者。有顷，始译始写。而听者肃然，不出杂声。此一场面亦所少见。翻译者似为钱玄同，写黑板者为刘半农。”

张中行回忆章太炎在北大风雨操场的演讲：“老人满头白发，穿绸长衫，由弟子马幼渔、钱玄同、吴检斋等五六个人围绕着登上讲台。太炎先生个子不高，双目有神，向下望一望就讲起来。满口浙江余杭的家乡话。估计大多数人听不懂，由刘半农任翻译；常引经据典，由钱玄同用粉笔写在背后的黑板上。说话不改老脾气，诙谐而兼怒骂。”（按：以上三个版本板书和翻译者略有不同，疑为不同次演讲所致）

周祖谟回忆，他读小学时，曾在北京高等师范学校的风雨操场见过梁启超和章太炎两位先生讲演。梁先生讲政治，听的人很多；章先生讲清代学术，听的人很少。当时章头发已经斑白，戴着一副白眼镜，坐在一条板凳上，面前一个课桌，讲的是一口南方话，他几乎听不懂。在他身后有两位先生代写板书。周祖谟上了大学，才回忆起当时写板书的人是谁：矮而胖的是钱玄同，高而瘦的是马幼渔。

1934 年，章太炎在大学演讲，教大学生要读历史。他说：“曾国藩一生的功业，就因为得力于《文献通考》；胡林翼善治兵，是因他深知《资治通鉴》；左宗棠腹中也不过有一部《读史方舆纪要》。历史好比一面镜子，任何社会活动的真相，都可以从这里反映出来。”

1935 年后，章太炎在苏州办国学讲习会，该讲习会实际上已经是私人学校。学校初设在章宅，后因学生不断增加，只能购地建房，作为教室和学生宿舍。章太炎为主讲，另聘有多名讲师，由章夫人汤国梨担任该校教务长。学制二年，分四期，有规划地进行课程安排。依学生程度不同，分班教学，有类似预科的基础班，也有“研究生”。后来，该校还开办了附属中学。张昭军回忆，学校门口挂着章氏国学讲习会和《制言》杂志社的招牌，不设门房，自由出入，一派思想自由活跃的气氛，学生从全国各地负笈而来，最小的 18 岁，最大的 73 岁，住校者达百人之多。章太炎极其重视讲学，临终前仍坚持带病上课，他说：“饭可不食，书仍要讲。”

讲 学

章太炎一生有过四次“兴师动众”的国学讲演。第一次是在日本东京为当时留学日本的中国留学生开办的国学讲习会（邀请函简上写“国学振起社”），该讲习会从 1906 年秋天开始，一直持续到 1909 年，讲授内容包括诸子和音韵训诂，以段玉裁《说文解字注》为主。时听课的学生有一百多人，多是中国留学生，也有一些日本人。章门弟子任鸿隽回忆说：“听讲的人以浙人、川人为多，浙人中有沈士远、兼士兄弟、马裕藻、马叔平、朱希祖、钱玄同、龚未生等；川人中有曾通

一、童显汉、陈嗣煌、邓胥功、钟正楙、贺孝齐、李雨田及我与我的兄弟任鸿年等。还有晋人景耀月、景定成，陕人康宝忠，这些人大概是每讲必到的，所以还记得。”

黄侃在《太炎先生行事记》中说到章太炎开设讲习会的缘由：“日本政府受言于清廷，假事封民报馆，禁报不得刊鬻。先生与日本政府讼，数月，卒不得胜，遂退居，教授诸游学者以国学。……寓庐至数月不举火，日以百钱市麦饼以自度，衣被三年不浣。困厄如此，而德操弥厉。其授人国学也，以谓国不幸衰亡，学术不绝，民犹有所观感，庶几收硕果之效，有复阳之望。故勤勤恳恳，不惮其劳，弟子至数百人。”

此后，章太炎应鲁迅等八人之请，开设小班，许寿裳回忆：“每星期日清晨，我们前往受业，在一间陋室之内，师生环绕一张矮矮的小桌，席地而坐。先生讲段氏《说文解字注》、郝氏《尔雅义疏》等，神解聪察，精力过人，逐字讲解，滔滔不绝，或则阐明语原，或则推见本字，或则旁证以各处方言。自八时至正午，历四小时毫无休息，真所谓诲人不倦。……章先生讲书这样活泼，所以新谊创见，层出不穷。就是有时随便谈天，也复诙谐间作，妙语解颐。……我们同班听讲的，是朱蓬仙（名宗莱）、龚未生、钱玄同（原名夏）、朱逖先（希祖）、周豫才（树人，即鲁迅）、周起孟（作人）、钱均夫（家治，注：钱学森之父）和我，共八人。……听讲时，以逷先笔记为最勤；谈天时以玄同说话为最多，而且在席上爬来爬去。所以鲁迅给玄同的绰号曰‘爬来爬去’。鲁迅听讲，极少发言。”

周作人在《知堂回想录》中回忆：“一间八席的房子，当中放了一张矮桌子；先生坐在一面，学生围着三面听，用的书是《说文解字》，一个字一个字地讲上去，有的沿用旧说，有的发挥新义，干燥的材料却运用说来很有趣味。”“太炎对于阔人要发脾气，可是对青年学生却是很好，随便谈笑，同家人朋友一般。夏天盘膝坐在席上，光着膀子，只穿一件长背心，留着一点泥鳅胡须，笑嘻嘻地讲书，庄谐杂出，看去好像是一尊庙里的哈喇菩萨。”

章太炎的第二次讲学，是 1913 年他被袁世凯软禁时，仅仅持续不足一月。他在写给汤国梨的信中说“以讲学自娱”、“聊以解忧”。当时袁世凯立孔教为国教，康有为亦以孔教会为倡，所以章将批评孔教作为此次讲习的重要内容，并写出了《驳建立孔教议》。此次讲学，前来听讲的人甚众，多为京城各大学的教员、学生，其中亦不乏袁世凯的密探。

章太炎的第三次讲学是 1922 年夏天在上海时，应江苏省教育会的邀请所做的国学系列演讲。此次演讲共十讲，于 4 月 1 日开始，持续一个半月。章太炎的每次演讲上海《申报》都做了报道，并刊载记者写的内容摘要。演讲结束后，曹聚仁根据章演讲的内容编成《国学概论》一书，而张冥飞则根据章的演讲整理出《章太炎先生国学讲演集》。

乃蒙去听了章太炎的此次讲学："我忍耐等着，一直到了四点半，才见他坐一辆包车，直到园里来。他下了车，让老车夫搀着上楼，我们七八个人在后面跟着。他在国学室休息，我们在讲堂里候着。我注意今天的听众：八个人当中，三个似是小公务员（佩圆形证章），二个似是小学教员（佩三角形证章），一个穿西装，颇有党部干事的风度，其余二位，则短袄土袜。这就是讲学！这就是一代大师的讲学！太阳斜照玻璃窗，老冬青在晚风中颤摆，我不禁悲怆起来，……快到五点了，国学室走出两位伛偻老者，和几个师范生似的人来（其中二人为笔记者），无疑地这是国学会的干部。再经若干时间，章先生才由车夫搀着上台，后面跟着一位胡须大汉，拿着粉笔与抹桌布……他坐在藤椅上，一面吸烟，一面低声地演讲。低声没问题，因为听众很少；只是满口土话，我们一点都懂不来。好在他讲完一段，那胡子大汉，便在黑板上将大意写出，我们才知道今天所讲的，不是国学的，而是革命的。因为明天是双十节。他是革命的前辈，在野的文人，他的讲述，自然比明天的'国庆纪念感言'之类的文章，来得切实。但静听下去，只听得哦哦的响，不知说些什么。……这里，我仿佛看见章先生心灵的凄独！"

此间，有人自称钱曾祺博士，致书章太炎云："太炎长老：君龙钟讲学，发音如犀牛，殊觉可爱！"章阅之苦笑，亦无奈何。

第四次，章太炎于 1933 年 1 月在苏州成立国学会，该会以《国学商兑》作为会刊，后改名《国学论衡》。1933 年至 1934 年，章太炎在苏州公园的图书馆，先后演讲二十多次，盛况空前。后章因与国学会诸发起人不合，于 1935 年办"章氏国学讲习会"，做国学演讲，虽重病在身，亦不废讲论。

大 暮

1936 年 6 月 7 日傍晚，章太炎遵医嘱，晚饭后由汤国梨搀扶，一起外出散步，不意昏倒在地。经过抢救，他虽脱离了危险，却卧床不起。这月 13 日，章太炎突发高烧达 40℃。次日凌晨，章从口中吐出两块鼻菌烂肉，病情再度恶化。

此时，汤国梨、李根源、美国医生苏迈尔、章氏国学讲习会的弟子们，鳞次跪在章卧室外的空地上，焚香祷告，为老师祈福，他们的低声啜泣响成一片。7点45分，章太炎病逝，汤国梨哭得撕心裂肺，伤心欲绝。门外，学员们号啕大哭，悲声震天。

汤炳正回忆："十四日清晨，先生去世时，除先生家人之外，我与同门李恭（行之）也在旁。先生目已瞑，而唇微开，像有什么话还未说完。……这时，家人忙乱悲痛，我代为整理床头杂乱衣物，李恭则跪在床前，口念'阿弥陀佛'，并以手托先生下颌，使唇吻渐合。"

据冯自由记载，章太炎弥留之际，相传在旁亲友多目击有祥光一团自章太炎的头顶上向窗间飞出。

章太炎病逝后，国民政府拨款三千元作为章太炎的治丧费。在张继、居正、冯玉祥等人的努力下，南京国民政府决定为章举行国葬。

国葬令曰：宿儒章炳麟，性行耿介，学问淹通。早岁以文字提倡民族革命，身遭幽系，义无屈挠。嗣后抗拒帝制，奔走拥法，备尝艰险，弥著坚贞。居恒研精经术，抉奥钩玄，究其诣极，有逾往哲，所至以讲学为重。兹闻溘逝，轸惜实深，应即依照国葬法，特予国葬。生平事迹存备付史馆，用示国家崇礼耆宿之至意。此令。

按照余杭的风俗，要在棺内用绸覆盖，并将绸子打成结，叫作结爻。夫人汤国梨用红、黄、蓝、白、黑五色丝绸，按五色旗的顺序排列在棺内，为章太炎结爻。当时众人皆认为不妥，怕触怒当局，因为国民政府已经下国葬令，应用当时的青天白日旗。汤国梨说："五色旗孙中山先生也赞成过，为什么不可用。太炎先生为辛亥革命胜利，为五色旗的诞生，出过力，坐过牢，而没有为国民党旗效过什么劳，

1936年，章门弟子于章太炎追悼会合影。右二钱玄同、右三周作人、右四许寿裳、右五马裕藻、右七沈兼士

因而用五色绸为他结爻，最为恰当。你们别怕，责任由我来负。”

在北平，章门弟子为老师举行了追悼会，马裕藻、许寿裳、朱希祖、钱玄同、吴承仕、周作人、刘文典、沈兼士、马宗芗、黄子通等人参加。他们发《通启》道：“先师章太炎发生不幸于本年六月十四日卒于江苏吴县，先生为革命元勋，国学泰斗，一旦辞世，薄海同悲。”

在上海，病重的弟子鲁迅先后写成《关于太炎先生二三事》、《因太炎先生而想起的二三事》纪念先师，后一文成后仅两天，鲁迅逝世。

按照章太炎生前意愿，其墓址选在抗清英雄张苍水墓侧。但因抗战爆发，国葬只好暂且搁置，章的家人南下逃难前，暂葬其于苏州章家后花园。

1937 年 11 月，苏州沦陷，日军闯入章家后花园，看见章太炎的坟墓，没有墓碑，以为墓内埋有财宝，一定要挖开看个究竟。章家留下守门的老家人苦苦劝止，但遭毒打。日本一位军佐得知此为章太炎墓后，制止了日军。这位军佐几日后还特来拜祭，并在墓旁立了一个木柱，上书“章太炎之墓”。从此，才没有日军前来骚扰。

直到 1955 年，在周恩来的关怀下，浙江省人民政府才正式为章太炎举行了迁葬仪式。自此，章终于如愿以偿，长眠于杭州西湖之畔，南屏山麓，荔枝峰下，紧邻其仰慕的张苍水之墓，墓碑上所书“章太炎之墓”几个字是章生前亲笔写就。

“文革”开始后，章太炎之墓未能幸免，1974 年，章墓被夷为平地，改为菜圃，墓碑不知去向，棺椁被周围农人拆了用于家用，章的遗体（尚属完好）被拖出，弃之于地，不久尸体就腐臭了。有一农人不忍见章太炎遗体曝于天下，将章草草掩埋于一小沟之中。此时全国正轰轰烈烈展开“学习中国十大法家”运动，章太炎被毛泽东亲定为“十大法家”之一。

“文革”后期，中共中央为章太炎平反，认为章是中国近代史上杰出的爱国主义者，并对章的著作进行解禁，为章太炎重修墓地之事也开始启动。章的遗骨在墓茔落成前三天才找到，经法医鉴定后，被放入甏内，封口后葬入墓地新址。

评　赞

黄侃评价乃师章太炎：文辞训故，集清儒之大成；内典玄言，阐晋康（唐）之遗绪；博综兼擅，实命世之大儒。

胡适称章太炎是“清代学术史的压阵大将”。胡适在《五十年来中国之文学》

中说："章炳麟的古文学是五十年来的第一作家，这是无可疑的。但他的成绩只够替古文学做一个很光荣的下场，仍旧不能救古文学的必死之症，仍旧不能做到那'取千年朽蠹之余，反之正则'的盛业。"

苏州章太炎寓所停灵处的石碑

许寿裳在《章太炎传》中这样评价章太炎："以朴学立根基，以玄学致广大，批判文化，独具慧眼，凡古近政俗之消息，社会文野之情状，华梵圣哲之义谛，东西学人之所说，莫不察其利病，识其流变，观其会通，穷其指归。'千载之秘，睹于一曙。'这种绝诣，在清代三百年学术史中没有第二个人，所以称之为国学大师。"

许寿裳还说："先师章先生是革命大家，同时是国学大师，其阶位卓绝，非仅功济生民而已。前世纪之末……自先师以历史民族之义提倡光复，'首正大义，截断众流'，百折不挠，九死无悔，而后士民感慕，翕然从风，其于民国，艰难缔造，实为元功。"

于右任称赞章太炎说："章太炎，中国近代之大文豪，而亦革命家之巨子也。"

张中行评价章太炎："总的印象是：学问方面，深，奇；为人方面，正，强。"

柳亚子曾盛赞章太炎："悲歌叱咤风云起，此是中国玛志尼（意大利著名的资产阶级革命家）！"

陈独秀的表弟濮清泉回忆：在日本留学期间，陈独秀和章太炎也时常过往，陈独秀很钦佩章太炎的朴学，认为他是一个国宝，而章对陈的小学也十分赏识，认他为"畏友"。陈说章为人非常小气，朋友向他借钱，偿还时付息，他竟受之而无愧色，是一个嗜钱如命的人。在陈独秀眼中，晚年的章太炎是"文人无行"的典型。

陈独秀说，晚年的章太炎，后来给军阀官僚写墓志、寿序一类的东西，一篇文章要五千至一万银元的润资，变得庸俗了。陈独秀还说，章太炎尽管对我国文史有很深的造诣，但有他可笑的偏见，即章太炎认为甲骨文是宋朝人的伪造。由此看出章太炎对于甲骨文和新兴学术的无知。

徐复观说，看过他的《国故论衡》之类，总是在懂与不懂之间表示一种莫名其妙的敬佩。一九四四年，有一次和熊十力先生谈天，熊先生说章氏除了文章写得好，及懂一点小学外，并无学问。又听说熊先生在杭州时看到章氏谈佛学的文章，批上“尔放狗屁”四个大字，引起了我对熊先生的若干反感，觉得这是熊先生的自处过高。后来买到一部《章氏丛书》，从头到尾看了一遍，又觉得熊先生的话实在说得不错。有一次，我和牟宗三先生谈：“想不到章太炎先生对中国传统思想的了解，是如此的幼稚。”牟先生当时也很不以我的话为然。去年暑假中，牟先生从孙克宽处借了章氏的著作去看，之后对我说：“果然太幼稚了。”……因此，以章太炎先生为一标志，讲中国文化的人，早已经讲到绝路上去了。所以几十年来，对中国文化的赞成或反对，都是在一条黑巷子中混战。……指出章氏对中国文化之实无所知，因而他是一个极为有害的国学大师的偶像，这是完全正确而且值得提出来的。

袁世凯推章太炎为文圣人。

蔡元培评价章太炎：“这时代的国学大家里面，认真研究哲学，得到一个标准，来批评各家哲学的，是余杭章炳麟。”

梁启超评价章太炎：“其精义多乾嘉诸老所未发明，应用正统派之研究法，而廓大其内容，延辟其新径，实炳麟（章太炎号）一大成功也。炳麟用佛学解老庄，极有理致，所著《齐物论释》，虽间有牵合处，然确能为研究‘庄子哲学’者开一新国土。盖炳麟中岁后所得，固非清学所能限矣，其影响于近年来学术界亦至巨。”

梁启超在《清代学术概论》中称章太炎为清学正统派的“殿军”。

鲁迅回忆老师章太炎的时候说：“我爱看这《民报》，但并非为了先生的文笔古奥，索解为难，或说佛法，谈‘俱分进化’，是为了他和主张保皇的梁启超斗争，和‘××’的 ××× 斗争，和‘以《红楼梦》为成佛之要道’的 ××× 斗争，真是所向披靡，令人神往。前去听讲也在这时候，但又并非因为他是学者，却为了他是有学问的革命家，所以直到现在，先生的音容笑貌，还在目前，而所讲的《说文解字》，却一句也不记得了。”

时人多称赞章太炎的学问，但章太炎却自认为政治胜于学术，他的弟子周作人在《谢本师》里说，先生“自己以为政治是其专长，学问文艺只是失意时的消遣”。但黄侃则不同意章的自我定位，认为老师论政是“用其所短”。

乃蒙说章太炎是悲剧的人物：“他是狂傲的人，一切是自私的，以自己为中心的。在演讲台上，他将听众幻成一种意象，以为这意象是他的获得，他的生命之某种关联，而这意象是陌生的，于是以眼光，以笑脸，去粘住它，把它位置在某种精神生活上。这里，我仿佛看见章先生心灵的凄独！”

侯外庐说：“章太炎对于中国学术文化遗产的论述十分丰富。他是古经文学派最后一位大师，同时又是儒家传统的拆散者。他的思想的发展变化及其矛盾的性格，反映了中国近代历史发展的辩证法。”

章开沅则说：“章太炎在历史上的地位与作用主要并不在于政治方面。综视章氏一生，他的主要事业是在学术方面，他对民族的贡献主要也是在学术方面。他说不上是一个政治家，特别说不上是一个优秀的政治家。他具有参加民主革命的光荣，也有游离于革命主流之外的落伍，但终其一生他却称得上是一个真诚爱国的大学问家、大思想家。”

刘梦溪说：“回观整个二十世纪，如果有国学大师的话，章太炎先生独当之无愧。”

吴佩孚曾比较康有为、章太炎道：“皆我好友也。性格相似，而成就不同。南海年高，保皇之魁率；太炎年幼，才气纵横，非南海以下之空闲所能容，遂激越而入革命。使其易地而处，南海可为太炎，太炎亦可为南海。而良人逝后，中国不复有文学之士。两人弟子虽众，乃无足承其业者。”

芥川龙之介曾谈及章太炎之雄心：“他是要做王者之师的。”

冯自由挽章太炎：“大军已溃八公山，怜当局责重忧深，雪耻不忘王丞相；与子昔倡亡国会，叹此日人凋邦萃，伤心重作汉遗民。”

陈宧挽章太炎：“囊括大典，整齐百家，否岁值龙蛇，千载修明君比郑；人号三君，国推一老，抗颜承议论，世间北海亦知刘。”

钱玄同挽乃师章太炎曰：

缵苍水、宁人、太冲、薑斋之遗绪而革命，蛮夷戎狄，矢志攘除，遭名捕七回，拘幽三载，卒能驱逐客帝，光复中华，国人云亡，是诚宜勒石纪勋，铸铜立像；

萃庄生、荀卿、子长、叔重之道术于一身，文史儒玄，殚心研究，凡著书廿种，讲学卅年，期欲拥护民彝，发扬族性，昊天不吊，痛从此微言遽绝，大义莫闻。

孙中山称赞章太炎在革命上的贡献：“革命先觉，民国伟人”，“四万万人仰为泰山北斗”。

鲁迅评价乃师章太炎之语尤为精彩：“考其生平，以大勋章作扇坠，临总统府之门，大诟袁世凯的包藏祸心者，并世无第二人；七被追捕，三入牢狱，而革命之志，终不屈挠者，并世亦无第二人；这才是先哲的精神，后生的楷范。”

梁启超

梁启超（1873—1929），字卓如，号任公，又号饮冰室主人、饮冰子、哀时客、中国之新民、自由斋主人等。广东新会人。中国近代维新派代表人物，戊戌维新运动领袖之一。中国近代史上最重要的启蒙思想家、政治活动家、宣传家、教育家、史学家和文学家。

关键词：启蒙、椽笔、忧国、求索、荣归、周游、立场、流质、康梁、诤友、激赏、质诘、学术、教学、性情、温情、淋漓、自负、内省、早秀、逸事、婚恋、嗜好、陨落、追怀、纷纭

启　蒙

时务学堂是中国第一所以宣传改良、民主、民权为中心的学校，它是维新运动的重要标志之一。梁启超在该校担任总教习期间，培养了蔡锷、秦力山等一批中国近代著名的政治家。

戊戌变法失败后，梁启超一直在改良和革命之间徘徊。变法的失败，让梁不停反省："风云入世多，日月掷人急，如何一少年，忽忽已三十。"1902年，虚岁满三十的梁启超元气淋漓，《新民说》、《论学术之势力左右世界》、《新史学》等著作更替横空出世，在中国政界、道德界、学术界、文学界掀起巨大波澜。

梁启超对西方启蒙思想家的思想进行了深入的研究，他意识到："民德、民智、民力，实为政治、学术、技艺之大原"，政治制度变革的成功，其背后实际有一种更广的文化支持，即为国民素质或曰"国民性"。因此，他提出要改造"国民性"，造就"新民"，并以"中国之新民"作为自己的笔名，在《新民丛报》上发表《新民说》一文。

在《新民说》中，梁启超总结中国国民的落后性为：奴隶性、愚昧、为我、好伪、怯懦、无动、爱国心薄弱、作旁观者等，他提出了两种造就新民的方法，一是淬砺其所本有而新之，二是采补其所本无而新之。中国国民要具备公德、国家思想、权利思想、自由思想、自治力、尚武精神、合群思想、义务思想、良好的私德等现代精神，方可成为中国新民。

梁启超认为，"民弱者国弱，民强者国强"，国民素质则决定一国政体的优劣。正是由于中国民众的落后性，使得中国只能由专制政府统治，陷入了暴政轮回的深渊。鉴于此，梁启超把全部的精力放到培养中国新民的工作上来，他坚定地认为："苟有新民，何患无新制度，无新政府，无新国家。"

梁启超阅读西方历史，读到哥白尼的地圆之说开辟了美国，培根、笛卡儿的哲学扫除了欧洲数千年学界的奴性，遂认识到："一国之进步，必以学术思想为之母，而风俗政治者皆其子孙也。"1902年，梁启超写下了《论学术之势力左右世界》一文，着重阐述了学术改变世界的伟大力量。

同年，梁启超的《新史学》一文掀起了"史界革命"，梁也成为中国"新史学"的创始人。在文中，梁启超将司马迁、杜佑、郑樵、司马光、袁枢、黄宗羲奉为中国史学上的"六君子"，他激烈批判其余史家多碌碌无为，"因人成事"，二十四史不过是二十四姓的"家谱"，是"地球上空前绝后之一大相斫书"。梁主张，史学应为国民而作，用来记录国民事迹，宣扬国民精神。

梁启超认为，文言文过于阻碍新思想在民众间的传播，因此他主张改造语言文字的革命，以利于文化普及，这就是"文界革命"。针对当时中国上层社会和文人中间文言文流行的现状，梁启超提出"今宜用俚语，广著群书"，以此开启民众思想智力。

著文时，梁启超有意采用俗语写作，一扫古板、僵化的文言之风。他的文章通俗易懂、雅俗共赏，文笔生动、活泼、新鲜，条理明晰，“纵笔所至不检束”，笔锋感情充溢，被时人称为“新文体”。新文体的流行，为后来的白话文运动奠定了基础。

1899年，梁启超首次提出了“诗界革命”的主张。他提出新诗要有新意境、新语句，注重“新意境”与“旧风格”的结合。在《饮冰室诗话》中，他进一步阐述了“诗界革命”的理论。

梁启超发起的“小说界革命”，彻底改变了小说在历史上所处的尴尬地位。1902年，梁创办了中国第一份专门刊登小说的杂志《新小说》，他不仅完善小说理论、开辟小说阵地，而且还翻译、创作了大量的优秀小说，如《佳人奇遇记》、《意大利十五豪杰传》、《新中国未来记》等。

“诗界革命”和“小说界革命”的主张，大大提高了文学在社会中的地位，小说和诗歌也因此拥有了神奇的魔力，在社会上产生了深刻的影响力。

梁启超还曾提出一揽子的革命主张，比如戏剧革命，道德革命，提倡解放思想，倡导妇女解放，一夫一妻，不缠足，反对狭隘的民族复仇主义，提倡政治革命替代种族革命等等。

“中华民族”这一概念亦为梁启超最先提出，他被认为是近代民族主义的奠基人之一。

梁启超在《新民丛报》上发表了一系列文章，对从亚里士多德到霍布斯、孟德斯鸠、卢梭以及近代日本的法学家、政治家的学术、思想、观点都进行了系统的介绍和点评，大力宣传人人平等、三权分立等近代宪政理论。他连续发表《各国立宪史论》，宣传、剖析立宪政体，解释国会、内阁等近代民主政治术语，“使一国中大多数人知立宪，希望立宪，且相率以求立宪”。

梁启超是第一个在著作中提到马克思的中国人。1902年，梁启超以“中国之新民”的笔名撰写《进化论革命者颉德之学说》一文，他在文中提到的“麦喀士”即马克思。

梁启超向国人介绍宣传了托尔斯泰、哥白尼、瓦特、笛卡儿等诸多科学领域的西方名人，使当时的国人得以初步系统地了解西方科学文化。

梁启超的文章影响了一代中国人。革命派中不少人正是借助梁启超的“启蒙”，才开始接触西方资产阶级的社会政治学说，一些革命派人士在著文鼓吹革命时，甚至大段大段地抄录梁的文章，比如邹容的《革命军》。

少年毛泽东深受梁启超的影响。16 岁时，毛泽东开始读到《新民丛报》，“读了又读，直到可以背出来”。他就读湖南第一师范初期，时常模仿梁启超的新文体风格，并效仿梁自号任公，为自己起名子任。1911 年春天，18 岁的毛泽东将他所描绘的未来中国政治蓝图贴在湖南长沙一所学校的墙上，在毛的这张蓝图中，孙中山将成为新中国的总统，康有为担任首相，梁启超则是外交部长。

日后，李大钊、毛泽东分别在北京、长沙建立学会，均以“少年中国”、“新民”命名。

周恩来回忆，梁启超是他青少年时期“久敬仰之人”。1918 年 1 月 23 日，周恩来在日记中提到梁的诗句：“男儿三十无奇功，誓把区区七尺还天公”，并在日记中记载：“晚读《饮冰室文集》，重有感……又拿起梁任公的文集来看，念道‘十年以后当思我，举国如狂欲语谁；世界无穷愿无尽，海天辽阔立多时’几句诗，我的眼泪快下来。忽然又想到任公做这诗的时候，不过二十七八岁，我如今已痴长十九岁，一事无成，真正是有愧前辈了。”

梁启超赴南开演讲，即将毕业的周恩来以学生记者的身份做了演讲笔录，并把这份笔录作为作文交给老师批改，老师加批语道：“叙述周详，而文笔之汪洋浩瀚，亦足以达任公先生之妙谛。此才岂可以斗量之。”此后，梁的演说词和周的“记者识”，一起署名“周恩来笔录”，登载于南开的《校风》报上。

蒋介石阅读过梁启超的各种著作，蒋去参加开罗会议时，随身带的也是梁启超的书。

流亡日本时，梁启超曾撰有小说《新中国未来记》，书中描述了一个共和社会新中华民主国，第一任大总统为“罗在田”。“罗”即“爱新觉罗”，“在田”即载湉的谐音，“罗在田”即光绪帝（也有说法称罗在田指爱新觉罗即将下野）。第二任总统为“黄克强”，意指炎黄子孙人人自强。黄兴此时正遭华兴会刺杀王之春失败打击，东渡日本，见到梁启超所写小说中主人翁的名字，遂改名黄兴，字克强。

胡适 12 岁第一次看到《新民丛报汇编》，一下子就被迷住了。28 年后，胡适在《四十自述》中说：“我个人受了梁先生无穷的恩惠。现在追想起来，有两点最分明。第一是他的《新民说》，第二是他的《中国学术思想变迁之大势》。……我们在那个年代读这样的文字，没有一个不受他的震荡感动的。……《新民说》诸篇给我开辟了一个新世界，使我彻底相信中国之外还有很高等的民族、很高等的文化；《中国学术思想变迁之大势》也给我开辟了一个新世界，使我知道四书五经之外中国还有学术思想。”

鲁迅也受到梁启超的巨大影响，他一生对国民性改造问题的孜孜不倦明显受到梁的新民说的启发。

朱光潜的一位亲戚，从距家乡二三十里的集市，买回一套梁启超的《饮冰室文集》，朱光潜如获至宝，爱不释手。书中思想激越，感情浓烈，文字酣畅，朱光潜开始向往新学，崇拜起梁启超，甚至上海报纸误传梁启超遇难，朱得知，竟难过得大哭了一场。

1916 年，吕振羽考入武冈县立中学，接触到大量新学知识，读到了梁启超大量犀利的政论文章。梁那“笔端常带感情”的文字深深震动了年少的吕振羽，他立下了学好本领报效国家的远大志向。在一次国文课的作文中，吕振羽写道：“如国家民族危亡，当拜谢祖宗，舍身以赴，告黄帝轩辕于地下；如国家民族昌盛，只求茅屋二三间，卧读唐诗，以望南窗。”国文老师阅后，为有这样的学生感到非常自豪，在批文中写道：“目光如炬，大语炎炎，宗庙明堂之器，黄钟大吕之音。圣贤行止，豪侠义烈，兼而有之。”

林长民的《山东亡矣！》一文，对于五四运动的爆发，起了巨大的作用。而他的文章，正是源于梁启超从巴黎拍回的电报。梁的电报告知了当时巴黎和会的情况，并提出了争取权益的方法。所以很多研究者认为梁启超才是真正的五四运动导火索的点燃者。

美国学者张灏认为：“梁比五四新青年更早促进中国文化和中国人由传统向现代化转变。”

萧公权则说：“五四运动的领袖几乎没有一个不曾因读了他的文字而受到启发。”

许纪霖评价梁启超的《新民说》一文说：“中国的启蒙，非自五四起，实乃从《新民说》而始。五四的启蒙思想家们，无论是胡适、鲁迅，还是陈独秀、李大钊、毛泽东，在青年时代都接受过《新民说》的思想洗礼……《新民说》可以说是中国启蒙思想的处女地。”

胡适高度评价梁启超的启蒙作用：“梁任公为吾国革命第一大功臣，其功在革新吾国之思想界。十五年来，吾国人士所以稍知民族思想主义及世界大势者，皆梁氏之赐，此百喙所不能诬也。去年武汉革命，所之能一举而全国响应者，民族思想政治思想入人已深，故势如破竹耳。使无梁氏之笔，虽有百十孙中山、黄克强，岂能成功如此之速耶？近人诗‘文字收功日，全球革命时’，此二语唯梁氏可以当之无愧。”

椽 笔

《新民丛报》是近代中国影响力最大的的报纸之一。1902 年，《新民丛报》创办始，梁启超开始以“中国之新民”为笔名在该报连载《新民说》系列文章。在连载的四年间，《新民丛报》发行量最高时达一万四千份，且每期一刊印，内地就有人一再翻印。据估计，每册大概有 20 人阅读。

《少年中国说》堪称“新文体”采用后的典范：

“老年人如夕阳，少年人如朝阳；老年人如瘠牛，少年人如乳虎；老年人如僧，少年人如侠；老年人如字典，少年人如戏文；老年人如鸦片烟，少年人如波兰地酒；老年人如别行星之陨石，少年人如大洋海之珊瑚岛；老年人如埃及沙漠之金字塔，少年人如西伯利亚之铁路；老年人如秋后之柳，少年人如春前之草；老年人如死海之潴为泽，少年如长江之初发源；此老年与少年性格不同之大略也。”

1905 年，梁启超撰写《俄罗斯革命之影响》一文，文章以简短急促的文字开篇，如山石崩裂，似岩浆喷涌：“电灯灭，瓦斯竭，船坞停，铁矿彻，电线斫，铁道掘，军厂焚，报馆歇，匕首现，炸弹裂，君后逃，辇毂塞，警察骚，兵士集，日无光，野盈血，飞电刿目，全球挢舌，于戏，俄罗斯革命！于戏，全地球唯一之专制国遂不免于大革命！”

黄遵宪对梁启超的文笔有一段电光火石般的评论：“《清议报》胜《时务报》远矣，今之《新民丛报》又胜《清议报》百倍矣。惊心动魄，一字千金，人人笔下所无，却为人人意中所有，虽铁石人亦应感动，从古至今文字之力之大，无有过之此者矣。罗浮山洞中有一猴，一出而成妖作怪，东游而后，又变为《西游记》之孙行者，七十二变，愈出愈奇。吾辈猪八戒，安所容置喙乎？惟有合掌膜拜而已。”

学生吴其昌认为：“文体的改革，是梁启超最伟大的功绩”，他所创立的“杂以俚语的新文体（报章体），才使得国民阅读的程度一日千里。”

《北洋军阀史话》评价道：“梁启超在当时，人们常说他的文字像利刃一样可以杀人，梁的政治立场在历史上评价是有问题的，可是他的文章确是荡气回肠，令人百读不厌，尤以《异哉所谓国体问题者》一文，对筹安会和袁称帝的打击，不下于蔡锷领导的护国之役。”

梁启超客观评定己文：“纵笔所至不检束，学者竞效之，号新文体。老辈则痛恨，诋为野狐禅。然其文条理明晰，笔锋常带情感，对于读者，别有一种魔力焉。”

20 世纪 20 年代以后，梁启超言论的影响力日渐式微，时人认为梁退而保守，年轻一辈不再重视他的文字。黄炎培主持《申报》，一度拟请梁撰写特约文字，但要求梁不用本名发表。梁此时亦坦承，他的文字，如同政治活动一样，都是失败的。

陈书良高度赞扬梁启超说：“梁启超是中国近代第一次思想解放潮流的斗士，大政治家，大文豪，大学者，本世纪最大的悲剧人物。他一生著述一千四百万字，融汇中西，出入经史，显示了‘百科全书’的气派。他的文章，挟雷生电，恣肆汪洋，当时‘一纸负行，海内观听为之一耸’（严复语），慈禧太后读后愤而痛哭，孙中山、毛泽东、蒋介石击节赞赏。”

忧 国

1873 年，梁启超出生于广东新会县熊子乡茶坑村。儿时，疼爱孙儿的祖父常给梁讲些历史典故。在祖父所讲的历代豪杰、忠臣、志士、哲人的故事中，梁对陆秀夫身背幼帝赵昺在厓山跳海殉国的悲壮举动印象尤为深刻。厓山位于新会县南部，离茶坑村不远，梁启超多次去三忠祠凭吊缅怀，而“海水有门分上下，江山无界限华夷”这两句诗也犹如刀刻斧砍般铭记在他的心中。

梁启超在读《陆放翁集》时写下这样的诗句：“辜负胸中十万兵，百无聊赖以诗鸣。谁怜爱国千行泪，说到胡尘意不平。”

梁启超为其书斋命名“饮冰室”，“饮冰”语出《庄子·人世间》：“今吾朝受命而夕饮冰，我其内热欤”，是讲一位叫沈诸梁的大臣，上朝时接受了国君交给的重任，事关国家安危，心中万分焦急，回到家中靠饮用冰水来纾解心中烦躁。梁启超以此为斋名，并用“饮冰子”做笔名，意在表明自己忧国忧民之心。

戊戌变法失败，梁启超逃亡日本。在日本军舰上，梁写下大气磅礴的《去国行》一诗：“吁嗟乎！古人往矣不可见，山高水深闻古踪。潇潇风雨满天地，飘然一身如转蓬，披发长啸览太空。前路蓬山一万重，掉头不顾吾其东。”

参加护国运动时，梁启超听闻其父去世的消息，遂回到上海居丧，悲痛之余，他自承："还能管什么国家大事？"但二十多天后袁世凯去世，第二日他便连发四电给黎元洪、段祺瑞、冯国璋及各都督总司令，促请副总统黎元洪依法继任。

1927 年秋，梁启超与学生吴其昌、侄儿梁廷灿在花架下闲谈，王抟沙匆匆进门，见梁即脱帽，搔其秃头，大呼道："好戏！"梁笑问："什么好戏？""蒋介石下野了！"梁大惊，掷其半枝雪茄突然起立以足怒踏之，又颓然坐下，皱眉蹙额，连连咨嗟："这还得了！真不得了！"少顷，又叹一长气道："唉！中国真要乱到几时呢？我这一生，还能眼见中国太平吗？还能眼见中国再兴吗？我望了几十年想中国再兴，现在看来，中国再兴的时候，我决然已死了！共产党笑我不彻底。我自己知道，诚然不彻底。我只望国家早日的'再兴'。"

梁启超曾为李鸿章作传，在讲到"甲午战争"一节时，梁这样写道："在当时，全国的督抚没有一人为李鸿章出一兵一卒，即使湘军名将刘坤一也是如此，大家都捂着嘴，一边喊着爱国，一边看李一个人打仗。李作战不利时，大臣都去参奏……"

一次，梁启超在东南大学看话剧时，颇为感慨地对黄伯易说："拉丁美洲的红种人遭遇比黑人更惨。据统计，在美洲移民时，红种人的土著还有千万人口，现已不足百万了。据人种学家研究，红种人的祖先 6000 年前是由澳洲经南极圈移到美洲大陆的，可想当时他们已经有很高的文化了。以希腊、罗马为例，中国算是世界上仅存的最大的一个古国，但何时才能富强？我们这一代恐怕看不到了。"

梁启超提倡改造中国的"国民性"，至死不渝。梁因病入协和医院治疗，医生诊断其为肾病，须行手术，切除一肾。手术后，病仍不得愈，原来手术摘除的竟是好肾。一时"群情愤慨、舆论抨击，社会对于协和医院以及主治医生大表不满"，但梁启超却担心这件事情会影响西方医学在中国的发展，竟然在病榻上写文章为协和医院辩护。朋友们多劝梁起诉该医生，梁答道："中国人学西医，能够开刀，而令我活到如今，已经算不错了。我又何必告他！"最后，梁启超宣布在自己死后将脑部捐献给协和医院。

梁启超之弟梁启勋在《病院笔记》中提及，手术中做主治医生副手的是美国一位著名的外科医生，"未施手术之先，院中人有为余相庆者，谓此大夫两月后即返美国，君家之机会佳哉"。但最后为梁启超主刀的却是中国大夫刘瑞恒。梁启勋推测："计刘之所以越俎而动者，乃徇任兄之请，任兄之所以请刘动手者，乃国际观念，谓余之病疗于中国学者之手，国之光也。一时感情冲动，遂不惜以身试法，亦奇矣。”

求　索

17 岁时，梁启超结识了康有为，两人第一次见面，梁便为康所折服，拜在康门下。梁启超后来追忆他与康第一次见面时的情形说，康有为以“大海潮音，作狮子吼”。受此当头棒喝，梁如醍醐灌顶，发现以前所学的不过是应付科举考试的敲门砖而已，根本不是什么学问。于是，梁马上退出学海堂，拜康有为为师。从此，在康的引导下，梁尽弃训诂之学，接受康有为的维新变法思想与政治主张，逐渐成长为康的左膀右臂，史称“康梁”。

1890 年，梁启超赴京赶考，虽名落孙山，但回粤时途经上海，看到介绍世界地理的《瀛环志略》和上海机器局所译西书，眼界为之大开。

甲午战争失败后，清政府被迫与日本签订《马关条约》的消息传到北京，一时群情激愤。1895 年 4 月 22 日，时在北京赶考的梁启超与老师康有为，写成万言“上今上皇帝书”，十八省一千二百多名举子一齐相应，联合署名。5 月 2 日，在康、梁的带领下，十八省举人与数千市民齐聚都察院门前，请求代奏皇帝。康、梁在上书中提出了“拒和、迁都、练兵、变法”的主张。此次上书史称“公车上书”。

师从康有为后，梁启超成为康有为维新变法中的左膀右臂，梁用自己的如椽大笔，为康的主张摇旗呐喊。从 1898 年 6 月 11 日开始，在康有为、梁启超等维新人士的支持下，光绪皇帝颁布了一系列改革政策，史称维新运动，又称戊戌变法。但由于慈禧太后等人的反对，9 月 21 日，维新运动宣告失败，前后仅仅历时 103 天。

梁启超记载，戊戌年八月初六，梁正在谭嗣同处商谈，传来政变发生、康有为寓居的南海馆被搜查的消息。谭对梁说：“昔欲救皇上，既无可救，今欲救先生（指康有为），亦无可救，我已无事可办，惟待死期耳。虽然，天下事知其不可为而为之，足下试入日本使馆谒伊藤氏，请致电上海领事而救先生焉。”于是梁避往日本使馆，谭嗣同则闭门不出，等待抓捕。捕者不至，谭于次日入日本使馆与梁见面，劝梁东游，说道：“不有行者，无以图将来，不有死者，无以酬圣主，今南海之生死未可卜，程婴杵臼立，月照西乡，吾与足下分任之。”二人拥抱而别。八月初十，谭嗣同被捕。被逮前，有日本志士苦劝谭东游，谭慨然道：“各国变法，无不从流血而成，今中国未闻有因变法而流血者，此国之所以不昌也。有之，请自嗣同始！”

六君子被杀害后，日本驻华公使林权助让梁启超换上和服，坐上其夫人的马车，外坐婢媪，卫士守护，扬言日本钦差大臣家眷回国，遂出京至津。某夜，日本驻天津领事催促梁出发。赴日军舰停泊在大沽港，须先乘小舟出港，再登军舰。是夕，梁启超被酒，睡小舟中，卧观星月如壶悬天上，晓风刺骨，忽闻人声嘈杂，又闻日领事与人分辨之声，久之乃寂。梁问同来者，则答：“官使快马轮船来迫甚急，已以计遣之矣。”随后，日领事状甚仓皇，船驶如飞，迅速登上军舰，随后送梁至日本。1912 年，梁启超回国，津中人士，竞相迎迓。梁抵大沽港，见迎接之船，赫然为快马，岂知不履中土十余年，船仍如故。时黄远庸在欢迎席上疾声言曰：“快马送先生且十年，今始得迎先生归也。”

因受康有为的影响，梁启超早年主张“尊孔保教”，黄遵宪和严复常对此予以反驳，认为“孔教不可保”。受二人影响，梁启超的思想开始发生转变，大倡自由、平等、天赋人权之新说。1902 年，本着“吾爱孔子，吾尤爱真理；吾爱先辈，吾尤爱国家；吾爱故人，吾尤爱自由”的原则，梁启超公开发表文章《保教非所以尊孔论》，认为教不必保，也不可保，从今以后，只有努力保国而已，表示自己“昔也为保教党之骁将，今也为保教党之大敌”。

随着思想的转变，梁启超的政治主张也发生了变化。逃亡日本期间，梁启超与同在日本的孙中山、陈少白等交往，关系一度颇为密切，有时拥被长谈直至深夜。梁、孙曾计划合作组党。梁与部分康门弟子联名致函老师康有为，劝其退休。康得知梁思想的转变后，异常生气，对其进行了严厉斥责，并令梁马上离开日本，到檀香山办理保皇会事宜。

檀香山是兴中会的发祥地，孙中山在当地华侨中很有影响。于是临行前，梁请孙写介绍信，孙中山欣然照办。利用孙的关系，梁启超不但在檀香山募集到了大笔资金，还将当地的革命团体变成了保皇会组织，甚至孙中山长兄孙眉也转而服膺其主张。孙得知后异常愤怒，自此，孙中山与梁启超反目成仇。

此时，梁启超的政治立场又从激进转变为保守，从革命转回为改良。梁启超反对革命、共和，而主张改良、立宪，他认为，在中国这样一个民智低下的专制国家，革命的结果只会造成徒具共和形式的专制国家。

梁启超一度筹划刺杀慈禧。张继日记记载，1905 年夏，杨笃生、何海樵、张继等人准备从天津到北京刺杀慈禧及光绪。刺杀的款项是杨笃生从梁启超处筹来。梁当时要求只能刺杀慈禧，但杨笃生是革命党人，准备将慈禧与光绪同时炸毙。后因北京城门稽查严格，炸弹壳及制造工具无法运入北京而作罢。

清末五大臣考察西方宪政后，苦于对宪政知之甚少，只能求教于当时还是通缉犯身份的梁启超。随后二十多天里，梁隐藏于海上的一条轮船内，整日苦战，撰写了《东西各国宪政之比较》等奏章。他置身孤船，犹如得道高僧坐禅，精力完全集中于奏章之中，二十多日竟然全不知晓身旁的海湾美景。其代拟奏折、草案等，总计逾20万言。一些学者称：对于民国创立，“从某种意义上说，1906年的谕旨比辛亥革命更具有决定意义”。

中国国内的革命浪潮越来越猛烈，革命派在《民报》发表文章，驳斥维新派的保皇思想，梁启超在这场论争中处于下风。从此，他把主要的精力转入“开明专制”的研究和实践中。武昌起义爆发后，梁启超企图让革命派与清政府妥协。

民国建立后，梁启超转而支持袁世凯，并按袁的意思，将民主党与共和党、统一党合并，改组为进步党，与孙中山领导的国民党抗衡。梁启超两度入阁，先后任司法总长、币制局总裁、财政总长，每任因政治集团倾轧，不过区区数月。在昏暗窘迫、百废待兴的政治条件下，他筚路蓝缕、一板一眼，就民国大政方针及司法、财政、通货、银行等制度创新，留下了众多议案和著述。

在袁世凯流露出要做皇帝的想法后，梁启超曾与冯国璋一起进总统府劝谏，梁记载道：“二人联翩至新华宫，项城闻我等至，喜动颜色，酒酣，余正欲起立陈述，项城先笑曰：‘二公此来，吾知之甚稔，乃欲谏我不做皇帝也。我反问二公，袁某欲做皇帝者，究思做一代皇帝而绝种乎？抑思做万代皇帝而无穷乎？’余与冯愕然未答，袁又笑曰：‘除非痴人，自然欲作万代天子！’乃喟然叹曰：‘我有豚犬二十余人，我将尽数呼出，立于二公之前。任公！君最善知人，我即托任公代我选择一子，可以继立为皇帝者，可以不败我帝业，不致连累掘我祖坟者。任公，待君选出以后，我再决定称帝。如是或可称帝二代！’余与冯四目相对，嗒然如伤，怀中万言书，竟一字不出。袁诸子环立侍宴，幼小者乳媪襁褓侍，袁忽变作悲痛之容曰：‘我如许豚犬，无一克肖，无一非庸懦纨绔，然父之与子，孰不疼爱，我虽怒此辈不肖，然仍不愿因我造孽，他日为别人作鱼肉烹杀也。我百年后，敬托二公善护之。’余与冯迄辞出，竟不能一提‘帝制’字。”

梁启超发现袁世凯欲称帝后，拟就《异哉所谓国体问题》一文，对于帝制力加驳斥。袁闻讯，遣杨度馈赠梁启超十万金，请梁勿发表，为梁所拒。翌日又增十万金，梁再拒，并以全稿示于杨度。次日，袁再指派心腹对梁道："先生曾亡命十余载，此种况味，亦曾饱尝。何必自苦？"梁答："予诚老于亡命之经验家也，宁乐于此而不愿苟活于污浊之空气中也。"

梁启超与学生蔡锷决定出逃北京，起兵反袁，再建共和。蔡锷临行前，梁与蔡把臂约定："事幸而捷，吾党毋以宠利居成功，不猎官，不估权，还读我书。败则以死殉之，不走租界，不奔外国。"蔡锷诺请如命。

离京时，梁启超与夫人作别，并说明原由。夫人反用英烈的事迹激励梁。梁平日出门，夫人都不送，这日晚上三点，她送梁至大门口，曰："上自君舅，下逮儿女，我一身任之。君但为国死，毋反顾也！"

梁启超南下上海，接着乘船由沪抵港。行程中，梁蛰伏舱底，不敢以貌示舟中之人。抵达香港后，巡捕大肆搜查轮船及各旅馆。梁本准备经广州到梧州，同仁见搜查严密，极力阻止，梁遂取道越南。进入越南须有护照，护照上须贴相片，梁无法办理护照，但又不得不取道此途。最后梁孤身一人，盘桓于万山之中，露宿槁饿，千方百计到达了梧州。

护国战争中，梁启超为了取得广东军阀龙济光的支持，只身赴龙济光处，此前梁派去的汤觉顿、谭学夔等人被龙济光部下枪杀，此行着实与赴鸿门宴无异。晚宴间，龙的部下胡令萱大放厥词，辱骂护国军、蔡锷等，并向梁横眉冷对。梁意气横厉，痛斥对方，边说边大拍桌子，满座的玻璃杯叮铛作响。胡令萱被梁的气势吓住，悄悄离席，其余众人，颇受感动，散席后都来与梁握手道歉。

护国战争胜利后，梁启超开出一个祸首名单，包括杨度、孙毓钧、严复、刘师培、段芝贵、梁士诒等十三人，要求对他们明正典刑以谢天下。这道惩办帝制祸首令颁发以后，由于当事人均已事先闻得风声，躲进天津或上海的租界，所以一个也没有拿住。

民国再造后的第一个国庆日，黎元洪下令援照民国元年进行国庆大典，并对民国创建以来的有功之士，包括此次再造民国的功臣授以勋位奖章。大总统黎元洪下令："特授孙文大勋位，黄兴勋一位。蔡锷、唐继尧、梁启超、岑春煊、陆荣廷，再造民国各授勋一位。"

1917 年，梁启超与段祺瑞一起反对张勋复辟，后出任段祺瑞北洋政府财政总长兼盐务总署督办。就任财政总长时，梁启超希冀建立一套现代国家的财政体系，试图利用缓付的庚子赔款和币值借款来彻底改革币制和整理金融，第一步彻底改革币制，第二步再统一纸币，从银本位引入虚金本位。后来国民党时期的法币政策与梁启超的财政主张基本一致。

但周善培认为梁启超只有政治理论，没有一点政治方法，尤其没有政治家的魄力。周善培之弟周竺君任镇江海关兼扬由常关监督，当时镇江关收入每月只有一千元，而扬由关每年却号称月入十万。周竺君到任后，查出扬由关的收入全是中饱私囊取得的，他一面严行拒绝，不私取一文；一面严禁中饱私囊。但靠中饱吃饭的扬由关官吏，与上下游的税局勾结，禁不胜禁，防不胜防。周竺君便向财政部提出他只任镇江海关监督，请财政部另派扬由关监督。时任财政总长的梁启超，派人问周竺君何以辞十万而就千，周竺君气急，写信责备梁道："你当部长怎么可以对部属说这种话？你是公开劝部属中饱吗？"同时又拟就一篇改革全国常关的办法，并拟订几十条严禁中饱的奖惩办法，寄给梁，请他进行改革。周善培也几次从旁激励，梁却左顾右盼，此事也就一直搁置了。

梁启超的弟子四川督军戴戡被刘存厚的川军击毙后，梁在北京四处为戴讨说法，一定要段祺瑞严惩刘存厚，段只是敷衍了事。蔡锷病死后，戴戡统领的驻川黔军，是梁启超及进步党仅存的政治资本。戴戡之死，标志着梁启超从此淡出政坛。是年 11 月，段内阁被迫下台，梁也随之辞职，梁启超的政治迷梦最终破灭。

1918 年底，梁启超到欧洲各国考察，目睹了西方社会的许多问题和弊端。回国后，梁宣扬西方文明已经破产，主张光大传统文化，用东方的"固有文明"来"拯救世界"。

据钱基博记载，梁启超以私人身份到欧洲考察。某次宴会中，以治战争史著称的美国记者赛蒙问梁道："汝回国将何以？岂欲携西洋之所谓科学文明以归饷贵国人耶？"梁答："然。"赛蒙叹息道："汝勿然，西洋竞富强，中国尚仁义。富强者科学之所致也，仁义者经典之所遗也，然而争民施夺，末日将至！西洋文明则破产矣！"梁愕然问道："然则公将何以？"赛蒙答曰："我归杜门不事事，静俟公之输中国文明以相救拔尔！"梁为之怃然。归国后，梁的学问文章为之一变。

五四运动以后，梁启超重新主张改良，在科学与玄学中寻找折中主义，在国共两党之外寻求"第三党"。

梁启超一度将墨子与马克思相提并论，但他认为中国只可有社会主义的精神，而不能真正实行社会主义。

张君劢认为，中国现代政治，如果孙中山与梁启超之间能变龃龉仇恨为精诚合作，必然会使中国现状大有改观。

荣 归

以梁启超为精神领袖的立宪派在辛亥革命中起了关键作用：此前半年，他一面奋笔疾书，声援四川保路运动、声讨清廷“违法借债之罪”；一面参预谋划宫廷政变及“国会请愿”，逼迫清廷兑现承诺。1912 年，民国成立后，梁启超在日本著文反对民国，袁世凯闻言，对宋教仁说道：“只要卓如一条腿踏了民国地方，即无反对余地矣。”后梁启超应袁世凯之邀回国，京城轰动，欢迎盛况空前。

1912 年 10 月，梁启超自日本回国。黄兴迎至天津码头，颇有修好提携之意。然而梁乘坐的轮船因大浪未能及时进港，黄空等一天后离去。黄兴认为梁是有意避不见面，双方又增加了一层误会。

此次梁启超流亡回国，欢迎盛况空前。在北京居留的十二日是他一生最极尽风光的时光。梁启超在给长女的信中春风得意，兴奋不已：“此十二日间，吾一身实为北京之中心，各人皆环绕吾旁，如众星之拱北辰。”

梁启超回国前，袁世凯本欲准备前清军警官所得官舍为其行馆，但袁听说梁对人言“曾文正、李文忠入京皆住贤良寺”，即“饬人铺设贤良寺”，梁大叹：“此公之联络人，真无所不用其极也！”

梁启超抵京之日，袁世凯的代表、政府各部次长、参议院议员、各政党代表一行数百人，在正阳门车站迎接，交通为之一滞。

梁启超曾自得地描述其荣归时的情形：

“都人士之欢迎，几于举国若狂……吾除总统处，概不先施，国务员至赵总理以下至各总长，皆已至，吾亦只能以二十分谈话为约，得罪人（架子似乎太大）甚多，然亦无办法也。每日必有演说，在民主党演说时，喉几为哑。

此次欢迎，视孙、黄来京时过之十倍，夏穗卿丈引《左传》云：谓国人望君如望慈父母焉。

孙、黄来时，每演说皆被人嘲笑（此来最合时，孙、黄到后，极惹人厌，吾乃一扫其秽气），吾则每演说令人感动，其欢迎会之多，亦远非孙、黄之所及。

民主党、共和党、统一党、国民党，其他如同学会、同乡会、直隶公民会、八旗会、报界、大学校工、商会、军警俱乐部等，尤奇者则佛教会、及山西票庄、蒙古王公等都排队等候。

昨日吾自开一茶会于湖广会馆，答谢各团，此会无以名之，只能名之曰‘李鸿章杂碎’而已。

每夜非两点钟客不散，每晨七点钟客已麇集，在被窝中强拉起来，循例应酬，转瞬又不能记其名姓，不知得罪几许人矣。

袁世凯月馈三千元，已受之。一则以安反侧，免彼猜忌，二则费用亦实浩繁，非此不给也。”

此时，梁启超发表了长文《中国立国大方针》，希望袁世凯“以拿破仑、华盛顿之资格，出而建拿破仑、华盛顿之事功”，“为民族立丰碑，为万世开太平”。

袁世凯在总统府为梁启超召开欢迎会，让全体内阁成员作陪，袁在欢迎词中说：“值用贤之际，高才驾临，实乃国家之福！”梁答谢道：“今我受此盛名盛情，当摈弃一切杂念，唯临时大总统马首是瞻，以诸位贤达做楷模，为了国民，鞠躬尽瘁，死而后已。”

周 游

1903年，梁启超应美洲保皇会之邀赴美。在美期间，梁启超拜会了美国总统罗斯福，广泛接触了各界人士，参观走访了许多地方。他发现，美国的种族歧视、贫富悬殊等弊端很明显，“天下最繁盛者宜莫如纽约，天下最黑暗者殆亦莫如纽约”。他将美国与日本、英国对比后，认为民主共和不如君主立宪好。他认为美国式的三权分立“惟美国人能应用之，而他国人绝不能应用。我国若贸然而效之，非惟不能致治，而必致于酿乱”。梁启超离美时，华人与美国白人热情相送，“爆声巾影，绵亘一里余”。

美国之行使梁启超坚定了拥护君主立宪的理念与决心。他在《新大陆游记》中写道：“自由云，立宪云，共和云，如冬之葛，如夏之裘，美非不美，其如于我不适何！”他甚至说：“今日中国国民，只可以受专制，不可以享共和。”

“一战”后，因梁启超推动对德宣战有功，北京政府让梁组织“欧洲考察团”，赴欧考察，与各国重要人士联络，加强交流，进行巴黎和会会外活动。“欧洲考察团”的成员除梁启超外，还有蒋百里、张君劢、丁文江等人，都是中国当时年青一代的知识精英。

梁启超称赴欧考察的目的："第一件事是想自己求一点学问，而且看看这空前绝后历史剧怎样收场，拓一拓眼界。第二件也因为正在做正义人道的外交梦，以为这次和会真是要把全世界不合理的国际关系根本改造，立个永久和平的基础，想拿私人资格将我们的怨苦向世界舆论申诉申诉，也算尽一二分国民责任。"

游历欧洲多国，梁启超目睹了科学万能迷梦的破产，也接触了大批的杰出人士，其中生命哲学家柏格森及著名外交家笛尔加莎最令梁称许，他称二人是自己"十年来梦寐愿见之人"。

此次欧洲之行，梁启超也看到了西方社会的许多问题和弊端，他写道："但觉得四周色是死的，声是死的，天是死的，地是死的。"梁认为，科学的发展破坏了支撑人们精神世界的宗教和哲学的威力，使人们过分追求物质生活而导致精神空虚，造成人与人之间的无情争斗。他回国之后即宣扬西方文明已经破产，主张光大中国传统文化，用东方的"固有文明"来"拯救世界"。

1919 年 8 月，梁启超应邀到荷兰来丁大学藏书楼（今荷兰莱顿大学图书馆）参观，他在该藏书楼发现了《天条书》、《太平条规》、《太平礼制》等 5 种太平天国印书。梁遂委托随其参观的中国驻荷兰公使唐在复派人将 5 种印书缮录归国，以使其"不至长作来丁藏书楼之玩品"，而"补吾国历史上之缺撼"。

立　场

戊戌变法失败后，梁启超受清廷通缉，日本政府出面相救，日本公使林权助将梁长发剪掉，穿上和服，化装成打猎的样子，一路惊险逃亡至日本。在日本居留十年间，梁也多赖日本政府与日本友人常年相助，他对日本颇有好感，"觉日人之可爱可敬"。但到护国战争后，他惊讶地发现"日人之可畏可怖而可恨"，此后始终强调要警惕日本。

面对日本人忘恩负义的指责，梁启超回答说："凡以正义待我者，无论何国，吾皆友之；凡以无礼加我者，无论何国，吾皆敌之。"

梁启超与革命党人论战时说，中国人"非有可以为共和国国民之资格"，因此，"与其共和，不如君主立宪；与其君主立宪，又不如开明专制"。清政府预备立宪时，梁对康有为说："今者我党与政府死战，犹是第二义，与革党死战，乃是第一义；

有彼则无我，有我则无彼。”

1908 年冬，梁启超在《新民丛报》上撰文批评革命党领袖们：“徒骗人于死，已则安享高楼华屋，不过‘远距离革命家’而已。”梁文在海外华人中引起了很大的反响，掀起了一股批评革命党领袖的风潮。

杨度组织筹安会，拥护袁世凯称帝。他派蹇念益、汤学顿前去拉拢梁启超，期望梁能为己所用。徐佛苏、袁思亮和蔡锷颇为担忧，三人暗地里商量道：“任公眼高于顶，耻为牛后。不如另树一帜，以任公为首，可与杨皙子殊途同归。”不料徐等计议未善，蹇、汤已懊丧而返。原来二人与梁见面后，尚未开口劝说，梁便拿出抨击袁世凯复辟的文章《异哉所谓国体问题者》示之。蹇、汤二人无奈，只能力劝梁删除一些太过激烈的词句。梁致函杨度曰：“吾人虽见歧，私交弥笃。今后各行其是，不敢以私废公，亦不必以公害私也！”

康有为拥戴张勋复辟，梁启超则与段祺瑞一起讨伐张勋。有人问梁启超：“吾子投笔从戎，壮则壮矣。昔庾公之斯于子濯孺子，不忍以夫子之道反害夫子。今者令师长素先生佐命新朝，吾子痛斥复辟党人罪恶，不留余地，不知令师作何感想。”梁启超答道：“师弟之谊虽存，政治主张早异，我不能与吾师同陷泥淖中也。”

孙中山逝世后，梁启超对北京《晨报》说，孙中山“为目的而不择手段”，因而“无从判断他的真正价值”。

1925 年“双十节”，清华定于 10 月 9 日举行纪念会，会议上安排梁启超发言，但梁却记错了纪念会的召开时间。到会议举行这日，他不在校内，校方只好取消了他的演讲。后他将演讲稿发表在《清华周刊》上，在这份共计一万三千多字的讲稿中，他将国民党、孙中山、共产党挨个骂了一遍，并痛贬中华民国为“不满十四周岁的小祖宗”。

1927 年 1 月 2 日，梁启超致信长女梁思顺，批驳北伐道：“现在汉口、九江大大小小铺子十有九不能开张，车夫要和主人同桌吃饭，结果闹到中产阶级不能自存，而正当的工人也全部失业，防火容易救火难，党人们正在不知何以善其后也。”

同年 5 月 11 日，梁启超在给长女梁思顺的信中谈及时局问题时，提到了对共产党的恐惧：“北京局面现在当可苟安，但隐忧四伏，最多也不过保持年把命运罢了。……南方党军已到潮落的时候，其力不能侵北，却是共产党的毒菌在社会传播已深，全国只有一天一天趋到混乱，举国中无一可以戡定大难之人……再过两礼拜，我便离开学校，仍到北戴河去，你们来信寄天津或北戴河便得。”

流　质

梁启超一生，时人常批评其多变，甚至有人讥其投机。梁也承认自己本性“流质易变”，但绝非如别人所说的投机政治。1903 年，梁在《政治学大家伯论知理之学说》一文中说：“不惮以今日之我，与昔日之我挑战。”

一次，楚中元问梁启超：“梁先生过去保皇，后来又拥护共和，前头拥袁，以后又反对他。一般人都以为先生前后矛盾，同学们也有怀疑，不知先生对此有何解释？”梁沉吟了一会儿，然后以带笑的口吻说：“这些话不仅别人批评我，我也批评我自己。我自己常说：‘不惜以今日之我去反对昔日之我’，政治上如此，学问上也是如此。但我是有中心思想和一贯主张的，决不是望风转舵、随风而靡的投机者。……我为什么和南海先生分开？为什么与孙中山合作又对立？为什么拥袁又反袁？这决不是什么意气之争，或争权夺利的问题，而是我的中心思想和一贯主张决定的。我的中心思想是什么呢？就是爱国。我的一贯主张是什么呢？就是救国。……知我罪我，让天下后世评说，我梁启超就是这样一个人而已。”

梁启超的朋友孙宝瑄是这么认识梁启超的多变的：“盖天下有反覆之小人，亦有反覆之君子。人但知不反覆不足以为小人，庸知不反覆亦不足以为君子。盖小人之反覆也，因风气势利之所归，以为变动；君子之反覆也，因学识之层累叠进，以为变动。其反覆同，其所以反覆者不同。”

郑振铎在《梁任公先生》一文中对梁启超的“善变”表示了深深的理解：“他之所以‘屡变’者，无不有他的最坚固的理由、最透彻的见解、最不得已的苦衷。他如顽执不变，便早已落伍了，退化了，与一切的遗老遗少同科了；他如不变，则他对于中国的贡献与劳绩也许要等于零了。他的最伟大处，最足以表明他的光明磊落的人格处，便是他的‘善变’，他的‘屡变’。”

康　梁

梁启超 17 岁中举，为主考官所赏识，称之为“国士无双”，并将堂妹许配给梁，可谓少年得志。梁此时对训诂词章之学有所研究，心中自得。18 岁时，他结识康有为，与康长谈八个时辰，感觉如“冷水浇背，当头一棒，一旦尽失故垒，惘惘然不知所从事，且惊且喜，且怨且艾，且疑且惧”，乃至夜不能寐。于是他尽弃原来所学，拜在康的门下，成为康的大弟子，而此时康有为不过是一介监生。

康有为在长兴里设万木草堂，聚徒讲学。梁启超也到该学堂学习，他说自己“一生学问之得力，皆在此年”。日后又言：“启超之学，实无一字不出于南海。”

梁启超的弟子周传儒则认为梁在学问上并没有追随康，他在《回忆梁启超先生》一文中说：“梁重墨学，不讲六经，说明梁与康有为名义上是师生，而在学术上没有追随康氏。康有为讲今文经学，重《公羊传》；梁喜《左传》，平时不大讲三世说，也不谈《新学伪经考》、《孔子改制考》，据此可见，梁任公与康有为思想有差异。”

“戊戌变法”失败以后，康有为和梁启超先后流亡到日本。在日本，康有为手捧自称是光绪皇帝缝在衣服里的“诏书”，继续宣传他的保皇保教主张。而梁启超在对戊戌变法的失败进行反省后，随着与革命党人的接触和对西方资产阶级著作的大量阅读，政见发生了显著变化，由原先的保守转变为激进，与从前“若出两人”。梁对康的保皇保教思想颇不以为然：“孔学之不适于新世界者多矣，而更提倡保之，是南行北辕也。”

梁启超弟子杨鸿烈曾讲述，梁启超的家眷亦随梁同在日本，十余年里，梁多赖卖文为活，生活相当艰苦。康有为虽有保皇党捐得百万美金巨款，但对梁的接济，却不充分。这使梁精神上感到不快，为他们两人间日后情感恶劣，种下一个原因。

受孙中山等人的影响，梁启超一度倾向革命。梁与孙中山准备联合组党，当时拟推孙中山为会长，梁启超为副会长。梁顾虑康有为，问孙道：“如此则将置康先生于何地？”孙曰：“弟子为会长，为之师者，其地位岂不更尊？”梁启超欣然同意。

1899 年夏秋之交，梁启超拟《上南海先生书》，联合韩文举、欧榘甲、唐才常等人，劝康有为隐退，书中云：“国事败坏至此，非庶政公开，改造共和政体，不能挽救危局。吾师春秋已高，大可息影林泉，自娱晚景。启超等自当继往开来，以报恩师。”此书呈康后，各地康门弟子哗然，称上书的十三人为逆徒，呼之为十三太保。康有为见书大怒，对梁严辞批评，并命梁启超赴美洲办理保皇事宜，梁虽不情愿，但不敢有违，最终还是打点行装而赴命。

1900 年，唐才常领导的自立军在汉口“勤王”，不幸事泄被杀。梁启超潜入上海策应，但亦无法补救。此时，康有为急电梁到港相见。梁到康有为寓所，康责问梁等十三人上书之事，认为梁倾向革命，便是忘了光绪皇帝的救命大恩，做出忘恩负义之事。康愤慨道："你应当记得百日维新之时，守旧党要杀我们而甘心，湖南举人曾廉上书，举劾我们反满，大逆不道，应处以极刑。若非光绪皇帝全力卫护，我们早被杀头，那有今日！当时你口口声声颂扬皇帝恩德，现在却要革他的命。"康越说越生气，顺手拿了一个夹着报纸的报夹子，向梁掷过去，口中大叫："你的命是光绪皇帝给你的！"虽然康一击不中，梁却大惊跪下，俯首认罪，从此确定了保皇的路线。

清政府倒台前，梁启超认为康有为所坚执的"虚君共和"这一政治理想已经不符合中国的未来走向，故劝康道："藉连鸡之势，或享失马之福，则竭才报国，岂患无途"，否则"趋舍异路，怆恨何言"。

随着革命的发展，康梁之间的矛盾越来越大。梁启超在致康有为的信中说："大抵与师论事，无论何人决不能自申其说……师平昔事无大小，举措乖方之处，不一而足，弟子亦不能心悦诚服，无如何也。"此后，因对共和与帝制的政见不同，二人发生冲突，梁启超甚至公开发表文章，批驳康有为的学说，师徒关系严重恶化。

戊戌变法之败，是由于袁世凯向荣禄告密，故康有为视袁为不共戴天之人。辛亥革命后，康有为回国，仍坚持"由帝制以先求小康，用帝制宜仍扶清室"之主张，袁世凯数次召见，均不往。而梁启超却支持袁世凯，接受袁之延纳，先办《庸言报》于天津，兼任进步党党魁，后又跻身名流内阁，欣然就任司法总长。康愠怒，致书梁，称袁氏旧隙固不足论，而其人非可恃，政实不足为谋。梁答复曰："先生此语不惟不知项城，亦并不知启超。"康见函大为不怿，旋复大笑，戏撰一联曰："既不知袁世凯，复不知梁启超，无知人之明，先生休矣。一败绩于戊戌，再败绩于辛亥，举大事不成，中国殆哉。"

自是，师徒之间遂绝音讯。袁世凯称帝，梁启超由津走沪密谋倒袁，与康有为同居租界，而相避不面。袁去世后，梁启超自云南返回上海，由人劝梁前去拜谒康，重修旧好。梁至康宅，叩头执弟子礼，向康赔罪，但康端坐不动，面有愠色。

康有为支持复辟，而梁启超反对，认为世界潮流不可阻挡，复辟不可能成功。梁启超说："我敢说，已经挂上的民国招牌，从今以后千千万万年再也不会卸下，任凭你像尧舜那么贤圣，像秦始皇、明太祖那么强暴，像曹操、司马懿那么狡猾，再要想做中国皇帝，乃永远没有人答应。"康在《上海周报》上发表《为国家筹安定策者》一文，公开主张清帝复辟时，梁立即发表《辟复辟论》进行驳斥，明确指出康是“党袁论”、“附逆论”、“筹安新派”。

1917年，康有为支持张勋复辟，梁启超立即随段祺瑞讨伐张勋。他不仅代段起草了讨逆宣言，而且以个人名义发表反对通电，斥责康为“大言不惭之书生，于政局甘苦，毫无所知”。据说通电写好之后，有人担心会破坏康、梁的师生情谊，梁启超却理直气壮地回答道：“师弟自师弟，政治主张则不妨各异，吾不能与吾师共为国家罪人也。”康门弟子闻言，愤而告康，求鸣鼓攻之，而康无语，既而长叹：“《论语》云‘回也非助我者也’。这句话，我今日才到底明白了。”

梁启超反对张勋复辟前，周善培规劝梁说：“事情有该自己做的，有该听别人做的。讨袁，革命当该做，我们也应当做；讨张复辟只该革命党去做，不必我们去做。”周反复劝说良久，但梁启超却执意讨伐张勋。梁、康从此决裂，康有为当着梁启超学生的面痛骂“梁贼启超”，并指斥梁曰：“鸱枭食母獍食父，刑天舞戚虎守关。逢蒙弯弓专射羿，坐看日落泪潸潸。”“鸱枭”、“獍”为古文中食父食母的怪兽。

张勋复辟失败后，康有为被通缉，而梁启超入段祺瑞内阁任财政总长。梁请同门罗瘿公至康有为处为其解说，说：“‘书生’一语实指刘廷琛等，卓如非忘旧者，愿资吾师旅用，请允一见。”康曰：“彼新贵，吾已累囚，不交涉逮捕已拜其赐，他何必言。”

康有为曾问周善培：“我真佩服你，言必称赵先生（指赵熙，周善培的老师）。你为什么那样服从赵先生呢？”周知康恨梁启超常不顺从他，便答复说：“赵先生只同我讲学问，学问的道理是方的，我无法违背他，只有服从他；你同任公变法以前也是讲学问的，变法以后，就专讲政治，政治的道理是圆的，你有你的办法，他有他的办法，自然他对你就有从有违。还有一个重点：我做官是做的我的官，不是替赵先生做官。我做了六年官，赵先生从来未向我要过一个钱、荐过一个人。你对任公是否如此，请你反省一下。”康有为闻言嗒然。

20年代，通过刘海粟等人从中斡旋，二人关系有所缓和。1922年，康有为原配夫人在上海逝世，梁曾亲往吊丧。1927年，康有为七十岁生日，康门弟子齐集上海祝寿，梁虽然因事不能亲至，但却托人送来寿联和寿文。梁所撰的寿联曰：“述先圣之玄意，整百家之不齐，入此岁来已七十矣；奉觞豆于国叟，至欢忻于春酒，亲受业者盖三千焉！”在联中，梁启超投康有为所好，将康有为比作孔子。在寿文里，梁启超深情地回忆起早年在万木草堂学习的经历，感谢先生的教诲之恩，并高度评价了康有为对当时及以后的影响。

是年 3 月 31 日，康有为在青岛逝世。梁启超闻讯之后悲伤万分，痛哭数日，汇去几百块钱，作为赙礼，并披麻戴孝，率清华院全体同学在法源寺开吊三日。每当来人行礼，他始终站在孝子位置，答礼不疲。弟子晚辈徐志摩、张君劢、胡适等人行磕头礼，梁也如礼答之。梁启超平时喜打麻将，但康有为去世后一个月他没有再打牌。4 月 17 日，梁启超联合康门弟子，在北京设灵公祭，含泪宣读悼文。在悼文中，梁启超肯定了康有为早年的历史贡献，但委婉地批评了他在复辟帝制上的错误。

梁启超挽康有为："祝宗祈死，老眼久枯，翻幸生也有涯，卒免睹全国陆沉鱼烂之惨；西狩获麟，微言遽绝，正恐天之将丧，不仅动吾党山颓木坏之悲。""西狩获麟"，典出《春秋・哀公十四年》，梁在下联中引用此典，将老师康有为比作孔子。

梁启超评价其师康有为曰："先生最富于自信力之人也。其所执主义，无论何人不能动摇之。于学术亦然，于治事亦然。不肯迁就以徇事物，而每镕取事物以佐其主义，常有六经皆我注脚，群山皆其仆从之概！"又在《清代学术概论》中曰："有为太有成见，启超太无成见。"

诤 友

梁启超和周善培相识于 1889 年 10 月初，当时研甫督学约定在武昌会合，梁、周都乘坐招商局的官舱由上海至武昌。时梁年少新进，盛气凌人，旅途相遇，目中无余，而周善培自认是无名小卒，不敢同梁攀谈。过了九江，梁启超主动找周谈天，周不愿与他多谈。此后，直到周的《力书》写就，梁写信给周，表达愿意订交之意，二人开始交往。

1899 年，周善培到日本，与梁启超在东京见面。见面唏嘘感慨良久，周提出梁启超等人对政变应负责任的意见，梁诚恳地深自引咎。同时周提出二人订交的条件，彼此多规过，少奖善，梁当即表示接受。以后往来三十二年，梁启超便是周善培平生最能受直言的朋友，周亦用他的直言劝诫过梁无数次。

梁启超对周善培极致倾仰，以之为当今豪杰，曾先后两次致函孙中山，推荐周氏。第一书云："今有四川豪杰来此间，弟欲约其与兄相见。"第二书曰："今日寄上一书，想已达。有四川一豪杰周孝怀，弟欲与之同见足下商量一切事务，何时可约见，请即回示为盼。"

一次，周、梁彻谈三天三夜，周善培劝梁启超少谈保皇的空话，多研究如有第二次变法的机会，如何以前事为戒，订出如何有次第的办法；同时还劝梁少讲公羊学，多研究周礼，因为中国原有一套整个的政治制度和方法，都在周礼上。梁启超听从周的规劝，日后果然少讲公羊，但仍放不下保皇的招牌。

1912 年，周善培听说袁世凯召梁启超去北京，便与老师赵熙乘船去横滨，劝梁启超慎重其事。周善培说："对德宗（光绪皇帝）是不该去，对袁世凯是不能去。"梁启超对周吐露真言，称他并不想去北京，但康有为催促他尽快成行，他不能违拗恩师的意愿。

梁启超担任司法总长后，周善培认为，梁心里还是赞成他的观点，不过因为笃信南海康有为，才走错这一步。周想，任公理智很高，只有创造一种理论才能打动他。因康梁尊孔，周思来想去，决定从孔子著作中找寻一种最广泛的题目，提出若干合时的理论，对症下药，挽救梁启超。于是，周用半年时间写成《论语时义》一书，将论语四百二十一章丢开先儒的一切旧说，每章都借孔子的题目来发表他痛骂袁世凯和讽刺梁启超的意见。之后，周让弟弟周竺君到京，将此书面交梁启超，请梁看后，替自己作一篇序。梁当着周竺君看罢第一章（此章周借李斯、刘歆来解释学而不时习的毛病，讽刺梁），对周竺君说："我已经遍身是汗，不能往下再看了。请你回去替我谢谢老兄，只说我知过了。请他容许我改过补过。"

1913 年，袁世凯既夺取广东，请周善培担任广东将军兼巡按使，周谢绝了。袁又派人劝周，周再次谢绝。第三次，袁让梁启超派人来劝，周再谢绝："任公不妨事袁，我却认为我决不可见袁。"从此以后，周善培与梁启超虽不通信，却随时窥察袁的动向，准备随时托人去提醒梁，请他预防，及早抽身。

周善培在《论语时义》中曾预测袁世凯想黄袍加身，他将自己的想法告诉了梁启超。梁因而早有准备，当袁世凯的"筹安会"出现后，梁立即发表《异哉所谓国体问题者》。此文发表后，周、梁二人进一步合作，筹划讨袁。

袁世凯死后，周善培劝梁启超说："袁死了，民国的政治是革命党的事，我们应当关起门来少谈政治。谈政治的朋友只能共热闹，是不能共寂寞的。"梁启超认可周所言，但经过讨袁一役，梁的社会地位又进一步提高，门庭若市，怎么也无法冷静下来。

张勋复辟时，梁启超来找周善培同去参加段祺瑞的马厂誓师。周反对梁去讨张，并说："讲交情，我同老段比较你还有点儿小交情，旁的事他不认识我，他却认识我不想做官，不想依靠他来分点赃。而他这人自己是没有脑筋的，左右又是一般垄断权利、不愿意别人分赃的人。他再三要我到四川去，你也从旁帮他劝驾，我尚且避之不及；你怎么跟一个毫无交情又不能分取他一份权利的人去同他共事呢？"任公说："老段反对洪宪，我们不该佩服他吗？"周说："我也是因为佩服他这一点，所以结束肇庆都司令部以后，我还同他做朋友。"任公说："为什么做得朋友又不能共事呢？"周说："当然是两回事。作朋友谁也不侵占别人权利；一共事，权利问题就来了。你连这种极浅显的政治利害都分析不明白，还谈什么政治呢？你既认定他能共事，我不敢妨害你的自由。我只看你最后长叹一声下台就是了。"周善培果然言中，张勋复辟事败后，梁启超担任了段祺瑞内阁的财政部长，但不久就下台了。

周善培常对梁启超说："孔孟、苏张都谈政治，为什么孔孟是政治家而苏张是政客呢？就是孔孟谈政治没有自己，只订出许多原则性的理论，让一般诸侯去听。谁照他的理论去做，是他的幸福，与我无关；谁不听他的话，是他该倒霉，也与我无关。苏张就相反了，事事都为的自己。谁听他的话，那个人有利，他自然有利；听他的话作坏了，而他的官骗到手了，他也有利。孔孟讲了一生政治，虽没有得过意，一生是愉快的，结果是安全的。苏张虽然得过几天意，却一生在恐怖中，到底得不到好结果。"

梁启超财政总长下台之后，周善培问他："你讲了一生政治，你有几天是愉快的？"梁只能用一声长叹来答复周。昔日袁世凯死后，周善培劝梁莫问政治，他冷静不下来；此时下台后，不待周劝他，他就自然地冷静下来，讲起学来了。

周善培对梁启超说："真讲做事的政治家，勿论职权的大小，到一个地方，做一趟官，总得留下两件事，使去后还有人想我，留下好印象。如李冰在四川凿离堆，时隔二千年还有人纪念他，这是第一等。如子产在郑国前半期被人咒骂，后半期被人称颂，也是好的。即使像王荆公做坏，到今天还有人佩服他做事的精神，也够得上政治家。如果做一趟官，留不下一件事使人回忆，这只能叫做官，不能叫做事，更说不上政治家。"梁愤然答："你难道不晓得今天不能办事吗？"周笑着说："你难道早不知道今天不能办事吗？"

周善培总结梁启超一生的政治生涯："任公有极热烈的政治思想、极纵横的政治理论，却没有一点政治办法，尤其没有政治家的魄力。"

激 赏

1884年，十二岁的梁启超得中秀才，时梁的祖父正逢七十大寿。考试结束后，梁启超去见担任主考的广东学政叶大焯，长跪曰："家有大父，今年七十矣！弧矢之期，在仲冬二十一日，窃愿得先生一言为寿，庶永大父之日月，而慰吾仲父吾父之孝思，且以为宗族交游光宠也。"叶大焯为梁启超的孝心感动，挥毫写下了《镜泉梁老先生庆寿序》一文。

梁启超十七岁中举，当时的主考官李端棻认为梁启超"国士无双"，打破门第观念，将自己的堂妹李蕙仙许配给梁启超为妻。梁启超的父亲梁莲涧以"寒素之家齐大非偶"为词拒绝，表示不敢高攀。李端棻便差人转告梁莲涧："予固知启超寒士，但此子终非池中物，飞黄腾达，直指顾间事。予第物色人才，勿以贫富介介。且予知予女弟固深明大义者，故敢为之主婚，毋却也。"

当时副主考王仁堪也有许婚之意，但因李端棻先开口，乃作罢。梁启勋在《曼殊室戊辰笔记》中记载："光绪十五年己丑，十七岁，举于乡，榜列八名。当时典试之正座乃贵州李园，副座乃福建王可庄。榜发，李请王做媒，以妹字伯兄。同时王亦怀此意，盖王有一女公子正待字也。但李先发言，乃相视而笑。"

戊戌变法失败后，李端棻向梁启超赠金二百两，助梁在日本横滨创办《清议报》，而受牵累，丢掉乌纱帽，被流放新疆。

黄遵宪赏识梁启超，不以梁为后辈，曾汇编诗、文各一集，请梁为其审阅。梁仔细阅读后，对黄说："先生之诗，似胜于文，请扬前者，而抑后者，可乎？"黄点头赞同，遂单独出版诗集《人境庐诗草》。

梁启超以弱冠刚过之年，受湖南巡府陈宝箴、陈三立、黄遵宪等人的邀请，出任湖南时务学堂总教习一职。据陈寅恪后来回忆，当初黄遵宪原本想拟请康有为执总教习之席，然而陈三立却认为启超的学问似在其师之上，后就决定延请梁了。

两广总督张之洞坐镇汉口时，曾考察梁启超的学识。张之洞出上联曰："四水江第一,四季夏第二，老夫居江夏，谁是第一，谁是第二。"此联一出，咄气逼人，暗喻自己乃江夏第一人。梁启超思考片刻，对曰："三教儒在先，三才人在后，小生本儒人，岂敢在前，岂敢在后。"

梁启超过武昌拜访张之洞。张命人开中门及暖阁迎接梁，并问巡捕官："可鸣炮否？"巡捕官告知张，梁启超仅为举人，按朝廷定制，只有钦差和督抚来时方可开中门并鸣炮迎接。张之洞这才不提鸣炮，以厚礼迎接梁入城。当天恰逢张的女儿出嫁，张竟丢下众宾客不管不顾，而与梁畅谈至二更时分。

维新变法使得梁启超名扬天下，时国外认为"梁启超是中国罕见的高洁志士，是热心策划北京政府根本改造的士大夫"。戊戌变法失败之后，伊藤博文对日本驻中国公使林权助说："姓梁的这个青年是个非凡的家伙啊！真是个使人佩服的家伙……救他吧，而且让他逃到日本吧！到了日本我帮助他。梁这个青年对于中国是珍贵的灵魂啊！"此后，梁启超在日本和欧美流亡期间，往往被当作中国新的政治和文化领袖来接待。

德富苏峰被日本人民称作"国民之声"，梁启超则被称作"中国的德富苏峰"。后德富苏峰在北京见到梁启超时，连连说："岂敢，岂敢！应称我为'日本的梁启超'才对！"

1907年，梁启超组织政闻社，在东京锦辉馆召开大会，欲与同盟会对抗。张继率鄂人马伯援等人至，待梁登台演说时，奋起大呼，群相附和，持木屐殴击。会场大乱，梁逃走。据说，梁时自知不敌，且辩且退，张继则拉住他的袖子不放手，最后梁启超只好绝袖而去。事后，梁对日人解释说，此次纠纷为"本会众人偶在争论，既非他党来袭，亦未毁物殴人"，日本名流称赞梁有"政治德量"。

梁启超流亡海外的十余年间，官居四品的杨度一直为梁的合法回国而四处奔走。杨仅用一个晚上就写出了甘冒天下之大不韪的奏折：《奏请赦用梁启超折》。梁得知此事后，闭门而泣，泪湿稿笺。护国运动中，有人请示梁启超该不该将杨度缉拿正法时，梁念及昔日情谊，指示僚属马虎了事。

袁世凯最欣赏章太炎、梁启超二人，也最畏惧二人手中的笔。袁说，这两支笔，笔力千钧，抵得上几师军队。袁上台后，不遗余力，希冀笼络章、梁。

熊希龄出任总理，实梁启超大力促成。熊几次力辞，之后虽应承，但迟迟不到任，梁屡电催之。熊到京后，先请梁出任教育总长，梁坚辞决绝。熊乃大不怿，二人不欢而散。第二次谈判，熊词锋峻厉，谓："屡次皆公促我来，属我牺牲；我既牺牲，而公乃自洁，足见'熊希龄'三字，不抵'梁启超'名字之尊。"又诘问梁："公既不出，则张季直、汪伯棠（大燮）皆牵连不出，熊内阁势将小产，此时进步党将持何等态度？又如公等均不出，熊内阁纯以官僚组织成之，舆论必不满意，此时进步党又将持何等态度？故为进步党计，公亦不可不出。”其词恳切，梁无法再辞，遂长司法部。

一九一五年，梁启超返乡为父亲祝寿，由新会一个姓赵的统领大队兵马护送，一时茶坑热闹非常。附近河面停泊官绅船只密不见水面，梁家宾客盈门，贺仪堆积如山。达官贵人均有所馈赠，段祺瑞亲题“圭峰比秀”四字匾额为赠，逊帝溥仪亦“赐”了一个亲书的“福”字。

魏铁三曾集古人诗句为楹帖赞道梁启超的博学多才：“腹中贮书一万卷（刘长卿诗），海上看羊十九年（黄庭坚诗）。”

陈叔通仰慕梁启超，曾作“池中自有不凡鳞”、“明珠毕竟世同珍”等诗句大赞梁。

梁启超五十大寿，罗瘿公撰写寿联为其贺寿曰：“每为天下非常事，已少人间未见书。”

质　诘

护国战争爆发时，梁启超的父亲去世，但梁为国事，未回乡丁忧。胡汉民得知此事后，作一联讽刺梁曰：“诸葛亮七擒七纵，梁启超三保三无。”“三保”指梁先后保皇、保袁、保段。“三无”则讥笑梁无君、无师、无父，因梁主张的君主立宪不能成功，所以无君；而梁与老师康有为不和，所以无师；现父死不守制，所以无父。

1919 年巴黎和会召开期间，梁启超赴欧考察。国内盛传梁此去，有取代陆徵祥出任特使之意。梁到法国后，在李石曾、汪精卫等人为其举办的欢迎会上，发表即席演说。演讲完毕，一位何姓华人当场质问：“梁先生，民众反对参战，是反对段政府参战，因为百姓早看出段要的把戏是宣而不战，这将会失信于协约国，原来这都是梁先生教诲啊！”何又说道：“民国二年，国会解散，酿成中日外交纷争与帝制运动，这也是梁先生之力！第二次解散国会，您和汤化龙实行拆台手段，挑起南北人的恶感，蜀湘百姓因此饱受战争苦难，这又都是梁先生入阁掌财政的力量啊！”“今天，梁先生远道来法，骗到徐世昌万元川资，是不是又想推行您以前在美国组织维新会的智谋呢，以此来欺骗我们旅法华侨的血汗钱，扰乱巴黎和会专使的次序呢？我们不是早期的美国华侨，没有那么容易上当受骗！今天和你说，法国是自由的地方，不容保皇余孽在此活动。假如您悍然不理，就别怪我们不留情面了！”梁启超听罢尴尬无比。

1923年，王造时在《清华周刊》中发表文章说：“对于讲学问的梁任公先生，我是十二万分的钦佩；对于谈政治的梁任公先生，我是十二万分的怀疑。”

1924年，梁启超在清华大学讲授《毛诗》和《楚辞》，黄节也在北大开设汉魏六朝诗歌课程。北大有学生见梁启超所讲与黄节有很多不同之处，黄节得知，要来讲义仔细查看，发觉梁所讲谬误不少，便去函与之商榷。不料梁数月未复，黄节“深叹前辈往复论学之谊，不可复见也”，乃再致书，直言其“轻率从事”，“援引失实”，“自欺误人”。

黄侃曾嘲笑梁启超学问不精，曾对梁演讲中的错误一一抨击：“梁启超来鄂，赴中华大学暑期讲演。第一日发讲，即有无数笑柄。彼云：春秋时，楚都武昌，三国时，吴亦都武昌。又举湖北先贤五人，老、庄、屈子、葛相、道安。夫楚凡四都，未尝居鄂；吴虽中徙，乃今鄂城。老则苦县（苦读“古”，今河南鹿邑东）；庄为蒙人；诸葛，阳都（今山东沂南）；道安，扶柳（今河北冀州）……启超乃南海圣人之高足，此段以国史研究为讲题，昔有仲由率尔致哂；今之鲁连，求之不难，可无戒乎？”

黄侃又在课堂上评价梁启超，认为梁在学术上的成就不大，至于文章，只是“新闻笔墨而已”。

梁启超曾在东南大学任教，当时东南大学有学者批评梁启超所著的《先秦政治思想史》“完全背离客观的学者态度”，还批评他“治学感情有余而理智不足，在精神上莫衷一是”。

一次，黄伯易到国文组办公室抄阅参考资料，听到系主任室几位教授正在议论梁启超：“梁启超写先秦政治思想，日本学者已积累了不少资料，顺手拈来都可成书，倒是小石（胡小石）的《中国文化史》不好编。”“梁启超如果继续写汉、魏政治思想，就会感到江郎才尽了。”“我敢担保凭梁启超这副本领，一辈子拿不出来！”顾寔也愣眉怒目地攻击梁启超：“《道德经》是道家政治思想的精神，梁启超摸不到边，他讲的不是老子，而是‘咱老子’。”

南京宝华山慧居寺的大莲和尚曾当着黄伯易的面对其业师梁启超作了鞭辟入里的评论：“梁启超治学务博而不求精，泥于学古而忽于今用，服膺师训或改弦更张都不彻底，只依违两可之间，因此进退失据。梁启超单独搞政治总是捭阖不定，而且多疑善变，比乃师康长素真是自郐以下了！”黄伯易将此酷评转告了梁启超，梁未加辩驳，只是说出一句："不错！我梁启超的特点就是善变。"

东南大学举行国学研究会，会上，有人将话题转到顾寔的《人生二百年》上。梁启超说："我梁启超一定要活到 78 岁！"此话引来了教授们的不同意见。吴梅说："生死何足道！"王朴安说："未知生，焉知死？"柳诒徵说："人生实难，死如之何！"陈佩君说："生死事大，无余涅槃。"教授们的人生观五花八门，但在态度上都反对梁的观点。最后陈中凡调侃地说："我们顾先生会算八字，让他给梁先生算算！"梁说："我梁启超生平从不迷信！"顾寔大为震怒："我不像梁启超，我自己算过，我要活八十岁零一早晨，最后一早晨要与死神拼命！"于是，大家扫兴而归。

梁启超曾在南京支那内学院学佛，一次，欧阳竟无庄严地对梁说："我绝非轻视你梁启超，而是你的文章对青年传染力强——把佛学导入宗教的鬼神迷信。试想想，我们一代应担负何等罪过？"说到此，欧阳不禁老泪潸然。梁启超听罢埋头无语。

胡适主张白话文运动，梁启超晚年亦开始用白话文写作，其《欧游心影录》记用白话文写就，旧日友人颇为失望。章士钊在《甲寅》杂志中大骂："梁任公献媚小生，随风而靡。[illegible]伤其不自爱重，而欲谩闻动众也。

友人夏曾佑对梁启超的学问并不推崇，他指责梁的《清代学术概论》一书"错处开卷即得"。

周善培诘问梁启超："中国长久睡梦的人心被你一支笔惊醒了，这不待我来恭维你。但是，作文章有两个境界，第一个是能动人，读你的文章，没有不感动的。第一步你已经做到了。第二个是能留人。司马迁死了快两千年，至今《史记》里有许多文章还是使人不厌百回读的。你这几十年中，作了若干文章，你试想想，不说百回读不容易，就是使人读两回三回的能有几篇文章？"

学 术

1895 年，梁启超在北京广交天下名士。马相伯觉得梁尚年轻，宜先学好一种西文以进窥西学，不宜用世太早；而另外一位友人钱塘县令吴少村，也和马同一见解，他自愿拿出一笔钱，在杭州西湖租一所房子，买一批书，聘英法文教员各一人，至少把梁关在西湖三年再说。同年十月，伍廷芳任出使美国，想让梁出任参赞，同时交给梁一千元治装费。而此时，黄遵宪邀请梁去长沙去办时务学堂。为此，黄遵宪同吴少村激烈辩论了半年之久。黄认为：“甲午战败，国势危急，《时务报》的影响很大，应该让梁启超出来搞政治活动。”吴则主张说：“梁启超不过一个二十四岁的青年，学问还没有大成就，让他出来搞政治岂不是害了他？还是让他学一两种欧洲文，对他的学问帮助大。”争论的结果，黄遵宪胜利了。1896年冬，梁启超到长沙办时务学堂。

在经历了政治的失败后，梁启超认识到：“在中国政界活动，实难得兴致继续。盖客观的事实与主观的理想全不相应，凡所透劝皆如击空也。”从此，梁启超专心问学，不再关注政治。黄伯易回忆：“在当时‘自由讲学’的讲坛上，如胡适、张君劢、江亢虎、张东荪等，都大谈政治，大谈主义，而像梁（启超）先生那样在政治上几度活跃的人物，却对当时的政治绝口不谈。”

梁启超认为：“史学为国学最重要部分。”他的国学研究，始终以史学为第一重头戏。他先后撰写了《清代学术概论》、《中国历史研究法》及其补编、《先秦政治思想史》、《中国近三百年学术史》等专著。

梁启超潜心研究学问，以西学的方法研究中学，“在社会上造成一种不逐时流的新人”，“在学术界上造成一种适应新潮的国学”。他希望重新唤起人们对传统文化的信心，批判地总结中国古代文化遗产。从欧洲回国后，梁启超就与胡适等人发起整理国故的运动，成为国粹主义史学派的中坚。

东南大学学者云集，一位学生问梁启超：“现在南京延揽国内外名流学者公开讲学，有人说只有诸子百家争鸣才能与今天的盛况媲美。依先生看，这种提法是否合适？”梁顿时庄重地说：“非常不合适！主要是没有新的东西。诸子百家各有独到之处，2000年后的今天还值得重新估定它的价值。今天的自由讲学几乎找不出一种独立见解，不过二三十年后，就被人们遗忘得一干二净了。”

梁启超博闻强记。一次宴会上，胡适说：“中国古诗很多，诗人都吃肉，就是没有人写过猪。这个牲畜没有人作过诗。”梁启超马上反驳：“不见得，清朝乾隆就写过‘夕阳芳草见游猪’的句子。”乾隆一生诗作无数，佳作甚少，少有人读，由此可见梁读书之杂。

梁启超为子女及谢国桢讲解贾谊的《天人三策》，梁且讲且背，并不看书。谢惊讶，梁笑曰：“余不能背诵《天人三策》，又安能上万言书乎！”

因参加护国运动，梁启超被袁世凯派人追捕，只好躲入荒山，与同伴走失后，他寄居于一个小牧庄，大病一场，差点命丧于彼。病稍好，他便写出了《国民浅训》

一书，他在自序中说："病既起，念此闲暇之岁月，在今百忙中殊不易得，不可负，乃奋兴草此书，阅三日夜，得十三章。"

1918年，梁启超和蒋百里一起游历欧洲。回国后，蒋写了一本《欧洲文艺复兴史》，请梁为之作序。不料梁一动笔便一发不可收拾，洋洋洒洒便是8万字，比蒋的正文篇幅还大。蒋啼笑皆非，只好请梁单独出版，并为梁的书作序。此即梁的著作《清代学术概论》。后来梁启超又将此书补充至25万字，是为《中国近三百年学术史》。

陈达曾在清华担任《清华学报》总编辑，一天，他对学生梁思永说："你跟老太爷说，让他来篇稿子吧。"很快，梁启超的稿子就送来了，陈达回忆说："出乎我意料之快，这篇文章写的中国学术的地理分布，只说了几天，就送来了。我一看，可了得，里面写了中国有史以来各学派的地理分布，各学派的内容和比较，各学派的代表人，这些人的下面又有几人，其生卒年月，著作名称，地理分布，如广东是什么派，浙江是什么派等等，真是洋洋大观。这篇东西，如果让我来写，起码得半年。"

梁启超治学勤恳，生活极有规律，无论冬夏，五点起床，每天工作十个小时，连星期天也有日课（工作计划），不稍休息。他每天必得看完《京沪日报》和一本与《新青年》等齐厚的杂志，还要摘录必要材料。每天固定要读的日文和中文书籍纵在百忙中也全不偷懒。他经常以"万恶懒为首，百行勤为先"来勉励学生们。

梁启超"平昔眼中无书，手中无笔之日亦绝少"，晚年著述，用力尤勤。1920年，他仅一年就撰成《清代学术概论》、《老子哲学》、《孔子》、《墨经校释》等著作，并有多篇佛教历史论文。

梁启超规定工作时间不接待宾客，偶有人来访，谈话不超过一个小时。他在书斋上挂了一个木牌，上书："除研究生外，无要事莫入。"

在《为学的兴趣》中，梁启超说："有人说吃酒有兴趣，醉了怎么样？又有人说赌钱有兴趣，输了怎么样？……把我梁启超烧成灰来作化学分析——也只有一点为学的兴趣。"

梁启超学识渊博，但有时也会犯些小错误。他撰写《中国历史研究法》时，引用阿拉伯人的著作，因未见原文，将"五朝"误写成"五代"，将"10世纪的中国"写成了"9世纪"。王森然对此感慨道："著书求入世界作者之林，真不易矣。"

刘海粟问梁启超："你为什么知道的东西那样多？"梁想了一想，恳切地说：

“这不是什么长处，你不要羡慕。我有两句诗：吾辈病爱博，用是浅且芜。一个渔人同时撒一百张网，不可能捉到大鱼。治学要深厚。你应当尽一切力量办好美专，造成一批人材；此外还要抽出时间集中精力作画。基础好、天分好都不够，还要业精于勤。以上两件事要毕生精力以赴，不能把治学的摊子摆得太大。盖生命有限，知识无穷。‘才成于专而毁于杂。’一事办好，已属难得。力气分散，则势必事无成。”

晚年，梁启超热心于文化传播活动，他成立共和社和讲学社，前者出版了大量书籍，包括介绍社会主义的译作，后者则出面邀请了杜威、罗素、杜里舒、泰戈尔四位大师访问中国，成为二十年代中国的重大文化事件。

1923 年 2 月，张君劢在清华作题为“人生观”的讲演，不意却引起地质学家丁文江的极大反感，旋即撰文《玄学与科学》予以批驳。张丁两人往复辩难，由梁启超带头参加，张东荪、林宰平、胡适、王星拱、吴稚晖等名流纷纷发表文章，争相参战，掀起了一时的科学与玄学之争。

1928 年 9 月，在梁启超离开人世间的四个月前，他开始着手编写《辛稼轩年谱》。在与病痛斗争中，梁启超始终坚持写作，直至最终无法提笔。梁启超与辛弃疾有相同的人生境遇，感同身受，故有编写《辛稼轩年谱》之举。

蓝文徵曾告诉徐复观说：“当任公先生因病入院，自知不起时，每当朋友或学生去看他，总是深切痛悔，一生没有好好地做学问，以致没有一两篇可以传世的文章；常因此躺在病床上流泪。他的老友林宰平先生为了安慰他，特别作了一番准备后，向他郑重指出，他哪些文章，哪一部书，在学术哪一方面有贡献，必能传世无疑；任公先生听后，心地比较平静下来，也可以说，是在比较平静中死去。”此一故事，徐复观曾经告诉过殷海光，也曾经告诉过李敖，劝诫二位务必把学问放在第一位。

1929 年初，梁启超的病情渐趋恶化，身体越来越差，学生谢国桢和萧龙友劝他停止工作，多休息。梁说：“战士死于沙场，学者死于讲坛。”不久不治而逝。1982 年，谢国桢因病住院，坚持看书，萧龙友的儿子萧璋去探望他，劝他不要看书，注意休息，谢以老师在 50 多年前的话回答道：“战士死于沙场，学者死于讲坛，师训不可违！”

梁启超一生勤奋，著述繁多，各种著述达 1400 万字，每年平均写作达 39 万字之多。这些著作，是他在近 36 年的政治活动之余写出来的，足见其勤奋。他的《饮冰室合集》共 148 卷，曾经产生“饮冰一集，万本万遍，传诵国人”的社会影响。

教 学

梁启超桃李天下，知名者有：蔡锷、蒋百里、张君劢、杨树达、杨鸿烈、范源濂、吴其昌、姜亮夫、徐志摩等，分涉军界、哲学、学术、文学、法律界等，各有建树。

1914年11月初，梁启超在清华作题为“君子”的演说，他在演说中引用《周易》中“天行健，君子以自强不息”和“地势坤，君子以厚德载物”来勉励清华学子们，希望他们能够“崇德修学，勉为真君子，异日出膺大任，足以挽既倒之狂澜，作中流之砥柱”。从此，“自强不息，厚德载物”便成为清华校训，沿用至今。

1922年冬，梁启超因为醉酒伤风，被检查出右心室偏大，脉跳稍快，被弟子张君劢强令停止一切演讲著述。然而，梁仍于某晚跑到法政学校授课。当张君劢回来后，得知梁又去讲课了，仓皇跑到该校，把梁从讲台上拉下，痛哭流涕，说梁的生命是四万万人的，不能由梁一个人做主，他既跟着梁，便有代表四万万人监督梁的权利和义务。说话时，张气势汹汹，说梁若不听他的话，他有本事立刻将梁驱逐出南京。梁问有何办法，张答，他将开一个梁先生保命会，在各校进行演说，不怕学生不全体签名送梁出境。张要求梁必须停止演讲一星期，并且立刻致函各校，停止梁启超本周一切讲课活动。梁再到东南大学讲课，发现教室空空如也，竟无一学生到场，只好遵从与张的约定。

在清华大学国学研究院任教，梁启超曾指导一研究生研究先秦思想史。期末考试该生只得了五十分。该生于是前往导师处询问，梁启超随口说：“您的考试卷我根本没看，看考卷即浪费时间，对我也没有帮助，放暑假你准备一下，开学来补考就是了。”开学后，梁启超在该生补考卷上打了一百分，说：“你的考卷我没看，经过一个暑假复习，你一定考得很好，我也不用再看了。”

梁实秋曾记录梁启超讲课的情形：他讲得认真吃力，渴了便喝一口水，掏出大块毛巾揩脸上的汗，不时地呼喊他坐在前排的儿子：“思成，黑板擦擦！”梁思成便跳上台去把黑板擦干净。每次钟响，他讲不完，总要拖几分钟，然后于掌声雷动中大摇大摆地徐徐步出教室。听众守在座位上，没有一个人敢先离席。

梁启超每周三讲授《儒家哲学》，讲课时，他让学生周传儒负责记录他讲课的内容。一次，一位学生制作灯谜一则，曰："梁任公先生每周三讲哲学，打一人名。"大家都猜不出，最后这位学生揭开谜底，原来是"周传儒"。众人哄笑。

梁启超认为《老子》一书可能为战国时期作品。他在一次学术演讲中说："我今将《老子》一书提起诉讼，请各位审判。"几天后，他收到了一位名叫张怡荪的学生的来信，信中说："梁任公所提出各节，实不能有丝毫证明《老子》一书中有战国产品的嫌疑，原诉驳回，此判。"梁对张的观点并不认同，但他欣然为此文做题识，对张的才华表示赞许。

每次去学校上课，梁启超坐的是自备马车。他在车上总是手不释卷，进了校门，才把书装进提包里，但一到教授休息室，又把书打开了。他讲授时，对每一问题，都是上下古今，旁征博引，精辟透彻，引人入胜。在引证当中，同时提出自己的见解，来启发大家。他不止一次地谈道："凡研究学问，既要能钻进去，又要能走出来，才不致为人所蔽，而能自有所得。所以古人说读书就是攻书，这个'攻'字很有意义，要很好地体会。"

一日，楚中元和李仁夫一起去拜访梁启超，梁很热情地招待他们，除了泡茶之外，还添上两盘糖果。他为楚中元的诗稿题写了封面，又为李仁夫写了副对联，联云："万事祸为福所倚，百年力与命相持"。他一再对李说："这是我青年时代一首诗的录句，可以想见我当年的豪气。我今天特别写给你，也是希望你立志向上奋斗。"同时他又说："我平生行事，也是信奉这两句话。所以遇到任何逆境，我都是乐现的，我是个乐观主义者，也许就是得力于此，希望你们青年人要从古人这种哲语中去吸取力量。"

学生黄伯易回忆在东南大学暑假的欢迎会上第一次见到梁启超。当时，梁在会上谦逊地说："我梁启超一定要学习孔子'学不厌，教不倦'的精神，与同学们一起进行攻错。"黄记得，梁先生广额深目，精力充沛，语音清晰，态度诚恳。

东南大学当时著名学者云集，有杜威、胡适、张君劢、江亢虎、张东荪等，学生们便就这些学者的论断去向梁启超和杨杏佛请教，杨有问必答，梁则三缄其口。学生们就此引发了争论，有人认为应采杨的态度，有人则欣赏梁。梁启超知道后，对学生们说："讲学的自由和批评的自由原本是双生的。我并非反对自由批评，却反对批评的不自由。我的态度同杏佛并无两样。"

梁启超在《为学与做人》中讲，做人必须具备智、仁、勇"三大德"，做到"知者不惑，仁者不忧，勇者不惧"。因此，教育应分为智育、情育、意育三部分。智育是求知识，目的是叫人做到“知者不惑”。情育就是养成普遍的人格，了悟宇宙和人生的大道，目的是教人做到“仁者不忧”。意育是磨炼人的意志，保持勇气，目的是教人做到“勇者不惧”。情育和意育属于德性的学问，在现代教育体系中几乎丧失殆尽，现在只剩下了智育了。梁启超讥讽现代教育是“贩卖智识”的“杂货店”。他呼吁重视德性的学问，强调要用内省和躬行的方法去求得。

东南大学罗时实在课堂上问梁启超：“国粹将亡，奈何？”梁反问：“何以国粹将亡？”罗对曰：“先生不见今日读经之人之少乎？”梁闻声大怒，拍案道：“从古就是这么少！”

梁容若回忆，梁启超曾在北师大讲授“中国文化史”，学校考虑到校内外旁听者的方便，最初将课定在风雨操场。几次开讲以后，旁听者越来越少，就移到特别教室。选课的大概有六七十人，旁听的常维持五六十人，凡一百余人。有一天，师大和清华篮球比赛，旁听人和一部分选课学生被吸引到球场。梁进来看见稀稀落落的只有三四十人，面露不悦，坐到椅子上（梁平常讲课时站着的），掏出烟盒，想吸烟，迟疑了一下，又装了起来，问道：“他们哪里去了？”有学生回答：“看赛球去了。”梁感慨地说：“做学问不如打球好玩……你们，不，他们不是要跟我做学问，只是要看看梁启超，和动物园的老虎大象一样，有的看一次就够了，有的看两三次就够了。不过我并不失望，不要多，只要好，我在时务学堂，也只有四十来个学生，可是出来了蔡松坡、范源濂、杨树达等，一个顶一个！”说完，梁逐渐恢复常态，又起劲地讲下去了。

性　情

梁启超为人天真、率直、热忱、进取、虚心、内省、无我、重感情，他自称为“中国之新民”和“少年中国之少年”，熟识者皆认可，不觉他矫情。

1908 年，光绪、慈禧相继去世，宣统即位。梁启超在日本横滨蓄起辫发，因梁以为慈禧已死，清廷会召他回国委以重任。

徐世昌曾语人云：“任公无言不可谈，无人不可谈，以德性言，推海内第一人。”

胡适说：“任公为人最和蔼可爱，全无城府，一团孩子气。人们说他是阴谋家，真是恰得其反。他对我虽有时稍漏一点点争胜之意，——如民八之作白话文，如在北大公开讲演批评我的《哲学史》，如请我作《墨经校释 · 序》而后移作后序，把他的答书登在卷首而不登我的答书，——但这都表示他的天真烂漫，全无掩饰，不是他的短处，正是可爱之处。以《墨经校释·序》一事而论，我因他虚怀求序，不敢不以诚恳的讨论报他厚意，故序中直指他的方法之错误，但这态度非旧学者所能了解，故他当时不免有点介意。我当时也有点介意，但后来我很原谅他。”

陈雪屏《用几件具体的事例追怀适之先生》中云：“民国十一年秋天，梁任公应哲学会的邀请，到北大三院大礼堂讲‘评胡适之中国哲学史大纲’。讲演分为两天，每次约二小时左右。在第二天，胡先生也随同坐在台上。任公的讲演经过了长时间的准备，批评都能把握重点，措词犀利，极不客气，却颇见风趣，引导听众使他们觉得任公所说很有道理。第二天留下一半的时间让胡先生当场答辩。胡先生对第一天的讲词似乎先已看到记录，在短短四十分钟内他便轻松地将任公主要的论点一一加以批驳，使听众又转而偏向于胡先生。如果用‘如醉如狂，来形容当时听众的情绪似也不算过分。”

1923 年，胡适曾应《清华周刊》之请为青年开出一份《最低限度的国学书目》，胡将《三侠五义》、《九命奇冤》也列入其中。梁启超也受邀开出一份书单，他在《评胡适之的一个最低限度的国学书目》中说：“胡君这个书目，我是不赞成的，因为他文不对题。”“一张书目，名字叫作‘国学最低限度’，里面有《三侠五义》、《九命奇冤》，却没有《史记》、《汉书》、《资治通鉴》，岂非笑话？”又说：“若说不读《三侠五义》、《九命奇冤》便够不上国学最低限度，不瞒胡君说，区区小子，便是没读过这两本书的人，我虽自知学问浅漏，但说我连国学最低限度都没有，我却不服。”

1924 年正月，梁启超与胡适在安徽会馆共同主持戴东原二百年生辰纪念会。梁容若回忆，当时“《晨报》特别印专刊，副刊编辑孙伏园抱来散发，全部是任公一个人的文章。到开会，他又几乎独占了两小时的讲演时间，最后给胡适之留下了十分钟”，胡适登台前，梁介绍说：“现在请不讲理的胡适之，来讲不讲理的戴东原！”

曹聚仁回忆：“初见梁启超时，年纪很轻，不懂得他的高明之处。只是他和我们晤谈时，他刚访问齐耀珊（那时的浙江省长）出来。他说：‘齐省长真了不得，我和他谈了这么久，他几乎有问必答，听起来好似很有条有理似的。此刻，我想一想，凡是他问我的，我都老老实实说了，至于我所要问他的，他也可说句句答了，也可以说一句也没有说呢！’齐耀珊是有名的琉璃蛋，官场混得久了，真是圆滑得很。梁氏虽是著名政论家，说到手段圆活，那就差老官僚一脚。”

刘太希回忆：“任公脑部特大，目光如炬，态度诚朴而自然，虽两任财、法部长，而无北洋官僚习气，应接朋友学生，亲切如家人，礼貌自然不虚伪，送客多送至房门握别，其洒脱处，殆具备了先天性的民主精神，然于千钧一发之际，收视反听，迅赴事机，又绝有果断，如述其戊戌政变时如何脱险，又如何计划蔡松坡云南起义，与其匿于日轮火舱起草讨袁檄文及军务院组织大纲，虎虎有生气。余广州龙济光有如鸿门宴之拍案雄辩，茶杯跳汤亦不自知，以如此热血正义感情丰富之人，其不能与骄横卑劣的北洋军阀相处，自在意中。”

梁启超好追随潮流，有些寄给子女的信件，字里行间是模仿冰心《寄小读者》的笔调。胡适少时，受梁启超影响至深。但胡适学成归国，并因提倡白话文而暴得大名后，时时以创新见解刺激梁启超，梁因而发愤写出了《治国学的两条大路》、《历史统计学》等著作。对此，周善培说：“任公常以不知一事为耻，如胡适之流偶然有一篇研究一种极无价值的东西的文章，任公也要把这种不值研究的东西研究一番，有时还发表一篇文章来竞赛一下。”周常常劝梁：“论你的年辈，你的资格，应当站在提倡和创造的地位，要人跟你跑才对，你却总是跟人跑。不自足是美德，但像这种求足的方式，天下学术无穷，你已年近 60，哪一天才能达到你足的愿望呢？”梁启超一再点头，但始终控制不住一个“名”字，因此就造成一个无所不通的杂家。

梁启超说：“我生平是靠兴味作生活源泉。我的学问兴味、政治兴味都甚浓，……我觉‘我’应该做的事，是恢复我二十几岁时候的勇气，做个学者生涯的政论家。”

1922 年，梁启超在天津讲演，开头便说：“假如有人问我，你信仰的什么主义？我便答道：我信仰的是趣味主义。有人问我，你的人生观拿什么做根柢？我便答道：拿趣味做根柢。我生平对于自己所做的事，总是做得津津有味，而且兴会淋漓，什么悲观咧，厌世咧，这种字眼，我所用的字典里头，可以说完全没有。我所做的事常常失败，但我不仅从成功里感到趣味，就是在失败里也感到趣味。”

李仁夫回忆，梁启超演讲时，不是口若悬河。他虽循循善诱，但在紧要关头，他往往是将两手交叉胸前，好似准备与人搏击的姿态，非常紧张。

因政见不同，章太炎与梁启超早年有隙。王国维去世后，清华国学院学生希望能聘请章太炎、罗振玉担任国学院导师。梁启超听闻学生的建议后，欢然说道：

“二公，皆吾之好友也。”梁曾一人负手，盘走室中，对吴其昌（字子馨）说：“子馨，汝提起太炎，好极！使我回忆二十年前在日本时，吾二人友谊，固极厚也。太炎而今亦老矣，如肯来，当大乐！因汝一提，使我此二三日来，恒念太炎。”

陈登原回忆，东南大学校长郭秉文，延梁启超来讲学。“启超时寓成贤街一大宅子。予投之以书，忆所问者曾及《左传》真伪。明朝，复书竟至，嘱我次日上午九时去。予如约往，启超犹拥被卧。闻客至，询为谁，即嘱侍者导予入其卧室。启超一面与予谈，一面命侍者进香烟，有烟筒，以橡皮为管，侍者执筒，启超欹枕吸之，一次尽五六支始住。当时虽面对，仍未审《左传》真伪，启超意究云何。语次亦及康有为，启超但微笑，未肯置答。当时第觉其和易近人，乐于奖掖后进少年。”

姜亮夫想考清华大学，考试的时间已经过去了，但榜还没有发。姜就写信给梁启超，希望能得到一个补考的机会。之后他就接到了面试的通知。姜亮夫到清华考试时，由梁启超亲自面试，此后姜又过了王国维这一关，旋即进入清华读书。

梁启超在日本时，听说王宠惠之名后，便致函王，邀他到小石川东亚商业学校叙谈。王得书后，并不前往，而是复函责备梁失礼，说梁启超是一党魁首，理应礼贤下士，现在想以一纸书使人奔走，只能让受书的人难堪。梁启超见信后，并不生气，反致函称谢。

革命党人戢元丞、秦力山在《新大陆》杂志上称梁启超剽窃德富苏峰的文章，“不过为新闻记者中之一乞儿、一行窃者而已”。其时，新思想、新知识竞相输入，知识界往往以风气之先为荣，一有新说，人争传述，并没有今日“知识私有”、“版权所有”的观念。梁启超并不避讳其中有抄袭的成分，因此也没有回文进行辩解。

贺麟回忆：“记得有一天晚上在梁任公的中国文化史演讲班上，梁任公从衣袋里取出一封信来，在听众中间张荫麟是哪一位。荫麟当即起立致敬。……原来他写信去质问梁任公前次演讲中的某一点，梁任公在讲台上当众答复他。”

清华国学院的四大导师中，人们常将王国维排在首席，但也时将梁启超排在首席。梁对王亦极为推崇，他对学生说：“教授方面以王静安最难为，其专精之学，在今日几为绝学，而其所谦称未尝研究者，亦且高我十倍。”又说：“王先生脑筋灵敏，精神忠实，方法精明，而自己又极谦虚，此诚国内有数之学者，故我个人亦深以得与先生共处为幸。”

徐志摩爱上陆小曼，为与其结合，要与结发妻子张幼仪离婚。当时徐的好友大都劝他不要为了陆离婚，徐父更是认为徐有辱门风，其师梁启超亦致信徐志摩，力劝其悬崖勒马，免为世诟。梁在信中说："呜呼，志摩！世间岂有圆满之宇宙？"徐意坚决，复书亦说："呜呼，吾师！吾唯有于茫茫人海中求之，得之我幸，不得我命，如此而耳！"

1925年阴历七月初七，徐志摩与陆小曼结婚，证婚人为梁启超。梁本不愿意，但碍于徐志摩之父和胡适的情面，才答应出席证婚。梁启超的证婚致辞这样说道："徐志摩，你这个人性情浮躁，所以在学问方面没有成就；你这个人用情不专，所以你再婚再娶，以后务必痛改前非，重新做人。"稍停又道："徐志摩，陆小曼，你们听着，你们都是离过婚的人，都是过来人！这都是由于你们用情不专，今后一定要痛自悔过，希望不要再一次成为过来人。我，作为徐志摩的先生，假如你们还认我这个先生的话，我送你们一句话，祝你们这是最后一次结婚。"他的话使满堂宾客瞠目结舌，徐志摩不得不哀求："先生，给学生和高堂留点面子吧。"

温　情

梁启超与弟子蔡锷感情甚笃，蔡锷病逝后，梁在上海为爱徒举办了公祭与私祭，并倡议创办了松坡图书馆。在梁启超"饮冰室"书斋的显要位置，悬挂着一幅蔡锷将军的戎装油画像，这是梁为悼念他的这位得意门生而请人绘制的。

梁启超对学生爱护备至，最喜与一般青年接触，尤其是天资聪颖用功最勤的学生。清华研究院的学生都是自费上学，梁启超了解到他们生活有困难，就让学生去松坡图书馆编目录。梁的学生周传儒回忆说，其一月可得五六十元，其他学生也可得二三十元。

梁启超是一个情感至上的人。他曾说："我是感情最富的人，我对于我的感情都不肯压抑，听其尽量发展。"

梁漱溟之父梁济仰慕梁启超数十年。民国成立后，梁启超归国，梁济四次造访未得一见，两度投书亦无回答。后梁济见到梁启超为谭鑫培（艺名小叫天）题写的刺绣渔翁图，有"四海一人谭鑫培"之句，认为梁启超"有暇为叫天题诗，无暇为我写字"，乃大失望，于其所著《伏卵录》中详细记录此事。日后梁济自杀殉清，梁启超从梁济遗著中得知此事，自责"虚骄慢士"，"感涕至不可抑，深自懊悔"，致函梁济之子梁漱溟，请梁漱溟"于春秋絜祀时，得间为我昭告，为言启超没齿不敢忘先生之教，力求以先生的精神，拯天下溺”。

杨鸿烈回忆：“梁妻于1924年逝世。……眼见梁氏身穿孝服，从回回营步行好几里的路直到宣武城门外法源寺回灵，涕泪纵横，可见伉俪情深，老而弥笃。

梁氏子弟秉承家风，梁启超膝下子女个个成才，其中包括三个院士。梁常教育子女们说：“我是学问、趣味方面极多的人，我之所以不能专积有成者在此。然而我的生活内容异常丰富，能够永久保持不厌不倦的精神，亦未始不在此。我每历若干时候，趣味转过新方面，便觉得像换了新生命，如朝日升天，如新荷出水，我自觉这种生活是极可爱的，极有价值的。我虽不愿你们学我那泛滥无归的短处，但最少也想你们参采我那烂漫向荣的长处。”

子女们在海外求学时，梁启超在信中对子女的关爱跃然纸上：“大宝贝思顺”、“小宝贝庄庄”、“那两个不甚宝贝的好乖乖（指次子思成、三子思永）”、“对岸一大群孩子们”、“一群大大小小孩子们”……

儿媳林徽因之父林长民被刺杀后，梁启超写信给梁思成深情地安慰说：“你要自己十分镇静，不可因刺激太剧，致伤自己的身体。因为一年以来，我对于你的身体，始终没有放心，直到你到阿图利后，姊姊来信，我才算没有什么挂虑。现在又要挂虑起来了。你不要令万里外的老父为着你寝食不宁，这是第一层。徽因遭此惨痛，惟一的伴侣，惟一的安慰，就只靠你。你要自己镇静着，才能安慰她，这是第二层。”

1906年，梁启超与长女思顺（右一）、次子思成（左一）、三子思永（右二）摄于日本东京

梁启超幼子梁思礼于1924年8月24日出生在北京，格外得梁启超的宠爱。1927年，梁启超在给海外孩子的信中说：“每天老白鼻（梁思礼昵称）总来搅局几次，是我最好的休息。”1927年1月2日，梁启超在给海外孩子们的信中写道：“老白鼻一天一天越得人爱，非常聪明，又非常听话，每天总要逗我笑几场。他读了十几首唐诗，天天教老郭（保姆）念，

刚才他来告诉我说：‘老郭真笨，我教她少小离家，她不会念，念成乡音无改把猫摔。’（他一面念说一面抱着小猫就把那猫摔地下，惹得哄堂大笑。）他念‘两人对酌山花开，一杯一杯又一杯。我醉欲睡君且去，明朝有意抱琴来。’总要我一个人和他对酌，念到第三句便躺下，念到第四句便去抱一部书当琴弹，诸如此类的笑话多着哩。”

梁启超不好体育运动，他自备了一辆新型的轿车为外出代步之用，但是为了有机会锻炼身体，偶尔也安步当车。梁居家的时候，常携带着最小的儿子思礼在花园散步，在清华大学任教时，有时在西园住宅附近喷水塔一带玩耍，对思礼喊“一二三”的口令，叫小儿子学兵式体操。

在协和医院住院期间，适逢梁启超生日，孰料被医生灌了一杯草麻油，禁止吃晚饭，梁启超说：“活到五十四岁，儿孙满前，过生日要挨饿，你们说可笑不可笑。”他在给女儿思顺的信中乐观地写道，甚至连小儿子老白鼻也嬉笑他：“你看，公公不信话，不乖乖，过生日还要吃泻油，不许吃东西哩！”

淋　漓

梁启超身材短小精悍，相貌秃顶宽下巴，目光如炬。他喜穿长袍，步履稳健，风神潇洒，顾盼生辉。他精力充沛，至死不衰，让人啧啧称奇。在日本主办《新民丛报》期间，常夜深或天明始睡，过午乃起；时或做方城之戏，往往亘两昼夜不休，休则睡竟日，友人多以为其生病。

梁启超写文章常一气呵成，早年办《新民丛报》时，一写就是几万字至十几万字，连续写两三天时间，写罢方才休息。一次他把写好的手稿交给弟子后笑言道：“汝辈玩了两日，吾乃成书一本，吾睡觉去矣。”后纪念戴震诞辰二百周年时，梁曾为晨报作论文，后驱车至帝王庙开会，谓人曰：“我三日夜没有睡了！”

左舜生回忆：“予在中华书局任编辑先后凡十年，所见当代学人自书稿件之最整洁者，得三人焉，其一梁任公，其一马君武，其一则予友王光祈。”此亦能间接反映梁著文一气呵成。

梁启超喜欢召集学生一起围坐杂谈，谈必竟夕。梁先从文艺谈起，接下来古今人物、世界趋势，海阔天空，无所不包，到谈起鬼怪玄学时，大家莞尔一笑，明白今天谈话即将结束，此时天已大亮，仆人端上点心，大家吃完方才各自休息。

马相伯演说时语速极快，口若悬河，滔滔不绝，听讲者很难将他的话记录下来。1907 年，马在日本发表演说，梁启超去听演讲，将马演说词完整记录下来，马看了异常高兴，常对人言："我的演说，只有梁启超听得明白，他能够原原本本地记录下来。"

梁启超逃亡日本，用很短的时间学会了日文，有说一个星期，有说半个多月的，还有一种说法是在船上一夜便通日文。梁在《论学日本文之益》一文中写道："有学日本语之法，有作日本文之法，有学日本文之法，三者当分别言之。学日本语者一年可成，作日本文者半年可成，学日本文者，数日小成，数月大成。"

姜亮夫回忆，梁启超可以"五官并用"，即可以同时做好几件事情而且不分心。一天，姜到梁启超家中，梁正要写对联，让姜帮忙拉住纸张。刚要动笔，梁启超吩咐助手说："你明天九时到王先生家去送一封信。"刚写了两个字，儿子告诉他"有电话"，他随即吩咐儿子去回话，这时手中笔仍未停，边说边写。儿子退出，家人送信进来，他叫家人读信，他一边听一边写，听完，吩咐回信大意。家人又送早点上来，他眼睛稍瞥了一下，又边写边说，早点中某东西不要，某东西再加一点。一旁的姜亮夫心中颇慌，生怕他把对子写错，但他没有一个字出差错。姜亮夫由此想到古人所说的"五官并用"。

黄伯易也回忆过梁启超的"五官并用"，右手在写文章，左手却不停挥扇，有时一面写，一面又答复学生的问题。当他写完一张，敲一下桌面，让助手到另室取华文打字机的打印稿，一篇还未打完，第二篇稿又摆在桌面了。黄伯易觉得，他的五官并用，不但不致令人感觉冷漠，反而从他的一颦一笑的问答中流露出热情。

梁启超自述："我每天除了睡觉外，没有一分钟一秒钟不是积极地活动，然而我绝不觉得疲倦，而且很少生病，因为我每天的活动有趣得很，精神上的快乐，补得过物质上的消耗而有余。"

梁启超缺乏流利的口才，但因感情充沛，演讲颇感动人。一次，冯玉祥邀请梁启超给西北军讲话。梁情感兴奋，滔滔不绝，冯玉祥被感动得放声大哭，全军将士也跟着哭成一片。

泰戈尔访华，梁启超做热情洋溢的欢迎演讲："我们用一千多年前洛阳人欢迎摄摩腾的情绪来欢迎泰谷尔哥，用长安人士欢迎鸠摩罗什的情绪来欢迎泰谷尔哥，用庐山人士欢迎真谛的情绪来欢迎泰谷尔哥"。

在清华上学时，梁实秋曾听过梁启超演讲的《中国韵文里表现的情感》，梁实秋回忆说，梁（启超）先生情感丰富，记忆力强，“用手一敲秃头便能背诵出一大段诗词”，仿佛敲几下之后，记忆力便又畅通。

梁实秋在《记梁任公先生的一次演讲》中写道：“先生的演讲，到紧张处，便成为表演。他真是手之舞之足之蹈之，有时掩面，有时顿足，有时狂笑，有时叹息。听他讲到他最喜爱的《桃花扇》，讲到‘高皇帝，在九天，不管……’那一段，他悲从中来，竟痛哭流涕而不能自已。他掏出手帕拭泪，听到的人不知有几多也泪下沾巾了！又听到他讲杜氏讲到‘剑外忽传收蓟北，初闻涕泪满衣裳……’先生又真是于涕泗交流之中张口大笑。

这一篇讲演分三次讲完，每次讲过，先生大汗淋漓，状极愉快。……先生尝自谓‘笔锋常带情感’，其实先生在言谈讲演之中所带的情感不知要强烈多少倍！”

熊佛西回忆：“先生讲学的神态有如音乐家演奏，或戏剧家表演：讲到幽怨凄凉处，如泣如诉，他痛哭流涕；讲到激昂慷慨处，他手舞足蹈，怒发冲冠！总之，他能把他整个的灵魂注入他要讲述的题材或人物，使听者忘倦，身入其境。吾友闻一多先生最能模仿先生讲学的神态。”

马逢华曾记述：闻先生（闻一多）讲课，很像是“说书人”讲故事，常常讲得有声有色；有时甚至比手画脚，眉飞色舞，讲到得意处，声音愈来愈高，语句愈来愈快。有一次他谈到自己学生时代在清华听梁启超讲授古乐府《箜篌引》“公无渡河”。他说，梁任公先把那首古诗写在黑板上，然后摇头摆脑地朗诵一句：“公、无、渡、河”，接着大声喝彩，叫一声“好”！然后再重复地念：“公、无、渡、河”，“好”！“公、竟——渡、河”，“好”！“渡河——而死——，当奈——公何！”“好，真好，实在是好！”梁任公这样自我陶醉地一唱三叹，一声高似一声，并无半句解释，朗诵赞叹过后，就高呼道：“思成，抹黑板，快抹黑板！”思成是任公的儿子，也在班上听讲。黑板擦过，这首古诗就算讲完了。闻一多给我们讲述这个掌故时，自己也是脑袋转来转去，声音激越高昂，讲得满脸发红。那位笔锋常带感情的梁任公，当年在清华朗诵《箜篌引》时，恐怕也未必会比闻一多向我们复述时的情形，更为兴会淋漓。这一阵热烈激昂的表演过后，闻先生把声音压低，两手一摊，说：“大师讲学，就是这样！”

梁实秋亦回忆此次演讲：“我记得他开头讲一首古诗，《箜篌引》：‘公无渡河，公竟渡河！渡河而死，其奈公何！’这四句十六字，经他一朗诵，再经他一解释，活画出一出悲剧，其中有起承转合，有情节，有背景，有人物，有情感。我在听先生这篇讲演后约二十余年，偶然获得机缘在茅津渡候船渡河。但见黄沙弥漫，黄流滚滚，景象苍茫，不禁哀从中来，顿时忆起先生讲的这首古诗。”

江父回忆，民国十三四年，北京法大尝请梁启超讲授先秦政治思想史。梁时年约五十二三，发秃如镜，已呈老态，衣履朴洁，态度严肃。上课时，不携书本讲义，口授大意，命诸生笔记。“先生拙于口才，其声调，骤听之，国语也，唯夹杂新会土音及广州方言。北方学生，无法记录，瞠目静听而已。下课后即群趋我粤籍同学处借抄笔记。先生每发言，必连声说‘这个这个’以开端。‘这个这个’之声不绝于耳，学生因赐以“这个老博士”之嘉名”。

一日，江父与三五同学，一起到梁家拜访，梁命人端上点心款待，相与纵谈今古。梁忽然问：“尔等何为赐予以老博士之名？予固年青未老也。”江等人忙解释称号由来，并说：“先生既不愿老，然则径称为‘先秦博士’如何？先生不正授吾人以先秦政治思想史乎。”梁闻言，连称不敢当不敢当，随即笑曰：“无已，可多加一准字。‘准先秦博士’，亦未尝不可予人以幽默感也。”彼此为之大笑。

梁容若回忆：“任公体格魁伟，得天独厚，豪气纵横，兴趣广博，以交游著述为乐。深信‘精神愈用则愈出，阳气愈提则愈盛’之说，冒险犯难，不避艰危，感情奔放，哀乐过人。兴之所至，著作连续至数十小时不休，好酒爱客，卜画卜夜，自以为天生铁汉，可以寿至期颐。”然而，梁启超早年长期流亡海外，日后政治上又多不如意。因此，从 1924 年前后，体力便已渐不如前，但他不能安心休养，教学之余，又兼有许多社会职务，以至于积劳成疾，1929 年便离开人世，寿仅五十有六。

胡适记载：“梁先生死后，许多朋友都盼望丁在君担任写任公传记的事。在君自己也有决心写一部新式的‘梁启超传记’。为了搜集这部大传记的资料，在君替梁氏家属计划向任公先生的朋友征求任公一生的书札。……当时征求到的任公先生遗札，加上他的家信，总计大概有近一万封之多。这样的大成功是由于几个原因：第一、任公先生早岁就享大名，他的信札多被朋友保存，是很自然地。第二、他的文笔可爱，他的字也很可爱，他的信札都是纸精、墨好，字迹秀逸，值得收藏的。第三、当时国中没有经过大乱，名人的墨迹容易保存。”

自 负

梁启超崇拜墨子的人格，故自称任公，以治国平天下为己任。

梁实秋曾回忆梁启超演讲："任公走上讲台，打开他的讲稿，眼光向下面一扫，然后是他的极简短的开场白，一共只有两句，头一句是："启超没有什么学问——"眼睛向上一翻，轻轻点一下头：'可是也有一点喽！'"

黎东方回忆："跟梁先生上了一年课，只有几句话与一个故事令我永远记得。是哪几句话呢？'没有袁世凯，中国的历史不是如此。没有梁启超，中国的历史也不是如此。'"

梁启超自谓为现在中国不可少之一人。又云："数年以后，无论中国亡与不亡，举国行当思我耳。"

梁启超有着强烈的历史使命感，在《三十自述》中他这样写道："余生同治癸酉正月二十六日，实太平天国亡于金陵后十年，清大学士曾国藩卒后一年，普法战争后三年，而意大利建国罗马之岁也。"

1909年，梁启超深感国势垂危，叹言："中国前途非我归而执政，莫能拯救。"又说："然使更迟五年，则虽举我听我，亦无能为力矣。"

1912年，梁启超荣归祖国，顾盼自雄，欲任内阁总理，经纬天下。但袁世凯认为，梁"仅能提笔作文，不能胜任国家重任"，仅将其放到财政总长的位置上。

梁启超对财政学兴趣浓厚，他有感于清末以来财政紊乱，以俄国财政名臣怀特自任，希望能一展抱负，将濒于破产的中国财政，"不数年而苏生之"，"起死而肉骨之"。

护国运动期间，二十七岁的李宗黄奉唐继尧之命，在上海与梁启超居间联络。一天，梁请李到室内，二人促膝而谈："当今之计，我们亟应设立一个总其成的机构，或者竟是政府组织来护国讨袁，对外则争取外交同情，对内也有以号召全国军民。我想不妨先行成立大元帅府，推大元帅一人，统率全局。"李便问："以梁先生看来，如果要推举大元帅的话，哪一位先生比较适宜？"梁启超略一沉吟，目光闪闪，状至兴奋地答道："未来的大元帅既然要和袁世凯对抗，一则他要能获得国际的重视，外交的支援，二来他得负天下之喁望，有政治主张，辉煌历史。斯人一出，全国上下都因此获知，袁世凯不可托以国事。"李追问："梁先生的心目之中，是否已经有了这位大元帅的理想人选？"梁陆续提到唐继尧、岑春煊，又一一否决，并大有深意地说："你知道吗？伯英兄，当筹安会起，北京闹出了洪宪丑剧。普天下嫌恶袁慰廷的人，哪一个不巴望着我出来，公开的表示反对。"李宗黄此时仍未听出弦外之音，犹恭谨应答道："是的。"仿佛有点出乎意外，梁再望李一瞥，自言自语道：“无分朝野，都在盼望着我出山，无非是要借重我的鼓吹之力。对外可以一改各国舆论，对内尤足以维系全民的喁望！”李方始恍然大悟，按梁之意电告唐继尧，唐回电曰：“不便苟同。”

日后，梁启超失意于政治，黄秋岳记载：“记戊午任公居团城时，一日严寒，坐沁香亭中，望液池波欲成冰，大风作浪有声，任公方辞职，叹曰：‘求去亦何所谓？世事兴衰，大势略定，何人为之，皆不甚相远。’”

对于办学，梁启超也颇有兴味。他意欲将中国公学办成与北大、东南大学三足鼎立的局面。校长王敬芳曾想将校长一职让与梁，梁亦跃跃欲试，但由于蒋百里认为梁只适合教书，坚决反对，梁遂作罢。

梁启超有八字诀曰：“宇宙未济，人类无我。”梁怀此信仰，故能乐而忘忧，尝谓：“我有极通达极健强极伟大的人生观，无论何种境遇，常常是快乐的。无论环境如何，辄以不忧不惧为宗旨。失望恐怖为我们生命上最可怖之敌，我们便终身不许他侵入。”

江父回忆：“梁任公先生，言其轶事者，必及于戊戌变政，故每以康梁并称。先生晚年，殊不喜康梁二字连为一词，闲谈中往往露其意。笔者尝不避唐突，叩询其故。先生反问：‘尔以为予之事功，尽于戊戌之一役乎？’乃知先生非抑康氏，实欲在历史上另占一新地位也。”

内省

周善培为梁启超诤友，多次面责梁，但同时又说：“我平生的朋友最能受直言的，只有任公，这是我永远忘不了的。”

梁启超言：“康有为大器早成，观点是一成不变的；而梁启超却是不断变化，不惜以今日之我非昨日之我。”

在政治和思想上，梁启超多变，他评价自己道：“保守性与进取性常交战于胸中，随感情而发，所执往往前后相矛盾。”尝自言：“不惜以今日之我，难昔日之我，多以此为诟病，而其言论之效力亦往往相消，盖生性弱点然矣。”

在《清代学术概论》一书中，梁启超对自己坦诚自责，他说：“启超务广而荒，每一学稍涉其樊，便加论列；故其所述著，多模糊影响笼统之谈，甚者纯然错误；及其自发现而自谋矫正，则已前后矛盾矣。平心论之，以二十年前思想界之闭塞萎靡，非用此种卤莽疏阔手段，不能烈山泽以辟新局；就此点论，梁启超可谓新思想界之陈涉。虽然，国人所责望于启超者不止此，以其人本身之魄力，及其三十年历史上所积之资格，实应为我新思想界力图缔造一开国规模；若此人而长此以自终，则在中国文化史上，不能不谓为一大损失也。”

梁启超记诵力极强，求知欲极炽，但贪多务得，追求速成，缺乏恒心。周善培对于他的这个毛病进行过规劝，梁亦有自知之明，他为长女梁思顺的《艺蘅馆日记》题诗时，反省道：“吾学病爱博，是用浅且芜。尤病在无恒，有获旋失诸。百凡可效我，此二无我如。”

梁启超在檀香山向友人何蕙珍学习了几个月的英文，自觉已习得英文真谛，便编写《英文汉读法》，称：“凡读此书者，不数月即可翻译英文书籍。”一日，王宠惠来访，翻看此书后，王郑重地告诉梁：“你是卖书的，而不是研究英文的。”梁闻此言，面有愠色。王告诉他，此书的内容及构造方法有误。梁听罢，面红耳赤，从王手里接过那本书，一撕两半，丢到窗外。从此，再未提起此书。

夏曾佑（穗卿）与梁启超相识后，几乎天天见面探讨学问，凡见面必发生争论。梁说：“十次有九次我被穗卿屈服，我们总能得到意见一致。”

1918年，丁文江随梁启超赴欧洲考察，丁认为梁个性仁厚，太重感情，很难做一个好的政治家，因为在政治上，必须时时具有一个冷静的头脑，才能不致误事。又觉得梁的分析能力极强，如果用科学方法，研究历史，必定能有不朽的著作。因此，丁劝梁放弃政治活动，而从事学术研究。梁亦深以为然，翻然改图，从事学问，终身奉守不渝。

有一次，学生黄伯易问梁启超为何不再谈政治，梁说：“我在政治上经过几次风险，现在决心闭门读书，不问政治，你难道不能理解？”黄伯易说，从他当时庄重而又矜持的面容上看，梁启超显然已经失掉他发出“死生不过开阖眼，祸福有如反覆手”壮语的青春时代了。

早 秀

据说，梁启超出生时，产房内忽然闪出一道白光，然后胎出母体。迨至其髫龄时期，聪悟超群，反应敏捷，记忆力强，向其口授四书五经之句，能入耳不忘。梁四、五岁就读完了四书、《诗经》；六岁在父亲教导下，五经卒业，除经学外，还读《史记》、《汉书》、《纲鉴易知录》、《古文辞类纂》等；九岁时，能作千言的文章；十二岁便中秀才，十七岁中举，被誉为“岭南奇才”。

有一次，梁启超到三江东胜街书铺购书，选好一本书后，与店主议价，店主分文不愿减，梁说：“我买不买这本书无什么相干，反正我已看完了，已能从头到尾背诵出来。”店主以为他吹牛，便随手翻开书中的一页说：“你能背出这一页，我便将此书送给你。”结果他一字不漏背出。店主守信，将此书送给小梁启超。

一天，梁启超爬上竹梯玩耍。祖父怕他有危险，赶紧叫他下来：“快下来，快下来！会跌死你的。”梁启超并不下来，继续往上再攀一级，还冲口念出：“有人在平地，看我上云梯。”祖父不由开心大笑。

七岁时，梁启超家中有客来访。当时梁启超从外面玩得满头大汗冲进家门，端起一大碗凉开水正想喝，却被客人叫住。客人提笔写了一个狂草的“龙”字，让梁辨认。梁看后，摇摇头表示不认识。客人哈哈大笑。梁并未理会，一口气喝完了那碗凉开水。客人看了又哈哈大笑道：“饮茶龙上水。”小梁启超迅速接口道：“写字狗耙田。”梁父尴尬，欲惩罚他，客人忙阻止说：“令公子对答工整，才思敏捷，实在令人惊异。”

梁启超少时与祖父一起睡，每晚，祖父授《楚辞》一段，翌日，梁便能背出，不多日，便能全篇背诵。多年后，他在东南大学附中发表演讲时，背诵《楚辞》，一字不遗。

1882 年，十岁的梁启超去省城考秀才，同行者皆梁之父执。从新会到省城，水路要走三天。一日，众学子在船上吃饭，白米饭配蒸咸鱼。有人便提议以咸鱼为题作诗。咸鱼不雅，难以入诗，然而梁启超却吟出“太公垂钓后，胶鬲举盐初”两句，满座动容。胶鬲贩盐，鱼加盐，为咸鱼。这次，梁启超并未考上秀才。两年之后，十二岁的梁启超再赴省城参加考试，得中秀才，梁当时为年龄最小的秀才，因此被誉为“童子秀才”，其师周惺吾叹曰：“吾不能教之矣！”

十岁时，梁启超随父亲到秀才李兆镜家中做客。他见李家院中杏树花开正好，就偷偷折下一枝，藏于袖中。父亲看后并未点破。宴席上，父亲当众对梁启超说：“开宴前，我先出一副上联，如能对好，方可举杯，否则，只能为长辈斟酒沏茶，不准落座。”遂出上联曰：“袖里笼花，小子暗藏春色”。梁知父亲知其折花一事，但他并未慌张，随口对来：“堂前悬镜，大人明察秋毫”。对联一出，堂前喝彩不已。李兆镜拍掌叫绝：“让老夫也来考一考贤侄，‘推车出小陌’，怎样？”梁启超立刻对："策马入长安。"众人连声赞好。

童年时，梁启超常和小伙伴爬上家乡的凌云塔玩耍。一天，十一岁的梁启超作《登塔》诗，诗云："朝登凌云塔，引领望四极，暮登凌云塔，天地渐昏黑。日月有晦明，四时寒暑易。为何多变幻？此理无人识。我欲问苍天，苍天长默默。我欲问孔子，孔子难解释。搔首独徘徊，此时终难得。"

梁启超方十二岁，即能为八股文。塾师以"小不忍则乱大谋"命题，梁即援笔千言，中有警句云："或大仇未报，凄凉吹吴市之箫；或时会未来，匍匐出细人之胯。"一时惊为才人之笔。

1885年，梁启超入著名学府"学海堂"继续求学。梁启超入学之后，刻苦钻研，努力探求，"四季大考皆第一"，这在学海堂以往的历史上，只有江南才子文廷式有此殊荣。梁每年都获得学堂的"奖学金"。每次拿到"奖学金"，他都去买书。与此同时，梁启超还到菊坡精舍、粤秀、粤华书院等书院选修一些课程。1889年，十七岁的梁启超在广州参加乡试，中第八名举人。他是年龄最小的举人，可谓"少年举人"。

同学卢湘父回忆，梁启超属寒士，在学海堂求学时，端赖考书院膏火为生。梁一般到应元、菊坡书院应试，同学诸人皆不敢到此二书院应试，因应元须举人资格，菊坡出题多为经史词章。应试期间，当同学埋头伏案、夜以继日时，梁则"游行自在，行所无事，至更深人静，则展笔疾书，并不起草，写毕而卷已完"。卢湘父感慨："昔王勃腹稿，尚须拥衾高卧，任公则有过之矣。"

1895年，梁启超会试未中。据胡思敬《国闻备乘》所记：主持乙未（1895年）科会试的主考官是大学士徐桐，副主考则为启秀、李文田、唐景崇三人。李文田看到梁启超的试卷后，击节叹赏，想录取梁，但名额已满。徐桐手中还有一些机动的录取名额，李文田便与唐景崇一起请求徐给一个名额，录取梁启超。但徐桐不喜梁的卷稿牵引古义，越出绳尺，不肯拨给名额（一说徐桐以为梁卷为康有为之卷）。他还对李文田袒庇粤省同乡，颇有微词。李无奈，只好将梁卷"抑而不录"，并在卷末批曰："还君明珠双泪垂。"梁读李氏批语，感激知遇，捧卷而泣。

逸　事

儿时，一次梁启超说谎被母亲发觉，被母亲鞭打，母亲对他说："你若再说谎，势必会成为盗贼，成为乞丐！”母亲的话，让梁启超一生铭记。

戊戌变法初期，梁启超已名动京城，与其师康有为并称“康梁”。光绪帝久闻其名，召见梁启超，欲提拔他作文学侍从之臣。但在召见时，因梁不谙官话，把“孝”说成“好”，把“高”说成“古”，彼此不能达意，光绪帝大为扫兴，仅仅赏了六品顶戴，让他办理大学堂译书局之事。据徐致靖之子徐仁镜解释个中原因：“任公广东乡音很重，光绪听不清他的话，又怕慈禧的爪牙窃听，不便反复询问，故不得重用。”

梁启超闲时爱谈鬼怪，常说得闲时要写一篇文章，叙述自己与鬼交涉的经过，但始终未写。梁在万木草堂的同学回忆：梁年轻时喜欢谈玄扶乩，常做扶鸾之戏，与乩仙谈诗论文，颇以为乐。乩仙不一，或为李白，或为杜甫，一日有王维降乩，梁问道：“能联句吗？”回答写：“可。”又问：“摩诘好佛，那么我能和你谈禅吗？”乩仙随笔成文，又颇有禅理。

夏曾佑给梁启超起了一个绰号叫作“佞人”（旧训诂有佞即才之说）。有一年正当丁香花盛开时节，梁启超因事外出三天，没有见夏，他回来后，看到家里案头上留有夏的一首歪诗：“不见佞人三日了，不知为佞去何方？春光如此不游赏，终日栖栖为底忙？”

汪精卫甫抵日留学时，慕梁启超盛名，五次到横滨《新民丛报》拜谒梁，而不获一面，旋疑为其同学孔昭炎作梗。孔本万木草堂弟子，每值星期六课余，必赴《新民丛报》小住，与梁游宴。梁当时生活，向以夜深或天曙始睡，过午乃起，怕见生客，恐受打扰，故门房多不敢通报。汪几次来访，梁竟不知，汪愤甚。孙中山抵日本，汪遂投孙。

戊戌变法失败，梁启超流亡日本时，自称“多泪善辩之人”，汪精卫曾撰文道：“梁启超之泪，奴才之泪；梁启超之辩，民贼之辩也。”后来，汪精卫投靠日本后，竟也常以“多泪善辩之人”自喻。

辛亥革命后，章太炎的女婿龚未生主持浙江图书馆事务，因康有为、梁启超与章的政见不一，整个图书馆竟没有一部康梁的著作。

梁家本半耕半读，田产不多，仅够糊口，梁启超的父亲梁莲涧曾专程跑到日本，向梁启超索款购置产业。当梁启超告知经济拮据，无钱购置田产时，梁莲涧便以自杀相要挟。最终，梁启超的弟子们解囊相助，集资一千二百块银元给了梁莲涧，才打发梁父回国。梁父携款回乡，购买了数十亩田，兴建房屋一所，一反“半耕半读”之初旨。梁启超返乡期间，曾劝父亲不要买田，曾有“假若十块钱买一亩田或十块钱买一只鸡，我宁愿吃鸡不买田”之语。

吴稚晖说：“（章士钊、陈独秀、梁启超）他们三人共通之点，在矮子里头寻长人，都也比较有三分诚心，想把中国弄好的。不像那班摸金政客，滑头学生，只在‘人生世上，势位福后，盖可以忽乎哉’的螺丝壳里，尽翻觔斗的。”

梁启超辞去币制局总裁之职时，曾有“以不才之才为无用之用”之语，袁世凯笑曰：“卓如非不才，总裁实无用。”

梁启超有“狗屁分三级”的著名论断：某年，某学政主持某地学子的考试，结果成绩普遍很差，学政大人勉强拔出前三名后，批曰：第一名是“放狗屁”；第二名是“狗放屁”；第三名是“放屁狗”。梁任公解释说，“放狗屁”表明放屁者仍是人，“不过偶放一狗屁耳”；“狗放屁”表明放屁者乃狗也，虽然是狗，“不过偶放一屁耳”；“放屁狗”则不但是狗，而且这狗“舍放屁外，无他长技矣”。

孔子之言“民可使由之，不可使知之”，人多以为是愚民政策，梁启超加了两个标点，使其文意大改：“民可，使由之，不可，使知之。”

梁启超与陈垣同为广东新会人，20 世纪 20 年代，他们被学界称为“新会先生”。公认梁以博广见长，陈以专精为著。

梁启超曾为泰戈尔起名“竺震旦”。泰戈尔访华时，时恰逢其 64 岁生日，中国文化界为其举办了祝寿活动。梁启超在致贺词时说，泰戈尔的全名是罗宾得罗纳特·泰戈尔。“罗宾得罗纳特”有太阳和雷的含意，中文意思就是“震旦”，而古印度称中国为震旦，中国人称印度为天竺。所以，梁将两个国名连起来，赠给泰戈尔一个新名“竺震旦”。泰戈尔很是高兴，连连称谢。西泠印社又为泰戈尔刻制了两方不同字体的“竺震旦”印章。日后，泰戈尔常常使用“竺震旦”这个名字。

1922 年，梁启超已退出政坛，潜心学术。一日，次子梁思成与三子梁思永骑单车上街，被陆军部次长金永炎乘坐的汽车撞倒。交通警察上前查询，金掏出名片，告之有话到衙门来说。警察畏惧，只好雇车将梁思成二人送到医院施救。梁夫人痛子心切，大怒，鼓动梁启超用法律制裁金氏。金次日得知所撞非普通人家，乃亲往医院探访，表示道歉，愿承担全部医药费用。梁启超为了总统黎元洪的面子，本想大事化小，结果梁夫人不依不饶，梁进退维谷，一时非常难为，据说梁夫人还直奔总统府大闹了一场。

婚 恋

1889 年，十七岁的梁启超参加广东乡试，得中第八名举人。主考官内阁大学士李端棻爱其才，将堂妹李蕙仙（顺天府尹李朝仪之女，据夏晓红教授考证，李蕙仙本名应为李端蕙，此处暂用李蕙仙）许配给梁为妻。李蕙仙长梁启超 4 岁，两年后，二人在北京李家完婚。次年夏，李蕙仙随梁启超回到广东，侍奉翁姑。

李蕙仙为宦门闺秀，但她却能恪守孝道，安居农村，操持家务，甚至亲自打井水、舂米、煮饭，深得梁家上下喜爱，在乡间博得贤良之名。1896 年，李蕙仙随梁启超到上海创办《时务报》，有学者考证最早的夫妻报人应该是梁启超和李蕙仙夫妇。在上海期间，李还创办了女子学堂，并担任提调（校长），成为中国第一位女学校长。

戊戌变法失败后，梁启超只身逃亡日本，李蕙仙随梁家避居澳门。梁启超到日本后，给李蕙仙写信道："……南海师来，得详闻家中近况，并闻卿慷慨从容，词声不变，绝无怨言，且有壮语，闻之喜慰敬服，斯真不愧为任公闺中良友矣。"他把自己的和服照片寄给李蕙仙说："衣冠虽异，肝胆不移。见到了我的照片就像见到我本人一样。"1899 年，李蕙仙带着家眷来到日本，二人才得以重聚。

李蕙仙深明大义，支持梁启超的事业之余，对梁、李两家的亲友也照顾有加，1899 年，李蕙仙随梁启超流亡日本时，身边还带着梁启超的弟弟梁启雄。李蕙仙的侄女李福曼 11 岁时就到梁家，读天津中西女中 8 年，又读燕京大学 4 年，全部由梁启超、李蕙仙资助，日后她成为梁思永之妻。据李福曼回忆，当年在家吃饭时，除了梁家几个较小的孩子不上桌外，每天都有一大桌人吃饭，大多是亲戚寄养在这里的孩子。

梁启超对李蕙仙敬爱之余，也颇有些惧怕，所以亦有惧内之名。冯自由的《革命逸史》曾写"梁任公之情史"，认定梁的婚姻并不美满："李女貌陋而嗜嚼槟榔。启超翩翩少年，风流自赏，对之颇怀缺憾，然恃妇兄为仕途津梁，遂亦安之。"

梁启超的外孙女吴荔明回忆外祖母时也说，"李蕙仙婆是个较严肃的人，性情有点乖戾"，"所以家里的人，都有点怕她"。

1912 年，康有为一家与梁启超一家同住日本神户须磨的双涛园（为华侨麦家的别墅）。康有为二妾何旃理（康家称三太）年仅二十二岁，为美国长大的华侨，见多识广，英文流利，而李蕙仙年已四十四岁，出身显宦家庭，自视甚高，彼此相处不能融洽，随后康有为与梁启超分居，迁去须磨湖边。

梁启超与李蕙仙曾有一次争吵。李蕙仙弥留之际，梁追悔莫及，对长女梁思顺说："顺儿啊，我总觉得你妈妈的那个怪病，是我们打那一回架打出来的，我实在哀痛至极始终不忍说，现在忍不住了，说出来想把自己的罪过减轻一点。"

1924 年 9 月 13 日，李蕙仙因患乳腺癌去逝，梁启超写下《祭梁夫人文》，文曰："我德有阙，君实匡之；我生多难，君扶将之；我有疑事，君榷君商；我有赏心，君写君藏；我有幽忧，君噢使康；我劳与外，君煦使忘；我唱君和，我揄君扬；今我失君，只影彷徨。"

而梁启超的《亡妻李夫人葬毕告墓文》亦饱含深情，这篇文章梁"做了一天，慢慢吟哦改削，又经两天才完成"，自许为"一生好文章之一"，并让梁思顺、梁思成等子女与儿媳林徽因"都不妨熟诵，可以增长性情"。

1899 年，康有为命梁启超赴檀香山办理保皇会事宜。梁遇到了一位令他心动的女子何蕙珍。

梁启超写给李蕙仙的信中这样介绍何蕙珍：

女郎何蕙珍者，此间一商人之女也。其父为保皇会会友。蕙珍年二十，通西文，尤善操西语，全檀埠男子无能及者。学问见识皆甚好，善谈国事，有丈夫气。年十六，即为学校教师，今四年矣。

一夕其父宴余于其家，座有西国缙绅名士及妇女十余人，请余演说，而蕙珍为翻译。明晨各西报即遍登余演说辞，颂余之名论，且兼赞蕙珍之才焉。余初见蕙珍，见其粗头乱服如村姑，心忽略之；及其入座传语，乃大惊。其目光炯炯，一绝好女子也。及临行，与余握手而言曰："我万分敬爱梁先生，虽然，可惜仅敬爱而已！今生或不能相遇，愿期诸来生，但得先生赐一小像，即遂心愿。"余是时唯唯而已，不知所对。……虽近年以来，风云气多，儿女情少，然见其事，闻其言，觉得心中时时刻刻有此人，不知何故也。越数日，便赠一小像去，渠报以两扇，余遂航海往游附属各小埠，半月始返。

既返，有友来谓余曰："先生将游美洲，而不能西语，殊为不便，亦欲携一翻译通往乎？"余曰："欲之，然难得妥当人。"有人笑而言曰："先生若志欲学西语，何不娶一西妇晓华语者，一面学西文，一面当翻译，岂不甚妙。"余曰："君戏我，安有不相识之西人闺秀而肯与余结婚？且余有妇，君岂未知之乎！"友人曰："某何人，敢与先生作戏言，先生所言，某悉知之，某今但问先生，设如有此闺秀，先生何以待之？”余熟思片刻，乃大悟，遂谓友人曰：“君所言之人，吾知之，吾甚敬爱之，且特别思之。虽然，我尝与同志创立一夫一妻世界会，今义不可背，且余今日万里亡人，头颅身价，至值十万，以一身往来险地，随时可死，今有一荆妻，尚且会少离多，不能厮守，何可累人家好女子。况余今日为国事奔走天下，一言一动，皆为万国人所观瞻，今有此事，旁人岂能谅我？请君为我谢彼女，我必以彼敬爱之心敬爱彼，时时不忘，如是而已。”友人未对……

今日又有一西人请余赴宴，又请蕙珍为翻译；其西人乃蕙珍之师也。余于席上与蕙珍手谈良久，……其言滔滔汩汩，长篇大段，使几穷于应答。余观其神色，殆自忘为女子也。我亦几忘其为女子也。……遂握手珍重而别。余归寓后，愈益思念蕙珍，由敬重之心，生出爱恋之念来，几不能自持。明知待人家闺秀，不应起如是念头，然不能制也。酒阑人散，终夕不能成寐，心头小鹿忽上忽落，自顾平生二十八年，未有如此可笑之事者。今已五更矣，起提笔详记其事，以告我所爱之蕙仙，不知蕙仙闻此将笑我乎？抑恼我乎？吾意蕙仙不笑我，不恼我，亦将以吾敬蕙珍之心敬爱之也。吾因蕙仙而得谙习官话，遂以驰骋于全国，若更因蕙珍得谙习英语，将来驰骋于地球，岂非绝好之事。而无如揆之天理，酌之人情，按之地位，皆万万有所不可也。吾只得怜蕙珍而已！

李蕙仙阅信后，以退为进，回复道：“你不是女子，大可不必从一而终，如果真的喜欢何蕙珍，我准备禀告父亲大人为你做主，成全你们；如真的像你来信中所说的，就把它放在一边，不要挂在心上，保重身体要紧。”

接到妻子的来信后，梁启超急忙复信，再三向妻子表白，对何蕙珍已“一言决绝，以妹视之”，并说：“此事安可以禀堂上？卿必累我挨骂矣；即不挨骂，亦累老人生气。若未寄禀，请以后勿再提及可也。前信所言不过感彼诚信，余情缱绻，故为卿絮述，以一吐胸中之结耳。以理以势论之，岂能有此妄想。吾之此身，为众人所仰望，一举一动，报章登之，街巷传之，今日所为何来？君父在忧危，家国在患难，今为公事游历，而无端牵涉儿女之事，天下人岂能谅我……任公血性男子，岂真太上忘情者哉。其于蕙珍，亦发乎情，止乎礼义而已。”

梁启超自檀香山回到日本后，将赠何蕙珍的诗作二十首寄登报章，康有为来书斥责编辑，谓“卓如荒淫无道至此，汝等乃公然刊其淫词，实属有玷师门”云云。而康有为 1907 年游美时，纳年仅十七岁的华侨之女何旃理为妾，时康已虚龄五十。

梁启超出任司法总长后，何蕙珍曾来北京。但梁只是在总长的会客室内招待了何。李蕙仙病逝后，何蕙珍再次到北京看望梁启超。这两次，梁均未表示有结为秦晋之好之意。对于梁的做法，何蕙珍的表姐夫、《京报》编辑梁秋水颇为气恼，恨梁启超绝情，说梁启超"连一顿饭也不留她"。

冯自由《革命逸史》记载，李蕙仙与梁启超结婚时，带来两名陪嫁丫鬟，一名阿好，一名王来喜。王来喜生世坎坷，幼年父母双亡，被继母卖到人家做丫头。从四岁到十岁的六年间，王被卖四次。十几岁时，跟随李蕙仙来到梁家。由梁启超为她起名王桂荃，聪明勤快，深得梁氏夫妇喜爱，家中事务甚至财政都由她掌管。1899 年，李蕙仙带着家眷来到日本，王桂荃也随行。虽然王从未读书识字，但到东京后，很快学会了日语，成为李蕙仙生活上的得力助手。1903 年，王桂荃怀有身孕后，由李蕙仙亲自主持，为梁启超操办了纳妾的仪式。

梁启超曾主张一夫一妻，故很少张扬有妾一事。他在信中提到王桂荃，多称"王姑娘"、"三姨"或"来喜"。1924 年，李蕙仙病重，王桂荃怀上幼子思礼，梁在给好友的信中，才第一次用"小妾"称呼王桂荃。

梁启超成年的子女共有九人，其中长女梁思顺、二子梁思成、次女梁思庄为李蕙仙所出，其余六人（三子梁思永、四子梁思忠、五子梁思达、八子梁思礼、五女梁思懿、六女梁思宁）均为王桂荃所出。

王桂荃与梁思成、林徽因夫妇

王桂荃对梁启超的孩子都视如己出。如果说李蕙仙是严母，那王桂荃便是慈母。梁家的饮食起居由王负责，梁家子女也都由王照顾。梁家子女对李蕙仙又敬又怕，却亲近王桂荃。孩子们读书写字时，王总是端坐一旁陪伴，和他们一起读书。梁启超的子女对王桂荃的感情都非常深，他们称呼李蕙仙为妈，称呼王桂荃为娘。

为了家庭和睦，王桂荃常忍辱负重，委曲求全。在日本时，梁启超次女梁思庄患上白喉，王桂荃精心照料，终于使梁思庄转危为安，然而此时王桂荃的亲生女儿也染上了白喉，王桂荃同时看护两个孩子，无法分身，以至于对自己的女儿照顾不周，亲生女儿竟夭折。但为了不影响梁启超，她只能躲在厕所偷偷流泪。

梁启超去世时，幼子梁思礼年仅五岁，王桂荃辛苦持家，抚养子女成人，并想方设法送梁思礼出国深造。日后，梁思礼成为我国的火箭控制系统专家，1993年当选中国科学院院士。

1966年，85岁的王桂荃与子女们四散分离，因为是“保皇党梁启超的老婆”而王被抄走全部财产，住房亦被人侵占，最后在一间阴暗的小屋中孤独地与世长辞，骨灰不知所踪。

“文革”结束后，梁家子女们在梁启超与李蕙仙的合葬墓旁种下一棵白皮松，称为“母亲树”，立碑纪念这位平凡的母亲王桂荃。

嗜　好

梁启超嗜好麻将，梁实秋在清华读书时，就曾听过梁启超的一句名言：“只有读书可以忘记打牌，只有打牌可以忘记读书。”

卢湘父回忆，梁启超在日本时，常于晚间与卢等人聚谈。一日晚间，梁启超牌兴大起，时麻将尚未风行，而流行天九，但时值深夜，无处觅牌。梁见案头有一盒卡片，便呼有办法了，马上动手在卡片背面画“天地人鹅”，准备制成天九牌。梁画牌时，卢先入睡，一觉醒来，卡片已成天九牌。

1919年，梁启超从欧洲回国，一次，有人请他做讲演，他说：“你们订的时间我恰好有四人功课。”来客不解其意，听他解释后方知，原来就是约了麻将牌局。

坊间曾流传梁启超发明三人与五人麻将的玩法，以及他能快速解牌的传说。据说，他的很多社论文章都是在麻将桌上口授而成。

梁启超任《时务报》主笔时，有“麻将桌上写社论”的传闻。每日午夜，梁在牌局上，一边口中吆喝“八万”、“九条”，一边口述社评，由报馆专人记录，第二天早早刊在报纸上。

有人记载梁启超对麻将的喜爱：“先生喜做方城之戏，借以遣兴，虽行旅不废也。学界深慕先生言论风采，纷以讲演见请，事到目前，先生绝不预备，红中白板如故，同坐代之急，先生笑应曰：‘予正利用博戏时间，起腹稿耳。’”

梁启超曾说：“骨牌足以启予智窦，手一抚之，思潮汩汩来，较寻常枯索，难易悬殊，屡验屡效，已成习惯。”

据说，梁启超的著名讨袁檄文《异哉所谓国体问题者》是在牌局后写成的。这日，梁启超与友人一起打麻将，友人催其速去写稿。梁当时手风不顺，一直没有和牌，故迟迟不愿下牌桌。直到晚上9点，梁终于和牌了，他这才放下麻将，去附近的一家邮局发电报。梁站在外边口述，发电员打，到十一点半终于打完了全文。这就是著名的《异哉所谓国体问题者》，一共九千多字，无一删改。

某日，梁启超与友人约有牌局，但其中一位迟迟未到。三缺一的等待过程中，一人出了一道与麻将有关的题：“手中七张万牌，已听牌，并且听六、七、八、九万，问手中七张牌是什么？”并限定，五分钟内答出得一百分，十分钟内交卷，得七十五分。

一分钟后，梁启超开始答题，三分钟未到便交了卷，出题者看罢，点头赞许，写上一百分。另一位虽比梁晚，但也在五分钟内交了卷，却只得七十五分，于是抗议说：“我的答案是正确的，又是在五分钟内交卷，应该得到一百分。”他出示答案：七张万子有三张六万，两张七万和两张八万。

出题者打开梁的答卷，上书：七张万子有三张六万两张七万两张八万，或者是三张九万两张八万两张七万。友人叹服。

陨　落

1924年，李蕙仙病逝，梁启超悲伤万分，此后尿中开始带血。因不愿累及家人，梁一直秘不告人。直到1926年1月，梁启超怀疑自己罹患癌症，才同意到医院检查。医院诊断后确定是尿血症，但始终找不出病源所在。在丁文江等人的坚持下，梁启超才住进了协和医院。

协和医院的大夫仔细检查后，判定是右肾生瘤，并于3月16日动手术将右肾全部切除。但手术后，梁的尿血症状并未好转。检查后发现，主治医生切除的竟是梁启超健康的肾。

据梁启勋的《病院笔记》及陈西滢的《“尽信医不如无医”》记载：当梁的腹部剖开之后，医生们在右肾上并没有发见肿物或何种毛病，但他们还是将梁的右肾割下了。手术后，梁的尿血症并没有好转，医生们又认为毛病在牙内，因此一连拔去了梁的七颗牙齿，但梁的症状仍未好转。医生们又说毛病在饮食，让梁启超一连饿了好几天。可是梁的尿血症还是没有好转。

当得知协和医院实施手术竟然切除梁启超健康的肾脏后，梁启超不但不对医院进行谴责，反而替协和医院辩护，他说："虽然经过很重大的手术，因为医生的技术精良，我的体质本来强壮，割治后10天，精神已经如常，现在越发健实了。"

1927年4月初，梁启超再到协和住院检查，医生检查后告知，肾功能已完全恢复，但他需要节劳。但梁启超并不注意休息，1928年再入协和医院住院。这年6月，他到天津暂住，每天只是读书娱乐。因为得到了休息，尿血症状也有所好转，只是"偶然隔十天稍稍有点红"。

9月，梁启超开始编写《辛稼轩年谱》。9月24日，梁编至辛弃疾52岁时，痔疮复发，但他仍不停笔，继续侧坐编写。此后病情加重，不能再坐，27日入协和医院住院。医生怕流血过多，认为不宜用手术割治，只能每日给梁服泻油。

住院期间，梁启超无意中搜得辛弃疾轶事二种，于是不顾医嘱，提前出院返回天津。不料他在归途得了感冒却不自知，仍笔耕不辍，导致病情加重，从此卧床不起。

11月28日，梁启超再次住进协和医院。1929年1月19日下午两点五十分，梁启超因医治无效，溘然长逝，终年五十六岁。

这部未完成的《辛稼轩年谱》，成了梁启超的绝笔，他最后时刻录下的是辛弃疾悼朱熹的几句话："所不朽者，垂万世名。孰谓公死，凛凛如生。"

追　怀

当梁启超逝世的哀讯传出以后，政学两界均深感痛惜。北京广惠寺和上海静安寺分别为梁举行追悼会。冯玉祥称梁启超"才大如海"；侯锷颂梁"独挽神州危，正气永不死"；王文儒誉梁启超为"革命之元勋"，堪称"群流模范，万古江河"；唐蟒说梁启超"开中国风气之先，论功不在孙（中山）黄（兴）后"。

蔡元培挽梁启超："保障共和，应与松坡同不朽；宣传欧化，不因南海让当仁。"

陈少白挽梁启超："五就岂徒然，公论定当怜此志；万言可立待，天才端不为常师。"

章太炎挽梁启超："进退上下，式跃在渊，以师长责言，匡复深心姑屈已；恢诡谲怪，道通为一，逮枭雄僭制，共和再造赖斯人。"

杨铨挽梁启超："文开白话先河，自有勋劳垂学史；政似青苗一派，终怜凭藉误英雄。"

杨度挽梁启超："事业本寻常，胜固欣然，败亦可喜；文章久零落，人皆欲杀，我独怜才。"

梁启超之灵柩安葬香山墓园时，吴其昌代表清华大学研究院全体同学在墓前致辞。出自其手的祭文满含对导师遽尔去世的悲痛，深情忆述了往日师弟间其乐融融的问学情景：

忆我初来，稚态未蕤。如拾土芥，视天下事。泼渖疾书，一文万字。古杰自侪，时贤如沫。读未盈卷，丢卷思嬉。清华芳树，故解人媚。况有晚风，往往动袂。华灯初上，新月流睇。呼其朋雠，三四为队。师家北苑，门植繁李。率尔叩门，必蒙召趋。垂诲殷拳，近何所为？有何心得，复有何疑？敦治考证，得证凡几？群嚣杂对，如侩呼市。画地指天，语无伦次。师未尝愠，一一温慰。亦颇有时，伸手拈髭。师居慈母，亲我骄儿。虽未成材，顾而乐之。此一时也，而如隔世。

1943 年，重庆胜利出版社组织编纂"中国历代名贤故事集"，其中《梁启超》一册，邀梁的弟子吴其昌承撰。吴时已病重，但慨然应允。吴在一个月间，一口气写下五万言，一个月后病逝于乐山，年仅四十岁。吴其昌的《梁启超》只写到梁启超维新变法失败时止，但这凝聚吴心血的半部梁启超传却誉满天下。

纷 纭

郭沫若评价梁启超说："在他那新兴气锐的言论之前，差不多所有的旧思想、旧风习都好像狂风中的败叶，完全失掉了它的精彩。二十年前的青少年——换句话说：就是当时的有产阶级的子弟——无论是赞成或反对，可以说没有一个没有受过他的思想或文字的洗礼的。"

曹聚仁评价梁启超："过去半个世纪的知识分子，都受了他的影响。"

胡适评价梁启超文章时说："在那个时代读这样的文字，没有一个人不受他的震撼感动的。"又评价其为人说："任公为人最和蔼可爱，全无城府，一团孩子气。人家说他是阴谋家，真是恰得其反。"

胡适在日记中谈到他对梁启超的具体评价："任公才高而不得有系统的训练，好学而不得良师益友，入世太早，成名太速，自任太多，故他的影响甚大而自身的成就甚微。近几日我追想他一生著作最可传世不朽者何在，颇难指明一篇一书。后来我的结论是他的《新民说》篇篇指摘中国文化的缺点，颂扬西洋的美德可以给我国人取法的，这是他最不朽的功绩。故我挽联指出他'中国之新民'的志愿。他晚年的见解颇为一班低下的人所误，竟走上卫道的路上去，故他前六七年发起'中国文化学院'时，曾有'大乘佛教为人类最高的宗教；产生大乘佛教的文化为世界最高的文化'的谬论。此皆欧阳竟无、林宰平、张君劢一班庸人误了他。他毕竟是个聪明人，故不久即放弃此计划。若他晚年无此退境，我的挽联可以说：'中国新民，生平宏愿。神州革命，文字奇功。（胡适写就的挽联是：文字收功，神州革命。生平自许，中国新民。）"

康有为对胡适说："我的东西都是二十六岁以前写的。卓如（梁启超）以后继续进步，我不如他。"

殷海光说梁启超，虽然他已经是历史人物了，"可是在这发霉的社会看来，反而显得他的见解是那么鲜活、刚健、康正、开朗而有力。"

黄遵宪曾对梁启超的文字做了这样的评价："惊心动魄，一字千金，人人笔中所无，却为人人意中所有，虽铁石人亦应感动，从古至今文字之力之大，无过于此者矣。"

郑振铎说梁启超"仍是一位活泼泼的足轻力健，跟着时间走的壮汉"。

陈伯庄尝言："任公称杜子美情圣，以弟观之，任公实近代之一代情圣。……康派中两奇人，一谭复生，一梁任公，其智慧情感皆特异，谭激越，梁烂漫，谭秋梁春，其色香味皆夺人心魂……"

弟子超观说梁启超"大事不糊涂，置恩怨于度外，则鲜有人及之者"。

吴其昌写到他的老师梁启超，"他自已承认陈胜、吴广之功，而天下后世的公评，他的气魄、精神、声威，实在比陈胜、吴广要高出万倍"。

1943 年 1 月，梁漱溟曾写《纪念梁任公先生》一文，对梁启超的一生做了如下的评价："当任公先生全盛时代，广大社会俱感受他的启发，接受他的领导，其势力之普遍，为其前后同时任何人物——如康有为、严幾道、章太炎、陈独秀、胡适之等等——所赶不及。我们简直没有看见过一个人可以发生像他那样广泛而有力的影响。"

"有人评论他几句话：其出现如长彗烛天，如琼花照世，不旋踵而光沉响绝，政治、学术两界无不发生绵续之影响。……任公的特异处，在感应敏锐，而能发皇于外，传达给人。他对于各种不同的思想学术极能吸收，最善发挥。但缺乏含蓄深厚之数，因而亦不能绵历久远”。

他拿蔡元培和梁启超作对比道：“蔡、梁两先生比较，蔡先生好比汉高祖，他不必要自己东征西讨，却能收合一般英雄，共图大事。任公无论治学行文，正如韩信将兵，多多益善，自己冲锋陷阵，所向无前。他给予人们的影响是直接的，为蔡先生所不及。任公为人富于热情，亦就不免多欲。有些时天真烂漫，不失其赤子之心，其可爱在此，其伟大亦在此。然而缺乏定力，不够沉着，一生遂多失败。”

“总论任公先生一生成就，不在学术，不在事功，独在他迎接新世运，开出新潮流，振动全国人心，达成历史上中国社会应有之一段转变”。

李泽厚曾在《中国近代思想史论》中评价梁启超说：“他不是思想家，而只是宣传家。”

美国学者约瑟夫说，从 1898 年的改良运动到 1919 年的五四运动，康有为扮演的角色是渺小的，而梁启超则成为鸦片战争以来理论界的真正领导者。1902—1911 年，即从《新民丛报》发刊到革命爆发的这段时期是梁启超的黄金时代。

李宗黄评价道：“梁启超之奋身参与护国之役，在他一辈子的政治生涯里，不失为光明灿烂的一页，而且，以他当时所具有的号召力和影响力，对于全国讨袁士气民心的鼓舞，确会发挥了相当的力量。在国际舆论和对内宣传方面，梁启超的功勋是不可磨灭的。同时，岑春煊和陆荣廷，乃至龙济光的加入讨袁、独立行动，梁启超居间联络，分别斡旋，自也有不少的功劳。尤其他冒险入桂，只身抵穗，就一介书生而言，那也需要莫大的勇气。至于在他的领导之下，进步党的重要分子冒险犯难，奔走四方，促成全国反袁力量的大团结。凡此种种，都是梁氏一生之中，值得大书特书的光荣事迹。至今我犹以为，当护国之役进行时期，梁启超对于国家民族，实有相当的贡献。问题在于袁氏退位，以迄忧愤至卒之后，在那一阶段里，梁启超的若干表现，由于其过分热衷政治，迷恋权位，难免就逸出了常轨，而令人扼腕兴叹，顿足太息。”

吴宓说：“梁先生为中国近代政治文化史上影响最大之人物。”

陈明远评价梁启超：梁启超的特长，就是以惊人的记忆力、敏锐的理解力，能够详尽占有资料并且从中迅速地整理出一个头绪来，井井有条、条条有理。但他的缺陷随之而生，就是不够深刻、难以发掘深层的本质；跟章太炎、王国维、陈寅恪诸大师相比，梁启超“深入”不足，而“浅出”有余。

谭人凤则怒其为“卖朋友、事仇雠，叛师长、种种营私罔利行为，人格天良两均丧尽”。

陈寅恪说：“任公先生高文博学，近世所罕见。然论者每惜其与中国五十年腐恶之政治不能绝缘，以为先生之不幸。是说也，余窃疑之。尝读元明旧史，见刘藏春姚逃虚皆以世外闲身而与人家国事。况先生少为儒家之学，本董生国身通一之旨，慕伊尹天民先觉之任，其不能与当时腐恶之政治绝缘，势不得不然。”

思想史家郭湛波在《近三十年中国思想史》里设立专章分析梁启超的思想，认为其新民说的主旨是要建设新道德—公德，“公德之标准，在利群，要有国家思想、权利思想；人民要自由、自治；要有进取冒险的精神，中国数千年不进步之原因，在一切障碍未铲除，所以要破坏。并且人民要有自尊心、合群的思想及毅力。”他并指出，梁启超的这种思想，“实代表西洋资本社会的思想，与数千年宗法封建思想一大的洗刷。”在对梁启超的总体评价上，作者认为：“梁氏在中国思想史上的贡献，不如在学术史贡献之大，在思想史上的贡献，创设不如康有为，破坏不如谭嗣同，而其思想多来自康、谭二氏，故其思想不深刻，不一贯，随时转移，前后矛盾，然其影响甚大，则因其文笔生动，宣传力大。”

当代学者董德福认为，晚年梁启超是现代新儒学思想的开创者。他以人文自觉反对唯科学主义的误导，主张以中国精神文明医治世人精神苦痛。

梁容若回忆道：“任公先生崇拜王荆公，他的立身处世、学问文章也接近临川。越离他远，越感到他的声光魔力，振聋发聩，推倒一世豪杰，开拓万古心胸。等到一步步走近他，会发现他不免有几分逞强作势，执拗粗疏，权奇自喜的地方，不全是天理人情、光风霁月的中和乐育。倒离开他越久越远，会仍然认识到他的莽莽苍苍，参天拔地，‘虽欲从之，末由也矣’的卓绝而伟大。”

网络学者徐绥之在他所撰的中国百年百人排行榜上，称梁启超为“20世纪中国第一人”、“百科启蒙第一人”，给予其至高的评价。

主要参考资料

（按作者姓名拼音字母顺序排列）

主要参考书目

卞孝萱、唐文权:《民国人物碑传集》，团结出版社，1995 年
蔡鸿生:《仰望陈寅恪》，中华书局，2004 年
陈鸿祥:《王国维传》，人民出版社，2004 年
陈明远:《文化人的经济生活》，文汇出版社，2005 年
陈平原、杜玲玲:《追忆章太炎》，中国广播电视出版社，1997 年
陈平原、王　枫:《追忆王国维》，中国广播电视出版社，1997 年
陈平原、夏晓红:《北大旧事》，三联书店，1998 年
陈　奇:《刘师培年谱长编》，贵州人民出版社，2007 年
陈闰延、陈流求:《陈寅恪诗集》，清华大学出版社，1993 年
陈引驰:《学问之道》，浙江大学出版社，2008 年
陈　勇:《钱穆传》，人民出版社，2001 年
《国学宗师钱穆》，北京大学出版社，2007 年
程千帆、唐文:《量守庐学记—黄侃的生平和学术》，三联书店，2006 年
董方奎:《旷世奇才梁启超》，武汉出版社，1997 年
《读书》杂志:《不仅为了纪念》，三联书店，2007 年
方光华:《刘师培评传》，百花洲文艺出版社，1996 年
费正清:《剑桥中华民国史（第一部）》（1983），上海人民出版社，1991 年中译本
冯自由:《革命逸史》，商务印书馆，1954 年
邓久平:《谈恩师（上、下）》，大众文艺出版社，2000 年
郭齐勇，汪学群:《钱穆评传》，百花洲文艺出版社，1995 年
黄　焯:《蕲春黄氏文存》，武汉大学出版社，1998 年
黄侃著、黄延祖重辑:《黄侃日记（上中下）》，中华书局，2007 年
蒋天枢:《陈寅恪编年事辑（增订本）》，上海古籍出版社，1997 年

金宏达:《太炎先生》，中国华侨出版社，2003 年
李春棠:《陈寅恪教授和〈元白诗证史〉》
梁启超:《梁启超自述》，河南人民出版社，2004 年
刘　斌:《寂寞陈寅恪》，华文出版社，2007 年
刘成禺:《世载堂杂忆》，文海出版有限公司（台湾），1971 年
刘东黎:《北京的红尘旧梦》，人民文学出版社，2009 年
刘平章:《刘文典传闻轶事》，云南美术出版社，2003 年
刘师培:《刘师培全集》，中共中央党校出版社，1997 年
刘宜庆:《绝代风流：西南联大生活录》，北京航空航天大学出版社，2009 年
刘逸生:《艺林小札》，广州出版社，1998 年
陆建东:《陈寅恪的最后二十年》，三联书店，1995 年
鲁　静、史　睿:《清华旧影》，东方出版社，1998 年
罗斯・特里尔著，胡为雄、郑玉臣译:《毛泽东传》，中国人民大学出版社，2005 年
马叙伦:《石屋余渖》，上海书店，1984 年
《石屋续渖》，上海书店，1984 年
梅鹤孙著，梅英超整理:《青溪旧屋仪征刘氏五氏小记》，上海古籍出版社，2004 年
钱剑平:《一代学人王国维》，上海出版社，2002 年
钱基博:《现代中国文学史》，中国人民大学出版社，2004 年
钱　穆:《八十忆双亲 师友杂忆》，三联书店，1998 年
《湖上闲思录》，三联书店，2005 年
钱文忠:《陈寅恪印象》，学林出版社，1997 年
桑　兵:《晚清民国的国学研究》，上海古籍出版社，2001 年
《晚清民国的学人与学术》，中华书局，2008 年
沈楚瑾:《追忆王国维》，中国广播电视出版社，1996 年
师永刚、冯　昭、方　旭:《移居台湾的九大师》，百花洲文艺出版社，2008 年
司马朝军、王文晖:《黄侃年谱》，湖北人民出版社，2005 年 11 月版
同　道:《国学大师之死》，当代中国出版社，2006 年
万仕国:《刘师培年谱》，广陵书社，2003 年
王国维:《人间词话》，上海古籍出版社，1998 年
王庆祥、萧立文:《罗振玉王国维往来书信》，东方出版社，2000 年

汪荣祖:《陈寅恪评传》，百花洲文艺出版社，1997 年
《史家陈寅恪传》，北京大学出版社，2005 年
汪修荣:《民国教授往事》，河南文艺出版社，2008 年
汪学群、武才娃:《钱穆》，云南教育出版社，2008 年
王永兴:《纪念陈寅恪先生百年诞辰学术论文集》，江西教育出版社，1994 年
王子舟:《陈寅恪》，湖北人民出版社，2002 年
温源宁:《一知半解及其他》，辽宁教育出版社，2001 年
吴　宓:《吴宓自编年谱》，三联书店，1995 年
《吴宓日记续编》，三联书店，2006 年
吴其昌:《梁启超传》，百花文艺出版社，2004 年
吴学昭:《吴宓日记》，三联书店，1998 年
《吴宓与陈寅恪》，清华大学出版社，2003 年
吴湘相:《民国百人传》，台湾传记文学出版社，1986 年
夏晓红:《追忆梁启超》，中国广播电视出版社，1997 年
萧　艾:《王国维评传》，浙江文艺出版社，1983 年
许寿裳:《章太炎传》，百花文艺出版社，2004 年
许渊冲:《逝水年华》，三联书店，2008 年
严耕望:《钱宾四先生与我》，台湾商务印书馆，1992 年
杨步伟:《杂记赵家》，辽宁教育出版社，1998 年
杨复礼:《梁任公先生年谱》，1941 年
杨天宏:《新民之梦——梁启超传》，四川人民出版社，1995 年
杨天石:《晚清史事》，中国人民大学出版社，2007 年
叶贤恩:《黄侃传》，湖北人民出版社，2006 年
叶兆言:《陈旧人物》，上海书店出版社，2007 年
俞大维:《谈陈寅恪》，传记文学出版社，1978 年
余开亮、李满意:《国学大师的养生智慧》，东方出版社，2006 年
余世存:《非常道》，社会科学文献出版社，2005 年
余英时:《钱穆与中国文化》，上海远东出版社，1994 年
袁英光、刘寅生:《王国维年谱长编》，天津人民出版社，1996 年
袁咏红:《梁启超画传》，湖北人民出版社，2007 年 9 月

岳　南:《陈寅恪与傅斯年》，陕西师范大学出版社，2008 年
约瑟夫·阿·勒文森［美］:《梁启超与中国近代思想》，四川人民出版社，1986 年
赵新那、黄培云:《赵元任年谱》，商务印书馆，1998 年
赵元任:《赵元任生活自传》，中国华侨出版公司，1989 年
《从家乡到美国——赵元任早年回忆》，学林出版社，1997 年
赵元任、杨步伟:《浪漫人生》，江苏文艺出版社，1998 年
张昌华:《曾经风雅：文化名人的背影》，广西师范大学出版社，2007 年
张德玉等:《百年婚恋》，辽宁人民出版社，2003 年
张　宏、张晨怡:《民国十五疑案》，中华书局，2006 年
张　晖:《量守庐学记续编》，三联书店，2006 年
张冥飞:《章太炎国学演讲录》，梁溪图书馆，1925 年
章太炎:《章太炎生平与学术自述》，江苏人民出版社，1999 年
章玉政:《狂人刘文典》，广西师范大学出版社，2008 年
张朋园《梁启超与民国政治》，吉林出版集团，2007 年
张中行:《负暄琐话》，中华书局，2006 年
钟叔河、朱　纯:《过去的大学》，长江文艺出版社，2005 年
祝　勇:《重读大师：激情的归途》，人民文学出版社，1999 年

主要参考文章

曹聚仁:《章太炎先生在上海》、《梁任公勇于悔过》、《谈黄侃（季刚）》
陈代湘:《刘师培与〈中国中古文学史〉》
陈封雄:《漫忆老北大》、《卅载都成断肠史——忆寅恪叔二三事》、《史学界缅怀一代宗师陈寅恪——参加纪念陈寅恪国际学术讨论会的感想》、《叔父陈寅恪》、《“怪”教授》、《一代史学家的死——怀念我的六叔陈寅恪》
陈　洁:《善变的刘师培》
陈流求:《回忆我家逃难前后》
陈明远:《梁启超的浪漫型、情感型个性》
陈鹏鸣:《康有为与梁启超之间的恩恩怨怨》
陈哲三:《陈寅恪先生轶事及其著作》
陈钟凡:《刘先生行述》

池田温：《陈寅恪先生和日本》

方　豪：《陈寅恪先生给我的两封信》

方诗铭：《钱宾四先生散忆》

冯友兰：《怀念陈寅恪先生》

付　平、袁　贺：《刘师培的书生革命路》

范文澜：《文心雕龙讲疏·序》

高　为：《章太炎何以要“谢本师”》

高　远：《梁启超在法国为何遭华人痛斥》

胡美琦：《钱穆：息念与发愤》

黄　焯：《黄季刚先生年谱》

季羡林：《回忆陈寅恪先生》、《回忆吴宓先生》

金　铄：《大师刘叔培》

金耀基：《怀忆宾四先生》

柯淑龄：《黄侃之学术及其生平》

劳　榦：《忆陈寅恪先生》

李赋宁：《怀念恩师吴宓教授》

李国涛：《吴宓日记里的钱钟书》

李洪岩：《刘师培遗稿之谜》

李　埏：《昔年从游乐，今日终天之痛》

李　帆：《刘师培与北京大学》、《刘师培与陈独秀》

李　璜：《忆陈寅恪登恪昆仲》

李任夫：《回忆梁启超先生》

李孝迁：《刘师培论学观初探》

梁漱溟：《纪念梁启超先生》

刘凯隆：《陈寅恪“元白诗证史”讲席侧记》

刘富曾：《亡侄师培墓志铭》

刘海粟：《忆梁启超先生》

刘　墨：《王国维自沉的前前后后》

刘维荣：《钱钟书与老师吴宓的过节》

刘师培：《与端方书》

柳亚子:《南社纪略》
柳已青:《吴宓和联大的“红楼热”》
罗　灿、云　侠:《国学大师梁启超:只有打麻将可以忘记读书》
吕　麦:《民国第一才子钱钟书如何傲慢?》
罗香林:《回忆陈寅恪师》
罗章龙:《红楼感旧录》
茅于美:《怀念吴宓导师》
马建强:《钱穆是怎样做小学教师的》
毛彦文:《有关吴宓先生的一件往事》
梅鹤孙:《刘师培的家学渊源及生平杂记》
梅鹤孙、梅英超:《清溪旧屋仪征刘氏五世小记》
苗振亚:《走运的钱穆　背运的陈寅恪》
秦燕春:《也写白话的刘师培》
三风堂堂主:《刘师培与冶春后社》
尚　笏、陆恩涌:《季刚师得病始末》
盛禹九:《人与流年共向冬——忆吴宓》
沈卫威:《早年吴宓》
石　泉、李　涵:《追忆先师寅恪先生》、《听寅恪师唐史课笔记一则》
汤国梨:《我所知道的章太炎》
万　易:《刘师培》
汪　东:《同盟会和〈民报〉片段回忆》
王国维:《论近年之学术界》、《自序》、《静安文集自序二》
王开林:《吴宓教授的情场悲喜剧》、《人间已无梁任公——集合六大矛盾于一身的梁启超》、《越堕落越快乐》
王岷源:《忆念吴雨僧先生》
王　蓉:《钱穆与胡适两个人的“矛盾与统一”》
王师北:《国学大师吴宓教授在各大学备课的故事》
汪太冲:《章太炎外纪》
王学海:《关于年谱编撰的新思考衷——兼述陈鸿祥先生的〈王国维年谱〉》
闻黎明:《联大旧事:刘文典被清华解聘始末》

温源宁:《吴宓先生，一位学者和君子》
文中子:《刘文典:“半个教授”》
吴光远:《陈寅恪:“不学马列，不谈政治”》
吴晓玲:《忆刘叔雅先生数事》
吴宗慈:《陈三立传》、《癸丙之间言行轶录》
夏晓虹:《寂寞身后事》
项念东:《钱穆论陈寅恪:一场并未公开的学术论争》
许世瑛:《敬悼陈寅恪老师》
徐中舒:《王静安先生传》
雪　林:《王国维及其〈谕张勋碑文〉》
严耕望:《钱穆传》
杨步伟、赵元任:《忆寅恪》
杨联陞:《陈寅恪先生隋唐史第一讲笔记》
杨天石、王学庄:《章太炎与端方关系考析》
佚　名:《教授印象记》
尹炎武:《刘师培外传》
俞大维:《怀念陈寅恪先生》
玉　李:《王静安》
余云岫:《余杭章师逝世三周年追忆》
曾业英:《章太炎与端方关系补证》
张求会:《陈寅恪、唐筼骨灰安葬侧记》
张晓云:《王国维与他的妻子》
张正元、杨忠广:《疾恶真推祢正平——我校创始人刘文典》
赵慎修:《刘师培评传》
郑连根:《梁启超割错肾之后》
周　彬:《“怪教授”陈寅恪》
周一良:《纪念陈寅恪先生》
周作人:《北大感旧录》
周祖谟:《陈寅恪先生论对对子》

夏日曾经盛大

（后记）

此书为《细说民国大文人》民国人物书系的一卷："那些国学大师们"；另外两卷分别为"那些思想大师们"、"那些文学大师们"。书中所叙文人逸事，皆从三百多部书籍、上千篇文章中采撷而来，笔者加以斟酌、选摭、修改、增删、归类、排序、承启，终成此书。合百草兮实庭，建芳馨兮庑门，每本书附主要参考书目，以供读者方便查阅本书的思想谱系。

国学卷单列十位国学大师，涉百余位民国著名人物，笔者希冀用逸事的路径、轻盈的笔法、逸事的形式、尊仰的灵魂，来对其人其事进行梳理，重现三千年不遇之大变局下，那些唾珠咳玉、环佩锵鸣的大师：他们的欢笑、挺拔，他们的雷鸣、呼啸，他们的自负、骄纵，他们的狂狷、怪癖，以及终归悲悯和无可奈何花落去的时代命运。他们是生逢其时的一代，又是生不逢时的一代，只祈愿风流终不被雨打风吹去，大浪淘沙后，先生之风，山高水长。

高山安可仰，徒此揖清芬。本书十位国学大师对中国传统文化的强大自信和一生捍守，让笔者想起海子的诗句以纪念之：

路上
万人都要将火熄灭 我一人独将此
火高高举起
此火为大 开花落英于神圣的祖国

每看民国大师们的生平细微，总让我联想起红楼中的金陵十二钗，但无疑这些男子们才情更可羡，命运更吊诡，身世更引人黯然销魂。即使如此，我们仍需看到，他们都只是华夏大陆自 1840 年后，大悲情包含下的小悲情。只愿我们的祖国，在饱尝苦难之后，最终能走过历史的三峡，走进真正属于人民的盛世，属于中国文化的盛世。

笔者编著此书，努力遵循三个原则：一是用逸事的形式来表达严肃的内容，用轻逸的笔调来展示厚重的主题；二是对历史人物，不溢美，不隐恶，以期展示人物复杂多元的历史面目及其学术价值；三是尽量用客观的事例说话，而将自己的观点隐藏在纸后，不让价值判断影响事实判断，更不希望用作者的思考来代替读者的思考。如果读者朋友读完后，感觉到了问题的开始，而不是思考的终结，笔者幸甚。

本书采用笔记文体的形式，实受余世存先生《非常道》一书启发，写作思想也部分发轫此书，不得不记之。

感谢天涯煮酒论坛提供了一个很好的发表平台，感谢江上苇等版主对本帖的维护，感谢天涯诸多网友在帖子里的精彩讨论，尤其是东方隐、穷人马二、七分钟的海水、万木草堂花飞扬、雪野残狼、百草丰茂、还剑奇情、amethyste、驯悍、ahneo、形胜在吴头楚尾、乍日盛宴、青瑗、轩辕剑之怒、基本吃素的和尚、何况吾辈孤且直、胡狼拜月、hurcaner、举长矢射天狼、梦不回的唐朝、醉语 2008、cos60、飞刀又见飞刀、青猫、江南旧雨、noliperguo 等等等等，篇幅有限，挂一漏千；感谢浙江大学出版社的黄宝忠老师提供了许多宝贵的建议；现代出版社的臧永清总编辑、刘宝明老师及其同仁努力促成此书的出版，笔者深以为谢！

读者朋友如想和笔者切磋琢磨，可发电邮至 minguowenlin@163.com，或者登陆天涯煮酒论坛 http://www.tianya.cn/publicforum/content/no05/1/128663.shtml，与笔者及一群同道好友笑谈清风。

谨以此书献给我亲爱的外公外婆，以及过往的十年岁月。

民国文林
2009 年 12 月 25 日